PALAESTRA BAND 302

D1718567

V&R

PALAESTRA

UNTERSUCHUNGEN AUS DER DEUTSCHEN
UND SKANDINAVISCHEN PHILOLOGIE

BEGRÜNDET VON ERICH SCHMIDT UND ALOIS BRANDL

Herausgegeben von

Wilfried Barner, Dieter Cherubim, Heinrich Detering,
Klaus Grubmüller, Volker Honemann, Dieter Lamping,
Fritz Paul, Horst Turk, Christian Wagenknecht

Band 302

Roberto Simanowski
Die Verwaltung des Abenteuers.
Massenkultur um 1800 am Beispiel Christian August Vulpius

VANDENHOECK & RUPRECHT
GÖTTINGEN · 1998

Die Verwaltung des Abenteuers

Massenkultur um 1800 am Beispiel
Christian August Vulpius

von

Roberto Simanowski

VANDENHOECK & RUPRECHT
GÖTTINGEN · 1998

Verantwortlicher Herausgeber dieses Bandes:
Horst Turk

Die Deutsche Bibliothek – CIP-Einheitsaufnahme

Simanowski, Roberto:
Die Verwaltung des Abenteuers :
Massenkultur um 1800 am Beispiel Christian August Vulpius /
von Roberto Simanowski. –
Göttingen : Vandenhoeck und Ruprecht, 1998
(Palaestra ; Bd. 302)
ISBN 3-525-20574-0

Gedruckt mit Unterstützung des Förderungs- und Beihilfefonds
Wissenschaft der VG Wort.

Satz: Competext, Heidenrod
Druck und Bindung: Hubert & Co., Göttingen

Inhalt

Danksagung

Gedankt sei: meiner Erstbetreuerin an der Friedrich-Schiller-Universität Jena Sigrid Lange, die noch während ihres Forschungsaufenthaltes in Massachusetts meine Paper anforderte und mit kritischen Hinweisen versah; Horst Turk, der die Kobetreuung übernahm und verschiedene Teile der Arbeit in seinen Doktorandenkolloquien in Göttingen diskutieren ließ; Renate von Heydebrand, die mich als Kobetreuerin von München aus mit vielen wichtigen Anstößen und kritischen Anmerkungen unterstützte; und natürlich Gerhard R. Kaiser, der als neu hinzugewonnener Doktorvater in Jena die Arbeit in ihrer Endphase betreute und mir darüber hinaus in vielem mit Rat und Hilfe zur Seite stand. Zu danken habe ich ebenfalls Hans Medick vom Göttinger Max-Planck-Institut für Vorschläge zur Konzeption des historischen Teils der Arbeit; Andreas Meier, der mir seine Rekonstruktion der Korrespondenz Vulpius' vor ihrer Veröffentlichung zugänglich machte und manch interessanten Hinweis gab; Dorothea Wildenburg und Christian Lotz, die in Bamberg die Rohfassung meiner Arbeit einer strengen, konstruktiv-kritischen Kontrolle unterzogen; Kitty Lärz und Susanne Blechschmidt für ihre Ungeduld, das Konvolut endlich zur Korrekturlesung vorgelegt zu bekommen, sowie meinen Eltern, die mir immer wieder die Gewißheit gaben, ihre in mich gesetzten Hoffnungen nicht enttäuscht sehen zu wollen.

Daß die Arbeit 1995 als Dissertation an der Philosophischen Fakultät der Friedrich-Schiller-Universität Jena vorgelegt werden konnte, ist auch der finanziellen Unterstützung der Friedrich-Schiller-Universität sowie der Studienstiftung des deutschen Volkes zu danken, für den großzügigen Druckkostenzuschuß danke ich schließlich der VG Wort.

Göttingen, im August 1997   Roberto Simanowski

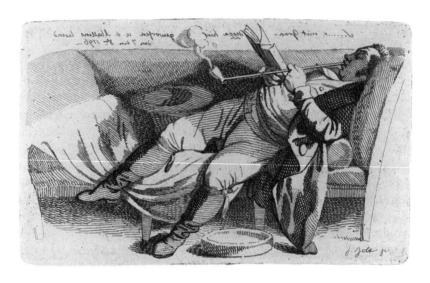

J. F. Bolt, »S...r mit Grandezza hingeworfen u. d. Abällino lesend,
den 7ten Sbr 1796«

Einleitung

1. Der verschwundene Dichter – Goethes Schwager

Am 1.12.1802 schreibt der Weimarer Schriftsteller Christian August Vulpius seinem Bremer Freund Nikolaus Meyer: »Merkel und Kotzebue haben sich vereinigt der Literarischen Welt eine Brille aufzusetzen u in einem eigenen Journale, werden sie beweisen, daß Goethe gar kein Dichter ist, daß M. u K. allein Kenner des Geschmacks sind, u daß K. eigentl. Deutschlands einziger Dichter ist, wie er seyn soll. / Wahrhaftig! Nur das Bündniß eines solchen Paars, unverschämter Pursche, wie beide sind, wird Deutschland die Augen öffnen. Diese Bonaparte's des schlechten Geschmacks Reiches, sollte man doch derb in die Klemme nehmen! / Wie wär's, wenn wir Literarische Blicke auf Deutschland herausgäben, u diese Halunken ganz Aristophanisch geiselten? Giebt es denn in Bremen dazu, keinen Verleger?«[1]

Diese Äußerung überrascht, denn was die Literaturgeschichtsschreibung über den Verfasser des erfolgreichen Räuberromans »Rinaldo Rinaldini« berichtet, läßt nicht vermuten, daß Vulpius im literarischen Kampf der Jahrhundertwende um den richtigen Geschmack auf der Seite Goethes steht. Ein Schandfleck der ›Musenkolonie‹ schon den gebildeten Zeitgenossen, ist Vulpius auch den Nachkommen des literarischen Weimar ein ›Fremdkörper‹ geblieben: eben einer aus dem anderen Lager im Kontext des Dichotomisierungsmodells. Mit dem Kainsmal ›Trivialliteratur‹ versehen, wurde er sehr schnell in den Fußnotenteil der Literaturgeschichtsschreibung abgedrängt. Selbst eine eher kulturgeschichtlich ausgerichtete Arbeit über das Weimarer Theater zur Goethezeit (als Vulpius einige Jahre die unterschiedlichsten Stücke z. T. mit überregionalem und epocheübergreifendem Erfolg für die Weimarer Bühne einrichtete) kommt fast ohne die Nennung Vulpius' aus und erwähnt ihn schließlich nur, um der obligatorischen Denunziation Genüge zu tun.[2] Außerhalb des Exper-

---

1 Andreas Meier, Vulpius, S. 54.

2 Ulrike Müller-Harang nennt Vulpius lediglich einmal in der Aufzählung mit Kotzebue und Destouches als Autor eines durchgefallenen Stückes und einmal als Autor und Bearbeiter »mehrerer Dutzend Stücke«, mit denen er »reichlich zur Befriedigung der durchschnittlichen Publikumsansprüche beigetragen« habe (Müller-Harang, S. 81 und 90). We-

tenwissens ist Vulpius' Name bereits getilgt: die Gedächtnistafel am Weimarer Geburtshaus von Christian und Christiane Vulpius erwähnt lediglich die spätere Frau Goethes. Daß vom Grab Christian und Helene Vulpius' auf dem Weimarer Hauptfriedhof 1990 das Kreuz mit Christian August Vulpius' Namen entwendet wurde und nur noch die Grabplatte mit dem Hinweis auf Helene Vulpius vorhanden ist, mag Zufall sein, ordnet sich aber ein in die Zeichen seines Verschwindens. Faßt man alle Details zusammen, hat es den Anschein, als solle Vulpius aus dem Kontext ›Weimar‹ vertrieben werden. Man könnte meinen, eine der von ihm so gern beschriebenen Verschwörungen geheimer Mächte sei nun gegen ihn selbst und sein Erinnern im Gange. Dagegen soll aus mehreren Gründen angeschrieben werden.

1. Vulpius ist nicht nur ein sehr produktiver Schriftsteller gewesen, sondern auch ein sehr erfolgreicher, dessen Roman »Rinaldo Rinaldini« (1799) den Zeitgenossen so bekannt war wie Goethes »Werther« und seine Wirkung bis weit ins 20. Jahrhundert bewahrte. Darüber hinaus war Vulpius Mitarbeiter und Herausgeber mehrerer Zeitschriften und Journale sowie Autor wissenschaftlicher Studien.

2. Vulpius stellt, ähnlich der eingangs zitierten Briefstelle, auch durch andere Äußerungen seine Gesinnungsgenossenschaft zum »Weimarer Olymp« aus. Die Partnerschaft mit Goethe und Schiller, die er sich dabei implizit selbst suggerieren mag, existierte für manche Zeitgenossen jedoch real, wenn sie ihn öffentlich verdächtigten, einer der Xenienschreiber zu sein. Dieses Image läßt die Person Vulpius ambivalenter und interessanter erscheinen, als die Literaturgeschichtsschreibung bisher zuließ.

3. Vulpius' Texte sind weit differenzierter und problembewußter, als in der Literaturgeschichtsschreibung gemeinhin angenommen wird. Sie nehmen an der Diskussion und Gestaltung zeitgenössischer Themen (wie der Geschlechterdebatte oder der Bürger-Künstler/Außenseiter-Problematik) teil und zeigen zugleich ein bemerkenswertes Bewußtsein von der Ambivalenz der eigenen Kritik an zeitgenössischen Konventionen und dem Verhaftetsein in diesen.

4. In vielen Texten Vulpius' wird eine Vermittlung zwischen der Sehnsucht nach dem *anderen Lebensentwurf* und den Zwängen der bürgerlichen Realität angestrebt. Man kann darin einen sozialisierenden Umgang mit dem Asozialen erkennen, eine ›Verwaltung‹ des Abenteuers. Diese

der teilt Müllert-Harang mit, daß Goethe Vulpius ans Theater geholt hatte, noch, daß die »Zauberflöte« – als das »Vorzeigestück« (82 Aufführungen) des Weimarer Theaters (S. 32) – von *Vulpius* bühnenreif gemacht worden war, noch daß durch Vulpius' Opernbearbeitungen auch auswärts ältere Opernbücher verdrängt wurden (vgl. Wolfgang Vulpius, Goethes Schwager, S. 227).

Lesart läßt das erklärungsbedürftige Bild eines Schriftstellers entstehen, dessen Schreibintention sich offenbar nicht im Unterhaltungswillen und in der Notwendigkeit zusätzlichen Gelderwerbs erschöpft. Vor dem Hintergrund der zeitgenössischen Disziplinierungsbewegung muß danach gefragt werden, in welcher Weise Vulpius an diesem Prozeß teilnimmt.

5. An Vulpius läßt sich die Verquickung zwischen Text und Realität zeigen. Das Phänomen des bedeutsamen Namens, das er in seinen Texten mehrmals thematisiert, wiederholt sich in seinem Leben. Der für das Leben seines Romanhelden Rinaldo entscheidende Satz »Ich bin Rinaldo Rinaldini« wird in der domestizierten Form »Ich bin der Verfasser des Rinaldo Rinaldini« konstituierend für Vulpius' Biographie. Die Sozialisierungsrolle dieser Literatur bzw. der Schrift allgemein läßt sich in der Kontrastierung beider Sätze anhand ihrer jeweiligen Funktion im Text und in der Realität diskutieren: als Verhinderung der Familiengründung im Falle des Romanhelden, als deren Ausgangspunkt im Falle des Autors.

6. Trotz der eingangs zitierten Parteinahme Vulpius' für Goethe kann man sagen, daß Vulpius in Weimar gegen ›Weimar‹ schreibt. Obgleich er sich selbst den ›Olympiern‹ verbunden sieht, verkörpert er mit den Helden und der Ästhetik seiner Texte das ›andere Weimar‹. Diese Texte benötigten keine literaturwissenschaftliche Aufmerksamkeit, keine Konferenzen und keine Aufnahme als Schulstoff, um zu überleben. Sie und ihre ›Nachfahren‹ sind die eigentlichen ›Sieger der Geschichte‹. Sie feiern ihren Triumph in den Auflagenzahlen aktueller Abenteuertexte, in den Besucherzahlen solcher Filme wie »James Bond« oder »Terminator« oder, wie der »Rinaldo«-Roman, in der abendlichen Fernsehausstrahlung ihrer Verfilmung.[3] Insofern die Literaturwissenschaft sich als ein »›Ort‹, an dem sich moderne Gesellschaften ein Wissen von sich selbst in Wissenschaftsform verschaffen«,[4] versteht und damit Orientierungsfunktion innerhalb der heutigen Gesellschaft beansprucht, muß sie sich auch diesem Phänomen und seinen historischen Vorläufern zuwenden. Sie muß die noch immer wirkenden gegenstandsspezifischen Grenzsetzungen überwinden, die etwa 90 Prozent der Literatur nicht zur Sprache kommen lassen. Dabei ist es entscheidend, Texte wie die des Christian August Vulpius unabhängig von ihrer traditionellen Verortung in der Literaturlandschaft zunächst als Monumente[5] einer historischen Kommunikation zu betrach-

---

3 1968–1971 strahlen verschiedene ARD-Sender den Roman als dreizehnteilige Serie aus.

4 Mittelstraß, S. 39.

5 Ich setze hier im Sinne Foucaults den Begriff *Monument* gegen den Begriff *Dokument* (das in der Geschichtsschreibung bereits zum Beweis transformierte Monument) (Foucault, Archäologie, S. 15).

ten. Dies sollte um so mehr gelten, als sich am Beispiel dieser und ähnlicher Texte bemerkenswerte Widersprüche in der Bewertung zeigen. Während die zeitgenössische Literaturkritik z. B. vor einer desozialisierenden Wirkung warnt, da diese Texte angeblich zu einem Verlust an Realitätsbewußtsein und Konformitätsvermögen führen, wird ihre zeitgenössische Wirkung heute eher als *sozialisierend* eingeschätzt. Diese gegensätzliche Auffassung berührt die Frage des ideologischen Kontextes, in dem der literaturkritische Kommentar jeweils steht. Sie führt zugleich zum prinzipiellen Problem der Interpretation und Bewertung von Texten.

Es gibt also mehrere Gründe, Vulpius vor dem Vergessen zu bewahren und dem absoluten Verschwinden zu entreißen. Dabei wird sowohl der Text wie der historische Kontext zu betrachten sein, aus dem heraus Vulpius schreibt und aus dem heraus sein Publikum rezipiert. Bevor Perspektive und Methodik einer aktuellen Untersuchung abgesteckt werden, sei zunächst skizziert, auf welche Arbeiten zu Vulpius und seinem Werk sich diese stützen kann.

2. Forschungsstand zu Vulpius

Johann Wilhelm Appell hatte Vulpius 1859 zum »literarischen Sumpfgeflecht« zugehörig erklärt und beklagt, daß dieser bei der Nachwelt »viel zu gut weggekommen« sei, wenn er im Brockhaus »ohne Weiteres als ein fruchtbarer und vielseitig gebildeter Schriftsteller aufgeführt« wird.[6] Dieses Verdikt hat das Vulpius-Bild nachhaltig geprägt, wenn ihm inzwischen auch nicht mehr schriftstellerische Fruchtbarkeit und Bildung abgesprochen werden. Die neuere Literaturgeschichtsschreibung hat sich jedoch kaum eingehender mit Vulpius beschäftigt und an dessen Einordnung in der Literaturlandschaft als bloßer Unterhaltungsschriftsteller bisher nichts Wesentliches geändert. Die vorhandene Literatur zu Vulpius läßt sich in die folgenden Gruppen unterteilen.

1. Kurze Lebensbilder, in denen v. a. auf Vulpius als Autor des Unterhaltungsromans »Rinaldo Rinaldini« eingegangen wird.[7]

---

6 Appell, S. 50 und 52.

7 Vgl.: Der Neue Nekrolog der Deutschen (1829); Allgemeine Deutsche Biographie (1896); Walther Vulpius, Die Familie Vulpius; Otto Lerche, Der Schwager; Wolfgang Vulpius, Goethes Schwager; Kühnlenz: Der Romanschriftsteller – Christian August Vulpius, in: ders., Weimarer Porträts. Männer und Frauen um Goethe und Schiller, Rudolstadt 1967, S. 256-266; Hans-Friedrich Foltins Vorwort in: Christian August Vulpius, Rinaldo Rinaldini, der Räuber Hauptmann, 18 Teile in 3 Bänden, hg. v. dems.: Hildesheim/New York 1974, Bd. I,

2. Verschiedene Artikel, die sich mit Einzelaspekten in Vulpius' Leben beschäftigen.[8]

3. Bemerkungen in verschiedenen Abhandlungen über ›Trivialliteratur‹ bzw. Räuberromane. Dabei wird erwartungsgemäß fast ausschließlich der »Rinaldo«-Roman besprochen mit z. T. durchaus widersprüchlichen Ergebnissen, an denen in meiner Untersuchung anzuknüpfen bzw. mit denen sich kritisch auseinanderzusetzten sein wird.[9]

4. Darüber hinaus gibt es zwei umfangreichere Arbeiten über Vulpius. Wolfgang Vulpius' Dissertation »Rinaldo Rinaldini als ein Lieblingsbuch seiner Zeit literaturhistorisch untersucht« (1922)[10] und Günter Dammanns Dissertation »Antirevolutionärer Roman und romantische Erzählung. Vorläufige konservative Motive bei Chr. A. Vulpius und E. T. A. Hoffmann« (1975). Wolfgang Vulpius' Untersuchung beschränkt ihr Interesse auf die Motivanleihen Vulpius' bei literarischen Vorbildern, wobei der stilistischen Analyse keine Interpretation folgt. Die rein textinterne Untersuchung schließt soziale sowie rezeptionsästhetische Aspekte bewußt aus, ist deutlich von Vorurteilen gegenüber ihrem Gegenstand geprägt ist und bestätigt insgesamt das pejorative Vulpiusbild der Literaturgeschichtsschrei-

---

S. V-XXI; Karl Riha: Der Roman vom Räuber Rinaldini in: Vulpius, Rinaldo Rinaldini der Räuberhauptmann, S. 541-552; Günther Dammann: Christian August Vulpius, in: Deutsche Dichter. Leben und Werk deutschsprachiger Autoren, Bd. 4, Stuttgart 1989, S. 336-341.

8 Vgl. Horst Kunze: Rinaldo Rinaldini und die Nachdrucker. Ein Beitrag zur Geschichte des Nachdrucks, in: Börsenblatt für den Deutschen Buchhandel 104 (1937), S. 830f.; Karl Bulling: Zur Jenaer Tätigkeit des Weimarer Bibliothekars Christian August Vulpius während der Jahre 1802–1817, in: Hermann Blumenthal (Hg.), Aus der Geschichte der Landesbibliothek zu Weimar, Jena 1941, S. 102-116; Ernst Pasqué zur Tätigkeit Vulpius' am Weimarer Theater, in: ders., Goethes Theaterleitung in Weimar in Episoden und Urkunden, Bd. 2, Leipzig 1863, S. 89-98; Hans Widmann: Die Beschimpfung der Reutlinger Nachdrucker durch Christian August Vulpius, in: Archiv für Geschichte des Buchwesens 14, 1974, S. 1535-1588; Andreas Meier: Goethe und die Reorganisation der herzoglichen Bibliotheken. Zwei unbekannte Schreiben Goethes an Christian August Vulpius, in: Goethejahrbuch, Bd. 110 (1993), S. 321-333; ders., Vergessene Briefe.

9 Unter den älteren Arbeiten vgl. neben Johann Wilhelm Appell Carl Müller-Fraureuth: Die Ritter- und Räuberromane. Ein Beitrag zur Bildungsgeschichte des deutschen Volkes, Halle 1894; Fedor von Zobeltitz: Rinaldo Rinaldini und seine Zeitgenossen, in: Der deutsche Roman um 1800. Familien-, Ritter- und Räuber-Romane, Berlin 1908, S. 1-22; Marianne Thalmann, Der Trivialroman. Unter den neueren Arbeiten vgl. Martin Greiner: Die Entstehung der modernen Unterhaltungsliteratur. Studien zum Trivialroman des 18. Jahrhunderts, Hamburg 1964, S. 116-126; Marion Beaujean, Der Trivialroman; Gerhard Schulz in: Geschichte der Deutschen Literatur, Bd. VII/1, München 1983, S. 291-292; Peter Weber in: Geschichte der Deutschen Literatur, Bd. 7, Berlin/Ost 1978, S. 89-92; Hainer Plaul in: Illustrierte Geschichte der Trivialliteratur, Leipzig 1983, S. 134-137; Holger Dainat: Abaellino, Rinaldini und Konsorten. Siehe dazu unter 4.2.1.

10 Es handelt sich hierbei um den Urenkel von Vulpius.

bung. Auch Günter Dammann untersucht ausgewählte Schriften Vulpius', ohne auf den biographischen Kontext einzugehen. Er sieht in Vulpius' Geheimbund- und Zauberromanen den Verlust der Selbstbestimmung des Individuums und versucht, eine fatalistische Theodizee nachzuweisen, die auf dem Hintergrund der Französischen Revolution und des Zerfalls der Familie beruhe. Dammann interpretiert die Einkehr der Romanfiguren in die Harmonie der Partnerschaft als vollzogene Flucht aus dem gesellschaftlichen Ganzen in die Enklave des intimen Bereichs. Dammanns Schlußfolgerung kann nicht für Vulpius' Schaffen insgesamt geltend gemacht werden. Denn erstens legt Vulpius in vielen Texten den Ursprung der verlorenen Selbstbestimmung in das Individuum selbst, zweitens stehen seine Figuren oft gerade *vor* der Einkehr in die Partnerschaft außerhalb der Gesellschaft, so daß ihre »Flucht« in die Intimität eher eine *Resozialisierung* darstellt. Gegen Dammanns Konzept des Fatalismus bei Vulpius, der sich in vielen Geheimbundromanen schon aufgrund des Motivs in der Tat zeigen läßt, ist allerdings auf die Darstellung der Selbstverantwortlichkeit des Helden für sein Schicksal hinzuweisen, die sich parallel dazu ebenfalls in vielen Texten zeigen läßt. Diese andere Perspektive werde ich in meiner Arbeit entwickeln, wobei eine konkrete Auseinandersetzung mit Dammann dort erfolgt, wo seiner und meiner Untersuchung jeweils der gleiche Text zugrundeliegt.[11]

Die Literatur zu Vulpius weist zwar gelegentlich auf bedenkenswerte Aspekte seiner Romane hin (wie etwa das Problem der mangelnden Affektkontrolle, der Fremdbestimmtheit, der Funktion des Textes als fiktionale Abarbeitung realer Verhaltensversuchungen), aber dies wird weder in einen größeren Diskussionsrahmen gestellt, noch hat es zu Konsequenzen für die Standortbestimmung Vulpius' in der Literaturlandschaft geführt. Es scheint, das Dichotomie-Modell und der Platz, der Vulpius sehr früh darin zugewiesen wurde, setzen einer Neubewertung seines Œuvres im voraus Grenzen. Dieses Problem betrifft sicher nicht nur Vulpius, kann aber an ihm als einem der bekannteren ›Trivialautoren‹ sehr gut deutlich gemacht werden.

Es fehlt heute eine genauere Rekonstruktion der Biographie Vulpius', und es fehlt eine Untersuchung seiner Texte, die sich nicht auf ein Werk oder auf eine textinterne Fragestellung beschränkt. Dieses Defizit wird

---

11 Ich beziehe mich in meiner Arbeit zum Großteil auf andere Texte Vulpius' als Günter Dammann, der sich aufgrund seiner motivgeschichtlich ausgerichteten Fragestellung auf die Geheimbund- und Zauberromane orientiert und so erfolgreiche Texte wie »Rinaldo Rinaldini« (1799) oder »Die Saalnixe« (1795) kaum bzw. nicht berücksichtigt. Zur Auseinandersetzung mit Dammann siehe unter 4.2.2.3.

z. T. von Andreas Meier behoben, der 1998 als Habilitationsschrift die überlieferte Korrespondenz von Vulpius vollständig herausgeben und eine
Monographie zum Leben und Werk Vulpius' veröffentlichen wird. Damit wird eine fundierte Diskussionsgrundlage vorliegen, auf der Kontro-
versen ausgefochten werden können, die sich auch bei der Untersuchung
eines Produzenten von ›Trivialliteratur‹ ergeben.

Da das Werk Vulpius' sehr früh ins »Ghetto der Trivialliteratur« (Helmut Kreuzer) verbannt wurde, wird jeder unvoreingenommene Zugang
zum Text jedoch verhindert durch die »schwer entschlüsselbare[n], kulturell eingeschliffene[n] Vorurteilsstrukturen«, die in der Bezeichnung
›Trivialliteratur‹ mitschwingen.[12] Aus diesem Grund ist zunächst auf den
Komplex ›Trivialliteratur‹ einzugehen. Im Kapitel 1 wird vor dem Hintergrund einer Darstellung des literaturwissenschaftlichen Umgangs mit
›Trivialliteratur‹ die Möglichkeit der Definition und Bewertung von ›Trivialliteratur‹ erörtert (1.1). Anschließend sind die theoretischen Voraussetzungen der Untersuchung zu diskutieren (1.1.1 und 1.1.2), bevor meine Fragestellung präzisiert und der Ablauf der Untersuchung aufgezeigt
werden können (1.2.3).

---

12 Schulte-Sasse, Trivialliteratur, S. 562.

1. Theoretische und methodische Vorüberlegungen

1.1 Trivialliteraturforschung

1.1.1 Der »Schmutz« – stilistisch-ästhetischer Ansatz

Die Anfänge der Dichotomisierung von Literatur reichen in das letzte Drittel des 18. Jahrhunderts zurück. Innerhalb der klassischen und romantischen Kunsttheorie, der entstehenden Literaturkritik und eines umfangreichen Lesesucht-Diskurses wird nach ästhetischen, aber auch inhaltlichen Maßstäben zwischen guter und schlechter Literatur unterschieden. Bücher, die nach Auffassung zeitgenössischer Literaturkritiker nur unterhalten und zerstreuen, an unscharfer Charakterzeichnung und unlebendiger Darstellung leiden oder gegen das Sittengesetz verstoßen, erklärt man zu schlechter bzw. sogar gefährlicher Literatur (vgl. 2.3.1). In der Literaturgeschichtsschreibung werden durch Johann Wilhelm Appell 1859 die am Stoff orientierten Bezeichnungen wie Ritter-, Räuber- und Schauerromane unter dem Begriff *Unterhaltungsliteratur* zusammengefaßt. Mit diesem Begriff schließt er an die traditionelle Kritik der Unterhaltungsfunktion von Literatur an. Appell wirft dieser Literatur, zu deren herausragenden Vertretern er Cramer, Spieß und Vulpius zählt, vor, den »Geschmack für das Bessere« abgestumpft und den »Segen, den unsere klassische Dichtung schaffen sollte«, verringert zu haben.[1] Der heute gebräuchliche Begriff der *Trivial*literatur wird in der Literaturwissenschaft erstmals 1923 von Marianne Thalmann, allerdings ohne klare Definition, eingesetzt.[2] Der neue Begriff für die gleichen Texte, die Appell *Unterhaltungsli-*

---

1 Appell, S. 5.

2 »Der Trivialroman des 18. Jahrhunderts und der romantische Roman«. Marianne Thalmann verwendet den Begriff »Trivialroman« synonym mit »Unterhaltungsroman«. Die Begriffsbestimmung erfolgt nur deskriptiv, indem eine Vielzahl von im voraus ausgewählten Texten auf verschiedene Phänomene (Landschaft, Nacht, Icherlebnis, Todessymbole, Geheimbund u.s.w.) hin untersucht wird. Thalmann hält für den Unterhaltungsroman/Trivialroman unter anderem fest, daß »die Idee der Häufung von Hindernissen, Gefahren, Geheimnissen, überbetonte äußerliche Seltsamkeit [grundlegend ist], um dem Schematischen den nötigen absonderlichen Rahmen zu geben« (Thalmann, S. 84), und daß das Geheimnisvolle, Rätselhafte einer rationalen Erklärung zugeführt wird, da »die Erlösung im Wunderbaren selbst [ist] dem Trivialroman noch nicht gegeben« ist (S. 116).

teratur nannte, führt zu keinem veränderten Verhältnis des Literatur-
wissenschaftlers zu seinem Gegenstand. Trivialliteratur gilt als die Literatur, die außerhalb des Kanons ästhetisch legitimierter Texte steht und
nicht durch unaufhörliche Neuinterpretationen vor dem Abstieg ins Vergessen bewahrt zu werden verdient. Parallel zum Trivialitätsbegriff wurde oft auch der seit dem Ende des 19. Jahrhunderts in der bildenden Kunst
verbreitete Begriff des *Kitsches* eingesetzt.[3] Das Verhältnis beider Begriffe
zueinander variiert dabei je nach Auffassung der Wissenschaftler.[4] Beide
Begriffe aber lassen sich in das alte Kunst-Unkunst-Schema einordnen,
beiden bleibt die negative Bewertung gemeinsam, mit der sie im Dicho-
tomiemodell der Literaturwissenschaft eingesetzt werden.[5] Die Trivialliteratur bzw. der literarische Kitsch gehören kaum zu den Forschungs-
objekten der Literaturwissenschaft.

Mit der Krise der Literaturwissenschaft in den 60er und 70er Jahren
erhält die ausgegrenzte Trivialliteratur neue Beachtung. Vor allem die jüngeren Wissenschaftler versuchen durch eine Flut von Arbeiten zur Trivialliteratur, den Vorwurf gesellschaftspolitischen Desinteresses und ästhe-
tisch-elitärer Selbstbezogenheit abzuwehren. Das Interesse für die massenhaft verbreitete Literatur führte schließlich zu soziologischen Fragestellungen und reagierte damit auf die inzwischen gestellte Frage nach
der sozialen Relevanz der Literaturwissenschaft. Es entsteht eine Vielzahl von Arbeiten, die den Ursprung, die Entwicklung und die Funktion
der Trivialliteratur im 18./19. Jahrhundert untersuchen[6] und Analysen
der gegenwärtigen Massenliteratur vornehmen.[7] Helmut Kreuzer stellte

---

3 Vgl. Hermann Broch: Einige Bemerkungen zum Problem des Kitsches (1955); Walther Killy, Kitsch (1961).

4 Während Ernst Bloch Trivialliteratur als Dachbegriff für Kolportage, Kitsch und
Schund versteht (vgl. Philosophische Ansicht des Detektivromans, in: Gesamtausgabe
Frankfurt/Main 1965, Bd. 9, S. 246), setzt Walther Killy literarischen Kitsch und Trivialliteratur gleich, worin Jochen Schulte-Sasse ihm in seiner Arbeit »Die Kritik an der Trivialliteratur seit der Aufklärung« (1971) folgt. Abgegrenzt werden beide Begriffe voneinander
mitunter dadurch, daß dem Kitsch die Absicht, dem Trivialen das Unvermögen des Autors
zugeordnet wird.

5 Wenn Broch 1955 vorschlägt, den Kitsch »mit dem System des Antichrist in seinem
Verhältnis zu dem des Christ [zu] vergleichen« (zitiert nach: Schulte-Sasse, Literarische
Wertung, S. 9), überbietet er sogar Appells Kritik knapp ein Jahrhundert zuvor.

6 Vgl. M. Greiner: Die Entstehung der modernen Unterhaltungsliteratur, Hamburg 1964;
M. Baujean, Der Trivialroman; K.-I. Flessau: Der moralische Roman. Studien zur gesell-
schaftskritischen Trivialliteratur der Goethezeit, Köln, Graz 1968; A. Klein: Die Krise des
Unterhaltungsromans im 19. Jahrhundert. Ein Beitrag zur Theorie und Geschichte der ästhetisch geringwertigen Literatur, Bonn 1969; R. Schenda, Volk ohne Buch.

7 Vgl. W. Nutz: Der Trivialroman – seine Formen und Hersteller. Ein Beitrag zur
Literatursoziologie, Köln/Opladen 1962; D. Bayer: Der triviale Familien- und Liebesro-

1967 mit Blick auf die Flut an Schriften zur Trivialliteratur allerdings fest, daß die meisten Arbeiten die orthodoxe Position der Literaturwissenschaft größtenteils nur in der Thematik durchbrechen, an der ästhetischen Basis der orthodoxen Position – die Annahme einer objektiven Dichotomie – jedoch festhalten.[8] So seien sie »weniger unbefangene Arbeiten *über* als vielmehr engagierte Arbeiten *gegen* Trivialliteratur. Sie bringen nicht differenzierte Resultate und differenzierende Urteile hervor, sondern treten begründend in den Dienst eines antizipierten undifferenziert-pauschalen Verdikts«.[9] Obwohl diese Kritik nicht auf alle Arbeiten zutrifft, da manche Untersuchungen gerade die Ungenügsamkeit des alten Dichotomiemodells als Klassifizierungsrahmen herausstellen,[10] spricht Kreuzer genau das Problem an, das mit dem Boom der Trivialliteraturforschung immer deutlicher wurde und dem auch das *Drei*schichtenmodell nicht entkommt. Es handelt sich um die Möglichkeit der Trivialliteraturforschung, ihren Gegenstand zu definieren, und um den Ort, von dem aus sie Klassifizierungen und Wertungen vornimmt.[11]

Traditionell werden zur Klassifizierung der Trivialliteratur stilistisch-ästhetische Kriterien eingesetzt. Demnach sei sie in hohem Maße durch Klischeehaftigkeit, Einfachheit (in Lexik und Syntax) und Eindeutigkeit gekennzeichnet. Walther Killy zählte in seiner Arbeit »Deutscher Kitsch« als signifikante Stilzüge Kumulation, Repetition, Synästhesie und Lyrisierung auf. Jochen Schulte-Sasse, der 1971 anhand von 120 Veröffentlichungen die aktuelle Kitsch- bzw. Trivialliteraturdiskussion zusammenfaßt,[12] nennt fünf Begriffspaare als Wertkriterien: Architektonische/ku-

man im 20. Jahrhundert, Tübingen 1963; W. Langenbucher: Der aktuelle Unterhaltungsroman. Beiträge zur Geschichte und Theorie der massenhaft verbreiteten Literatur, Bonn 1964; J. U. Davids: Das Wildwest-Romanheft in der Bundesrepublik. Ursprünge und Strukturen, Tübingen 1969; P. Nusser: Romane für die Unterschicht.

8 Vgl. Kreuzer, Trivialliteratur, S. 177.

9 Ebd., S. 175.

10 Marion Beaujean macht 1964 z. B. den Vorschlag, das Zweischichtenmodell durch ein Dreischichtenmodell zu ersetzen und zur Bezeichnung der »erstniedrigere[n] Rangstufe unter dem literarischen Kunstwerk« den Begriff des »Unterhaltungsromans« zu benutzen, womit von der *Dichtung* »erst an dritter Stelle der in den Bereich des Schmutz und Schund gehörende Trivialroman unterschieden wird« (Beaujean, Der Trivialroman, S. 188 und 189). Hans-Friedrich Foltin wiederholt diesen Vorschlag (Die minderwertige Prosaliteratur. Einteilung und Bezeichnungen, in: DVjs. 1965, H. 2, S. 288-323) und Hans Dieter Zimmermann greift ihn später auf (vgl. Zimmermann, S. 400-408 und Zimmermann, Schema-Literatur, Stuttgart u.a. 1979).

11 In der jüngeren Forschungsliteratur bietet Falck einen guten Überblick zu den verschiedenen Definitionsansätzen und zum Wertungsproblem (vgl. Falck), vgl. die vorausgehende Systematisierung Fetzer/Schönert, Zur Trivialliteraturfoschung.

12 Vgl. Schulte-Sasse, Literarische Wertung, S. 9-19.

mulative Strukturen,[13] distanzierter/distanzloser Genuß,[14] Geist/Sinnlichkeit,[15] geistige Beweglichkeit/Trägheit[16] und »echtgeschöpfte Realitätsvokabel« (Broch)/Klischee.[17] Als ein weiteres Merkmal, durch das sich Kunst von Kitsch unterscheide, markiert er Vieldeutigkeit.[18]

Ob diese stilistisch-ästhetischen Kategorien eine wissenschaftliche Definitionsgrundlage für Trivialliteratur bieten und damit die Grundlage einer objektiven Dichotomie abgeben können oder ob nicht auch in der ›hohen Literatur‹ Momente distanzlosen Genusses, Identifikationsangebote und Klischees (die dort Topoi heißen) zu finden sind, ist in der Forschung seit den 60er Jahren diskutiert worden. So wandte, um nur auf einige Beispiele aufmerksam zu machen, Helmut Kreuzer gegen Killy ein, daß die von ihm genannten Stilzüge auch in Werken der hohen Literatur nachzuweisen seien, während sie im »trivialliterarischen Detektiv- und Wildwestroman« fehlen können.[19] Schulte-Sasse gab zu bedenken, daß einerseits das Prinzip der strukturellen Geschlossenheit des Werkes durch die moderne Ästhetik mit ihrer Sensibilität für das Einzelne oft gar nicht mehr angestrebt werde und daß andererseits auch der Kitsch »Einheit im Sinne psychologisch glaubhafter und gleitender Übergänge eines Teils zum anderen hat [...] – damit der Genießende nicht unnötig aus der für die Wirkung nötigen Illusion gerissen wird«.[20] Schulte-Sasse schlußfol-

---

13 Der Kitschliteratur fehle ein begründeter Aufbau des Ganzen, sie nutze das formale Prinzip der Reihung, das es ermöglicht, kleinste Sinneinheiten isoliert zu verstehen und sentimental zu genießen. Zufall und Schicksal gewinnen aufgrund des Verzichts auf ein kausales Handlungsgerüst an Bedeutung.

14 Der Kunstgenuß ist von einer kontemplativen, objektbezogenen Haltung gekennzeichnet, im Sinne einer »Fernstellung von Ich und Gegenstand« (Ludwig Giesz), der Kitschgenuß dagegen von einer stimmungsgetragenen, ichbezogenen Haltung, in der der »Genießende sich als Genießenden genießt« (Giesz). Schulte-Sasse verweist auf Bollnow, der, angeregt durch Heideggers Begriffe der Befindlichkeit (als Passivität, als bloße Stimmung) und des Verstehens (als Aktivität) eine Unterscheidung vornimmt zwischen *Gefühlen*, die auf einen bestimmten Gegenstand bezogen sind, und *Stimmungen*, die als gegenstandslose »Zuständlichkeit« zur genüßlichen Stimmungstrunkenheit entarten können (vgl. Otto Friedrich Bollnow: Das Wesen der Stimmungen, Frankfurt/Main 1941).

15 Der ethische Dualismus »zwischen ›sinnlichem Genuß und Stoffhunger‹ einerseits, ›geistiger Anstrengung und Erkenntnis gestalteter Formen‹ andererseits« (Schulte-Sasse, Literarische Wertung, S. 17) ist eine Variation der Kategorie distanzierter/distanzloser Genuß.

16 Der Kitsch hält formal und ethisch an erstarrten Konventionen fest, während zum Wesen der Kunst »Progressivität« gehöre.

17 Der Kitsch halte sich an erstarrte Bilder als »erprobte[n] und bewährte[n] Stimulantien für die angestrebte Genüßlichkeit« (ebd., S. 19).

18 Ebd., S. 36.

19 Vgl. Kreuzer, Trivialliteratur, S. 175.

20 Schulte-Sasse, Literarische Wertung, S. 26f. und 29.

gert: »Da jedes Bezugssystem historischem Wandel unterworfen ist und auch poetologische Termini von Erfahrungskontexten und varianten begrifflichen Oppositionssystemen abhängig sind, kann es beispielsweise auch keinen absoluten und akontextuell definierbaren Begriff von künstlerischer Ganzheit geben«.[21] Die Relativität erfaßt darüber hinaus Wertungskriterien wie die der »Echtheit« bzw. »existenzialen Ursprünglichkeit« (als Charakterisierung der dichterischen Mitteilung gegenüber der »Verlogenheit« des Kitsches). Schulte-Sasse weist mit Wilhelm Emrich darauf hin, daß die Darstellung eines Phänomens entsprechend dem Bewußtsein des *Rezipienten* als »echt« oder »verlogen« empfunden wird. Demzufolge »[kann] das weniger differenzierte und informierte Bewußtsein auch das abgegriffenste und zerredetste Klischee als ›echtgeschöpfte Realitätsvokabel‹ und damit als ursprünglich schön und unmittelbar wertvoll erleben«.[22]

Nach dieser Feststellung kann von der *Objektivität* der Schönheit kaum noch gesprochen werden. Stellt man in Rechnung, daß auch die Kriterien Einfachheit, Eindeutigkeit sowie distanzierte/distanzlose bzw. geistige/sinnliche Rezeption auf psychologischen Termini beruhen, mit denen die Subjektivität des Rezipienten Maßstab wird, kommt man um die Einsicht in die Relativität literarischer Wertung nicht umhin. Aus diesem Grund stellt Schulte-Sasse die Suche nach übergeschichtlichen Wertungsnormen schließlich in Frage. Er sieht darin das Festhalten an einer nicht zu rechtfertigenden metaphysischen Werttheorie, die durch eine historisch relativierende Werttheorie abzulösen sei. Mit dem Hinweis auf die Anthropologie Arnold Gehlens spricht er vom geschichtlichen Wandel der menschlichen Psyche und damit ihres ästhetischen Empfindens. Er fordert die »Rekonstruktion in Vergangenheit oder Gegenwart aktueller und bewußtseinsmächtiger Wertmodelle«, also die »Aufarbeitung theoretischer Aussagen und die relative, d. h. auf einzelne Epochen beschränkte Abstraktion individueller Wertrealisationen«.[23]

---

21 Ebd., S. 28.
22 Ebd., S. 47. Vgl. Wilhelm Emrich: Zum Problem der literarischen Wertung, in: Akademie der Wissenschaften und Literatur. Abhandlungen der Klasse der Literatur, Jahrgang 1961, Wiesbaden 1961, S. 37-51. Die abzuleitende Frage wäre, ob für den Rezipienten von Kitsch Kitsch Kunst ist oder ob er sich bewußt für Kitsch entscheidet. Mit anderen Worten: hat jemand, der das Bild mit dem röhrenden Hirsch übers Sofa hängt, sich dafür entschieden, etwas Verlogenes, Häßliches in seiner »guten Stube« zu plazieren, möglicherweise, um seine Gäste zu provozieren? Die Frage wirkt rhetorisch und erhellt vielleicht recht gut die ganze Problematik eines ontischen Kitschbegriffs.
23 Schulte-Sasse, Literarische Wertung, S. 71.

Mit dieser Orientierung auf die »historisch-kritische Sichtung«[24] des Wertesystems relativiert Schulte-Sasse zwar die Wertungsnormen entsprechend den historisch sich wandelnden Strukturen der menschlichen Psyche, aber er hält am Gedanken einer kollektiven Psyche als Grundlage eines epochalen Wertsystems fest. Will man diesen epochal zugeschnittenen ›metaphysischen Rest‹ aufgeben, muß man den Schritt auch zur *synchronen* Relativierung des Wertsystems innerhalb einer historischen Relativierung vollziehen. Man muß am Ende jedem Individuum *sein* Wertsystem aufgrund seiner spezifischen Sozialisation zugestehen. Ästhetische Normen sind nicht nur, wie Schulte-Sasse abschließend noch einmal betont, in Abhängigkeit von »historisch gewachsenen kommunikativen Bezugssystemen« zu begreifen, sondern in Abhängigkeit vom spezifischen Kommunikationssystem, in dem ein Individuum sich befindet.[25]

Dieses individuelle Kommunikationssystem führt zu einem individuellen Wertsystem mit seinen entsprechenden ästhetischen Normen und Ansprüchen an Funktion und Wirkungsweise von Literatur. Nach der von Kreuzer vorgeschlagenen und oft zitierten Definition der Trivialliteratur als »Bezeichnung des Literaturkomplexes, den die dominierenden Geschmacksträger einer Zeitgenossenschaft ästhetisch diskriminieren«, kann es »nicht mehr *die* Trivialliteratur als Gegenstand der Stilistik oder systematischen Ästhetik geben, sondern Trivialliteratur*en* [Hervorhebung von mir] als historisch vorfindbare Epochenphänomene«.[26] Dieser Begriffsbestimmung zufolge gibt es selbst innerhalb einer Epoche nicht *die* Trivialliteratur – insofern man den dominierenden Geschmacksträgern nicht ein Diskriminierungs- und Definitionsmonopol einräumt. Man muß vermuten, daß es auch für den Leser der von den dominierenden Geschmacksträgern ästhetisch diskriminierten Literatur eine ästhetisch diskriminierte Literatur gibt, daß sich also mehr oder weniger explizit und bewußt das Dichotomisierungsmodell auf den verschiedensten Ebenen ästhetischen und intellektuellen Niveaus wiederholt. Kreuzer selbst gibt Anlaß, die historische Relativierung auf eine individuelle auszudehnen, wenn er gegen Bausingers Suche eines »fixierbaren Mutationspunkt[es] als Grenze zwischen dem objektiv dichterischen und dem objektiv kitschigen

---

24 Ebd., S. 72.

25 Ebd., S. 74. Vgl. die Feststellung Renate von Heydebrands, daß für den Geltungsbereich des Begriffes *literarisch* »nur historisch-diachron wie -synchron variable Bedingungen angegeben werden können«, daß er also »nur in bezug auf bestimmte Gruppen der Sprachgemeinschaft in bestimmten Diskursen und Situationen festgelegt werden kann« (Heydebrand, S. 931). Vgl. die theoretischen Überlegungen zur individuellen Mentalität im Abschnitt 1.2.3.

26 Kreuzer, Trivialliteratur, S. 185.

Gebrauch eines Stilmittels« polemisiert.[27] Kreuzer hält dagegen, »daß die objektive Mutation vom Guten ins Schlechte nirgends stattfindet, eine ›Mutation‹ vom Besseren ins Schlechtere aber allenthalben, auf jedem Punkt der weiteren Werteskala zwischen einem empirisch unbestimmbaren Maximum und einem empirisch unbestimmbaren Minimum literarischer Qualität, so daß jede feste Grenzziehung zwischen Gut und Schlecht, Literatur und Trivialliteratur theoretisch willkürlich erscheint«.[28]

Diese Konsequenz kann theoretisch unterstützt werden durch die rezeptionsästhetischen und kognitionstheoretischen Aussagen, daß ein Text keine bestimmten inhaltlichen/ästhetischen Aussagen/Merkmale *an sich* besitzt, sondern diese erst jeweils in der Rezeption durch den Leser *für sich* entstehen.[29] Dadurch werden Aussagen über die stilistisch-ästhetische Qualität eines Textes nicht nur an historisierte, sondern auch an individualisierte Kommunikationsbedingungen rückgebunden. Empirisch kann die Annahme von der Subjektivität des Ästhetischen gerade mit einem Hinweis auf Vulpius unterstützt werden. Denn Vulpius stellt sich nicht nur gern in eine Gesinnungsgenossenschaft mit Goethe und Schiller und kritisiert deren ästhetische Gegner. Vulpius, der schon von Zeitgenossen der ästhetischen Schwäche seiner Romane wegen abqualifiziert wurde, merkt seinerseits in Rezensionen die ästhetischen Mängel anderer Schriftsteller an und zeigt damit, daß es auch für den Produzenten ästhetisch diskriminierter Literatur eine ästhetisch zu diskriminierende Literatur gibt (vgl. 3.3.3).

Die Historisierung des Begriffs Trivialliteratur darf nicht zu einer *schichten*spezifischen Definition führen. Dies geschieht dann, wenn die von den zeitgenössischen dominierenden Geschmacksträgern ästhetisch diskriminierte Literatur als markierte Textgruppe akzeptiert wird und von dieser über den Vergleich mit den durch die zeitgenössischen Geschmacksträger ästhetisch *aufgewerteten* Texten ästhetische und/oder kommunikationsspezifische Merkmale der Trivialliteratur hergeleitet werden. Der kritische Impetus, den die *historisch* orientierte Rekonstruktion von Trivialliteratur besitzt, stößt an seine Grenzen in der Anlehnung an ein historisches Wertsystem. Dieses Wertsystem baut, wie Schulte-Sasse bemerkt, auf dem Arbeits- und Bildungsbegriff des Bürgertums auf, der die geistig aktive Rezeption fordert.[30] In diesem Zusammenhang wurde von Kant, Schiller, Goethe, Bergk und vielen anderen maßgebenden Vertretern des

---

27 Ebd., S. 182.
28 Ebd., S. 183.
29 Zur Theorie des Radikalen Konstruktivismus vgl. 1.2.2.3.
30 Vgl. Schulte-Sasse, Literarische Wertung, S. 53.

zeitgenössischen ästhetischen Diskurses die bloß passive Hingabe der »Masse«, wie es im »Faust« im »Vorspiel auf dem Theater« heißt, an die Stofflichkeit und Sinnlichkeit kritisiert. In der Enttäuschung über das Rezeptionsverhalten des größten Teils der Leser äußert sich auch die Enttäuschung über die Nichtnutzung des emanzipatorischen Wirkungspotentials der Literatur. In der mitunter selbstgefälligen Kritik einiger Zeitgenossen am Leseverhalten der ›Masse‹ deutet sich aber außerdem an, daß das ästhetische Urteil, wie Pierre Bourdieu für die jüngere Zeit umfangreich illustrierte,[31] zugleich ein Distinktionsurteil darstellt, daß die ästhetische Diskriminierung letztlich eine soziale bedeutet.

In dieser Tradition stand seit ihren Anfängen die dem bürgerlichen Bildungsideal verpflichtete deutsche Literaturwissenschaft. Dieser Tradition entkommt sie auch heute nicht. Da Literaturwissenschaft eine Sozialisationsinstanz ist, kann literaturwissenschaftliche Wertung nicht unschuldig sein. Der Diskurs, in dem der Wertende steht, drückt sich unhintergehbar in der Wertung aus.[32] Jörg Schönert gibt zu bedenken, daß die »Minderwertung ›trivialer Texte‹ [...] von sozial dominanten Gruppen zur Wahrung ihrer kulturellen Interessen getroffen und durchgesetzt [wird]. Die Festlegung *Trivialliteratur* hat ihren Ursprung also nicht in literaturtheoretischen Überlegungen, sondern ist die Konsequenz gesellschaftlich vermittelter Wertungspraxis und als solche zu analysieren. Die Konstanz der Entscheidung *Trivialliteratur* in einer geschichtlichen Situation ist auf den etablierten ›Konsensus der Kenner‹ zurückzuführen, die historische Invarianz auf die erfolgreiche Traditionsbildung eines solchen Konsensus«.[33]

Wie sehr ästhetische Diskriminierungen mit dem Ziel der Dominanzwahrung verbunden sein können, zeigt sich in den Versuchen, Trivialliteratur durch einen literatursoziologischen Aspekt zu definieren, wie es unterschwellig heute noch immer oft geschieht. In der Gleichsetzung von ›Trivialliteratur‹ und ›Massenliteratur‹ drückt sich der nur auf den ersten Blick unsinnige Ansatz aus, Popularität eines Textes als Indiz gegen seine Qualität zu nehmen.[34] Dahinter steckt nicht nur die Überlegung, daß ak-

---

31 Vgl. Pierre Bourdieu: Die feinen Unterschiede. Kritik der gesellschaftlichen Urteilskraft, Frankfurt/Main 1982 (frz. 1979).

32 Der Literaturwissenschaftler begegnet während seiner Ausbildung fachspezifischen Normen, die sein Sprechen über Literatur (Terminologie, ästhetische und kommunikationsspezifische Qualitätsmerkmale u.a.) regeln. Seine erfolgreiche Teilnahme am literaturwissenschaftlichen Diskurs ist äquivalent der Absorption dieser Diskursregeln. Zur Ordnung des Diskurses vgl. 1.2.2.2.

33 Schönert, S. 349.

34 In der Konsequenz eines solchen Ansatzes müssen auch Goethes »Werther«, Umberto Ecos »Der Name der Rose« oder Patrick Süskinds »Das Parfüm« disqualifiziert werden.

zeptable Literatur nicht massenhaft rezipiert werde. Dahinter steckt auch die berechtigte Befürchtung, massenhaft rezipierte Texte verlören an Exklusivität und realisierten nicht mehr ihre Sekundärfunktion als »Objektivierung einer Distinktionsbeziehung« (Bourdieu). Schönerts vorsichtiger Hinweis auf die soziale Funktion literarischer Wertung wird bei Rudolf Schenda übrigens, verstärkt durch Klassenkampfmetaphern, zu einem regelrechten Angriff auf die etablierte Wissenschaft. Schenda wirft der bisherigen Trivialliteraturforschung vor, daß sie den »elitären Literaturkanon« nur scheinbar aufbricht und im Grunde »den Literaturwissenschaftler der Oberschicht vor dem nichtliterarischen ›Schmutz und Schund‹ des ›geistigen Proletariats‹ und vor den politischen Konsequenzen, die aus einer solchen Beschäftigung zu ziehen wären«, schützt.[35]

1.1.2. Der Trick der Herrscher – ideologiekritischer Ansatz

Schendas Angriff auf die Literaturwissenschaft ist vor dem Hintergrund der ideologiekritischen Wende zu verstehen, die seit Ende der 60er Jahre in der Trivialliteraturforschung zu einem doppelten Paradigmenwechsel geführt hat. Zum einen wurden statt der ästhetischen Wertungskategorien verstärkt funktionalistische Kriterien angewandt, zum anderen wurde die Leserschaft der Trivialliteratur tendenziell entlastet, indem man sie zu Manipulationsopfern der »Kulturindustrie« (Adorno) erklärte, die nicht *selbstverantwortlich* nach ›Schund‹ greifen würden.[36] Auch bei diesen Arbeiten handelt es sich vor allem um engagierte Arbeiten *gegen* die Trivialliteratur, die dieser mit Blick auf ihren kommunikativen Gebrauchswert Evasionscharakter und Gesellschaftskonformität vorwerfen. Man verklagt die Trivialliteratur, letztlich (gewollt oder unbewußt) auf die totale Anpassung des Lesers an die gesellschaftlichen Verhältnisse und auf seine Immunisierung gegenüber Veränderungen zu zielen.[37] Man bezieht sie in

---

35 Schenda, Die Lesestoffe der kleinen Leute, S. 124.

36 Dafür wurden im Zuge der ideologiekritischen Aufklärung »Zur gesellschaftlichen Dimension literarischer Normen« (so der Titel eines Aufsatzes von Maximilian Nutz in: Peter Gebhardt (Hg.), Literaturkritik und literarische Wertung, Darmstadt 1980, S. 352-387) die mit dem traditionellen Wertungsansatz operierenden Literaturwissenschaftler tendenziell *be*lastet, da sie die Funktion ihrer wissenschaftlichen Methode innerhalb des repressiven gesellschaftlichen Systems nicht reflektierten bzw. in Frage stellten.

37 Vgl. u. a. M. Nagl: Science Fiction in Deutschland. Untersuchungen zur Genese, Soziographie und Ideologie der phantastischen Massenliteratur, Tübingen 1972; C. Bürger: Textanalyse als Ideologiekritik. Zur Rezeption zeitgenössischer Unterhaltungsliteratur,

die »Analyse der historisch und gesellschaftlich bedingten Formen der Verschleierung mentaler und materieller Unterdrückung« ein, wobei ihre herrschaftsstabilisierenden Züge nicht nur an inhaltlichen, sondern auch an stilistischen Merkmalen aufgezeigt werden.[38] Das traditionelle Dichotomisierungsmodell von ›hoher‹ und ›niederer‹ Literatur bleibt in der Gegenüberstellung von emanzipativer/reflexiver versus affirmativer/identifikatorischer Literatur modifiziert erhalten. Die Trivialliteratur und das entsprechende Bedürfnis nach ihr werden im allgemeinen als *Ergebnis* und nicht als Voraussetzung der »Kulturindustrie« gesehen; sie wird als das mehr oder weniger gezielt eingesetzte Mittel der Bewußtseinssteuerung verstanden. Kritik an Trivialliteratur ist somit immer auch Ideologie- und Gesellschaftskritik.[39]

An das selektierende und ideologieverfangene Verfahren dieser Interpretation erinnert Lennart Falck mit dem Hinweis auf emanzipatorische Aspekte auch in Trivialromanen und systemerhaltende Elemente auch in Werken der hohen Literatur.[40] Die Frage nach dem möglichen affirmativen Charakter der hochgewerteten Literatur lenkt die Aufmerksamkeit gerade auf Herbert Marcuse, der bereits 1937 vom affirmativen Charak-

---

Frankfurt/Main 1973; M. Kienzle: Der Erfolgsroman. Zur Kritik seiner poetischen Ökonomie bei G. Freytag und E. Marlitt, Stuttgart 1975. Die ideologiekritischen Arbeiten zur Trivialliteratur sind stark vom Kapitel »Kulturindustrie. Aufklärung als Massenbetrug« in Theodor W. Adornos und Max Horkheimers Dialektik der Aufklärung (1947, [2]1969) geprägt, die erst im Zuge der Studentenbewegung eine breitere Rezeption erfuhr und für lange Zeit wissenschaftliche Fragestellungen beherrschte.

38 Bücker, S. 29. Ursula Bücker sieht z. B. in der für viele Werke der Trivialliteratur typischen »Losgelöstheit der Personen von einer sinnvollen Biographie« und im »Praktizismus der unbegründeten Handlung« die Suggestion einer »›Freiheit‹ des Helden, die jeder Verankertheit des realen Menschen in subjektiven emotionalen Bindungen und sozialen Verantwortlichkeiten widerstreitet« (S. 34).

39 Für Adorno und Horkheimer wurde das Bedürfnis nach zerstreuter Rezeption durch die Kulturindustrie geschaffen und wirke nun in einem »Zirkel von Manipulation und rückwirkendem Bedürfnis« (Adorno/Horkheimer, S. 109). Mit der Formel »Vergnügtsein heißt Einverstandensein« (S. 130) wird der affirmative, staatserhaltende Charakter der hedonistischen Rezeption unterstrichen und die Losung der kritischen Trivialliteraturforschung aufgestellt: »Die Befreiung, die Amüsement verspricht, ist die von Denken als von Negation« (ebd.).

40 Falck macht aufmerksam auf Mosses Nachweis von Toleranzgeboten gegenüber Andersdenkenden bei Eugenie Marlitt und Karl May (vgl. G. L. Mosse: Was die Deutschen wirklich lasen. Marlitt, May, Ganghofer, in: R. Grimm/J. Hermand (Hgg.), Popularität und Trivialität, Frankfurt/Main 1974, S. 101-120; vgl. Falck, S. 25) und gibt »systemerhaltend-affirmative Elemente« bei Hofmannsthal und Thomas Mann zu bedenken (vgl. Falck, S. 26). In Vulpius' Romanen »Die Zigeuner« und »Abentheuer und Fahrten des Bürgers und Barbiers Sebastian Schnapps« findet sich der Toleranzgedanke ebenfalls (vgl. Kap. 4, Anm. 18 und Anm. 461).

ter auch der ›Hochkultur‹ sprach, die »auf die Not des isolierten Individuums [...] mit der allgemeinen Menschlichkeit, auf das leibliche Elend mit der Schönheit der Seele, auf die äußere Knechtschaft mit der inneren Freiheit, auf den brutalen Egoismus mit dem Tugendreiche der Pflicht« antwortet.[41] Aus der Verinnerlichung und Pflege dieser seelischen Qualitäten fließe schließlich ein Handeln, »das nicht gegen die gesetzte Ordnung anrennt [...] Diese Haltung führt zu einem Sich-benehmen-können«.[42] Marcuse diskutiert den affirmativen Charakter der Kultur mit Blick auf deren ästhetischen Aspekt.[43] An seinen Hinweis auf die Disziplinierung im Rezeptionsaugenblick läßt sich Rolf Grimmingers Resümee über die Kunst des 18. Jahrhunderts anschließen: »Die Kunst übernimmt für die Gebildeten über ein Jahrhundert hinweg die therapeutische Funktion des Kults, der Religion und des Karnevals – sich zu reinigen, indem man augenblicklich lebt«.[44] Grimminger macht auf die sozialisierende Wirkung der Entwicklungsromane aufmerksam[45] und verweist auf das Lob der »Sittenbildnerin« Theaterkunst in Lessings »Hamburgischer Dramaturgie«: »Weh dem gedrückten Staat/ Der, statt Tugend, nichts, als ein Gesetzbuch hat«.[46] In diesem Zusammenhang und mit Blick auf die inhaltliche Verwandtschaft von Vulpius' »Rinaldo Rinaldini« und Schillers »Räuber« läßt sich auf Schillers Selbstrezension der »Räuber«[47] und v. a. auf seinen Fortsetzungsplan verweisen, der »alle Immoralität in die erhabenste Moral sich auflösen« lassen sollte.[48]

---

41 Marcuse, S. 66.

42 Ebd., S. 71. Marcuse resümiert: »So konnte die Seele als ein nützlicher Faktor in die Technik der Massenbeherrschung eingehen«- »Die Verinnerlichung: die Umkehrung sprengender Triebe und Kräfte des Individuums in seelische Bereiche, war einer der stärksten Hebel der Disziplinierung gewesen« (S. 82 und 93).

43 »Die Schönheit gibt dem Ideal den Charakter des Liebenswerten, Beseligenden, Befriedigenden – des Glücks. [...] in der Schönheit des Kunstwerks kommt die Sehnsucht einen Augenblick zur Erfüllung: der Aufnehmende empfindet Glück« – »Wie die Kunst das Schöne als gegenwärtig zeigt, bringt sie die revolutionierende Sehnsucht zur Ruhe« (ebd., S. 88 und 89).

44 Grimminger, S. 200.

45 Das Ziel der Entwicklungsromane sei »die Einbürgerung des irrenden, von den Abenteuern seines Herzens und den Illusionen seines Kopfes fehlgeleiteten Helden in das Gegenteil, in die bestehenden oder auch fiktiv entworfenen Ordnungen einer Gesellschaft. Durch Schaden klug geworden und von Enttäuschungen gezeichnet, entwickelt er sich und sein Bewußtsein, er wird zu einem zurechnungsfähigen Ich der Vernunft, ein Erwachsener, der seine Initiationsriten hinter sich gebracht hat« (ebd., S. 204).

46 6. Stück der »Hamburgischen Dramaturgie«; vgl. Lessing, S. 259.

47 Vgl. Die Räuber. Ein Schauspiel, von Friedrich Schiller. 1782, in: Schiller, Bd. 22, S. 115-131.

48 Schiller an Dalberg am 24.8.1784; vgl. dazu 4.2.1.

Wenn also mit Blick auf den kommunikativen Gebrauchswert das Begriffspaar affirmativ/emanzipativ zum Definitionsbezug von trivialer und hoher Literatur gemacht wird, müssen zwei Dinge eingewandt werden. Erstens lassen sich disziplinierende Elemente zur Genüge ebenso in der traditionell hochgewerteten Literatur finden. Zweitens basiert die Wahrnehmung solcher Elemente auf der Grundlage subjektiver Rezeption, weswegen sich der ideologiekritische Wertungsansatz ebensowenig wie der stilistisch-ästhetische objektivieren läßt. Folgt man der Auffassung, daß das »Verstehen« von Texten sich nicht als »Bedeutungs-›Entnahme‹, sondern von Anfang an als Bedeutungs-Zuschreibung« vollzieht,[49] können Aussagen über die Wirkung von Literatur nicht mehr vom *Text* her getroffen werden.[50]

Obgleich auch die ideologiekritische Literaturwissenschaft die entsprechenden Einwände der Rezeptionsästhetik gegen die These einer vom Text her vorprogrammierten Rezeption reflektiert,[51] operiert sie letztlich mit einem einlinigen Wirkungsmodell, das den rezeptionsästhetischen und kognitionstheoretischen Aussagen über die individuellen Faktoren des Rezeptionsprozesses nicht gerecht wird.[52] Aus diesem Grund entwickelt sie »Subversionstheorien und Virusphantasien«[53] über die Wirkung von Literatur, macht Literatur mitunter direkt verantwortlich für gesellschaftliche Mißstände und erwartet zugleich von ihr gesellschaftsverändernde Impulse. Die ideologiekritische Trivialliteraturforschung erhält vor diesem Hintergrund gewissermaßen die emanzipatorische Funktion der Aufklärung und damit, der Intention nach, gesellschaftsverändernde Relevanz. Die Auffassung, Beseitigung der Trivialliteratur würde ihre bisherigen Rezipienten zu deren ›wahren Interessen‹ und damit zu gesellschaftlichem Handeln führen, kommt allerdings einer »Romantisierung des Konsumenten«[54] gleich. Dieser Romantisierung geht zuweilen die

---

49 Scheffer, S. 8.

50 Dies betrifft auch die Frage der Stimulations- oder Kompensationswirkung von Gewaltdarstellungen. Scheffer äußert die Auffassung, daß Gewaltdarstellungen im Fernsehen »in jeder nur denkbaren Richtung [wirken]: Der gleiche Film kann abstoßend, anregend oder relativ neutral wirken – je nach Persönlichkeit des jeweiligen Zuschauers« – »Hauptsächlich entscheidend sind die eigenen Konstruktionsleistungen« (Scheffer, 30).

51 Vgl. Schemme, S. 125f.

52 Zur Kritik der ideologiekritischen Auffassung von Trivialliteratur als »Fesselung des Bewußtseins« (Adorno) vgl. G. Fetzer: Das gefesselte Bewußtsein. Zu Theoremen der Neuen Linken in der Trivialliteraturforschung, in: Jahrbuch für Internationale Germanistik, H. 2 (1979), S. 85-101, sowie: ders., Wertungsprobleme in der Trivialliteraturforschung, München, 1980.

53 Scheffer, S. 14.

54 Fluck, S. 25.

Beschimpfung des Rezipienten voraus. So etwa bei Wolfgang Schemme, der die affirmative Funktion der Trivialliteratur mit den folgenden Worten beschreibt: »Anstatt sich mit einem hohen geistigen wie körperlich-materiellen Aufwand gegen die Zwänge der modernen Gesellschaft zu wenden, folgt der Leser den angenehmeren Lösungsmöglichkeiten, die ihm in Form von Lektüre angeboten werden. Sie gibt ihm die Möglichkeit, den Alltag zu ertragen; sie bewirkt zugleich eine Art von Doppelexistenz: Eine Existenz, in der man den Leistungszwang der politisch-gesellschaftlichen Wirklichkeit erträgt, und eine andere, in der man sich von eben jenem Leistungszwang erholt. Die Möglichkeit dieser Erholung macht ein Aufbegehren in jener anderen Existenz überflüssig. Damit aber erfährt nicht nur die Praxis eben jener Leistungsgesellschaft eine Affirmation, sondern auch das Verhalten des einzelnen, der sich mit eben jener Gesellschaft abfindet. Auf diese Weise leistet die literarische Ware eine Verhaltenssteuerung, deren Ergebnis die Anpassung an vorhandene Zustände ist«.[55]

Diese Textpassage ist symptomatisch für den ideologiekritischen Blick auf Trivialliteratur und fordert Widerspruch heraus. Trivialliteratur wird hier unter der Hand zum Revolutionshemmnis erklärt.[56] Andere haben sie verantwortlich für die Weltkriege erklärt.[57] Wie überzogen aber die Vorwürfe, die der Trivialliteratur aus funktionaler Sicht gemacht werden, auch immer sein mögen, Ausgangspunkt ist zumeist die ihr unterstellte Tendenz zur bloßen Unterhaltung. Das Problem der Trivialliteratur ist im Grunde das Problem der Zerstreuung. Inwiefern dies auch ein Problem hochgewerteter Literatur ist, wäre noch zu klären. Zunächst erfordert der erhobene Vorwurf eine Anmerkung zur Zerstreuung.

---

55 Schemme, S. 123.

56 Vgl. Pehlkes und Lingfelds Ausspruch: »Bewußtseinsindustrie dient der herrschenden Klasse als konterrevolutionäres Palliativ« (Pehlke/Lingfeld, S. 28).

57 Rudolf Schenda, der die elitäre Literaturwissenschaft angegriffen hatte, hält sich nun auch in der Kritik an der Trivialliteratur nicht zurück: »Die Resultate der gesamten Entwicklung des 19. Jahrhunderts sind bekannt. Die Konsumenten populärer Lesestoffe haben dabei eine ebenso klägliche wie anklagende Rolle gespielt. In zwei Weltkriegen haben Millionen von Lesern – manipuliert, willfährig, gedankenlos, blind – der Tradition getraut, der Autorität zugestimmt, auf alte Werte hingewiesen, der verlogenen Fiktion falscher Berichte geglaubt, Abenteuer auf dem Felde der Ehre gesucht, vom großen Vaterland oder von der großen Nation bramarbasiert und vom idyllischen Frieden geträumt« (Schenda, Volk ohne Buch, S. 494). Der exakte Schuldanteil der Trivialliteratur an den Weltkriegen dürfte sich schwer feststellen lassen. Es sind viele Einwände gegen Schendas Worte vorzubringen, so beispielsweise der Hinweis auf die Rolle der Leser (und Autoren!) *hochgewerteter* Literatur v. a. im 1. Weltkrieg und der Zweifel, daß die Menschen deswegen nicht massenhaft den Kriegsdienst verweigerten, weil sie im Felde das Leben der Abenteurer ihrer Lektüren gesucht hätten.

Die der Ideologiekritik verpflichteten Theoretiker begründen die Zerstreuungslust des Menschen gesellschaftlich. Der »Leistungszwang der politisch-gesellschaftlichen Wirklichkeit«, so heißt es bei Schemme, erfordere diese Flucht in die Erholung.[58] Manche Formulierungen lassen allerdings gar nicht mehr erkennen, ob die Sucht nach Ablenkung politisch-gesellschaftlich oder anthropologisch erklärt wird. So etwa, wenn Dieter Wellershoff über den Leser sagt: »Abgelenkt werden will er von sich selbst, seinen Enttäuschungen, Ängsten, Schwierigkeiten; unterhalten werden muß durch dauernde Reizung sein von Resignation bedrohtes Lebensgefühl; entspannt werden soll durch imaginäre Entladungen der aggressive Affektstau, der nicht verwandelt werden kann in befriedigende Tätigkeit. Hintergrund der Scheinbefriedigungsindustrie ist ein ungeheures Lebensdefizit«.[59] Kann dieses Lebensdefizit, dieses latente Resignationsgefühl ohne weiteres der gesellschaftlichen Struktur angelastet werden? Blaise Pascal, der 300 Jahre vor Wellershoff über die Zerstreuung reflektierte, faßte sie als ein *anthropologisches* Phänomen auf (vgl. 2.4.3). Er sprach von der Hilflosigkeit des Menschen gegenüber seinem eigenen Dasein und offerierte als Lösung schließlich Gott. Wellershoff wiederum nennt die Religion Vertröstung und »kollektive Triebverschiebung ins Imaginäre«.[60] In diesem Zusammenhang stellt sich die Frage, ob die Trivialliteratur nicht insofern eine religiöse Funktion besitzt, als sie mit einem Lebensdefizit umzugehen hilft und Triebverschiebungen ins Imaginäre ermöglicht. Wenn darüber hinaus Lebensdefizit-Erfahrungen und Resignationsgefühle zu den anthropologischen Konstanten gezählt werden, stellt sich zugleich die Frage, ob Trivialliteratur dann noch mit Begriffen wie »Kulturindustrie« oder »Bewußtseinsindustrie« (Magnus Enzensberger) adäquat beschrieben werden kann.

Jeder Versuch einer Anthropologisierung des Phänomens Trivialliteratur muß aus ideologiekritischer Sicht freilich selbst zum Mechanismus

---

58 Mitunter erscheint die Negativwertung des Unterhaltungsbedürfnisses als aufgesetzter Akt, der nur das Verbleiben im ideologiekritischen Paradigma garantieren soll. Vgl. Schemme, S. 122: »Unterhaltung kann aufgefaßt werden als Abwechslung, Zerstreuung, Ablenkung, als Form der Entspannung und Erholung vom Leistungsstreß. In diesem Sinne leistet sie durchaus eine wichtige Regeneration der Kräfte im Arbeitsprozeß. In ideologiekritischer Sicht freilich gewinnen die hier genannten Varianten der Unterhaltung ein durchaus sozialpolitisches Gewicht. Wo von Kompensation und Ersatzbefriedigung gesprochen wird, dort müssen Gründe dafür vorliegen, daß solche Mängel und Bedürfnisse entstehen, zu deren Beseitigung der einzelne unter anderem das Mittel der Trivialliteratur heranzieht.«
59 Wellershoff, S. 730.
60 Ebd., S. 731.

der Ideologie gehören.[61] Dem läßt sich entgegenhalten, daß dies umgekehrt auch für den ideologischen Erklärungsansatz gilt: jede Abwehr einer Anthropologisierung gehört selbst zum Mechanismus des ideologiekritischen Welt- und Menschenbildes. Wenn Otto Best 1978 fordert, »das Kitschproblem auf die anthropologische Grundebene zurückzuführen«, und die Vorliebe für Kitsch mit dem Mangel erklärt, »der bestimmten gesellschaftlichen Formen oder der irdischen Existenz des Menschen überhaupt innewohnen mag«, ist er gut beraten, sich gerade Goethe, der in bezug auf die Verteidigung der Trivialliteratur ideologiekritisch unbelastet sein dürfte, als Gewährsmann zu suchen.[62] Best spricht von einer »therapeutischen Funktion« des Kitsches »im Dienste menschlicher Selbsterhaltung«.[63] Dieser »Humanisierung«[64] des Kitschbegriffs haben sich seit den 70er Jahren verschiedene Literaturwissenschaftler unter Hinzuziehung psycho-sozialer und soziolinguistischer Ansätze verschrieben.

1.1.3 Die Humanisierung des Trivialen – psychologischer Ansatz

Die Suche nach einem differenzierteren Verständnis der Trivialliteratur führt dazu, die in ihr vermittelten Denk- und Verhaltensformen auf den Zusammenhang mit den Lebensgewohnheiten und Deutungssystemen ihres Publikums zu befragen. Ebenso werden die ästhetischen Merkmale der Trivialliteratur (Typisierung, Polarisierung, Personalisierung der Konflikte, Transparenz, linear erzählte Kausalketten, syntaktische Einfachheit) als adäquate Reaktion auf die Wahrnehmungsdispositionen verstanden, die sich innerhalb dieser spezifischen sozialen Struktur entwickelt haben. Peter Nusser kommt in seiner Untersuchung »Romane für die Unterschicht« zu dem Schluß: »Das Bedürfnis nach Groschenromanen wird daher so lange bestehen bleiben, bis sich die ökonomischen Bedingungen, unter denen der Leser existiert, bis sich die für die Unterschicht typischen Primär- und Sekundärbeziehungen und die dazugehörenden Erziehungstechniken, bis sich auch die personale Organisation des Lesers

---

61 Vgl. Bücker, S. 31.
62 Best, S. 18. Best zitiert die Nr. 1242 der »Maximen und Reflexionen«: »Es ist eine Forderung der Natur, daß der Mensch mitunter betäubt werde, ohne zu schlafen, daher der Genuß in Tabakrauchen, Branntweintrinken, Opiaten« (vgl. ebd.).
63 Ebd., S. 242.
64 Ebd.

aus der Unterschicht geändert haben werden«.[65] Nusser ist freilich weit entfernt davon, das Groschenheftproblem zu anthropologisieren; seine Schlußfolgerung ist eher als Aufruf zur Gesellschaftsveränderung zu verstehen. Wie dies geschehen kann und ob die »personale Organisation« wirklich nur eine gesellschaftspolitische Frage ist, läßt Nusser unbeantwortet.

Der von Nusser herausgearbeitete Zusammenhang zwischen der Sozialisation des Lesers und seiner Rezeptionsweise bzw. Lektüreerwartung bietet allerdings eine interessante Erhellung im Rückbezug auf den Lesesucht-Diskurs des ausgehenden 18. Jahrhunderts. Damals sahen verschiedene Popularaufklärer und Philosophen ähnliche Bezüge zwischen der Art der Lektüre und der sozialen Rolle des Individuums. Man ging davon aus, daß die Lektüre das ›Absorptionsvermögen‹ einer Sozialschicht überschreiten könnte. Mit Blick auf den Bauern wurde z. B. die Gefahr gesehen, daß die durch Lektüre geschürte Unzufriedenheit mit dem eigenen sozialen Stand (etwa mit der mechanischen, körperlich anstrengenden Arbeit) zur Landflucht und zu vermehrten Studienwünschen führen könnte, was den gesellschaftlichen Bedarf an Intelligenz und die Ausgewogenheit der gesellschaftlichen Struktur zerstören würde. Eine Veränderung der typischen Primär- und Sekundärbeziehungen der Unterschicht wurde von vielen Popularaufklärern daher gerade nicht angestrebt. Vor dem Hintergrund der Position Nussers läßt sich das daraus resultierende Konzept der »verhältnismäßigen Aufklärung« als eine frühe Verteidigung der Trivialliteratur erkennen (vgl. 2.1.3).

So wie Nusser hebt auch Winfried Flucks »Studienbuch zur Funktionsbestimmung und Interpretation populärer Kultur« (1979) auf die schich-

---

65 Nusser, S. 99. Nusser erklärt die ästhetische und ideologische Struktur der Groschenromane aus den Lebensbedingungen ihrer Leser: »ihre Stellung im Produktionsprozeß, ihre Primärbeziehungen, ihre personale Organisation, ihre Erziehungstechniken« (S. 11). Er richtet die Aufmerksamkeit auf die geringere Entscheidungsautonomie der Angehörigen der Unterschicht im Arbeitsbereich (S. 18) und auf deren geringere sprachliche Kompetenz (S. 24-26). Die Orientierungsmuster der Unterschicht gegenüber der Mittelschicht (z. B. größere Gruppenkonformität, kurzfristigere Handlungsplanung, geringere Rollenflexibilität, geringere Reflexionsneigung, vorwiegend Kommunikation über situationsbedingte bzw. nicht abstrakte Sachverhalte [vgl. S. 22-24]) erklären deren »Anfälligkeit« (Nusser) für den Aktionismus und die Komplexitätsreduzierung in den Groschentextheften. Nusser führt damit den ideologiekritischen Ansatz des ›produzierten Lesers‹ zwar entscheidend über die verkürzte Modellierung der Manipulation durch die »Bewußtseinsindustrie« hinaus, bleibt aber der Ideologiekritik soweit verbunden, daß auch er dem Groschenheft-Leser gegenüber den Vorwurf der »Flucht vor der Auseinandersetzung mit in der gegenwärtigen Wirklichkeit liegenden Aufgaben« beibehält und als Wirkung der Groschenhefte die systemerhaltende Abfuhr von Agressionsbedürfnissen hervorhebt (S. 76 und 86).

tenspezifischen Verhaltensweisen, Wertorientierungen und ästhetischen Bedürfnisse ab.[66] Aber Fluck sieht die zentrale Intention eines solchen Erklärungsansatzes darin, »über einen Diskussionspunkt hinauszugelangen, an dem in der Diskussion populärer Kultur immer wieder nur ihre Defizite und Mängel (sei es an ästhetischer Komplexität, Glaubwürdigkeit, ›Realismus‹ oder Politisierung) festgestellt werden, anstatt dem detaillierter nachzugehen, was ihr ihre Resonanz verleiht und sie – wie andere Fiktionen auch – zu einem Mittel sozialer und kultureller Selbstverständigung macht« (S. VI). Fluck expliziert die Ansätze der 1967 in den USA gegründeten »Popular Culture Association«, in deren Perspektive populäre Kultur »in symbolisch verschlüsselter Weise zentrale Wertkonflikte veranschaulicht und in spielerischer und fiktionaler Veranschaulichung probeweise Haltungen zur Auflösung widersprechender Verhaltensansprüche anbietet« (S. 60f.). Dabei sei es wichtig, »daß die Spannungen im Sinne der eigenen Sozialisation und Wertvorstellungen gelöst werden, denn sonst wären frustrierende ›kognitive Dissonanzen‹ oder Schuldgefühle die Folge« (S. 61).[67] Die Frage nach der Popularität der Populärkultur wird von diesem Standpunkt her anders beantwortet »als nur mit dem Hinweis darauf, daß sie keine Anstrengung erfordert oder die Zeit vertreibt. Indem sie zentrale Sozialisationsprobleme aufgreift und fiktional kompensiert, trägt sie zu lustvollem und wirksamem Ausgleich von Spannungen innerhalb des Sozialisationsprozesses bei« (S. 61). Mit dieser Erklärung wird der affirmative, sozialisierende Charakter der populären Kultur nicht bestritten, er wird aber auch nicht verdammt. Vielmehr gibt Fluck zu bedenken, daß die hochgewertete Kultur, den spezifischen Interessen *ihres* Publikums gemäß, in gleicher Weise wirkt (S. 69).

In Flucks Studienbuch wird die Sozialisationsfunktion der populären Kultur v. a. mit dem Blick auf das fiktive Durchspielen anarchischer Verhaltensversuchungen diskutiert. Von einem psychoanalytischen Ansatz her wird die Sozialisationsfunktion der *Identifikation* akzentuiert.

---

66 Vgl. Fluck, S. 47-52; im folgenden Nachweise im Text. *Ein* Beispiel soll zumindest angemerkt werden. Fluck verweist darauf, daß in den hierarchisch organisierten Betrieben die Befolgung von Anordnungen »zur notwendigen Tugend werden [kann], die den Arbeitsplatz sichern hilft und daher auf die Kindererziehung übertragen wird. Fernsehserien, in denen die väterliche Autorität in Frage gestellt ist, stoßen daher auf Ablehnung« (S. 50).

67 Diese den Texteinfluß stärkende Vermutung relativiert Fluck wieder, wenn er auf die »selektive Wahrnehmung« hinweist, die »kommunikative Barrieren gegenüber divergierenden ästhetischen Bewältigungsangeboten errichte[t]« bzw. »den Medieninhalt primär im Sinne der eigenen Gruppennormen wahrnimmt, interpretiert und – wo notwendig – auch interpretatorisch verzerrt« (ebd., S. 61 und 40). Vgl.: »eine bereits durch vorangegangene Sozialisationsprozesse geprägte Disposition wählt entsprechende, die eigene Einstellung bestätigende Inhalte aus und lehnt andere ab« (S. 40).

Schulte-Sasse spricht z. B. mit expliziter Wendung gegen Adornos Reflexivitäts-Forderung vom positiven Sinn der Identifikation in der ästhetischen Rezeption.[68] Die im Rezeptionsprozeß mögliche Suspension des Realitätsprinzips, der vorübergehende Abbau der »konkurrenzorientierte[n] und affektdisziplinierte[n] Panzerung unserer Identität«,[69] wird als individuelle Entlastung aufgewertet. Das Problem der Entfremdung wird nicht nur als ein gesellschaftliches gesehen, sondern auch als *psychisches*; die Identifikation im Rezeptionsprozeß wird nicht unter dem Schlagwort »ideologische Indoktrination« verworfen, sondern unter triebökonomischer Perspektive als ›psychische Hygiene‹ des Individuums positiv gewertet. Schulte-Sasse bezieht sich in seiner Arbeit auf die psychoanalytische Rezeptionsästhetik Norman Hollands (Dynamics of Literary Response, 1968), wonach das Individuum im Zustand der ästhetischen Illusion die Entgrenzungsgefühle der Identifikation erfahre. Das Bewußtsein der Rezeptionssituation, der Differenz zur sozialen Realität, werde dabei durch die »höheren Ichfunktionen« wachgehalten.[70]

Auf die hier vorgetragenen Überlegungen werde ich zurückkommen, wenn es darum geht, Vulpius' Texte in ihrer Funktion und in ihren Sozialisationsangeboten zu untersuchen. Zunächst bleibt festzuhalten, daß aus psychosozialer und psychoanalytischer Perspektive die kompensatorische, entlastende Funktion der Trivialliteratur nicht negativ gewertet wird. Es ist ein deutlicher Unterschied zur ideologiekritischen Perspektive zu erkennen, mit der die Kompensationsfunktion als systemerhaltende Abfuhr wertvoller Frustationsenergie beklagt wird.

1.1.4 Das Patt der Wertung

Es wurde deutlich, daß es keine objektiven Definitionskriterien für Trivialliteratur gibt. Sowohl bei stilistisch-ästhetischem wie ideologiekritischem Herangehen wird die Wahrnehmung des Gegenstandes subjektiv vor-

---

68 Vgl. Schulte-Sasse, Dichotomisierung.

69 Ebd., S. 89.

70 Vgl. Schulte-Sasse, Gebrauchswerte der Literatur, S. 89f. Schulte-Sasse hält allerdings gegen Hollands Favorisierung der allein psychoanalytisch erklärbaren Bedeutungszuweisung im Rezeptionsprozeß an der Vorstellung der »Interdependenz produktionsästhetischer Bedeutungsobjektivation und rezeptionsästhetischer Deutungsleistung« fest (S. 101) und läßt aus diesem Grund seinen Artikel mit einer vehementen Kritik an Hollands Ablehnung literarischer Wertung enden. Zur Aufnahme Hollands vgl. auch Fredric Jameson: Verdinglichung und Utopie in der Massenkultur, in: Schulte-Sasse, Dichotomisierung, S.

geprägt. Es kann weder mit Allgemeinheitsanspruch gesagt werden, welche ästhetische Qualität noch welchen Gebrauchswert ein Text besitzt. Da Wertungen nicht allein von textbezogenen Werten ausgehen, sondern im Zusammenhang eines »Sozialsystems Literatur« stehen, spielen in die Bewertung eines Textes immer auch textexterne Kategorien, Normen und Wertvorstellungen hinein.[71] Der Diskurs, in dem der Wertende steht, drückt sich schließlich im Bild des Bewerteten aus. Die Intersubjektivität der Aussagen – als konsenstheoretischen Wahrheitsnachweis – wird der wertende Literaturwissenschaftler nicht einmal mit allen Kollegen herstellen können, geschweige denn mit Lesern anderer sozialer Position.

Das Wertungsproblem ist zudem immer ein doppeltes. Der Vorwurf der Affirmation und Evasion, der der Trivialliteratur oft gemacht wird, stellt vor zwei Wertungsfragen. Zum einen ist die Entscheidung, *ob* ein Text affirmativ rezipiert wird bzw. bloß Zerstreuungsfunktion hat, wie alle funktionalen Aspekte rezipientenabhängig.[72] Zum anderen ist die Annahme, *daß* ein Text affirmativ rezipiert wird bzw. bloß Zerstreuungsfunktion hat, nur unter bestimmten ideologischen, anthropologischen oder literatursoziologischen Voraussetzungen Kriterium einer Abwertung.[73] Hier müssen (literatur)soziologische, (literatur)psychologische und letztlich gesellschaftliche Fragen geklärt werden: der »Zwang zur Wertungsreflexion« verlangt zuerst die »öffentliche[r] Verhandlung von handlungsrelevanten Normen«.[74] Stellte Trivialliteraturforschung das Ideal wertfreier

---

108-141. In ähnlicher Weise wie Holland hatte Freuds Kollege Ernst Kris bereits 1952 die positive Funktion der ästhetischen Illusion hervorgehoben. Kris vertrat die Auffassung, daß »das, was Aristoteles als die Reinigung beschrieben hat, dem Ich ermöglicht, seine Herrschaft wiederzugewinnen, die durch aufgestaute Triebwünsche bedroht ist. Die Suche nach Ventilen hat zum Ziel, diese Herrschaft abzusichern oder wiederzugewinnen; und die Lust dabei ist ein zwiefache, sie schafft Abfuhr und Kontrolle« (Kris, S. 48).

71 Vgl. Heydebrand, S. 829f.

72 Das grellste Beispiel dafür ist wohl *camp* als Bejahung des Kitsches von einer intellektuellen, esoterischen Haltung aus. Bemerkenswerterweise sieht Susan Sontag gerade im 18. Jahrhundert die Ursprünge des Camp-Geschmacks: im Schauerroman, in der Chinoiserie und in künstlichen Ruinen (Sontag, S. 327). *Camp* ergötzt sich am banalen, mißlungenen Werk und »erklärt, daß guter Geschmack nicht einfach guter Geschmack ist, ja, daß es einen guten Geschmack des schlechten Geschmacks gibt« (S. 340). »Camp ist spielerisch, anti-seriös«, »Ernsthaftigkeit« ist für *camp* nicht genug: »Ernsthaftigkeit kann bloßes Philistertum sein, geistige Enge« (S. 336). Damit ist *camp* zugleich (v. a. von der homosexuellen Minderheit ausgehender) Protest gegen den ästhetischen Monopolismus der gesellschaftlich dominierenden Geschmacksträger. In der Optik der *camp*-Rezeption erhält also auch bzw. gerade das kitschige, affirmative Werk Protestmerkmale.

73 Was die stilistisch-ästhetische Perspektive betrifft, so erinnert von Heydebrand daran, daß auch die Frage, ob Schönheit und Lust unerläßliche Merkmale des Ästhetischen seien, nicht geklärt ist (vgl. Heydebrand, S. 865).

74 Schulte-Sasse, Trivialliteratur, S. 582.

Wissenschaft von Anfang an in Frage, so bleibt sie auch heute politisch verstrickt durch ihre Suche nach einem Maßstab für Kritik, der »nicht mehr im Ästhetischen selbst gefunden werden [kann], sondern nur in den das ästhetische und literarische Urteil fundierenden Anthropologien, Geschichtsphilosophien und ähnlich grundlegenden Weltdeutungsschemata«.[75]

Dieser Bezugsrahmen vereinfacht die Aufgabe keineswegs. Am Beispiel des ideologiekritischen Ansatzes wurde auf die Problematik eines solchen größeren Zusammenhanges bereits hingewiesen. Heute, da auch in der (Geschichts)Philosophie, Ethik, Sprachwissenschaft und anderen Gebieten der Geisteswissenschaft eine ›Radikalrelativierung‹ aller Wertungsvoraussetzungen diskutiert wird (vgl. 1.2), wird der Literaturwissenschaftler durch diese ›Hilfsbereiche‹ nur in weitere Zwänge getrieben. Er kann, auf der Suche nach objektiven Kriterien für die Bewertung von (Trivial)Literatur, seine subjektiven Vorentscheidungen zwar auf dem Gebiet der Philosophie oder Ethik treffen, er wird das eigentliche Problem damit aber nur verschleiern, nicht lösen. Seine Wertung wird schließlich so relativ oder dogmatisch sein wie die ethische und philosophische Theorie, zu der er sich bekennt. Es bleibt die Frage, ob es einen Mittelweg zwischen Wertungsdogmatismus und Wertungsrelativismus überhaupt geben kann (und ob es eine Vermittlung zwischen den möglichen Antworten auf diese Frage geben wird). Aus konstruktivistischer und diskurstheoretischer Perspektive muß diese Hoffnung wohl mit großer Skepsis gesehen werden. Vor diesem theoretischen Hintergrund basiert jede Dissensbeseitigung und jeder Verallgemeinerungsanspruch letzlich nur auf einem Konsens*zwang*.[76] Mit der Relativierung und Subjektivierung der Wertungskriterien scheint das Problem der Bewertung theoretisch nicht mehr lösbar zu sein. Damit geht schließlich auch der Gegenstand der Trivialliteraturforschung verloren. Sie spricht über etwas, das nicht definiert werden kann. Es hat sich eine Patt-Situation eingestellt. Es gibt aber einen scientistischen und einen emotionalen Anker.

Der scientistische Anker ist das Konzept der Empirischen Literaturwissenschaft (ELW). Die ELW bietet mit statistischen Analyseverfahren wie der *Cloze Procedure*[77] und der Feststellung des *Semantischen Differenti-*

---

75 Heydebrand, S. 868.

76 Auch ein Konzept des »zwanglosen Zwangs« des besseren Arguments, wie es Jürgen Habermas in seiner »Diskursethik« entwickelt, entkommt dem Verdacht des *prädiskursiven Reglements* nicht, denn der Prozeß der kommunikativen Konsensfindung setzt zumindest den Konsens über die Kommunikationsregeln schon voraus.

77 Verschiedenen Versuchspersonen wird ein Lückentext vorgelegt, der sinnvoll vervollständigt werden soll.

al[78] einen nichtrelationalen, integrativen Definitionsansatz für Trivialliteratur, der objektive stilistisch-ästhetische Trivialitätsmerkmale zu ermitteln und zugleich der Subjektivität der Textrezeption gerecht zu werden versucht. Entscheidet sich der Literaturwissenschaftler z. B. für die Annahme, daß die Trivialität von Texten v. a. durch Klischeehaftigkeit markiert wird,[79] kann er mit der *Cloze Prozedure* objektive Aussagen über den Trivialitätsgrad eines Textes treffen: die Voraussagbarkeit der aus dem Text getilgten Ausdrücke entscheidet über seinen Klischeegehalt. Ein Text ist um so trivialer, je häufiger der richtige Ausdruck assoziiert wurde. Dieses Verfahren ist in gewisser Weise recht plausibel und führt zu bemerkenswerten Ergebnissen, die im Kontrast zu den durch die Kanonisierung bedingten Vorurteilen stehen.[80] Allerdings muß über die selbstkritischen Anmerkungen Falcks[81] hinaus eingewandt werden, daß die Orientierung auf erwartete oder unerwartete Adjektivierungen und Vergleichsformen[82] eine Reduktion auf bestimmte stilistisch-ästhetische Wertungskriterien bedeutet, die zudem anderen stilistisch-ästhetischen Wertungskriterien opponiert.[83] Darüber hinaus wird das Verfahren proble

---

78 Auf einer Vorlage mit verschiedenen Antonym-Adjektivpaaren (z. B. einfach-kompliziert; langweilig-interessant; schlecht-gut) und einer mehrstufigen Skala hat der Leser anzukreuzen, wie der Text auf ihn gewirkt hat.

79 Diese Annahme ordnet sich in den Definitionsansatz ein, daß Trivialliteratur stilistisch nicht originell und innovativ ist, daß sie vorgeprägte Wendungen und verbrauchte Bilder benutzt, womit sie dem Leser zugleich Vertrautes biete und Erwartungsbrüche, die zu Identifikationsschwierigkeiten führen könnten, vermeidet. Jurij M. Lotman bezeichnet die (›gute‹) Literatur als *sekundäres Sprachsystem*, das auf dem System der natürlichen, alltäglichen Sprache errichtet ist und im Kontrast zu diesem nicht auf Eindeutigkeit zielt (vgl. Lotman).

80 Vgl. Falcks Untersuchung, in der das Hesse-Gedicht trivialer eingestuft wird als der Schlagertext (Falck, S. 143-170).

81 Falck diskutiert mit Blick auf seine Untersuchung die restriktive Formulierung der Auswertungsregeln und empfiehlt eine Operationalisierung der Lückenauswahl durch ein Bewertergremium (vgl. Falck, S. 173-183).

82 Syntaktische und geistige Qualitäten der Texte werden in der *Cloze-Prozedure* bei Falck nicht überprüft.

83 Es muß bedacht werden, daß von einem anderen stilistisch-ästhetischen Ansatz her (z. B. in der Kitsch-Diskussion) gerade *unangemessene* Stilentscheidungen als Trivialitätsmerkmale gesehen werden, was die *Cloze-Prozedure* als Evaluationsverfahren fragwürdig erscheinen läßt. Vgl. auch die Kennzeichnung der trivialen Robinsonaden durch »inadäquate Bildlichkeit« bei Kurt Bartsch: Die Robinsonade im 18. Jahrhundert. Zur Rezeption des Robinson Crusoe in Deutschland, in: Zdenko Skreb/Uwe Baur (Hgg.), Erzählgattungen der Trivialliteratur, (Innsbrucker Beiträge zur Kulturwissenschaft, Germanistische Reihe Band 18), Innsbruck 1984, S. 33-52, hier: 45. – Ein weiterer Einwand gegen dieses Verfahren könnte der sein, daß das Berufsbild Literaturwissenschaftler durch die Arbeitsweise statistischer Befragung den Hort der Geisteswissenschaften zu verlassen scheint. Der Vorteil dieser Arbeitsweise besteht zweifellos darin, daß der Wissenschaftler in einer sozialen Kom

matisch, wenn man es auf Texte anwendet, deren Entstehungszeit weit zurückliegt. Klischeehaftigkeit als Wertungskriterium zielt auf die *Abnutzung* sprachlicher Mittel, auf die Erfüllung einer Erwartung. Hierzu können rückbezogen auf nichtaktuelle Texte faktisch keine Aussagen gemacht werden. Die von Falck vertretene Forderung, die Natur eines Textes über seine Leser zu bestimmen,[84] kann in diesem Falle nicht mehr befolgt werden.[85]

Der emotionale Anker ist die Selbstreferentialität des Sozialsystems Literatur als »soziale[r] Organisationsform für literaturthematisierende Diskurse«.[86] Man wird sich innerhalb dieses Systems bei vielen Texten mit Blick auf stilistisch-ästhetische und funktionalistische Kriterien zum Großteil sehr spontan darauf einigen können, was ›gute‹ oder ›schlechte‹ Literatur ist. Dabei handelt es sich um ›Evidenzen‹, die aus der gemeinsamen Teilnahme am Sozialsystem Literatur und den innerhalb des literaturwissenschaftlichen Diskurses vermittelten Konventionen über die ästhetischen und intellektuellen Parameter ›guter‹ Literatur resultieren. Ihr systemimmanenter Charakter garantiert eine gewisse Übereinstim-

---

munikation verankert ist, der Nachteil, daß Interpretationen untersucht, aber keine neuen produziert werden.

84 Vgl. Falck, S. 76.

85 Man würde damit hinter Falcks eigenen Definitionsversuch zur Trivialliteratur zurückfallen, der, unter ausdrücklicher Anlehnung an Kreuzer, die historisch-soziologische mit der ästhetischen und ideologischen Argumentation zu verbinden verspricht: »Trivialliteratur ist Literatur, die von den dominierenden Geschmacksträgern einer Zeitgenossenschaft mittels Verweisen auf ästhetische und/oder inhaltliche Mängel mindergewertet wird« (Falck, S. 72). Der Mangel auch dieses Definitionsansatzes bleibt, daß der Charakter des Textes nicht konsequent über seinen Leser bestimmt wird, sondern nur über den Leser, der zu den dominierenden Geschmacksträgern gehört. Das rezeptionsästhetische Argument wird ein weiteres Mal durch das literaturgeschichtliche entschärft. Argumente gegen seinen Definitionsansatz bietet Falck unbewußt selbst, wenn er die Ergebnisse der Untersuchung des *Semantischen Differentials* zur Festellung des Trivialitätsgehaltes verschiedener Texte zusammenfaßt: »Bei der Beurteilung von Texten unterschiedlicher Trivialität mittels eines Semantischen Differentials durch verschiedene Gruppen von Rezipienten ergeben sich bezüglich der Einschätzung der Trivialität der Texte Unterschiede zwischen diesen Gruppen, wobei die Gruppe mit der relativ höchsten literarischen Kompetenz in ihrer Beurteilung der zur Zeit allgemein geltenden Einschätzung der literarischen Qualität am nächsten kommt bzw. die Gruppe mit der relativ geringsten literarischen Kompetenz am weitesten davon entfernt ist« (S. 83). Abgesehen davon, daß Falck durch die Formulierung »allgemein geltende Einschätzung« suggeriert, die *Allgemeinheit* der Leser besitze höchste literarische Kompetenz und die Gruppe mit der geringen literarischen Kompetenz stelle die Minderheit, bestätigt er mit diesem Untersuchungsergebnis, daß das *allgemeine* Trivialitätsverständnis nur willkürlich von einer bestimmten sozialen Gruppierung abgeleitet werden kann.

86 Schmidt, Selbstorganisation, S. 285.

mung der individuellen Wertungen, erinnert aber zugleich daran, daß es sich um keinen Beweis handelt, der sich voraussetzungslos ebenso außerhalb des Systems Geltung verschaffen könnte, sondern nur um einen internen Konsens, um eine ›Wahrheit‹ mit entsprechend begrenzter Reichweite. Die Verankerung literaturwissenschaftlicher Arbeiten in diesem System und die heuristische Notwendigkeit eines Begriffs berechtigt und erfordert jedoch, auch nach der Demontage der Möglichkeit einer objektiven Definition von Trivialliteratur in der folgenden Untersuchung von Trivialliteratur zu sprechen.

Man wird sich innerhalb des Sozialsystems Literatur wohl auch mit Blick auf Vulpius darauf einigen können, daß er, abgesehen von einigen Höhepunkten, keine großen ästhetischen und intellektuellen Genüsse bietet. Da die Möglichkeit objektiver Wertbestimmung nicht mehr gesehen werden kann, hat die Frage, ob Vulpius gute/unterhaltende/kitschige/triviale Texte geschrieben hat, allerdings wenig wissenschaftlichen Sinn. Die hier vorgenommene Problematisierung der Definitionskategorien und Wertungsvoraussetzungen wird deutlich gemacht haben, daß es nicht das Ziel meiner Untersuchung sein kann, Aussagen über die Einordnung Vulpius' in den literarischen Kanon zu liefern.

1.2 Die Fragestellung

Wie aber soll und kann die Beschäftigung mit dem Dichter Vulpius aussehen? Was genau ist der interessierende Gegenstand, welche Fragestellung soll in den Vordergrund gerückt werden? Aufgrund der angedeuteten Phänomene und Widersprüche ist vor allem von Interesse, welche Funktion die Texte für ihren Autor und für ihren Leser besitzen konnten. Die damit eingenommene produktionsästhetisch und rezeptionsästhetisch ausgerichtete Perspektive läßt fragen 1.) nach der individuellen/gesellschaftlichen Problematik, auf die diese Texte eine Antwort geben; 2.) nach der Intention des Autors; 3.) nach der formalen Strategie, die er einsetzt, um seine Intention zu verwirklichen; 4.) nach der Rezeptionsweise des Lesers.

Dieser Fragenkatalog führt zu zwei Schwierigkeiten, die zum einen im Gegenstand liegen, zum anderen in der Fragestellung selbst. Erstens ist zu überlegen, auf welche Rezeptionsquellen die Untersuchung dieser Art von Texten sich stützen kann. Zweitens zielt die produktions- und rezeptionsästhetisch ausgerichtete Fragestellung auf den theoretischen Rahmen eines Autor-Text-Leser-Modells. Vor dem Hintergrund der aktuellen Theoriedebatte ist zu erörtern, wie das zugrundezulegende Wirkungsmodell auszusehen hat und inwiefern es noch sinnvoll eingesetzt werden kann.

1.2.1 Die Rezeptionsquellen

Es liegen keine repräsentativen Rezeptionsquellen vor, die eine sichere Aussage über die Aufnahme der Vulpius-Texte in seinem potentiellen Publikum rechtfertigen würden. Man findet zwar viele Kommentare in den zeitgenössischen Rezensionsorganen und verschiedentlich kurze Bemerkungen über Vulpius in seiner Rolle als Autor. Diese Äußerungen erklären mit ihrer zumeist negativen Ausrichtung jedoch nicht den an raschen Nachauflagen, Raubdrucken und Übersetzungen feststellbaren Erfolg, den Vulpius mit seinen Texten erzielte. Man muß davon ausgehen, daß affirmative Lesarten keinen Zugang zur publizierten Literaturkritik erhielten bzw. suchten, daß also nur die ablehnende Rezeption in die Form der Überlieferung gelangt ist.

Was die publizierte Kritik betrifft, müssen zwei Dinge bedacht werden. Erstens stehen die zeitgenössischen Literaturkritiker mit ihrem Kommentar in einem vielschichtigen, mehr oder weniger bewußten Disziplinierungszusammenhang, der den Spielraum ihres Kommentars vorgibt. Dazu gehört im allgemeinen der Aufklärungsdiskurs (vgl. 2.1.1.), der das Individuum einem spezifischen Emanzipationsgedanken unterordnet, und im Speziellen der Lesesucht-Diskurs, der (auf dieser Grundlage) die Lektüre in ein Netz von Pflichten drängt (vgl. 2.3.1.). Vulpius, der in den Einleitungen seiner Romane oft eine bloße Unterhaltungsintention unterstellt, macht sich folglich schon *vor* dem eigentlichen Text zum obligatorischen Objekt der Kritik.

Zweitens können die publizierten Rezeptionsquellen nicht ungebrochen als authentische Auskünfte über die Leseerfahrung des Rezensenten gelten. Die Rezensionstätigkeit ist nicht nur durch den zeitgenössischen Diskurs bestimmt, sondern auch durch die Abgrenzungskämpfe der verschiedenen literarischen Lager und Institutionen. Das gilt bereits für das ausgehende 18. Jahrhundert.

Aus diesem Grund kann die rezeptionsästhetische Frage nicht direkt beantwortet werden. Es müssen vielmehr durch die Rekonstruktion der Textproduktionsbedingungen Aussagen über die Text*re*produktion abgeleitet werden. Diese Ableitung hat sich auf die Annahme zu stützen, daß es zwischen der Autor- und Lesersituation bestimmte Gemeinsamkeiten gibt. Der Erfolg der Vulpius-Texte rechtfertigt zunächst die Frage nach einer beide Kommunikationspartner erfassenden ›kollektiven Disposition‹. Darüber hinaus wird nach textinternen Hinweisen zur Erwartungshaltung der Leser zu suchen sein. Daraus lassen sich insgesamt keine methodisch verifizierbaren Aussagen ableiten, aber möglicherweise gelingt es, auf der Grundlage der ausgebreiteten Annahmen Plausibilitäten zum Rezeptionsverhalten eines spezifischen zeitgenössischen Publikums herzustellen.

1.2.2 Das Wirkungsmodell

Das traditionelle Wirkungsmodell vermittelte eine recht optimistische Auffassung vom Einfluß des Autors und seines Textes auf den Leser. Diese Auffassung ist längst kritisch befragt und mehr oder weniger stark relativiert worden. Durch Diskurstheorie und Konstruktivismus scheint dieses Wirkungsmodell inzwischen allerdings so radikal in Frage gestellt worden zu sein, daß man sich überlegen muß, ob es überhaupt noch sinnvoll einer Untersuchung zugrundegelegt werden kann. Im folgenden Abschnitt ist das Modell im Kontext dieser neueren Theorien zu diskutieren und gegebenenfalls zu modifizieren, wobei im einzelnen die durch Diskurstheorie und Konstruktivismus vorgenommene Demontage von Souveränität des Autors, Bedeutungsgehalt des Textes und Offenheit des Lesers für neue Informationen kritisch zu betrachten ist. Dies geschieht in einer umfangreicheren, ausholenden Argumentation, in der Bekanntes referiert, gebündelt, hinterfragt und schließlich in eine Synthese zu überführen versucht wird. Das Ergebnis meiner Erörterung wird unter 1.2.2.6 zusammenfassend formuliert. Unter 1.2.3 schließt sich die Präzisierung meiner Fragestellung und der Abriß des Untersuchungsganges an.

1.2.2.1 Der Tod des Autors – Souverän oder Objekt von Sprache

Das Wirkungsmodell der produktions- und rezeptionsästhetisch orientierte Perspektive besteht in der Autor-Text-Leser-Triade. Jürgen Schutte formuliert für das produktionsanalytische Verfahren: »Sofern der Text ein Ergebnis bewußter sinnproduzierender Tätigkeit ist, wird die Frage nach der *Autorintention* – Gegenstandswahl, angewandte Verfahren und Wirkungsabsicht umfassend – zur zentralen Dimension der Analyse«.[87] Da

---

87 Schutte, S. 45.

sowohl Autorintention wie zeitgenössische Funktion des Werkes aus dem Text allein nicht hinreichend erschließbar sind, bedarf es der Kontextanalyse. Diese zielt auf den Entstehungshintergrund des Textes, auf die geschichtlich-gesellschaftlichen, biographisch-individuellen und sprachlich-literarischen Voraussetzungen der Textproduktion.[88] Aus der Ermittlung des Determinationsgeflechtes und seiner Systematisierung läßt sich dann erklären, auf welches individuelle und/oder gesellschaftliche Problem der Text eine Reaktion darstellt. Aus der hermeneutischen Nähe zum Autor wird dessen Kommunikationsabsicht erschlossen.

Die Kategorie des Autors ist von verschiedenen Theoretikern inzwischen allerdings stark in Frage gestellt worden. Dem Autor wird ›sein‹ Werk nicht mehr personal zugerechnet. Jürgen Fohrmann und Harro Müller sprechen von einem Perspektivenwechsel, den die Literaturwissenschaft durch die Aufnahme diskurstheoretischer Überlegungen vollzieht: »Die Idee des Autors als kreativ-bildendes Subjekt, sprachmächtig und sprachschöpfend zugleich, weicht der einer vorgängigen symbolischen Ordnung und der Vorstellung vom Einzelnen als Schnittpunkt differenter Diskurse jenseits aller Selbstdurchsichtigkeitsphantasmen«.[89] Man spricht vom »Verschwinden des Autors«, was Michel Foucault bereits 1969 auf die radikale Formel brachte: »der Autor ist genau genommen weder der Eigentümer seiner Texte, noch ist er verantwortlich dafür; er ist weder ihr Produzent noch ihr Erfinder«.[90] Der Name des Autors bezeichnet nunmehr einen spezifischen Schnittpunkt im Netz der Diskurse; nicht mehr das Subjekt freier Rede, sondern das Objekt verschiedener ›Sprachfelder‹.

Diese Demontage der Autor-Souveränität ordnet sich ein in die allgemeine Subjekt-Demontage durch die Diskurstheorie, deren Kernpunkt der Diskursbegriff ist. Foucault definiert Diskurs als: »eine Menge von Aussagen, die einem gleichen Formationssystem zugehören«.[91] Er spricht u. a. vom klinischen, ökonomischen und psychiatrischen Diskurs. Der Diskursbegriff bleibt in seiner Bestimmung jedoch vage, denn Foucault unterscheidet an anderer Stelle wiederum zwischen Diskursen, die einen spezifischen Themenbereich betreffen (z. B. der Diskurs über die Sexualität), und verschiedenen Diskurs*gruppen* (z. B. den literarischen, religiö-

88 Vgl. ebd., S. 53ff.
89 Fohrmann/Müller, S. 15.
90 Foucault, Autor, S. 7.
91 Foucault, Archäologie, S. 156. Ein Formationssystem ist durch eine »Regelmäßigkeit (eine Ordnung, Korrelationen, Positionen und Abläufe, Transformationen)« der Gegenstände, der Äußerungsmodalitäten, der Begriffe und der thematischen Entscheidungen gekennzeichnet (S. 58).

sen, ethischen, biologischen, medizinischen und juristischen), in denen etwa die Sexualität »genannt, beschrieben, metaphorisiert, erklärt, beurteilt ist«.[92] In dieser Differenzierung zielt der Diskursbegriff eher auf einen Gegenstand als auf ein Formationssystem. Er bezeichnet das, was über einen Gegenstand gesagt ist, was als Ensemble diskursiver *Ereignisse* (z. B. konkreter Texte) bezüglich dieses Gegenstandes existiert. In diesem Sinne werde ich den Diskursbegriff in meiner Arbeit verwenden. Entscheidend ist dabei die Annahme, daß dieses Ensemble (bzw. der davon jeweils bekannte Teil) jede weitere Äußerung zu einem Gegenstand bestimmt und die Souveränität des Diskursteilnehmers einschränkt. Das Ensemble markiert die Bedingungen, die dazu führen, daß sich ein spezifisches Individuum in einer spezifischen Art äußert.[93] Da meine Untersuchung des historischen Kontextes von Vulpius zeitgenössische Codierungsprozesse erörtern wird und somit Kenntnisse der Funktionsweise von Diskursen erfordert, ist darauf im folgenden ausführlicher einzugehen.

1.2.2.2 Exkurs zum Diskurs

Foucault entwickelte in seiner später unter dem Titel »Die Ordnung des Diskurses« berühmt gewordenen Inauguralvorlesung am Collège de France vor seinen Zuhörern das Bild einer umfangreichen Kontrolle, Organisierung und Kanalisierung der Produktion des Diskurses. Er zählte externe Prozeduren der Reglementierung auf, zu denen das Verbot gehört, welches bestimmte Gegenstände tabuisiert bzw. ihre Thematisierung auf bestimmte Situationen begrenzt und welches durch spezifische Themenzuweisungen verhindert, daß jeder über alles reden kann.[94] Zu den externen Prozeduren gehört weiterhin der »Wille zur Wahrheit«, womit die ›Wahrsprechungen‹ gemeint sind, die mit dem Anspruch der richtigen Erkenntnis auf andere, nicht-normative Diskurse Druck ausüben und die institutionell (im Schulsystem, im System der Verlage und Bibliotheken, im Fernsehen, im System der universitären Lehre) verstärkt und ständig erneuert werden (S. 15f.).

Neben diesen von außen wirkenden Ausschließungsprozeduren, die relativ leicht durchschaubar, wenn auch nicht ohne weiteres zu umgehen

---

92 Foucault, Ordnung, S. 42.

93 Daher definiert Siegfried J. Schmidt Diskurse als »intersubjektiv geteilte Systeme von Handlungs- und Kommunikations*voraussetzungen* [Hervorhebung von mir]« (Schmidt, Diskurs, S. 153).

94 Vgl. Foucault, Ordnung, S. 11; im folgenden Nachweise im Text.

sind, gibt es die »internen Prozeduren«, die als Klassifikations-, Anordnungs- und Verteilungsprinzipien wirken (S. 17). Hier ist v. a. die »Organisation der Disziplinen« zu nennen, die die Konstruktion neuer Aussagen durch »ein Bündel von Methoden, ein Korpus von als wahr angesehenen Sätzen, ein Spiel von Regeln und Definitionen, von Techniken und Instrumenten« steuert (S. 22). Eine dritte Reglementierungsgruppe sieht Foucault in den Zugangsbedingungen zum Diskurs, in der »Verknappung der sprechenden Subjekte«: »Niemand kann in die Ordnung des Diskurses eintreten, wenn er nicht gewissen Erfordernissen genügt, wenn er nicht von vornherein dazu qualifiziert ist« (S. 26). Foucault spricht in diesem Zusammenhang von der *Doktrin*: sie »bindet die Individuen an bestimmte Aussagetypen und verbietet ihnen folglich alle anderen; aber sie bedient sich auch gewisser Aussagetypen, um die Individuen miteinander zu verbinden und sie dadurch von allen anderen abzugrenzen. Die Doktrin führt eine zweifache Unterwerfung herbei: die Unterwerfung der sprechenden Subjekte unter die Diskurse und die Unterwerfung der Diskurse unter die Gruppe der sprechenden Individuen« (S. 29). All diese Aspekte verweisen auf die Reglementierung des Sprechens und lassen den Diskurs als das eigentliche Subjekt einer Aussage erscheinen. Das *Ich* wird ein weiteres Mal als Hausherr abgesetzt; es untersteht einer »diskursiven ›Polizei‹« (S. 25).

Vor diesem theoretischen Hintergrund verliert das Subjekt seine Souveränität und Stifterfunktion. Das hat weitreichende Konsequenzen auch für die Geschichts- bzw. Gesellschaftsbetrachtung, die sich bereits in der Formulierung von der »diskursiven ›Polizei‹« andeuten. An die Stelle des Polizisten als Person tritt die unpersönliche Struktur. Foucaults diskursorientierte Perspektive fordert ein Verständnis der Regulierungs- und Disziplinierungsvorgänge, die über die einfachen Erklärungsmuster des alten Machtmodells weit hinausgehen. Das bedeutet zum einen, die Ausübung der Macht nicht mehr nur im Verbot, d. h. als »wesenhaft Anti-Energie« zu sehen, das bedeutet zum anderen aber vor allem, sich vom »Bild der Gesetzes-Macht, der Souveränitätsmacht«, vom Bild der juridischen Repräsentation der Macht zu lösen: von der »Matrix einer globalen Zweiteilung, die Beherrscher und Beherrschte einander entgegensetzt«.[95] Foucault markiert die Konsequenzen seiner Macht-Theorie symbolisch: Es gilt, den »Sex ohne das Gesetz und die Macht ohne den König zu denken.«[96]

---

95 Foucault, Wille, S. 106, 11 und 115.
96 Ebd., S. 112.

Unter Macht versteht Foucault nicht die »Regierungsmacht, als Gesamt-heit der Institutionen und Apparate, die die bürgerliche Ordnung in ei-nem gegebenen Staat garantieren«, sondern die »Vielfältigkeit von Kraft-verhältnissen, die ein Gebiet bevölkern und organisieren; das Spiel, das in unaufhörlichen Kämpfen und Auseinandersetzungen diese Kraftver-hältnisse verwandelt, verstärkt, verkehrt; die Stützen, die diese Kraft-verhältnisse aneinander finden, indem sie sich zu Systemen verketten – oder die Verschiebungen und Widersprüche, die sie gegeneinander iso-lieren«.[97] Mit diesem Konzept einer *strukturellen* Macht wird die Analyse der Macht weitaus komplizierter, als sie es im Modell der *personellen* Macht war. Die »Vielfältigkeit von Kräfteverhältnissen«, ihre Stützen aneinan-der und Isolierungen gegeneinander machen es unmöglich, den Mittel-punkt des Machtsystems zu finden. Es ist kaum möglich, die Wirkung dieser, nicht als Person, sondern als Diskurs auftretenden Macht nach-zuzeichnen. So besteht die Gefahr, in einem »allgemeinen Nebel der ›Macht‹«[98] zu versinken. Dies ist zwar ein genuines Problem der struktu-rellen Machttheorie, jedoch kein hinreichender Einwand gegen sie, denn die *Darstellbarkeit* kann nicht das entscheidende Kriterium der Qualität einer Theorie sein.

Die Einwände, die gegen Foucaults Machttheorie und gegen seinen Ansatz der unhintergehbaren »Macht/Wissen-Beziehungen«[99] vorge-bracht worden sind, kritisieren, daß damit »die Etablierung und Effek-tivierung der Disziplinareinrichtungen durch die zentralisierte Verwal-tung des absolutistischen Staates« heruntergespielt und die Dimension sozialer Klassenkämpfe gegenüber der Dimension anonym bleibender Machtmechanismen restlos an Bedeutung verliere.[100] Dieser Vorwurf be-steht zu Recht, wenn der *sichtbare* Einsatz der juridisch repräsentierten Macht nicht mehr als Phänomen wahrgenommen wird. Foucaults Macht-theorie darf nicht dazu führen, durch die Aufmerksamkeit für die *diskur-siven* Mechanismen der Machtproduktion und Machtausübung die *perso-nellen* Mechanismen, die ein Ausdruck der diskursiven sind, zu überse-hen.[101] Ein weiterer Vorwurf besteht darin, daß die Konsequenz der »An-

---

97 Ebd., S. 113.

98 Breuer, S. 53.

99 Foucault, Wille, S. 39. Nach Foucault ist anzunehmen, »daß Macht und Wissen einander unmittelbar einschließen; daß es keine Machtbeziehung gibt, ohne daß sich ein entsprechendes Wissensfeld konstituiert, und kein Wissen, das nicht gleichzeitig Macht-beziehungen voraussetzt und konstituiert« (S. 39).

100 Honneth, S. 139.

101 Eine Unterscheidung zwischen *diskursiven* und *personellen* Machtmechanismen ist im Grunde nur gegen Foucault möglich, in dessen Theorierahmen sich auch die ›personel-

nahme einer Allgegenwart produktiver Machtstrategien« die »systematische Ausblendung eines Bereichs nicht-strategischen, nämlich kommunikativen Handelns« sei.[102] Axel Honneth beschreibt das »kommunikative Handeln« als die »Koordinierung zielgerichteter Handlungen durch die symbolgeleitete Einigung auf eine gemeinsame Situationsdefinition«, als die »konsensuelle Anerkennung von normierten Verhaltenserwartungen« im sozialen Handeln.[103] Damit orientiert er sich an ›machtfreien Verständigungsweisen‹, wie er sie in Habermas' Konzept der kommunikativen Vernunft sieht.[104]

len Machtmechanismen‹ auf ihren Ursprung im Diskurs zurückführen lassen. Aus heuristischen Gründen scheint es mir aber angebracht, an einer solchen Unterscheidung festzuhalten. Sie ermöglicht, Qualitätsunterschiede in der Äußerung von Macht deutlich zu machen. Um es an einem für meine Untersuchung relevanten Beispiel zu demonstrieren: Der von Kant als »Beschützer« und »Liebhaber« der Aufklärung« (Kant, Bd. III, 9) apostrophierte preußische ›Kultusminister‹ Freiherr von Zedlitz spricht sich für eine ›reduzierte Aufklärung‹ der Bauern aus, da er von einem zu gebildeten Bauern Ungehorsam befürchtet. Diese Einstellung ist im Zusammenhang mit dem Konzept der »verhältnismäßigen Aufklärung« zu sehen, das den zeitgenössischen Aufklärungsdiskurs weitgehend bestimmte und von Personen getragen wurde, die sich durchaus als Aufklärer verstanden (zu Zedlitz und zur »verhältnismäßigen Aufklärung« siehe 2.1.3). Eine ganz andere Qualität in der Begrenzung der Aufklärung besitzen dagegen das Religions- und Zensuredikt, das Zedlitz' konservativer Nachfolger, der Mitbegründer der preußischen Rosenkreuzerloge Johann Christoph Wöllner, 1788 als Mittel staatlicher Restriktion der Aufklärung veranlaßte.

102 Honneth, S. 140.

103 Ebd.

104 Vgl. ebd., S. 141ff. Stefan Breuer kritisiert in ähnlicher Weise Foucaults »Metaphysik der Macht« (Breuer, S. 48), die Moralisierung auf Disziplinierung reduziere, womit verschiedene Dimensionen des modernen Formierungsprozesses ausgeblendet würden, wie sie etwa Kant in seiner »Vorlesung über Pädagogik« (1803) markiert. Nach Kant gibt es neben der »bloß physischen« Erziehung durch Disziplinierung (die nichts positiv setzt, sondern nur Fehler verhindern soll) die praktische Erziehung: Kultivierung (Fertigkeiten und Geschicklichkeiten), Zivilisierung (Formen der Affektmodellierung und Triebkontrolle) und Moralisierung (Unterwerfung der subjektiver Zwecke unter die gesellschaftlichen) (S. 51). Den »Vorzug dieses differenzierten Modells gegenüber Foucaults pauschalisierender Rede von Normierung/Normalisierung« sieht Breuer darin, daß damit auch die *Selbst*disziplin als eine Form der Disziplinierung und auf dem Gebiet der Kultivierung die Bedeutung der Alphabetisierung und Literarisierung als neue Basis staatlicher Herrschaft (S. 52f.) ihre Beachtung finden. Breuer relativiert seinen Einwand jedoch schließlich, indem er anmerkt, daß Foucault im zweiten Band der »Histoire de la sexualité« (1984) die »Gleichsetzung von Moralisierung und Disziplinierung aufgegeben zu haben« scheint (S. 181). Er zitiert dazu Foucaults Bemerkung, »daß jede ›Moral‹ im weiten Sinn die beiden angegebenen Aspekte enthält: den der Verhaltenscodes und den der Subjektivierungsformen« (S. 60, vgl. Foucault, Gebrauch, S. 41). Breuer weist darauf hin, daß Foucaults Begriff der »Disziplinarmacht« nicht mit Kants negativem Begriff der »bloß physischen« Erziehung übereinstimmt. Er zitiert Foucaults Aussage von 1975: »Man muß aufhören, die Wirkungen der Macht immer negativ zu beschreiben, als ob sie nur ›ausschließen‹, ›unterdrücken‹, ›verdrängen‹, ›zensieren‹, ›abstrahieren‹, ›maskieren‹, ›verschleiern‹ würde. In Wirklichkeit ist die Macht

Eben diese Annahme einer machtfreien Interaktion stellt Foucault mit seinen Untersuchungen zur Ordnung des Diskurses und zur Wechselbeziehung von Macht und Wissen in Frage, indem er auch in den kommunikativen Mechanismen Machtproduktion und -reproduktion aufzeigt. Allerdings folgt aus seinen Aussagen nicht, daß die Subjekte ihre Kommunikation, ihre »Einigung auf eine gemeinsame Situationsdefinition«, als »Allgegenwart produktiver Machtstrategien« wahrnehmen müssen. Vor allem werden sie in ihrem eigenen Denken diese Gegenwart nicht wahrnehmen. Da Machtstrategien im *Wissen* präsent sind, werden sie im Wissenserwerb und in der Wissensanwendung mehr oder weniger unbewußt aufgenommen und reproduziert. Die Unterwerfung des Subjekts vollzieht sich, indem es zu einem Wissensobjekt gemacht wird, wobei sich der Wissende naturgemäß nicht als Objekt, sondern als Subjekt von Macht erfährt.[105]

Es ist nicht das Ziel, an dieser Stelle Foucaults Konzept vertiefend darzustellen und in seinen theoretischen Aporien zu diskutieren.[106] Es war auf die Ordnung des Diskures und auf die diskursiven Machtmechanismen einzugehen, die im Kapitel 2 den theoretischen Hintergrund der historischen Analyse bilden. Es sollte außerdem deutlich gemacht wer-

---

produktiv; und sie produziert Wirkliches. Sie produziert Gegenstandsbereiche und Wahrheitsrituale: das Individuum und seine Erkenntnis sind Ergebnisse dieser Produktion« (Breuer, S. 44f., vgl. Foucault, Wille, S. 250). In diesem Umriß der Macht sind auch Kants Kategorien der Kultivierung, Zivilisierung und Moralisierung enthalten. Wenn Foucault am Ende seines Buches von der »Fabrikation des Disziplinarindividuums« spricht (Foucault, Wille, S. 397), ist also nicht nur an die »Anti-Energie« des Verbots zu denken. Freilich bleibt Foucaults Hauptthese die von der Normierungsmacht des Wissens. Aber wenn Breuer dieser »pauschalisierende[n] Rede von Normierung/Normalisierung« die »verschiedenen religiös-ethisch motivierten Formen der *Selbst*disziplin« entgegenhält (S. 52), ist die Rede von der *Selbst*disziplinierung nicht minder pauschal. Gerade nach dem *Ursprung* der Selbstdisziplinierung, nach der *Produktion* des individuellen Willens ist zu fragen.

105 Vgl. Foucault, Wille, S. 40. Wenn die Unterwerfung vom ›produzierten‹ Individuum nicht mehr als solche erfahren wird, verliert der Begriff allerdings auch seine negative Bedeutung. Es ist dann ratsamer, den neutraleren Begriff der Konstituierung zu nutzen, obgleich sich auch dieser Begriff wieder pejorativ als »Normierung« übersetzen läßt. Foucaults Formulierungen sind mitunter leicht mißzuverstehen, so auch, wenn er vom alles beobachtenden »Kerker-Gewebe der Gesellschaft« oder von der »allgegenwärtigen Strategie [der] Einkerkerung« spricht (S. 393 und 388). Das sind Bilder, mit denen Foucault sich eine Zuspitzung erlaubt, in der auch die Ironie der Übertreibung rezipiert werden sollte.

106 Der erste, immer wieder erhobene Einwand müßte das tu-quoque-Gebot sein: die Selbstanwendung der Aussage der Unentrinnbarkeit diskursiver Reglementierung/Machtspiele auf die Aussage, die Anwendung der diskursanalytischen Grundthese der Subjektdezentrierung auf den Diskursanalytiker selbst. Es wird nicht deutlich, wie Foucault seine diskurs*analytische* Rede von einer diskurs*internen* abheben kann (vgl. 1.2.4).

den, welche Widerstände sich von Seiten der Diskurstheorie für die kommunikationstheoretischen Voraussetzungen des produktionsästhetischen Ansatzes ergeben. Der Autor und mit ihm die Autorintention als eine entscheidende Kategorie der Autor-Text-Leser-Triade scheint demnach verloren gegangen zu sein. Aber das Modell wird auch von einer anderen Seite her angefochten.

1.2.2.3 Der verschwundene Text – Orte der Bedeutungsproduktion

Ebenso wie die Vorstellung vom souveränen Autor, wird die Vorstellung von einer objektiven Bedeutung des Textes, die der Leser in einer ›gelingenden‹ Lektüre decodieren oder in einer ›mißlingenden‹ Lektüre verfehlen könnte, zunehmend aufgegeben. Der Text wird nicht mehr als eine verbindliche Rezeptionsvorgabe für den Leser verstanden, die Bedeutung des Textes wandert an seinen Rand.

Eine Einschränkung der Macht des Textes bedeutete bereits Wolfgang Isers folgenreicher rezeptionsästhetischer Ansatz in den 70er Jahren. Iser warnte davor, »die Kommunikation nur als eine Einbahnstraße vom Text zum Leser« aufzufassen und bezeichnete den Rezeptionsvorgang als »Prozeß einer dynamischen Wechselwirkung von Text und Leser«.[107] Mit dem Begriff der Leerstelle, in der verschiedene »schematisierte Ansichten« aufeinanderstoßen, öffnete Iser einen »Auslegungsspielraum für die Art, in der man die in den Ansichten vorgestellten Aspekte aufeinander beziehen kann«.[108] In diesen Leerstellen »hält der Text ein Beteiligungsangebot an seine Leser bereit«.[109] Allerdings verbleibt auch Isers Akzentverschiebung innerhalb der Werkästhetik, indem er die Leselenkung durch den Text sehr hoch veranschlagt.[110] Iser argumentiert mit dem Referenzrahmen, den der Text von Anfang an im Leser setzt. Der Referenzrahmen bestimmt demnach die Interpretation nachfolgender Textteile bzw. werde von diesen verunsichert und modifiziert. In dieser Perspektive führt

---

107 Iser, Akt, S. 176.
108 Iser, Appellstruktur, S. 235
109 Ebd., S. 236.
110 Iser resümiert: »Nun ist zwar die in der Lektüre sich einstellende Bedeutung vom *Text* [Hervorhebung von mir] konditioniert, allerdings in einer Form, die es erlaubt, daß sie der Leser selbst erzeugt« (ebd., S. 248). Den Eindruck, daß der Leser nur Vorgaben des Textes zu realisieren hat, erhält man auch, wenn Iser ein konkretes Werk bespricht. So rekonstruiert er etwa an Thackerays »Vanity Fair« mit überraschender Bestimmtheit den Lesevorgang, verzichtet darauf, alternative Lesarten zu entwickeln, und konstatiert schließlich (ohne die Verwendung des Konjunktivs) die quasi zwangsläufige Leseerfahrung des Lesers (S. 244f.).

ein literarisch wertvoller Text, wie Iser es ausdrückt, den Leser zur Infragestellung einmal eingenommener Verstehensweisen, bewirkt eine kritische Revision der alten Sichtweise und vermittelt ein neue.[111] Isers Konzept beruht, wie Terry Eagleton mit Ironie formuliert, »auf einer liberalen humanistischen Ideologie: dem Glauben, daß wir beim Lesen flexibel und offen sein sollten, bereit unsere Überzeugungen in Frage zu stellen und zuzulassen, daß sie verändert werden«.[112] Aus konstruktivistischer Sicht ist Isers Modell nicht haltbar. Da dem Radikalen Konstruktivismus zufolge der Leser an den Referenzrahmen seines kognitiven Systems gebunden ist und mit diesem dem Text gegenübertritt, besteht die von Iser reklamierte Offenheit des Lesers und die ›Disziplinierungsmacht‹ des Textes gerade nicht.[113]

Viel stärker als in Isers Konzept zeichnet sich die ›Entmachtung‹ des Textes in einem Aufsatz von Reinhold Viehoff ab, in dem neuere Ansätze des literarischen Verstehens vorgestellt werden. Diese Ansätze greifen unter anderem auf Erkenntnisse der Psycholinguistik, Gestaltpsychologie und Wahrnehmungspsychologie zurück und räumen der »antibehavioristischen Idee, daß menschliches Verhalten nicht durch äußere Stimuli, sondern vielmehr durch innere Pläne und Handlungsschemata organisiert wird«, einen zentralen Platz ein.[114] Vor dem theoretischen Hintergrund des *Kognitiven Konstruktivismus*[115] spricht Viehoff von »Top-down«- und »bottom-up«-Prozessen in der Rezeption. Der »Top-down«-Prozeß

---

111 Isers eigenes Kommunikationsmodell scheint der von ihm kritisch benutzten Metapher der *Einbahnstraße* nicht zu entkommen; vgl. den Satz: »Die Leerstellen machen den Text adaptierfähig und ermöglichen es dem Leser, die Fremderfahrung der Texte im Lesen zu einer privaten zu machen« (ebd., S. 249).

112 Eagleton, S. 46.

113 Der Hiatus (als »Hemmung im Fluß der Sätze«, als eine Störung der Anschließbarkeit aufeinanderfolgender Textsegmente) ist für Iser der Ort, an dem die Kreativität und Problemlösungssuche des Lesers aktiviert wird (vgl. Iser, Lesevorgang, S. 258f.). In dieser Hinsicht ist zum einen zu fragen, ob diese »Leerstelle« als ein Phänomen des Textes bzw. des Autors zu verstehen und im Text selbst zu situieren ist. Für den Fall einer positiven Antwort ist zum anderen zu fragen, ob die Leerstelle (als ein Phänomen des Textes) dem Leser *zwingend* als solche bewußt wird und eine Reaktion abverlangt. Iser arbeitet bezüglich des Rezeptionsvorganges m. E. zu unkritisch mit Rationalitätsvoraussetzungen, nach denen der Leser planmäßig und aufgrund befolgter logischer Regeln in die vom Autor im Text gelegten ›Schlingen‹ laufen muß. Denkbar ist aber, daß der Leser die im Text ›vorhandene‹ Anschließbarkeitsstörung gar nicht wahrnimmt, da er erstens nur den Anschließbarkeitsregeln *seines* kognitiven Systems verpflichtet ist und zweitens in Schemata liest, die Widersprüche verzerren oder einebnen.

114 Viehoff, S. 6.

115 Der kognitiv-konstruktivistische Ansatz modelliert eine Interaktion »all jener Elemente des Verstehensprozesses, die das Subjekt als bedeutsam berücksichtigt, die also zur subjektiven Theorie des verstehenden Subjekts über den Verstehensprozeß gehören« (ebd.,

vollzieht sich vom Leser auf den Text, dessen Polysemie der Leser entsprechend den eigenen Verstehens-Strategien, Wissensvoraussetzungen und Lektürezielen auflöst.[116] Der »bottom-up«-Prozeß verläuft in der umgekehrten Bewegung. Er bezeichnet den Einfluß der Sprache auf die Wissenstruktur des Lesers, die er erweitert oder verändert.[117] Der »Top-down«-Prozeß, den Viehoff weit stärker thematisiert als den »bottom-up«-Prozeß, markiert den Einfluß, den der Leser auf den vor ihm liegenden Text nimmt.

Weit kompromißloser als Viehoff geht Siegfried J. Schmidt als Vertreter des *Radikalen* Konstruktivismus vor. Schmidt unterscheidet *Text* und *Kommunikat*, wobei der *Text* das physikalische Substrat bezeichnet, »mit dem bzw. aus Anlaß dessen kognitive Operationen im Bewußtsein von Aktanten ablaufen, deren Gesamtheit als Kommunikat bezeichnet wird.«[118] Dem Text kommt dabei keine Sinnkonstituierungsfunktion mehr zu, denn »aus kognitionstheoretischen Gründen kann man nicht davon ausgehen, daß eine objektive Größe ›Text‹ auf eine objektive Größe ›Rezipient‹ trifft, und daß beide sozusagen auf gleichem Fuße interagieren, sondern Texte und Kommunikate gibt es *als sinnvolle Größen* nur *im* kognitiven Bereich der Individuen«.[119] Die erkenntnistheoretische Grundlage dieser Aussage liegt in der »Hypothese von der kognitiven Selbstreferentialität lebender Systeme«. Danach wird Wahrnehmung theoretisch modelliert »als eine sensori-motorisch und sozial geleitete Konstruktion von Invarianten, wobei Eingabegrößen des Systems an vorhandene Konzeptstrukturen assimiliert bzw. akkomodiert werden.«[120] Schmidt bringt diese These

---

S. 7). Diese Elemente sind Wissen, Ziele und Interessen des Lesers sowie die »materiale (graphematische, syntaktische) Struktur« der Textdaten (vgl. S. 8).

116 Vgl. ebd., S. 9-13.

117 Vgl. ebd., S. 13-15.

118 Schmidt, Diskurs, S. 138. Das Kommunikat ist die »Gesamtheit der kognitiven Operationen, die ein Individuum in seinem kognitiven Bereich über dem Text als Auslöser entfaltet« (S. 144).

119 Ebd., S. 144

120 Ebd., S. 139f. Daraus folgt, »daß die Umwelt (mit Objekten und anderen Aktanten) vom lebenden System *konstruiert* wird. Diese Konstruktionen werden – aus Gründen der kognitiven Selbstreferenz autopoietischer Systeme – an ontologischen Konstruktionen und Erfahrungen von Aktanten und nicht an der ›wirklichen Welt‹ überprüft« (S. 140). Schmidt spricht von kognitiven Schemata, »die Welt- und Handlungswissen so in Strukturen organisieren, daß sie im Bedarfsfall als ganze ›abgerufen‹ werden können (bzw. sich aufdrängen)« (S. 149). Schemata werden dabei als »konzeptionelle Abbildungen von Gegenständen, Zuständen, Ereignissen und Handlungen aufgrund typischer Erfahrungen« verstanden, die eine kognitive Orientierung in Situationen erlauben, »ohne daß wir jeden einzelnen Situationsbestandteil einzeln ›abarbeiten‹ müssen« (S. 155, Anm. 18).

schließlich auf die Formel: »Rezipienten erzeugen Lesarten (Kommunikationen), ohne Original.«[121]

Während in Viehoffs Konzeption der Verstehensprozeß ein zweiseitiger bleibt, an dem der Text noch beteiligt ist, während in der Dialektik von »top-down«- und »bottom-up«-Bewegungen der Platz für den Wettstreit zwischen der *Appellstruktur* des Textes (Iser) und der *Interessenstruktur* des Lesers erhalten bleibt,[122] verliert der Text seinen Einfluß im Modell des Radikalen Konstruktivismus vollends. Schmidt geht weit über die Zugeständnisse hinaus, die schon die Hermeneutiker dem Leser als Produzenten eines *eigenen* Textsinns gemacht haben. Im Begriff des »hermeneutischen Zirkels« war dem Leser zwar faktisch immer ein privater Anteil an der Bedeutungsgenerierung des Textes reserviert. Die Textrezeption wurde auch außerhalb des Konstruktivismus als ein kreativer Vorgang, eine »création dirigée« (Sartre), verstanden.[123] Aber selbst, wenn man die Begriffe modifizierte und implizite statt von Rezeption von ›produktiver Reproduktion‹ sprach, in der Vorsilbe ›Re‹ überlebte die erkenntnistheoretische Hoffnung, die historische Distanz zwischen Produzenten und Reproduzenten eines Textes durch eine aufwendige Rekonstruktion des Textentstehungshintergrundes aufheben zu können. Der Begriff der *Re*produktion bewahrt ebenso wie der Begriff der *De*codierung den Gedanken einer objektiven Textbedeutung, denn beide Silben unterstellen die Existenz der *einen*, ursprünglichen, verschütteten und wiederherzustellenden Textbedeutung.[124] In diesen Vorsilben liegt zugleich der Ansatz zur Disziplinierung des Lesers. Wird mit dem Zeichen der *Wieder*holung der ursprünglichen Textbedeutung an der *endlichen* Bedeutungs-

---

121 Ebd., S. 151.

122 Vgl. Juri M. Lotman: »Die Rezeption eines künstlerischen Textes ist immer ein Kampf zwischen dem Zuhörer und dem Autor« (Lotman, S. 407). Der Sieg des Autors bedeutet in diesem Rezeptionsmodell insofern auch einen Gewinn des Rezipienten, als dieser mit der Akzeptanz der Wirklichkeitsmodellierung des Autors sein eigenes Wirklichkeitsmodell modifizieren und erweitern kann.

123 Natürlich lassen sich diesbezüglich auch Äußerungen von Schriftstellern finden und als Modi für eine konstruktivistische Literaturtheorie nutzen, beispielsweise bei Marcel Proust: »In Wirklichkeit ist jeder Leser, wenn er liest, nur ein Leser seiner selbst« (Scheffer, S. 13).

124 Diese Hoffnung überlebt z. B. in Eric Donald Hirsch' Unterscheidung zwischen dem zu ermittelnden objektiven *Sinn* als der im Text niedergelegten, unveränderlichen Autorintention und der *Bedeutung* als der historisch verschiedenen, subjektiven Interpretation des Textes durch den Leser (vgl. Hirsch: Prinzipien der Interpretation, München 1972). Auch der Dekonstruktivismus hält am Konzept der Textbedeutung fest, wenn er genau das am Text freilegen will, was *in ihm selbst* verborgen sei. Im Dekonstruktivismus lebt in einer Art »intensionsadäquater Interpretation mit negativem Vorzeichen« (Scheffer, S. 55) der *De*codierungsanspruch weiter.

vielfalt des Textes, an der begrenzten Polysemie der Signifikanten festgehalten, so wird mit ihm auch der Gedanke der Adäquanz gerettet und damit die Möglichkeit, in der persönlichen Bedeutungsgenerierung den Text zu verfehlen. Diese Hermeneutik beruht schließlich auf der Überzeugung, daß der Rezeptionsprozeß zwar kein Akt der Erkenntnis (eines objektiv Vorgegebenen), aber auch keiner der reinen Willkür (unabhängig vom Spielraum, den der Text vorgibt) sei. Der Ort der Bedeutungsgenerierung liegt irgendwo zwischen Text und Leser, an ihm begegnen sich »top-down«- und »bottom-up«-Bewegungen.

Die Theorie des Radikalen Konstruktivismus vermittelt dagegen den Eindruck, der Ort der Bedeutungsgenerierung habe sich vom Autor/Text gänzlich zum Leser verlagert. Die Formel einer ›adäquaten Interpretation‹ verliert dort ihren Sinn, da der Begriff der Adäquanz *in* den Leser verlegt, das konstruierte Kommunikat also mit Bezug auf die Größen des selbstreferentiellen Systems bewertet wird. Daß die Textbedeutung ausschließlich durch den Leser bestimmt wird, scheint auch Bernd Scheffer in seiner Konzeption einer konstruktivistischen Literaturtheorie zu postulieren. Er definiert Textwahrnehmung als »endlos autobiographische Tätigkeit«.[125] Die Annahme der absoluten Unabhängigkeit des Lesers gegenüber dem Text jedoch würde Scheffer nicht unterstützen; sie läßt sich schon innerhalb der konstruktivistischen Theorie selbst problematisieren.

1.2.2.4 Der Doppelmord – die Autonomie des Lesers

Mit der Souveränität des Autors ist auch die Souveränität des Lesers verschwunden. Die diskursanalytische These von der Regulierung des Denkens auf der Seite der Produktion von Texten muß Konsequenzen für die Freiheit des Denkens auf seiten der Textreproduktion haben: die Tötung des Autors ist ein Doppelmord. Kurt Röttgers sieht in den Diskursen folgerichtig nicht nur »Redegewohnheitsnotwendigkeiten«, sondern ebenso »Verstehensgewohnheitsnotwendigkeiten«.[126] Auch im Konzept des Radikalen Konstruktivismus wird das kognitive System des Lesers schließlich als »sozialisierter Aktant im sozialen Kontext« bezeichnet: »Die offenbar so gefürchtete Willkür und Beliebigkeit der Erkenntnis wird eingeschränkt durch die oben genannten Kriterien interner Konsistenzprü-

---

125 Scheffer, S. 178. »Leser, auch professionelle Leser (Literaturkritiker, Literaturwissenschaftler und Essayisten) verfahren als ›Autobiographen‹: Was wir wahrnehmen und erfahren, was wir erkennen, erleben und wissen, ergibt sich aus einer unausgesetzten nicht-schriftlichen, u. U. sogar nicht-sprachlichen ›Selbstbeschreibung‹« (S. 182).

126 Röttgers, S. 131.

fungen im Gehirn sowie die evolutionär entwickelten Prüfverfahren, durch Standards sozialen Handelns in den jeweiligen gesellschaftlichen Handlungssystemen sowie durch tradierte Wissensbestände der Kultur einer Gesellschaft«.[127] Mit dieser Einschränkung ergibt sich zugleich die Möglichkeit, die Konstruktionen des Gehirns über die entsprechenden Vermittlungsstufen wieder auf den sozialen Kontext zurückzuführen. In dem Maße, in dem das kognitive System als sozial bedingt bezeichnet wird, muß auch das von diesem aus Anlaß eines Textes erstellte Kommunikat als sozial bedingt verstanden werden. Der Ort der Bedeutungsgenerierung des Textes liegt dann genaugenommen wieder *außerhalb* des Subjekts.[128]

Die Argumentation bewegt sich im Kreis. Bisher konnte das Autor-Text-Leser-Verhältnis nur negativ bestimmt werden. Die eigentliche Frage, die zu klären wäre, ist die nach der Vermittlung von Gesellschaft und Individuum, nach den Bewegungsabläufen zwischen Ich und Umwelt. Die Antwort darauf wird zugleich eine Aussage über die Wirkungsmöglichkeit von Literatur sein. Die skizzierten diskursanalytischen und konstruktivistischen Theorien kreisen jeweils um dieses Thema und treffen sich, obgleich prinzipiell verschieden, in der Aussage, daß das Individuum die Signale der Umwelt nur über seine Wissensstruktur wahrnimmt und sie entsprechend modifiziert. Die ›Autorschaft‹ des entstandenen Kommunikats hat Foucault den Diskursen zugeschrieben, Schmidt dem kognitiven System, das wiederum in einem Bestimmungsverhältnis zum sozialen Kontext steht. Beide Theorien führen mit Blick auf das Autor-Text-Leser-Modell jedoch zu ähnlichen Konsequenzen und Aporien.

Die Konsequenz liegt in der Verabschiedung eines Funktionsmodells, das auf der Annahme einer direkten Wirkung des Textes auf den Leser bzw. auf substantiellen Konzepten von Autor, Text und Leser beruht. Es wird vielmehr davon ausgegangen, daß die Geschlossenheit des kogniti-

---

127 Schmidt, Diskurs, S. 143 und 142. »Wahrnehmungsverarbeitungen und Wissensproduktion sind sozial bedingt: Konventionen, die Akkumulation und Tradierung von Erfahrungen, Veränderungen der materiellen Umwelt, soziale Handlungsmuster, zur Verfügung stehende Kommunikationsmöglichkeiten, Medien, semiotische Systeme u. ä. m. wirken als intersubjektiv verfügbare Schematisierungen kognitiver Operationen auf die subjektiven Kognitionsprozesse ein« (S. 140).

128 Schmidt betont, daß »das Gehirn seine Funktionen nur unter spezifischen sozialen Bedingungen entwickeln kann« (ebd., 141) und weist mit dem anschließenden Zitat Gerhard Roths auf die soziale Bedingtheit des Kommunikats hin: »In diesem Sinne ist die von unserem Hirn konstituierte Wirklichkeit eine soziale Wirklichkeit und keine Monade im Leibnizschen Sinne, obwohl sie in der Tat keine Fenster nach draußen hat« (ebd.; vgl. Gerhard Roth: Erkenntnis und Realität: Das reale Gehirn und seine Wirklichkeit, in: Siegfried J. Schmidt (Hg.): Der Diskurs des Radikalen Konstruktivismus, Frankfurt/Main 1987, S. 229-255, hier: 254).

ven Systems bzw. die Vorstrukturierung der individuellen Wahrneh-
mungmöglichkeit durch die Ordnung der Diskurse die Bedeutung, die
ein Text in der Rezeption annehmen kann, bestimmt.

Die Aporie liegt in der Radikalität der Konsequenz. Die ›Achillesferse‹
des Konstruktivismus besteht darin, daß er die Autonomie des Individuums über seine Umwelt (also die Unabhängigkeit gegenüber den Eingabegrößen des Kontextes) nur glaubhaft machen kann, wenn er die Genese dieses autonomen Individuums (also die *Entstehung* des spezifischen
Referenzrahmens, an dem die Eingabegrößen gebrochen werden) vernachlässigt. Mit der Beschreibung der Konstituierung des Individuums verliert die Konstruktionstätigkeit des Individuums jedoch ihre Autonomie.
Im Prozeß der Entwicklung des jeweiligen kognitiven Systems müssen
Eingabegrößen der Umwelt ihren Einfluß ausüben können. Das kognitive System muß zunächst sozialisiert werden. Dieser Annahme entkommt
man nur, wenn man Kognition ausschließlich biologisch erklärt, was nur
wenige Konstruktivisten tun. Es muß sich aber die Frage anschließen, ob
diese Sozialisation ein einmaliger Vorgang sei (im Sinne einer augenblick-
lichen Beschriftung der ›Tabula rasa‹) oder ob es sich um einen lebenslan-
gen Prozeß handelt. Ohne die Annahme einer *fortwährenden* Assimilation
des kognitiven Systems an die Eingabegrößen der Umwelt, ohne die Annahme einer relativen Offenheit des selbstreferentiellen kognitiven Systems lassen sich Innovationen, individuelle und gesellschaftliche Entwicklungen, nicht erklären. Da solche Veränderungen stattzufinden scheinen, kann das kognitive System nicht nur als Subjekt der Konstruktion
der Umwelt beschrieben, sondern muß auch als Objekt der Konstruktion
durch die Umwelt verstanden werden. Die Formulierung ›Konstruktionen des Gehirns‹ besteht in dieser Perspektive auf ihren grammatikali-
schen Doppelsinn, wobei der genitivus obiectivus dem genitivus sub-
iectivus vorausläuft. Es stellt sich die Frage, wie die ›inneren‹ Pläne, die
statt der ›äußeren‹ Stimuli das menschliche Verhalten bestimmen sollen,
entstehen und sich entwickeln. Es geht um die Vermittlung kognitiver
und sozialer Systeme.

1.2.2.5 »kognitive« und »soziale« Systeme – Interaktionsfragen

Schmidt hat zur Lösung dieser Frage auf Peter M. Hejls konstruktivistische Sozialtheorie verwiesen.[129] Danach ist das Gehirn ein selbstrefe-
rentielles System, dessen Zustand »als Resultat der Interaktionsgeschichte

---

129 Vgl. Schmidt, Diskurs, S. 145f.; ebenso und ausführlicher Schmidts Bezug auf Hejls

des Systems verstanden werden muß«.[130] Die Interaktionsgeschichte wiederum besteht aus Handlungen des Systems oder aus bloßen Einflüssen. Dieses lebende System interagiert mit anderen lebenden Systemen und bildet, insofern es mit diesen vergleichbare Realitätskonstrukte und daraus folgend gleiche Verhaltensmuster teilt, ein soziales System.[131] Hejl definiert ein soziales System als »eine Gruppe lebender Systeme, die zwei Bedingungen erfüllen: 1. Jedes der lebenden Systeme muß in seinem kognitiven Subsystem mindestens einen Zustand ausgebildet haben, der mit mindestens einem Zustand der kognitiven Systeme der anderen Gruppenmitglieder verglichen werden kann. 2. Die lebenden Systeme müssen (aus ihrer Sicht) mit Bezug auf diese parallelisierten Zustände interagieren« (S. 319). Diese Definition deutet bereits an, daß die Individuen nicht völlig in einem sozialen System aufgehen und sich nicht in diesem erschöpfen.

Hejl nennt die Individuen »›Schnittpunkte‹ oder ›Berührungspunkte‹ sozialer Systeme« und bezeichnet die Gesellschaft als ein »Netzwerk sozialer Systeme mit den Individuen als ›Knoten‹« (S. 321). Den sozialen Wandel erklärt er schließlich damit, daß die Komponenten sozialer Systeme stets mehrere soziale Systeme konstituieren: die sozialen Systeme interagieren »durch die Interaktionen ihrer Komponenten, d. h. durch die Individuen, die sie konstituieren« (S. 329). Die Individuen müssen ihre verschiedenen Komponentenrollen (oder -existenzen) integrieren, wobei es dazu kommen kann, daß sich das Individuum inkompatiblen Realitätskonstrukten und widersprechenden Handlungsanforderungen gegenübersieht. Dieses Problem wird gelöst entweder durch das Verlassen eines sozialen Systems bzw. mehrerer sozialer Systeme,[132] oder durch die Veränderung der Realitätskonstrukte und Handlungsforderungen eines Systems.[133] Es verändert sich zum einen das kognitive System aufgrund

---

konstruktivistische Sozialtheorie in: Schmidt, Selbstorganisation, S. 40-49. Peter M. Hejl nimmt innerhalb des Radikalen Konstruktivismus eine Gegenposition zu Ernst von Glasersfeld ein, indem er den Einfluß der Gesellschaft auf die Konzeptbildung des Individuums einräumt und dementsprechend nachdrücklich die Analyse seiner sozialen Situation und Interaktion fordert (vgl. Ernst von Glasersfeld: Radikaler Konstruktivismus. Ideen, Ergebnisse, Probleme, Frankfurt/Main 1996, S. 347-358).

130 Hejl, S. 310; im folgenden Nachweise im Text.

131 Als Beispiele für soziale Systeme nennt Hejl Parteien, Organisationen, Familie, Firma, Fußballmannschaft.

132 Hejl nennt Parteiaustritt, Ehescheidung, Firmenwechsel als Beispiele (vgl. ebd., S. 329f.)

133 Hejl führt aus, daß »Systemmitglieder aufgrund von Erfahrungen in anderen sozialen Systemen ihr Verhalten und ihre Wahrnehmungen in dem betreffenden System leicht ändern, ohne daß ihnen dies wegen der Parallelität dieser Verhaltensmodifikation bei ei-

seiner Interaktionsgeschichte, zum anderen ändert sich ein soziales System aufgrund der Interaktion, die es über seine ›Mitglieder‹ mit anderen Systemen eingeht. Die Veränderung des sozialen Systems besteht dabei in der Veränderung der dieses System konstituierenden Realitätsdefinitionen und Handlungsmöglichkeiten.

Das sozialtheoretische Modell Hejls geht von konstruktivistischen Hypothesen über die Selbstreferenz des kognitiven Systems aus, läßt aber eine gewisse Offenheit dieses Systems bestehen. Es werden nicht nur die Eingabegrößen des Systems an vorhandene Konzeptstrukturen assimiliert, es wird auch eine umgekehrte Assimilation des kognitiven Systems an die Eingabegrößen der Umwelt eingeräumt. Allerdings ist diese Assimilation als sehr vermittelt und als längerfristiger Prozeß zu denken. Sie vollzieht sich nicht als direkte Reaktion auf den Input eines einzelnen Textes etwa, sondern als Ergebnis der Interaktionsgeschichte des kognitiven Systems; sie verläuft nicht spontan, sondern evolutiv.[134]

Hejl erklärt, daß die Interaktionsgeschichte des kognitiven Systems aus Handlungen oder »bloße[n] Einflüsse[n]« besteht (S. 310), geht jedoch nicht auf die Differenz zwischen Handlungen und Einflüssen ein. Sein Modell scheint mit der Kategorie des sozialen Systems die Perspektive auf Handlungen – im Sinne von Interaktion – zu verengen.[135] Dadurch gehen die Einflüsse/Eingabegrößen verloren, die unabhängig von der körperlichen Anwesenheit in einem sozialen System auf ein kognitives System wirken. Das ist der Komplex der Schrift, der gerade in der Diskurstheorie als ein Ort herausgestellt wird, an dem Realitätskonstrukte und Handlungsmuster vermittelt, gegeneinandergestellt und konnotiert werden. Die Diskurse sind in die Interaktionsgeschichte des kognitiven Systems unbedingt einzubeziehen, wofür in dem von Hejl vorgeschlagenen Modell und in der von ihm benutzten Terminologie m. E. nicht genügend Raum bleibt. Die methodische Aufgabe bestünde also darin, das sozialtheoretische und das diskurstheoretische Konzept miteinander zu verbinden. Seine Begrün-

---

ner größeren Anzahl von Mitgliedern bewußt werden muß. Dadurch kommt es zu einer Evolution des für das betreffende System typischen synreferentiellen Bereichs« (ebd., S. 331).

134 Hejl spricht von der »Koevolution« der die sozialen Systeme konstituierenden Individuen und unterscheidet zwischen Prozessen, die diesen Individuen bewußt, und solchen, die ihnen nicht bewußt werden. Aus der »Koevolution« resultieren schließlich auch bewußte individuelle Interessen und Handlungen wie z. B. die Gründung von spezifischen Interessenvertretungen in Parteien oder die direkte Einflußnahme prominenter Mitglieder eines Systems auf dessen Veränderung (vgl. ebd., S. 331f.).

135 So bilden die Fußballfans verschiedenster Orte, die zwar das Wissen um die Spielregeln und Meisterschaftsaustragungen teilen, aber nicht interagieren, kein soziales System (vgl. ebd., S. 320).

dung hätte dieses Anliegen im gemeinsamen Ansatz der Determiniertheit des Individuums durch seinen spezifischen Ort innerhalb der Dis-
kurse/sozialen Systeme. Die konzeptionelle Gemeinsamkeit erstreckt sich
bis in die Formulierungsweise. Hejls Definition der Individuen als
»›Schnittpunkte‹ oder ›Berührungspunkte‹ sozialer Systeme« erinnert an
die diskurstheoretischen Definitionen des »Einzelnen als Schnittpunkt
differenter Diskurse«.[136]

Der hier eröffnete diskurstheoretische und konstruktivistische Bezugsrahmen soll jedoch nicht in eine vertiefte Theorienanalyse und in eine
detaillierte Methodendiskussion führen. Er dient der kategorialen Problematisierung des traditionellen Autor-Text-Leser-Modells mit seiner opti-
mistischen Sicht auf die Wirkungsmöglichkeiten von Literatur. Es war
vor dem Hintergrund dieser Theorien zu fragen, welche Leistungskraft
ein produktionsästhetischer und rezeptionsästhetischer Ansatz für eine
Untersuchung noch haben kann. Und es ist nun zu fragen, ob vor dem
Hintergrund konstruktivistischer Theorie nur noch die Befragung der
Leser im Sinne der Empirischen Literaturwissenschaft möglich ist oder
ob nach einer Integration dieser Theoreme in das traditionelle Modell auch
eine literaturhistorische Arbeit sinnvoll bleibt.

Dazu soll noch einmal Scheffers Formel von der Lektüre als autobio-
graphischer Tätigkeit aufgegriffen werden, die vielleicht in kompakte-
ster Form die Perspektive einer konstruktivistischen Literaturtheorie zum
Ausdruck bringt.[137] Diese Formel beantwortet genaugenommen noch nicht
die Frage nach Geschlossenheit oder Offenheit des kognitiven Systems
als Wahrnehmungsinstanz. Sie läßt aus theoretischer Sicht ebenso die
Annahme der Offenheit zu. Denn so sehr man auch vom Primat des autobiographischen Materials über den rezipierten Text ausgeht, dieses Material ist nichts anderes als eine Sammlung aufgenommener Informationen:
der im Augenblick rezipierte Text ist künftige Vergangenheit und wird –
als ein Signal von außen – Bestandteil der Biographie des kognitiven Systems.

Scheffer selbst gesteht der Literatur trotz konstruktivistischer Perspektive schließlich auch Einfluß auf den »Lebens-Roman« des Lesers zu und

---

136 Fohrmann/Müller, S. 15.

137 Die in Scheffers Buch vorgebrachten Überlegungen und Positionen lassen sich
durchaus auch bei vielen anderen Wissenschaftlern, viel früher bereits und ohne die Flag-
ge des Konstruktivismus finden. Ich konzentriere mich dennoch auf Scheffer, weil er diese
Positionen zusammenfaßt und erklärtermaßen in eine »konstruktivistische Literaturtheorie«
überführen will. Die dabei deutlich werdenden Widersprüche, Unklarheiten und Selbst-
relativierungen offenbaren zum einen die Verwandtschaft seiner ›konstruktivistischen‹
Position mit ›aufgeklärten‹ Hermeneutikern, zum anderen die bleibende Unsicherheit, was
die zu ziehenden Konsequenzen für die künftige literaturwissenschaftliche Arbeit betrifft.

räumt ein: »Immer aber ist durch Literatur ein Zustand erreicht, der sich von einem früheren Zustand der ›Autobiographie‹ unterscheidet«.[138] Scheffer will im Anschluß an diesen Kompromiß die »Lerneffekte« der Lektüre »nicht als verbesserte (oder verschlechterte) Anpassung an die Erfordernisse einer äußeren ›Realität‹« verstanden wissen, sondern als »Selbst-Anpassung an die eigene ›Welt im Kopf‹«, als »Veränderungen also, die das Individuum dazu führen, in seiner eigenen, von ihm selbst hervorgebrachten Welt verändert zu denken, zu fühlen und zu handeln«.[139] Der kryptische Charakter dieser Aussage, die diffuse Differenzierung, die sich in anderen Sätzen wiederholt,[140] ist wohl dem Problem geschuldet, in das sich der Konstruktivismus generell verstrickt sieht. Im Versuch, theorieinterne Aporien zu vermeiden, scheint er sich traditionellen Kommunikationskonzepten wieder anzunähern.[141] Der Einfluß von Eingabegrößen, die Wirkungskraft von Literatur kann letztlich nicht geleugnet werden (und zwar aus theoretischen und empirischen Gründen nicht). Der Leser, soeben noch autonomer Herrscher über den Text, wird nun, als Lernender, gar in eine Lehrer-Schüler-Hierarchie rückintegriert. »Unbestreitbar ist Literatur ›einflußreich‹«, bekennt Scheffer plötzlich und zitiert S. J. Schmidt, der ja nichts anderes sage.[142] Ob der Austausch des ideologiekritischen Terminus der »Verführbarkeit« des Rezipienten durch den Terminus der »Anregbarkeit«[143] schon/noch mehr als nur ein zeitgemäßeres Design bedeutet, bleibt allerdings fraglich.

Die Differenzen des Konstruktivismus zu anderen Theorien verschwimmen mit der notwendigen Entradikalisierung des Konstruktivismus. Sein Konzept bleibt wohl insoweit fruchtbar für eine literaturwissenschaftliche Arbeit, als es emphatische Vorstellungen von der Veränderbarkeit des

---

138 Scheffer, S. 193 und 192.

139 Ebd., S. 194.

140 Vgl. Scheffers Aussage: »Es ist zwar gerade keine Illusion zu glauben, jeder einzelne führe die Regie, inszeniere den Roman des eigenen Lebens; illusionär (oder gar pathologisch) wären nur die Annahmen, man täte dies *stets* unsozialisiert oder *total* determiniert« (ebd., S. 195).

141 Scheffer fragt, nachdem er den Medienangeboten wieder einen gewissen Einfluß auf ihre Rezipienten eingeräumt hat, selbst nach der Qualität der Abgrenzung des Konstruktivismus gegenüber herkömmlichen Kommunikations-Konzepten: »Wer behauptet denn schon, Individuen könnten in die Gesellschaft ›hinein‹ verändernd tätig werden, und wer bestreitet umgekehrt, Individuen könnten eine Quelle für Impulse, für Variationserwartungen und Variationsansprüche sein?« (Scheffer, S. 114).

142 »Da jede Handlung im kognitiven Bereich den Systemzustand ändert, gibt es in diesem Sinne kein wirkungsloses Handeln mit/in Medienschemata« (Schmidt: Skizze einer konstruktivistischen Mediengattungstheorie, in: Spiel, 6. Jg. (1987), H. 2, S. 163-206, hier: 179, in: Scheffer, S. 193).

143 Scheffer, S. 190.

Individuums verhindert und die Frage der Wirkung von Literatur weit zurückhaltender behandelt als etwa die Kritische Theorie. Die Frage, ob der Text oder der Leser im Rezeptionsprozeß seine Autonomie bewahren kann bzw. verliert, läßt sich nur mit einem Sowohl-als-Auch beantworten. Es ist dem Konstruktivismus darin zuzustimmen, daß der Leser aus dem Text das liest, was er selbst schon ist. Aber die Frage danach, wie er das, was er ist, geworden war und ob er dies immer bleiben wird, führt bald wieder auf den Text als ein Signal zurück, das über verschiedene Vermittlungsstufen den Leser bestimmt. Der Leser wird ›beschrieben‹: seine Souveränität ist eine sozialisierte.

1.2.2.6 Das Subjekt als Ensemble – Schlußfolgerungen

Diskurstheoretisch und konstruktivistisch belehrt, kann folgendes festgehalten werden:

1. Der Gedanke der uneingeschränkten Autorsouveränität ist nicht haltbar. Der Autor tritt nicht frei und unabhängig an seinen Text heran, er ist als Objekt und Schnittpunkt verschiedener Diskurse/sozialer Systeme in seiner Rede vorstrukturiert. Wenn sich demnach im Text nicht der souveräne Autor, sondern die Diskurse/sozialen Systeme, an denen er teilhat, äußern, mindert das jedoch nicht das Interesse am Autor selbst als der *Instanz* literarischer Produktion. In der Spezifik des Schnittpunktes, den der Autor im Netz der Diskurse (bzw. in seiner Interaktionsgeschichte bezüglich der sozialen Systeme) besetzt, bewahrt er seine Individualität.[144] Die Autorintention ist über die Rekonstruktion der den Autor umgebenden Diskurse/sozialen Systeme herauszuarbeiten. Dabei sind als Kontextfaktoren nicht nur die Diskurse – als Ensemble diskursiver Ereignisse – von Interesse, sondern ebenso die sozialen Systeme, in denen der Autor

---

144 Foucault selbst hält in der »Archäologie des Wissens« abschließend fest: »ich habe das Problem des Subjekts nicht ausschließen wollen, sondern die Positionen und Funktionen definieren wollen, die das Subjekt in der Verschiedenheit der Diskurse einnehmen konnte« (Foucault, Archäologie, S. 285). Vgl. Uwe Japp, der herausarbeitet, daß die Diskurstheorie eine »kritische[n] Analyse der Funktion des Autors *in* der Ordnung des Diskurses [beschreibt], nicht das Verschwinden des Autors *aus* dieser Ordnung« (Japp, S. 233). Vgl. Scheffer: »›Individualität‹, hauptsächlich verstanden als Abgrenzung von anderen psychischen Systemen, ergibt einen kompakten, einen stabilen Begriff von Individualität, ohne andererseits einen emphatischen, aus ›inneren‹ Komponenten gewonnenen Begriff der Identität, der Subjektivität oder auch Individualität in Kauf nehmen zu müssen« (Scheffer, S. 20). Konstruktivismus und Systemtheorie verbieten nicht, Individuum und Subjekt überhaupt noch zu bedenken, »im Gegenteil: Es gibt geradezu ausdrückliche, wenn auch bislang kaum eingelöste Aufforderungen, über ›Individualität‹ im Sinne von psychischen Systemen nachzudenken« (S. 17).

agiert. Der Autor ist auch innerhalb seiner familiären, lokalen oder beruflichen Kontexte zu untersuchen. Die Untersuchung muß methodisch auf der Ebene der zeitgenössischen Diskurse ebenso wie auf der biographischen des Individuums ansetzen.

2. Mit der Souveränität des Autors ist zugleich die Souveränität des Lesers eingeschränkt, der ebenfalls als Schnittpunkt verschiedener Diskurse zu denken ist. So wie beim Autor aus Teilnahme an verschiedenen Diskursen die Redegewohnheitsnotwendigkeiten resultieren, ergeben sich für den Leser daraus die Verstehensgewohnheitsnotwendigkeiten. Aussagen über den Leser lassen sich vor dem Hintergrund der rekonstruierten Autorsituation nur insofern treffen, als Gemeinsamkeiten zwischen der Autor- und Lesersituation zu unterstellen sind.

3. Aus dem diskurstheoretischen und konstruktivistischen Ansatz folgt, daß Autor und Leser anläßlich eines Textes Kommunikate erzeugen, die jeweils den subjektiven Kontexten verpflichtet sind. Die Kommunikation zwischen Autor und Leser hat ihre Basis nicht im Text, sondern im Kontext. Damit werden traditionelle interaktionistische Textmodelle unterlaufen. In der Begrifflichkeit der Diskursanalyse und des Radikalen Konstruktivismus ist die literarische Kommunikation eine Beziehung zwischen zwei spezifischen Diskurs-Schnittpunkten. Die Identität der von verschiedenen Lesern anhand eines Textes erstellten Kommunikate ist kein Beweis für eine ›objektive Bedeutung‹ des Textes, sondern ein Zeichen für soziale Parallelitäten der Kommunikaterzeuger: die Invarianz liegt nicht im Text, sondern im gemeinsamen Diskurshintergrund. Der reale Leser ist dem ›impliziten Leser‹ insofern ähnlich, als sich Textproduktions- und Text*re*produktionsdispositionen entsprechen.

4. Die damit unterstellte Wirkungslosigkeit des Textes läßt sich empirisch jedoch nicht bestätigen. Auf der Theorie-Ebene zeigt sich zudem ein Widerspruch, da der Text selbst wiederum zu den Kontextfaktoren gezählt werden muß. Der Text als sprachliches Ereignis *ist* der Diskurs, der die Textwahrnehmungsbedingungen des Lesers erzeugt. Hier muß jedoch eine Differenzierung vorgenommen werden. Der konkrete, einzelne Text ist in diskurstheoretischer Terminologie nur ein diskursives *Ereignis*, ein Bestandteil des Diskurses als eines ›Ensembles diskursiver Ereignisse‹. Die Frage nach der Wirkungsmöglichkeit des Textes kann über die Ensemble-Ereignis-Metapher erörtert werden. Dazu wird das Individuum selbst als ein Ensemble von Ereignissen bezeichnet.[145] Der Begriff Ereig-

---

145 Die Definitionen des Individuums als *Schnittpunkt* differenter Diskurse oder als *Netz* sozialer Systeme sprechen ja implizite vom Individuum als einem *Ensemble* verschiedener Diskurse bzw. sozialer Systeme.

nis wird im Sinne der konstruktivistischen Theorie als Eingabegröße für das kognitive System verstanden. Der Eingabe*ort* läßt sich wiederum je nach theoretischem Bezugsfeld als »Diskurs«, »soziales System« oder auch »gesellschaftliches Verhältnis« übersetzen.[146] Nach den Voraussetzungen des Konstruktivismus werden diese Eingabegrößen an die im kognitiven System vorhandenen Konzeptstrukturen assimiliert. Zugleich wurde in der Interaktionsgeschichte des kognitiven Systems eine umgekehrte Assimilation an die Eingabegrößen der Umwelt eingeräumt. Diese Assimilation ist als längerfristiger, evolutionärer Prozeß zu denken, der sich in der Auseinandersetzung bzw. Vermittlung mit anderen Eingabegrößen vollzieht. Die Wirkung einer Eingabegröße auf das kognitive System muß vor dem Hintergrund aller anderen Eingabegrößen eingeschätzt werden. Hejl betont mit Blick auf die Veränderung des kognitiven Systems: »Welches auch immer der Ursprung dieser Zustandsveränderungen sein mag, ihre Ausprägung ist vom Systemzustand abhängig, der zu jedem Zeitpunkt bestimmte Veränderungen zuläßt und andere unmöglich macht. Der jeweilige Zustand eines lebenden Systems *ist* eine biologische Repräsentation seiner Erfahrungen, von denen ein Teil als Wahrnehmungen bewußt gemacht (vorgestellt) werden kann«.[147] Auf einen konkreten Text

---

146 Der Begriff des »gesellschaftlichen Verhältnisses« kommt aus der marxistischen Theorie und zielt auf die *materiellen* Verhältnisse, in denen das Individuum steht (z. B. Familie, Arbeitsverhältnis, Nation), sowie die davon abzuleitenden *ideologischen* (z. B. Religion, Politik, Recht, Moral). Die Integration des marxistischen Ansatzes in die Diskurstheorie, die Beziehungen der Kategorien »gesellschaftliche Verhälnisse« (Marx/Engels) – »ideologische Staatsapparate« (Althusser) – »Diskurse« (Foucault) kann hier nicht rekonstruiert werden (zur Auflösung der Autonomie des Subjekts in Althussers modifiziertem Marxismus vgl. Louis Althusser: Ideologie und ideologische Staatsapparate [frz. 1970]). Es soll jedoch daran erinnert werden, daß Friedrich Engels in seinem Brief an Joseph Bloch am 21./22. 9. 1890 den Einzelwillen als eine »Menge besonderer Lebensbedingungen« und als ein »Kräfteparallelogramm« bezeichnete (Marx/Engels, Bd. 37, S. 464) und daß Karl Marx betonte: »das menschliche Wesen ist kein dem einzelnen Individuum inwohnendes Abstraktum. In seiner Wirklichkeit ist es das Ensemble der gesellschaftlichen Verhältnisse« (ebd., Bd. 3, S. 6). Das Bewußtsein kann für Marx demnach »nie etwas Anderes sein als das bewußte Sein, und das Sein der Menschen ist ihr wirklicher Lebensprozeß [...] Auch die Nebelbildungen im Gehirn der Menschen sind notwendige Sublimate ihres materiellen, empirisch konstatierbaren und an materielle Voraussetzungen geknüpften Lebensprozesses. Die Moral, Religion, Metaphysik und sonstige Ideologie und die ihnen entsprechenden Bewußtseinsformen behalten hiermit nicht länger den Schein der Selbständigkeit« (S. 26f.). Bemerkenswert ist die modifizierte Fortsetzung der Begriffe in Foucaults Beschreibung des Strukturalismus: »Man entdeckt, daß das, was den Menschen möglich macht, ein *Ensemble von Strukturen* [Hervorhebung von mir] ist, die er zwar denken und beschreiben kann, deren Subjekt, deren souveränes Bewußtsein er jedoch nicht ist« (Foucault/Caruso, S. 14).

147 Hejl, S. 310.

bezogen heißt dies: seine Wirkung auf das kognitive System wird abhängen von seinem Zusammenspiel mit den Erfahrungen dieses Systems und von der Parallelisierbarkeit mit anderen gegenwärtigen oder vergangenen Eingabegrößen. Er kann nur historisch sowie personal konkret diskutiert werden.

In diesem Ansatz liegt ein Bezug und zugleich eine Abgrenzung zu Isers Modell des Lesevorgangs. Iser geht davon aus, daß das Lesen »insofern die Struktur der Erfahrung [also einer Zustandsveränderung des kognitiven Systems zeigt], als das Verstricktsein unserer Orientierungen zur Vergangenheit entrückt und damit zugleich deren Geltung für die neue Gegenwart suspendiert« wird.[148] Dies bedeute nicht, »daß jene in die Vergangenheit zurückgeschobene Erfahrung damit verschwände. Im Gegenteil. Als Vergangenheit ist sie noch immer meine Erfahrung, die nun allerdings in eine Interaktion mit der noch unvertrauten Gegenwart des Textes tritt«.[149] Die Suspension der den Leser beherrschenden Denkdispositionen muß gedacht werden als eine »›Besetzung‹ des Lesers durch die Gedanken des Autors [...] Denkt er [der Leser] die Gedanken eines anderen, dann springt er temporär aus seinen individuellen Dispositionen heraus, denn er macht etwas zum Thema seiner Beschäftigung, das bisher nicht – wenigstens nicht in dieser Form – in seinem Horizont lag«.[150] Iser merkt jedoch an, daß, »so sehr diese Orientierungen nun auch zur Vergangenheit entrückt sein mögen, [...] sie doch den Horizont [bilden], vor dem die uns beherrschenden Gedanken des Autors zum Thema werden [...] Denn wir vermögen die Gedanken eines anderen nur deshalb zu einem uns beherrschenden Thema zu machen, weil diese dabei immer auf den virtualisierten Horizont unserer Person und ihrer Orientierungen bezogen bleiben«.[151] Iser fügt schließlich hinzu: »die Gedanken eines anderen lassen sich in unserem Bewußtsein nur formulieren, wenn die vom Text in uns mobilisierte Spontaneität ihrerseits Gestalt gewinnt«.[152]

An diese z. T. recht vagen Formulierungen läßt sich insofern anschließen, als Iser die Konkurrenz von Denkdispositionen des Lesers und Eingabegrößen des Textes in Rechnung stellt und eine Suspension jener für die Wirkung dieser zur Voraussetzung macht. Zu fragen bleibt jedoch, wie leicht das, was das kognitive System bestimmt, zur Vergangenheit entrückt werden kann, wie einflußreich das ›Entrückte‹ auf die »uns be-

---

148 Iser, Lesevorgang, S. 270.
149 Ebd.
150 Ebd., S. 273.
151 Ebd., S. 273f.
152 Ebd., S. 274f.

herrschenden Gedanken des Autors« bleibt und wie offen sich das kognitive System für Interaktion, Spontaneität und Veränderung zeigt. Mit Bezug auf die oben gemachten Ausführungen soll noch einmal betont werden, daß die von Iser dem einzelnen Text hier zugesprochene Wirkungsmöglichkeit eher gering veranschlagt werden muß und daß sie nur im Kontext anderer Eingabegrößen zugestanden werden kann. Die Wirkung eines Textes, seine ›Fähigkeit‹, individuelle Dispositionen außer Kraft zu setzten, wird daran zu ermessen sein, inwieweit er sich mit den Eingabegrößen der Diskurse bzw. sozialen Systeme, in denen der Leser sich befindet, parallelisieren läßt.

1.2.3 Belehrte Rückkehr – Methodik und Ablauf

Damit bleibe ich auf die Kontextanalyse verwiesen und kehre zurück zum Autor-Text-Leser-Modell, das sich nun als ›Modell der kommunizierenden kognitiven Systeme‹ bezeichnen läßt. Es ist nach dem Zustand dieser Systeme zu fragen: nach den Textproduktions- und Textreproduktionsvoraussetzungen von Autor und Leser. Es ist nach den spezifischen Veränderungsmöglichkeiten eines konkreten kognitiven Systems zu fragen. Es ist also zu fragen nach der »möglichen Empfänglichkeit für Reize«, nach dem »möglichen Angesprochensein[s], der möglichen Bereitschaft, in bestimmter Weise zu antworten und zu handeln«.[153]

Diesen »Bereich des *Möglichen*«, der hier zur Untersuchung ansteht, nennt Ulrich Raulff das »Mentale«.[154] Der Begriff des Mentalen bzw. der Mentalität besitzt auch rund 60 Jahre nach den Anfängen der »Annales«-Schule noch eine beträchtliche Unschärfe und wird zur Bezeichnung von Denkmustern, geistig-seelischer Haltungen bis hin zur Bezeichnung (kollektiver) Affekte eingesetzt. Es soll an dieser Stelle nicht auf die verschiedenen Begriffsbestimmungen oder auf die Abgrenzung des »Habitus« von der »Mentalität« eingegangen werden. Für die vorliegende Untersuchung ist der Begriff insofern von Interesse, als er auf der Kategorie des »Möglichen« basiert und die *Veranlagung* zu etwas markiert. Da die Frage der Veranlagung nicht auf den geistigen *oder* emotionalen Bereich des Individuums reduziert werden kann, folge ich in der Begriffsbestimmung Raulff, der die verschiedenen Ansätze sinnvoll in die kurze, aber prägnante For-

---

153 Raulff, S. 10.
154 Ebd.

mel bringt: »Mentalitäten umschreiben kognitive, ethische *und* affektive Dispositionen«.[155]

Allerdings ist die mit dem Mentalitätsbegriff verbundene Gefahr zu vermeiden, von einem ›epochenspezifischen Persönlichkeitstyp‹, von einem ›kollektiven Subjekt‹ auszugehen. Dieses Herangehen würde dem besonderen Ort des Individuums innerhalb der Diskurse/sozialen Systeme nicht gerecht werden und zu einer Entpersonalisierung führen, die weit über Foucaults Rede vom »Verschwinden des Autors« hinausginge. Der Homogenisierungsgefahr ist dadurch zu begegnen, daß Abstufungen vorgenommen werden bzw. daß der Begriff Mentalität auf verschiedene Ebenen ›verteilt‹ wird. Das heißt, daß neben *epochen*spezifischen Dispositionen (solche sind etwa das mittelalterliche und das neuzeitliche Verhältnis zur Zeit) auch *schichten*spezifische, *berufs*spezifische, *lokal*spezifische oder *familien*spezifische Dispositionen bzw. Dispositionierungen veranschlagt werden. In den verschiedensten Bereichen wird Mentalität geschaffen, reproduziert, modifiziert und ›aktiviert‹. In all diesen Bereichen befindet sich das Individuum im Schnittpunkt von Diskursen/sozialen Systemen. Eine Erforschung der *individuellen* Mentalität hätte alle diese Bereiche zu rekonstruieren.

Es bietet sich an, in bezug auf diese verschiedenen Bereiche von *Kontexten* zu sprechen. Mit dieser Bestimmung können die Begriffe Diskurs und soziales System, die einseitig entweder auf die Sprache oder auf die unmittelbare Interaktion ausgerichtet sind, zusammengeführt werden. Der Begriff ›Kontext‹ bezeichnet demnach den ›Ort‹, an dem das kognitive System mit bestimmten ›Eingabegrößen‹ konfrontiert wird, die zur Herausbildung spezifischer Dispositionen führen können. Dabei lassen sich grob gesehen folgende Unterscheidungen vornehmen:

1. Der historische Kontext: Er bezeichnet die allgemeinen zeitgenössischen Phänome: geistige und politische Erscheinungen (Inquisition, Aufklärung, Kalter Krieg usw.) ebenso wie wirtschaftliche und lebenspraktische Erscheinungen (industrielle Revolution; Veränderung der Familienstruktur). Die Kategorie des historischen Kontextes verweist auf die Annahme einer epochenspezifischen Mentalität und rekurriert aufgrund ihrer Abstraktionsebene auf Globalaussagen. Beides ist äußerst problematisch und kann nur der erste Schritt innerhalb einer komplexen Analyse sein.

2. Der soziale Kontext im weitesten Sinne: Er bezeichnet den abstrakten Platz des Individuums innerhalb der Gesellschaft. Damit wird auf das traditionelle Klassen- bzw. Schichtenmodell zurückgegriffen, das in

---

155 Ebd.

seiner ausschließlichen Anwendung zwar zu groben Vereinfachungen historischer Vorgänge führt, in einer komplexeren Einbettung jedoch als Rekonstruktionskategorie aufrechterhalten werden kann (zumal die Untersuchung eine Zeit betrifft, in der die Ständeproblematik verstärkt diskutiert wurde).

3. Der soziale Kontext im engeren Sinne: Er bezeichnet den konkreten Platz des Individuums in der Gesellschaft. Hier ist unter anderem auf die berufliche(n) Schicht(en), der(denen) ein Individuum angehört, einzugehen. Dieser Kontext steht für Konstituierungsfaktoren, in deren Wirkungskreis das Individuum aufgrund seiner konkreten Tätigkeit und Interessenlage steht.

4. Der individuelle Kontext im weiteren Sinne: Er bezeichnet die persönlichen Beziehungen, die Verwandtschafts- und Bekanntschaftskreise, in denen das Individuum handelt und geprägt wird.

5. Der individuelle Kontext im engeren Sinne: Er bezeichnet den familiären Kontext als Ort der Primärsozialisation, aber auch psychische und physische Voraussetzungen (körperliche Kondition, psychische/physische Besonderheiten).

Mit den angegebenen Kontexten sind die möglichen Einflußfaktoren nicht erschöpft.[156] Ebensowenig kann ihre Reihenfolge zugleich eine Rangfolge bedeuten. Die Kontexte können weder systematisiert noch in ihren Grenzen bestimmt werden.[157] Die hier aufgeführten Unterscheidungen sind schematische Konstruktionen, die den Komplex der Konstituierung des Textproduzenten modellhaft vereinfachen und mechanisch vorführen. Ihr heuristischer Wert liegt darin, in der Rekonstruktion des Ortes, von dem her der Autor Vulpius spricht, als Orientierungspunkte zu die-

---

156 In das vorliegende Modell wären z. B. auch die Geschlechtszugehörigkeit Vulpius, die Faktoren der Nationalität (bzw., mit Blick auf die Differenz der deutschen Territorialstaaten, die Zugehörigkeit zu einem bestimmten Fürstentum) und der Lokalität (Dorf, Kleinstadt, Hofstadt, freie Reichsstadt, Universitätsstadt, Hafenstadt, Konfessionszugehörigkeit usw.) zu integrieren.

157 Die Bestimmung der Grenzen ist methodisch nicht möglich. Jeder Kontext verweist zugleich auf einen anderen und besteht selbst wiederum aus verschiedenen Kontexten (so drückt sich z. B. in der Primärsozialisation über die Eltern vermittelt auch schon der historische und soziale Kontext aus). Eine Systematisierung würde zwar zu einer größeren methodischen Klarheit führen, aber nur um den Preis der höchst problematischen Favorisierung bestimmter Faktoren. (In den Extremformen führt dies in der marxistischen Literaturwissenschaft dazu, den Text aus der Klassen- bzw. Schichtenzugehörigkeit des Autors zu erklären, während die Akzentuierung des biographischen Aspekts darauf hinaus laufen kann, den Text oft aus dem Kindheitstrauma seines Autors zu deuten.) Auf der theoretischen Ebene kann das Modell nicht über den additiven Charakter hinausgehen; eine Systematisierung ist lediglich in der konkreten Anwendung des Modells diskutierbar.

nen. Diese Orientierungspunkte lassen sich vorerst wie folgt konkretisieren:

- Vulpius als Zeitgenosse der Aufklärungsepoche
- Vulpius als Vertreter des Kleinbürgertums
- Vulpius als Musäus-Schüler, Rechtsstudent, Theaterdichter, Schriftsteller, Herausgeber, Rezensent und Bibliothekar
- Vulpius als Goethe-Schwager, als Familienvater
- Vulpius als Sohn eines verarmten Alkoholikers und als Rheumatiker

Mit dem Modell der Kontextbestimmung geht die Untersuchung – anders als textimmanente Ansätze – historisch an den Text heran und demontiert dessen ›Autonomie‹ vor dem Hintergrund seiner Entstehung. Die Gefahr einer solchen Methode liegt in der Zerstörung der Eigenheit des Textes. Dieser Gefahr wird in der Untersuchung erstens dadurch begegnet, daß nicht ein homogener historischer Kontext und eine kollektive Mentalität als Bezugspunkte angesetzt werden, zweitens dadurch, daß die Untersuchung ihren Ausgangspunkt genaugenommen im *Text* hat. Das ›Vorverständnis‹ des Textes, das sich aus einer ersten Lektüre ergab, bestimmt die Fragestellung an den Kontext – insofern geht die Textanalyse der Kontextanalyse voraus.[158] Da es sich im vorliegenden Fall nicht um einen, sondern um mehrere Texte handelt, war nach den Gemeinsamkeiten dieser Texte zu fragen. Es ging darum, Textmarkierungen zu bündeln, die auf mögliche Strukturhomologien zwischen Text und Autor-Kontext hinweisen. Die Lektüre verschiedener Romane – »Die Saal-Nixe. Eine Sage der Vorzeit« (1795), »Rinaldo Rinaldini der Räuberhauptmann« (1799), »Orlando Orlandino der wunderbare Abenteurer« (1802), »Don Juan der Wüstling« (1805), »Lucindora die Zauberin« (1810), »Lionardo Monte Bello oder der Carbonari-Bund« (1821), »Bublina, die Heldin Griechenlands, unserer Zeit« (1822) – läßt dabei ein Strukturmodell erkennen, das später im einzelnen zu zeigen sein wird, hier aber zunächst als mögliche Grundlage einer Kontextanalyse vorzustellen ist.

In allen diesen Texten führt Vulpius Figuren vor, die in Opposition zu den vorherrschenden Prinzipien des zeitgenössischen Moraldiskurses stehen. Sie verstoßen nicht nur gegen die staatliche Gesetzlichkeit (Rinaldo), sondern, mit Blick auf moralische Normen (Orlando, Lionardo, Don Juan) und die Geschlechterdebatte (Saalnixe, Lucindora, Bublina), auch gegen

---

158 Diese Aussage steht im Widerspruch zur obigen Feststellung, wonach der Text nur aus dem Kontext verstehbar ist. Natürlich ist das ›Vorverständnis‹ des Textes bereits von einem bestimmten Wissen um den Kontext geprägt und damit wiederum vorbestimmt. Zum Problem des hermeneutischen Zirkels und den ableitbaren Konsequenzen für Anspruch und Stil einer Untersuchung vgl. 1.2.4.

die im bürgerlichen Moral-Diskurs präferierten Verhaltensnormen. Diese Figuren nehmen in verschiedener Weise jeweils einen Platz außerhalb der bürgerlichen Gesellschaft ein und können mit Blick auf deren Verhaltenskodex als *Asoziale* bezeichnet und zusammengefaßt werden.[159] In ihnen und mit ihnen als Sprachrohr baut Vulpius eine Spannung zwischen Bürger und Abenteurer, Seßhaftem und Pilger, Ehe und Freiheit auf. Diese Spannung bringt er in seinem 1798 veröffentlichten Schelmenroman »Abentheuer und Fahrten des Bürgers und Barbiers Sebastian Schnapps« auf eine einprägsame Formel. Nachdem ein Räuber einem Landjägermeister gegenüber den »Schneckenlinien des gewöhnlichen Lebens« das eigene Leben als das »Außerordentliche[s] [...] fern von euern Konvenienzzirkeln« entgegenstellte, reflektiert er: »Das Rad oder der Sarg! Das ist die Frage. Ist es besser, sein Leben als großer Mann am Galgen, oder als eine kleine Seele auf dem Sterbebette zu verhauchen?«[160]

Die Spannung zwischen Abenteurer- und Bürgerexistenz sowie zwischen Freiheit und Ehe scheint für Vulpius geradezu eine Obsession gewesen zu sein. Der ein Jahr später erscheinende Roman »Rinaldo Rinaldini« wird sie aufgreifen und als ein Leitmotiv thematisieren. Der Roman »Orlando Orlandino« wird vor dem Hintergrund eines Teufelspaktes daran anknüpfen. Auch andere Texte kommen zwischen den Serien von Abenteuern auf diese Frage zu sprechen. In der Bearbeitung der »Zauberflöte« für das Weimarer Hoftheater führt Vulpius sogar Textverfälschungen durch, um das Eheleben als Gefängnis zu konnotieren. Schließlich läßt sich dieses Thema auch in Vulpius Briefen finden. Dort klagt er über die »häuslichen Szenen«, die nichts für Dichter seien, oder er nennt sich, kurz bevor er das Dekret zum lang ersehnten festen Bibliotheksposten erhält, einen geborenen Pilger (vgl. 3.4).

Der Vergleich der angeführten Texte zeigt eine Ähnlichkeit im Aufbau an. Die asozialen Protagonisten werden jeweils prinzipiell affirmativ dargestellt und kommentiert, die Identifikation mit ihnen wird ermöglicht und sogar gefördert. Zugleich werden die vorgeführten asozialen Verhal-

---

159 Ich verwende den Begriff des Asozialen in ähnlichem Sinne wie Anke Bennholdt-Thomsen, die darunter »alle Formen des Verstoßen-, Relegiert-, des Entferntwerdens aus der Gesellschaft«, alle Abweichungen von »Normen und Gesetze[n] einer bestimmten Gesellschaft oder aber ihrer Erwartungen (Werte und Regeln)« versteht (Bennholdt-Thomsen, S. 3), und ich benutze ebenso wie Bennholdt-Thomsen die Werte der Mittelschicht als Maßgabe dessen, was als asozial beurteilt wird (S. 4). Ich schränke den Begriff des Asozialen nicht auf diejenigen ein, deren Abweichung rechtlich verfolgt wird (z. B. Räuber, Kindsmörderin, Prostituierte, Wahnsinnige), sondern nutze ihn auch dort, wo ohne Berührung mit dem Gesetz Verstöße gegen bestimmte Normen des Mittelstandes vorliegen (z. B. gegen deren Frauenbild oder Ehekonzept).

160 Vulpius, Abentheuer und Fahrten, S. 294 und 297; vgl. dazu 3.7.

tensweisen schließlich mit bemerkenswerter Regelmäßigkeit als unlebbare Verhaltensversuchung ad absurdum geführt. Zum Großteil zerbrechen die Figuren an ihren inneren Widersprüchen, sie beklagen den Verlust ihrer Seelenruhe und ihrer Handlungsfähigkeit. Die Texte enden mit der Perspektive einer bürgerlichen Existenz, in der die zuvor geschmähten Kategorien Ehe, Stabilität, Geborgenheit, Seelenruhe gegen die erotische Libertinage, Mobilität, Unruhe wieder gestärkt sind. Die bürgerliche Existenz wird im Romanausgang entweder hergestellt oder als ersehnter, aber nicht mehr zu erringender Zustand vor Augen geführt. Die verschiedenen Texte sind auf einem gemeinsamen Strukturprinzip aufgebaut: sie zeichnen das Asoziale zunächst sympathetisch, sie lassen den ›Ausbruch‹ aus den zeitgenössischen bürgerlichen Verhaltensregeln schließlich jedoch in die Perspektive der Resozialisierung auslaufen. Ein wesentliches Merkmal ist, daß sich die Umkehr nicht im Gefolge vordergründiger Moralisierung oder kategorischer Kritik vollzieht. Die andere Lebensform wird als existierende Verhaltensversuchung gerechtfertigt, schließlich aber als unlebbare aufgezeigt.

Geht man davon aus, daß der Zufall in der Textproduktion seinen Ort in Einzelheiten, nicht aber in der Textstruktur hat, muß dieser Strukturhomologie besondere Aufmerksamkeit zuteil werden. Sie erhält zusätzliches Gewicht vor dem Hintergrund der Epochenspezifik. Aufgrund einer stärkeren Ausdifferenzierung der gesellschaftlichen Funktionen und einer stärkeren Verflechtung individueller Handlungen stellte sich seit dem 17. Jahrhundert zunehmend die Aufgabe der Disziplinierung bzw. Selbstdisziplinierung der Individuen. Für die ästhetisch-ethische Handlungstheorie der Popularphilosophie wird im 18. Jahrhundert daher die Frage zentral, »auf welche Weise moralische Grundsätze und Pflichten mit den beschränkten Handlungsvermögen der Menschen so zu vermitteln sind, daß sie nicht nur anerkannt, sondern im Handeln auch tatsächlich verwirklicht werden können«.[161] Ins Negative gewendet, lautet die gleiche Frage: wie können nicht erwünschte Verhaltensversuchungen nicht nur problematisiert und verurteilt, sondern im Handeln der Menschen auch tatsächlich vermieden werden.

Vulpius' Umgang mit dem Asozialen erscheint in diesem Zusammenhang als eine spezifische Möglichkeit der Sozialisierung, in der – im Gegensatz zu den Strategien eines Johann Heinrich Campe, Christian Gotthilf Salzmann, Friedrich Nicolai oder August Lafontaine – das Asoziale weniger denunziert als (in einem psychoanalytischen Sinne) ›abgeführt‹ wird. Dieser Vermutung, die ganz und gar den Befürchtungen der mei-

---

161 Bachmann-Medick, S. 18.

sten zeitgenössischen Rezensionen widerspricht, ist in der Untersuchung nachzugehen. Meine These besteht darin, daß Vulpius Texte durch eine spezifische Thematisierung des Asozialen das Asoziale in einer sozialkonformen Weise codieren. Diesen Vorgang der Codierung nenne ich unter Anlehnung an einen Begriff bei Michel Foucault ›Verwaltung des Abenteuers‹.[162] Dabei ist es von großer Bedeutung, daß sich die ›Verwaltung des Abenteuers‹ auch über Vulpius hinaus als Phänomen der hier interessierenden Zeit aufzeigen läßt. Es ist also zu fragen, wie Vulpius – als Autor von Trivialliteratur – sich in allgemeine Prozesse seiner Zeit einordnet.

Da die Texte von der Spannung zwischen Abenteurer und Bürger leben, wird dieses Kategorienpaar die Kontextanalyse akzentuieren. Es umfaßt populäre zeitgenössische Dichotomien wie Pflicht und Lust, Ordnung und Unordnung, Sparsamkeit und Verschwendung, Gewißheit und Unsicherheit. Die Frage der Disziplinierung wird aufgrund der soeben angestellten Überlegungen in der Kontextanalyse eine besondere Rolle spielen. Die Darstellung gliedert sich in folgende Kapitel:

Der Kontext (historischer Kontext und sozialer Kontext im weitesten Sinne). In diesem Kapitel wird zunächst der Aufklärungsdiskurs als grundlegendes Epochenphänomen sowie das Selbstverständnis und die Programmatik vor allem der Popularaufklärer beleuchtet. Eine sich anschließende literatursoziologische Betrachtung skizziert den Vormarsch des Buches als Kommunikationsmedium und leitet über zur Analyse der Bedeutung des Buches als Sozialisationsinstanz. Der Ausgangspunkt ist dabei der zeitgenössische Lesesucht-Diskurs, in dem Vulpius als Leser und bald auch als Autor steht. Dieser Untersuchung folgt die Ermittlung des zeitgenössischen Abenteuer-Diskurses und der Rezeption des Abenteuers mittels sprachlicher und nichtsprachlicher Medien.

Vulpius (sozialer Kontext im engeren Sinne und individueller Kontext). In diesem Kapitel werden nach einem Abriß der Biographie Vulpius' verschiedene Aspekte dieser Biographie näher untersucht. Seine Tätigkeit als Theaterdichter, Schriftsteller, Herausgeber und Bibliothekar wird in diesem Zusammenhang ebenso besprochen wie sein Verhältnis zu Goethe und Schiller sowie seine Position im Kontext Weimar. Einen Schwerpunkt bildet seine eigene Einstellung zum Komplex Abenteurer-Bürger. Die Betrachtung baut auf den Analysen des vorangegangenen Kapitels

---

162 Zur Codierung vgl. 2.3.7 und 2.3.8, zum Begriff der Verwaltung vgl. 2.3.6, zur Synonymie der Begriffe Asoziales und Abenteuer vgl. 4.1.2.3.1 und 5.

auf und arbeitet zugleich bereits mit Einsichten aus der nachfolgenden Textanalyse.

Die Texte. Dieses Kapitel umfaßt detaillierte Textanalysen, aber auch kontextuelle und theoretische Erörterungen. In die Untersuchungen am Text werden Überblicke zur Motivgeschichte und zum zeitgenössischen Diskurs im Umfeld des Motivs eingebaut, dessen Bedeutung durch eine Erörterung des zeitgenössischen Geschlechter-Diskurses auf eine höhere Abstraktionsebene gehoben wird. Diese unmittelbar am Text angelagerte Kontextanalyse führt zur Entwicklung meiner theoretischen Perspektive auf Funktion und Wirkungsweise der Vulpius-Texte, wobei wiederum auf die in den beiden vorangegangenen Kapiteln zur Verfügung gestellten Erkenntnisse zurückgegriffen wird.

1.2.4 Exkurs: Analyse, Aporie, Essay und Eklektizismus

Ich verwende in der Beschreibung des Untersuchungsganges mehrmals die Begriffe Analyse und Interpretation, was sich nach den vorangegangenen theoretischen Überlegungen im Grunde verbietet. Der Begriff der Analyse suggeriert in Absetzung zum Begriff der Interpretation die Möglichkeit einer von subjektiver Sinngebung freien Rezeption des Textes, der erst in einem weiteren Schritt der Interpretation die persönliche ›Anverwandlung‹ des Textes folgt. Er impliziert die Möglichkeit, dem hermeneutischen Zirkel zu entkommen. Nach den Aussagen der Diskurstheorie und des Konstruktivismus kann es im Rezeptionsprozeß die ›unbefleckte Empfängnis‹ nicht geben, insofern man ihr Ergebnis nicht gleich auf die Feststellung der Kommahäufigkeit in einem Text reduzieren will.

Man muß sich immer gewärtig sein, daß die Signifikation des Signifikanten schon in der Analyse Ausdruck der Subjektivität ist. Signifikation wird von der Wahrnehmungsdisposition des kognitiven Systems bestimmt, sie folgt den »Verstehensgewohnheitsnotwendigkeiten« des ›Analytikers‹. Scheffer hält diesbezüglich fest: »Ausgehend von konstruktivistischen Grundannahmen gibt es *keine Trennung von Welt-Wahrnehmung und Welt-Interpretation. Erkennen, Wahrnehmen und Interpretieren fallen zusammen*«; Jürgen Fohrmann kommentiert das Erkenntnisproblem als Unentrinnbarkeit des Kommentars: »Im Analysieren von Organisation wird aber auch immer Bedeutung zugeschrieben. Einheiten sind dann Eingrenzungen von Bedeutungspotential. Rückkehr also des Kommentars – im

Kommentar über seine Formierung«.[163] In dieser Hinsicht stimmen der Konstruktivist und der Diskurstheoretiker *dem* Hermeneutiker zu, der, gegen die »Idealisierung des Zeichensinns zu einem instanten und identischen«, das Bewußtsein dafür wach hält, daß »es nie eine deutungsunabhängige Sachverhalts-Feststellung und -Formulierung geben wird«.[164] Wenn es keine Analyse *vor* der Interpretation gibt, gibt es nur die »Unhintergehbarkeit von Individualität« (Manfred Frank).

An dieser Stelle sei eine Anmerkung erlaubt. Die Deckungsgleichheit der drei Zitate offenbart, daß es in dieser Frage keine grundlegenden Differenzen zwischen Konstruktivismus, Diskurstheorie und Hermeneutik gibt. Insofern diese Theorien das Bewußtsein von der hier angesprochenen methodischen Aporie wachhalten, besitzt der Abgrenzungskampf zwischen ihnen eine gewisse Künstlichkeit. Im Grunde kommen auch die jüngeren Theoriekonzepte nicht ohne das hermeneutische Verfahren aus, so wie neuere Hermeneutikkonzepte den Wissensstand und die Verfahren jener anderen Textwissenschaften reflektieren und aufnehmen. Statt die Konkurrenz der Methoden zu beschwören, sollte man, wie Werner Jung vorschlägt, in der Hermeneutik vielmehr eine *Metatheorie* sehen, deren Bewußtsein von der Aporie der Interpretation nicht unterschritten werden darf.[165]

Die Selbstanwendung der Theorie auf den Theoretiker führt zur Frage, wie der Konstruktivismus sich außerhalb der Konstruktivität des Erkennens etablieren kann[166] bzw. wie die diskurs*analytische* Rede von einer diskurs*internen* unterschieden werden soll. Fohrmann empfiehlt dem Literaturwissenschaftler aufgrund der unhintergehbaren Selbstbezüglichkeit seiner Aussagen, im Spiel des Kommentars gelassen den Unernst zu erblicken und voller Neugier der Kommentierung seines Kommentars entgegenzusehen.[167] Damit schließt er indirekt an Roland Barthes an, der aus den gleichen Zweifeln an der Möglichkeit objektiver Textauslegung schon 1966 dem Literaturkritiker die Empfehlung gab, seine Rede mit einer ironischen Brechung zu versehen und statt von der Wahrheit dessen, was er sagt, überzeugen zu wollen, von der Entschlossenheit zu überzeugen, es sagen zu *wollen*.[168] Der Vorschlag, den Unernst und die Ironie in das literaturwissenschaftliche bzw. literaturkritische Sprechen zu integrieren, kann (bereits aus dem Paradigma mangelnder Ernsthaftigkeit

---

163 Scheffer, S. 41; Fohrmann, Kommentar, S. 254f.
164 Frank, Unhintergehbarkeit, S. 130 und 119.
165 Vgl. Werner Jung, Neuere Hermeneutikkonzepte.
166 Vgl. Scheffer, S. 47, und Hejl, S. 303f.
167 Vgl. Fohrmann, Kommentar, S. 255f.
168 Vgl. Barthes, S. 87.

heraus) verstanden werden als therapeutische Replik auf die Tragik, die darin liegt, daß dem hermeneutischen Zirkel nicht zu entkommen ist. Überspitzt formuliert handelt es sich dabei um die Begleitmusik der untergehenden Titanic. Denn dieser Vorschlag scheint, um die Metapher des Verschwindens in ihrer ganzen Konsequenz zu Ende zu denken, auf das Verschwinden der Literaturwissenschaft als *Wissenschaft* hinauszulaufen.[169]

Den Wissenschaftsstatus der Literaturwissenschaft bzw. der literaturwissenschaftlichen Interpretation problematisiert auch Scheffer in seinem Versuch zu einer konstruktivistischen Literaturtheorie. Im konstruktivistischen Wissenschafts-Konzept, so Scheffer, wird »nicht mehr damit gerechnet, daß die notwendige Standortgebundenheit von Erfahrung durch ›Reflexion‹ zu überwinden sei«.[170] Mit der daraus folgenden Unmöglichkeit, Aussagen über ›wahr‹ und ›falsch‹ im Sinne objektiver Kriterien zu machen, ist auch die Verifikation bzw. der Korrespondenznachweis als Kriterium der Wissenschaft nicht mehr möglich: »Wissenschaft erzielt kein höheres oder besseres Wissen, sondern nur *anderes* Wissen als das Alltagswissen« (S. 301). Die Differenz ist vor allem eine methodische: wissenschaftliche Praxis konzipiert im Unterschied zur alltäglichen Praxis ihre Methoden strikter, formuliert sie expliziter und macht sie nach den Regeln einer formalen Logik nachprüfbar (vgl. S. 301). Die Gültigkeit und Vermittelbarkeit ihrer Aussagen sind jedoch vom Nachvollzug des methodischen Vorgehens und von der Akzeptanz theoretischer Prämissen abhängig und damit systemintern.[171] Die Subjektabhängigkeit auch der wissenschaftlichen Beobachtung, die »Emotionalität der Beweismittel« auch in der Wissenschaft (S. 303)[172] läßt Scheffer fragen, ob überhaupt ein

---

169 In einen weniger anekdotischen Bezug könnte man diese Art *lachenden Verschwindens* mit Marx' Worten über den Untergang anachronistischer Phänomene (wie das zeitgenössische deutsche Regime und die Götter Griechenlands) stellen: »Die letzte Phase einer weltgeschichtlichen Gestalt ist ihre *Komödie*« (Marx/Engels, Bd.1, S. 382).

170 Scheffer, S. 304; im folgenden Nachweise im Text.

171 »Die Kriterien akzeptablen Textverständnisses (von einem ›richtigen‹ Textverständnis läßt sich ohnehin nicht mehr sprechen) ergeben sich aus Normen, Werten, Regeln, Mustern und Mechanismen der Verabredung (wozu auch Irrationales, Zufälliges, Sympathetisches gehört), keineswegs aber aus irgendwelchen subjektunabhängigen Eigenschaften des Textes« (Scheffer, S. 319; vgl. dazu Foucaults Aussagen über die Ordnung des Diskurses im Abschnitt 1.2.2.2).

172 Scheffer verweist auf das Eigeninteresse des Wissenschaftlers an bestimmten Fragestellungen und Lösungsmethoden, was in der Wissenschaftspraxis die Sachdiskussion oft verfälscht (vgl. Scheffer, S. 303). Zu denken wäre in diesem Zusammenhang auch an Profilierungsversuche (z. B. durch methodische Spezialisierung contra Methodenvielfalt), an die *ästhetische* Attraktivität bestimmter Theorien und an personalpolitische Beeinflussung wissenschaftlicher Praxis.

prinzipieller Unterschied zwischen einer wissenschaftlichen und einer essayistischen Beobachtung besteht. Er sieht einen solchen nicht und schlägt schließlich vor, den Wissenschaftsanspruch der Interpretation von literarischen Texten einzuschränken bzw. weitgehend fallenzulassen und die Interpretation als eine essayistische Tätigkeit zu konzipieren (vgl. S. 314). Die entscheidenden Merkmale des Essays – als Grenzgänger zwischen den Handlungssystemen »Kunst« und »Wissenschaft« (vgl. S. 295) – sind, daß er weniger als die Wissenschaft über explizite oder stillschweigende Verabredungen zu definieren ist, eher zugibt, den Gegenstand der Interpretation in der Interpretation sich ›anzuverwandeln‹, ja erst hervorzubringen, und daß er nicht zuletzt mit seiner programmatisch exponierten Subjektivität schon stilistisch der konstruktivistischen Annahme von der Weltwahrnehmung als *Selbstbeschreibung* entgegenkommt.

Der Essay wäre auch eine Antwort auf die Frage, wie man mit dem Bewußtsein des unhintergehbaren hermeneutischen Zirkels noch schreiben kann. Der einleitende Hinweis auf die Uneinholbarkeit einer objektiven Textbedeutung ist mittlerweile in literaturwissenschaftlichen Arbeiten zwar selbstverständlich, aber sehr oft wird im Verlaufe der Untersuchung dann doch der Eindruck erweckt, es handle sich um eine ›wahre‹, ›objektive‹, ›textadäquate‹ Interpretation. Wie aber soll der Umstand der ›befleckten Rede‹ in der Rede selbst bewußt gehalten werden? Scheffer ist der Überzeugung, daß eine verstärkt subjekt- statt objektorientierte Interpretationssprache keine Lösung sein kann (vgl. S. 338) und ebensowenig jene Interpretation, bei der der Verfasser »aufgrund forcierter ›Selbstbeschreibung‹ noch nicht einmal mehr simuliert, über einen vorgegebenen literarischen Text zu reden oder auf irgendeine Form der Zustimmung nun bei den eigenen Lesern aus zu sein« (S. 337). Der Essayist dagegen *will* überzeugen, nutzt dazu offen die Mittel der Rhetorik, der Überredung und bleibt apodiktisch – aber der Kontext der Apodiktik wechselt: vom Wissenschafts-Anspruch zum Essay (vgl. S. 338). Der Essayist will überzeugen, er will ernst genommen werden, denn er unternimmt, wie Scheffer postuliert, die Irritation und Problematisierung des Vertrauten und scheinbar Selbstverständlichen, er sucht »Verbündete für veränderte Arten der Wirklichkeits-Konstruktionen« (S. 336).

Damit macht Scheffer den Essayisten wiederum zum Ausgangspunkt einer neuen Subversionstheorie und Virusphantasie, nachdem er sein Buch mit einem konstruktivistisch gestützten Lächeln über eben solche Konzepte und Hoffnungen begonnen hatte (vgl. S. 14). Diese Unstimmigkeit verweist auf das schon angesprochene komplizierte Abhängigkeitsverhältnis zwischen kognitivem und sozialem System (vgl. 1.2.2.5). Die Wirkungsmöglichkeit des Essayisten muß vor dem von Scheffer selbst explizierten Theorierahmen mit Skepsis betrachtet werden. Zunächst wäre aber erst einmal die *Lebens*möglichkeit des Essayisten im literaturwissenschaftlichen System zu beobachten.[173] Als Enfant terrible dürfte er es hierzulande schwer haben, obgleich er in der jüngeren Germanistengeneration immer mehr Sympathisanten sammelt.[174] Auf jeden Fall könnte er die Antwort auf die inzwischen angehäuften Probleme sein: auf die z. T. unfruchtbare Methodenkonkurrenz, auf die system- bzw. theorieinterne Abgeschlossenheit der Sprache, auf die Entsinnlichung der Interpretation. Er würde die Unübersichtlichkeit der Methodenvielfalt kreativ nutzen,[175] er würde sich den erkennbaren Forderungen der »diskursiven Polizei« im literaturwissenschaftlichen Betrieb wie dem Verfahrensideal der Theorie- und Methodeneinheit widersetzen. Und er würde sich mit souveräner Geste zum Eklektizismus bekennen, womit er methodisch nicht zuletzt auch dem pluralistischen Grundverständnis westlicher Demokratie entspräche.[176]

Aber ein Eklektizismus, der, wie Thomasius 1688 in seiner »Hofphilosophie« formuliert, nicht parteiisch, sondern mit gleicher Liebe allen zugetan ist,[177] wird es schwer haben, Freunde in der Wissenschaft zu ge-

---

173 Scheffer ist freilich klar, daß in der deutschen Literaturwissenschaft anders als in Frankreich oder in angelsächsischen Ländern die Demontage des Wissenschaftsanspruchs von Interpretation v.a. als Prestigeverlust rezipiert wird (vgl. Scheffer, S. 44).

174 Vgl. Frank Griesheimer, der nach kritischen Bemerkungen über die praktische Entwertung des Methodenpluralismus, über Kommunikationsfeindlichkeit, die Entindividualisierung und das Metaphern- und Erzählverbot in der germanistischen Literaturwissenschaft geradezu eine »Erziehung zum Essay« einklagt (Griesheimer, S. 33).

175 »Der Essayist kann den Methoden-Wirrwarr begrüßen: Kreativ kann man in einer Disziplin gerade auch dort werden, wo es nicht nur strikt standardisierte und bewährte Methoden gibt, wo eine Methodenkrise ständig gegeben ist, wo geradezu unklar bleibt, was die gängigen Regeln vorschreiben bzw. welche Verstöße gegen sie tatsächlich unerlaubt sind« (Scheffer, S. 299).

176 Man sollte daran erinnern, daß der Eklektizismus (von griech. *ek-legein:* auswählen) einmal ein besseres Image als heute besaß. Im 17. und 18. Jh. wurde er als eine Befreiung von den Vorurteilen der überlieferten Meinung und der religiösen Doktrin verstanden. Er bot die Möglichkeit, aus einer Position der historisch-philosophischen Unabhängigkeit heraus zu philosophieren und die Gefahr des Sektierertums zu vermeiden, er war die Vermittlung, die Versöhnung inmitten des Kriegszustandes (vgl. Schneider). Auch für die Popularphilosophen des ausgehenden 18. Jahrhunderts bedeutete der Eklektizismus noch das Modell des Selbstdenkens unabhängig von philosophischen Systementwürfen bzw. von der traditionellen Schulphilosophie (vgl. Bachmann-Medick, S. 15f.). Der Eklektizismus ist allerdings kein wissenschaftsinternes Phänomen, er besitzt politische Brisanz. Mit seiner Grundhaltung des Sowohl-als-Auch läßt sich, um nur ein Beispiel zu nennen, noch am ehesten Xenophobie in Xenophilie wenden, wozu, wenn sie ernst und persönlich gemeint ist, Identitätsfixierungen aufgelöst und, in postmoderner Terminologie gesprochen, eine *multiple Identität* angestrebt werden sollte.

177 Vgl. Schneider, S. 219.

winnen. Der Grund mag darin liegen, daß die Zuwendung *zu allen* be-
ängstigt wie die indifferente Liebe der Huren oder Don Juans. Die Zuwendung, die im nächsten Moment auch dem anderen gilt, ist gewiß kein
Kompliment. Sie macht im Gegenteil erst bewußt, daß man nicht die Kraft
besitzt, für immer an sich zu binden. Diese Liebe läßt schon im Zugreifen
los. Sie ist zugleich eine ›Ohrfeige an das Ego‹, denn nur die *aus*schlie-
ßende Liebe – als Bestätigung des Auslegungsmonopols (in der Wissenschaft) und der Unwiderstehlichkeit (in der Liebe) – stiftet Frieden mit
ihrem Objekt, die *all*umfassende lebt im/vom Dissens und bringt statt
Versöhnung Unruhe. Der Eklektizismus wird aus recht einleuchtenden
Gründen gemieden, er ist die narzißtische Kränkung des Wissenschaftlers. Aber potentiell äußert sich im Eklektizismus das wissenschaftliche
Gewissen so gut wie im Erinnern an den hermeneutischen Zirkel. Er will
sich nicht dem *einen* vermählen, er will sich nicht festlegen lassen, nicht
zur Ruhe kommen, er behauptet niemals, das Ziel sei erreicht. Sein No-
madentum hält bewußt, daß es immer auch andere Plätze gibt und daß
die Wahrheit noch nicht gefunden ist.

Zurück zum Essay. Scheffer erhebt die Forderung, daß der Essay, als
Überwindung der wissenschaftlichen Interpretation, die Unzulänglichkeit seiner Rede bewußt halten und dennoch überzeugen soll – und entläßt seine Leser mit dieser Aporie. Eine Antwort kann hier nicht geboten
werden. Probehalber sollen die beiden Enden dieser Aporie jedoch in eine
Paradoxie zusammengeführt werden: Wenn es als ein Kriterium von wissenschaftlicher Praxis gilt (im Unterschied zur alltäglichen Praxis, die ihre
methodischen Voraussetzungen nicht reflektiert), das Bewußtsein von der
Unhintergehbarkeit des hermeneutischen Zirkels wachzuhalten, dann
kann eigentlich nur noch den Texten der Status wissenschaftlicher Serio-
sität zukommen, die ausdrücklich auf den Anspruch, die Wahrheit zu
sprechen, verzichten. Ernst zu nehmen wäre *der* Text, der sich selbst ironisiert.

Damit fällt das Augenmerk wieder auf Barthes, der in seiner schon zitierten Schrift die Ironie als »die Frage, die der Redeweise durch die Redeweise gestellt wird«, bezeichnet.[178] Als Topos des Widerrufs und der
Infragestellung ist sie zugleich die natürliche Schwester des Eklektizismus.[179] »Warum sollte«, fragt Barthes schließlich, die Ironie »für die Kritik verboten sein? Sie ist vielleicht die einzige ernsthafte [!] Sprache, über

---

178 Barthes, S. 86.

179 Sie ist wie er ›Nomade‹, sie ist, wie Friedrich Schlegel formulierte: »klares Bewußtsein der ewigen Agilität, des unendlich vollen Chaos« (Ideen-Fragment Nr. 69; Schlegel,
Kritische Ausgabe, Bd. 2, S. 263).

die sie verfügt, solange das Statut der Wissenschaft und der Redeweise nicht eindeutig festgestellt ist«.[180] Dieses Statut ist heute nicht nur in der *Literatur*wissenschaft weniger denn je festgestellt. Aber heißt das nun, daß jeder Satz mit einem Fragezeichen beendet werden muß?

Ein solches Vorgehen würde reichlich aufgesetzt wirken, denn auch der ironisch verfahrende Essayist läßt sich auf kein Interpretationsabenteuer ein, das ihm mit jedem Satz und von vornherein als absurd erscheint. Er wird zwischen den Sätzen sehr wohl für Anschließbarkeit und Plausibilität sorgen, schon, um die Verständlichkeit, als Basis der Überredung, zu sichern. Außerdem spricht die Formel von der Unhintergehbarkeit der Subjektivität auch von der *Unentrinnbarkeit* der Subjektivität, d. h. vom systeminternen ›Wahrheitsgefühl‹, in dem der Autor inmitten seiner eigenen Plausibilitätsmaßstäbe und Anschlußregeln während der Produktion seiner Sätze ›ruht‹.

Die Grammatik des ironisch verfahrenden Essayisten kennt den Indikativ und Imperativ durchaus. Der Imperativ kann außerdem, sofern er zum »Exzess der Redeweise«[181] wird, als hinterlistiges Augenzwinkern viel wirkungsvoller ein Bewußtsein der Ironie vermitteln als der ständige Einsatz des Fragezeichens. Aber sobald der Autor einmal mehr Abstand zu seinem Text einnimmt, sollte er sich im klaren darüber sein, wie ›tragisch‹ die Voraussetzungen seines Schreibens sind. Auf welche Weise er dieses Bewußtsein im Text *insgesamt* wachhält, wird sich jeweils zeigen müssen: vielleicht durch abenteuerliche Assoziationsketten, vielleicht durch »Blitzhochzeiten der Begriffe« (Friedrich Schlegel), vielleicht durch narrative Elemente, vielleicht durch Teilüberschriften, die weder mit biederer Zurückhaltung noch mit ›fachchinesischer‹ Aufrüstung strenge Wissenschaftlichkeit suggerieren, sondern im Unernst ihrer Übertreibung die Subjektivität des ganzen Unternehmens und die Lust an der Interpretation nicht verhehlen. Man wird den Vorwurf der Rabbulistik ernten. Aber wie kann an diesem Wort vor dem Hintergrund des Konstruktivismus oder der Diskurstheorie noch festgehalten werden? Es ist so ungenau wie die Begriffe Wahrheit und Trivialliteratur. Es ist dem Wort Analyse verwandt und verspricht wie dieses ein epistemisches *happy end*.[182] Diese Hoffnung scheint jedoch zerschlagen zu sein: die Unhintergehbarkeit von Individualität läßt, bezogen auf den Widerstreit der Meinungen und

---

180 Barthes, S. 87.

181 Ebd.

182 Diese sehr treffende Formulierung entleihe ich Paul Veyne, der Foucaults Denken eine »Philosophie ohne *happy end*« nennt, die »unsere Endlichkeit nicht in eine Grundlage neuer Gewißheiten umzuwandeln« versuche (Veyne, S. 213).

Wahrheiten, bildlich gesprochen, nur noch ein »Ja zum Krieg« und ein »Nein zur patriotischen Indoktrination« zu.[183]

Scheffer hatte die Leser seines Entwurfs einer konstruktivistischen Literaturtheorie mit der Aporie entlassen, der Essayist solle die Unzulänglichkeit seiner Rede bewußt halten und dennoch überzeugen wollen. Paul Veyne sieht eben diese Praxis des Essayisten an Foucault, dessen rabbulistische Haltung er vor dem Hintergrund der epistemischen Aporie in die Worte faßt: »Foucault kümmerte sich nicht darum, seine Überzeugungen zu begründen, es genügte ihm, sie zu haben; aber über Gründe zu grübeln, hätte bedeutet, sich zu erniedrigen, ohne Gewinn für die Sache. [...] Foucault wird also versuchen, eine seiner Präferenzen durchzusetzen, eine von den Griechen her erneuerte, die ihm aktuell zu sein scheint; er beansprucht dabei nicht, recht oder unrecht zu haben, sondern er möchte gewinnen und hofft, aktuell zu sein«.[184] Man würde sich starken Angriffen aussetzen, wollte man sich zu diesem »es genügte ihm, sie zu haben« bekennen. Natürlich genügt es nicht, und das wußte auch Foucault. Es werden also die Gründe genannt werden, es werden Argumente vorgebracht werden, es werden diese und jene Zeugen dazu zitiert werden und es wird von Satz zu Satz darauf bestanden werden, die Wahrheit zu sagen.

---

183 Vgl. ebd., S. 214

184 Ebd. Zur Balance zwischen theoretischer und praxeologischer Position im postmodernen Kontext vgl. Simanowski, Die postmoderne Aporie.

2. Der Kontext

2.1 Aufklärung als Kontext

2.1.1 Die Pflicht – Projekt Aufklärung

Das gesamteuropäische Phänomen der Aufklärung, dessen Anfänge in der Renaissance und im Humanismus zu suchen sind, prägt das ganze 18. Jahrhundert. Es ist eine Säkularisierungsbewegung, die fast alle Bereiche des menschlichen Lebens aus dem traditionellen religiösen Zusammenhang löst und dem Maßstab des Verstandes und der Vernunft unterwirft, es stellt einen Paradigmenwechsel dar, durch den das Denken den Glauben und die Vorurteile verdrängt.[1] Kant schließt seiner berühmten Definition der Aufklärung als »Ausgang des Menschen aus seiner selbstverschuldeten Unmündigkeit« sehr schnell das »Sapere aude!« als den ›Wahlspruch der Aufklärung‹ an.[2] Man kann dies aber auch den ›Imperativ des Jahrhunderts‹ nennen, dem jeder Mensch prinzipiell unterstellt ist. In ihm wird eine Forderung erhoben, die Kant im zweiten Teil der »Metaphysik der Sitten« (1797) als »Pflicht gegen sich selbst in Entwicklung und Vermehrung seiner Naturvollkommenheit« und in »Erhöhung seiner moralischen Vollkommenheit« beschreibt.[3]

---

1 »Die Aufklärung«, so Christoph Martin Wieland 1789 über deren Grenzen und Einflußbereich, »*muß* sich also über alle Gegenstände ohne Ausnahme ausbreiten, worüber sie sich ausbreiten *kann*, d. i. über alles dem äußern und innern Auge sichtbare« (Wieland, Goldkörner, S. 24).

2 Kant, Bd. XI, S. 53

3 Kant, Bd. VIII, S. 580ff. Kant schreibt: »Der Anbau (cultura) seiner Naturkräfte (Geistes-, Seelen- und Leibeskräfte), als Mittel zu allerlei möglichen Zwecken ist Pflicht des Menschen gegen sich selbst. – Der Mensch ist es sich selbst (als einem Vernunftwesen) schuldig, die Naturanlage und Vermögen, von denen seine Vernunft dereinst Gebrauch machen kann, nicht unbenutzt und gleichsam rosten zu lassen« (S. 580). Zum Vergleich sei nur auf den deutschen Jakobiner Johann Benjamin Erhard verwiesen: »Aufklärung ist das Ziel der Menschheit, das sie erreichen kann und das sie bald erreichen wird. Sie zu befördern ist Pflicht eines jeden Menschen« (Erhard, S. 51) sowie auf Herders ähnlich lautende Verpflichtung zur »Beförderung der Humanität« im 27. Humanitätsbrief: »Die Bildung zu ihr [d. i. Humanität] ist ein Werk, das unablässig fortgesetzt werden muß« (Herder, Briefe zur Beförderung der Humanität, S. 138).

Man wird der Vielfalt und Lebensdauer der Aufklärung natürlich nicht gerecht, wenn man ihr Wesen auf das Oppositionspaar Pflicht-Lust reduziert. Dennoch ist es sinnvoll, sich diese beiden Begriffe, die zweifellos von grundlegender Bedeutung im Diskurs der Aufklärer sind, zu vergegenwärtigen. Auf ihnen basieren die meisten Diskurse jener Zeit. Auch Kant kommt in seiner Rede über die Aufklärung sehr schnell auf diese Kategorien zu sprechen: »Es ist so bequem, unmündig zu sein.«[4] Kant deutet die selbstverschuldete Unmündigkeit aus der Anziehungskraft der Faulheit. Natürlich zitiert er auch die Feigheit als Grund und verweist damit auf die erklärten Gegner der Aufklärung, die ihre Machtmittel einsetzen, um jede Veränderung der gesellschaftlichen Struktur zu verhindern. Diese Tatsache soll hier jedoch vernachlässigt werden, da im Zusammenhang unserer Fragestellung gerade die mangelnde Bereitschaft des einzelnen, am Projekt der Aufklärung teilzunehmen, interessiert.

Das anthropologische Denken der Aufklärer ist prinzipiell einem klaren Fortschrittsdenken verpflichtet. Das »Schlüsselwort Aufklärung impliziert selbst bereits eine Geschichts- und Fortschrittsphilosophie«[5]. Die Zuversicht Kants, die aus seiner Schrift »Idee zu einer allgemeinen Geschichte in weltbürgerlicher Absicht« (1784) spricht, wird in Deutschland eher geteilt als der Kulturpessimismus Rousseaus. Deutsche Skeptiker wie Johann Karl Wezel oder Johann Georg Hamann besaßen zwar einen gewissen Einfluß, bestimmen aber nicht den zeitgenössischen Diskurs. Kant sieht »die Geschichte der Menschengattung im großen als die Vollziehung eines verborgenen Plans der Natur [...], um eine innerlich- und, *zu diesem Zwecke*, auch äußerlich-vollkommene Staatsverfassung zu Stande zu bringen, als den einzigen Zustand, in welchem sie alle ihre Anlagen in der Menschheit völlig entwickeln kann«.[6] Wenn auch die Natur in diesem Satz personifiziert wird und ein gewisser Chiliasmus mitschwingt: das eigentliche Subjekt des geschichtlichen Plans ist der Mensch selbst. Darin unterscheidet sich, wie Kant betont, dieser philosophische Chiliasmus vom schwärmerischen: »wir könnten durch unsere eigene vernünftige Veranstaltung diesen, für unsere Nachkommen so erfreulichen Zeitpunkt schneller herbeiführen«.[7] Der Mensch wird in Kants Geschichtsbetrachtung in die Pflicht genommen; sein Leben wird zum Ermöglichungsgrund des Fortschritts.

Kant deutet sogar ein Dienstverhältnis an, in dem jede gegenwärtige Generation gegenüber den künftigen steht: »Befremdend bleibt es immer

---

4 Kant, Bd. XI, S. 53.
5 Schneiders, S. 13.
6 Kant, Bd. XI, S. 45.
7 Ebd., S. 46.

hiebei: daß die ältern Generationen nur scheinen um der späteren willen ihr mühseliges Geschäft zu treiben, um nämlich diesen eine Stufe zu bereiten, von der diese das Bauwerk, welches die Natur zur Absicht hat, höher bringen könnten, und daß doch nur die spätesten das Glück haben sollen, in dem Gebäude zu wohnen, woran eine lange Reihe ihrer Vorfahren (zwar freilich ohne Absicht) gearbeitet hatten, ohne doch selbst an dem Glück, das sie vorbereiteten, Anteil nehmen zu können«.[8] Wenn er in diesem Zusammenhang von einem *unabsichtlichen* Dienst spricht, bezieht er sich auf das empirische Bewußtsein des Menschen. Auf theoretischer Ebene ist die Vorstellung von der Arbeit an der Geschichte durchaus bewußt und geradezu der Grundgedanke aller pädagogischen Bestrebungen der Zeit. Indem der Mensch zur ›Bürde des geschichtlichen Subjekts‹ emanzipiert wird, erhält er die Pflicht zur Mündigkeit und Vervollkommnung. Das ist zunächst die rein formale Schlußfolgerung aus einer philosophischen Grundeinstellung. Es wird zu zeigen sein, wie sie sich in stärker pragmatisch orientierten Diskursen niederschlägt: im Lesesucht-Diskurs, im moralischen und im pädagogischen Diskurs.

Die Formulierung ›Pflicht zur Mündigkeit‹ weist schon sprachlich auf einen Widerspruch hin, in dem sich die Aufklärer von Anfang an befinden. Sie stehen für ein großes pädagogisches Unternehmen, das den einzelnen zunächst zum Schüler, zum Objekt machen muß bzw., um die Terminologie bereits etwas auszudehnen: zum Ohr. Philosophisch gesehen stellt sich damit die Frage nach der Autonomie des Subjekts einerseits und nach seinem Herrschaftsanspruch andererseits. Diese Frage hat im 20. Jahrhundert, spätestens seit der breiteren Rezeption der »Dialektik der Aufklärung«, zu einer bis heute andauernden Diskussion geführt.[9] Dabei hat sich der Schwerpunkt der Diskussion vom Entfremdungsaspekt bei Adorno und Horkheimer[10] zum Problem der Legitimation des Universalitäts- und Verbindlichkeitsanspruchs der vertretenen Wissenssätze und

---

8 Ebd., S. 37.

9 Siehe dazu u. a. Schmid Noerr (Hg.): Vierzig Jahre Flaschenpost. Die Dialektik der Aufklärung 1947-1987, Frankfurt/Main 1987 und Harry Kunneman/Hent de Vries (Hgg.): Die Aktualität der ›Dialektik der Aufklärung‹. Zwischen Moderne und Postmoderne, Frankfurt/Main und New York 1989.

10 Theodor W. Adorno und Max Horkheimer akzentuieren in der »Dialektik der Aufklärung« das Herrschaftsverhältnis, das der Mensch gegenüber der Natur einnimmt, und seine Folgen: »Die Gottesebenbildlichkeit des Menschen besteht in der Souveränität übers Dasein, im Blick des Herrn, im Kommando. [...] Die Menschen bezahlen die Vermehrung ihrer Macht mit der Entfremdung von dem, worüber sie die Macht ausüben. Die Aufklärung verhält sich zu den Dingen wie der Diktator zu den Menschen« (Adorno/Horkheimer, S. 12).

Handlungsnormen verlagert[11] und wird inzwischen z. T. unter den schillernden Begriffen Moderne/Postmoderne verhandelt.[12] Die Aufklärer des 18. Jahrhunderts stellten diese Fragen nicht, sie besaßen im allgemeinen ein recht ungetrübtes Sendungsbewußtsein. Das heißt jedoch nicht, daß sie über den direkten Widerstand ihrer Gegner hinaus keine anderen Probleme gesehen hätten. Das vielfach diskutierte innere Problem der Aufklärung war vor allem die Frage nach deren Maß und Ausrichtung. In diese Thematik führt ein weiterer zeitgenössischer Text, der dem Komplex Aufklärung begrifflich eine Struktur zu geben sucht.

Moses Mendelssohn unterscheidet in seinem Aufsatz »Über die Frage: was heißt aufklären?« (1784) drei Begriffe: Aufklärung, Kultur und Bildung. Bildung dient als Dachbegriff und teilt sich auf in »Kultur« als das Praktische und »Aufklärung« als das Theoretische. Die Kultur zielt auf »Güte, Feinheit und Schönheit in Handwerken, Künsten und Geselligkeitssitten (objective), auf Fertigkeit, Fleiss und Geschicklichkeit in jenen, Neigungen, Triebe und Gewohnheiten in diesen (subjective)«.[13] Die Aufklärung zielt auf »vernünftige Erkenntnis (objective) und Fertigkeit (subjective) zum vernünftigen Nachdenken über Dinge des menschlichen Lebens, nach Massgabe ihrer Wichtigkeit und ihres Einflusses in die Bestimmung des Menschen« (S. 247). Die Sprache der »Aufklärung« im Mendelssohnschen Sinne ist also die Wissenschaft – die Sprache der »Kultur« ist der »gesellschaftliche[n] Umgang, Poesie und Beredtsamkeit« (ebd.). Mendelssohn stellt mit dieser Differenzierung den Begriff der Aufklärung in die zweite Reihe und favorisiert den Begriff der Bildung. Das ist für meine Betrachtung hilfreich, da somit nicht nur die Vermittlung von Wissen, sondern auch die Vermittlung bzw. Konditionierung von Verhaltensformen begrifflich erfaßt wird.

---

11 Foucault unterscheidet in seiner Schrift »Was ist Aufklärung« deutlich zwischen *Humanismus* als zeitlich und inhaltlich bestimmbarer Ontologie (bzw. Ideologie) und *Aufklärung* als eines »philosophischen *Ethos*« der »permanente[n] Kritik unseres historischen Seins«, die »von allen Projekten Abstand nehmen muß, die beanspruchen, global oder radikal zu sein« (Foucault, Aufklärung, S. 45 und 49). Vgl. dazu Hubert L. Dreyfuß/Paul Rabinow: Was ist Mündigkeit? Habermas und Foucault über ›Was ist Aufklärung‹, in: Eva Erdmann (Hg.), Ethos, S. 55-69.

12 Zu diesem Komplex siehe den symptomatischen Titel »Aufklärung und Postmoderne – 200 Jahre nach der französischen Revolution das Ende aller Aufklärung?«, hg. v. Jörg Albertz, Freie Akademie 1991. Lyotard umreißt 1982 die Gegensätze, die durch beide Begriffe fixiert werden, wenn er von einer »strengen Prüfung« spricht, »die die Postmoderne dem Denken der Aufklärung auferlegt, der Vorstellung eines einheitlichen Ziels der Geschichte und eines Subjekts« (Lyotard, S. 35).

13 Mendelssohn, S. 246; im folgenden Nachweise im Text.

Mendelssohn trifft eine weitere wichtige Differenzierung: er teilt die Bestimmung des Menschen ein in »*erstens* Bestimmung des Menschen als Mensch und *zweitens* Bestimmung des Menschen als Bürger« (S. 247). Da der Mensch als ›Bürger‹ entsprechend seiner individuellen Stellung im sozialen Kontext unterschiedliche Pflichten und Rechte hat, also je unterschiedliche »Geselligkeitssitten und Gewohnheiten« sowie »andere theoretische Einsichten, und andere Fertigkeit, dieselbe zu erlangen« verlangt werden (S. 248), spricht Mendelssohn von einem je anderen Grad an Kultur und Aufklärung: »Die Aufklärung, die den Menschen als Mensch interessirt, ist allgemein, ohne Unterschied der Stände; die Aufklärung des Menschen als Bürger betrachtet modificirt sich nach Stand und Beruf« (ebd.). Während die Bestimmung des Menschen als ›Bürger‹ kontextgebunden bleibt und zur Spezifizierung führt bzw. zur »Verhältnismäßigen Aufklärung«,[14] zielt die Bestimmung des Menschen als ›Mensch‹ auf einen allgemeinen Vervollkommnungsanspruch, der Stand und Beruf bedeutungslos werden läßt. Mendelssohn thematisiert mit der Differenz zwischen ›Mensch‹ und ›Bürger‹ den möglichen Widerstreit zwischen ›Menschenaufklärung‹ und ›Bürgeraufklärung‹, den er schließlich nicht deutlich auflösen kann bzw. will.

Einem ähnlichen Problem stellt sich Kant in seiner »Beantwortung der Frage: Was ist Aufklärung?« kurz nach Mendelssohn und ohne dessen Text zu kennen. Er diskutiert den möglichen Widerspruch zwischen allgemeiner Aufklärung und Staatsverfassung unter den Begriffen des »öffentlichen« und »privaten« Gebrauchs der Vernunft und optiert im Konfliktfall für die Unterdrückung des »Privatgebrauchs«. Das heißt praktisch, den im *bürgerlichen* Kontext möglicherweise angeratenen Widerstand gegen eine unvernünftige Verfügung auf das Räsonnement als *öffentliche* Person am häuslichen Schreibtisch zu verschieben.[15]

Es wird an diesen Texten deutlich, daß die Aufklärer zum einen zwischen einer theoretischen/kognitiven und praktischen/ethischen »Bildung« des Menschen unterscheiden,[16] zum anderen eine Unterscheidung zwischen dem bürgerlichen/privaten und menschlichen/öffentlichen

---

14 Vgl. dazu Gerhard Sauder: ›Verhältnismäßige Aufklärung‹. Zur bürgerlichen Ideologie am Ende des 18. Jahrhunderts, in: Jahrbuch der Jean-Paul-Gesellschaft 9, 1974, S. 102-126.

15 Vgl. Kant, Bd. XI, S. 55ff. Der *Privat*gebrauch der Vernunft geschieht für Kant innerhalb eines bürgerlichen Postens oder Amtes (etwa das Räsonnieren über die Vernünftigkeit einer Vorgesetztenentscheidung). Der *öffentliche* Gebrauch liegt vor, wenn man sich (etwa als Verfasser eines Textes) an die literarische Öffentlichkeit wendet.

16 Obgleich Mendelssohn den Begriff der Aufklärung dem Begriff der Bildung unterordnet und auf dessen kognitiven Bestandteil festlegt, werde ich mit anderen Zeitgenossen im folgenden weiterhin undifferenziert von der *Aufklärung* sprechen.

Status des Menschen treffen. Das erfordert zwei Anmerkungen zur Programmatik und zum Selbstverständnis der Aufklärung.

2.1.2 Die Hierarchie – das Selbstverständnis der Aufklärer

Über die Teilnahme am öffentlichen Diskurs entsteht eine neue Gemeinschaft, die sich nicht nach ihrer ständischen Zugehörigkeit, nach ihrer beruflichen Tätigkeit oder ökonomischen Fähigkeit bestimmt, sondern nach ihrer gemeinsamen Teilhabe am ›Epochenprojekt‹ Aufklärung. Diese vor allem über die *öffentliche Schrift* miteinander verbundene Gemeinschaft ist im Prinzip eine bürgerliche, die genuin bürgerliche Wertvorstellungen, Bildungsziele und Verhaltensweisen vertritt. Ungeachtet ihrer Absetzung zum ersten und zweiten Stand umfaßt sie Teilnehmer aus allen Ständen. So gehören Adlige dazu, die als Gelehrte, Beamte oder Unternehmer eine große Nähe zum Bürgertum entwickelt haben – der preußische ›Kulturminister‹ Freiherr Karl Abraham von Zedlitz, dem Kant seine »Kritik der reinen Vernunft« widmet, wird beispielsweise als einflußreicher »Beschützer« der Aufklärung apostrophiert.[17] Und so gehören vor allem Vertreter des unteren Klerus dazu wie etwa der Philanthrop Salzmann oder der Autor moralischer Unterhaltungsromane Lafontaine.[18]

In der Teilnahme am Diskurs der Aufklärung (zum Beispiel über die alte Ständehierarchie) entsteht allerdings zugleich eine neue gesellschaftliche Hierarchie, deren Qualifikationsmerkmal der erreichte Grad ›menschlicher‹ Aufgeklärtheit im Sinne Medelssohns ist.[19] Da sich die Hierarchie der Diskursteilnehmer über das Medium Sprache, und zwar v. a. in ihrer schriftlichen Form, herstellt, wird diese zu einem gewichtigen Distinktionsmittel. Das heißt, gegenüber der traditionellen gesellschaftlichen Hierarchie tritt im öffentlichen Diskurs bzw. im »öffentlichen Räsonnement«[20] an die Stelle der etablierten Autorität qua Geburt die Etablierung von Autorität qua intellektueller, rhetorischer und poetischer

---

17 Kant, Bd. III, S. 9. Reiner Wild verweist darauf, »daß in den literarischen Zeugnissen, auch in den Texten der aufgeklärten Kinderliteratur, gerade Adlige als Träger der bürgerlich-progredierenden Standards erscheinen können« (Wild, S. 15).

18 Karl-Heinz Ziessow zeigt in einer soziologischen Studie am Lebensgang des Pastors und Leiters einer Lesegesellschaft Bernhard Möllmann sehr anschaulich, wie pastorale Tätigkeit und aufklärerische Ambitionen miteinander verbunden wurden (vgl. Ziessow).

19 Auf den Menschen als *Mensch* bezogen, reduziert sich *Bildung* bei Mendelssohn wieder auf *Aufklärung*, da der aus dem Kontext enthobene Mensch als Mensch keiner Kultur (als einer *Umgang*sform) bedürfe (vgl. Mendelssohn, S. 247).

20 Habermas, S. 86.

Leistungskraft. Diese »Autorität [...] des Arguments«[21] ermöglicht schließlich auch, daß beispielsweise der Sohn eines Bandwebers weit mehr gesellschaftliche Anerkennung auf sich zieht als ein altehrwürdiger aufgeklärter Aristokrat und daß die ökonomischen Statusunterschiede zwischen einem Studenten oder Hauslehrer und einem Universitätsprofessor außer Kraft gesetzt werden.

Man muß bei aller Befreiung der Kommunikation des ›Menschen‹ aus den ständischen Regeln des ›Bürgers‹, bei aller Demokratisierung des öffentlichen Diskurses allerdings in Betracht ziehen, daß auch dieser Diskurs bald eine eigene Ordnung entwickelt, die mit ihren Regeln und ihrer inzwischen gewachsenen Tradition den Fortgang des Diskurses und den Zugang zu ihm zu kontrollieren versucht. Es wäre eine eigene umfangreiche Arbeit zu untersuchen, in welcher Weise und in welchem Grade der öffentliche Diskurs im ausgehenden 18. Jahrhundert durch die »diskursive Polizei« (Foucault) bereits organisiert und kanalisiert wird. Man darf die ordnende Kraft und die Ausschließungsprozeduren des öffentlichen Diskurses nicht unterschätzen. Das Publikum des öffentlichen Diskurses kennt zwar keine Priviligierten mehr, aber Experten – wie Jürgen Habermas mit Blick auf den ästhetischen Diskurs anmerkt.[22] Inwiefern diese Experten als Meinungsführer die Wahrnehmung und Denkweise anderer, im öffentlichen Räsonnement noch nicht etablierter Diskursteilnehmer disponieren, wird sich nur schwer nachweisen lassen, da sich diese Prozeduren größtenteils unbewußt vollziehen. Aber dies ist in erster Linie keine empirische, sondern eine theoretische Frage. Sie betrifft die Regeln und ›unbekannten Zwänge‹, die ein scheinbar machtfreier öffentlicher Diskurs auf sein Publikum, auf seine passiven und aktiven Teilnehmer ausübt. Diese Überlegung wird wieder aufzugreifen sein, wenn ich auf den Lesesucht-Diskurs zu sprechen komme.[23]

2.1.3 Das relativierte Wissen –
die Programmatik der Aufklärer

Die Unterscheidung zwischen dem bürgerlichen/privaten und dem menschlichen/öffentlichen Status des Menschen ist schließlich der Ausgangspunkt für das Konzept einer verhältnismäßigen Aufklärung. Wer-

---

21 Ebd., S. 104
22 Vgl. ebd., S. 103.
23 Zur »diskursiven Polizei« vgl. Foucault, Ordnung, S. 25 u. ö., zu den Prozeduren der Meinungslenkung im öffentlichen Diskurs vgl. auch Pierre Bourdieu »Die feinen Unterschiede« und »Les Règles ede l'art. Genèse et structure du champ littéraire«.

ner Schneiders nennt die »Neigung zur Popularisierung des Denkens«
innerhalb der Bewegung der Aufklärung einen deutlichen Hinweis auf
die »Hinwendung zur Gesellschaft aus Verantwortung für die Gesellschaft.
Die Aufklärung ist insofern wesentlich pädagogisch, wenn auch nicht
immer ausdrücklich politisch orientiert; sie ist zwar nicht nur Volkbil-
dungsbewegung oder Ausdruck bürgerlichen Emanzipationsinteresses,
wohl aber betont praxisbezogenes Denken, das sich seines Bezugs zur
Gesellschaft bewußt ist. Aufklärung ist wesentlich kritisches Denken in
praktischer Absicht«.[24] Sobald aber das Denken der Aufklärer pragmatisch wird wie bei den Philanthropen, steht man vor dem Problem des
Doppelstatus des Individuums als ›Mensch‹ und als ›Bürger‹. Dieses Problem wird mit unterschiedlichen Standpunkten unter der Terminologie
ürsprüngliche und *abgeleitete* menschliche Kräfte bzw. individuelle *Vollkommenheit* und gesellschaftliche *Brauchbarkeit* diskutiert.[25]

Ein Beispiel dafür ist die Abhandlung des Pädagogen und Popular-
aufklärers Villaume: »Ob und inwiefern bei der Erziehung die Vollkommenheit des einzelnen Menschen seiner Brauchbarkeit aufzuopfern sey?«
(1785). Villaume beantwortet die gestellte Frage positiv, was konkret heißt,
daß ein Schuster nicht zum übermäßigen Nachdenken und politischem
Räsonnement angehalten werden dürfe, kurz: bei seinen Leisten bleiben
solle.[26] Nach Villaume ist »immer zu besorgen, daß man den Menschen,
durch Veredelung, das heißt durch Erhöhung seiner Kräfte aller Art aus
seiner Sphäre hebe. Man kann von dem Menschen sagen, daß er ein Rad
in einer großen Maschine, der Gesellschaft, ist. Das Rad muß genau in die
andern Theile greifen; es muß weder zu groß seyn, noch zu sauber ausge-
arbeitet werden; in dem letzten bricht es leicht. Also muß der Erzieher
allemahl auf den Stand seines Zöglings Rüksicht nehmen. Das ist ein bekannter Satz. Aber dieser ist nicht ganz so trivial: *Er muß seinen Zögling
nicht vollkommener machen, als es sein Stand erlaubt;* außer, wenn er sieht,
daß dessen Kräfte ihn offenbar zu einem andern Stande bestimmen.«[27]
Ulrich Herrmann resümiert: »Für die bürgerliche Vorstellung besteht Vollkommenheit des Menschen in seiner vollkommenen standes- und funkti-
onsgerechten Brauchbarkeit; denn nur dies dient dem allgemeinen Besten. So könnte Villaume leicht in die Ahnenreihe der eher moderaten
Aufklärer eingereiht werden, denen das Wohl der Gesellschaft mehr am

---

24 Schneiders, S. 13.
25 Vgl. dazu u. a. Herrmann, S. 22-26, und Funke, S. 11-23.
26 Vgl. Funke, S. 17ff.
27 Villaume, S. 525f., zitiert nach: Herrmann, S. 23.

Herzen lag als das Glück der Menschen – wenn da dieses ›außer‹ des Nachsatzes nicht wäre«.[28]

Mit eben jenem »außer« bekennt sich Villaume zum aufklärerischen Prinzip der sozialen Mobilität, die auf Grund individueller Leistung die vorgegebene Standesgrenze durchbricht. Aber er macht diese Grenzüberschreitung nicht zum Maßstab pädagogischer Tätigkeit. Maßstab ist vielmehr der konkrete soziale Kontext des Zöglings. Herrmann markiert im Anschluß an Villaumes Bekenntnis ein generelles Spannungsverhältnis zwischen dem »Wohl der Gesellschaft« und dem »Glück der Menschen«. Er gibt zu bedenken, daß durch das »pädagogische Mobilisierungssystem« mehr Qualifikationen produziert werden, als das »gesellschaftlich-institutionelle Statuszuweisungssystem [...] individuell und strukturell« plazieren kann,[29] und erinnert, daß es bis heute nicht gelungen sei, »das Bürgerrecht auf Bildung in ein konfliktfreies Verhältnis zum gesellschaftlichen Bedarf an schulischen Berechtigungen, an Leistungsfähigkeit und -bereitschaft« zu bringen.[30] Dieses genuinen Problems von Aufklärung und Emanzipation war man sich im ausgehenden 18. Jahrhundert durchaus bewußt. Man klagte über zu viele Studenten, fürchtete die Landflucht gebildeter Bauern und stellte die Frage auf, »Ob Kinder armer Eltern studieren sollen?«[31]

---

28 Herrmann, S. 23. Weitere Beispiele einer solchen »reduzierten« Aufklärung findet man beim »Beschützer der Aufklärung« Freiherr von Zedlitz, der dem auf *allgemeine* Verstandesbildung und Aufklärung zielenden Programm des preußischen Landschulreformers Friedrich Eberhard von Rochow seine Skepsis entgegenbringt: »Wenn der Bauer von allem den Grund einsehen will, – er wird mit Widerwillen gehorchen, und wenn er's kann, gar nicht; denn selbst die Allmacht konnte den unmittelbar unterrichteten Menschen nicht den Gehorsam gegen die Befehle praktisch genug einschärfen« (Zedlitz am 5. 12. 1776 an Rochow, zitiert nach: Wittmann, Buchmarkt, S. 13). Die Titel mancher Bücher sprechen in diesem Zusammenhang für sich wie G. C. F. Gieselers Schrift »Ob die Volksschullehrer lesen dürfen: und wie sie lesen sollen« (1801). Wie der Rezension in der Neuen Allgemeinen Deutschen Bibliothek (1801, Bd. 68, 2. St., Intelligenzblatt S. 341f.) zu entnehmen ist, bejaht Gieseler die Frage und wendet sich gegen das Argument, daß »der Grund der Verderbniß unsers Zeitalters in dem vielen Lesen zu suchen sei« (S. 342). Der Pädagoge Friedrich Samuel Gottfried Sack dagegen vertritt in seiner Schrift »Über die Verbesserung des Landschulwesens vornehmlich in der Churmark Brandenburg« (1799) die Auffassung, die Lehrer sollten nicht zuviel wissen und es genüge, daß sie den Schulzen und Krüger das Lesen und Schreiben lehrten, denn lesekundige Bauern würden leicht unzufrieden, unruhig und unnütz (vgl. Engelsing, Analphabetentum, S.66). In Rußland äußert ein Mann wie Gogol noch 1847 eine solche Ansicht (vgl. ebd., S. 68).

29 Herrmann, S. 24.

30 Ebd.

31 Vgl. Westenrieder. Friedrich II. begründet seine Forderung, den Unterricht auf dem »platten Lande« auf »ein bisgen lesen und schreiben« zu beschränken, bemerkenswerterweise nicht mit der Angst vor Insubordination der Bauern, sondern mit der Befürchtung:

Villaumes Argumentation für eine verhältnismäßige Aufklärung enthält jedoch noch eine andere Nuance. Die standesorientierte Aufklärung favorisiert nicht nur das »Wohl der Gesellschaft« gegenüber dem »Glück des Menschen«, wie es bei Herrmann heißt, sie hat dabei in der Terminologie Villaumes gerade auch das Glück des einzelnen im Blick. Denn Villaume ist der Überzeugung, daß eine Verfeinerung seiner Sitten den »gemeinen Mann« unglücklich machen müsse: »Unter klugmachen versteht man (des weiteren) noch, *verfeinern*, das heißt den Geschmack ausbilden. Das wäre, bei dem unabänderlichen Loose des größten Theils der Menschheit, ein unsägliches Unglük. [...] Wenn das Dorfmädchen Tändeleien gelernt, wenn es die Idyllenschäferin gespielt hat; wird es ungern barfuß in den Stall laufen, die Kühe melken, ungern in der Sonnenhitze hinter den Mähern Garben binden; es wird die rohe Sprache des um sie buhlenden Knechts abgeschmackt finden. Und die Folgen davon sind – Albernheit, Verführung, ein unglückliches Leben«.[32] Aber Villaume rät dem »gemeinen Manne« auch von der Lektüre des »Contrat social« ab und ermahnt ihn, »die vernünftigen, wohlgemeinten Lehren seines Predigers [zu] begreifen und thätig [zu] glauben«.[33]

Hier treffen sich offenbar ein Menschen- und ein Gesellschaftsbild, die, salopp, aber direkt ausgedrückt, davon ausgehen, daß es immer Bauern geben wird und daß diese nicht glücklicher werden, wenn sie philosophische Schriften lesen. Villaumes Verfahren, vom Individuum als einem Rad in der großen Maschine Gesellschaft auszugehen, wirkt nüchtern und pragmatisch. Seine Einstellung unterscheidet sich grundsätzlich von anderen zeitgenössischen Äußerungen, wie derjenigen Sangerhausens, der dem »großen Haufen« vorhält, er gehe »gedankenlos, wie die meisten Gewerbe von welchen er lebt«, dahin.[34] Wenn der aufklärerische Impetus in einer solchen Rede auch radikaler bewahrt wird als in Villaumes Relativismus, Sangerhausens Kritik des unaufgeklärten »Pöbels« verschweigt die realen Bedingungen und Zwänge und vermittelt den Eindruck, im Grunde vor allem sich selbst gefallen zu wollen.

»wissen sie aber zu viel, so laufen sie in die Städte und wollen Sekretairs und so was werden« (zitiert nach: Wittmann, Buchmarkt, S. 13).

32 Villaume, S. 528f., zitiert nach: Herrmann, S. 25.

33 Villaume, S. 530, zitiert nach: Herrmann, S. 23.

34 Sangerhausen, S. 48. Sangerhausen klagt, »daß man die Aufklärung gemeiniglich nur unter einem Theile des Mittelstandes, nie hingegen unter dem Pöbel und selbst unter den Großen und Gelehrten nur selten finde. Gedankenlos geht der große Haufe dahin, ein Sklave seiner Leidenschaften und seiner Gebieter, glaubt, was er hört und thut, was er muß, genießt, was er kann. Oefter fühlt er die Bedürfnisse seines Magens, als seines Geistes« (S. 15).

Wie zu sehen ist, gibt es Grenzen des *Sapere aude!*, die nicht erst von der Gegenaufklärung gezogen werden mußten.[35] Der Diskurs der Aufklärer ist in dieser Hinsicht nicht homogen. Prinzipiell steht der Begriff ›Aufklärung‹ für den Aufruf und die Erziehung zum kritischen Denken und für die Pflicht zur eigenen Vervollkommnung. Praktisch beschränkt sich die pädagogische Aufklärung zu einem großen Teil bewußt selbst im Sinne eines standes- und berufsorientierten Wissens. Wenn Villaume dafür plädiert, die Erziehung zur »Vollkommenheit des einzelnen Menschen seiner Brauchbarkeit aufzuopfern«, spricht er sich dafür aus, das zu vermittelnde Wissen und die sittliche Bildung entsprechend dem individuellen Arbeits- und Lebensbereich zu reduzieren. Darin sieht Herrmann zu recht eine »Einbruchstelle für *Ideologie* oder *Gegenaufklärung*«.[36] Darin äußert sich aber auch der pragmatische Blick auf die Kontextgebundenheit des Individuums.

Der Gedanke der Pragmatik wird in meiner Untersuchung wichtig werden für die Betrachtung der Trivialliteratur. Denn diese Textmenge kann in ihrer Angebot-Nachfrage-Struktur und in ihrem umstrittenen Gebrauchswert nicht ohne den Rekurs auf die kognitiven und ästhetischen Voraussetzungen ihrer Leser diskutiert werden. Wenn Villaume im zitierten Beispiel unter Berücksichtigung des sozialen Kontextes den Lektüreradius bestimmter Leser um eine bedeutende Schrift der Aufklärung reduziert wissen möchte, so liegt darin nicht nur eine »Einbruchstelle für *Ideologie* und *Gegenaufklärung*«, sondern auch für die Rehabilitierung eines Großteils der Trivialliteratur. Denn wenn die Gefahr besteht, daß die Lektüre des »Contrat social« den gemeinen Mann desorientieren und mit seinem Stand unzufrieden machen würde, so könnte man umgekehrt mit entsprechender Böswilligkeit behaupten, daß in der ästhetisch

---

35 Villaume ist natürlich kein Einzelfall. Nach Wittmann »warnten fast alle Theoretiker der Volksbildung eindringlich vor jeglicher Vielwisserei des Bauern« (Wittmann, Buchmarkt, S. 14), wofür er als Beispiel J. L. Ewald »Über Volksaufklärung. Ihre Gränzen und Vortheile« (Berlin 1790) zitiert, was der klaren Aussage wegen hier noch wiedergegeben werden soll: »Der Landmann ist bestimmt, in seinem eingeschränkten Kreis treu und stät zu wirken. Es kommt bei ihm gar nicht darauf an, Vielerley zu wissen und vielerley zu thun; sondern weniges recht zu wissen, treu und immer zu befolgen; die einfachsten Arbeiten seines Berufs immer fort und unermüdet zu thun« (Ewald, S. 19, zitiert nach: Wittmann, Buchmarkt, S. 14).

36 Herrmann, S. 26. Wie sehr die auf Standesgrenzen achtende relativierte Aufklärung der alten Obrigkeit entgegenkam, zeigt eine Äußerung Friedrich Wilhelm II. in der Zirkularordnung für Garnisionsschulen aus dem Jahre 1799: »Wahre Aufklärung, soviel zu seinem eigenen und zum allgemeinen Besten gefordert wird, besitzt unstreitig derjenige, der in dem Kreise, worein ihn das Schicksal versetzt hat, seine Verhältnisse und Pflichten genau kennt und die Fähigkeiten hat, ihnen zu genügen. Auf diesen Zweck sollte daher der Unterricht in allen Volksschulen eingeschränkt werden« (zitiert nach: Kopitzsch, S. 80).

und intellektuell minderwertigen bzw. mindergewerteten Literatur eine Möglichkeit liegt, das Numerus-clausus-Problem zu lösen. Ernsthafter gesprochen: im hier skizzierten Komplex der verhältnismäßigen Aufklärung deutet sich bereits eine positive Funktionsbestimmung der Trivialliteratur an, die den Verfechtern der verhältnismäßigen Aufklärung kaum bewußt geworden sein dürfte. Die unter pragmatischem Gesichtspunkt von verschiedenen zeitgenössischen Aufklärern gerechtfertigte ›Zuschneidung‹ des Wissens auf den ständischen und beruflichen Kontext des Individuums fordert in der logischen Konsequenz ihr Äquivalent auch auf dem Feld des schöngeistigen, ästhetischen Wissens. Um noch einmal das von Villaume benutzte Bild vom Dorfmädchen aufzugreifen: ihr Leben ist wohl kaum vereinbar mit der Rezeption tiefgründiger Lyrik – das Hölderlin-Gedicht in den Händen des Dorfmädchens stellt ihre soziale Brauchbarkeit in Frage.

In den Augen der Zeitgenossen gefährden freilich schon ›triviale‹ Abenteuerromane die soziale Brauchbarkeit, wie in den Abschnitten zur Lesewut-Diskussion gezeigt werden wird. Ob diese Befürchtungen berechtigt waren oder ob jene Romane vor dem Hintergrund von Langeweile und Zerstreuungsbedürfnis nicht gerade sozial stabilisieren, ist erst noch zu diskutieren (vgl. 2.4.3). An dieser Stelle sei aber die Vermutung geäußert, daß es schichtenspezifisch differierende Spielräume gibt, innerhalb derer Literatur relativ folgenlos absorbierbar ist. Folgenlos bedeutet dabei, wie zu zeigen sein wird, nicht, ohne *Gebrauchswert*, sondern ungefährlich für die soziale Brauchbarkeit des Rezipienten. Mit der zunehmenden Alphabetisierung und Literarisierung der Bevölkerung im Verlaufe des 18. Jahrhunderts kommt es gerade zum Bedürfnis nach einer solchen ›folgenlosen‹ Literatur. Der veränderte Stellenwert des Buches aufgrund dieser Entwicklungen ist zunächst zu erinnern.

2.2 Das Buch als Kontext

»So lange die Welt stehet, sind keine Erscheinungen so merkwürdig gewesen als in Deutschland die *Romanenleserey*, und in Frankreich die *Revolution*. Diese zwey Extreme sind ziemlich zugleich mit einander großgewachsen, und es ist nicht ganz unwahrscheinlich, daß die Romane wohl eben so viel im Geheimen Menschen und Familien unglücklich gemacht haben, als es die so schreckbare französische Revolution öffentlich thut.« Diese Worte des Schweizers Johann Georg Heinzmann aus seinem »Appel an meine Nation« (1795) zitiert Wittmann als ein exemplarisches Beispiel für die Lesewut-Diskussion im ausgehenden 18. Jahrhundert.[37] Exemplarisch sind nicht nur die von Heinzmann im weiteren Text erhobenen Vorwürfe im Hinblick auf die Wirkung der Romane (Sittenlosigkeit, Spott, Leichtsinn, Religionsverachtung, Wollust). Exemplarisch ist auch der Bezug zur Französischen Revolution, den die Zeitgenossen immer wieder und in ganz unterschiedlicher Weise herstellen: unter negativem Vorzeichen als Revolutionssynonym, unter positivem als Revolutionsverhinderung, wie in Johann Heinrich Campes »Briefen aus Paris« (1789/90),[38] oder als ›Buch-Revolution‹ bei den Frühromantikern.[39] In jedem Fall wird eine bedeutende politische Relevanz des Mediums Schrift vorausgesetzt. Um die ›Karriere‹ des Buches im 18. Jahrhundert zu erklären, sollen im folgenden einige Phänomene dieser Entwicklung noch einmal umrissen werden.

2.2.1 Die Leserevolution –
»Autorenseuche« und »eilfertige Lektüre«

Die statistischen Daten geben Zeugnis davon, daß die Buchproduktion in Deutschland[40] im letzten Drittel des 18. Jahrhundert stark zunimmt. Die Zahlen, die in verschiedenen Studien gegeben werden, differieren, je nach Art und Umfang der verwendeten Quellen. Reinhard Wittmann sieht an den Meßkatalogen der Jahre 1700 und 1800 einen Anstieg der Neuerscheinungen von 950 auf 4000 Werke und nimmt, da der Meßkatalog nur einen Teil der tatsächlich erscheinenden Bücher erfaßt, für das letzte Jahr-

---

37 Wittmann, Geschichte, S. 186.

38 Campe warnt seine adligen Leser, der Versuch der französichen Despotie, das Fortschreiten der Aufklärung zu verhindern, habe gerade zu deren Beschleunigung und schließlich zur Revolution geführt (Campe, Briefe, S. 210f).

39 »[D]ie ganze deutsche Literatur ist in einem revolutionären Zustand, und wir, mein Bruder, Tieck, Schelling und einige andere zusammen machen die Bergpartei aus«, schreibt August Wilhelm Schlegel am 13. 9. 1799 an Elisabeth von Nuys. In Friedrich Schlegels berühmtem Athenaeumsfragment Nr. 216 über »die drei größten Tendenzen unseres Zeitalters« werden mit Fichtes »Wissenschaftslehre« und Goethes »Wilhelm Meister« der Französischen Revolution gleich zwei Phänomene aus der Welt des Buches an die Seite gestellt, wobei Schlegel betont, daß »manches kleine Buch, von dem die lärmende Menge zu seiner Zeit nicht viel Notiz nahm, eine größere Rolle als alles, was diese trieb«, spielt (Schlegel, Bd. 18, S. 85). Vgl. auch: Claus Träger (Hg.), Die Französische Revolution im Spiegel der deutschen Literatur, Leipzig 1975.

40 Dies vollzieht sich natürlich nicht nur in Deutschland, sondern europaweit. Ich beschränke mich für meine Darstellung aber bewußt auf die Informationen, die zu Deutschland vorliegen.

hundertdrittel eine Jahresproduktion von ca. 5 000 Titeln an.[41] Merkmal dieser Entwicklung ist zugleich, daß immer mehr Bücher in deutscher Sprache erscheinen und außerhalb des Bereichs der theologischen oder Erbauungsliteratur liegen.[42]

Ein Grund der zunehmenden Buchproduktion liegt sicher im Bevölkerungswachstum,[43] ein weiterer Grund in der Alphabetisierung der Bevölkerung. Rudolf Schenda schätzt, daß um 1800 im Mitteleuropa 25% der Bevölkerung über sechs Jahren als potentielle Leser in Frage kommen gegenüber 15 % um 1770.[44] Rolf Engelsing verweist als Zeichen für die zunehmende Bedeutung der Lesefähigkeit auf die Berliner Gesindeordnung von 1746, die anders als die Gesindeordnung von 1718 zwischen schreib- und lesekundigen und -unkundigen Jungen unterscheidet.[45] Er zitiert eine zeitgenössische Schätzung von 1785, nach der sich die Zahl der Leser in den letzten 30 bis 40 Jahren um die Hälfte vermehrt habe.[46] Ein Grund zunehmender Lesefähigkeit liegt in der allmählichen Einführung der Schulpflicht in den deutschen Ländern: 1732 in Preußen, 1772 in Sachsen, 1802 in Bayern.[47]

Zugleich hat sich die *Art* des Lesens verändert. Die Zeitgenossen sprechen von der »eilfertigen Lektüre« statt des ernsthaften, wiederholten »Durchstudierens« der Bücher,[48] die moderne Literaturwissenschaft nennt

---

41 Vgl. Wittmann, Voraussetzungen , S. 9. Vgl. auch Göpfert, S. 41f.

42 »1740 war noch fast die Hälfte aller erscheinenden Bücher theologischer oder erbaulicher Natur gewesen, 1800 nur mehr ein gutes Zehntel« (Wittmann, Voraussetzungen, S. 9).

43 Diese Vermutung hat auch Rolf Engelsing, Analphabetentum, S. 55.

44 Vgl. Schenda, Volk, S. 444.

45 Vgl. Engelsing, Analphabetentum, S. 56. Daß diese Regelung von 1746 »1752/53 in Breslau, Neiße, Cleve und Minden in den Gesindeordnungen nachgeahmt« wurde (ebd.), zeigt, daß es sich nicht um ein einzelnes Großstadtphänomen handelt.

46 Vgl. Engelsing, Analphabetentum, S. 56. Es handelt sich um den Artikel »Über den schlechten Bücherdruck in Deutschland« im Journal von und für Deutschland 2. 1785. St. 12, S. 546.

47 Vgl. Engelsing, Analphabetentum, S. 62. Daß man jedoch noch weit bis ins 19. Jahrhundert nicht von einem breitenwirksamen effektiven Schulsystem sprechen kann, belegt Engelsing mit Beispielen über unqualifizierte Lehrer v. a. auf dem Land und bildungsfeindliche Einstellungen der Eltern der sozial schwachen Schichten, die die Arbeitskraft ihrer Kinder zum Erwerb des Lebensunterhalts benötigten, die in der Lesefähigkeit ihrer Töchter aber auch eine Gefahr für die traditionelle Pflicht der Frau zur Unterordnung unter den Mann sahen (vgl. S. 69-78). Vgl. dazu auch Wittmann, Geschichte, S. 175ff., und Wittmann, Buchmarkt.

48 Pahl, S. 621. Pahl bemerkt, daß »die neuern Deutschen nicht gewohnt sind so zu lesen, wie sie es von ihren Vätern gelernt haben. Diese studierten den Schriftsteller den sie sich nahmen, lasen ihn zu verschiedenen malen durch, beherzigten alle seine Aussprüche und Beweise, machten sich vertraut mit ihm, und legten ihn dann erst bei Seite, nachdem sie ihn in Saft und Blut verwandelt hatten. Wir aber haben uns eine eilfertige Lektüre

es einen Übergang vom ›intensiven‹ zum ›extensiven‹ Lesen.[49] Die intensive Wiederholungslektüre weniger erworbener oder ererbter Texte – wie der Katechismus, das Erbauungsbuch, die Bibel und der Kalender – tritt zugunsten eines erweiterten Lesekanons zurück. Dies gilt, wie Wittmann in seiner Arbeit »Der lesende Landmann« zeigt, zunächst nicht für die bäuerlichen und ›unterbäuerlichen‹ Schichten.[50] Wittmann betrachtet in diesem Zusammenhang auch die Angaben Schendas über den Grad der Alphabetisierung mit Skepsis. Er klagt empirische Daten ein und gibt, vor allem mit Blick auf die Landbevölkerung, die »verschiedenen Stadien des Alphabetismus und der Lesefähigkeit« zu bedenken: »Konnte wirklich ›lesen‹, wer nach jahrelangem stumpfsinnigen Eintrichtern in der Dorfschule den Katechismus stockend entzifferte? War er überhaupt fähig (und willens), eine Vielfalt ständig wechselnder Lektüre zu rezipieren?«[51] Wittmann resümiert seine Ausführungen über die volkspädagogischen Bemühungen auf dem Lande wie folgt: »Der Bauer sollte also lesen lernen, um einen kleinen Kanon ihm empfohlener Schriften aufnehmen zu können, der nicht mehr wie bisher von der Kirche, sondern nun von den Aufklärern zusammengestellt wurde. Dies hieß eine Säkularisierung der intensiven und eine Domestizierung der ›wilden‹ Lektüre, nicht aber ein Übergang zum sozial brisanten extensiven Lesen.«[52]

Die ›Leserevolution‹ wird damit eingeschränkt: »sie bestand wesentlich in einer Veränderung und Intensivierung der Lektüre bei schon zuvor potentiell lesenden Schichten.«[53] Eine ähnliche Aussage trifft auch Engelsing.[54] Unter dem Lesepublikum um die Jahrhundertwende muß man sich demnach v. a. den Adel, die bürgerliche Mittelschicht und große

angewöhnt. Wir gehen den Schriftsteller flüchtig durch, dringen nicht über seine Oberfläche ein, lesen wohl nur einzelnen Stellen die uns nach der Inhaltsanzeige unterhaltend scheinen, fangen an zu gähnen, und springen gleich wieder auf einen andern über, weil uns Abwechslung ergötzt« (S. 621).

49 Vgl. Engelsing, Perioden, S. 959.

50 Vgl. Wittmann, Buchmarkt.

51 Wittmann, Geschichte, S. 174.

52 Ebd., S. 177. Unter »wildem« Lesen versteht Wittmann mit Bezug auf A. Assmann ein mechanisches, nicht reflektierendes Lesen (S. 172).

53 Ebd., S. 179. Das zeitgenössische Bewußtsein der Verdoppelung des Lesepublikums ist für Wittmann noch kein hinreichender Beweis einer »tatsächlichen Demokratisierung des Lesens«, denn es könnte auch bei einer »Zunahme des regelmäßig lesenden Publikums von nur zwei auf vier Prozent« entstehen (ebd.).

54 »Die Vergrößerung des Lesepublikums war kein allgemeiner, sondern blieb ein partieller Prozeß, wenn er auch neue Schichten, darunter Teile der Unterschichten, z. B. Dienstboten und Bauern, teilweise erfaßte. Den größten Teil des Lesepublikums machte aber – so teilte es Georg Westphal 1780 in der Vorrede zu seinem Roman *Wilhelm Edelwald* mit – der Mittelstand aus« (Engelsing, Analphabetentum, S. 64).

Teile der städtischen und höfischen Unterschichten meist ländlicher Herkunft vorstellen.[55] Die Bildungsvoraussetzungen und das Freizeitvolumen der Frauen und Töchter des Bürgertums liessen dabei auch die ›weibliche Lektüre‹ immer mehr zu einem speziellen Faktor der ›Leserevolution‹ werden – was sich unter anderem in der Empfehlung von »Frauenzimmerbibliotheken« in den Moralischen Wochenschriften niederschlug.[56]

Die ›Extensivierung‹ des Lesens nahm ihren Ausgang im expandierenden Zeitschriftenwesen in der ersten Hälfte des 18. Jahrhunderts.[57] Die Moralischen Wochenschriften traten mit dem Anspruch auf, »ihrem Publikum die spezifisch bürgerliche Tugendlehre und Bildung der Aufklärung in Abwendung vom höfisch-galanten Lebensideal zu vermitteln. Mit den appellativen Strategien der früheren Erbauungsbücher und deren unmittelbarer Zuwendung an den Leser transportierten sie nun, um Kurzweiligkeit bemüht, auch weltliche Inhalte«.[58] In den Adressatenkreis der Zeitschriften wurden im letzten Drittel des 18. Jahrhunderts schließlich auch Kinder und Jugendliche einbezogen; Wittmann spricht von 43 Zeitschriften für »Kinder aus gesitteten Ständen«.[59] Neben der direkten moralischen Botschaft boten die Zeitschriften mit gelehrten Artikeln zugleich die Möglichkeit zum Räsonnement. Die Lektüre der Wochenschriften deckte zum einen den Wissensbedarf der Leser, sie lieferte dem bürgerlichen Publikum zum anderen eine weltanschauliche Orientierung und die Grundlage einer eigenen sozialen und kulturellen Identität.

Die steigenden Buchproduktion führt auch zur Klage über die »Autorenseuche«. Wittmann schätzt, daß 1790 »in Deutschland durchschnittlich auf 4 000 Einwohner ein Schriftsteller – natürlich mit starken regionalen Unterschieden« kam: »in Leipzig kam ein Autor auf 170 Einwoh-

---

55 Vgl. Wittmann, Geschichte, S. 179.

56 Vgl. ebd., S. 182. Gegen die Ausgrenzung der Landbevölkerung aus der potentiellen Leserschaft erhebt wiederum Ziessow Einwände, die sich auf seine literatursoziologische Untersuchung über das Kirchspiel Menslage in Niedersachsen berufen. Zwar handle es sich dabei um eine Einzelbeobachtung, die die in Deutschland noch ausstehende großflächige Alphabetisierungsforschung nicht ersetzen könne, sie berechtige aber schon heute zu der Frage, ob bei einer solchen Erhebung »die Zahl der ›Ausnahmen‹ nicht mindestens jener Zahl von Gebieten ebenbürtig wäre, die tatsächlich die Regel des nichtlesenden Landmannes bestätigen« (Ziessow, Bd. I, S. 13). Das potentielle Leserpublikum des ausgehenden 18. Jahrhunderts läßt sich also bis heute nicht exakt definieren – die von Wittmann angebotene Bestimmung muß mit der entsprechenden Zurückhaltung gehandhabt werden.

57 1709 begründen Steele und Addison den »Tatler«, 1711 erscheint die erste Nummer des »Spectator«, 1721–23 erscheinen Bodmers und Breitingers »Discourse der Mahlern«, 1725–26 erscheinen Gottscheds »Vernünftige[n] Tadlerinnen«.

58 Wittmann, Geschichte, S. 180.

59 Ebd.

ner«.[60] Zieht man Schendas Schätzung über die Lesefähigkeit hinzu, die danach für 1790 mit 22% der Bevölkerung über sechs Jahren zu berechnen wäre, ließe sich (mit Wittmann und Schenda) für Leipzig sagen, daß bereits 37 Leser ihren eigenen Autor hatten. Wie problematisch solche Zahlenspielereien auch sein mögen, eine Aussage über den Zuwachs an ›Schreibenden‹ ermöglichen sie schon. Die Schriftstellerei[61] wird zu einer Massenbeschäftigung. Ein Zeitgenosse schreibt 1792 darüber: »die Deutschen erndten jetzt mit einem weit grössern Rechte als sonst, den Ruhm, oder den Tadel, – das schreibseligste Volk in der ganzen Welt zu seyn. In keinem Lande erscheint alle Jahre eine so ungeheure Menge neuer Bücher, in keinem werden auswärtige Produkte so leicht und so schnell naturalisirt, und in keinem lebten je zugleich 8 000 Menschen, die durch öffentliche Schriften als Lehrer ihres Volkes aufgetreten sind, – wie in dem unsrigen. Wir übertreffen alle andre Nationen nicht nur an der Zahl der Autoren, sondern auch an der Zahl der Bücher«.[62]

Pahls Bezeichnung der Schriftsteller als »Lehrer ihres Volkes« stellt zunächst die Teilnahme am Aufklärungsdiskurs als Schreibmotivation heraus. Das ist in dieser Undifferenziertheit übertrieben, und Pahl gibt selbst ganz verschiedene Ursachen der Vielschreiberei an, die gewiß nicht als sich einander ausschließend zu denkend sind: die Arbeitsamkeit und den Tätigkeitstrieb der Deutschen, die vermehrte Büchernachfrage durch den Übergang zum extensiven Lesen, den finanziellen Aspekt des Schreibens und den Prestigegewinn durch den Schriftstellerstatus.[63] In anderen zeitgenössischen »Bemerkungen über die Ursachen der jetzigen Vielschreiberey in Deutschland« werden Neid, Eitelkeit und Ehrgeiz genannt, die Notwendigkeit eines zweiten Einkommens für die unterbesoldeten Staatsdiener, aber auch die Erleichterung des Zuganges zum öffentlichen Diskurs durch die Umstellung von lateinischer auf die Muttersprache und die zunehmende Pressefreiheit.[64] Das Buch nimmt also ganz unterschied-

---

60 Wittmann, Voraussetzungen, S. 10.

61 Der Begriff Schriftsteller wird im 18. Jahrhundert noch deutlich abgehoben vom Begriff Dichter bzw. Poet. ›Schriftsteller‹ zielte eher auf die Verfasser von Prosaschriften ohne künstlerischen Anspruch.

62 Pahl, S. 618

63 Vgl. ebd., S. 619, 621 und 623. »So wie in einer Gesellschaft von einem talentvollen Mann die Rede ist, entsteht gleich die Frage: ist er Schriftsteller? – und wird sie verneint, so zukt man gleichgültig die Achseln; wird sie bejaht, so huldigt man ohne weitere Untersuchung seines Werths seinem Genie und seinen Kenntnissen« (S. 623). Zum freien Schriftsteller und zur Kommerzialisierung der Schrift vgl. prinzipiell Hans Jürgen Haferkorn, Entstehung.

64 Vgl. Bemerkungen, S. 500f. Es scheint nicht so sehr »der Hang, viel zu schreiben, sondern vielmehr der Stolz, in den Bücherverzeichnissen als Verfasser vieler Schriften zu

liche Funktionen ein: es ist Medium der Aufklärungsarbeit, es vermittelt Prestige und es besitzt Warencharakter.

Der Warencharakter wird vor allem deutlich mit Blick auf den in der zweiten Jahrhunderthälfte überhandnehmenden Nachdruck. Durch den Übergang der Buchhändler Norddeutschlands vom Tauschprinzip zum Nettohandel verschlechterte sich die Situation der Buchhändler des Südens.[65] Der katholische Süden mit seinen strengeren Zensurbestimmungen sowie seinem stärkeren Angebot an religiösen Büchern und solchen in lateinischer Sprache hatte den vom Zeitgeist der Aufklärung geprägten Büchern des Nordens nicht genügend attraktive Tauschobjekte zu bieten. Das Prinzip des Merkantilismus gestattete andererseits nicht, Geld ins Ausland fließen zu lassen. Es empfahl sich vielmehr, die Neuerscheinungen durch Nachdruck zu ›erwerben‹.[66] Ob der Nachdruck tatsächlich der Entwicklung des Publikumsgeschmacks geschadet hat, indem er die Herausgabe zeitaufwendiger »solide[r] Geistesprodukte« uneffektiv gemacht, das größere Werk durch die Broschüre verdrängt und durch die indirekte Senkung des Autorenhonorars schließlich die Vielschreiberei provoziert hat, ist schwer zu sagen.[67] Die Entwicklung und den Wandel von Lesementalitäten vor allem durch die zunehmende Kommerzialisierung des Buches im ausgehenden 18. Jahrhundert zu erklären, birgt die Gefahr,

---

paradieren, die jetzige Schriftstellerwelt vorzüglich zu charakterisieren. [...] Vielleicht würde mancher akademische Lehrer diesen oder jenen Aufsatz ewig in seinem Pulte behalten, wenn er nicht besorgte, von seinen ungleich jüngern Collegen an der Schriftenanzahl sich übertroffen zu sehen, oder wenn er sich nicht schämte, in der Gelehrten-Liste einen engeren Raum einnehmen zu müssen, als ein ausser der Akademie lebender Geschäftsmann, der nur seine Erholungsstunden den Musen widmen kann« (S. 499).

65 Die Bücher wurden nun nicht mehr auf den Messen bogenweise getauscht, sondern gegen Bargeld verkauft. Der Buchhändler Reich forderte diese Regelung 1764 auf der Frankfurter Messe gegen die Buchhändler des Südens.

66 Der Nachdruck wurde aus diesen Gründen auch staatlicherseits legalisiert, indem die Einfuhr der Originaldrucke verboten wurde (vgl. Wittmann, Voraussetzungen, S. 11).

67 Diese Vorwürfe werden z. B. in der »Kurze[n] Übersicht der Gründe der Schädlichkeit des Büchernachdrucks für die Literatur, den Buchhandel und das lesende Publikum« von 1790 erhoben (Auszug in: Rietzschel, S. 79-81). Die Nachdrucker rechnen sich die Herausgabe billiger Bücher dagegen als stärkere Verbreitung der Aufklärung und als Demokratisierung des Zugangs zum Buch an. Sie geben den um ihr Honorar geprellten Autoren und den um ihren Gewinn gebrachten Verlegern zu bedenken, daß die Betriebsamkeit der Nachdrucker »die Lust, zu lesen und sich zu unterrichten« verbreitet und damit wiederum den Absatz von Büchern insgesamt gefördert habe (vgl. Johann Albert Heinrich Reimarus: Der Bücherverlag in Betrachtung der Schriftsteller, der Buchhändler und des Publikums abermals erwogen [1791], zit. n.: Rietzschel, S. 85f.). Die Vielschreiberei, soviel sei zu diesem Parteienkampf angemerkt, war in nicht geringem Maße ebenso ein Ergebnis der Bogenhonorierung, die erst im 19. Jahrhundert allmählich durch die prozentuale, absatzbedingte Honorierung abgelöst wurde (vgl. Göpfert, S. 139).

dem Manipulationsansatz (vgl. 1.1.2) zu verfallen und den Blick von anthropologischen Faktoren abzuwenden. Es bleibt an dieser Stelle festzuhalten, daß der Nachdruck durch das billigere Angebot der Bücher ein neues Lesepublikum erschlossen hat, dem zunächst durchaus ein hohes literarisches Niveau vorgelegt wurde, denn die ersten Gesamtausgaben von Goethe, Gerstenberg und anderen sind durch Nachdruckerinitiativen zustande gekommen.[68]

Das Buch fungiert, von der Seite seines Autors betrachtet, also nicht allein als Medium im Dienst der Aufklärung. Es dient ebenso dem Prestigegewinn und erhält zunehmend eine finanzielle Bedeutung. Im folgenden ist zu erörtern, welche Funktionen das Buch für den *Leser* einnimmt.

2.2.2 Die Multiplikation – Lesegesellschaft, Leihbibliothek und Kolporteure

Als neuer Ort des Buches bildet sich bald die Lesegesellschaft heraus. Während zuvor nur das persönliche Herumreichen von Büchern und das laute Vorlesen als ein Multiplikator des Buches galt, entstehen seit Jahrhundertmitte und vor allem im letzten Drittel des 18. Jahrhunderts diese »Stätten lektürevermittelnder und lektürevermittelter Kommunikation«.[69] Ökonomische und kommunikationsspezifische Gründe führen zu einem regelrechten Boom der Lesegesellschaften – sie sind das »gesellschaftliche Korrelat der Leserevolution«.[70] Marlies Prüsener sagt über Ziel und Mitglieder dieser Vereinigungen: »Die Mitglieder der Lesegesellschaften setzten sich aus Angehörigen des gehobenen und mittleren Bürgertums zusammen, die ihren Wunsch nach Bildung durch Lektüre erfüllen wollten und in den Lesegesellschaften ein Mittel sahen, sich diese billig zu beschaffen«.[71] Die Mitgliederzahl schwankt, abhängig vom Ort und von der Nähe anderer Lesegesellschaften; sie erreicht als Spitzenwerte, wie in Mainz, bis zu 450 Mitglieder.[72]

---

68 Vgl. Wittmann, Voraussetzungen, S. 12
69 Wittmann, Geschichte, S. 190.
70 Dann, S. 161.
71 Prüsener, S. 384f.
72 Bremen z. B. wies 1791 36 Lesegesellschaften auf. Diese Rekordzahl im Deutschen Reich erklärt Engelsing damit, »daß der geistige und soziale Aufstieg des Erwerbsbürgertums sich in den Hansestädten am sinnfälligsten verwirklichte« (Engelsing, Bürger, S. 225 und 229).

Was den sozialen Status der Mitglieder betrifft, so führt Engelsing zwar an, daß in Niedersachsen in den achtziger Jahren des 18. Jahrhunderts in den Lesegesellschaften »auch Ungelehrte, Handelsleute, Handwerker, Landwirte und Soldaten« Mitglieder waren und daß es in Ulm eine Handwerkerlesegesellschaft gab.[73] Auch Ziessow stellt für die von ihm untersuchte Lesegesellschaft im Kirchspiel Menslage im nordwestlichen Niedersachsen fest, »daß es keine eindeutig definierte soziale Schranke für die Mitgliedschaft gab« und daß auch Frauen »keineswegs von der Teilnahme ausgeschlossen« waren.[74] Insgesamt muß man aber vermuten, daß die sozial niederen Schichten schon durch Mitgliedsbeiträge und kollektive Abstimmung über Neuaufnahmen von diesen Vereinigungen ferngehalten wurden[75] und daß die Lesegesellschaft von der neuen, gebildeten Schicht des Bürgertums dazu genutzt wurde, die Verbindung zum Adel bzw. zum Beamtenadel aufzubauen und die Absetzung nach unten zu vollziehen.[76]

Die Lesegesellschaften verstehen sich selbst, wie ihre Gründungsakten zeigen, als Orte gemeinschaftlich betriebener und erfahrener Aufklärung und Weiterbildung.[77] Aus diesem Grund werden vorrangig Periodika angeschafft: Gelehrte Zeitungen, politische Journale, Organe der schönen Künste und Wissenschaften, fachwissenschaftliche Zeitschriften und Unterhaltungsblätter.[78] Dabei stehen auch die Unterhaltungsblätter, die nach Prüsener den zwölften Teil der periodischen Literatur der Lesegesellschaften ausmachen, noch im Zeichen der Belehrung, die sie mit Kurzweil vermitteln wollen.[79] Beliebte Themen sind Fragen der unmittelbaren Lebenswelt wie Haushaltseinrichtung, Kindererziehung, Mode, Hygiene, sowie Ereignisse des kulturellen und politischen Lebens und Infor-

---

73 Engelsing, Analphabetentum, S. 56.

74 Ziessow, Bd. I, S. 88 und 89.

75 Die Mitgliedschaft in der Bonner Lesegesellschaft war mit dem Jahresbeitrag von 4 Rtlr. und der Hinterlegung von 5 Rtlr. noch sehr billig, die Elberfelder Lesegesellschaft von 1775 dagegen setzte den Eintrittsbeitrag auf 30 Rtlr. fest und erhöhte ihn später sogar auf 100 (vgl. Dann, S. 169). Die Mitgliedschaft in einer Bremer Lesegesellschaft betrug jährlich 11 bis 12 Rtlr. (vgl. Engelsing, Bürger, S. 227).

76 Vgl. Dann, S. 170. Auch Ziessow vermutet aufgrund der neu in die Lesegesellschaft hineindrängenden Berufsgruppen schließlich, daß »die während der allgemeinen Prosperität in der Dorfgesellschaft sozial und ökonomisch arrivierten Berufsvertreter Anschluß an die sich insgesamt stärker nach außen abschließende kulturelle Elite« suchten, um »das Bedürfnis nach sichtbarer Abgrenzung und Repräsentation« zu befriedigen (Ziessow, Bd. I, S. 96 und 98).

77 Vgl. Dann, S. 163.

78 Vgl. Prüsener, S. 426ff.

79 Ebd., S. 434.

mationen aus fremden Ländern.[80] Vor dem Hintergrund dieser Lektüre im Dienste der Aufklärung ist die Bibliothek der Lesegesellschaft natürlich nicht der bevorzugte Platz für Romane.[81]

Der Platz der Romane war vor allem die Leihbibliothek, die ebenfalls seit der Jahrhundertmitte anzutreffen und im letzten Drittel des 18. Jahrhunderts zu einer normalen Erscheinung selbst jeder kleineren Stadt geworden ist.[82] Wenn auch bedacht werden muß, daß die Bestände der Leihbibliotheken erst in der Restaurationszeit (1815–48) vorrangig Belletristik aufweisen, während zuvor die »allgemeinwissenschaftliche Leihbibliothek die typische Erscheinung war«,[83] schlug die Leihbibliothek doch schon im 18. Jahrhundert die Hauptmasse an Belletristik um.[84] Allerdings darf die Leihbibliothek des 18. Jahrhunderts deswegen nicht als Pendant zur eher exklusiven Lesegesellschaft verstanden werden. Ihr Publikum nahm zwar im Gegensatz zur Lesegesellschaft auch die unteren Schichten auf,[85] aber es setzte sich deswegen nicht allein aus diesen zusammen.[86] Die Leihbibliotheken wurden ebenso von den Mitgliedern der Lesegesellschaften genutzt und von den Frauen des mittleren und gehobenen Bürgertums, die oft keinen Zugang zu den Lesegesellschaften hatten. Es gab allerdings auch Leihbibliotheken, die auf ein ganz bestimmtes Publikum zielten wie die ›Winkelleihbibliotheken‹ der Vorstädte oder die Christlichen Leihbibliotheken, die im ersten Drittel des 19. Jahrhunderts ent-

---

80 Ebd.

81 Vgl. ebd., S. 485 sowie Dann, S. 178, und Ziessow, Bd. I, S. 163f.

82 Vgl. Wittmann, Geschichte, S. 193.

83 Jäger/Martino/Wittmann, S. 486.

84 Georg Jäger, Alberto Martino und Reinhard Wittmann haben am Beispiel eines Lesebibliothekskatalogs darauf hingewiesen, daß die genaue Analyse der Buchbestände allein auf der Grundlage der Kataloge zu großen Ungenauigkeiten führen kann, da durch die gehandhabte Rubrizierung Romane auch in der Rubrik *Briefe* oder *Reisen* »versteckt« Aufnahme finden (vgl. ebd., S. 495).

85 Die finanzielle Forderung der Leihbibliothek war keineswegs so hoch wie die der Lesegesellschaft. Christoph Sutor, der 1781 die erste Leihbibliothek Weimars gründete, überließ »den hiesigen Lesern wöchentlich um 1 gr. soviel Bücher und Journale, als sie zu lesen belieben«, und den auswärtigen »6 bis 8 Stück Bücher um den nemlichen Preis« (Weimarische wöchentliche Anzeigen vom 9. 10. 1790, Nr. 81, S. 322) – der Jahresbeitrag beträgt damit rund 4% des Jahreslohns einer Dienstmagd, den Eberhardt auf 40-60 Rtlr. schätzt (vgl. Eberhardt, S. 64). In Jena kostete in den achtziger Jahren der Beitrag für eine beliebige Anzahl Bücher jährlich 64 Groschen (1Rth. = 24 Gr.); in Noacks Leihbibliothek in Berlin kostete die Buchentleihe schon »zwischen wöchentlich 8 und monatlich 16 Groschen« (Engelsing, Bürger, S. 247). Der Berliner Leihbibliothekar Joseph Orphal verlangte am Jahrhundertende für die Ausleihe eines Buches auf vier Tage sechs Groschen, »bei Abonnement« »vierteljährlich für wöchentlich 2 Bücher 15 Sgr., für wöchentlich 3 Bücher 20 Sgr., für wöchentlich 4 Bücher 25 Sgr.« (zitiert nach: Hartmann, S. 69).

86 Vgl. Jäger/Martino/Wittmann, S. 481f.

standen und vor allem auf Jugendliche missionarisch wirken wollten.[87] Entscheidend ist, daß die gewerblichen Leihbibliotheken in ihrer Distributions- und Multiplikationsfunktion im Gegensatz zur Lesegesellschaft einen stark finanziellen Aspekt besaßen: sie »wurden von Geschäftsleuten betrieben, um mit dem Verleih von Büchern Geld zu verdienen«.[88] Da ihre Anschaffungspolitik aus diesem Grund stärker den Kundenwünschen als den Wertmaßstäben des öffentlichen literarischen Diskurses folgen mußte, lassen ihre Bestände zugleich auf den Geschmack und die Vorlieben der zeitgenössischen Leser schließen.[89] Andererseits zeugt es von der Autorität des öffentlichen literarischen Diskurses, wenn der Betreiber einer Leihbibliothek versichert, seine Bücher mit Rücksicht auf die Kritiken der »Allgemeinen-Literatur-Zeitung« und der »Allgemeinen Deutschen Biographie« ausgewählt zu haben, obgleich dies offensichtlich nicht der Wahrheit entspricht.[90]

Neben der Lesegesellschaft und der Leihbibliothek gab es einen weiteren Multiplikator der Literatur in den mobilen Bücherverleihern, »die mit einem Sack von Büchern hausieren gingen, also den Lesestoff den Kunden zutrugen und bei ihm wieder abholten«.[91] Durch sie wurde das Buch auch auf das Land getragen. In diesem Zusammenhang sind ebenfalls die Kolporteure bzw. Wanderbuchhändler zu erwähnen, »die auf eigene Rechnung oder im Auftrag bestimmter Firmen (etwa Gröll, Walther, Klett) über Land ziehen; Kaufleute aller Art, die neben ihrem Hauptmetier, etwa Galanteriewaren, Perücken u. a., auch einige Bücher vertreiben und schließlich Privatleute, vor allem Landpfarrer und Lehrer, Postbedienstete und Ärzte, die nicht nur als Kollekteure für private Subskriptionsunternehmen dienen, sondern auch Original- und Raubdruckern gerne gegen Provision deren Waren vertreiben«.[92] Natürlich wurde das Buch auch als ›Agent der Aufklärung‹ auf's Land gebracht, wobei manch ambitionierter Philanthrop, wie etwa Rudolf Zacharias Becker mit seinem »Noth- und Hülfsbüchlein für Bauersleute« (1787), mitunter die großzügige Unterstützung der Obrigkeit genoß.[93] Sehr erfolgreich waren diese Versuche

---

87 Vgl. ebd., S. 489ff.
88 Ebd., S. 477.
89 Vgl. ebd., S. 478.
90 Vgl. ebd., S. 494.
91 Ebd., S. 477.
92 Wittmann, Voraussetzungen, S. 15.
93 Wittmann zitiert Beispiele, wonach verschiedene Markgrafen und Fürsten Exemplare dieses Buches in Größenordnungen von 3 000 bis 20 000 aufgekauft und unter der Landbevölkerung verschenkt haben, so daß Becker selbst stolz eine Auflagenhöhe von einer Million angeben konnte. Allerdings wurde das Buch von den Bauern nicht wirklich gelesen (Wittmann, Geschichte, S. 177f.).

»autoritärer Leseerziehung«[94] jedoch nicht. Die Kolporteure konnten schon eher als Interessenvertreter der Bauern angesehen werden, deren Geschmack sie im Gegensatz zu den Bauernaufklärern genau kannten. Wittmann nennt sie zudem ein Element der Unruhe, »da sie allzugern abergläubische, aufrührerische und sittenlose Ware verbreiteten«.[95]

Es ist festzuhalten, daß sich im ausgehenden 18. Jahrhundert die Lesefähigkeit, die Buchproduktion und der Distributionsradius des Buches entschieden vergrößert haben. Der geschriebene Text nimmt eine zunehmende Rolle im Leben des Bürgers ein. In diesem Zusammenhang spricht Habermas von der Entwicklung einer »bürgerlichen Öffentlichkeit«, womit er das Buch vor allem als Medium im Dienst der Aufklärung betrachtet. Gegen diese Perspektive muß allerdings in Rechnung gestellt werden, daß viele Leser das Buch vorrangig oder gar ausschließlich als Medium der *Zerstreuung* benutzten. Dabei ist nicht nur an die Kunden der Kolporteure oder an die Leser der Leihbibliotheken zu denken, sondern auch an die Mitglieder der Lesegesellschaften.[96] Es ist im folgenden daher etwas genauer auf die Lesegesellschaften und auf den Begriff der »bürgerlichen Öffentlichkeit« einzugehen.

2.2.3 Die bürgerliche Öffentlichkeit und der Billardtisch

Habermas definiert »bürgerliche Öffentlichkeit« als die »Sphäre der zum Publikum versammelten Privatleute«.[97] Sie entwickelt sich mit dem Siegeszug der Schrift gegen die »repräsentative Öffentlichkeit«.[98] Ihr Medium ist also das »öffentliche Räsonnement«, das sich vor seiner Politisierung zunächst als »literarische Vorform der politisch fungierenden Öf-

---

94 Wittmann, Geschichte, S. 177.

95 Wittmann, Buchmarkt, S. 19.

96 Vgl. Prüseners Hinweis auf das Intelligenzblatt der Allgemeinen Literatur-Zeitung, Jena 1789, 1198, wo von einem Unternehmer in Teschen (Schlesien) Rede ist, »dessen Lesegesellschaft einging, weil ›der Plan mehr auf Belehrung als auf Zeitvertreib abzielte‹« (Prüsener, S. 388).

97 Habermas, S. 86; im folgenden Nachweise im Text. Das heißt nicht, daß das Publikum der Wochenschriften ein ausschließlich bürgerliches, noch, daß die entstehende literarische Öffentlichkeit eine autochthon bürgerliche gewesen sei (vgl. S. 88f.).

98 Vgl. Habermas, § 2 und 3. »Die Entfaltung der repräsentativen Öffentlichkeit ist an Attribute der Person geknüpft: an Insignien (Abzeichen, Waffen), Habitus (Kleidung, Haartracht), Gestus (Grußform, Gebärde) und Rhetorik (Form der Anrede, förmliche Rede überhaupt), mit einem Wort – an einen strengen Kodex ›edlen‹ Verhaltens« (Habermas, S. 61f.).

fentlichkeit« formiere (S. 88). Die Institutionen dieser Öffentlichkeit sind unter anderem Salons, Kaffeehäuser, Tisch- und Lesegesellschaften, die »eine der Tendenz nach permanente Diskussion unter Privatleuten« organisieren, wobei »gegen das Zeremoniell der Ränge« sich »tendenziell der Takt der Ebenbürtigkeit« durchsetzt (S. 97). Die Argumentation wird zur Kommunikationsregel erhoben.

Ich bin im Abschnitt 2.1.2 bereits kurz auf dieses Phänomen und auf Habermas' Anmerkung eingegangen, das Publikum der bürgerlichen Öffentlichkeit kenne keine Priviligierten mehr, sondern ›Experten‹. Der Frage, inwiefern diese Experten als Meinungsführer die Wahrnehmung und Denkweise anderer, im öffentlichen Räsonnement noch nicht etablierter Diskursteilnehmer disponieren, geht Habermas nicht nach. Er sieht die »zum Publikum versammelten Privatleute« als eine homogene, interessenvereinigte Gruppe, die über das Medium des Räsonnements demokratisch strukturiert gewesen sei. Diese These ist ihm als Überstilisierung der bürgerlichen Öffentlichkeit vorgeworfen worden. Im Vorwort zur Neuauflage seines Buches 1990 räumt Habermas ein, daß er 1961 die Dimension einer kritisch diskutierenden bürgerlichen Öffentlichkeit überschätzt habe und daß vor allem nicht von *dem* bürgerlichen Publikum gesprochen werden könne (vgl. S. 15). Vielmehr müsse man mit »konkurrierenden Öffentlichkeiten« rechnen und die »Dynamik der von der dominierenden Öffentlichkeit ausgeschlossenen Kommunikationsprozesse« berücksichtigen (ebd.). Damit orientiert er sich an Foucaults Arbeiten zur »Ordnung des Diskurses«, zwar ohne expliziten Verweis, aber mit Bezug auf den »›Ausschluß‹ [...] in einem Foucaultschen Sinne« (ebd.).

Die Perspektive Foucaults läßt in diesem Zusammenhang natürlich nicht nur an den oben angesprochenen Ausschluß bestimmter Bürgerschichten aus den Lesegesellschaften denken (qua Mitgliedskosten oder Abstimmung) oder an Kants Ruf nach einer »Polizei im Reiche der Wissenschaften«, um die Philosophie vor den Dilettanten zu schützen.[99] Foucault lenkt den Blick auf die viel diffizileren, kaum bewußt werdenden Ausschließungs-, Integrations- und Regelungsverfahren des Diskurses (vgl. 1.2.2.2). Diese Prozeduren können ihrer Natur gemäß kaum nachgewiesen werden; sie verbleiben größtenteils im Dunkel theoretischer Modelle. Man muß mit ihnen als einer unbekannten Größe rechnen. Mitunter läßt sich ihre Präsenz aber in zeitgenössischen Phänomenen aufspü-

---

99 Kempf erinnert in seinem Buch über den aufklärerischen Disziplinierungsdiskurs an diese Äußerung Kants (vgl. Kempf, S. 219) in der Schrift »Von einem neuerdings erhobenen vornehmen Ton in der Philosophie« (Kant, Bd. VI, S. 375-397, hier: 394 und 383 und 396).

ren.[100] Wenn zum Beispiel ein Leihbibliothekar seine Bücherauswahl schein-
heilig mit dem Verweis auf die bedeutendsten Rezensionsorgane seiner
Zeit zu legitimieren versucht oder wenn man gesellschaftlich nicht aner-
kannte Leseinteressen vor der Öffentlichkeit geheimhält,[101] werden die
Regeln des (Lesesucht-)Diskurses noch in ihrer Suspension bestätigt. Wenn
außerdem die Zeitgenossen das Problem der fingierten Subskribenten-
und Pränumerantenverzeichnisse z. T. schon mit juristischer Perspektive
diskutieren, sprechen sie implizite von gerade jener Experten-Hierarchie,
die sich in der bürgerlichen Öffentlichkeit entwickelt. Denn die Vortäuschung solcher Verzeichnisse durch den Einsatz fremder Namen in quali-
tativer und/oder quantitaver Hinsicht hat den eigenen Prestigegewinn
innerhalb der literarischen Öffentlichkeit zum Ziel.[102] Wittmann spricht
in diesem Zusammenhang von einer »im Bürgertum nicht zu unterschät-
zende[n] Sekundärfunktion der Lektüre als Sozialisationsfaktor oder Ver-
mittlerin von Bildungs- und Prestigemerkmalen«,[103] und es läßt sich die
Vermutung anschließen, daß die im Lesesucht-Diskurs ständig wiederholte Klage über den schlechten Geschmack des Publikums und die Diskreditierung eines bestimmten Textkorpus' dafür sorgten, daß die Lektüre dieser Texte vermieden oder zumindest geheimgehalten wurde.

---

100 Beispiele für sichtbare Ausschließungsverfahren lassen sich freilich genug finden
in der zeitgenössischen Literaturkritik, die mit den Xenien eine ungewohnte Schärfe erreicht. Wenn der junge Goethe im »Werther« den Herausgeber die namentliche Nennung
schlechter Autoren unterdrücken läßt, »um niemand Gelegenheit zu einiger Beschwerde
zu geben«, und andrerseits andere Autoren namentlich hervorhebt, markiert und (re)pro-
duziert er die Hierarchie im literarischen Diskurs (vgl. Eintragung unter dem 16. Junius).
101 Mit Blick auf die auffällige Präsenz von Robinsonaden in *anonymen* Auktions-
katalogen vermutet Jürgen Fohrmann, daß »die Schicht des gebildeten Bürgertums [...]
nur repräsentative Titel in die Kataloge mit genauer Besitzangabe übernommen, die andern für eine anonyme Auktion zur Verfügung gestellt« hat (Fohrmann, Abenteuer, S. 30).
102 Wittmann zitiert einen Artikel der Berlinischen Monatsschrift (Bd. 12, 1788, S. 439-
459, hier: 458f.) mit dem Titel »Ueber Pränumerazions- und Subskripzionsunfug«: »Wenn
ein berühmter Mann seinen Namen ohne sein Vorwissen unter den Sammlern oder Subskribenten gedruckt findet (ein Fall der sehr häufig ist) [...] so sollte ihm in gewissen Fällen
eine Injurienklage freistehen. Der ehrwürdigste Gelehrte ist ja sonst nicht sicher, einmal
mit unter den Beförderern eines Magazins von Zoten und Unsittlichkeiten zu stehen«
(Wittmann, Buchmarkt, S. 60). Wenn Wittmann davor warnt, im Subskribenten immer auch
gleich einen Leser zu sehen, spricht er den Prestigegewinn, der sich durch die Subskribtion
auf ein moralisches oder gelehrtes Buch ergeben kann, in umgekehrter Richtung an. Wittmann zitiert G. C. Westphals »Porträts«, 2 Bde., Lpz. 1779, Bd. 1, S. 79ff. und 257, als ein
Beispiel für die in zahlreichen zeitgenössischen Satiren zu findende Verhöhnung jener
»Petitmaitres«, die sich ihre Zugehörigkeit zur wissenschaftlichen oder literarischen Welt
durch die Bekundung ihrer Subskribtionen erringen wollten (vgl. Wittmann, Buchmarkt,
S. 64).
103 Wittmann, Buchmarkt, S. 31.

Diese Vorgänge muß man mitbedenken, wenn man sich heute Habermas' »großen Linien des Transformationsprozesses« (S. 21) zuwendet. Inwieweit mit Habermas bezüglich der Entwicklung bürgerlicher Öffentlichkeit von einem *Übergang* »vom kulturräsonierenden zum kulturkonsumierenden Publikum« gesprochen werden kann (S. 248), hat auch Erich Schön in seiner Studie über den Mentalitätswandel des Lesers um 1800 skeptisch gefragt.[104] Nach Habermas sind »seit der Mitte des 19. Jahrhunderts [...] die Institutionen, die den Zusammenhang des Publikums als eines räsonierenden bis dahin sicherten, erschüttert« (S. 250). Er konstatiert für das 20. Jahrhundert die »Abstinenz vom literarischen und politischen Räsonnement. Im Modell weicht die gesellige Diskussion einzelner den mehr oder minder unverbindlichen Gruppenaktivitäten« (S. 251) – »anstelle der literarischen Öffentlichkeit tritt der pseudo-öffentliche oder scheinprivate Bereich des Kulturkonsums« (S. 248). Wenn die Tätigkeit der Lesegesellschaften kritischer betrachtet und wenn dieser Institution literarischer Öffentlichkeit die Institution Leihbibliothek mit ihrem ganzen Publikums- und Lektürespektrum gegenübergestellt wird, muß man sich fragen, ob nicht schon im 18. Jahrhundert das »politische Räsonnement« gegenüber dem »Kulturkonsum« anders, als Habermas vorschlägt, gewichtet werden muß.

Engelsing warnte schon 1974 davor, die Lesegesellschaften »zu leicht als politische Vereine und Tarnorganisationen« aufzufassen, »die nur einige von ihnen waren oder infolge der Französischen Revolution wurden«.[105] Zwar besteht Otto Dann, gegen Engelsing polemisierend, darauf, daß die Lesegesellschaften des ausgehenden 18. Jahrhunderts von »einer Blüte, Intensität und Breitenwirkung der Aufklärung in Deutschland Zeugnis gegeben«, also »den breiten Aufbruch einer bürgerlichen Gesellschaft demonstriert« haben,[106] aber er kann keine überzeugenden Beispiele dafür liefern. Vielmehr muß er mit Blick auf die ›landesherrlichen Eingriffe‹ der Zensur und des Verbots der Lesegesellschaften seit der Französischen Revolution selbst feststellen: »Die betroffenen Gesellschaften wiesen den Verdacht revolutionärer Gesinnungen und Tendenzen in ihren Reihen meist entrüstet von sich. Aber sie gingen nicht dazu über, den Beschuldigungen und Maßnahmen aktiv zu begegnen. Die Anordnungen der landesherrlichen Behörden wurden widerstandslos ausgeführt. [...] Da die Vereine auf einen Konflikt [mit ihrem Landesherren – R. S.] weder geistig noch organisatorisch vorbereitet waren, mußten sie ihm weitgehend zum Opfer fallen«.[107]

104 Schön, S. 305f.

105 Engelsing, Bürger, S. 219.

106 Dann, S. 187.

107 Ebd., S. 184.

Damit wird das politische Selbstverständnis der Lesegesellschaft wieder in Frage gestellt, die zuvor aufgrund ihrer demokratischen Konstitution (Vorsitz nach Wahl- oder Rotationsverfahren, Vollversammlungen mit allgemeinem Rederecht, Abstimmung mit Stimmengleichheit) als Trainingsfeld für eine bürgerlich verfaßte Gesellschaft hatte gelten können.[108] Dann stellt bereits für das ausgehende 18. Jahrhundert den Sieg des Geselligkeitstriebes »über das Streben nach Bildung und Aufklärung« fest und widerspricht damit Habermas' These. Dann schreibt: verschiedene Lesegesellschaften gingen dazu über, »einen Billardtisch aufzustellen, einen Weinkeller anzulegen sowie eine ausgedehnte Restauration zu betreiben, schließlich sich ›Lese- und Erholungsgesellschaft‹ zu nennen«.[109] Offen bleibt, ob der Billardtisch die Lesegesellschaft nicht schon lange erwartet hatte. Diese Frage drängt sich zumindest auf, wenn man den einleuchtenden Gedanken Engelsings folgt: »Der ungemeine Zulauf, den die Lesegesellschaften erhielten, rührte schließlich daher, daß die patriarchalisch-familiären Formen des gesellschaftlichen Verkehrs am Ende des 18. Jahrhunderts außer Kurs gerieten. Die Suche nach öffentlichen führte aber überall in literarische Formen, weil das Denken und Fühlen des Bürgers um die Entdeckung des Buches kreiste. Es bildete den ersten Gegenstand, an dem sich das Bedürfnis nach einem von Bildung und Gesinnungen getragenen öffentlichen Gemeinschaftsleben entzündete, und erregte im Bürgertum eine ungeteilte Aufmerksamkeit, solange ihm Sport, Musik, Wohlstandshobbies und Politik noch keine Konkurrenz machten«.[110] Das hieße, der von Habermas erst auf die zweite Hälfte des 19. Jahrhunderts datierte Kulturkonsum und Unterhaltungswille in unverbindlichen Gruppenaktivitäten ist der Lesegesellschaft als Institution des *räsonierenden Publikums* von Anfang an inhärent.

Auch Habermas' Aussagen zur Entwicklung des Zeitungswesens müssen geprüft werden. Er spricht von einer entstehenden »Massenpresse«, in der das Räsonnement verschwindet und von den »immediate reward news« verdrängt wird, die »Realitätsgerechtigkeit durch Konsumreife ersetzt und eher zum unpersönlichen Verbrauch von Entspannungsreizen ver-, als zum öffentlichen Gebrauch der Vernunft anleitet«.[111] Solche Zei-

---

108 Ebd., S. 174f.

109 Ebd., S. 165.

110 Engelsing, Bürger, S. 221. Engelsing verweist auf Schlözer, der in seinen *StatsAnzeigen* 1793 am Beispiel Göttingen darauf hinweist, wie schnell Herrenclubs, die anfangs mit einem anspruchsvollen publizistischen Programm sich konstituieren, nach einiger Zeit zum Teil »schon wieder zu blosen Spielgesellschaften herabgesunken« waren (zitiert nach: ebd., S. 274).

111 Habermas, S. 259f.

tungen gab es allerdings bereits im ausgehenden 18. Jahrhundert, wie das von Böttiger herausgegebene, sehr erfolgreiche »Journal des Luxus und der Moden« (Weimar, 1786–1827) oder die von Vulpius herausgegebenen Periodika »Janus. Eine Zeitschrift auf Ereignisse und Tatsachen gegründet« (1800–1801) und »Curiositäten der physisch-literarisch-artistisch-historischen Vor- und Mitwelt« (1811–1823).

Es kann festgehalten werden, daß sich bereits im 18. Jahrhundert parallel zur Entwicklung einer *räsonierenden* bürgerlichen Öffentlichkeit ein eher *kulturkonsumierendes* Publikum entwickelt. Dies gilt vor allem mit Blick auf die Leihbibliotheken und auf die entstehenden Unterhaltungszeitschriften, wird aber auch hinsichtlich der Aktivitäten der Lesegesellschaften in Rechnung gestellt. Die Nutzung des Mediums Buch im Sinne des Kulturkonsums bzw. der Zerstreuung läßt sich dabei durchaus in das im Abschnitt 2.1.3 skizzierte Konzept der verhältnißmäßigen Aufklärung integrieren. Sie korrespondiert indirekt der dort vorgenommenen Einschränkung der ›Pflicht zur Mündigkeit‹. Insofern im Konzept der verhältnißmäßigen Aufklärung mit Blick auf einen Teil der potentiellen Leserschaft ein *Zuviel* an Aufklärung (bzw. *Bildung* im Sinne Mendelssohns) negativ gesehen wird, erhalten die Texte, die ›nur‹ das Unterhaltungsbedürfnis befriedigen, philosophisch ihre Berechtigung. Unter dieser Perspektive bedienen die Autoren von Trivialliteratur nicht nur das Zerstreuungsbedürfnis ihrer Leser, sie reagieren auch, bewußt oder unbewußt, auf das Problem, das verschiedene Theoretiker zur Relativierung der Aufklärung veranlaßte. Das heißt allerdings noch nicht, daß es sich bei ihrem Publikum nur um ein gedankenlos konsumierendes, widerstandslos manipulierbares Publikum handle. Habermas beurteilt die Frage der Manipulierbarkeit, wie er im Vorwort zur Ausgabe seines Buches von 1991 kundgibt, heute anders. Mit Blick auf die »Resistenzfähigkeit und vor allem das kritische Potential eines [...] pluralistischen, nach innen weit differenzierten Massenpublikums« räumt er ein: »meine Diagnose einer gradlinigen Entwicklung vom politisch aktiven zum privatistischen, ›vom kulturräsonierenden zum kulturkonsumierenden Publikum‹ greift zu kurz«.[112] Allerdings zielt seine modifizierte Sicht auf die Resistenzfähigkeit des Publikums im *20.* Jahrhunderts[113] und falsifiziert im Übrigen nicht »die großen Linien des Transformationsprozesses«.[114]

---

112 Ebd., S. 30.
113 Er nennt als einen Grund den »kritikfördernden, kulturell mobilisierenden Einfluß [...] Schulbildung« (ebd., S. 29)
114 Ebd., S. 21.

Meine Aufmerksamkeit richtet sich dagegen auf das Vorhandensein und die Souveränität des kulturkonsumierenden Publikums bereits im 18. Jahrhundert. Es wird dabei zugleich zu erörtern sein, wie resistent dieses Publikum gegenüber Identifikationsangeboten ist, die nicht den vorherrschenden Verhaltensnormen und Wertmaßstäben entsprechen.

In welcher Form das Buch und die Zeitschrift im 18. Jahrhundert nun auch rezipiert wurden: es kann mit Recht von einer ›Karriere‹ des Buches bzw. der Schrift gesprochen werden. Deren Folgen, Möglichkeiten und Gefahren sind – auch unter den Stichworten räsonierende/konsumierende Lektüre – oft behandelte Themen schon im zeitgenössischen Diskurs. Medium der kritischen Reflexion der ›Karriere‹ der Schrift ist die Schrift selbst. Sie ist als *Mittel* der Aufklärung auch ihr prominenter *Gegenstand*. Sie wird schließlich zum Prüfstein der Aufklärung, zum Symbol ihres Erfolges und ihres Scheiterns gleichermaßen.

2.3 Disziplinierung als Kontext

Der öffentliche Diskurs der zweiten Hälfte des 18. Jahrhunderts kennt eine Lust und eine Sucht: die Onanie und die Lesesucht. Man muß nun nicht eins dieser Phänomene als *das* Thema des 18. Jahrhunderts in den Mittelpunkt rücken wie Ludger Lütkehaus den Onanie-Diskurs.[115] Aber es ist geraten, sich daran zu erinnern, daß es neben der vieldiskutierten Frage nach dem »Ausgang des Menschen aus seiner selbstverschuldeten Unmündigkeit« (Kant) auch diese Problemfelder gab. Genauer gesagt: der Emanzipationsdiskurs wurde unter anderem – möglicherweise sogar *vor allem* – in diesen Problemfeldern ausgetragen. Denn sowohl im Lesesucht- wie im Onanie-Diskurs geht es um die Konditionierung des Individuums. In beiden Fällen gibt es verschiedene zeitgenössische Texte, die auf eine Regulierung und Beherrschung des jeweiligen Phänomens abzielen. Nicht allein der Onanie-Diskurs diente der Einübung richtigen Verhaltens; es gab auch eine ›richtige‹ Art, Bücher zu lesen, bzw. eine ›richtige‹ und ›falsche‹ Lektüreauswahl. Man wird zwar immer auch gegenteilige Äußerungen finden, die etwa den Zerstreuungsaspekt in der Lese-

---

115 Lütkehaus provoziert mit sichtlicher Freude: »Wenn wir heute nicht von einer Art geistesgeschichtlicher Alzheimerscher Krankheit geschlagen wären, dann wüßten wir noch: Mit demselben Recht, mit dem wir das 18. Jahrhundert als das der Heroen der Aufklärung seligpreisen, könnten wir es als das Tissots maledeien«, der die Onanie als epocheprägendes Thema etablierte (Lütkehaus, S. 23).

sucht verteidigen oder die Stigmatisierung der Onanie verweigern. Aber diese bleiben Ausnahmen in einem insgesamt anders fundierten Diskurs. In den folgenden Abschnitten wird der Lesesucht-Diskurs parallel zum Onanie-Diskurs untersucht und in den Kontext zeitgenössischer Ansätze der Disziplinierung bzw. Konditionierung des Individuums gestellt.[116] Es werden verschiedene Möglichkeiten der Disziplinierung bzw. Affektmodelierung gezeigt und es wird veranschaulicht, in in welcher Weise man sich die ›Verwaltung‹ so problematischer Phänomene wie der Lesesucht, der Onanie, aber auch des Reisens vorzustellen hat.

2.3.1 »Hang zum Luxus und früher Tod« – der Lesesucht-Diskurs

Der im Verlauf des 18. Jahrhunderts zunehmend möglich gewordene Aufbruch (in die reale Fremde[117] und in das Buch) barg neben seinen großen Hoffnungen auf die Schaffung einer bürgerlichen Öffentlichkeit auch die Gefahren, die jeder Aufbruch in seiner noch unüberschaubaren Selbstbewegung mit sich bringt. Der zweite Gedanke des Kampfes gegen die alte Ordnung war die neue Ordnung, der dritte die Einschränkung der eingeklagten Pressefreiheit. Das Buch besaß im Verständnis der Aufklärer eine ambivalente Qualität: es konnte das Verhältnis des einzelnen zur Realität im bürgerlichen Sinne beeinflussen, es konnte aber auch zu einem Verlust an Realitätskompetenz und damit zu negativen Auswirkungen führen.[118] Das zeigte sich bereits in den Äußerungen von Vertretern einer verhältnismäßigen Aufklärung. Das Buch wurde nicht nur von konservativer Seite aus als großer Unsicherheitsfaktor gesehen, auch diejenigen, die sich als Aufklärer verstanden, wollten mitunter das *Sapere aude!* an die Regulierungsinstanz Zensur gebunden wissen.[119]

---

116 Aussagen über den versteckten, inoffiziellen Diskurs und über die tatsächlichen Praktiken können damit noch nicht getroffen werden.

117 Dazu vgl. 2.3.8.

118 In der Terminologie des ausgehenden Mittelalters heißt eine ähnliche Problematik Verlust der *Gottesnähe.* Es gibt schon im 16. Jahrhundert, z. B. in Predigten, die Rede von der »Pest der schlechten Bücher« (vgl. Schenda, Volk, S. 93).

119 So findet man in den zeigenössischen Texten zum Selbstverständnis der Aufklärung die Auffassung, daß »es Wahrheiten geben kann, die in den Händen des noch nicht genug aufgeklärten Menschen oder Standes schädlich werden können« (Friedrich Gedike in einer Auseinandersetzung über den Aufklärungsbegriff in der Berliner Mittwochsgesellschaft, zitiert nach: Ciafardone, S. 329), insofern sie mit der Kritik gewisser Grundsätze auch die populären »Motive sittlich guter Handlungen« zerstören und so »statt Aufklä-

Daß ein neues Medium gegensätzlich benutzt werden kann, ist spätestens heute – nach den Debatten um Kino, Radio und Fernsehen und in der Diskussion des Computers und der »Virtuel Reality« – eine Banalität. Das beginnende 20. Jahrhundert kennt im Zusammenhang mit der Entwicklung des Kinos eine ähnliche Diskussion wie das ausgehende 18. Jahrhundert. Die Gegner des neuen elektronischen Mediums mochten dieses lediglich in seiner kinematischen Form akzeptieren, nicht in seiner kinematographischen. In ersterer, hieß es, ermögliche es durch die beschleunigte oder verlangsamte Darstellung natürlicher Vorgänge Realitätserkundung, in zweiterer führe es durch das Zerstreuungsangebot und die Befriedigung der Schaulust eher zu Realitätsverlust. Die darin gesehene Gefahr der Verführung des Publikums, der Flucht in Illusionswelten und der »Geistesverpöbelung« veranlaßte schließlich selbst einen Mann wie Tucholsky, nach der Zensur zu rufen.[120]

Der Vorgriff auf das 20. Jahrhundert erweitert aus dem Bewußtsein der weiteren Medien- und Rezeptionsentwicklung heraus den Blick auf den historischen Gegenstand. Bemerkenswert sind die Parallelen in der Argumentation gegen das immer populärer werdende Medium. Denn den Ruf nach Überwachung des kulturellen Marktes[121] sowie die Klage über die »Verderbnis« der Sitten[122] und die Trübung des Wirklichkeits-

---

rung Sitten-Verderbnis« befördern können (Karl Gottlieb Svarez, ebd., S. 327). Unter dieser Perspektive ist »bei gewöhnlichen Volkslesereien (...) eine sehr aufmerksame Zensur höchst nötig« (S. 328). Ähnlich äußern sich Johann August Eberhard, für den das »Recht, der Aufklärung Grenzen zu setzen«, aus dem »Recht der Weisheit und Menschenliebe« begründbar wird (Über die wahre und falsche Aufklärung, 1788, in: Ciafardone, S. 332f.), und Christoph Meiners, der 1794 vor falscher und unzeitiger Aufklärung (bezüglich unreifen Kindern und Frauen) warnt (in: ebd., S. 371) und zwischen Pressefreiheit und »Pressefrechheit« unterscheidet: »In einem wohlgeordneten Staat kann ein freier Mann nicht alles tun, was er will; und ebenso wenig darf ein freier Schriftsteller alles drucken lassen, was ihm beliebt« (S. 373). Siehe auch Georg Jägers Hinweis auf die Zensurforderungen des aufgeklärten Physiokraten Johann August Schlettwein (Jäger, S. 399f.).

120 Kurt Tucholsky erinnert in seinem provokant formulierten, aber ernstgemeinten Schlußsatz an die aktuelle Mediendiskussion: »Die Filmzensur ist nötig. Weil Kinder eine starke Hand nötig haben. Und weil für eine Schulklasse von Rüpeln der Stock gerade gut genug ist« (Tucholsky: Verbotene Films, in: Schweinitz, S. 214-219, hier: 219). In ähnlicher Weise und mit vergleichbarer Beschwörung von Gefahr und Forderung von Kontrolle verläuft heute die Diskussion um Virtual Reality und Internet (vgl. Simanowski, Himmel & Hölle).

121 So z. B. die Forderung nach »Konzessionierung der Kinotheater« und »Erhöhung der Altersgrenze« (Ulrich Rauscher [1884–1930], Kinopublizist, später Ministerial-Beamter und Deutscher Gesandter in Warschau: Die Welt im Film, in: Schweinitz, S. 195-208, hier: 197).

122 Nach Willy Rath ([1872–1940] Journalist, Bühnenschriftsteller, seit 1918 Drehbuchautor) verschlimmern die »verlogen-sentimentalen Filmpantomimen der Fremde [...] das

sinns[123] durch das Kino findet man bereits in der Lesewutdiskussion des 18. Jahrhunderts. Was in diesem Fall der ›verlogen-sentimentale‹ Film, ist in jenem der ›elende und geschmacklose Roman‹. Unter dem Stichwort ›Lesesucht‹ gab es eine umfangreiche, breitgefächerte Diskussion über die Produktion und Reproduktion ›schlechter‹ Literatur. Wenn Jenisch zum Beispiel 1795 im »Berlinischen Archiv der Zeit und ihres Geschmacks« mit seinem »Philosophisch-Kritischen Versuch über die Kunst, schlecht zu schreiben«, zugleich ein Buch über die »Kunst, Bücher, und besonders schlechte Bücher, gut zu lesen« einklagt,[124] so liegt dieses Buch vier Jahre später auch wirklich vor. Der Kantianer und »linksidealistische« Aufklärer[125] Johann Adam Bergk veröffentlicht 1799 seine Schrift »Die Kunst, Bücher zu lesen«, in der er zu bedenken gibt: »Ein Lesen, womit man bloß die Zeit vertreiben will, ist unmoralisch, weil jede Minute unsers Lebens mit Pflichten ausgefüllt ist, die wir ohne uns zu brandmarken nicht vernachlässigen dürfen«.[126]

Das ist in einer radikalisierten Formulierung die Perspektive, mit der auch andere, untereinander so verschiedene Zeitgenossen wie der Pädagoge und Popularaufklärer Joachim Heinrich Campe, der Frühromantiker Friedrich Schlegel und Schiller auf das Buch und seine Lektüre blicken. In unterschiedlicher Ausprägung steht dahinter die bereits angesprochene Pflicht der Vervollkommnung, die durch ›schlechte Bücher‹ bzw. durch eine Lektüre, die nur auf Zerstreuung zielt, gefährdet zu sein scheint. Bergk stellt bemerkenswerterweise sogar die Lektüre ›schlechter Romane‹[127] in den Rahmen dieser Pflicht. Es gelte, diese Romane umzuschreiben, denn es gebe nichts, woran man sich nicht bilden könne: das »Studium der Fehler muß uns in das Reich der Wahrheit einführen« (S. 245), verkündet Bergk aufklärerisch optimistisch. Bergks Gedanke des Um-

---

Verschlampen des deutschen Empfindens in den Volksmassen« und wirken »kräftiglich all dem schönen Bemühen um ästhetische Volks- und Jugend-Erziehung entgegen« (Emporkömmling Kino [1913], in: Schweinitz, S. 75-89, hier: 86).

123 Robert Gaupp (1870–1953), Neurologe und Psychiater an der Universität Tübingen, ist der Überzeugung, daß das Kino »in seiner heutigen Form nicht bloß den Geschmack verdirbt und den Wirklichkeitssinn trübt, sondern auch das gesunde Denken und Fühlen unseres Volkes gefährdet, Leib und Seele der Jugend schädigt« (Die Gefahren des Kino [1912], in: Schweinitz, S. 64-69, hier: 69).

124 Vgl. Bürger, S. 181.

125 Kreuzer, Lesesucht, S. 66.

126 Bergk, Kunst, Bücher zu lesen, S. 86; im folgenden Nachweise im Text.

127 Als Merkmale schlechter Romane nennt Bergk unscharfe Charakterzeichnung, Gefühls- und Ideenarmut, Mangel an einem thematischen Gerüst, unlebendige Darstellung, Darstellung unwahrscheinlicher oder alltäglicher Begebenheiten, Vermittlung unnatürlicher Empfindungen, Mangel an neuen Ansichten der Dinge (ebd., S. 244).

schreibens besteht in folgendem: »Da die Darstellung weder schön noch lebhaft, die Gedanken unrichtig, die Charaktere falsch gezeichnet sind, die Erzählung matt ist, so müssen wir uns bemühen, zu erforschen, wie die Darstellung hätte beschaffen seyn müssen, wenn sie uns hätte gefallen sollen« (S. 244). Die falsche Voraussetzung seiner Didaktik ist, *daß* diese Romane mißfallen und langweilen. Bergk setzt ein ästhetisches und intellektuelles Niveau bei den Lesern dieser Romane voraus, das sie eigentlich nicht zu Lesern dieser Romane hätte werden lassen dürfen. Den fragwürdigen Grund seiner Hoffnung in den Rezeptionsvorgang gesteht Bergk dann auch selbst ein, wenn er fortfährt: »Allein wer diese Probe mit der Lektüre schlechter Romane anstellen will, muß schon selbst einigermaßen gebildet seyn« (S. 245).

In einer sich anschließenden Besprechung der Ritter- und Geisterromane hebt Bergk die Gefahr für »junge, zarte Gemüther, bei welchen jeder Eindruck fest haftet«, hervor, die sich »dadurch an Rohheit der Sitten und an eine Denkungs- und Sinnesart, die Ausschweifungen in der Liebe, im Trunke, Heuchelei, Hinterlist und zwecklose Bravour für rühmliche Thaten hält«, gewöhnen (S. 248). Er beschließt sein Buch mit eher pessimistischen und warnenden Worten, in denen der Gedanke der rezeptiven Umschreibung keinen Platz mehr findet: »In Teutschland wurde nie mehr gelesen, als jetzt. Allein der größte Theil der Leser verschlingt die elendsten und geschmacklosesten Romane mit einem Heißhunger, wodurch man Kopf und Herz verdirbt. Man gewöhnt sich durch die Lektüre solcher gehaltleeren Produkte an einen Müssiggang, den man nur mit der größten Anstrengung wieder austilgen kann. Man sagt, man vertreibe sich die Zeit mit Lesen, allein was sind die Folgen einer solchen Lektüre?« (S. 411). Bergks Antwort: durch diese Lektüre würde das alltägliche Leben in einem solchen Maße zur Pein, daß man sich »in eine Lage« wünsche, »nach welcher zu streben uns das Sittengesetz verbietet« – diese Lektüre töte »alle Lust zur Selbstthätigkeit und zu Arbeiten, und alle Liebe zur Freiheit«, sie mache ihre Leser »launisch, verdrießlich, anmaßend, unduldsam«, werfe sie in »die Reihe der vernunftlosen Geschöpfe« und verscheuche »Glück und Ruhe von der Erde« (S. 411f.).

Bergks Worte klingen übertrieben, aber sie wurden geteilt von vielen seiner Zeitgenossen, und sie wurden *verteilt* in Texten publizistischer Art oder in belletristischer Umkleidung. So läßt Campe in seinem Buch »Theophron, oder der erfahrene Rathgeber für die unerfahrene Jugend« (1783) Theophron seinen Sohn vor der »eben so lächerlichen als schädlichen Autorseuche« warnen, nennt das »fürchterliche Anschwellen der Bücher und die damit verbundene *Lesewuth*, welche täglich weiter um sich greift, eine Folge und zugleich mit eine Ursache der immer grösser werdenden

Verderbniß unserer Sitten und der ganzen Menschheit« und resümiert anklagend: »Man schreibt und lieset, nicht um zu bessern, nicht um gebessert zu werden, sondern jenes um zu glänzen, um Geld und Ruhm zu erwerben, ohne etwas Gemeinnüziges und Ruhmwürdiges *thun* zu dürfen, dieses um die zerstreute, von aller nützlichen Thätigkeit abgewandte Sele noch mehr zu zerstreuen, in den Schlaf der Vergessenheit aller häuslichen und bürgerlichen Pflichten noch tiefer einzuwiegen. Man lehrt und schreibt, um nicht lernen und denken zu dürfen; man liest, um aller Arbeit überhoben zu sein, und doch nicht Langeweile zu haben.«[128] Campe sieht als eine Folge der ›falschen‹ Lektüre ebenso wie Bergk die Verletzung der häuslichen und bürgerlichen Pflichten und zunehmende Sittenverderbniß. In einem solchen Zusammenhang wurde von vielen Kritikern die Lesesucht gesehen. Es soll an dieser Stelle genügen, auf den sprechenden Titel einer weiteren Schrift in dieser Sache zu verweisen, und zwar auf Johann Gottfried Hoches »Vertraute Briefe über die jetzige abentheuerliche Lesesucht und über den Einfluß derselben auf die Verminderung des häuslichen und öffentlichen Glücks« (1794).

Bergk geht in seiner Beschwörung – die sich entgegen Campes Schrift *nicht* ausdrücklich an jugendliche Leser wendet, im Einsatz der abschreckenden Übertreibung also auf strengere Grenzen stößt – noch weiter, wenn er warnt: »Die Folgen einer solchen geschmack- und gedankenlosen Lektüre sind also unsinnige Verschwendung, unüberwindliche Scheu vor jeder Anstrengung, grenzenloser Hang zum Luxus, Unterdrückung der Stimme des Gewissens, Lebensüberdruß, und ein früher Tod«.[129] Dieses ›Finale‹ verweist mit dem ›energetischen‹ Argument der Verschwendung, mit dem Vorwurf unsozialen Verhaltens und der Vorhersage psychischer und physischer Zerstörung implizit auf den zeitgenössischen Onanie-Diskurs. Denn zum einen wird die Onanie bzw. »Selbstschwächung« ebenso als Selbstmord auf Zeit oder als erster Schritt zum Selbstmord gesehen, zum anderen betrachtet man sie als das Symbol der Unsozialität schlechthin, und schließlich verurteilt man in ihr die Energieverschwen-

---

128 Theophron, oder der erfahrene Rathgeber für die unerfahrne Jugend, von J. H. Campe. Ein Vermächtniß für seine gewesenen Pflegesöhne, und für alle erwachsnere junge Leute, welche Gebrauch davon machen wollen. Th. 1.2. Hamburg: Bohn, 1783, T. 1, S. 26-27, zitiert nach: Ewers, S. 125 und 128.

129 Bergk, Kunst, Bücher zu lesen, S. 412. Genau ein Jahrhundert später wird noch mit den gleichen Signalwörtern die Wirkung der ›schlechten‹ Romane beschrieben. So verurteilt Eberhard Vischer die Kolportageromane, »weil sie Geist und Gemüt des Lesers verrohen, seinen Geschmack verderben, falsche Vorstellungen von der Welt erwecken, die Sinne reizen und die Lust zur Arbeit lähmen« (Vischer: Was ist gute Lektüre? – Ein populärer Vortrag, Basel 1899, 5, zitiert nach: Falck, S. 1).

dung hinsichtlich der eigenen Person wie des gesellschaftlichen Körpers generell.[130]

2.3.2 Verblödung und körperlicher Ruin –
»antionanistischer Terror«

Der explizite Verweis auf den Onanie-Diskurs drängt sich nicht nur auf, wenn in der Lesesucht-Debatte die Signalwörter der Selbstbefleckungs-diskussion wiederkehren[131] oder die durch Tissot populär gewordene Medizinalisierung des Onanie-Diskurses übernommen wird.[132] Der Ver-

---

130 Der Onanist ist der »Mörder seines eignen Leibes«, wie Christian Gotthilf Salz-mann eine Figur in seiner Schrift »Über die heimlichen Sünden der Jugend« von 1787 sa-gen läßt (vgl. Lütkehaus, S. 131). Die Definition der Onanie als »asozialen Geschlechtsakt« stammt zwar aus den 20er Jahren dieses Jahrhunderts von Wilhelm Stekel (vgl. ebd., S. 15), aber daß die Onanie in ihrer Nicht-Finalität (da sie keine Lust der Fortpflanzung ist), in ihrer reinen Willkür (sie ist nicht Bestandteil bzw. Belohnung einer zwischenmenschlichen Kommunikation) und Tyrannei (sie instrumentalisiert in der Phantasie andere Menschen) kein sozialer Akt ist, war auch den Zeitgenossen des 18. Jahrhunderts bewußt. Zum Argu-ment der Energieverschwendung vgl. Simon-André-David Tissot. Von der Onanie, oder Abhandlung über die Krankheiten, die von der Selbstbefleckung herrühren (Wien 1782; erste Auflage, in Latein, 1758, erste Auflage in Französisch 1760); im Auszug abgedruckt in: Lütkehaus, 76-89, hier: 84. In der öffentlichen zeitgenössischen Diskussion bürgerlicher Tugend spielt der richtige Gebrauch der Zeit und der eigenen Energie auch außerhalb der Onanie- und Lesesucht-Diskussion eine große Rolle. Es wird in diesem Zusammenhang auch von der »innerlichen Ökonomie des Bürgers« gesprochen (vgl. Carl Friedrich Bahrdt: Handbuch der Moral für den Bürgerstand, Tübingen 1789, zitiert nach: Batscha, S. 117-130, hier: 125).

131 Campe schreibt über das ›falsche‹ Lesen z. B.: »Man liest endlich drittens auch solche Schriften, welche recht eigentlich darauf abzwecken, den Verstand zu verwirren, die Einbildungskraft zu *beflecken* [Hervorhebung von mir], die Empfindungen zu über-spannen« (vgl. Campe: Von der Erfordernissen einer guten Erziehung von Seiten der El-tern vor und nach der Geburt des Kindes, in: J. H. Campe (Hg.), Allgemeine Revision des gesammten Schul- und Erziehungswesens, Hamburg 1785, S. 173ff. [zitiert nach: von Kö-nig, S. 97].)

132 J. B. Beneken erklärt ganz im Stile der ›energetischen‹ Argumentation Tissots die psychopathologischen Folgen der Vielleserei: »Das Gedächtnis gleicht dem Magen, den die Natur zur Zubereitung des Nahrungssaftes bestimmt hat. Wenn dieser mit Speisen, auch wenn sie von beßter Art sind, noch mehr aber, mit Speisen mancherley und ganz entgegengesetzter Art, überladen wird, daß sie die Dauungskräfte übersteigen; so erzeugt sich kein gesunder Nahrungssaft, sondern ein drückender, fremder Brey, der viel Winde und Blähungen erzeugt, und der Geblütsmasse zähe und scharfe Säfte mittheilt, welche dieselbe verderben und ein Zunder von vielerley Krankheiten werden, den Leib entkräf-ten, die guten Säfte verzehren und endlich eine gänzliche Zerstörung anrichten. Eben so reich an Krankheiten der Seele ist ein überfülltes Gedächtniß von unverdauten Begriffen.«

weis auf den Onanie-Diskurs ist zwingend, da Lesesucht- und Onanie-Diskurs jeweils mit einer ähnlichen Terminologie und in Personalunion[133] die gleichen Gefahren für die bürgerliche Gesellschaft beschwören. In beiden Diskursen geht es um die Abwehr dieser Gefahr, um die Konditionierung des Individuums, um die Selbstdisziplinierung. In beiden Diskursen spielen dabei die Kategorien *Lust* und *Pflicht* eine zentrale Rolle.

Um die Parallelen in der Argumentation zu veranschaulichen, sei aus einem Text Christian Gotthilf Salzmanns zitiert, der zugleich einen Einblick in die Bestandteile des »antionanistischen Terrors«[134] im 18. Jahrhundert gibt. In seinem Buch »Carl von Carlsberg oder über das menschliche Elend« (1784) beschreibt ein Freund Carl von Carlbergs seinen heimgekehrten Sohn, der auf dem Gymnasium »die Selbstschwächung getrieben« hat.[135] Noch bevor der Sohn die Ansteckung durch diese »Seuche« gesteht, erahnt der Vater alles an dessen Aussehen: »Ich hatte mir Ferdinanden als einen schlanken blühenden Jüngling gedacht, und wurde nicht wenig bestürzt, da ich ein kleines zusammengeschrumpftes Männchen, mit schwarzgelben, kupfrichtem Gesichte, und gebeugten Nacken, von der Post herabsteigen sahe« (S. 109). Mehrmals wird auf die Verblödung und körperliche Zerrüttung des Sohnes hingewiesen, die ihn als Selbstbeflecker nach außen kenntlich mache (S. 112). Er ist »träge und verdrossen«, »schlaff und langsam«, »ohne die geringste Theilnehmung«, in seinem Kopf ist nur »Verwirrung und Leere« (ebd.). Er besitzt die »niederträchtigste Seele«, der alle soziale Verantwortung fremd sein müsse.[136]

Die Folgen für den von der Lesewut fortgerissenen Jüngling sind: »Lähmung und Seelenschwäche: unüberwindliche Trägheit, Eckel und Widerwillen gegen jede reelle Arbeit – gegen Alles, was auch nur die kleinste Anstrengung fordert, Flachheit im Denken, Muthlosigkeit und Schlaffheit bey jeder Schwürigkeit, auf die er auf dem Wege zur Erkenntnis stößt, ewige Zerstreuung und unaufhörliche Ratlosigkeit der Seele, die nie eine Wahrheit ganz zu fassen, nie einen Gedanken ganz fest halten kann« (Beneken: Vielleserey, in: ders. (Hg.): Weltklugheit und Lebensgenuß oder praktische Beyträge zur Philosophie des Lebens, Hannover 1791, S. 253f. und 256f.; zitiert nach: von König, S. 100f.).

133 Der Popularaufklärer Campe warnt ebenso eindringlich vor der Lesesucht wie vor der Onanie, der Arzt Tissot schreibt aus medizinischer Perspektive nicht nur gegen die Onanie an, er bringt auch Beispiele für die schweren körperlichen Folgen der Lesesucht (vgl. Von der Gesundheit der Gelehrten, 1768).

134 Lütkehaus, S. 25; zum »antimasturbatorischen Terrorismus« (Gay) des 19. Jahrhunderts vgl. Gay, Erziehung, S. 304-325.

135 Zitiert nach: Lütkehaus, S. 109; im folgenden Nachweise im Text.

136 »muß der nicht eine niedrige Seele haben, der das Scheusliche der Selbstschwächung nicht fühlt«, fragt der Vater den Freund: »Kannst du von ihm das geringste Gefühl für gute Handlungen, die Fähigkeit zu irgend einer edlen That, erwarten? Eher wird der ein Tänzer werden, dessen Mark die englische Krankheit ausgesogen hat. Wie kann der Neigung haben, andre glücklich zu machen, der sich selbst auf eine so dumme Art ausmergelt« (vgl. ebd., S. 110).

Zudem ist er als Selbstschwächer »seiner Nachkommenschaft Mörder« (S. 115) und wird, wenn er ehelichen sollte, »nichts als Krüppel in die Welt setzen« (S. 110). In einem von Carl berichteten Traum werden indirekt diejenigen, die sich »entnervt haben durch Selbstbefleckung und Unzucht«, zu denen gerechnet, die auch ihre Knie vor dem Despotismus beugen (S. 118).[137]

Die Seuche der Selbstbefleckung, die »immer weiter um sich greift« (S. 120), führt in der Logik dieser Rede[138] ebenso in den psychischen und physischen Niedergang wie die um sich greifende Leseseuche in der Logik der dazu zitierten Texte. Die Folge ist jeweils die Schwächung des eigenen und des ›gesellschaftlichen Körpers‹ sowie die Verweigerung der Teilnahme am ›Projekt Aufklärung‹. In beiden Diskursen geht es um die Verhinderung einer Lust, indem die für den Betroffenen nicht sogleich erkennbaren schädigenden Folgen möglichst plastisch vorgestellt werden. Beide Diskurse produzieren v. a. Abschreckungs-Texte. Es ist kein Zufall, daß gerade Campe, der so eindringlich vor den Folgen der Lesesucht warnte, jene Preisschrift über die besten Mittel, die Selbstbefleckung zu verhindern, initiierte.[139] Und wenn Lichtenberg in einer kurzen Notiz vermerkt, daß man gegen das Viellesen wie gegen die Selbstbefleckung

---

137 Die Anarchie des Lustprinzips wird hier bemerkenswerterweise gerade mit gesellschaftlicher Subordination gekoppelt. Die Erklärung dafür liegt wohl im Bewußtsein Salzmanns, innerhalb der Aufklärungsbewegung, als einer auf Vernunft, Argumentation und Berechenbarkeit ausgerichteten Bewegung, zunehmend selbstbewußter gegen anachronistische Erscheinungen der Willkür auftreten zu müssen. Das Selbstbewußtsein und die Energie zu dieser Form ›disziplinierten‹ Widerstandes muß den Selbstschwächern in den Augen Salzmanns fehlen.

138 Die hier angeführten Stichwörter sind geradezu obligatorisch im Onanie-Diskurs; man gewinnt den Eindruck, daß ein Autor dem anderen nachschreibt. So erkennt in Johann Baptist Strobls Text »Folgen unrichtiger und verwahrloßter Erziehung. Ein Lesebuch für Jünglinge und Mädchen von reiferem Alter« (1794) der Vater ebenso wie im Salzmann-Text am heimkehrenden Sohn sofort die physische und psychische »Hinfälligkeit«, die aus der auf einem Gymnasium betriebenen Selbstbefleckung resultiert. Die Metapher des Kainszeichens kehrt ebenso wieder wie der Vorwurf des Verbrechens an sich und seinen Nachkommen und der Vorwurf, seine gesellschaftliche Pflicht, ein nützlicher Bürger zu werden, verraten zu haben (Strobl: Folgen unrichtiger und verwahrloßter Erziehung. Ein Lesebuch für Jünglinge und Mädchen von reiferem Alter, München 1794, S. 129-142, abgedruckt in: Ewers, S. 281-290).

139 Vgl. Johann Friedrich Oest: Versuch einer Beantwortung der pädagogischen Frage: wie man Kinder und junge Leute vor dem Leib und Seele verwüstenden Laster der Unzucht überhaupt, und der Selbstschwächung insonderheit verwahren, oder, wofern sie schon davon angesteckt waren, wie man sie davon heilen könne? Eine gekrönte Preisschrift. Allen Eltern, Erziehern und Jugendfreunden gewidmet; in: Campe (Hg.): Allgemeine Revision des gesamten Erziehungswesens von einer Gesellschaft practischer Erzieher, Teil 6, Wolfenbüttel 1787; abgedruckt in: Lütkehaus, S. 137-147.

anschreiben müsse,[140] spricht er damit das zeitgenössische Bewußtsein um die strukturelle Ähnlichkeit dieser beiden Vergehen aus.

In einer weiteren Preisschrift, »Über die Mittel dem Geschlechtstriebe eine unschädliche Richtung zu geben«, wird die Lektüre in einen ganz anderen Zusammenhang mit der Sexualität gestellt.[141] Die Signalwörter sind die bereits benannten. Sie zielen jedoch nicht auf einen bestimmten *Gegenstand* der Lektüre, sondern auf eine bestimmte Rezeptionssituation. Sie führen zu dem einen Ort, an dem sich der Lesesucht- und der Onanie-Diskurs treffen und auf den beide in ihrer Rede unausgesprochen zielen: das Zimmer.

2.3.3 Der Ort der Lust – das einsame Zimmer

Die Bedeutung des einsamen, nächtlichen Zimmers für die Onanie-Problematik muß nicht erklärt werden. Es genügt, an die verzweifelten Nachtwachen Hölderlins am Bette seines onaniesüchtigen Zöglings Fritz von Kalb zu erinnern oder an die ›Instrumente‹, mit denen des Nachts die »Selbstbefleckung« verhindert werden soll.[142] Die Erregung sexueller Phantasie in der Situation des Alleinseins ist zudem ein geläufiges Thema der ›Menschenseelenkunde‹ im ausgehenden 18. Jahrhundert. Johann

---

140 Vgl. Lichtenbergs Sudelbücher, Bd.I, 814, Nr. 1150.

141 Nach Karl Gottfried Bauer »erzeugt die erzwungene Lage und der Mangel aller körperlichen Bewegung beim Lesen, in Verbindung mit der so gewaltsamen Abweichung von Vorstellungen und Empfindungen, Schlaffheit, Verschleimung, Blähungen und Verstopfungen in den Eingeweiden, mit einem Worte, Hypochondrie, die bekanntermaßen bey beyden, namentlich bey dem weiblichen Geschlechte, recht eigentlich auf die Geschlechtstheile wirkt, Stockungen und Verderbniß im Blute, reitzende Schärfen und Abspannung im Nervensysteme, Siechheit und Weichlichkeit im ganzen Körper« (Bauer: Über die Mittel dem Geschlechttriebe eine unschädliche Richtung zu geben. Eine durch die Erziehungsanstalt zu Schnepfenthal gekrönte Preisschrift. Mit einer Vorrede und Anmerkungen v. C. G. Salzmann, Leipzig 1791; zitiert nach: Schön, S. 164).

142 In Strobls Text besteht die erste Maßnahme des Vaters zur Rettung seines Sohnes in der Verfügung, »künftig in meinem Zimmer [zu] schlafen« (Ewers, S. 289). Das Gebot »scheue die Einsamkeit, wie eine Mörderin« (288f.) spricht auch der Prediger in Oests Text aus, der seinen Zögling von der Selbstbefleckung heilen will (vgl. Lütkehaus, S. 144). Ebenso wird in Salzmanns Schrift »Ueber die heimlichen Sünden der Jugend« das einsame Zimmer als Gefahrenort markiert (Salzmann: Ueber die heimlichen Sünden der Jugend, Leipzig 1787, vgl. Lütkehaus, S. 132). Campe treibt den Aufsichtsgedanken auf die Spitze, wenn er noch die »unbewußte Einsamkeit« unter Kontrolle stellen will und die Infibulation als ein »vollkommen sicheres Verwahrungsmittel auch gegen alle unwillkürlichen Schwächungen im Schlafe« empfiehlt (Campe: Zusätze des Herausgebers zur Preisschrift von J. H. Oest, zitiert nach: Lütkehaus, S. 148).

Georg Zimmermann hat in seinem vierbändigen Werk »Ueber die Einsamkeit« (1784/85) wiederholt diesen Zusammenhang thematisiert. Die Bedeutung des einsamen Zimmers für die *Lesesucht*-Problematik ergibt sich aus der räumlichen Intimität, die mit der Privatisierung des Hauses auch für das Kleinbürgertum zunehmend gegeben war, und aus dem Wandel des Leseverhaltens, der die Lektüre in den Abend hinein ausdehnte und zu einer »Gewinnung der Nacht« führte.[143] Schön erinnert daran, daß mit der Popularisierung des Kaffees in Deutschland die Verlagerung der bürgerlichen Geselligkeit auf die Nachtstunden möglich wurde. Das Bürgertum, das am Morgen keineswegs wie der Adel ausschlafen konnte, war durch das Koffein dennoch in der Lage, den aristokratischen Lebensstil teilweise nachzuahmen, indem es sein Leben in die Nachtstunden ausdehnte.[144] Der Kaffee wird zum ›Bruder‹ der Uhr in der Semiologie bürgerlicher Selbstdisziplinierung. Mit der »Gewinnung der Nacht« wurde zugleich die Lektüre in der Nacht möglich: es entwickelt sich die Gewohnheit, »um des Lesens willen das Ende der Wachzeit hinauszuschieben«.[145]

Es können heute keine sicheren Aussagen über die genaue Beschaffenheit der Nachtlektüre getroffen werden. Wir dürfen in dieser Hinsicht jedoch aus verschiedenen Gründen darauf schließen, daß es sich dabei vorrangig um Romanlektüre handelte. Zum einen wird in zeitgenössischen Lesepropädeutiken die ernste, unterrichtende Lektüre für die Morgenzeit bestimmt, in der man »noch die meisten Kräfte, die meiste Lust habe, zu lernen und zu arbeiten«, und die »Werke leichtrer Art« in die Abendstunden verlegt.[146] Zum anderen wird in der Lesesucht-Diskussion gerade vom »Nachtsitzen oder Wachen über das Lesen der Romane«[147] kritisch gesprochen. Schließlich läßt sich aus den Buchbeständen der Lesegesellschaften, in denen Belletristik kaum vorhanden war, ableiten, daß

---

143 Vgl. Schön, S. 237ff.

144 Vgl. ebd., S. 259. Vgl. auch: Wolfgang Schivelbusch: Der Kaffee als bürgerliche Produktivkraft, in: ÄuK 33/1978, S. 5-20.

145 Schön, S. 237. Schön fährt fort: »Im späten 18. Jahrhundert ist das Lesen am Abend oder nachts, jedenfalls nach Anbruch der Dunkelheit, den Zeitgenossen eine auffällige Erscheinung: eine große Zahl von Bildern von Lesenden zeigt Leser bei künstlichem Licht oder sogar bei Mondschein. [...] Auf ›Abendstunden‹ als Zeit ihrer Lektüre spielen vor und um 1800 eine Reihe von Zeitschriften im Titel an; und künstliches Licht, oft explizit zum abendlichen Lesen, gehörte zu jenen Dingen, mit denen sich das technische Interesse der Zeit immer wieder beschäftigte« (237f.).

146 Vgl. Heinrich Ludwig de Marées: Anleitung zur Lektüre (= Bildungsbibliothek für Nichtstudierte, hg. v. L. P. Funke, 1. Bd., 2. Abth.), Hamburg 1806, 27-30, zitiert nach: Schön, 233.

147 Vgl. Schön, S. 238.

die ›öffentliche Lektüre‹ eher an die identifikationsneutrale ›Räsonier‹-Literatur gebunden blieb, während die Belletristik gekauft oder aus den Leihbibliotheken geholt und »für sich« gelesen wurde.[148]

Natürlich kann auch mit der Annahme, daß in den Abendstunden eher belletristische bzw. »Werke leichter Art« als publizistische Werke rezipiert werden, noch nichts über die Qualität der Bücher der Nachtlektüre ausgesagt werden. Wenn Adam Bergk jedoch mit den folgenden Worten das einsame, nächtliche Zimmer als Ort der Lektüre zugleich zum Ort der Persönlichkeitsbildung stilisiert, muß man vor dem Hintergrund der von Bergk selbst vollzogenen Analyse des allgemeinen Leseverhaltens Zweifel anmelden: »Oft in den Stunden der Mitternacht, wenn Einsamkeit und Stille um uns hergelagert ist, und wenn alles in Todesschlummer begraben liegt, erbauet uns ein Buch und macht uns edler und selbständiger, als wir vorher waren«.[149] Angesichts der quantitativen Vorherrschaft der ›elenden und geschmacklosen‹ Romane auf dem Literaturmarkt ist zu bezweifeln, daß an diesem Ort und zu dieser Zeit vor allem Persönlichkeitsbildung, wie Bergk sie offenbar vor Augen hat, stattfindet. Wahrscheinlicher ist, daß gerade in der nächtlichen Lektüre jene Romane konsumiert werden, gegen die im zeitgenössischen Diskurs ein unerbittlicher Feldzug geführt wird. Bedenkt man die Ausleihmodalitäten, muß man zudem vermuten, daß mehrere Stunden des Abends bzw. der Nacht zur Lektüre genutzt wurden, um das Buch so schnell wie möglich zurückgeben zu können. Es gibt darüber hinaus auch literarische und briefliche Quellen, die von der intensiven Nachtlektüre sprechen.[150] Man wird durchaus sagen können, daß das einsame nächtliche Zimmer indirekt eine Symbolkraft als Treffpunkt zweier Anti-Diskurse entwickelt – als Ort der verbotenen Lust.

Dieser Gedanke ist nicht neu. Der heimliche Ort – ob einsames Zimmer oder die Mittagsstunde im abgeschirmten Garten[151] – ist unter dem

---

148 Vgl. ebd., S. 306.

149 Bergk, Kunst, Bücher zu lesen, S. 82.

150 Ludwig Tieck berichtet in einem Brief vom 12. 6. 1792 an Wachenroder begeistert über sein nächtliches »Verschlingen« des Romans »Der Genius« von Grosse (vgl. Wackenroder, S. 382-385). In Moritz Roman »Anton Reiser« leiht sich Anton den »Ugolino« aus, kauft sich ein Licht und liest die halbe Nacht (vgl. Moritz, Bd. 1, S. 177f.) bzw. erlebt mit Philipp Reiser, der »um Mitternacht Kaffee kochte, und Holz im Ofen nachlegte« mehrere »Shakespearenächte« (S. 225). Die »Shakespearenächte« hätten sicher Bergks Zustimmung gefunden, Nächte mit dem »Genius« und mit »Ugolino« vermutlich nicht.

151 Vgl. Jean Marie Goulemots Besprechung von Ghendts Kupferstich »Le Midi« (Der Mittag), in dem die Onanie einer Frau als Wirkung der Lektüre dargestellt wird (Jean Marie Goulemot: Gefährliche Bücher. Erotische Literatur, Pornographie, Leser und Zensur im 18. Jahrhundert, Hamburg 1993 [Aix-en-Provence, 1991], S. 40ff.).

Gesichtspunkt pornographischer Literatur den Zeitgenossen ein bekanntes Symbol. Mir geht es jedoch nicht um den *kausalen* Zusammenhang von Lektüre und Onanie, sondern um den strukturellen, der das einsame Zimmer in bezug sowohl auf die Onanie- wie auf die Lesesucht-Thematik (und zwar auch an der pornographischen Literatur ›vorbei‹) zum eigentlichen Problemort macht.

Erich Schön schlußfolgert aus seiner Untersuchung zum Mentalitätswandel des Lesens um 1800, daß es im Leseverhalten zu einer Entsinnlichung, zu einer »Immobilisierung« kommt, »die den Körper vom Erleben ausschließt und im Zurücktretenlassen der ›körperlichen Phantasie‹ einerseits das Erleben auf ein nur ›inneres‹ reduziert, andererseits die Voraussetzung ist für ästhetische Erfahrung mit ihren spezifischen Formen mental-phantasiehafter Teilnahme an einer fiktionalen Welt, empathischer Teilnahme etwa«.[152] Seinen Ausdruck findet diese Entwicklung auch in der zeitgenössischen Kreation von Lesemöbeln, der Zurückdrängung des lauten Lesens und des Lesens am Pult sowie der zunehmenden Lektüre im Bett.[153] Schön spricht von einer historischen Tendenz, die darin besteht, daß »die Leser den Widerspruch zwischen innerer Bewegung und äußerer Unbeweglichkeit auszuhalten lernten, wobei sie zwar im Bereich ihrer Körperlichkeit Erlebnisdimensionen verloren, wobei ihnen aber zugleich die zur nur noch mentalen gewordene Phantasie neue Erlebnisdimensionen in den fiktionalen Welten der neuen Romane eröffnete [...] Nicht zuletzt diese Entwicklung einer nur ›inneren‹ Erlebnisfähigkeit ist es, was die ›Lesesucht‹-Kritik mit Mißtrauen beobachtete.«[154]

In dieser Favorisierung ›innerer‹ Erlebnisfähigkeit fürchtete man den Verlust von Realitätskompetenz; um so mehr, wenn es sich um ›reine‹ Liebes-, Räuber- und Geisterromane handelte. Allerdings ist die Problematisierung der ›inneren‹ Erlebnisfähigkeit kein Phänomen erst des ausgehenden 18. Jahrhunderts. Die Gefühlsbetontheit des Pietismus und die Empfindsamkeitsliteratur[155] hatten seit dem ersten Drittel des Jahrhunderts die Innerlichkeit und die emotionale Anteilnahme am Leiden

---

152 Schön, S. 326.

153 Vgl. Schön und Eva-Maria Hannebutt-Bent: Die Kunst des Lesens. Lesemöbel und Leseverhalten vom Mittelalter bis zur Gegenwart (Ausstellungskatalog), Frankfurt/Main 1985. Fritz Nies merkt an, daß in der zweiten Jahrhunderthälfte das Motiv der Lektüre im Bett bzw. auf einem Ruhebett Einzug in die Malerei hält und daß das körperliche Wohlbehagen als Voraussetzung rechter Lektüre verstärkt betont wird (vgl. Nies, S. 55).

154 Schön, S. 164.

155 Grundlegend für diese Entwicklung waren vor allem englische Vorbilder wie Sternes »A sentimental journey through France and Italy« (1768), Youngs Dichtungen und Richardsons moralische Romane sowie Rousseaus »Neue Heloise« (1761). Wichtige Erscheinungen der deutschen Literatur waren Gellerts und Ifflands Familien- und Rührstücke,

anderer stark aufgewertet. Innerhalb der Aufklärungsbewegung wurde Empfindsamkeit dabei unter dem Aspekt der Produktivität einer *gefühls*betonten Vermittlung moralischer Werte und Handlungsmotive zunächst positiv gesehen. Empfindsamkeit, Mitleidsgefühl und Identifikation galten als erstrebenswertes ästhetisches Kriterium mit moralischem Wert; über das *Mit*fühlen sollte zugleich ein spezifisches soziales Verhalten gesichert werden. Im letzten Drittel des Jahrhunderts kam es zu verstärkten Polemiken gegen die Empfindsamkeit bzw. gegen deren ›ungesunde‹ Variante, die Empfindelei.[156] Von den eher *rational* ausgerichteten Popularaufklärern wurde die Empfindsamkeit mit den Kategorien der Krankheit und Lebensuntüchtigkeit diskutiert.[157] Ihr Ziel war eine ›wohltemperierte‹ Empfindungskraft, die sich in der Kinder- und Jugendliteratur beispielsweise im Appell an die Empfindung des Mitleids angesichts des Leids sozial schwacher Menschen ausdrückt, dabei aber gerade *im* Akt des Gebens nicht das Bewußtsein der wirklichen Verhältnisse und der eigenen Position in ihnen verliert, sondern stärkt.[158]

Gellerts Briefroman »Das Leben der schwedischen Gräfin von G***« (1747/48) und Klopstocks Gedichte.

156 Das ›Wertherfieber‹ und der kurzzeitige Anstieg der Selbstmordrate im Gefolge der ersten Fassung von Goethes »Werther« (1774) zeigen die seinerzeit noch schwach entwickelte Disposition zur distanzierten Lektüre an. Während die distanzierte »didaktische Konkretisation« des »Werther« auf die Diskussion textinhärenter Sachfragen zielte (Pflichten des Individuums, Selbstmord), blieb die dem ›Wertherfieber‹ zugrunde liegende »erbauliche Konkretisation« dem identifikatorischen Lesemuster der Erbauungsliteratur verpflichtet (vgl. Jäger, S. 394). Man darf aber nicht vergessen, daß es unter den ›Wertheriaden‹ nicht nur Johann Martin Millers Empfindsamkeitsroman »Siegwart« (1776) gab, sondern auch Friedrich Nicolais »Freuden des jungen Werthers« (1775) als parodistischen Kommentar aus dem Lager der Berliner Aufklärung sowie die Travestie »Mimi oder das System der Liebe«, die vor der »Pest der Schwärmerei« als dem »Unfug des Zeitalters« warnt (vgl. Kluckhohn, S. 192).

157 Die Lektüre empfindsamer Romane kann »zu den gewöhnlichen Geschäften des Lebens [...] unfähig und unwillig« machen, wie Campes Theophron in seiner väterlichen Warnung vor der »Klasse der Empfindsamen« sagt. Diese »für die Welt unbrauchbaren Menschen, deren körperliches und geistiges Empfindungsvermögen durch eine weichliche Erziehung und durch Lesung faselnder Modebücher, zum Schaden ihrer Vernunft und ihrer ganzen phisischen Natur, über die Gebühr verfeinert und reizbar geworden ist«, gewinnen dadurch »höchst irrige Begriffe von unserer Bestimmung hienieden, von der wahren Würde der menschlichen Natur, von unsern Pflichten und von dem, was gut und edel ganannt zu werden verdient« (Campe, Theophron, zitiert nach: Ewers, S. 134). Umfangreiches Material zum Diskurs der Empfindsamkeit bietet Gerhard Sauder: Empfindsamkeit, Bd. III. Quellen und Dokumente, Stuttgart 1980. Siehe auch Georg Jäger: Empfindsamkeit und Roman, Stuttgart 1969.

158 Wohltätigkeit ist dort »die zur Tat gewordenen Empfindung des Mitleids« (Wild, S. 75). Zum Ansatz einer vorbegrifflichen Gefühlserziehung unter Akzentuierung der Empfindsamkeit vgl. Gerhard Rupp, Empfindsamkeit.

Die Gefahr einer *de*sozialisierenden Empfindsamkeit konnte man indessen auch schon im ›stillen Einssein‹ des Lesers mit seinem Buch sehen. In der »Sturm und Drang«-Zeit ist es vor allem die Lektüre in freier Landschaft, die zum Topos der Abkehr von der gesellschaftlichen Realität und der Herstellung eines höchst problematischen intimen Autor-Leser-Freundschaftsbundes wird.[159] Das »Ritual ›Lektüre in freier Landschaft‹«, so resümiert Thomas Koebner, drückt »von Bodmer bis Hölty prinzipiell eine *Abkehr von der Umwelt* aus«.[160] Das Aufsuchen der Natur als Lektüreort bedeutet dabei zwar noch das Verlassen des Alltagsraumes und die körperliche Vorbereitung der Lektüre. Mit der Konnotation der Einsamkeit trägt aber auch die Natur das Kennzeichen des einsamen Zimmers schon in sich, was mitunter sogar in der Metapher der Abgeschlossenheit ausgedrückt wird.[161]

Der Ausgangspunkt jener Angst vor der desozialisierenden Wirkung von Lektüre ist die Annahme eines mangelnden Fiktionalitätsbewußtseins des Lesers, einer ungebrochenen Identifikation und einer entsprechenden Stimulation als Rezeptionsergebnis. Die meisten Kritiker der Lesesucht, zumal die Popularaufklärer, gehen in ihrer Argumentation implizit von der ungebrochenen Wirkung eines Textes auf seinen Leser aus und müssen folglich in der affirmativen Darstellung von Liebes- oder Ritter- und Räubergeschichten einen sozialen Unsicherheitsfaktor sehen. Diese Autor-Text-Leser-Modellierung verkörpert gewissermaßen die Präambel der ganzen aufklärerischen Bewegung, die aus der Hochschätzung der Wirkung eines Textes auf seine Leser ihren Optimismus und ihre Handlungsimpulse ableitete. Dieses Modell ist inzwischen von einigen Theorien stark demontiert worden (vgl. 1.2.2). Allerdings wurde die Autonomie des Rezipienten gegenüber dem Text auch von verschiedenen Zeitgenossen gesehen und thematisiert. So beklagt Wieland 1781, daß die Leser in Abhängigkeit von ihrer subjektiven Befindlichkeit größtenteils

---

159 Vgl. Koebner, S. 42.

160 Ebd., S. 49.

161 Christian Cay Lorenz Hirschfeld erinnert in seiner »Theorie der Gartenkunst«, Leipzig 1785, Bd. 5, S. 77, bezüglich der Anlage von Gärten bei Akademien an die einsamen Lauben, die »hie und da den Freund der Lectüre in ihre Schatten einladen« (zitiert nach: Koebner, S. 47). Salomon Geßner träumt in seiner Idylle »Der Wunsch« (1756), fernab von der Stadt in ländlicher Gegend in einem »einsamen Zimmer« die Bücher der »großen Geister« lesen zu können (Salomon Geßner: An den Amor. Idyllen, Leipzig 1980, S. 80-86, hier: 84; Hinweis und Erörterung bei: Koebner, S. 47ff.). Koebner spricht mit Blick auf die Lektüre Anton Reisers in der Natur von »grünen Kammern, die sein Haus bilden« und den Blick ins Weite verhindern (Koebner, S. 54).

an der Intention des Autors vorbeilesen,[162] so zielen frühromantische Fragmente auf die Souveränität des Lesers gegenüber dem Text[163] und so demontiert Schleiermachers Hermeneutik im ersten Drittel des 19. Jahrhunderts schließlich aus theoretischer Sicht den Gedanken von der Macht des Autors über die Bedeutung und Wirkung seines Textes.[164]

In diesem Zusammenhang ist auch die Entwicklung der zeitgenössischen Lesefähigkeit und Lesetechnik zu bedenken, auf die Christian Berthold in seinem Buch »Fiktion und Vieldeutigkeit« eingeht. Die zunehmende Ausbildung des Differenz- und Fiktivitätsbewußtseins im ausgehenden 18. Jahrhundert läßt sich demnach daran erkennen, daß Vereindeutigungsmerkmale, Intentionskennzeichen, Vorwörter, erbauliche Kommentare und erklärende Zwischentitel zunehmend aus den Texten verschwinden und daß es zu einem Wechsel des literarischen Referenzbezuges vom Prinzip der äußeren Wahrscheinlichkeit (Tatsächlichkeit der Fiktion) zur inneren Wahrscheinlichkeit (Rationalität der Fiktion) kommt. Die damit einhergehende »Vermehrung der Optionen eines möglichen Umgangs mit Romanen« hat, wie Berthold resümiert, »sogleich auch die Freiheit des Lesers erweitert, sich in diesem Optionsarsenal zu bedienen«.[165] So entstand Pluralität der Deutung, die nicht mehr im Sinne einer einzig möglichen Lesart aufzulösen war. Diese Entwicklung der Produktions- und Rezeptionstechniken zeigt eine Entwertung der Textautorität zugunsten der Lesersouveränität an.

Neben dem Anstieg des Fiktivitätsbewußtseins der Leser deutet aber auch die von Schön beobachtete Verengung der Lektüre auf ein nur ›in-

---

162 Vgl. Wie man liest. Eine Anekdote, zuerst im Teutschen Merkur 1781, I, 70-74, auch in: Wielands Werke Bd. 38, Berlin, bei Gustav Hempel, o. J., S. 208-210. Sulzer, der von der Macht des Künstlers über seinen Rezipienten sprechen will, verweist mit seinen Worten eher auf die Notwendigkeit einer bestimmten Befindlichkeit des Rezipienten, damit eine vom Künstler intendierte Wirkung sich auch tatsächlich vollzieht: »Ein zur Zärtlichkeit geneigtes Herz kann durch einen einzigen recht herzlichen Ton plötzlich in die tiefste Empfindung gesetzt werden, weil die Einbildungskraft durch diesen Ton ins Feuer gerathen ist. Und so kann ein einziger strenger Blick des Auges eine furchtsame Seele in den größten Schreken setzen« (Sulzer, Bd. II, S. 14).

163 Scheffer verweist auf auf ein »Teplitzer Fragment« von Novalis: »Der Leser setzt den Accent willkürlich – er macht eigentlich aus einem Buche, was er will [...] Es gibt kein *allgemeingeltendes Lesen*, im gewöhnlichen Sinn. Lesen ist eine freye Operation. Wie ich und was ich lesen soll, kann mir keiner vorschreiben« (Novalis, Bd. 2, S. 609); Bernd Bräutigam stellt heraus, daß in Schlegels Ästhetik die Rezeption zur »koproduzierende[n] Autorschaft« wird (Bernd Bräutigam: Leben wie im Roman. Untersuchungen zum ästhetischen Imperativ im Frühwerk Friedrich Schlegels [1794-1800], Paderborn u. a. 1986, S. 33).

164 Frank, Textauslegung, S. 130. Vgl. auch: Manfred Frank: Das individuelle Allgemeine. Textstrukturierung nach Schleiermacher, Frankfurt/Main 1977.

165 Berthold, S. 325.

neres‹ Erleben die Entwicklung der Distanz im Rezeptionsprozeß an und läßt (möglicherweise auch gegen Schöns Intentionen) fragen, welche *realen* Folgen die »mental-phantasiehafte Teilnahme an einer fiktionalen Welt« noch haben konnte.[166]

2.3.4 Die Entkörperlichung – regulierte Rezeption

Diese Frage drängt sich auch deswegen auf, weil mit der lokalen und zeitlichen Plazierung des Lesens auf den Zeit-Raum des Abends innerhalb der zeitgenössischen »Departementalisierung von Arbeit und Freizeit«[167] die Lektüre immer mehr den Charakter der Freizeitbeschäftigung erhielt. Die ›Reinigung‹ der Arbeitszeit vom Störfaktor Lesen[168] bedeutet eine Regulierung des Leseverhaltens. Sie zielt im Grunde darauf, das Lesen zu einer sozial harmlosen Privatangelegenheit zu machen. Es ist zu bezweifeln, daß die verstärkte »empathische Teilnahme« am Lesestoff, von der Schön im Zusammenhang mit der Immobilisierung des Lesens spricht, auch zu einer größeren Relevanz des Textes außerhalb des Lektüreprozesses geführt hat. Zeitgenössische Leserbilder legen vielmehr nahe, daß die Lektüre zunehmend im Rahmen der Erholung und des Genusses genutzt wurde. Fritz Nies spricht von der »Kunst raffinierter Verknüpfung von Lektüre- und Sinnengenüssen« und zitiert als Bestandteile des »Doppelvergnügens« Tabak, Wein, Kaffee und Tee, die jedoch kaum im Café eingenommen werden, sondern mit der intimen Häuslichkeit des Lesenden gekoppelt sind.[169] Jean Paul setzt diese Umrahmung der Lektüre bei seinen Lesern faktisch voraus.[170] Noch vor Ende des 19. Jahrhun-

---

166 Wittmann spricht mit Bezug auf die Erkenntnisse Schöns über die »Immobilisierung« und den »Dominanzgewinn des Kognitiven« von einem »kontrollierteren Umgang mit der vermittelten Welt des literarischen Textes« (Wittmann, Geschichte, S. 186). Offenbar folgt er Schöns Einschätzung. Er referiert er ihn jedoch nur kurz und zieht daraus keine Konsequenzen für die Diskussion der zeitgenössischen Lesesucht-Diskussion.

167 Schön, S. 248.

168 Vgl. die von Schön zitierten Beispiele aus der Lesesucht-Diskussion, die sich gegen das Lesen in der Arbeitszeit, als einer Gefährdung der Arbeitspflichten, richten (Schön, S. 242ff.).

169 Nies, S. 53. Der bevorzugte Ort des Lesens in der Revolutionsperiode, so Nies, ist die Geborgenheit des Interieurs, in der der Lesende im »bequem gepolsterten Sessel« sitzt und »gemütlich sein Pfeifchen« raucht (S. 60).

170 In einer seiner Wendungen an und über den Leser schreibt Jean Paul im »Hesperus« mit Blick auf Victor, der kaum die Begegnung mit der Prinzessin erwarten kann: »Und der Leser auch: schneuzt er nicht jetzt Licht und Nase – füllt Pfeife und Glas – ändert die Stellung, wenn er auf einem sogenannten Lese-Esel reitet – drückt das Buch glatt auseinander

derts erscheinen in der Lesesucht-Diskussion denn auch die ersten Beiträge, die das Lesen selbst ›nutzloser‹ Bücher unter der Perspektive psychischer Erholung und der Abwendung unerwünschter Verhaltensversuchungen betrachten – die Rechtfertigung der Lektüre als Zerstreuung tritt ein in den offiziellen Lesesucht-Diskurs (vgl. 2.4.3).

Im Zusammenhang mit der Frage nach der sozialisierenden oder desozialisierenden Wirkung der Lektüre ist auf Schöns Auffassung zu verweisen, daß mit der Entwicklung des Leseverhaltens zur ›Entkörperlichung‹ bereits eine »Unterdrückung von Handlungsimpulsen« eingeübt wird.[171] Schön sieht, mit Bezug auf Norbert Elias' Zivilisationstheorie, in diesem »An-sich-Halten« ein Moment zunehmender Disziplinierung und Affektkontrolle.[172] Er zeigt die gleiche Tendenz zur Immobilisierung und Affektkontrolle an der Rezeption im Theater, in dem das Parterre-Publikum vom Stehen zum Sitzen überging und sich einem stärkeren Reglement seines Rezeptionsverhaltens unterzog.[173] Man kann hinzufügen, daß sich die Tendenz zur Affektkontrolle und Disziplinierung im Theater zugleich auf der Seite der Schauspieler zeigte.[174] Die geschilderte Entwicklung des Rezeptionsverhaltens muß unter all diesen Gesichtspunkten weit disziplinierender gewirkt haben, als von den Zeitgenossen im allgemeinen angenommen.

Das »An-sich-Halten« im Sinne der Zivilationstheorie Elias' wird aber auch unter einem anderen Gesichtspunkt eingeübt. Der Alphabetisierungsschub des 18. Jahrhunderts führt zu einer »sprunghaft wachsende[n]

---

und sagt mit ungemeinem Vergnügen: ›Auf *die* Beschreibung spitz' ich mich gewissermaßen‹?« (Jean Paul, S. 634.)

171 Schön, S. 163.

172 Vgl. ebd.

173 Vgl. ebd., S. 83f. Damit wurde der soziale Kontakt auf die Zeit außerhalb des Spiels reduziert, Bürgerfrauen konnten nun ebenfalls im Parterre Platz nehmen, wo sich zuvor »allenfalls Prostituierte [...] zwischen den Männern« (S. 83) bewegten, und das Mitagieren des Publikums (Werfen von Gegenständen, Dazwischen-Reden bis hin zu handgreiflichen Auseinandersetzungen mit Schauspielern) wurde auf die Meinungsäußerung im Applaus eingefroren. Vgl. dazu auch Richard Sennett, der vom Einzug des Schweigens und der Leblosigkeit im Theater des 18. Jahrhunderts spricht (S. 104), und Habermas, S. 100.

174 Vgl. Dalbergs Gesetze für das »Churfürstliche Nationaltheater in Mannheim« von 1797 und Goethes »Regeln für Schauspieler« von 1803. Das zivilisationsgeschichtliche »An-sich-Halten« ist dabei z. T. ganz wörtlich zu nehmen: so fordert Goethe vom Schauspieler, er solle auf dem Theater nicht die Nase schnauben noch ausspucken, denn »es ist schrecklich, innerhalb eines Kunstproducts an diese Natürlichkeiten erinnert zu werden« (Goethe, Werke, I 40, S. 139-168, hier: 164). Im Weimarer Theater wird nicht nur das traditionelle Extemporieren durch strenge Spielregeln verdrängt, es werden jetzt auch Verstöße angezeigt und mit Geldbußen bestraft. So muß z. B. der Schauspieler Morhardt sein Vergehen, in der Vorführung mit seinem eigenen Hut statt des Kostüm-Hutes gespielt zu haben, mit acht Groschen büßen (vgl. Müller-Harang, S. 57).

Verschriftlichung der Kommunikation«,[175] was eine starke ›Entkörperlichung‹ der Kommunikationsteilnehmer mit sich bringt. Die Schriftlichkeit der Sprache abstrahiert von einer bestimmten Situation und von der Spontaneität der Körpersprache (Gestik, Mimik, Intonation). Sie erweitert nicht nur die Kommunikationsmöglichkeiten, indem sie Abwesende/s anwesend macht, sie verändert Kommunikation auch, indem sie Aufschub ermöglicht und die von Elias für den Zivilisationsprozeß signifikant gemachte Entwicklung der »Langsicht« fördert. Albrecht Koschorke sieht darin eine Vergeistigung der Sinne: »in stärkerem Maß als zuvor gehen nun Lust und Entfernung eine Art von Symbiose ein. Die Affekte, die sich den neuen Verkehrsformen adaptieren, gewinnen eine flüchtigere, geistigere Konsistenz. Vergeistigung ist dabei nicht in erster Linie durch eine wie auch immer begründete Änderung moralischer Prämissen bedingt, sondern ein Struktureffekt des Kommunikationssystems«.[176] Analog zu den von Schön beschriebenen Vorgängen liegt auch in dieser Perspektive die Affektregulierung in der Rezeptions*situation*. Ebenso wie das veränderte Rezeptionsverhalten im Theater bildet die Alphabetisierung »eine Armatur gegen sinnliche Verführungen« aus: »Die Einsamkeit, die für das Lektüreerlebnis grundlegend wird, arbeitet einer feineren Nanciertheit des Seelenlebens zu und befördert zugleich die Resistenz gegenüber äußeren, sinnlichen Reizen«.[177]

Koschorke zeigt an der aufkommenden Briefkultur, wie »das Phantasma des Gesprächs [verdrängt] die Praxis der Rede« verdrängt und eine »neue Mythologie der Unmittelbarkeit« hervorbringt[178] (es sei daran erinnert, daß parallel zu dieser Entwicklung die Verdrängung des Körpers aus der Komunikation auch ein Aspekt der von Habermas beschriebenen *nicht-repräsentativen* »bürgerlichen Öffentlichkeit« ist). Koschorke zitiert schließlich aus Rousseaus »Nouvelle Héloise« einen Brief St. Preux' an Julie als Beispiel dafür, daß aufgrund der schriftlichen Kommunikation die Abwesenheit der Geliebten nicht mehr als Mangel empfunden wird. Die Materialisierung der Geliebten im Brief empfindet St. Preux »mit der gleichen Entzückung, mit der mich Deine Anwesenheit erregt hätte«.[179] Die

---

175 Nikolaus Wegemann: Diskurse der Empfindsamkeit. Zur Geschichte eines Gefühls in der Literatur des 18. Jahrhunderts, Stuttgart 1988, S. 15.

176 Koschorke, S. 607f.

177 Ebd., S. 612 und 613.

178 Ebd., S. 610 und 611.

179 Rousseau, S. 246. St. Preux schreibt: »Wundre Dich also nicht, wenn Deine Briefe, die Dich so deutlich zeigen, zuweilen auf Deinen Dich anbetenden Geliebten die gleiche Wirkung als selbst Deine Gegenwart ausüben! Wenn ich sie wieder und wieder lese, verliere ich den Verstand, meine Gedanken verirren sich in fortdauerndem Taumel, verzehren-

Beschreibung dieser Erregung kann selbst in ihrem zeitlichen Abstand vom Empfang des Briefes nicht die sexualisierenden Vergegenwärtigungsphantasien St. Preux' verbergen. Sinnlichkeit und Lust sind dabei auf die ›innere‹ Erlebnisfähigkeit verwiesen; der Besitz des anderen vollzieht sich im Medium Schrift.

Die sexualisierenden Vergegenwärtigungsphantasien St. Preux' mögen als ein Beispiel für das »pygmalionistische Prinzip der Zeichenbelebung«[180] im Lesevorgang stehen. Wie Koschorke ausführt, dürfe dieses Prinzip nicht allein aus einem Mangel oder nur unter der Kategorie Disziplinierung verstanden werden. Dahinter sei generell auch ein ästhetischer Anspruch und Genuß einzuräumen: der Körper, der nur Körper und kein Zeichen ist, wird verschmäht, weil die »Erfüllung allein im Versprechen der Verkörperung des Zeichens, in einer Erotisierung des Mediums selbst erträumt« wird.[181] Der emotiv-kognitive Vorgang der Signifikation werde somit zur eigentlichen Quelle des Lustgewinns. Man könnte dies einen ›lustvollen‹ Wechsel von der Körperlichkeit (im Sinne realer Anwesenheit) zur Existenz als Zeichen (im Sinne selbsterschaffener Anwesenheit in der Phantasie) nennen – und im Grunde steckt gerade im Vorgang der Verkörperung des Zeichens, in der ›Zeugung‹ einer Welt die genuine Lust der Lektüre.[182] Aber es ist sehr fraglich, ob das »pygmalionistische Prinzip der Zeichenbelebung« tatsächlich nicht aus dem Mangel heraus verstanden werden soll und ob das Jahrhundert der Alphabetisierung und der Karriere der Schrift deswegen auch schon das Jahrhundert der »Erotisierung des Mediums« genannt werden kann. Die ›Erotik des Zeichens‹ im Sinne eines Genitivus objektivus resultiert vor allem aus dem Überdruß an *erlebter* Erotik und kennzeichnet als Indiz einer »Agonie des Realen« (Baudrillard) eher das ausgehende 20. Jahrhundert. Die rigiden Verhaltensnormen im hier behandelten historischen Zeitraum machen dage-

---

des Feuer durchdringt mich, mein Blut gerät in Wallung und schäumt, eine wilde Glut läßt mich zittern. Ich glaube, Dich vor mir zu sehen, Dich zu berühren, Dich an meine Brust zu drücken – anbetungswürdiges Wesen! Bezauberndes Mädchen! Quelle von Entzücken und Wollust!« (Rousseau, S. 250f.).

180 Koschorke, S. 624.

181 Ebd., S. 624.

182 Dieser Aspekt wird im 18. Jahrhundert durchaus thematisiert. Koschorke zitiert aus dem Briefwechsel Herders und Lavaters im Jahre 1779, in dem der ›harte Buchstabe‹ (als Medium der Dichtung) mit dem »harte(n) Marmor« (als Medium der Plastik) verglichen wird: diese ›kalten‹ Medien (bzw. Signifikanten) erhalten ihre sinnliche Erwärmung im Rezeptionsakt, wobei es ein Nachweis des ästhetischen Vermögens ist, wenn der Buchstabe oder Mamor im Prozeß seiner ›Belebung‹ als Signifikant schließlich ganz verschwindet (vgl. Heinrich Düntzer/Ferdinand Gottfried von Herder [Hgg.]: Aus Herders Nachlaß, 3 Bde., Frankfurt/Main 1856f., Bd. II, S. 181 und 183).

gen den *Mangel* an erlebter Erotik als vorrangige zeitgenössische Erfahrung wahrscheinlicher. ›Erotik des Zeichens‹ im ausgehenden 18. Jahrhundert muß vor allem als Genitivus subjektivus verstanden werden: als Vermittlung von Erotik, als *Ersatz*, nicht als ›Krönung‹. Insofern das Zeichen als Ersatz funktioniert, wirkt es auch als Disziplinierungsmittel, das den Mangel erträglich werden läßt. Da das Jahrhundert des Lesesucht-Diskurses ebenso das Jahrhundert des Onanie-Diskurses ist, drängt sich die Frage nach der sozialen Relevanz auf, die der ›Erotik des Zeichens‹ in diesem Zusammenhang zugemessen wurde.

2.3.5 Ästhetik der Onanie und Affektmodellierung

Die Onanie gewinnt die Lust wesentlich aus der Verkörperung des Zeichens, was um so mehr für das ausgehende 18. Jahrhundert gilt, in dem nicht die heute zur Verfügung stehenden visuellen Medien vorhanden und selbst Bilder kaum verbreitet waren.[183] Sie basiert, ebenso wie die Lektüre im einsamen Zimmer, auf einer intensiven ›inneren‹ Erlebnisfähigkeit und läßt die Aktion des Körpers zurücktreten. Sie offenbart damit ein kreatives ästhetisches Moment. Da die Zeichenbelebung zugleich ermöglicht, sich über die ›Tyrannei‹ des Hier-und-Jetzt, der das Tier nicht entkommt, zu erheben, lautet die provokante Pointe: in der Onanie feiert sich qua Fähigkeit zur Zeichenbelebung die menschliche Gattung.

Es verwundert niemanden, daß die Zeitgenossen diese Sichtweise nicht entwickelt haben. Sie sehen in der Onanie die Herabwürdigung des Menschen »unter das Vieh« und den Verlust seiner Persönlichkeit, »indem er sich bloß zum Mittel der Befriedigung tierischer Triebe braucht«.[184] Der öffentliche Diskurs des 18. Jahrhundert, der ebenso wie die ›folgenlose‹ Lektüre erst noch die ›folgenlose‹ Lust legitimieren muß, kann in der autoerotischen Phantasie nur Desozialisierungsbewegungen und den Verlust der Kommunikationsfähigkeit sehen, wie die zitierten Beispiele gezeigt haben.[185]

---

183 Hiervon auszunehmen ist die in der zeitgenössischen Literatur oft erwähnte kollektive Masturbation, in der die Anwesenheit des anderen die Vergegenwärtigung einer/s Abwesenden erübrigt oder zumindest erschwert.

184 Kant, Bd. VIII, S. 558.

185 ›Folgenlose‹ Lust heißt hier zunächst *die* partnerschaftliche Lust, die nicht auf Fortpflanzung gerichtet ist. Die Lust der Onanie erfährt ebenso wie die homosexuelle Lust eine öffentliche Rechtfertigung erst in der zweiten Hälfte des 20. Jahrhunderts. Dann werden Sexologen die Onanie sogar als (notwendigen) Bestandteil der Persönlichkeitsentwicklung,

Den Zeitgenossen ist die Ambivalenz der Fähigkeit zur Vergegenwärtigung des Abwesenden jedoch nicht unbekannt, wobei sie ebenfalls auf die Mensch-Tier-Hierarchie zu sprechen kommen. Johann Georg Sulzer nennt die Einbildungskraft »eine der vorzüglichsten Eigenschaften der Seele, deren Mangel den Menschen noch unter die Thiere erniedrigen würde; weil er alsdenn als eine bloße Maschine, nur durch gegenwärtige Eindrücke und allemal nach Maßgabe ihrer Stärke würde in Würksamkeit gesetzt werden.«[186] Die Einbildungskraft wird als »Mutter der schönen Künste«, »als Schöpferin einer neuen Welt« apostrophiert, als Quelle einer angenehmen fiktiven Realität.[187] Andererseits ermahnt Sulzer den Künstler, seine Seele vor der »groben Sinnlichkeit« zu hüten, vor »dem bloß thierischen Hang, undeutliche, von allem geistigen Wesen entblößte, nur den Körper reizende Empfindungen zu haben«.[188] Er spricht also indirekt von einer *positiven* Einbildungskraft, die den Menschen über das Tier erhebt, und von einer *negativen*, die ihn mindestens dem Tier gleichsetzt. Zweifellos betreffen die hier an die Adresse des Künstlers gerichteten Anweisungen in ähnlicher Weise den Einsatz der Einbildungskraft im Alltag. Und zweifellos wird die in der Onanie wirkende sexuelle Einbildungskraft vor dem Hintergrund der zeitgenössischen Wissensvermittlung als negative diskutiert. Der Gedanke, daß die Onanie ebenso wie die Schrift *an sich* die Funktion der Affektmodellierung und einer gewissen Disziplinierung erfüllen könnte, fällt aus der Ordnung dieses Wissens insofern heraus, als er im öffentlichen Diskurs keine Wortführer findet.

Allerdings ist dieser Gedanke den Zeitgenossen nicht fremd gewesen. Salzmann thematisiert ihn in seinem Anti-Onanie-Text, um sich mit ihm auseinanderzusetzen – oder genauer gesagt, um ihn auf's schärfste zu attackieren. Im »Carl von Carlsberg« verharmlost der Rektor eines Gymnasiums das Problem der Onanie. Er rechnet sie »unter die Schwachheiten, von denen wir, so lange wir im Leibe wallen, nie ganz frey sind« und bekundet: »Es wird auch dadurch viel Unglück verhindert, indem doch

---

als »Königsweg zur ›Reife‹« apostrophieren (vgl. André Béjin,:Niedergang der Psychoanalytiker, Aufstieg der Sexologen, in: Philippe Ariès/ders. (Hgg.): Die Masken des Begehrens und die Metamorphosen der Sinnlichkeit. Zur Geschichte der Sexualität im Abendland, Frankfurt/Main 1986 (frz. 1982), S. 226-252, hier: 242 und 251, Anm. 54).

186 Sulzer, Bd. II, S. 10. Sulzer definiert Einbildungskraft als »das Vermögen der Seele die Gegenstände der Sinnen und der innerlichen Empfindung sich klar vorzustellen, wenn sie gleich nicht gegenwärtig auf sie würken« (S. 10).

187 Ebd., S. 11. Durch die Einbildungskraft »erschaffen wir uns mitten in einer Wüste paradiesische Szenen von überfließendem Reichthum und von reizender Annehmlichkeit; versammeln mitten in der Einsamkeit diejenige Gesellschaft von Menschen, die wir haben wollen, um uns, hören sie sprechen, und sehen sie handeln« (ebd.).

188 Sulzer, Bd. II, S. 12

junge Leute dadurch mehrenteils von dem so gefährlichen Umgange mit dem weiblichen Geschlechte abgehalten werden, der nur Weltliebe, Zerstreuung und Abneigung vom Lesen der Alten, hervorbringt. Sollte Ferdinand einmal ehelich werden, so wird es sich schon von selbst geben«.[189] Nachdem der Gelehrte die Onanie – entgegen den gängigen Klischees – geradezu als *Schutz* der geistigen Tätigkeit anzupreisen wagte, startet der erzürnte Vater, ohne sich sachlich auf das vorgebrachte Argument einzulassen, einen Generalangriff auf »alle Wortkrämerey und Buchgelehrsamkeit«, die dazu führe, »daß ihr Buchgelehrten immer die Unglücklichsten seyd, daß eurer Körper der elendste und schwächlichste ist, daß eure Haushaltungen höchst unordentlich, eure Ehe misvergnügt, eure Kinder schlecht erzogen sind, daß ihr von den gemeinsten Vorfällen des menschlichen Lebens ganz schief urtheilt, und öffentliche Aemter schlecht verwaltet«.[190] Zur Strafe für die Nachlässigkeit in der Onanie-Kritik wird der Rektor in die gleiche asoziale Rolle gedrängt, in der regelmäßig die Onanisten landen.

Diese Textstelle ist interessant, da Salzmann als ein Vertreter des herrschenden Diskurses hier den Gegendiskurs selbst konstruiert und das Verfahren der Entgegnung sogleich mitliefert. Diese Entgegnung flüchtet sich in eine reine argumentatio ad personam. Die Textstelle zeigt zudem zwei grundsätzlich verschiedene Auffassungen über den Stellenwert der onanistischen Phantasie: diejenige, die deren negativen Aspekt der Zerstörung des Individuums heraushebt und diejenige, die auf die Sicherung des Individuums durch Ersatzhandlungen hinweist. Der vom Rektor vorgebrachte Gedanke der positiven Wirkung des »Uebels« steht offensichtlich im Gegensatz zum Vervollkommnungsgebot der Aufklärung. Dieser Gedanke setzt den Imperativ als Handlungsanweisung außer Kraft und gibt der Schwäche des Menschen nach. Da der Rektor in der Onanie ganz unaufgeregt einen anthropologischen Faktor sieht, findet er sich folgerichtig zum Kompromiß bereit: er duldet das an sich »Ueble«, um schlimmere Übel zu verhindert. Salzmann konstruiert diese Einstellung, um sie durch seine Figur von Brav ›niederschlagen‹ zu lassen. Die blinde Wut dieser Entgegnung erscheint heute allerdings beinahe wie das uneingestandene Wissen um die Haltlosigkeit der eigenen Position. Im Lesesucht-Diskurs, in dem die Besetzung der Phantasie ebenfalls kontrovers diskutiert wird, wird die Akzeptanz anthropologischer Gegebenheiten

---

189 Vgl. den Brief »Der Rector Californius an den Obristen v. Brav, Troppenheim, den 18. Jul.«, zitiert nach: Lütkehaus, S. 113f.

190 Vgl. den Brief »Der Obrist v. Brav an den Rector Californius. Grünau, den 19. Jul.«, zitiert nach: Lütkehaus, S. 114.

jedenfalls bald dazu führen, sich die Haltung des Salzmannschen Rektors hinsichtlich der Hierarchie der Übel zu eigen zu machen.

Die Gefahr der unkontrollierten Lust im einsamen Zimmer bzw. der falsch eingesetzten Einbildungskraft ist eines der wichtigsten zeitgenössischen Themen. Die Lust im einsamen Zimmer ist der Angriff auf die Emanzipation des Menschen, der Hohn auf alle pädagogischen Bestrebungen. Hölderlins Erfahrung in Jena im Januar 1795 soll als ein Beispiel dafür angeführt werden. Der Zeit-Raum Jena 1794/95 markiert eine Situation, in der Hölderlin sich theoretisch für die Erziehung des Menschengeschlechts begeisterte, praktisch aber in seiner eigenen Erziehertätigkeit endgültig scheiterte. Während er am Tage Fichte hört und das Ideal einer mündigen, befreiten Menschengemeinschaft träumt,[191] verzweifelt er in den Nächten am Bett seines unmoralischen, lernunwilligen Zöglings Fritz, den er, als Wachmann der Sittlichkeit, an der »Selbstschwächung« zu hindern sucht.[192] Hölderlins Situation entbehrt nicht der Ironie. Denn während es in den Texten des zeitgenössischen Onanie-Diskurses immer wieder heißt, daß Onanie die Gesundheit und Geisteskräfte des »Selbstschwächers« zerstöre, zielt in diesem Fall gerade die Verhinderung der Selbstbefriedigung des einen auf die Verhinderung der Selbstbildung des anderen. »Das ängstliche Wachen bei Nacht zerstörte meinen Kopf, und machte mich für mein Tagwerk beinahe unfähig«, klagt Hölderlin der Mutter: es griff »meine Gesundheit und mein Gemüth auf das härteste an«.[193] In diesen Sätzen und in jenen Jenaer Stunden Hölderlins zwischen Fichtes Vorlesung und Fritzens Bett steckt gewissermaßen die ganze Tragik der Aufklärung. Dem mittäglichen Licht der Vorlesung hing immer auch das nächtliche Dunkel unter den Bettdecken an: Hölderlins hehre Erziehungsideale scheitern am ›Onanie-Willen‹ seines Zöglings – so wie das Projekt der Aufklärung an der ›falschen‹ Lesesucht der Masse an seine Grenze stößt.

Jena im Januar 1795 wird damit, um es übertrieben zu sagen, zu einem ›Schlüsseldatum deutscher Kulturgeschichte‹. Es kündigt ein Mißlingen an, das sich im zeitgenössischen Diskurs in der Klage über die umsichgreifende ›Seuche‹ der Onanie und der ›falschen‹ Lektüre vielfach artikulierte. Die Onanie muß in den Augen der Zeitgenossen *den* Widerspruch zur enstehenden bürgerlichen Gesellschaft mit ihren Geboten des sozialen Bewußtseins und der (Affekt-)Ökonomie darstellen. Sie ist ein so po-

---

191 »Fichte ist jetzt die Seele von Jena. Und gottlob, daß er's ist. Einen Mann von solcher Tiefe und Energie des Geistes kenn ich sonst nicht [...] Ich hör ihn alle Tage«, schreibt Hölderlin im November 1794 an Neuffer (Hölderlin, S. 139).

192 Vgl. Hölderlins Brief an die Mutter vom 16.1.1795 (Hölderlin, S. 146-148).

193 Ebd., S. 148.

puläres Thema der pädagogischen Aufklärung nicht nur deshalb, weil sie an der Nahtstelle zwischen Lust und Pflicht steht, sondern weil sich an ihr das Gelingen oder Nichtgelingen jenes »Zwangs zum Selbstzwang« (Elias) am deutlichsten erweist. War einmal der Zugriff auf den privatesten, geheimsten, von außen völlig unabhängigen Lustbereich des Individuums vollbracht, so war der Erfolg aller anderen Regulierungsvorhaben nur noch eine sekundäre Frage. Die Heftigkeit des ›antionanistischen Diskurses‹ deutet an, daß diese geheime Lust ebenso hartnäckig war wie die verbotene Lust auf »elende und geschmacklose« Romane. Man muß annehmen, daß die Disziplinierung im Sinne der Popularaufklärung zwar mit starkem Einsatz betrieben, aber nicht tatsächlich realisiert wurde. Die weitere Entwicklung zeigt, daß die ›schlechte‹ Lektüre sich zum Schrecken der Aufklärer, Moralisten und Behörden immer mehr ausbreitet.[194]

Die von Schön und Koschorke diskutierten Phänomene der Entkörperlichung des Rezeptionsverhaltens und der Verschriftlichung der Kommunikation legen zugleich nahe, daß Disziplinierung sich schon in der Rezeptions*situation* vollzieht. Koschorke stellt in seinem Artikel abschließend fest: »Die für die Literatur relevanteste sozialhistorische Realität des 18. Jahrhunderts scheint in der simplen und deshalb leicht zu übersehenen Tatsache zu bestehen, daß die für die bürgerliche Gesellschaft grundlegenden Affektmodellierungen und Subjektdefinitionen sich im *Medium der Schriftlichkeit* vollziehen, daß sie Elemente eines erstmals zu voller Ausprägung gelangten neuartigen Kommunikationssystems sind.« Er gibt zu bedenken: »Die ›Rehabilitation der Sinnlichkeit‹, die sich im 18. Jahrhundert in Lossagung von den rationalistischen Restriktionen zugetragen haben soll, ist medienhistorisch nur ein Effekt ihrer Codierung. Sie spiegelt keine Lockerung der gesellschaftlichen Affektökonomie wider [...], sondern markiert den Beginn des Prozesses medialer Monopolisierung der Lust, der in der Industrie des Unbewußten heute mündet«: die sinnliche Lust wird »im Prozeß ihrer scheinbaren Freigabe erst recht an ästhetische Repräsentanzen gefesselt«.[195]

In dieser Sicht wird das Medium selbst zur Regulierungsinstanz, während sein Inhalt keine wesentliche Rolle spielt. Ich folge Koschorkes Auffassung, daß sich grundlegende Affektmodellierungen bereits durch die Schriftlichkeit der rezipierten Texte vollziehen. Wie Schön zeigt, liegt

---

194 Die Besorgnis hinsichtlich dieser Entwicklung drückt sich neben vielen anderen Beispielen in einem generellen Verbot von »Geister, Gespenster, Ritter und Heldenromanen, vorzüglich die, wo Betrüger vorkommen«, durch die Wiener Zensurbehörde aus (Intelligenzblatt der Allgemeinen Literatur-Zeitung Nr. 39 vom 22.3.1800, S. 318).

195 Koschorke, S. 628.

Affektmodellierung auch in der Rezeptions*weise* der Texte vor. Das darf allerdings nicht dazu führen, den Inhalt der Texte zu vernachlässigen. Es ist zu fragen, inwiefern dieser als Mittel der Affektmodellierung fungiert.

2.3.6 Die Verwaltung – »diskursive Existenz«

Koschorke nennt die von einigen Wissenschaftlern im 18. Jahrhundert gesehene »Rehabilitation der Sinnlichkeit« einen »Effekt ihrer Codierung«. Regulierung vollzieht sich demnach über Repräsentation. Einen ähnlichen, aber anders akzentuierten Ansatz verfolgt Michel Foucault, der von der Beherrschung der Lust durch Thematisierung spricht: »Polizei des Sexes: das ist nicht das strikte Verbot, sondern die Notwendigkeit, den Sex durch nützliche und öffentliche Diskurse zu regeln«.[196] Foucault lenkt die Aufmerksamkeit auf den inhaltlichen Aspekt der Schrift bzw. Sprache: »man muß von Sex sprechen wie von einer Sache, die man nicht einfach zu verurteilen oder zu tolerieren, sondern vielmehr zu verwalten und in Nützlichkeitssysteme einzufügen hat, einer Sache, die man zum größtmöglichen Nutzen aller regeln und optimal funktionieren lassen muß. Der Sex, das ist nicht nur eine Sache der Verurteilung, das ist eine Sache der Verwaltung. Er ist Sache der öffentlichen Gewalt, er erfordert Verwaltungsprozeduren, er muß analytischen Diskursen anvertraut werden« (S. 36).

Wenn der Sex in eine »diskursive Existenz« (S. 46) getrieben, wenn er »in Rechnung« gestellt wird, »um einen nicht nur moralischen, sondern auch rationalen Diskurs darüber zu halten« (S. 35), so läßt sich darin ein spezifisches Paradigma erkennen. Die Regulierung eines Gegenstandes vollzieht sich nicht über dessen Tabuisierung, sondern über eine bestimmte Weise des Sprechens; sie realisiert sich nicht im Verbot des Wissens, sondern in dessen Codierung. Codierung bedeutet, einen Gegenstand in eine spezifische sprachliche Form zu bringen. Es geht um die Verdrängung eines unbestimmten, ungeordneten Alltagswissens. Foucault nennt dieses Vorgehen *Verwaltung*. Dieser Begriff zielt nicht auf Moralisierung und

---

196 Foucault, Wille, S. 37; im folgenden Nachweise im Text. Vgl. auch ebd., S. 35: »Zensur des Sexes? Eher hat man einen Apparat zur Produktion von immer neuen Diskursen über den Sex installiert, zur Produktion von immer mehr Diskursen, denen es gelang, zu funktionierenden und wirksamen Momenten seiner Ökonomie zu werden.« Der Sex wird durch einen ganzen »Strang von Diskursen, von Wissen, Analysen und Geboten« besetzt (S. 39), von »Diskursivitäten« wie: Demographie, Biologie, Medizin, Psychiatrie, Psychologie, Moral, Pädagogik und politische Kritik (S. 47).

Entrüstung, sondern auf Sachlichkeit. Er bezeichnet damit recht treffend den Wechsel vom Verbot zur Codierung. Ich übernehme diesen Begriff und werde ihn in meiner Untersuchung auf weitere Phänomene des ausgehenden 18. Jahrhunderts und schließlich auch in der Untersuchung und Beschreibung der schriftstellerischen Produktion Vulpius' anwenden. Ich bezeichne damit im Sinne Foucaults den Vorgang der Codierung eines Gegenstandes innerhalb eines rationalen Diskurses – im Gegensatz zur Tabuisierung oder moralischen Verurteilung des Gegenstandes. Wie an den folgenden Beispielen über den *zufälligen* Weg zum Laster zu sehen sein wird, bedeutet Codierung zugleich Ausschaltung des Zufalls und Sicherung der Kalkulierbarkeit auf der Grundlage entsprechender Wissensvermittlung.[197]

Foucaults These, die »Polizei des Sexes« äußere sich in der *Thematisierung* des Sexes, läßt sich an der »Pädagogisierung des kindlichen Sexes« (S. 126) im Deutschland des ausgehenden 18. Jahrhundert vielfach bestätigen. Dabei ist den Diskursteilnehmern bewußt, daß der Sex in ein, wie Foucault es nennt, »System des Wissens« (S, 89) eingeschrieben werden muß.[198] Helga Glantschnig hält in ihrer Untersuchung zur Kindererziehung in der Aufklärung fest: »Obwohl die Philanthropen dazu neigen, das kindliche Wissen um die Existenz sexueller Phänomene mit dem Verlust der Unschuld gleichzusetzen, übernehmen sie letztlich doch die sexuelle Aufklärung als notwendiges Übel. Bevor die Kinder zufällig oder aus falscher Hand etwas darüber erfahren, gehen die Pädagogen lieber selber daran, ihnen das Wichtigste beizubringen«.[199] Vor die Wahl zwischen Tabuisierung und Thematisierung gestellt, entscheiden sie sich für letzteres. Kant schreibt in diesem Zusammenhang: Es ist »unmöglich, den

---

197 Foucault kennzeichnet mit dem Begriff der Codierung die Regulierungsstrategie im pädagogischen Diskurs: die pädagogische Institution habe dem Sex der Kinder nicht massiv Schweigen geboten, »sie hat vielmehr seit dem 18. Jahrhundert die entsprechenden Diskursformen vervielfacht und verschiedenste Einpflanzungspunkte für ihn eingerichtet, sie hat die Inhalte codiert und die Sprecher qualifiziert« (Foucault, Wille, S. 43; vgl. S. 88f.). Das Kind sollte »nicht nur das stumme und bewußtlose Objekt von Bemühungen sein, die einzig zwischen den Erwachsenen abgesprochen waren, sondern man zwang ihm einen vernünftigen, begrenzten, anständigen und wahren Diskurs über den Sex auf – eine Art diskursive Orthopädie« (S. 42). Foucault verweist als Beispiel auf das von J. Schummel (Fritzens Reise nach Dessau, 1776) beschriebene Fest in Basedows »Philanthropinum«, das den Erwachsenen die Erfolge der Sexualerziehung der Kinder demonstrieren sollte. Die Schüler beantworten Fragen zur Geburt und Fortpflanzung und kommentieren Stiche, die eine Schwangere, ein Paar, eine Wiege zeigen (Foucault, Wille, S. 42).
198 Zur Regulierung der Sexualität durch Thematisierung im 19. Jahrhundert vgl. das Kapitel »Die Flucht ins Wissen« in: Gay, Erziehung, S. 325-333.
199 Glantschnig, S. 140.

Jüngling hier in der Unwissenheit und in der Unschuld, die mit ihr verbunden ist, zu bewahren. Durch Schweigen macht man das Übel aber nur noch ärger. Dieses sieht man an der Erziehung unserer Vorfahren. Bei der Erziehung in neuern Zeiten nimmt man richtig an, daß man unverhohlen, deutlich und bestimmt mit dem Jünglinge davon reden müsse.«[200] Johann Friedrich Oest läßt in seiner antionanistischen Preisschrift den Jungen selbst zur Onanie finden, »ohne zu wissen, daß es ein Laster sey«, und erklärt damit die Notwendigkeit, sich mit einer detaillierten Beschreibung des Lasters und seiner Umstände warnend an seine jungen Adressaten zu wenden.[201] Adam Bergk diskutiert die Frage nach den Grenzen des Wissens unter der Perspektive der Freiheit des Denkens und der Vorstellungskraft und spricht sich ebenfalls gegen die Tabuisierung des Wissens um das Laster aus.[202]

Ein wesentlicher Bestandteil dieser Codierung ist das ›Postulat der Kausalität‹. Demnach hat jede noch so versteckte Handlung ihre offen-

---

200 Immanuel Kant, Über Pädagogik (zitiert nach: Lütkehaus, S. 154).

201 Vgl. Lütkehaus, S. 142f. Ebenso drastisch ist Campes Versuch von 1783, durch die Vermittlung eines bestimmten Wissens der Onanie vorzubeugen. Unter Androhung der unheilbaren Krebs-Krankheit beschwört er seine Zuhörer, ihre Schamteile »ohne Not niemals zu berühren«: »Ich habe junge Menschen gekannt, die das nicht wußten und sich deswegen unaussprechlich unglücklich machten, weil sie nie gehört hatten, was es mit diesen zarten Teilen auf sich habe; so hatten sie sich unverständigerweise angewöhnt, mit den Händen oder sonst einer Weise daran zu reiben, zu drücken, zu zerren oder zu kitzeln; und weil ihnen das anfangs Vergnügen machte und sie nicht gleich etwas Schmerzhaftes danach empfanden, so fuhren die Unglücklichen von einem Tage zum andern damit fort. Aber was erfolgte? Kinder, Gott ist mein Zeuge, daß ich euch die Wahrheit sage, so unbegreiflich euch die Sache auch jetzt noch klingen mag – einige zehrten ab und wurden wie ein Schatten; andere bekamen Zuckungen oder das sogenannte schwere Gebrechen; einige wurden trübsinnig und melancholisch davon; andere verloren ihr Gedächtnis und ihren Mutterwitz, wurden einfältig und dumm, oft ganz verrückt, einige wurden mit Blindheit, andere mit andern schrecklichen Krankheiten und Leibesgebrechen dafür bestraft« (Campe, Kinderbibliothek, S. 84). Johann Baptist Strobl hält sich in der Beschreibung der Onanie zwar zurück und spricht von der »glücklichen Unwissenheit« derer, die »jenes Laster nicht einmal ahnen, welches Karl zu Grunde richtete« (zitiert nach: Ewers, S. 290). Aber mit dieser ›thematisierenden Tabuisierung‹ begibt er sich in das Dilemma, bei seinen Lesern das gefährliche Wissen um ein Nichtwissen erst zu schaffen.

202 »Die Fesseln, die das Moralische dem Menschen anlegt, gelten also nicht für das Denken; er kann alles denken, was er will; er kann sich ohne Bedenken gute und böse Vorstellungen bilden, bloß die Ausführung des gedachten Bösen ist ihm verboten. Wollte man das Denken des Menschen durch das Moralische beschränken, so würde man ihm 1) die Kenntniß von dem, was böse ist und 2) von sich selbst und seinem Zustande unmöglich machen. Er kann und soll über die Laster und Ausschweifungen des Menschen nachdenken, um Abscheu in sich dagegen zu erregen und er darf das Böse denken, aber dasselbe weder in seine Willensmaximen aufnehmen noch darnach handeln« (Bergk, Die Kunst zu denken, S. 298).

sichtlichen Folgen: »Das diskreteste Ereignis im sexuellen Verhalten – Unfall oder Abweichung, Mangel oder Exzeß – wird der unterschiedlichsten Konsequenzen im Lauf der Existenz für fähig gehalten« (S. 84). Das ›Postulat der Kausalität‹ macht potentiell das Verborgenste sichtbar. Indem es die Beobachtung des Abwesenden bedeutet, wird es zu einem der wirkungsvollsten Disziplinierungsmittel: es ist der Blick ins einsame Zimmer, es ist Panoptismus.

2.3.7 Panoptismus – »Intelligenzzwang« und Codierung

Der Blick nicht ins einsame Zimmer, sondern in die einsame Zelle spielt eine wichtige Rolle für die Resozialisierung Gefangener in Jeremy Benthams »Panopticon«. Dabei handelt es sich um das Modell eines modernen Gefängnisses, für das Bentham 1787 warb (vgl. S. 256ff.). Durch die Grundkonstruktion des Panopticon (das vier- bis sechsstöckige zylindrische Gebäude mit den Einzelzellen umgab ringförmig einen Beobachterturm, von dem der Einblick in jede Zelle möglich war) sollte die allumfassende Kontrolle der Häftlinge möglich werden. Das Wesentliche war, daß die Gefangenen niemals wissen, wann sie beobachtet werden, da der Beobachter selbst im Dunkeln, die Zellen aber immer im Licht liegen. Wenn sie jedoch die Kontrolle nicht kontrollieren können, bedarf die Überwachung auch nicht mehr der wirklichen Anwesenheit des Wachmanns: die Möglichkeit ist Wirkung genug.

Benthams Projekt wurde damals nicht verwirklicht. Es kommt aber auch gar nicht auf den realen Gefängnisbau an. Foucault nutzt Benthams Modell zunächst, um einen Paradigmenwechsel in der Strafjustiz zu illustrieren.[203] Zugleich kann er an diesem Modell seinen eigenen Begriff von der »panoptischen Gesellschaft« (S. 388) verdeutlichen. Zwei Erscheinungen gilt es dabei festzuhalten: die Erziehung durch Beobachtung und die Entindividualisierung der Macht. »Das Prinzip der Macht liegt weniger in einer Person als vielmehr in einer konzertierten Anordnung von Körpern, Oberflächen, Lichtern und Blicken«, schreibt Foucault mit Blick auf Benthams Panopticon: »der architektonische Apparat ist eine Maschine, die ein Machtverhältnis schaffen und aufrechterhalten kann, welches vom Machtausübenden unabhängig ist« (S. 259 und 258).

---

203 An die Stelle der alten Körperstrafen tritt bei Bentham die Erziehung durch Beobachtung, wobei durch die Beobachtung zugleich Tätlichkeiten des Wachpersonals gegen die Häftlinge vermieden werden sollten.

Benthams Modell kann als ein Ausgangspunkt dienen, den Blick ins einsame Zimmer bei Abwesenheit des Beobachters zu erörtern. Das Prinzip der Beobachtung, das bei Bentham im Vordergrund steht, wird im ausgehenden 18. Jahrhunderts zu einem Sozialisierungsmittel in verschiedenster Form. Während in Rosseaus Roman »Émile« (1762), der die ständige Beobachtung zum Erziehungsideal erhebt, die Anwesenheit des Beobachters noch eine Notwendigkeit der Beobachtung war, konnte im Zusammenhang mit dem pietistischen Tagebuch schon weitgehend darauf verzichtet werden.[204] Lavaters Systematisierung der Physiognomie ermöglichte dem interpretierenden Blick mittels Einsatz der ›wissenschaftlichen‹ Kategorie der Kausalität, aus den vorliegenden physiognomischen Zeichen auf die Persönlichkeitsstruktur des Beobachteten zu schließen. Die Ärzte wiederum lasen die Zeichen des Körpers der Frau auf Individuierungs- und Sexualisierungsphänomene hin und trafen über die Feststellung der Jungfernschaft hinaus Aussagen über das persönliche Sexualleben.[205] Durch die Bereitstellung eines wissenschaftlichen Inventariums zur Interpretation der »Semiotik des Körpers« (Meyer-Knees) macht sich der Beobachter quasi *nachträglich* zum Begleiter des Beobachteten. Er rekonstruiert dessen Vergangenheit durch die Beobachtung des »Ausdruck[s] der Seele im Körper« (Johann Jakob Engel).[206] Eines der medizinischen Bücher bringt die Doppeldeutigkeit des ›Auf-den-Leib-Rückens‹ (Erkundung des Körpers und der Interna einer Person) schon 1719 im Titel zum Ausdruck: »Neu=entdeckte Heimlichkeiten der Frauenzimmer«. Darin steckt der Verrat nicht nur geschlechtsspezifischer Eigenheiten, sondern auch ganz persönlicher Geheimnisse (Jungfernschaft, Intensität des Geschlechtslebens). Die Beobachtung wird in verschiedenster Weise zur »Ausspähungsdiagnostik«, die Entzifferung des Körpers zielt, wie Hart-

204 Die Rechenschaftslegung über das eigene Tun in einem Tagebuch, das schließlich in der Gegenwart der Familie vorgelesen wird, bindet das Ich auch in unbeobachteten Momenten in eine »korrektive Überwachungsgemeinschaft« (Rupp) ein (vgl. Rupp, S. 183f.).

205 Die Zeitgenossen vertraten die Auffassung, daß man an der Beschaffenheit der Nymphen und der Klitoris die Häufigkeit des begangenen Geschlechtsverkehrs einer Frau ablesen könne, so L. Christoph de Hellwig in seiner Schrift »Neu=entdeckte Heimlichkeiten der Frauenzimmer« (1719) und Albrecht von Haller in seinem epochalen Werk »Elementa physiologicae corporis humani« (1757–1766) (vgl. Meyer-Knees, Kapitel 2.4).

206 Johann Jakob Engel zeigt in seinem Vergleich von Physiognomik und Mimik zugleich deren Aufgaben und Ziele an: »beyde beschäftigen sich damit, den Ausdruck der Seele im Körper zu beobachten: nur daß jene [die Physiognomik] die festen bleibenden Züge, woraus sich das Allgemeine eines Charakters abnehmen läßt, und diese [die Mimik] die vorübergehenden körperlichen Bewegungen untersucht, die einen solchen einzelnen Zustand der Seele ankündigen« (vgl. die Einleitung seiner »Ideen zu einer Mimik« [1785/86], zitiert nach: Geismeier, S. 123).

mut Böhme für die Physiognomik festhält, »auf die absolute, ›panoptische‹ Transparenz des kommunikativen und leiblichen Verhaltens«.[207] Die Rede von der Zeichenhaftigkeit alles Geheimen[208] und die damit vorausgesetzte Unmöglichkeit, sich der Entzifferung zu entziehen, muß für die Zeitgenossen auch als Disziplinierungsmittel gewirkt haben.[209]

Was damit gemeint ist, läßt sich am Beispiel der Physiognomie veranschaulichen. Diese erscheint zunächst nur als konstatierende Beobachtung. Aber das Wissen des Individuums um den künftigen Blick verschafft diesem Wirkung auch in der Gegenwart. Besonders wichtig wird dieser Zusammenhang für die Texte des Onanie-Diskurses, die mit dem Topos des Kainszeichens arbeiten (vgl. 2.3.2). Die konstatierende Beobachtung wird dann zu einer konstituierenden, wenn durch das ›Postulat der Kausalität‹ diese konstatierende Kraft bewußt gemacht wird. Wie an den zitierten Texten des Onanie-Diskurses zu sehen war, wird das Wissen um die Kausalität ständig produziert. Diese Texte sprechen davon, daß die heimliche Onanie sich dem Betrachter sofort an lesbaren Zeichen vor allem im Gesicht offenbart. An die Stelle der Verhinderung der unerlaubten Handlung durch die körperliche Anwesenheit des Erziehers – wie es Hölderlin in seinen schlaflosen Nächten in Jena praktizierte – kann somit die Verhinderung durch die ›Anwesenheit‹ eines bestimmten Wissens treten: die Augen des Erziehers ersetzt das Wort.

Der Panoptismus, um den es mir geht, darf also nicht im engeren Sinne des Bentham-Modells gedacht werden. Die unsichtbare Überwachung besteht weniger darin, daß man den Beobachter nicht sieht bzw. nie weiß, ob man gerade beobachtet wird. Diese Konstellation wäre so neu nicht, denn durch das ›Auge Gottes‹ konnte sich das Individuum schon seit Jahrhunderten als Objekt einer unsichtbaren Überwachung verstehen.[210]

---

207 Böhme, S. 148 und 168

208 Paracelsus, der die semiotische Philosophie des Körpers dem 18. Jahrhundert übermittelt, schrieb: »es ist nichts so Geheimes im Menschen, das nit ein auswendig Zeichen an sich hätte« (Paracelsus, Werke, hg. v. Peukert, Darmstadt 1965, Bd. I, S. 298, zitiert nach: Böhme, S. 150). Zu Paracelsus' Zeichenlehre des Körpers vgl. Böhme, v.a. S. 150-160).

209 Böhme spricht von der polizeispezifischen Bedeutung der Semiotik des Gesichts und des Körpers und verweist auf die Geschichte »Der gläserne Ökonom« in den »Biographien der Wahnsinnigen« (1795/96) von Ch. H. Spieß, in der ein junger Mann glaubt, eine Brust aus Glas zu haben, durch die alle seine Emotionen erkennbar sind (vgl. Böhme, S. 169f. und Anm. 34).

210 Scheibel droht 1734 in seinen Feldzug gegen das Lesen »liederlicher Bücher« z. B. noch mit dem Panoptismus Gottes: »Dieses aber sollte einen jeden leichtsinnigen Poeten bewegen, wohl zu bedencken, daß er ja nicht seinen Kopff mit nichtswürdigen und so schädlichen Gedancken anfülle, sondern sich bemühe seine Seele zu erbauen, damit man zu aller Zeit, auch beym Lesen der Bücher, bereit sey, wenn der HERR kömmt, dem wir

Im Bentham-Modell liegt demgegenüber zwar eine Säkularisierung und Entpersonalisierung des Auges vor, aber es handelt sich noch um einen Panoptismus im ursprünglichen Sinne des Wortes, der an die, wenn auch nur vorgetäuschte Anwesenheit eines Beobachters gebunden ist. Vor dem Hintergrund von konstatierendem Blick und Kausalitätspostulat wandelt sich das Wesen des Panoptismus'. Die Internalisierung der Norm erfolgt nicht unter (Vortäuschung) totaler Kontrolle, sondern infolge des Wissens um die Lesbarkeit der Zeichen. Da die Vermittlung des Wissens durch die Sprache erfolgt, bietet sich die Bezeichnung ›Panoptismus der Sprache‹ an. Diese Formulierung signalisiert, daß die Macht und die neue Qualität des Panoptismus letztlich in der Thematisierung und Codierung begründet liegt: Benthams Modell funktioniert außerhalb des Gefängnisses als »System des Wissens«.

Damit bin ich zurückgekehrt zur Schrift. Am Beispiel der Texte gegen die Onanie wurde das Verfahren der Codierung bzw. diskursiven Normierung bereits illustriert. Aber der »spezifisch wissensorientierte Diskurs der Disziplinierung«[211] in der zweiten Jahrhunderthälfte erschöpft sich weder im Onanie- noch im Lesesucht-Thema. Er erstreckt sich auf das gesamte Wissen und findet, weniger eindeutig als in den Texten der Onanie-Diskussion, auch in den Intelligenzblättern der Zeit statt. Wie Thomas Kempf zeigt, ist den Zeitgenossen dabei durchaus bewußt, daß »durch Wissenschaften [...] nützliche Bürger erzogen« werden.[212] Und selbst die Staatsmacht war bestrebt, die Vermittlung von Wissen als Normierungsmöglichkeit zu nutzen: sie verpflichtete bestimmte Personen zum Abonnement des Intelligenzblattes.[213] Kempf zitiert unter dem Stichwort »Intelligenzzwang« einen Zeitgenossen, der von der Staatsgewalt fordert, denjenigen, »welche im Staate ein öffentliches Amt bekleiden, wenn es nur einiger Maßen von Wichtigkeit ist«, »bey Strafe« zu befehlen, »solche Blätter in collegialischer oder anderer Gesellschaft, welche sie an einem

---

nicht allein von einem jeden unzüchtigen und unnützen Worte, sondern auch liederlichem Buche, das in unsern Händen gewesen, Rechenschafft geben müssen« (Scheibel, S. 89). Am Ende des Jahrhunderts sind die eine wissenschaftliche Grundlage reklamierenden Argumente im Lesesucht-Diskurs dem Säkularisierungs- und Rationalisierungtrend der Zeit weit angemessener als die Drohung mit Gott. Darüber hinaus wird das ›Jüngste Gericht‹ in das Diesseits vorverlegt, indem der Physiognomiker an Gottes Stelle tritt und den beobachteten Menschen in die Lage der Unverborgenheit bringt (vgl. Böhme, S. 169).

211 Kempf, S. 17.

212 Kempf zitiert wiederholt diesen Satz aus Franz Joseph Bobs »Von dem Systeme der Polizeywissenschaft« Freiburg im Breisgau ²1779, S. 105, der das Verhältnis von Wissen und Macht auf den Punkt bringe (vgl. Kempf, S. 109).

213 In Preußen wurde der Abonnementszwang bereits 1727 eingeführt (vgl. ebd., S. 106).

oder etlichen nahe gelegenen Orten ausmachen können, zu halten, und die wenigen Groschen, welche dafür bezahlt werden, aufzuwenden. Es müssen demnach alle hohe und niedere Collegia, nämlich Regierungs-, Justiz- Kammer Polizey- und Magistrats-Collegia, die Intelligenzblätter halten« – ebenso sollen die Landprediger, als Informationsmultiplikatoren, dazu verpflichtet werden, und »eben so können und müssen alle Wirthshäuser und Gasthöfe, ingleichen alle Kaffe- und Wein-Häuser, zu Haltung der Anzeigeblätter gesetzlich angehalten werden. Dadurch gewinnt man auch dieses, daß nicht allein diejenigen Personen, bey welchen der Zwang nicht füglich anzubringen ist, sondern die Fremden, denen oft ebenfalls daran gelegen seyn kann, die Nachrichten in die Hände bekommen.«[214]

Die normierende, sozialisierende Wirkung der Moralischen Wochenschriften hatte schon Scheibel 1734 hervorgehoben, als er zu bedenken gab: »wer weiß ob nicht hier und dar mancher vom Caffee-Hause, worauff er mit einem eitlen und liederlichen Gemüthe gekommen, durch Lesung derselben anders Sinnes und auff das kräfftigste gerühret wieder herunter gegangen«.[215] Die Intelligenzblätter unterscheiden sich von den Moralischen Wochenschriften allerdings dadurch, daß sie »auf die Figur des fiktiven Verfassers sowie einer offen vorgetragenen Moralisierung« verzichten.[216] Normen werden hier zunehmend sachlich, eher im Gewand der hilfreichen Informationen, denn der aufdringlichen Belehrung vermittelt. Zum Teil werden sie nur unterschwellig, deswegen jedoch nicht minder eingängig präsentiert.[217] Die Codierung des Wissens leistet sich eine gewisse *Entmoralisierung*: »Fakta, und kein moralisches Geschwätz«,

---

214 Kempf zitiert aus Johann Georg Krünitz' Artikel »Intelligenzanstalt« in : J. G. K.: Ökonomisch-technologische Enzyklopädie, Bd. 30. Berlin 1784, S. 424-441, zitiert nach: Kempf, S. 107f. Vgl. auch Ziessow, Bd. I, S. 71, über das Intelligenzblatt »Wöchentliche Osnabrückische Anzeigen«: »Mit der Einbeziehung Osnabrücks in das Königreich Westfalen kam für das Intelligenzblatt die Einrichtung des Zwangsabonnements nicht nur für alle Behörden, Gerichte und bedeutenden Beamten, sondern auch für die Zünfte und Innungen, größere Geschäftsleute, Wirtshäuser und Kapitelkirchen. Dadurch stieg die Auflage zunächst auf etwa 1000 [von zuvor 450 – 600; R. S.], später mit der Ausdehnung der Bezugspflicht auf das gesamte Weserdepartement gar auf 1800 Exemplare.«

215 Scheibel, S. 2.

216 Kempf, S. 130.

217 Kempf merkt über die Wirkungsweise der Intelligenzblätter an: »Die Vereinigung von Steckbriefen, Nachrichten über Zwangsversteigerungen, Beförderungen und Promotionen, namentlichen Kurlisten, Geburts- und Sterbestatistiken sowie ausführlichen Familiennachrichten in einem obrigkeitlichen Kommunikationsmedium, einer ›Policeyanstalt‹, ergibt ein engmaschiges soziales Differenzierungssystem nach Leitdifferenzen wie etwa vermögend / unvermögend, ehrenhaft / unehrenhaft, sozial auffällig / sozial unauffällig usw.« (ebd., S. 114).

lautet ganz in diesem Sinne Karl Philipp Moritz' Losung für sein »Magazin zur Erfahrungsseelenkunde« (1783–1793), das daher auch »keine Strafpredigten gegen Aberglauben und Schwärmerei enthalten, sondern beide als Gegenstände der ruhigen Beobachtung aufstellen [soll], damit ihr Grund und Ungrund sich von selbst aufdecke.«[218]

Es kann festgehalten werden, daß Disziplinierung im ausgehenden 18. Jahrhundert zunehmend über eine entsprechende Codierung des Wissens vermittelt wird. Dieses Verfahren zielt auf *Selbst*disziplinierung. Durch die damit erreichte *Rationalisierung* ist zugleich der Verzicht auf eine ausgedehnte moralische Argumentation möglich geworden. Auf diesen Umstand wird in der Analyse der Texte Vulpius' zurückzukommen sein, in denen sich in ähnlicher Weise eine ›entmoralisierte‹ Disziplinierung durch Codierung äußert. Es wird zu zeigen sein, daß die Codierung des Wissens auch in Texten von Trivialautoren zu einer *unterschwelligen* Normierung führt. Wie die Codierung des Wissens und die unterschwellige Normierung konkret zu verstehen ist, soll im folgenden in einem Exkurs zum Reise-Diskurs illustriert werden.

2.3.8 Exkurs: Die Ratschläge – das Reisen ins Gewisse

Das Reisen macht im 18. Jahrhundert ebenso ›Karriere‹ wie das Buch und greift mit der Kraft einer »fast epidemische[n] Seuche«[219] um sich. Das Phänomen Reise weist über diese Karriere und den Vergleich mit einer Seuche hinaus mehrere Gemeinsamkeiten mit dem Phänomen Buch auf. Ebenso wie über die Schrift entwickelte sich über die Mobilität eine neue, mehr oder weniger politische »bürgerliche Öffentlichkeit«: »Die Autoren der Reisebeschreibungen gewannen und vermittelten das Gefühl, einer größeren Gesellschaft anzugehören, in ein sich verdichtendes Gewebe persönlicher Beziehungen integriert zu sein«.[220] Außerdem wird die Ordi-

---

218 Moritz, Bd. 3, S. 103 und 167. Das erste Zitat stammt aus der Einleitung zum ersten Band des Magazins (1783), das zweite aus Moritz' Einleitung des 8. Bandes (1791) unter dem Titel »Über den Endzweck des Magazins zur Erfahrungsseelenkunde«. Auch die ›Medizinalisierung‹ des Onani-Diskurses bedeutete eine Entmoralisierung.

219 Des Herrn Professors Johann David Köhlers Anweisung für Reisende Gelehrte, Frankfurt und Leipzig 1762, Vorrede des Hg. (unpag.), zitiert nach: Beyrer, S. 50.

220 Bödeker, S. 104. »Die gründliche Kenntnis der Verhältnisse in anderen Ländern soll zum kritischen Urteil über die des eigenen Landes befähigen. Die Publizitätspflicht der Reisebeschreibungen dient also der Materialbeschaffung im Prozeß der Selbstaufklärung einer literarischen Öffentlichkeit über ihre politischen Verhältnisse« (Laermann, S. 65).

nari-Post, als Pendant zur Extrapost der Priviligierten, vergleichbar der Lesegesellschaft auf dem Sektor der Schrift zum Ort der Demokratisierung, indem sie eine Gemeinschaft schafft, in der Stand und Finanzkraft prinzipiell keine einklagbare Distinktion mehr garantieren.

Durch die Einrichtung von Postkutschen, die unabhängig von der jeweiligen Tagesnachfrage zu festgesetzten Zeiten einen festgelegten Weg zurücklegen[221] wird das Reisen zu einem halbwegs planbaren Unternehmen. Die Postorganisation bot zum Teil sogar Versicherungsschutz und erstattete gegebenenfalls das, was ihren Reisenden bei einem Überfall geraubt wurde.[223] Damit wurde selbst ein Überfall zu einem kalkulierbaren, leicht überlebbaren Ereignis. Klaus Laermann bemerkt mit Bezug auf eine zeitgenössische Schrift, daß dies »zumindest in England und häufig wohl auch in Deutschland zur Folge [hatte], daß die Reisenden, wenn sie unter die Räuber fielen, sich nicht wehrten; sie gaben ihnen ihr Geld und konnten relativ sicher sein, mit dem Leben davonzukommen«.[223] Entsprechen bereits der Zeitplan der Beförderung und die Ansätze zum Versicherungsschutz dem Gebot der Kalkulierbarkeit, so äussert sich dieses auch in der Aufforderung zur Registration bzw. zum ›enzyklopädischen Blick‹ auf der Reise sowie in den Ratschlägen zum angemessenen Verhalten während der Reise.

Die zeitgenössischen Reiseführer waren um die objektive Erfassung der Reisegeographie bemüht. Sie verzeichneten Postwechsel, lieferten Entfernungsangaben, gaben Hinweise auf den Zustand der Straßen, auf Fahrpreise, auf empfehlenswerte Wirtshäuser. Die Reisenden selbst waren angehalten, ihrerseits solche Informationen zu sammeln und weiterzugeben.[224] In der zweiten Jahrhunderthälfte werden hinsichtlich der »In-

---

221 Vgl. Beyrer, S. 51.

222 Vgl. Laermann, S. 73. Laermann beruft sich auf Heinrich Stephan: Geschichte der preußischen Post von ihrem Ursprunge bis auf die Gegenwart, Berlin 1859, S. 269f.

223 Ebd. Laermann bezieht sich auf Woldemar Friedrich Graf von Schmettau: Über Straßenräuberei und Unsicherheit der Landstraßen, in: Heinrich August Ottokar Reichard (Hg.): Kleine Reisen. Lektüre für Reise-Dilettanten, Bd. 6, Berlin 1789, S. 166.

224 Ein Beispiel dafür ist Peter Amborsius Lehmanns Buch: Die vornehmsten Europäischen Reisen, wie solche durch Teutschland, Frankreich, Italien, Holl- und England, Dannemark und Schweden, vermittels der dazu verfertigten Reise Carten, nach den bequemsten Post-Wegen anzustellen, und was auff solchen curieuses zu bemercken. Wobey die Neben-Wege/Unkosten/Müntzen und Logis zugleich mit angewiesen werden. Welchen auch beygefügt LIV Accurate Post- und Bothen-Carten von den vornehmsten Städten in Europa. Hamburg, bei Benjamin Schiller 1706. In der Vorrede zur 8. Auflage (1736) empfiehlt er dem Reisenden, »sich mit speziellen Beschreibungen der jeweiligen Orte, die er besuchen will, zu versehen. Ferner solle er über seine Reise ordentlich Buch führen«, wofür Lehmann einen Katalog von 51 Protokollaspekten liefert: u. a. Klima, Regierung, Schloß, Lust-Häuser, Religion, Sprache, Akademien, Manufakturen, Kirchen, Gewohnheiten, Künste, Klei-

ventarisierung des Raumes«[225] neue Akzente gesetzt. Im Gefolge der Empfindsamkeitsliteratur vollzieht sich die »Wende zu einer persönlichkeitsbezogenen Erfahrungssuche, die ihren adäquaten Ausdruck in einer zunehmend subjekt- und themenzentrierten Beschreibungspraxis findet«.[226] Im letzten Jahrhunderdrittel transportierten die Reisebeschreibungen schließlich verstärkt Sozialkritik, »thematisierten zusehends den Zusammenhang von Verfassung, Denkfreiheit und Wohlstand und wurden damit zur kritischen Dokumentation der eigenen Sozialverhältnisse«.[227] Wolfgang Griep spricht von »Bemühungen, räumliche Bewegung direkt in soziale Anstöße umzusetzen«.[228] Diese Art der Reise unterschied sich mit ihrem sozialkritischen Interesse deutlich von der Grand Tour der Adelssöhne, die oft zur bloßen Vergnügungsreise verkam. Die Abgeschlossenheit des jungen Adligen drückte sich dabei bereits in seinem Verkehrsmittel aus. Die eigene Kutsche war, anders als die Ordinari-Post, »die Transportgelegenheit einer geschlossenen sozialen Sphäre, deren Abschirmung von der ›Außenwelt‹ in dem Maße glückte, wie das Begleitpersonal für einen reibungslosen Reiseablauf Sorge trug«.[229] Die Reise des jungen Adligen konnte sich so im Besuch fremder Höfe erschöpfen, ohne daß er einen anderen sozialen Raum kennenlernte; der Erzieher des jungen Adligen hatte durch die Hoffnung auf sozialen Aufstieg nach einer gelungenen Reise allen Grund, auf die Vermeidung ›besonderer Vorkommnisse‹ zu achten. Diese »standeskonventionelle Sozialabkapselung aller Kutschenprivatiers«[230] wurde von bürgerlichen Zeitgenossen als Blockierung der wirklichen Erfahrung der Fremde beanstandet.[231]

---

der, Natur, Privilegien, Avanturen (zitiert nach: Kutter, S. 22f.). »Die Vorrede schließt mit der Bitte an alle Reisenden, dem Verleger neue Beobachtungen und Veränderungen mitzuteilen, um so das vorliegende Werk zu vervollkommnen« (Kutter, S. 23).

225 Beyrer, S. 62.

226 Ebd., S. 68. William Stewart spricht von der »›autotelischen‹ Reisebeschreibung [...], in der die dingliche Welt als Gegenstand der Beschreibung zugunsten der gedanklichen und affektiven Inhalte des Erzählerbewußtseins mehr oder weniger zurücktritt« (Stewart, S. 34).

227 Bödeker, S. 109.

228 Griep: Reiseliteratur im späten 18. Jahrhundert, S. 749. Für Stewart kommt es nach der »Politisierung der Reisebeschreibung unter dem unmittelbaren Einfluß der französischen Revolution« 1790-92 bereits in den Jahren 1793-96 zu einer »Entpolitisierung der Reisebeschreibung im Gefolge der jakobinischen Schreckensherrschaft«; er spricht von einem »allgemeinen politischen Eskapismus« (Stewart, S. 34 und 38). Darin ist Stewart wiederum von Griep widersprochen worden (vgl. Griep, Reisen und deutsche Jakobiner).

229 Beyrer, S. 58.

230 Ebd. S. 69.

231 Vgl. Johann Kaspar Riesbeck: Briefe eines reisenden Franzosen über Deutschland. An seinen Bruder zu Paris, Bd. 1, Zürich 1783; vgl. auch Beyrer, S. 69 und Griep, Reisen und deutsche Jakobiner, S. 59f.

Die Kritik zielte dabei allerdings auch auf Vertreter aus dem eigenen ›Lager‹, die, wie etwa Friedrich Nicolai, freimütig bekannten: »Auf einer großen Reise ist ein bequemer Reisewagen, was im menschlichen Leben eine bequeme Wohnung ist.«[232] Demgegenüber wurde als Bedingung dafür, das Eigentümliche eines Volkes wirklich wahrnehmen zu können, die Ordinari-Post genannt bzw., gewissermaßen fundamentalistisch, der Fußmarsch. Johann Gottfried Seume war der Meinung: »So wie man im Wagen sitzt, hat man sich sogleich einige Grade von der ursprünglichen Humanität entfernt. Man kann Niemand mehr fest und rein in's Angesicht sehen, wie man soll.«[233] Der Wagen kann als Symbol für den Mangel an Offenheit auf einer Reise verstanden werden: als »Bollwerk gegen das Ungekannte«.[234] Eine weitere Beschränkung der Offenheit ist der Reiseplan. Nicolai reiste zum Beispiel nicht nur mit der Extrapost, er führte auch einen strengen Reiseplan mit genauer Aufschlüsselung der zu besichtigenden Objekte und der zu besuchenden Menschen an jedem Zielort mit sich. Für das Zufallsereignis war in seiner Planung kein Platz. Griep resümiert in diesem Zusammenhang Riesbecks Kritik: »Keiner der aufklärerischen Reisenden war unbeschwert auf die Reise gegangen: gerade die sorgsame Vorbereitung, das Einplanen aller Eventualitäten, die materielle Absicherung, die gründliche Lektüre waren unverzichtbare Voraussetzungen. Keinem von ihnen war auch die Reise je wichtiger geworden als das Ziel, denn zum Ziel reisten sie ja«.[235]

Aber auch am Ziel wurde der Zufall ausgeschlossen, auch dem Ziel trat man nicht unvorbereitet gegenüber. Die Wahrnehmungsbedingungen des Reisenden, die ohnehin durch nationale Vorurteile, »ideologische Fesseln«[236] bzw., um Nicolais Bild zu modifizieren, durch die ›mitgeschleppte Wohnung‹ bestimmt sind, wurden zusätzlich durch die im Vorfeld der Reise zu verarbeitende Literatur festgelegt. Damit sind zum einen die Reisebeschreibungen gemeint, die dem Reisenden mit dem Wissen über Sehenswürdigkeiten und empfohlene Reiserouten bereits ein ›abzuarbeitendes‹ Modell vorgaben. Hans Erich Bödeker bemerkt dazu: »Rasch bildete sich auch für die Reisen der Gebildeten ein Kanon von Städten und Zirkeln heraus, deren Besuch für das Selbstverständnis und für das Sozi-

232 Friedrich Nicolai: Beschreibung einer Reise durch Deutschland und die Schweiz, im Jahre 1781. Nebst Bemerkungen über Gelehrsamkeit, Industrie, Religion und Sitten. Bd. 1, Berlin, Stettin 1783, S. 6, zitiert nach: Beyrer, S. 70.

233 J. G. Seume: Mein Sommer 1805, in: ders., Prosaische und poetische Werke, Tl. 4. Berlin o. J. (1879), 8.

234 Griep, Reisen und deutsche Jakobiner, S. 60.

235 Ebd. S. 59.

236 Brenner, S. 15.

alprestige der Reisenden unerläßlich wurden. Die Gebildeten wählten ihre Reiserouten sehr bewußt«.[237] Daß der Reisende dabei gleichsam mit dem Diskurs über das Reiseziel im Rücken dem Reiseziel gegenübertritt, daß sein Blick ins Unbekannte schon codiert ist, erhellt Zedlers Lexikon: »Kauf dir die neuesten und specialesten Beschreibungen ein, desselben Landes oder derjenigen Städte, die du besehen wilst. Denn du hast vielfältigen Nutzen hiervon zu erwarten [...] Du bist gleichsam an demselben Orte schon ein wenig bekannt, oder kanst doch durch Discourse erweisen, daß du daselbst nicht gantz und gar fremde seyst, welches auch, wie unten wird gesagt werden, seinen Nutzen hat. Du weist, welches das sehenswürdigste ist, und wornach du zu fragen hast, da sonst mancher lange Zeit an einem Orte gelegen, auch wieder wegzühet, und doch wohl das merkwürdigste nicht gesehen hat«.[238] Was man indes von der Intensität der Reden mancher Reisenden über ihre Erlebnisse zu halten hat, kann man Goethes Eintragung in seiner »Italienischen Reise« unter dem 5. 12. 1786 entnehmen: »In den wenigen Wochen, die ich hier bin, habe ich schon manchen Fremden kommen und gehen sehen und mich über die Leichtigkeit verwundert, mit welcher so viele diese würdigen Gegenstände behandeln. Gott sei Dank, daß mir von diesen Zugvögeln künftig keiner mehr imponiert, wenn er mir im Norden von Rom spricht.«

Zum anderen werden die Wahrnehmungsbedingungen des Reisenden durch Apodemiken festgelegt, die den Unsicherheitsfaktor Reise bis ins Detail besprechen.[239] Vergleicht man zwei Apodemiken vom Anfang und

---

237 Bödeker, S. 103.

238 Zedler, Bd. 31, S. 368.

239 Einige Titel sind: Friedrich Posselt: Apodemik oder die Kunst zu reisen. Ein systematischer Versuch zum Gebrauch junger Reisenden aus dem gebildeten Ständen überhaupt und angehenden Gelehrten und Künstler, 2 Bde., Leipzig 1795; Graf Leopold Berchtold: Anweisung für Reisende, nebst einer systematischen Sammlung zweckmäßiger Fragen, aus dem Engl. mit Zusätzen von P. J. Bruns, Braunschweig 1791; Heinrich August Ottokar Reichard: Reisehandbuch für Jedermann, 1801. Natürlich gibt es auch ein »Noth- und Hülfsbüchlein für Reisende, um ihre Pferde gesund zu erhalten, sich vor Schaden zu hüten und jeder Gefahr auszubeugen« von Gottlob Meyer, dem »vormal. Königl. Preuß. Stallmeister und praktischem Thierarzte zu Erfurt«, Erfurt [2]1811. Der Ratgeber-Service erfaßte selbst Informationen über Regenzeichen am Himmel, an der Sonne, an Tieren, Menschen und Pflanzen (Reichard, S. 77-84) und Warnungen vor der »mephitischen Luft der Städte« durch die »Ausdünstungen der überhäuften Menschen und Thiere in großen Städten«, die den Reisenden dazu aufriefen, »sich mit der beschaffenheit eines jeden Orts, wo er eine Zeitlang zu wohnen gedenkt, wohl bekannt zu machen, und sich sorgfältig zu erkundigen, welchen Gefahren die Gesundheit der Inwohner ausgesetzt sey, ob öfters ansteckende gefährliche Krankheiten, die in der unseligen Lage des Orts selbst ihren Grund haben, einreißen, und welches die Vorbeugungsvorschrift der besten Aerzte gegen diese Uebel sey« (S. 57).

vom Ende des Jahrhunderts, fällt auf, daß das Reisen am Anfang des Jahrhunderts noch ausdrücklich gegen den Vorwurf der Sittenverderbnis verteidigt werden mußte. Man sah im Reisen – als der Begegnung mit dem Fremden – im Allgemeinen offenbar *die* Gefahr, die als Potenz auch grundsätzlich in ihm steckt: die Desozialisierung des Reisenden mit Blick auf seinen ›heimatlichen Kontextes‹. Peter Amborsius Lehmann 1736 antwortet in der 8. Auflage seiner Reiseapodemik auf den Vorwurf, Reisen führe zu Unzucht und Sittenverderbnis: »Es wirft zwar unser Gegentheil ein, es brächten unsre Reisende aus Franckreich, Italien, Spanien, usw. öfters nichts anders wieder heim, als der Ausländer Laster, z. E. der Franzosen Leichtsinnigkeit, der Italiäner Ueppigkeit und Unzucht, der Spanier hinterlistige Nachstellungen wie närrische Sitten, unerträgliche Gebärden, überflüßige Titul, lächerliche Ceremonien, seltsame Kleidungen, eine affectirte Sprache, und den gäntzlichen Verlust der Deutschen und väterlichen Tugenden. Ich muß ihm hierin zwar in etwas Recht geben, in dem die Erfahrung oft mehr als zu viel bezeuget, daß die meisten reisen, ehe sie sich zu Hause mit einer guten Morale versehen, und recht geschickt sind, sich die Besichtigung fremder Länder zu Nutze zu machen: allein wegen des Mißbrauchs einer Sache ist nicht gleich derselben rechtmäßiger Gebrauch abzuschaffen. Es kann einer sowohl zu Hause, als in der Fremde verderben; dem Reisen an und vor sich selbst aber ist nicht die Schuld beyzumessen, wenn Leute sich unglücklich machen, und obschon das Feuer brennet, wenn man es angreifet, giebt es doch ein helles Licht und angenehme Wärme von sich: Schadet also manchem das Reisen, weil er es nicht recht gebrauchet, so bringet es dagegen andern, die sich dessen recht gebrauchen, einen herrlichen Nutzen«.[240] Wie man einen rechten Gebrauch vom Reisen machen kann, das deutet Lehmann in diesen Sätzen schon an; er wiederholt es an anderer Stelle: »Wie auch das Reisen billig zum Nutzen des Vaterlandes angefangen wird, so soll man sich zuvor dessen Zustandes wohl erkundigen, und sich eine vollkommene Liebe desselben einpflanzen, daß man, durch der Fremden prächtige Scheinbarkeiten, nicht der dem Vaterlande schuldigen Zuneigung vergesse«.[241] Mit anderen Worten: es geht um Resistenz gegen das *Andere*, um die Vermeidung des Wandels, es geht um Stabilität trotz Mobilität.

Auf den ersten Blick hat sich das am Ende des Jahrhunderts gründlich geändert, als in Italien der Gegenpol zum kalten, rationalen, asketischen Norden gesehen wurde, an dem »die in Deutschland verkümmerte Sinnlichkeit gepflegt werden konnte, damit der Reisende aus dem Norden als

---

240 Zitiert nach: Kutter, S. 20.
241 Ebd., S. 21.

allseitig entwickelter Mensch wieder zurückkehrte«.[242] Aber es ist zu bezweifeln, daß die Reisenden in der Masse diese Wandlung suchten und daß Italien über ein möglicherweise erlebtes erotisches Abenteuer hinaus wirklich zum Anlaß wurde, das eigene Leben zu verändern, wie etwa bei Goethe, der in der »Italienischen Reise« unter dem 2.12.1786 euphorisch schreibt: »Überhaupt ist mit dem neuen Leben, das einem nachdenkenden Menschen die Betrachtung eines neuen Landes gewährt, nichts zu vergleichen. Ob ich gleich noch immer derselbe bin, so mein ich, bis aufs innerste Knochenmark verändert zu sein.« Die Akzeptanz des anderen erfordert auch die mühevolle Infragestellung des Eigenen. Goethe notiert diese Erfahrung unter dem 20.12.1786: »Und doch ist alles mehr Mühe und Sorge als Genuß. Die Wiedergeburt, die mich von innen heraus umarbeitet, wirkt immer fort. Ich dachte wohl, hier was Rechts zu lernen; daß ich aber so weit in die Schule zurückgehen, daß ich so viel verlernen, ja durchaus umlernen müßte, dachte ich nicht. Nun bin ich aber einmal überzeugt und habe mich ganz hingegeben, und je mehr ich mich selbst verleugnen muß, desto mehr freut es mich. [...] Gebe der Himmel, daß bei meiner Rückkehr auch die moralischen Folgen an mir zu fühlen sein möchten, die mir das Leben in einer weitern Welt gebracht hat. Ja es ist zugleich mit dem Kunstsinn der sittliche, welcher große Erneuerung leidet.« Diese Infragestellung des Eigenen im Kontakt mit dem Fremden dürfte eher die Ausnahme gewesen sein.[243]

Geändert hat sich am Ende des Jahrhunderts allerdings der Ton der Apodemiken. Lehmanns emphatischer Aufruf zur Stabilität, zum inneren Widerstand gegen »der Fremden prächtige Scheinbarkeiten« fehlt in Reichards Reisehandbuch. Vielmehr werden ganz sachlich Ratschläge zum richtigen Verhalten gegeben. Es wird nicht offen moralisiert, es werden Informationen vermittelt, die unterschwellig das Reisen als Prozeß normieren. Oberstes Prinzip ist dabei, wie bereits erwähnt, die Ausschaltung des Zufalls, die Kalkulierbarkeit des Ungewissen.[244] Das schließt die Ab-

---

242 Albert Meier, S. 297.

243 Auf eine weit populärere Art der Begegnung mit dem Fremden verweißt Goethe unter dem 16.10.1786, als er über die Reisenden spricht, die sich in der Fremde nur für die bekannten Curiositäten wie etwa Luthers Tintenklecks interessieren: »Die meisten Reisenden haben doch etwas Handwerkspurschenartiges und sehen sich gern nach solchen Wahrzeichen um.«

244 Reichard benennt als Zweck seines Buches, das Lehrgeld, das Reisende unterwegs zu zahlen haben, »wo nicht zu ersparen, doch zu mindern« (Reichard, S. 2). Er klärt die Regel des Reisens ohne Umschweife: »Jeder Reisende muß sich nicht allein von der Reise, die er anzutreten im Begriff steht, von *der Route, dem Aufenthalt unterwegs, Nachtlagern, Haupt-Verweilungs-Oertern*, zu Hause einen überdachten Plan entwerfen, von dem er ohne dringende Umstände *nie* abweicht, sondern er muß sich auch bey jeder Stadt einen andern,

sprache von Briefposten ein, womit auch für die Reisezeit der ständige Kontakt des Reisenden mit den Zurückgebliebenen gesichert werden soll.[245] Diese Regelung ist für »Sachen von Belang« gedacht und sicherlich sinnvoll.[246] Zu bemerken bleibt aber, daß mit der Erreichbarkeit durch die Schrift das alte Prinzip der Abwesenheit des Reisenden aus der Heimat, das Prinzip, abgeschnitten und ausgeliefert zu sein, bereits demontiert wird.

Die Vermeidung des Fremden auf der Reise beginnt mit der Auswahl des Reisebegleiters.[247] Die Offenheit für sozial unterprivilegierte, ›unheimliche‹ Menschen wird durch einen sachlichen Hinweis, ganz ohne moralischen Beiton, zerstört: »Unbekannten oder Fußgängern, die man unterwegs antrifft, auf seinem Wagen, aus unvorsichtiger Barmherzigkeit, einen Platz einzuräumen, ist das beste Mittel, beraubt oder ermordet zu werden«.[248] Mit dem gleichen nüchternen Nachdruck warnt der Artikel in Zedlers Lexikon vor den ›unheimlichen‹ Orten: »In großen Städten gehe in kein Haus, und sonderlich in engen Gäßgen, oder zu Abend, wenn du nicht gewiß weißt, wer darinnen logiret, es sind viele in Hamburg, Amsterdam und andern Orten aus Unterlassung dieser Regel um Leib und Leben kommen«.[249] Ebenso sachlich handelt Reichard schließlich das brenzlige Thema Reise und Sex ab: »Die für die Gesundheit so unent-

---

kleinen Plan vorzeichnen, *was, und wen er da sehen will, und worin die Hauptgegenstände seines Aufenthalts daselbst bestehen sollen*? Auf diese Art wird er sich in Stand gesetzt sehn, mit großem Vortheil, und mit Gewinn an Zeit und Kosten, jede Stunde zweckmäßig zu benutzen, und weder durch langweilige Erkundigungen und Entschließungen Zeit zu verlieren, noch sie an unnütze Dinge zu verschwenden« (S. 2f.). Damit der Reisende nicht nur *Lehr-*geld spart, wird andernorts empfohlen, genaue Aufzeichnungen über die unterwegs anfallenden Ausgaben zu machen und später an Freunde gegebenenfalls weiterzugeben (Zedler, Bd. 31, S. 372): damit kann der Reisende schließlich mit einem relativ abgesicherten Preis-Leistungs-Wissen in die Fremde ziehen, den Blick geschärft für jeden Versuch, ihn ›über's Ohr zu hauen‹.

245 Vgl. Reichard, S. 4.

246 Ebd. Ebenso sinnvoll und planend *für alle Fälle* ist der Rat, sich in der fremden Stadt sogleich beim Gesandten der eigenen Regierung zu melden, »um bey einem unglücklichen Zufall auf seinen Schutz rechnen zu können« (ebd., S. 20).

247 »Wenn es möglich ist, so reise man mit Bekannten, und mache, so wenig wie es gehen will, mit fremden Reisegesellschaftern Gemeinschaft« (ebd., S. 17). »Man sey äußerst vorsichtig in der Wahl eines Reisegefährten. Wer andere Zwecke auf seiner Reise beabsichtigt, wer ein anderes Interesse hat als wir, anders denket als wir, der wird uns eine Last werden, und das Angenehme, was das Reisen in Gesellschaft sonst hat, durch seine Person in Bitterkeit verwandeln« (ebd., S. 19).

248 Reichard, S. 17f. Dazu muß man bedenken, daß den Fußgängern als Vertretern der »unterprivilegierten Mobilität« (Laermann, S. 76) traditionell mit Mißtrauen begegnet wurde. Mobilität ohne Fahrzeug wird bei Reichard stigmatisiert.

249 Zedler, Bd. 31, S. 374.

behrliche Ausdünstung unseres Körpers suche der Reisende mit aller Sorgfalt zu unterhalten [...] Nichts ist für die Ausdünstung unseres Körpers schädlicher, als Ueberladung des Magens und der unmäßige Gebrauch der viehischen Wollust«.[250] Und falls mancher Zeitgenosse an dieser Stelle im Adjektiv »unmäßig« noch eine Lücke für sich entdecken wollte, hatte er zwei Seiten weiter den harten Tatsachen ins Augen zu sehen: »Verlust der Gesundheit ist gewöhnlich die Belohnung, die dem Wollüstling zu Theil wird. Feile Mädchen in großen Städten sind meistens mit der Liebesseuche angesteckt, plündern den Geldbeutel des Wanderers, und überantworten dessen Gesundheit dem Wundarzte. Das Uebel wird auf Reisen gemeiniglich tobender, weil einige Ungemächlichkeiten, z. B. Erhitzungen des Bluts, Wechsel von Clima und Nahrungsart, auf Reisen beynahe unvermeidlich sind. Fällt man dabey noch in die Hände eines Pfuschers, wie es leicht möglich ist, dann werden die Folgen der Ausschweifung unendlich trauriger«.[251]

Diese Beispiele sollen genügen, um deutlich zu machen, wie das problematische Phänomen Reise durch Wissensvermittlung codiert und damit normiert wurde. Die Reiseliteratur und die Apodemiken zielen als Thematisierung des Reisens freilich nicht auf die Verhinderung des Reisens. Aber sie sorgen für dessen Regulierung. Sie sind die ›Polizei des Reisens‹, um eine Formulierung Foucaults zu paraphrasieren. Die Regulierung vollzieht sich dabei keineswegs nur in direkter, gebietender Form oder im unmittelbaren staatlichen Interesse.[252] Sie vollzieht sich im Gewand des bloßen Ratschlags: unaufdringlich, sachlich, informierend. Unterschwellig wird aber all das stigmatisiert, was normwidrig oder zu-

---

250 Reichard, S. 52f.

251 Ebd., S. 53. Ein Zeichen für die Versachlichung der Moralisierung ist der anschließende Satz, mit dem Reichard nicht nur die Macht der Warnung nüchtern einschätzt, sondern auch wieder eine Regel für den Fall der Fälle gibt: »Hat der Reisende das Unglück, seine Lüsternheit mit dieser Krankheit abbüssen zu müssen, so meide er sorgfältig alle hitzigen Speisen und Getränke: er reinige den Leib öfters mit kühlenden Lariertränken, z. B. mit Tamarinden, Wolken, etwas Salpeter und Manna; er trinke häufig Queckenwurzeltrank, genieße Milchspeißen« usw. (ebd., S. 55f.) Daß Reichard mit dem Unbelehrbaren überhaupt noch redet, hat natürlich wieder seinen rationalen Grund: »Ein Reisender, welcher bey der wirklich an seinem Körper nagenden Lustseuche, durch falschen Reiz getäuscht, noch immer fortfährt, lüstern zu seyn, ist ein Vergifteter anderer noch nicht verunreinigter Dirnen und leget für sich den Grund zu unheilbaren Uebeln« (S. 56). – Mehr schreibt Reichard in seinem über 700seitigen Buch zu diesem Thema nicht.

252 In deren direkten Interesse stand die Vermittlung von Wissen über die Zollbestimmungen: »Ehe man von einem Lande ins andere übergeht, so erkundige man sich zuvor genau, was in demselben für Contrebande oder verbotene Waare gilt, und sollte man dergleichen bey sich haben, so suche man lieber derselben los zu werden, oder gebe sie redlich bey der Behörde an« (ebd., S. 9).

mindest problematisch im Kodex bürgerlicher Verhaltensregeln ist. Es entsteht allmählich ein festes Bild davon, was im bürgerlichen Sinne Reisen bedeutet und wie das Reisen in die bürgerliche Lebensform integriert werden kann.[253] Das Ergebnis ist die Produktion des neuzeitlichen Touristen, einer Art ›disziplinierten Abenteurers‹, der aus seinem ›Rotkäppchen‹ gelernt hat und es vermeidet, vom Wege abzukommen. Man kann, wieder mit einer Formulierung Foucaults, von einer Tendenz zur ›Ordnung des Erlebens‹ sprechen: von der *Verwaltung* des Reisens, in der das Fremde kalkulierbar, überschaubar, beherrschbar wird, in der das Ungewisse gebannt ist, in der das Ereignis seinen Ereignischarakter verliert.

2.4 Das Abenteuer als Kontext

Unter 2.3 wurde gezeigt, welche Desozialisierungsgefahren im zeitgenössischen Diskurs mit Blick auf die Lesesucht und die Onanie gesehen wurden. Das einsame Zimmer erwies sich dabei seiner Abgeschlossenheit nach außen wegen als der eigentliche Ort der verbotenen Lust. In der ›Entkörperlichung‹ der Lektüre und in der Schriftlichkeit der Sprache wurden daraufhin Möglichkeiten der Affektmodellierung aufgezeigt, die auch bzw. gerade in der Situation der einsamen Rezeption präsent sind. Als ein weiteres Mittel der Affektmodellierung hat sich die Codierung des Wissens herausgestellt. Sie ist die Verlängerung der kontrollierenden Beobachtung in das einsame Zimmer, was in den Begriff ›Panoptismus der Sprache‹ gefaßt wurde. Ihr Wesen besteht weniger in einer expliziten Moralisierung als in einer Normierung durch die Information. Die Codierung läuft auf eine »Verwaltung« des entsprechenden Gegenstandes hinaus. Wie man sich dies vorzustellen hat, wurde am Beispiel des Reise-Diskurses – als einer ›Verwaltung des Erlebens‹ – illustriert.

Es gilt nun, dem Phänomen der Verwaltung mit Blick auf das hier interessierende Textkorpus nachzugehen. Da es sich bei Vulpius im allgemeinen um Abenteuertexte handelt, lautet die Frage: Inwiefern findet in der Abenteuerliteratur eine ›Verwaltung des Abenteuers‹ statt? Im Kapitel 4 wird diese Frage mit Blick auf Vulpius' Texte untersucht. In den fol-

---

253 Da dieser Vorgang sich größtenteils unterschwellig im Gewand der bloßen Information vollzieht, ist der Begriff der *Codierung* dem Begriff der *Regulierung,* mit dem zu sehr auch *Verfügung* assoziiert wird, vorzuziehen. Ich habe dennoch auf den Begriff der Regulierung zurückgegriffen, da der Lesesucht-Diskurs als Ausgangs- und Zielpunkt meiner Betrachtung durchaus einen verfügenden Ton besitzt.

genden Abschnitten sind der zeitgenössische Diskurs zum Abenteuer und einige zeitgenössische Beispiele der ›Verwaltung des Abenteuers‹ zu beleuchten. Dazu ist zunächst der Begriff des Abenteuers selbst zu klären.

2.4.1 Die Emigration – das codierte Abenteuer

Umgangssprachlich wird unter Abenteuer ein Wagnis, ein erregendes Erlebnis verstanden. Etymologisch läßt sich das Wort aus dem Vulgärlateinischen »adventura«, Ereignis, bzw. aus »ad-venire«, herankommen, herleiten. Mittelhochdeutsch steht es für ein »gewagtes Beginnen mit ungewissem Ausgang«, das Adjektiv bedeutet soviel wie »voll ungewöhnlicher Dinge«. Ein Abenteurer ist, »wer auf Abenteuer ausgeht«: Glücksritter, seit dem 14. Jahrhundert auch »Krämer, Wanderhändler, Gaukler, Spielmann, Schausteller«.[254] Der Begriff des Abenteuers verändert sich seit dem Hochmittelalter jedoch grundlegend. Werner Welzig nennt diese Wandlung eine »Verniedlichung und Profanierung«: »Das Risiko des Kaufmannes, das jetzt als Abenteuer bezeichnet wird, ist etwas grundsätzlich anderes als die heilbringende ›aventiure‹ des Ritters«.[255] Während den Ritter und den reisenden Kaufmann aber immerhin noch die Mobilität, der Aufbruch in die ungewisse Fremde verbindet, besitzt der Abenteurer bei Zedler nur noch den wirtschaftlichen Aspekt. Dort werden diejenigen Handwerker Abenteurer genannt werden, die Vorratswirtschaft betreiben, also ohne die Gewißheit des Absatzes produzieren.[256] Der kleinste gemeinsame Nenner, der alle Abenteurer verbindet, läßt sich aus dem lateinischen »ad-venire« als dem Auf-mich-Zukommenden verstehen. Der Mensch nimmt in der Logik dieses Wortes die Rolle des Objekts ein, er beherrscht die Situation nicht, er ist dem Ungewissen ausgesetzt. Das Abenteuer ist das Unkalkulierbare.

Es gibt auch einen Wandel im Verhältnis des Abenteurers zum Abenteuer. Während in der Literatur der Antike, zum Beispiel in der »Odyssee«, die Abenteuer als von den Göttern auferlegte Schicksalsschläge über den Menschen verhängt werden, besitzt das Abenteuer in der höfischen Ritterkultur erstmals einen nobilitierenden, identitätsstiftenden Wert und

---

254 Vgl. Etymologisches Wörterbuch, S. 3
255 Welzig, S. 439.
256 Vgl. Zedler, Bd. 1, S. 104. *Avanturier* heißt in Zedlers Universal-Lexikon allerdings »bey der Miliz ein Freywilliger, oder Wagehalß, welcher sich freywillig, oder um ein gewisses Stücke Geld zu gefährlichen Unternehmungen, als z. E. in Belagerungen zu Setzung derer Schantz-Körbe an gefährliche Posten, gebrauchen lasset« (Bd. 2, S. 2100).

wird direkt gesucht.[257] Mit der zunehmenden Zentralisation des Staates und dem Übergang vom kleinen Rittertrupp zum Heer wird das Individual-Abenteuer zum anarchischen Störfaktor; es wird aus dem Kanon der Ideologie des Höflings, des Courtisan eliminiert (vgl. S. 35): »Dem Verlust der realen Bedeutung des Ritterwesens entspricht eine massenhafte Propagierung des märchenhaften Ritterabenteuer-Ideals, dem Garci Ordones de Montalvo mit dem berühmten *Amadis de Gaula* (*Amadis von Gallien*, 1492) als erstem Werk dieser Gattung gleich sein bedeutendstes Denkmal setzt« (S. 54). Im Kampf des Bürgertums gegen den Adel wird das Abenteuer als Risiko des Kaufmanns andererseits wieder zur Waffe in der Durchsetzung seines ökonomischen Systems. Michael Nerlich zitiert Chaucer, der Ende des 14. Jahrhunderts in den *Canterbury Tales* schreibt: »Us moste putte oure good in àdventùre. / A marchaunt, truly, may not ay endure, / Truste me wel, in his prosperitye, / Some tyme his good is drowned in the see, / And some tyme cometh it sauf unto the londe« (S. 87).[258] Das Abenteuer des Kaufmanns ist allerdings kein gesuchtes Ereignis, sondern ein notwendiges Übel. Die Handelsgenossenschaften mit ihrer Organisation zum Schutz des Handels sowie das Handelsreisen in Gruppen sind die Mittel, das ›kollektive Abenteuer‹ zu bestehen, sein Risiko einzuschränken, der Unsicherheit der Wege zu begegnen.

Nerlich wendet sich mit seiner Arbeit gegen die Auffassung, der Mensch sei von seiner physisch-psychischen Natur aus ein Abenteurer (vgl. S. 12). Darin ist ihm prinzipiell zuzustimmen, auch wenn diese Überlegung noch eine differenzierendere Betrachtung erforderte. Problematisch ist seine These, daß »aus der Abenteuer-Verherrlichung als Waffe im Kampf für die Freiheit und Entfaltung der Menschen nach und nach und regional unterschiedlich intensiv ein ideologisches Instrumentarium zur Rechtfertigung bzw. Stabilisierung der bürgerlichen Klassenherrschaft, des kapitalistischen Systems wird, das bis auf den heutigen Tag immer perfektionierter und immer bedingungsloser zum Einsatz kommt« (S. 15). Seine Auffassung, das Abenteuer werde durch den Kapitalisten instrumentalisiert, da der Mensch, wenn er nicht aus Not dazu getrieben wäre, nicht in die Fremde ginge und Abenteuer bestünde, reduziert zum einen das Abenteurertum unzulässig auf die Erwerbsgier bzw. den Erwerbszwang. Sie hält zum anderen nicht den Befunden stand, die sich aus der Analyse

---

257 Vgl. Nerlich, S. 25; im folgenden Nachweise im Text.

258 Nerlich gibt als Übersetzung an: »Wir müssen mit unserer Ware Risiken eingehen. Glaubt mir nur: ein Kaufmann erwirbt seinen Besitz wirklich nicht notwendigerweise auf Dauer. Manchmal versinkt seine Ware im Meer und manchmal kommt sie wohlerhalten ans Land.«

des Abenteuer-Diskurses im ausgehenden 18. Jahrhunderts ergeben. Dieser Diskurs intendierte alles andere als die Verherrlichung des Abenteuers.

Jürgen Fohrmann zeigt in seiner Analyse des Komplexes Abenteuer und Bürgertum im 18. Jahrhundert am Beispiel der Robinsonaden, daß die Robinsonade zunächst als Darstellung eines gesellschaftlichen Gegenentwurfes, der Herstellung einer vernünftigen Gemeinschaft mittels bürgerlicher Verständigkeit und Tüchtigkeit diente.[259] Im ausgehenden 18. Jahrhundert wurde sie jedoch zunehmend als Gegenmodell benutzt: als Warnung vor dem Sich-Einlassen auf das Ungewisse, vor dem Glücksspiel der ungewissen Unternehmung.[260] Es kam zu einer Neubewertung des Reise- und Abenteurerdaseins: »Wer ökonomisch abgesichert ist, hat nicht mehr die Notwendigkeit, sich auf die Reise zu begeben, um sein Glück zu machen. Je mehr so die ökonomische Notwendigkeit zurückgeht, desto stärker erhält der Aufbruch der Subjekte den Charakter des Unvernünftigen, der kritisiert werden muß. Hier setzen reflexive Passagen in den Texten ein, die die neuen Motivationen zur Reise zu rekonstruieren suchen, um sie dann zu verdammen«.[261] In den späteren Phasen der Robinsonadenproduktion werden nicht mehr soziale Not, sondern Leidenschaften als Grund der Reise-Interessen betrachtet. »Nicht mehr das Abenteuer, sondern die fleißige Arbeit im Lande zieht göttlichen Segen nach sich, die Konzeption des Avanturiers wird abgelehnt« – »Exemplarisch verdeutlicht werden soll nicht, daß ein Subjekt durch Wagnis und mit providentieller Hilfe sein Glück gemacht hat, sondern daß dieses Subjekt besser daran getan hätte, sich Unglück zu ersparen und strebsam arbeitend im Lande sein Auskommen zu suchen«.[262]

Die Kritik des Abenteuers erhält ihre geschichtsphilosophische Begründung in einem Wörterbuch von 1818 schließlich wie folgt: »Treten wir

---

259 Vgl. Fohrmann, Abenteuer, S. 106f.
260 Vgl. ebd., S. 109f.
261 Ebd., S. 110.
262 Ebd., S. 111 und 111f. Marion Beaujean war in ihrer Untersuchung des Trivialromans im ausgehenden 18. Jahrhundert zu ähnlichen Ergebnissen gekommen. Sie hielt fest, daß der Abenteurer, der im heroisch-galanten Roman noch »einen notwendigen Lebensweg zur Erfahrung der Welttotalität« repräsentiere im ausgehenden 18. Jahrhundert »eine diskriminierte Gestalt geworden« war: »Der selbstbewußte Weltmann wird zum skrupellosen Bösewicht, der Sünder des Barockromans zum Verbrecher. [...] Entsprechend wird auch das Heil nicht mehr in Weltflucht und Einsiedlerleben, sondern durch die Rückkehr in die bürgerliche Welt und durch innerweltliche Askese erreicht«; damit »verändert sich der Ausbruch des Abenteurers aus der ewigen Gesetzmäßigkeit in das zeitliche Chaos zu einem Ausbruch aus der diesseitigen Rechtsgültigkeit in eine zwar noch reale, aber verwerfliche Existenz« (Beaujean, Trivialroman, S. 134 und 135).

nun immer weiter und tiefer ins bürgerliche Leben, und in diejenige Epoche der Nationen ein, wo der Staat, besonders der monarchische, mit seinen Regierungsgewalten sich vollkommen organisirt hat, wo die Ausschweifungen üppiger und ungezügelter Jugendkraft in öffentlichen und Privatverhältnissen überall ihre Schranke finden, und Klugheit herrscht, welche den Erfolg der Handlungen nach Gesetz und Wahrscheinlichkeit berechnet: – unter diesen *veränderten* Verhältnissen muß jedes kühne, nicht von dem Gesetz oder dem Drange der Umstände gebotene Wagen, jedes Hinausstreben über das Gewohnte, was sich dem Glücke allzusehr überläßt, thöricht, seltsam erscheinen«.[263] Der Abenteurer widerspricht den bürgerlichen Tugenden der planenden Voraussicht, der Rationalisierung und der Ökonomie der Zeit; er wird konsequenterweise zu einem Störfaktor in der bürgerlichen Gesellschaft. Das Abenteuer, einst gesuchte Möglichkeit der Bewährung, wird als asoziales Phänomen codiert.[264]

Daß die »dezidierte Kritik an der Avanturier-Konzeption«[265] schon ein halbes Jahrhundert vorher im pädogogischen Diskurs ihren Weg zu den jungen und erwachsenen Lesern sucht, zeigt Fohrmann unter anderem an Campes berühmten Roman »Robinson der Jüngere, zur angenehmen und nützlichen Unterhaltung für Kinder« (1779/80). In dieser moralisierenden Kinderbuchrobinsonade wird das Abenteuer gleich eingangs negativ besetzt. Man erfährt, daß Robinsons älterer Bruder seine »Lust zum Soldatenstande« bereits mit dem Tod gebüßt hat und daß Robinson so »unverständig« war, Abenteurer werden zu wollen.[266] Als er eines Tages einfach davongeht, lautet der rezeptionssteuernde Kommentar: »wir müs-

---

263 Allgemeine Enzyclopädie, S. 86.

264 In der Allgemeinen Enzyclopädie werden verschiedene Signalwörter des zeitgenössischen Moraldiskurses (wie *Planung*, *Besonnenheit*, *Verständigkeit*) zur Definition und Denunziation des Abenteuers eingesetzt: »Ueberall spielt bei dem Abenteuer der *Zufall* oder das *Glück* eine Rolle; eine nach berechnetem Plan und verständigem Zwecke besonnen unternommene That wird nicht Abenteuer genannt. [...] alle [zeitgenössischen Definitionen – R. S.] laufen auf den Begriff eines verwegenen gewagten Unternehmens hinaus, wobei man an unnatürliche, übertriebene, oder erträumte Zwecke, an das Unmögliche oder Ungereimte seine Kraft verschwendet. Leere Ruhmsucht, oder das egoistische Streben, Aufsehn zu erregen, eine ausschweifende ungezügelte Phantasie, überströmendes, muthwilliges Kraftgefühl und üppiger Thatentrieb bei Mangel an Verstandesreife sind die Quellen abenteuerlicher Handlungen« (ebd., S. 86).

265 Fohrmann, Abenteuer, S. 112.

266 Der frühe Tod des anderen Bruders, der Gelehrter werden wollte, ist eher karikativ begründet, hat aber ebenso seinen Grund in der Unvorsichtigkeit: er »hatte einmahl einen Trunk gethan, da er eben erhitzt war; kriegte die Schwindsucht und starb« (Campe, Robinson, S. 4). Robinson selbst hatte, wie es heißt, keine Lust, ein Handwerk zu erlernen, sondern »wolte lieber in die weite Welt reisen, um alle Tage recht viel neues zu sehen und zu hören« (S. 5).

sen Mitleid mit seiner Dummheit haben. Gut, daß es solcher einfältigen jungen Leute, die nicht wissen, was sie ihren Eltern schuldig sind, nicht viel giebt! [...] aber das weiß ich ganz gewiß, daß es solchen jungen Leuten nicht gut gehen kan in der Welt«.[267]

Der Abenteurer wird in den Jugendbuchrobinsonaden in ein Ungehorsam-Reue-Rückkehr-Schema eingefangen.[268] Der Popularaufklärer Campe thematisiert das Abenteuer, um es negativ zu codieren. Eine Schlüsselstelle in seinem Text macht sinnfällig, wie sehr dabei Abenteuerkritik und die Lust an der Rezeption von Abenteuern ineinanderfallen. Nachdem der Erzähler den Leitspruch der Mutter des kleinen Robinson – »*bleibe im Lande und nähre dich redlich!*«[269] – mit erhobener Stimme vorgetragen hat und mit einem »Eines Tages – « neu anhebt, ruft eins der Kinder dazwischen: »Haha! nun wirds kommen!«, woraufhin es vom Bruder durch ein ebenso spannungsgeladenes »O stille doch!« zur Ruhe gebracht wird.[270]

Das primäre Ziel Campes und seines Erzählers ist gewiß nicht die Befriedigung der Abenteuerlust, die den Zuhörern hier anzumerken ist. Die Erzählung zielt auf Vermittlung bürgerlicher Tugendsätze. Diese Tugendsätze bestimmen dabei selbst die Rezeption der Erzählung in der Erzählung, indem die Zuhörer nebenbei häusliche Tätigkeiten wie das Aufbereiten von Erbsen und Bohnen zu verrichten haben. Die zitierte Passage verdeutlicht aber, daß selbst in einem solchen Text auf das Abenteuer als ästhetisches Moment nicht verzichtet werden kann. Während es seine Legitimation als *Realie* verliert, behält es seine Funktion als Spannungselement im Text. Das Abenteuer emigriert in die Schrift.

2.4.2 Die Simulation – das konsumierte Abenteuer

Die neue Konzeption des Abenteuers zielt auf die Begegnung mit dem *erzählten* Abenteuer. Das Abenteuer geschieht nicht, es wird in einem Medium simuliert; zum Abenteuer wird die Erzählung des Abenteuers. Der Mensch ist in dieser Konstellation nicht Objekt des Abenteuers, er

---

267 Ebd., S. 6-8.

268 Wie Fohrmann anmerkt, sieht Elke Liebs in ihrer Arbeit »Die pädagogische Insel«, Stuttgart 1977, bereits in Defoes »Robinson« das Manifest einer programmierten Anpassung, »deren Hinterlist gerade darin begründet läge, daß Robinson das Normensystem, das er beim Vater ablehnte, selbst durch seinen praktischen Zusammenhang reproduzieren muß« (Fohrmann, Abenteuer, S. 261).

269 Campe, Robinson, S. 6

270 Ebd., S. 6.

wird dessen Rezipient bzw. Konsument.[271] Die zeitgenössischen Texte, z. T. Abenteuerromane selbst, veranschaulichen gelegentlich dieses Phänomen des konsumierten Abenteuers. Jean Pauls »Leben des vergnügten Schulmeisterlein Maria Wutz in Auenthal. Eine Art Idylle« (1791) zeichnet zum Beispiel einen Abenteurer, der in seinem Zimmer »nach dem Abendessen noch gar um den Südpol ruder[t]«.[272] Wutz benutzt dafür keine Rezeptionsvorlage, er erschafft sich seine Erlebnisse aus dem Fundus seiner Phantasie. Als Konsumenten erscheinen hingegen diejenigen, die sich auf der Textebene des Erzählrahmens am Abend vor dem Ofen versammeln, um die Lebensgeschichte des Wutz zu hören.[273] Sie wiederholen damit die idyllische Abgeschlossenheit Wutz' gegenüber der großen, weiten Welt – was sich in der Rezeption des Jean Paul-Textes selbst fortsetzen wird, die dann möglicherweise auch keine *kollektive* mehr ist.

Ein weiteres Beispiel ist Grosses Roman »Der Genius. Aus den Papieren des Marquis C* von G**« (1791–94), in dem sich mehrschichtige Bezüge zwischen Abenteuer- und Rezeptionssituation zeigen. Gleich auf den ersten Seiten begegnet man dem Motiv der nächtlichen Konsumtion des Abenteuers am Kamin.[274] Allerdings handelt es sich dabei um die Mitteilung von Erlebnissen, in die, wie sich bald herausstellt, auch der gegenübersitzende Zuhörer verwickelt ist. Die Erzählung des Abenteuers hat daher unmittelbare Folgen; sie wird im Fortgang des Romans handlungsbestimmend und führt zu neuen Abenteuern.[275] Das erzählte Abenteuer ist in Grosses Roman mit dem erlebten Abenteuer zu einem Geflecht verbunden. Man kann hier also mit Blick auf das erzählte Abenteuer *im* Roman nicht von einem konsumierten Abenteuer sprechen; im Roman erweist sich der Rezipient des Abenteuers zugleich als dessen Objekt – erst der Rezipient des Romans wird der nicht involvierte Konsument sein. Ein anschauliches Beispiel für die *konsumierende* Rezeptionssituation liefert Grosse im Roman allerdings auch. Er läßt den Marquis,

---

271 Vgl. 2.3.3 und 2.3.4 zur abendlichen Rezeptionssituation und zur medialen Simulation.

272 Jean Paul, S. 427.

273 Ebd., S. 422.

274 Die Aufzeichnungen des Marquis beginnen damit, daß er und sein Freund, der Graf von G**, »am Abend [...] in einer süssen Ruhe um den traulichen Kamin herum [...] einige Begebenheiten unseres Lebens und unserer Reisen gegen einander« austauschen (Grosse, Teil 1, S. 8f.).

275 Nachdem der Marquis der Erzählung des Grafen zugehört hat, fällt er in Ohnmacht (Grosse, Teil 1, S. 35). In der Folgezeit kommt es zu einigen mysteriösen, für den Leser an dieser Stelle noch undurchschaubaren Ereignissen (der Graf versucht z. B. den Marquis zu erstechen [S. 51]). Später sitzen Graf und Marquis erneut vor dem Kamin (S. 56), nun wird der Marquis zum Erzähler.

auf der Suche nach einer Beschäftigung, »die mich hinreichend fesseln und zerstreuen könnte«, nach einem Buch greifen – wie der Marquis berichtet, zog er sich dabei »ein Nachtkleid an, setzte eine große Nachtmütze auf, streckte mich auf dem Sopha aus«.[276] Die Folgenlosigkeit dieser für den Leser des ausgehenden 18. Jahrhunderts wohl typisch werdenden Rezeptionssituation wird vor dem Kontrast der anderen im Roman geschilderten Rezeptionssituation um so deutlicher.[277]

Wenn Grosses Leser Ludwig Tieck gemeinsam mit zwei Freunden diesen Roman in einer Nacht regelrecht verschlingt, wirkt die Anordnung von Vorleser-Zuhörer zunächst wie die Imitation der Kaminabende (Erzähler-Zuhörer) im Roman.[278] Aber das rezipierte Abenteuer führt auf dieser Rezeptionsebene zu keinem realen mehr. Tiecks eigener Bericht über die abenteuerlichen Folgen der Lektüre beweist noch nicht das Gegenteil. In Tiecks folgenreicher Rezeption äußert sich die Reizbarkeit des späteren Dichters, die nicht mit der Rezeptionshaltung des ›normalen‹ Lesers, wie seine beiden, inzwischen müde werdenden Zuhörer, zu vergleichen ist.[279]

Das Phänomen der *Erzählung* des Abenteuers ist freilich nicht neu, es ist älter als die Schrift selbst. Man muß sich jedoch vor Augen halten,

---

276 Ebd., 3. Teil, S. 185

277 In diesem Zusammenhang muß noch angemerkt werden, daß in Grosses Roman die Erzählung schließlich von der mündlichen Form (dialogische Kamin-Situation) in die schriftliche wechselt (vgl. Grosse, 1. Teil, S. 80). Dies nähert den textinternen Erzähler und Zuhörer stärker der Autor-Leser-Konstellation an und ermöglicht zugleich eine weitere Verschachtelung der Erzählebenen. So ist in der aufgeschriebenen Erzählung des Marquis von den für die Romanhandlung bedeutsamen Aufzeichnungen Elmires die Rede. Der Marquis hatte diese Aufzeichnungen vernichten müssen und gibt sie nun innerhalb seiner Aufzeichnung für den Grafen nun mit eigenen Worten wieder (vgl. 3. Teil, S. 51). Damit liegt hinsichtlich der vertikalen Anordnung der verschiedenen Rezeptionssituationen unter der Schnittstelle Romantext-Leser *zwei*mal eine Schnittstelle Erzähler-Rezipient vor, in der jeweils der Rezipient in das rezipierte Abenteuer involviert ist. In dieser Strukturierung des Textes kommt eine bewußte Kontrastierung zur konsumierenden Rezeptionssituation auch deswegen zum Ausdruck, weil Grosse selbst ein Schriftsteller ist, der in der literarischen Produktion aus *persönlich* erlebten Abenteuern schöpfen kann (vgl. 3.4).

278 Tieck beschreibt dem Freund Wilhelm Heinrich Wackenroder in einem Brief vom 12. 6. 1792, wie er von vier Uhr am Nachmittag bis zwei Uhr in der Nacht seinen Studiengefährten Schmohl und Schwinger aus den ersten beiden Teilen des »Genius« vorlas (vgl. Wackenroder, S. 382-385).

279 Tieck schreibt dem Dichter-Freund, Schmohl und Schwinger wären schon wiederholt während des Vortrags eingeschlafen, während er selbst nach der zehnstündigen lauten Lektüre Halluzinationen bekommen habe und »auf einige Sekunden wirklich *wahnsinnig*« gewesen sei, was die Besorgnis, die er Wackenroder schon ehedem mitgeteilt habe, »daß ich nämlich *wahnsinnig* werden möchte, um vieles vermehrt, um vieles wahrscheinlicher gemacht« habe (ebd., S. 384 und 385).

welche Unterschiede sich im ausgehenden 18. Jahrhundert gegenüber früheren Jahrhunderten zeigen. Zum einen kommt es im zeitgenössischen Diskurs explizit zu einer Umbewertung des Abenteuers, die auf die Konzeption des konsumierten Abenteuers zielt. Zum anderen vollzieht sich im 18. Jahrhundert eine umfassende Alphabetisierung, die dem Medium Schrift als einem ›Erzähler‹ des Abenteuers zu einem neuen Wirkungskreis verhilft und das Abenteuer zu einem Gegenstand einsamer Konsumtion macht. Schließlich ist das Phänomen des konsumierten Abenteuers seit dem ausgehenden 18. Jahrhundert auch am Beispiel anderer Medien zunehmend zu beobachten. Diese anderen Medien sind die Wachsfigur und das Panorama.[280]

Ich nenne das Panorama ein konsumierbares Abenteuer, weil es den Blick des Abenteurers ohne die Gefahr des Abenteuers ermöglicht. Der Abenteurer ist derjenige, der in einen Heißluftballon steigt oder auf einen Gebirgsgipfel klettert[281] – der Lohn seines Risikos ist das, was er sieht. Im Panorama hat das Publikum Anteil an der Horizonterweiterung des Fliegens und am Gipfelerlebnis des Bergsteigers. Andere Panoramen ermöglichen die ›Teilnahme‹ an berühmten Kriegshandlungen. Das Panorama simuliert aber auch die Reise,[282] die trotz Apodemiken weiterhin etwas Ungewisses darstellte. Städtepanoramen wurden gewöhnlich vom höchsten Kirchturm aus konzipiert, und das ist auch genau der Ort, den der Reisende in einer fremden Stadt aufsuchen sollte, um sich zu orientieren.[283] Ein Betrachter des Londoner Panoramas simuliert somit nicht nur

---

280 Der Bildhauer Benoist stellt in Paris zum Ende des 17. Jahrhunderts Wachsfiguren aus; Madame Tussaud gründet ihr Kabinett 1802. Das Panorama kommt im 19. Jahrhundert zu großer Popularität. Im Weimarer »Journal des Luxus und der Moden« wird man z. B. von Ende 1799 bis Ende 1801 über den Zug des London-Panoramas durch Europa informiert. Das erste deutsche Panorama fertigt Breysig 1801. Caspar David Friedrichs Landschaftsbilder greifen das »panoramatische Weltverhältnis« auf. Vgl. Oettermann, 21 und 40.

281 Beides sind Erscheinungen des ausgehenden 18. Jahrhunderts. Der erste Heißluftballon steigt am 5. Juni 1783 auf (vgl. Oettermann, S. 13), das Gebirge wurde bis weit ins 18. Jahrhundert als furchteinflößend gemieden, den Brocken im Harz bestiegen z. B. 1753 erst 153 Menschen , 1779 421, um 1800 bereits 1000 und um 1820 schon 2000 (vgl. Hermand, S. 169 und 177).

282 Oettermann resümiert: »Reisen zumindest aber gaukelte das Panorama in vielfältigster Weise vor. ›Wie im Traum‹ oder ›wie im Flug‹ versetzte das Panorama seinen Betrachter an einen anderen, entfernten Ort, so heißt es in zahllosen begeisterten Zeitungsartikeln zum Panorama, und die Reisen, die man in ihm und durch es machen könne, seien nicht nur bequemer und schneller als in Postchaisen, Eisenbahnen oder zu Fuß, sondern vor allem billiger« (Oettermann, S. 18).

283 »Kommt ein Reisender in eine große Stadt, so sollte er mit dem Grundriß in der Hand, den höchsten Thurm besteigen. Von hier, wo er die ganze Stadt übersieht, wird es ihm leichter, ihre allgemeine Topographie zu fassen, und sich nach ihrem Grundriß zu orientieren« (Reichard, S. 15).

einen Aufenthalt in der ihm unbekannten Stadt, er nimmt auch einen Standpunkt ein, der ihn mit vielen wirklichen Londonbesuchern verbindet.

Eine Simulation von Begegnungen ermöglicht auch das Wachsfigurenkabinett. Hier tritt der Besucher nicht fremden Städten, sondern bekannten, aber zugleich fremden Personen gegenüber. Der zwanzigjährige Georg Hermann Friedrich Lehners schreibt 1829 aus Osnabrück an einen Freund: »Sonntagabend bin ich nach dem Rathaus gewesen, wo eine große Sammlung Wachsfiguren zu sehen war, und zwar in Lebensgröße. Das ganze ist prächtig und macht Illusion, und man findet hier einen Wieland und Kant, die vor einem Tisch in ihrer gewöhnlichen, im Leben gebrauchten Kleidung sitzen, einen Voltaire und Franklin ebenso, einen Friedrich den Großen, Joseph II., Catharina II. von Rußland, in ihren gewöhnlichen Stellungen und Kostümen, den Kongreß von Wien auch in Lebensgröße, einen Johann von Leyden, wie er Gericht über seine Frau hält, Maria Stuart, Napoleon auf seinem Paradebett, den Brander Kapitän Miaulis, den Buchhändler Palm, den Admiral de Ruyter, Wilhelm Tell vor dem Geßler, Mamsell Sanntags, Luise von Preußen und einige französische Generäle. Wenn Du nicht so weit von hier wärest, so wollte ich Dich bitten, zu kommen, um dieses zu sehen«.[284] Dieser Brief mit seiner Aufzählung bedeutender Personen ist Ziessow ein Zeichen für die »kulturelle Kompetenz« der oberen Schichten der ländlichen Bevölkerung.[285] In der vorliegenden Untersuchung erhält er seine Bedeutung auch als Beispiel für die Simulation von Erlebnissen in der Fortführung dessen, was das Buch und das Panorama leisten.

Man kann einwenden, daß diese ›Erlebnisse‹ doch sehr unvollkommen seien. Aber das ist der Preis der medialen Fiktion – und das ist kein Nachteil. Man möchte sagen: zum Glück findet die ›Begegnung‹ mit Voltaire, Friedrich dem Großen und Napoleon nur einseitig, nur als Simulation statt. Denn die Simulation überwindet nicht allein räumliche und zeitliche Gräben, sie ›entwaffnet‹ auch die soziale Differenz, die andernfalls dem Konsumenten die Begegnung entweder unmöglich oder sehr problematisch gemacht hätte. Das Positive der Erlebnis-Simulation qua Schrift, Panorama oder Wachsfigur ist die *Entlastung*: weder muß man Räuber werden, um am Räuberleben ›teilzunehmen‹, noch muß man sich auf die gefährliche, zumindest aber anstrengende Reise machen, um das Panorama Londons zu sehen, noch muß man Sorge tragen, im Angesicht

---

284 Zitiert nach: Ziessow, Bd. I, S. 14.
285 Ebd.

des Königs die rechten Umgangsformen zu verfehlen oder vor dem geistreichen Voltaire in jämmerlichen Wortmangel zu geraten.

Betrachtet man diese Erscheinungen und ihre zunehmende Popularisierung im ausgehenden 18. und beginnenden 19. Jahrhundert insgesamt, kann man zu recht vom *konsumierten* Abenteuer als einem Phänomen gerade dieser Zeit sprechen. Das Abenteuer ist zu einer Ware geworden, der gegenüber das Publikum die Position des Konsumenten einnimmt. Die Ware Buch wird dabei zugleich Ausgangspunkt anderer Waren, wenn, wie Günter de Bruyn in seiner Jean-Paul-Monographie erinnert, geschäftstüchtige Unternehmer Tabakdosen mit dem Bild Jean Pauls versehen und ein Magenpulver nach dessen Roman »Hesperus« benennen.[286] Darin sind die Anfänge einer Industrie zu erkennen, die sich an das Medium Buch (später auch an den Film) ›hängt‹ und in verschiedenster Form (Kleidung, Gebrauchsgegenstände, Bilder u. a.) Symbole eines erzählten Stoffes anbietet. Darin ist ebenso der Anfang einer fragwürdigen Form der Überführung von Kunst in die alltägliche Lebenswelt zu sehen. Die symbolische Integration des Abenteuers in den Alltag, der geregelte Erwerb seiner Insignien korrespondiert dem distanzierten Involviertsein, dem entlasteten Erleben des Abenteuers in der Rezeption.[287]

Im distanzierten Involviertsein, das der zunehmend distanzierten Rezeption im Theater und der Entsinnlichung der Lektüre analog ist, findet man das Konzept der Verwaltung wieder. Die am Beispiel der Reise hervorgetretenen Merkmale dieser Verwaltung – Beherrschbarkeit der Situation, Vermeidung der Gefahr, Ausschaltung des Zufalls – lassen sich ebenso am Phänomen des konsumierten Abenteuers aufzeigen. Der wesentliche Unterschied liegt darin, daß die Verwaltung in diesem Falle in der Umge-

---

286 Vgl. Bruyn, S. 143.

287 Die Symbolisierung stand nicht immer unter kommerzieller Ausrichtung und zielte auch nicht immer auf die folgenlose Integration des Symbols in den Alltag. Bei Pierre-Francois Palloy, dem »Abrißbevollmächtigten« der Bastille, überwog noch der revolutionäre Enthusiasmus den Geschäftssinn, als er 1790 begann, kleine Modelle der Bastille sowie in echte Bastillesteine gemeißelte revolutionäre Inschriften und Bastillegrundrisse in jeden Teil Frankreichs zu verschicken. Unter finanziellem Aspekt war dies ein Verlustgeschäft; Palloy büßte dabei sein Vermögen ein. Dennoch zeigen sich auch hier ›Schattenseiten‹, wenn man in Rechnung stellt, daß Palloy nicht vergaß, die Produktion dieser Souvenire (»Apostel der Freiheit«) für die Förderung des eigenen Ruhms einzusetzen (vgl. Anna Mudrys Nachwort zu Vulpius, Beschreibung, S. XX-XXV). Allerdings ist schon bei diesem historischen Vorbild für den 200 Jahre später stattfindenden Handel mit auratischem Gestein aus der Berliner Mauer skeptisch zu fragen, welches Maß an revolutionärem Enthusiasmus das steinerne Symbol tatsächlich in die Beamten- und Wohnstuben der Nichtbeteiligten vermitteln konnte.

hung des Phänomens als eines *außerhalb* des jeweiligen Mediums besteht.[288] Diese Schlußfolgerung zeigt einen Widerspruch zum bisher besprochenen zeitgenössischen Lesesucht-Diskurs an, der mit seiner Warnung vor den Wirkungen der Abenteuerromane gerade nicht von der Möglichkeit medialer Verwaltung ausging. Unter den Stichworten Müßiggang und Zerstreuung ist noch einmal auf den Lesesucht-Diskurs zurückzukommen.

2.4.3 Die Zerstreuung – Lesen als Hobby

Campe hatte 1783 in seiner Schrift »Theophron« die Lesewut mit folgenden Worten kommentiert: »Man schreibt und lieset, nicht um zu bessern, nicht um gebessert zu werden, sondern jenes um zu glänzen, um Geld und Ruhm zu erwerben, ohne etwas Gemeinnüziges und Ruhmwürdiges *thun* zu dürfen, dieses um die zerstreute, von aller nützlichen Thätigkeit abgewandte Sele noch mehr zu zerstreuen, in den Schlaf der Vergessenheit aller häuslichen und bürgerlichen Pflichten noch tiefer einzuwiegen. Man lehrt und schreibt, um nicht lernen und denken zu dürfen; man liest, um aller Arbeit überhoben zu sein, und doch nicht Langeweile zu haben«.[289] Diese Sätze zeigen noch einmal, wie sehr die ›falsche‹ Lektüre verdächtigt wurde, dem Müßiggang Vorschub zu leisten,[290] der im Kon-

---

288 Es mag ein Zufall sein, daß der dänische Schriftsteller Jens Baggesen zeitgleich mit dem skizzierten Trend zur Konsumtion des Abenteuers 1792 die »Utopie einer Bibliotheksexistenz« (Koschorke) entwirft. Bemerkenswert ist jedoch der Umstand, daß Baggesen die Konsumtion als den Höhepunkt der *Wollust* bezeichnet: »Mein Ideal von Wollust wäre, irgendwo (selbst mitten in einer ägyptischen Pyramide) unter Büchern, ohne Schreibzeug, ohne Zunge sogar, um bloß zu lesen, zu denken, zu dichten, und zu phantasieren, ewig zu sitzen. Wenn kein Schmerz mich dazu triebe, bin ich sicher, daß ich nie aus dieser Lage herausgehen würde; denn das *Non plus ultra* aller Qual, die ich kenne, ist der Übergang von physischer Ruhe zu psychischer Bewegung« (Baggesen, S. 155; für den Hinweis danke ich Albrecht Koschorke).

289 Zitiert nach: Ewers, S. 128 (vgl. Anm. 128).

290 Vgl. Bergk, 3.3.1. Um nur ein weiteres Beispiel aus dem Kreis der Popularaufklärer zu nennen, sei auf Christian Karl André verwiesen (u. a. Lehrer an der Schnepfenthaler Landschule und Leiter eines Mädcheninstituts), der seinem jungen Publikum die Lesesucht ganz allgemein als eine »schlimme Krankheit« beschreibt, mit der man »alle Lust und Kraft zur Arbeit« verliert und den Müßiggang liebgewinnt (Christian Karl André: Leben und Thaten des weisen Junkers Don Quixote von Mancha, in: ders., Lustige Kinderbibliothek, ein Abendgeschenk für solche Kinder, welche am Tage fleißig und gut waren, Bd. 1, Marburg 1787, S. 7; zitiert nach: Ewers, S. 337).

text des bürgerlichen Moraldiskurses den Ursprung des Lasters darstellte und gegen den sogar mit Polizeigewalt vorzugehen war.[291] Er war zu einem Topos geworden, der selbst im Zusammenhang mit Naturbeschreibungen als Vorwurf zum Einsatz kommen konnte.[292]

Die Wortführer des Lesesucht-Diskurses waren sich zumeist einig, daß die Lesesucht den Müßiggang befördere und damit schließlich verantwortlich zu machen sei für asoziale Verhaltensweisen. Sie versuchten, dem entgegenzusteuern, indem sie das Lesen auf einen moralischen oder praktischen Nutzeffekt verpflichteten, der dem Gebot der Selbstvervollkommnung entsprach, das im Diskurs der Aufklärung aufgestellt worden war. Zum Großteil zielte die ›Evaluation‹ der Lektüre auf Inhalt und Qualität der Texte. Vereinzelt gab es aber auch Vorschläge, das *bewußte* Lesen durch textexterne Faktoren zu fördern, wie Lesegesellschaften, die als Disziplinierungsmittel der einsamen Lektüre entgegengehalten wurden.[293] Ob die nicht unmittelbar auf einen moralischen oder praktischen Nutzeffekt zielende Lektüre tatsächlich den Müßiggang und daraus folgende asoziale Handlungsweisen förderte oder nicht vielmehr ebenso Sozialisierungsfunktion aufwies, ist noch zu fragen. In diesem Zusammenhang ist

---

291 Edgar Bracht zitiert in diesem Zusammenhang die Hauptschrift des Kameralisten Darjes (Erste Gründe der Cameral-Wissenschaften, Leipzig 1768), mit der Forderung: »Die Policey muß [darf; Edgar Bracht] schlechterdings keine Müßiggänger dulden« (Bracht, S. 412). Darjes empfiehlt, die Müßiggänger »arbeitsam« zu machen, indem die vermögenden unter ihnen mit einem öffentlichen Amt betraut werden, das ihren Einsatz und ihre Ehre herausfordert, die nichtvermögenden jedoch »unter einer strengen Zucht zu Wegebesserungen, zum Festungsbau und anderen öffentlichen Arbeiten angehalten« oder in »Zucht- und Spinnhäuser« gesteckt werden (S. 414).

292 Campe beschreibt in seinem Buch »Reise des Herausgebers von Hamburg bis in die Schweiz, im Jahre 1785« seine Enttäuschung angesichts des Rheinfall zu Schaffhausen. Die kuriose Anwendung der Metaphorik bürgerlicher Tugenden auf einen Fluß verlangt eine ausführlichere Zitation. Campe vergleicht den Rhein mit einem »aufbrausenden jungen Geist«, der »sich über hergebrachte Sitten, Gebräuche und Wohlanständigkeit hinwegsetzt, nicht anders, als aus innerem Drange und im Sturme handeln zu können wähnt, und daher zu keinem einzigen, nach Zeit und Ort bestimmten regelmäßigen Geschäfte des bürgerlichen Lebens tauglich ist [...] Wäre der Rhein hier minder Genie, ginge sein Strom, wie andere ehrliche [sic!] Flüsse, fein gemäßiget und regelmäßig einher, so könnte er Handlung und Gewerbe befördern [...] Das kann er nunmehr nicht; und was kann er denn? Das Auge des Müßigen ergetzen; allenfalls auch Stoff zu dichterischen Gemählden liefern« (zitiert nach: Ewers, S. 418). Vor diesem Hintergrund eignet sich der Topos des Müßiggangs freilich hervorragend zum Transport von Kritik am bürgerlichen Nützlichkeitsdenken (vgl. Friedrich Schlegels ironisches Lob des Müßiggangs im »Lucinde«-Roman 1799).

293 Edgar Bracht verweist auf den Ratschlag Böttigers, Lesegesellschaften für die Zöglinge einzurichten, damit diese sich daran gewöhnen, »von den gelesenen Büchern von Zeit zu Zeit genaue Rechenschaft ablegen« zu können (K. A. Böttiger: Ueber den Mißbrauch der Deutschen Lektüre auf Schulen und einige Mittel dagegen, Leipzig 1787, S. 33, zitiert nach: Bracht, S. 409).

auf das Problem der Zerstreuung einzugehen, das in den Beiträgen zur Lesesucht-Problematik (auch in Campes oben zitierter Passage aus dem »Theophron«) immer anwesend ist und unausgesprochen auf seine anthropologische Dimension verweist.

Blaise Pascal hat mehr als hundert Jahre zuvor Aussagen zur Frage der Zerstreuung getroffen, die als Erklärung für die psychische Funktion der Lesewut herangezogen werden können. Demzufolge wird der Mensch, wenn er »ohne Zerstreuung ist und man ihn Betrachtungen anstellen läßt [...] notgedrungen in Gedanken über jene Geschehnisse verfallen, die ihn bedrohen, über die Empörungen, die eintreten können, und schließlich über den Tod und die Krankheiten, die unausbleiblich sind, so daß er nun, wenn ihm das fehlt, was man Zerstreuung nennt, unglücklich ist«.[294] Pascal findet das eingängige Bild, daß man aus diesem Grunde die Jagd lieber habe als die Beute, und fährt fort: »Das ist alles, was die Menschen haben erfinden können, um sich glücklich zu machen, und diejenigen, die sich angesichts dessen als Philosophen aufspielen und glauben, die Welt sei sehr wenig vernünftig, wenn man den ganzen Tag damit verbringt, einem Hasen nachzujagen, den man als gekauften nicht haben wollte, kennen unsere Natur nicht gut. Dieser Hase würde uns nicht vor dem Gedanken an den Tod« bewahren, »die Jagd jedoch bewahrt uns davor«.[295] Damit scheint die Zerstreuung die Bedingung eines glücklichen Lebens zu sein.

Das ausgehende 18. Jahrhundert diskutiert die Zerstreuungssucht des Menschen in einem anklagenden Ton. Goethe äußert in seinem Brief an Schiller vom 9. August 1797 über das »Publico einer großen Stadt«: »Es lebt in einem beständigen Taumel von Erwerben und Verzehren, und das, was wir Stimmung nennen, läßt sich weder hervorbringen noch mitteilen; alle Vergnügungen, selbst das Theater, sollen nur zerstreuen, und die große Neigung des lesenden Publikums zu Romanen und Journalen entsteht eben daher, weil jene immer und diese meist Zerstreuung in die Zerstreuung bringen.« Goethe glaubt sogar, »eine Art von Scheu gegen poetische Produktionen, oder wenigstens insofern sie poetische sind, bemerkt zu haben«, deren Grund er darin sieht, daß die Poesie »Sammlung« verlangt und gebietet und damit der »breiten Welt [...] so unbequem wie eine treue Liebhaberin« wird.[296] Friedrich Schleiermacher be-

---

294 Pascal, Nr. 136/139. Die erste Zahl gibt die Zählung der Lafuma-Ausgabe an, die zweite Zahl die Zählung der Brunschvicgs-Ausgabe.

295 Pascal, Nr. 136/139.

296 In gewisser Weise sind die gegen Jahrhundertende verstärkt auftretenden Anthologien (mit Titeln wie: Unterhaltungen in den Feierstunden) eine Verkörperung der von Goethe monierten »Zerstreuung in der Zerstreuung«. Sie gewähren eine abwechslungsrei-

schreibt die Flucht des Menschen vor der Reflexion mit den Worten: »Absicht und Zweck muß in allem sein, sie müssen immer etwas verrichten, und wenn der Geist nicht mehr dienen kann, mögen sie den Leib üben; Arbeit und Spiel, nur keine ruhige, hingegebene Betrachtung«.[297] Er erklärt an anderer Stelle: »Es scheuen die Menschen, in sich selbst zu sehn, und knechtisch erzittern viele, wenn sie endlich länger nicht der Frage ausweichen können, was sie getan, was sie geworden, wer sie sind. Ängstlich ist ihnen das Geschäft und ungewiß der Ausgang«.[298] Novalis spricht in seinem Roman »Heinrich von Ofterdingen« in diesem Zusammenhang von der Flucht in die Arbeit als Flucht vor der Selbstreflexion.[299] Ludwig Tieck läßt seinen William Lovell mit einem ganz besonderen Akzent in diesen Diskurs einstimmen: »Ist die Welt nicht ein großes Gefängnis, in dem wir alle wie elende Missetäter sitzen, und ängstlich auf unser Todesurteil warten? O wohl den Verworfenen, die bei Karten oder Wein, bei einer Dirne oder einem langweiligen Buche sich und ihr Schicksal vergessen können. [...] Was kann der Mensch wollen und vollbringen? Was ist sein Tun und Streben? O daß wir wandern könnten in ein fremdes, andres Land; ausziehn aus der Knechtschaft, in der unsere Menschheit uns gefangen hält! Gräßlich werden wir zurückgehalten, und die Kette wird immer kürzer und kürzer. Alle täuschenden Freuden schlagen rauschend die Flügel auseinander und sind im Umsehn entflogen. Der Putz des Lebens veraltet und zerfällt in Lumpen; alle Gebrechen werden sichtbar. Einsam steh ich, mir selbst meine Qual und mein Henker, in der Ferne hör' ich die Ketten der andern rasseln«.[300] In diesen Sätzen äußert sich die Verzweiflung dessen, der die Naivität zum Selbstbetrug der Zerstreuung verloren hat. Tieck markiert diese Situation schneidend scharf mit den Worten des alten Burton: »alles ist verächtlich, und selbst, daß man die Verächtlichkeit bemerkt«.[301]

---

che Unterhaltung, ohne daß der Leser sich auf einen längeren Text konzentrieren muß (vgl. Rudof Jentzsch: Der deutsch-lateinische Büchermarkt nach den Leipziger Ostermeßkatalogen von 1740, 1770 und 1800 in seiner Gliederung und Wandlung, Leipzig 1912, S. 273).

297 Schleiermacher, Theologische Schriften, S. 128.

298 Schleiermacher, Philosophische Schriften, S. 77.

299 Novalis läßt den alten Ofterdingen wie folgt charakterisieren: »Er arbeitet unaufhörlich aus Gewohnheit und nicht aus innerer Lust. Es scheint ihm etwas zu fehlen, was die friedliche Stille seines Lebens, die Bequemlichkeiten seines Auskommens, die Freude sich geehrt und geliebt von seinen Mitbürgern zu sehn und in allen Stadtangelegenheiten zu Rate gezogen zu werden, ihm nicht ersetzen kann. Seine Bekannten halten ihn für glücklich, aber sie wissen nicht, wie lebenssatt er ist, wie leer ihm oft die Welt vorkommt, wie sehnlich er sich hinwegwünscht, und wie er nicht aus Erwerbslust, sondern um diese Stimmung zu verscheuchen, so fleißig arbeitet« (Novalis, Bd. 1, S. 326).

300 Tieck, Bd. 7, S. 22f.

301 Ebd., S. 81.

Das Konzept der Jenaer Romantiker bestand natürlich nicht in der Bewahrung jener Naivität. Es zielt auf eine Veränderung des Menschen durch die Literatur, auf die »Annihilation der niedern Bedürfnisse«.[302] Vor allem Novalis und die Brüder Schlegel messen dem Künstler eine Erweckungsfunktion zu. Die Zerstreuung soll der Kontemplation und Verinnerlichung weichen. Damit können sie sich auf Pascal berufen, der das Phänomen der Zerstreuung beschrieb, aber nicht akzeptierte, sondern ein neues Gottesverhältnis an dessen Stelle setzen wollte. Die Frühromantiker befanden sich zwar ebenso auf der Suche nach einer neuen religiösen Erfahrung und waren z. T., wie Schleiermacher und Novalis, vom Herrenhuter Pietismus geprägt, aber ihr Konzept des Symphilosophierens bzw. des ›Weges nach innen‹ ist nicht allein religiös zu verstehen. Der Erfolg dieses Konzeptes blieb gering. Novalis gibt in einem Fragment indirekt den Grund dafür an, wenn er von der Heilsamkeit und Zweckdienlichkeit der »täglichen Vorfälle« und »gewöhnlichen Verhältnisse« spricht, der »Gewohnheiten unserer Lebensart«, insofern wir »Genossen einer bestimmten Zeit, Glieder einer spezifischen Korporation sind«.[303] Er beklagt, daß dieser Kreislauf »an einer höhern Entwicklung unserer Natur« hindere und daß »magische echtpoetische Menschen« unter diesen Verhältnissen nicht entstehen können.[304] Gegenüber der schönen Utopie des alternativen Lebensentwurfs bzw. des alternativen »echtpoetischen« Menschens besitzt der zuvor gemachte Hinweis auf die Schwerkraft des individuellen Kontextes allerdings mehr Gespür für reale Gegebenheiten und für die Möglichkeit oder Unmöglichkeit ihrer »Annihilation«.[305] Die Radikalität, mit der mancher Text der Jenaer Romantik die Überwindung des Alltagslebens[306] einklagte, stand in keinem Verhältnis zur Unaus-

---

302 Novalis, Bd. 2, S. 544.

303 Ebd., S. 533

304 Ebd.

305 Im Zusammenhang der Schwerkraft des individuellen Kontextes vgl. die zeitgenössische Argumentation unter dem Stichwort ›verhältnismäßige Aufklärung‹ im Abschnitt 2.1.3.

306 Alltag wird hier nicht als die Konsumtionssphäre gegenüber einer Produktionssphäre, als Sphäre der Privatheit gegenüber der Öffentlichkeit oder als die eintönige Wiederkehr des Gleichen gegenüber dem Fest verstanden. Die Orientierung der Jenaer Romantik auf neue Geselligkeitsstrukturen und die Indienstnahme des einzelnen für die Errichtung des Goldenen Zeitalters legen nahe, sich Agnes Hellers Definition des Alltagslebens als »Gesamtheit der Tätigkeiten der Individuen zu ihrer Reproduktion« (Arbeit, Hochzeit, Fortpflanzung u. a.) im Gegensatz zu einer auf die Entwicklung der Gattung zielenden Tätigkeit (z. B. das moralische/aufklärerische Engagement des Publizisten) anzuschließen (vgl. Heller, S. 24). Diese Definition steht in der Tradition der zeitgenössischen Unterscheidung zwischen Mensch als Bürger (d. i. Alltagsbezug; gesellschaftlich konkret) und Mensch (d. i. Gattungsbezug; gesellschaftlich abstrakt) (vgl. dazu 2.1.1).

weichlichkeit dieses Alltagslebens mit seiner Macht der Gewohnheiten und seiner Lust an der Zerstreuung.

Die Dichter im Dienste der Zerstreuung aber, deren Werke nicht die Botschaft »du mußt dein Leben ändern« vermitteln, feiern Konjunktur. Auch sie könnten sich auf einen Franzosen berufen, der das Problem der Zerstreuung lange vor Pascal thematisierte und zu ganz andern Schlüssen kam. Michel de Montaigne sah – in einer Zeit des Glaubensverlustes und vieler ungewohnter Spannungen für den Menschen – in der Zerstreuung einen Ausweg aus der zerstörerischen Isolierung.[307] Diese positive Sicht auf die Zerstreuung läßt sich im 18. Jahrhundert im französischen Materialismus wiederfinden,[308] in Deutschland meldet sie sich zum Ende des Jahrhunderts schließlich im offiziellen Lesesucht-Diskurs zu Wort.

Erich Schön hatte gezeigt, daß sich »die ›Lesesucht‹-Diskussion gegen Ende des Jahrhunderts in den Dienst der Differenzierung von Arbeit und Freizeit« stellte, daß sich der Lesesucht-Diskurs von der allgemeinen Kritik an der Lesesucht auf die »explizite Kritik am Lesen auf Kosten der Arbeit« verlagerte.[309] In diesem Zusammenhang kommt es zu ersten Verteidigungen der Lektüre als Zerstreuung: »Wer wird es tadeln, wenn der Mann, der mehrere Stunden des Tages den wichtigsten Dingen aus irgend einem Theile der Wissenschaften nachgedacht hat, nun ein Buch zur Hand nimmt, aus dem er freylich keine wichtige Wahrheiten lernen kann, das ihm aber doch Vergnügen und Unterhaltung zu gewähren, ihn, wenn man so sagen darf, mit seinen Hauptwissenschaften wieder auszusöhnen, oder allenfalls auch nur seine Neugierde zu befriedigen im Stande ist? Wer will es tadeln, daß ein Mann von seiner Arbeit ermüdet, und nachdem er des Tages Last und Hitze getragen, statt daß Andre seines Gleichen öffentliche Häuser besuchen, und die übrigen Stunden des Tages am Spieltisch oder bey der Flasche tödten, ein Buch zur Hand nimmt, das, wenn es ihn auch nichts weiter lehrt, als was ihm sein eigner gesunder Verstand auch hätte sagen können, ihn dennoch die Beschwerden der Arbeit vergessen macht, und ihn vor Langeweile schützt? [...] Nein, unser Geist bedarf, so wie unser Körper, Erholung und Ruhepunkte; er kann ohne Gefahr einer gänzlichen Erschlaffung nicht immer mit ernsthaften und anstrengenden Gegenständen sich beschäftigen [...] Wie manche Tagesstunden würden aber viele Menschen in der traurigsten Geschäfts-

---

307 Vgl. Löwenthal, S. 11.

308 Vgl. Helvétius' posthum veröffentlichtes Hauptwerk »Vom Menschen, dessen Geisteskräften und von der Erziehung desselben« (1773).

309 Schön, S. 244 und 242.

losigkeit hinbringen müssen, wenn sie nicht ihre Zuflucht zu einem unterhaltenden Buche nehmen könnten?«[310]

In diesem Beitrag drückt sich nicht nur eine differenzierende Gegenstimme in der Lesesucht-Kritik aus, die den Aspekt der ›psychischen Hygiene‹ durch die bloße Unterhaltung gegen die Vertreter einer ethischen Pflicht der Lektüre à la Bergk ins Feld führt. Der Publikationsort des Beitrages, der an den »denkenden Bürger« adressiert ist, läßt zugleich die ›Emanzipation‹ des Bürgers *zur* Zerstreuung aufscheinen. Darüber hinaus erkennt der anonyme Verfasser dieses Artikels in der zerstreuten Lektüre sogar eine sozialisierende, normierende Kraft, da sie von jenen im zeitgenössischen Moraldiskurs ebenfalls kritisierten Erscheinungen der sexuellen Ausschweifung, der Spielleidenschaft und des Alkoholismus abhalte. Unter die in diesem Artikel legitimierte Lektüre ist auch oder vor allem die Abenteuerliteratur zu zählen. Hier bahnt sich also ein Paradigmenwechsel an, der die bis dahin in Verruf gebrachte Abenteuerliteratur rehabilitiert. Die *Konsumtion* des Abenteuers wird nicht mehr diskreditiert.

Pascal war noch der Meinung gewesen, »daß das ganze Unglück der Menschen aus einem einzigen Umstand herrühre, nämlich, daß sie nicht ruhig in einem Zimmer bleiben können«, und daß dies der Grund dafür sei, daß »das Spiel und der Umgang mit Frauen, der Krieg und die hohen Ämter so begehrt sind«.[311] Der anonyme Autor des oben zitierten Textes jedoch verteidigt gegen viele seiner Zeitgenossen die Lust des einsamen Zimmers als Palliativ gegen die Versuchungen der Außenwelt. Mit der Karriere des Buches wird die Konsumtion des Abenteuers, wird die Unterhaltung und Zerstreuung *im* Zimmer möglich. Die Lesesucht ermög-

---

310 Warum liest man Bücher? und was hat man dabey zu beobachten?, in: Bremische Beyträge zur lehrreichen und angenehmen Unterhaltung für denkende Bürger, Bremen, 1/ 1795, S. 1-30, hier: 12f., zitiert nach: Schön, S. 244f. Eine ähnliche Aussage trifft 1790 der Anonymus einer Schrift, die den Nachdruck mit dem Hinweis auf die dadurch statthabende Verbreitung der Bücher auch in den »untern Klassen des Volks« verteidigt: »Wie viele unserer Landsleute, die sonst des Sonntags in den Wirtshäusern spielten oder rauften, bis Blut floß, sitzen jetzt friedlich unter ihrer Familie und lesen da in dem ihnen so werten und so verständlichen Gellert, den sie, ohne den Nachdruck, wohl nie, auch nur dem Namen nach, würden kennengelernt haben!« (Wider und Für den Büchernachdruck aus den Papieren des blauen Mannes. Bei Gelegenheit der zukünftigen Wahlkapitulation, zitiert nach: Rietzschel, S. 84). Das Eigeninteresse des Autors (wahrscheinlich der Karlsruher Nachdrucker Schmieder) an dieser sicher übertriebenen Darstellung und den kritisch zu behandelnden Hinweis auf die *legitimierte* Lektüre eines anerkannten Autors abgerechnet, bleibt es in unserem Zusammenhang bemerkenswert, daß das Buch als Konkurrent zum Wirtshaus in dieser Argumentation eindeutig auf seine Disziplinierungsfunktion hin angesprochen wird.

311 Pascal, Nr. 136/139.

licht, wie in der Lesesucht-Debatte allmählich erkannt wird, die Verwaltung asozialer Verhaltensversuchungen.

Es sei in diesem Zusammenhang noch auf ein zeitgenössisches Zeugnis der ›Gefahr‹ einer ›falschen‹ Lektüre hingewiesen, das die Überlegungen zum Lesesucht-Diskurs, zur distanzierten Rezeptionshaltung und zur Verwaltung und Konsumtion des Abenteuers in einem Bild zusammenfaßt. Erich Schön bildet in seinem Buch eine Radierung Johann Friedrich Bolts ab, die mit der Notiz versehen ist: »Bildnis S. / ›S...r mit Grandezza hingeworfen u. d. Abällino lesend, den 7ten Sbr 1796«.[312] Schön beschreibt diese Radierung wie folgt: »Kopf und Schultern ruhen an der seitlichen hohen Lehne eines Kanapees, unter dem hohlen Rücken liegt eine Rolle. Ein Bein berührt noch die Erde, das zweite hängt gerade noch seitlich über den Rand des Kanapees, auf das er sich hingestreckt hat. Die rechte Hand, deren Ellbogen an der Rückenlehne des Kanapees Halt findet, ruht auf der Brust und hält so das Buch an seiner Unterkante. Mit der linken, deren Ellbogen wiederum auf der Rolle unter dem Rücken mit aufliegt, hält er eine lange Pfeife, deren Mundstück er im Mund hat. Auf der Erde vor ihm ein Spucknapf«.[313]

Diese Radierung hätte jeder Verleger von Räuberromanen im Frontispiz als Unbedenklichkeitsbeweis für die Zensurbehörde nutzen können. Das hier gezeichnete Bild eines etwa 50jährigen, wohlbeleibten Bürgers, der es sich zur Lektüre einer Banditengeschichte auf dem Kanapee gemütlich gemacht hat und genüßlich das Tabakrauchen mit der Rezeption der Unterweltszenerie von Venedig verbindet, spricht allen Befürchtungen einer desozialisierenden Wirkung der Abenteuerromane Hohn. Dieser Mann wird sich weder der ersten besten Räuberbande anschließen noch sonst nach fragwürdigen Heldentaten trachten oder einen Abbruch seiner Funktion als nützlicher, ›realitätsfähiger‹ Bürger erfahren. Die Lektüre dient ihm als kurzweilige Freizeitgestaltung. Sie ist Hobby ohne viel Pathetik; sie ist ein »poetisches Septanfieber«[314] mit konstant 37 Grad. Indem »S.« sich bei der Lektüre von Zschockes berühmten »Abaellino der

---

312 Vgl. Schön, S. 78, vgl. die Abbildung auf S. 10 dieser Arbeit!

313 Schön, ebd.

314 Novalis gebraucht diesen Ausdruck in seinem 77. Blütenstaubfragment (1797), in dem er den »Philistern« attestiert, Poesie nur zur Unterbrechung ihres »Alltagslebens« einzusetzen, »weil sie nun einmal an eine gewisse Unterbrechung ihres täglichen Laufs gewöhnt sind. In der Regel erfolgt diese Unterbrechung alle sieben Tage, und könnte ein poetisches Septanfieber heißen. Sonntags ruht die Arbeit, sie leben ein bißchen besser als gewöhnlich und dieser Sonntagsrausch endigt sich mit einem tieferen Schlafe als sonst, daher auch Montags alles noch einen raschern Gang hat« (Novalis, Bd. 2, S. 448). Novalis'

große Bandit« (1794) gerade in dieser *ent*spannten Lage zeichnen läßt, zeigt er an, wie er mit der Spannung der Texte umzugehen pflegt: sie treibt ihn nicht in eine erwartungsvolle, aufgeregte Haltung, sie führt auch nicht dazu, daß ihm die Pfeife ausgeht. »S.« verkörpert mit seinem ganzen Gewicht die Unverrückbarkeit der Ruhe – die Herrschaft des Lesers über den Text: die Konsumtion des Abenteuers.

2.5 Zusammenfassung

Die Untersuchung zum Kontext, in den Vulpius' Schreiben zu situieren ist, führt zu folgenden Resultaten: Ausgehend von der Aufklärung als epochalem Prozeß, der die individuelle Vervollkommnung zur Pflicht erklärt, wurde deutlich, daß dieser Imperativ mit dem Konzept der verhältnismäßigen Aufklärung zugleich eine Einschränkung erfährt, die den sozialen Kontext des Individuums als »Bürger« in Rechnung stellt. Mit dem Ziel der Bewahrung der ›sozialer Brauchbarkeit‹ des Individuums werden Abstriche an der für es notwendigen Aufklärung gemacht, was konkret auch dazu führt, daß ihm bestimmte zu anspruchsvolle oder möglicherweise desorientierende Texte vorenthalten werden sollen. Das *Sapere aude!* erfährt seine Grenzen im Diskurs der Aufklärung selbst.

In dieser ›Zuschneidung‹ des Wissens deutet sich indirekt eine positive Funktionsbestimmung der Trivialliteratur an. Die Trivialliteratur bedient den infolge der Alphabetisierung gestiegenen Textbedarf in einer der ästhetischen und intellektuellen Kompetenz ihres Publikums angemessenen Weise. In den Augen der Popularaufklärer gefährden diese Texte, insbesondere die Abenteuerromane, zwar wiederum die ›soziale Brauchbarkeit‹, diese Befürchtung konnte im Verlauf meiner Untersuchung jedoch nicht bestätigt werden. Sie basiert auf der Überschätzung des Einflusses, den das Buch auf seine Leser ausübt; sie legt letztlich das Buch auf seine Funktion als Aufklärungsmedium bzw. als Vorlage einer räsonierenden Rezeption fest. Dagegen ist anzuführen, daß das Buch bereits im ausgehenden 18. Jahrhundert in starkem Maße nur dem Unterhaltungsbedürfnis seines Lesers dient. Zwar kann im Zusammenhang mit der ›Karriere‹ des Buches von der Entwicklung einer »bürgerlichen Öffentlichkeit« und eines »kulturräsonierenden« Publikums gesprochen werden, aber man muß in Betracht ziehen, daß daneben bereits ein »kultur-

---

Sätze sind trotz ihres beißenden Spotts Klage über den Trend zur Lektüre als Zeitvertreib und zugleich dessen Bestätigung.

konsumierendes« Publikum existierte und daß möglicherweise auch die Lesegesellschaften weniger politische Vereine als zeitgemäße Formen des Geselligkeitstriebes und der Zerstreuungslust waren.

Wie die Untersuchung des zeitgenössischen Lesesucht-Diskurses zeigt, wird in der ›falschen‹ Lektüre (›falsch‹ im Hinblick darauf, daß ein Text ›falsche‹ Werte vermittle oder daß er nur zerstreuen soll) die Gefahr der Desozialisierung beschworen. Der Lesesucht-Diskurs läßt sich diesbezüglich mit dem zeitgenössischen Onanie-Diskurs vergleichen, in dem in gleicher Weise gegen die Lust des Individuums dessen gesellschaftliche Pflicht reklamiert wird. Das einsame Zimmer erscheint so als Ort der asozialen Lust und des Normverstoßes. Gegen die Befürchtungen der Desozialisierung durch ›falsche‹ Lektüre bzw. durch Onanie sprechen jedoch bereits die Affektmodellierungsverfahren der ›entkörperlichten‹ Rezeption und der Medialisierung der Lust als Schrift. Eine weitere Möglichkeit der sozial-konformen Regulierung individuellen Verhaltens ist die Codierung, d. h. die Verdrängung eines unbestimmten, ungeordneten Alltagswissens durch ein spezifisches »System des Wissens«. Im Konzept der Codierung erfogt die Disziplinierung durch die Vermittlung entsprechender Aussagen und Informationen, wie sich an verschiedenen zeitgenössischen Diskursen zeigen ließ. Der von Foucault benutzte Begriff des »Panoptismus« – als Mittel der Überwachung und Disziplinierung – ist also in die Formulierung ›Panoptismus der Sprache‹ zu überführen.

Den Vorgang der Codierung, der mit Foucault »Verwaltung« genannt wurde, untersuchte der Abschnitt 2.4 im Hinblick auf das Abenteuer und den zeitgenössischen Abenteuer-Diskurs. Es zeigte sich, daß das Abenteuer negativ codiert wird und in die Existenz eines Mediums emigriert. Es wird so zunehmend zum Objekt der Konsumtion, was ein ›distanziertes Involviertseins‹ in das Abenteuerliche als Gegenpol zur bürgerlichen Existenz ermöglicht. Das Abenteuer untersteht einer *medialen* Verwaltung; es wird rezipiert in einer sozial ungefährlichen Form. Das einsame Zimmer – als zentraler Ort der Konsumtion des Abenteuers – verändert aus dieser Perspektive seine Symbolkraft. Es wird zum Ort der Verwaltung asozialer Verhaltensversuchungen.

Damit ist prinzipiell auch der im zeitgenössischen offiziellen Lesesucht-Diskurs allgemein als desozialisierend verrufenen Literatur eine affektregulierende, disziplinierende Kraft zuzugestehen. Die Lektüre von Abenteuerromanen muß keineswegs, wie von Zeitgenossen befürchtet, zur Zerstörung der ›sozialen Brauchbarkeit‹ des Individuums als Bürger führen. Die Medialisierung und die entsprechende Codierung des Abenteuers regelt die ›Verwaltung des Abenteuers‹ und wirkt dadurch im Gegenteil sozial-konform und sozial-konservativ.

Vor dem Hintergrund dieser Erkenntnisse ist nun auf Vulpius einzugehen. Am Beispiel seiner Texte ist schließlich zu zeigen, wie sich die bisher global vollzogenen Schlußfolgerungen konkret sichtbar machen lassen. Es ist zu überprüfen, in welcher Weise in seinen Texten das Abenteuer medialisiert und codiert wird. Da Aussagen über die Textwirkung nur auf der Grundlage einer Analogisierung von Produktions- und Reproduktionssituation als sinnvoll erscheinen, ist die Beschreibung der Produktionssituation unerläßlich. Der dazu gehörende historische Kontext sowie der soziale Kontext im weitesten Sinne waren Gegenstand des vorangegangenen Kapitels. Im folgenden sind der engere soziale sowie der individuelle Kontext zu untersuchen.

3. Vulpius

In diesem Kapitel ist ein Bild des Beamten und Schriftstellers Vulpius zu zeichnen. Fakten, Selbstzeugnisse und verschiedene Phänomene aus Vulpius' Biographie bilden die Grundlage einer Annäherung, die den Ort und die Intention seines Schreibens beleuchten will. Nach einem biographischen Überblick (3.1) werden Vulpius' Stellung in Weimar (3.2) sowie seine Rolle als Herausgeber und Autor (3.3) erörtert. Es folgen Überlegungen zum kleinbürgerlichen Lebensentwurf dieses Autors von Abenteuerromanen (3.4) sowie Ausführungen zu grundlegenden Phänomenen seines Schreibens (3.5; 3.6) und seiner Themen (3.7). Schließlich wird die Verflechtung von literarischer Produktion und Leben erörtern (3.8).

3.1 Die Daten

Vulpius wurde am 23. Januar 1762 als erstes Kind der Christiane Margarethe, Tochter des Manufakturverlegers Johann Philipp Riehl, und des Amtscopisten und späteren Amtsarchivars Johann Friedrich Vulpius in Weimar geboren. Er lebte, wie sein Ururenkel, Wolfgang Vulpius, berichtet, in den dürftigen Verhältnissen einer kinderreichen Familie.[1] Dennoch konnte Christian August das Gymnasium besuchen und im Wintersemester 1781 ein Rechtsstudium an der Universität Jena beginnen.

Seit 1782 schreibt Vulpius für Heinrich August Ottokar Reichards »Bibliothek der Romane«. Dort veröffentlicht er im zehnten Band (1783) die Geschichte »Palmerin von Oliva«, eine Bearbeitung einer französischen Vorlage. Vulpius schreibt diesen Stoff weiter und läßt 1784 seinen ersten Roman, die »Die Abentheuer des Ritters Palmendos«, erscheinen. Goethe berichtet Friedrich Heinrich Jacobi am 9. September 1788, Vulpius habe schon sehr »früh aus Neigung und Noth geschrieben und drucken lassen.« Damit werden zwei Motive für Vulpius' Schreiben benannt, die nicht

---

1 Wolfgang Vulpius, Rinaldo Rinaldini, Bl. 3. Sechs Kinder wurden in der ersten Ehe geboren, wovon nur zwei überlebten. Nachdem Vulpius' Mutter um 1770 gestorben war, vermählte sich sein Vater mit Dorothea Weigend, mit der er vier Kinder zeugte, von denen nur Ernestine überlebte (vgl. Biedrzynski, S. 466f.).

voneinander getrennt werden können. Aus finanziellen Gründen soll Vulpius, dessen Vater 1786 gestorben war, ohne Vermögen zu hinterlassen, 1788 das Studium abgebrochen und eine Stelle als »Privatsekretär bei den Kreisgesandten Frhr. v. Soden in Nürnberg und einem Grafen Egloffstein auf Egloffstein« angenommen haben.[2] Der »Neue Nekrolog der Deutschen« schreibt, daß es Vulpius in dieser Stellung, in der er mehr »als geistreicher Unterhalter und Gesellschafter« fungiert habe, wohl gegangen sei und daß er später nur aus seinem regen Gefühl für Freiheit die »ungezwungene Lebensweise des Privatisirens« gewählt habe.[3] Diese Aussage trifft so gewiß nicht zu. Während zu Egloffstein ein gutes Verhältnis bestand,[4] hat sich Vulpius bei von Soden eher unwohl gefühlt. Er klagt über dessen Geiz und hofft auf eine aussichtsreichere Anstellung.[5] Er wendet sich mit einer Bittschrift an Goethe, die seine Schwester Christiane dem eben aus Italien Heimgekehrten überreicht.[6]

Die ausdauernde Sorge, die Goethe daraufhin für eine Unterbringung Vulpius' zeigt, ist jedoch nicht allein der entstandenen Beziehung zu dessen Schwester geschuldet. Goethe hatte sich, wie er selbst sagt, Vulpius' schon einige Jahre zuvor angenommen, in seiner Abwesenheit habe dieser aber jede Unterstützung verloren.[7] Goethe empfiehlt Vulpius zunächst seinem Freund Jacobi als Sekretär. Da dieser »nicht eil[s]t, einen solchen jungen Mann zu haben«,[8] schickt Goethe dem Erlanger Theologieprofessor Wilhelm Friedrich Hufnagel »mit der Empfehlung zugleich einen ›geldbeschwerten‹ Brief für seinen Schützling«.[9] Auch dies bleibt ohne Erfolg.

---

2 Wolfgang Vulpius, Rinaldo Rinaldini, Bl. 3 Rückseite.

3 Neuer Nekrolog der Deutschen, S. 647.

4 Vulpius kennt Egloffstein aus der Studienzeit in Jena; Vulpius' Stammbuch weist freundschaftliche Eintragungen sowohl Egloffsteins wie von dessen Frau auf.

5 Zu von Soden vgl. Vulpius' Brief an Sophie von LaRoche am 7.10.1788 (Andreas Meier, Vulpius, S. 8). Herder, den Vulpius in Nürnberg traf, schreibt seiner Frau am 19. August 1788: »Erinnere doch Goethe an ihn; aus dem armen Menschen wird hier nichts, und er geht verloren. Er hat mir Goethens Brief an ihn gewiesen und hat alle Hoffnung auf ihn gerichtet, ob ich gleich auch nicht sehe, wo man in Weimar mit ihm hin will« (Herder, Briefe Gesamtausgabe, S. 29)

6 Die Bittschrift ist nicht erhalten, die Umstände der Überbringung (am 12.6.1788 in Goethes Gartenhaus) sind ungewiß. Andreas Meier hält es für möglich, daß Christiane die Bittschrift selbst verfaßt und aus eigenem Antrieb gehandelt hat (Andreas Meier, Vulpius, S. 68). Kleßmann spricht – ohne weitere Quellenangabe – von einem Brief Vulpius' an die Schwester, in dem dieser ihr mitteile, ihm drohe die Entlassung, da ein anderer für eine geringere Besoldung zu arbeiten bereit sei (vgl. Kleßmann, S. 9).

7 Vgl. Goethe an Jacobi am 9.9.1788. Goethe schreibt dazu: »Freylich kann ich nicht sagen, daß ich ihn genau kenne. Ich habe mich für ihn interessiert, ohne ihn zu beobachten, ich habe ihm einige Unterstützung verschafft, ohne ihn zu prüfen.«

8 Goethe an Jacobi am 31.10.1788.

9 Wolfgang Vulpius, Goethes Schwager, S. 225.

Daraufhin schreibt Goethe seinem Verleger Göschen in Leipzig, der Vulpius nach Goethes wiederholten Bitten schließlich aufnimmt.[10]

Goethe bittet Göschen am 22. Juni 1789, ihm zu schreiben, wie er Vulpius »finde«. Göschen berichtet, daß er mit Vulpius, der »mismuthig über sein Schicksal« in Leipzig eingetroffen sei, nicht viel anfangen könne, da der an der trockenen Buchhändler- und Übersetzungstätigkeit nicht interessiert, zum Korrekturlesen zu unruhig sei und für andere Beschäftigungen zu wenig Kenntnisse habe.[11] Goethe bringt daraufhin am 20. August seine Hoffnung zum Ausdruck, daß Vulpius »sich in die Arbeiten, welche dort einen Unterhalt geben, schicken möge«, und bekräftigt zwei Tage später nochmals, daß Vulpius »manche gute Eigenschaften« habe und es ihm nicht an Talent fehle: »Bei den weitläufigen Bedürfnissen der Buchhandlung sollte es mich wundern, wenn er nicht, gut geleitet, sich einen mäßigen Unterhalt sollte verdienen können.«

Die Schwierigkeiten, die Vulpius in Göschens Buchhandlung hat, verwundern angesichts der Tatsache, daß er sich in Weimar alsbald tatsächlich in jede Arbeit, die ihm aufgetragen wurde, zu »schicken« wußte und zu einem regelrechten ›Vorbildbeamten‹ wurde. Vor diesem Hintergrund ist es aufschlußreich, einen Blick in die Beurteilungen zu werfen, die das Gymnasium dem jungen Vulpius ausstellte. Sie weisen ihn keineswegs als ein Muster an Disziplin und Arbeitseifer aus: das Eingangszeugnis von 1779 spricht Vulpius jede Fähigkeit für eine entsprechende wissenschaftliche Beschäftigung ab,[12] ein Jahr später werden seine Begabung und seine Sorgfalt als mittelmäßig eingestuft, sein Betragen (mores) als befriedigend.[13] Die letzte Einschätzung von 1781 bestätigt ihm zumindest, nicht dumm zu sein, und bezeugt ein besseres Betragen.[14] Diese dürftigen Quel-

---

10 Nach einem Empfehlungsschreiben vom 1. September 1788 an Göschen eines Verlegers für Vulpius' Operetten wegen schreibt Goethe am 23.4.1789: »Er ist von guter Art und nicht ohne Talente; können Sie ihm, da er sich in Leipzig aufzuhalten gedenkt, Arbeit verschaffen, ihm durch Empfehlungen oder sonst nützlich sein, so werden Sie mich verbinden.« Vgl. die nachdrückliche Bitte Goethes an Göschen am 22.6.1789.

11 Göschen am 15.8.1789 an Goethe (Goethe-Schiller-Archiv Weimar 30/297, vgl. Hahn, Bd. 1, Nr. 372).

12 Vgl. Akten des Wilhelm Ernst-Gymnasium, Nr. 17, im Staatsarchiv Weimar. Die lateinische Einschätzung lautet: »etiam hic inuitis Musis literas tractat, nec libris, nec studio debito praeditus, [Mores] est etiam non raro«.

13 Vgl. Akten des Wilhelm Ernst-Gymnasium, Nr. 17, Bl. 80 im Staatsarchiv Weimar. Die lateinische Einschätzung lautet: »Ingenium: modicum valde; Diligentia: mediocris; Profectus: meliores quam antea; Absentia: rara; Mores: satis commodi«.

14 Vgl. Akten des Wilhelm Ernst-Gymnasium, Nr. 18, Bl. 81 im Staatsarchiv Weimar. Die lateinische Einschätzung lautet: »Ingenium: non stupidum; Diligentia: mediocris in Latinis Literio; Profectus: in vernaculis acrior, nescio quam felix; Absentia: haud rara; Mores: commodi«.

len ermöglichen keine gesicherten Aussagen über die psychische Entwicklung Vulpius' in den 80er Jahren. Es kann aber zumindest festgehalten werden, daß die überlieferten Beurteilungen nicht das Bild eines Gymnasiasten entstehen lassen, der durch besondere Intelligenz oder Strebsamkeit auffällt. Aus diesem Umstand ergibt sich auch die Frage, ob der Abbruch des Studiums tatsächlich allein mit der finanziellen Not zu erklären ist, in der sich Vulpius und seine Familie befanden. Wie Max Mendheim berichtet, beschäftigte sich Vulpius auf der Universität sehr bald mehr mit den schönen Wissenschaften, der Geschichte und ihren Hilfswissenschaften als mit der Jurisprudenz, für die er sich eingeschrieben hatte.[15] Der »Neue Nekrolog der Deutschen« spricht in diesem Zusammenhang sogar von einem Widerspruch des für das Rechtsstudium notwendigen unproduktiven Einprägens von Begriffen, Definitionen und Distinktionen zur regen Einbildungskraft Vulpius'.[16] Das läßt an die Probleme denken, die später Wilhelm Heinrich Wackenroder mit seiner Tätigkeit als Kammergerichtsreferendar haben wird. Es ist nicht auszuschließen, daß der junge Vulpius ähnliche Schwierigkeiten auf sich zukommen sah und auch aus diesem Grund das Studium abbrach.

Die Frage, ob für Vulpius zu jener Zeit noch die Möglichkeit einer Biographie bestand, wie sie einige seiner Schriftstellerkollegen aufzuweisen haben: einer Biographie, die sich auf die Unsicherheiten einer ungebundenen Existenz einläßt und das Abenteuer aus *eigenem* Erleben kennenlernt, kann nicht beantwortet werden.[17] Daß Vulpius das Thema der Freiheit und Ungebundenheit in seinen Texten immer wieder anspricht, stützt zumindest die Vermutung eines zunächst anders gedachten Lebensganges. Wie seine weitere Biographie zeigt, hat Vulpius' Unabhängigkeitswille jedoch enge Grenzen.

Im Jahre 1790 kehrt Vulpius nach Weimar zurück. Hier verfaßt er Prologe und Epiloge für die Aufführungen der Belomoschen Schauspielergesellschaft und bearbeitet Bühnentexte. Als Goethe 1791 die Leitung des Hoftheaters übernimmt, wird Vulpius mit der Bearbeitung von Opern- und Schauspieltexten betraut. Mit der Methode der Umdichtung und

---

15 Allgemeine Deutsche Biographie, S. 380. Welche merkwürdige Form Vulpius' Interesse für Geschichte annahm, zeigt der Umstand, daß er einem Kommilitonen die Vorlesungsaufzeichnungen im Fach Geschichte abkaufte (diese Information verdanke ich Andreas Meier).

16 Neuer Nekrolog der Deutschen, S. 646.

17 Indizien nicht unbedingt eines Abenteurers, aber eines *anderen* Vulpius sprechen aus seiner Mitteilung, in den Gesellschaften des Frhr. v. Soden 1788 durch Deklamieren »großen Spektakel« zu machen (Andreas Meier, Vulpius, S. 7). Zur Kontrastierung der Biographie Vulpius' mit den Biographien einiger Zeitgenossen vgl. 3.4.

Übersetzung von Originalstücken konnten Zahlungen an die Autoren umgangen und das kleine Budget der Theaterleitung geschont werden. Das Einkommen, das Vulpius dafür erhält, ist jedoch so gering, daß er mitunter um einen Vorschuß bitten muß.[18] Seinem Antrag auf ein fixes Jahresgeld statt der Einzelbezahlung für jede Opernbearbeitung wird offenbar nicht entsprochen.[19] Als Goethe mit Christian Gottlob Voigt die Oberaufsicht über die Bibliothek erhält, wird Vulpius, auch durch Kirms' nachhaltige Unterstützung, im März 1797 mit einem Jahreseinkommen von 100 Reichstalern zum Registrator an der Bibliothek zu Weimar ernannt.[20] Wie Kirms Goethe am 18. März 1797 schreibt, wünschte der Herzog jedoch, daß Vulpius »unter den zeitherigen Bedingungen die Arbeiten beym Theater fernerhin versehen solle«,[21] was bis 1805 auch geschieht. Vulpius' Bitte, ihm auch mit Blick auf seine Tätigkeit am Theater ein festes Jahresgehalt zu gewähren, bringt ihm indes nur den Unwillen des Geheimen Rates Kirms ein.[22]

---

18 Vulpius' Verdienst zeigt sich z. B. darin, daß sich seine »Figaro«-Übersetzung bis in das 20. Jahrhundert auf den deutschen Bühnen behauptet hat (vgl. Wolfgang Vulpius, Goethes Schwager, S. 227). Zur Bezahlung teilt Wolfgang Vulpius mit: »Im Jahre 1791 erhielt er nach den aufbewahrten Rechnungen für zwei eigene Lustspiele und die Umarbeitung von drei Opern ganze 65 Taler. Für eine dramaturgische Bearbeitung wurden je nach Umfang ^{2}/3 bis 1 Taler, für die Herstellung eines neuen Operntextes, der vorhandener Musik unterlegt werden mußte – eine schwierige, mühevolle Arbeit – nicht mehr als 13 Taler vergütet. Prologe und Epiloge, gereimte Antritts- und Abschiedsreden brachten nur drei Taler das Stück« (S. 227f.). Am 25.9.1796 bittet Vulpius Goethe z. B. um die Erlaubnis, auf seinen »künftigen Theater Zettel noch 4 Karolin« von Kirms leihen zu dürfen (vgl. Andreas Meier, Vulpius, S. 16).
19 Vgl. Vulpius' Schreiben »An die Oberdirektion des Herzoglichen Theaters in Weimar«, am 27.1.1794 verfaßt, erst am 25.6.1795 an Goethe abgeschickt (Andreas Meier, Vulpius, S. 10).
20 Zu Kirms Rolle bei dieser Ernennung vgl. seinen Brief an Vulpius am 13.3.1797: er könne Vulpius »Hoffnung zu einem dauerhaften Engagement in Weimar machen«, da sich der Herzog auf Kirms Nachdruck hin mit Rat C.G.Voigt besprechen wolle (Andreas Meier, Vulpius, S. 341). Zum Erhalt des Registrator-Dekrets vgl. Vulpius' Brief an Goethe (S. 23), zur Besoldung vgl. Vulpius' Schreiben an den Herzog vom 1.6.1802 (S. 51).
21 Goethe-Schiller-Archiv Weimar 28/16, zitiert nach: Hahn, Bd. 2, Nr. 673.
22 Vgl. Vulpius' »Unterthäniges Pro Memoria« an die Oberdirektion des Theaters am 14.4.1799, in dem er unter anderem die Unterstellung zu hoher Forderungen zurückweist (abgedruckt in: Pasqué, S. 91-94). Gegen Kirms' Vorwurf einer unlauteren Beschwerde verwahrt sich Vulpius seinerseits in einem weiteren Schreiben (S. 95f.). Bemerkenswert an diesem Vorgang ist, daß Vulpius, wenn man seiner Darstellung glauben darf, ein *sicheres* Einkommen den insgesamt höheren, aber einzeln zu stellenden Honoransprüchen vorzieht. Vulpius gibt Kirms zu bedenken: »Wenn Sie im künftigen Jahre *acht* neue Opern geben wollen, so werden Sie finden, daß der Preis für die Bearbeitungen derselben, andere Arbeiten ungerechnet, weit mein gefordertes Jahrgeld übersteigen wird. Auch in dieser Rücksicht werden Sie mein gefordertes Jahrgeld nicht unbillig finden« (ebd.).

Seine Pflichten in der Bibliothek erfüllt Vulpius zur vollsten Zufriedenheit seiner Vorgesetzten. Aufschluß darüber geben verschiedene schriftliche Mitteilungen. So erbittet Vulpius zum Beispiel einen eigenen Bibliotheksschlüssel, um die Nachmittagsstunden zur Arbeit nutzen zu können, was Voigt Goethe gegenüber mit den Worten kommentiert, er sei überzeugt, daß die Aushändigung eines Bibliotheksschlüssels an Vulpius der Bibliothek »zum Besten der Bibliothek selbst« gereichen werde.[23] Voigt nennt Vulpius den »thätigsten Mitarbeiter« der Bibliothek.[24] Vulpius selbst schreibt am 14. 2. 1799 an Goethe, Spilcker – Rat und Direktor der Bibliothek – sei, wie immer, wenn Goethe in Jena weile, »auf der Bibliothek nicht sichtbar«, er aber wolle sich trotz Krankheit »noch fortschleppen«.[25] Dabei ist anzumerken, daß Vulpius' Klage über Spilcker Goethe schon zuvor zu einer Ermahnung des Bibliotheksdirektors zu angestrengterer Arbeit veranlaßt hatte, über die Vulpius Rapport abstatten sollte.[26] Vulpius wird gern für schwierige Arbeiten herangezogen, da er »zum Zweck guten Willen hat«.[27] In der Ausübung seines Amtes ist Vulpius so genau, daß er überfällige Bücher selbst eintreibt.[28] Daß Goethe Vulpius' Einsatz zu schätzen weiß, bezeugen gelegentliche kurze Bemerkungen wie in einem Schreiben an Schiller vom 11. Mai 1802: »Der Bibliothekssecretair Vulpius hat sich musterhaft gezeigt, er hat in dreyzehn Tagen, 2134 Stück Zettel geschrieben. Das heißt Bücher-Tittel, auf einzelne Zettel, ausgeschrieben.« Vulpius' Vorgesetzte bringen ihr Vertrauen in ihn dadurch zum Ausdruck, daß sie ihm die Führung des *diariums* übergeben, das 1799 als Nachweisbuch über die täglich von jedem Angestellten verrichtete Arbeit zur Kontrolle und Disziplinierung eingeführt wird. Vulpius selbst ist sich durchaus bewußt, seine Arbei immer »zur Zufriedenheit meiner Chefs vollbracht« zu haben, wie er 1802 in seiner Bitte um eine Besoldungszulage den Herzog erinnert.[29]

---

23 Voigt an Goethe am 18.4.1798 (vgl. Tümmler, Bd. 2, Nr. 28, S.59).

24 Voigt an Goethe am 24.4.1803 (vgl. ebd., Nr. 372, S. 332).

25 Andreas Meier, Vulpius, S. 39.

26 Vgl. Goethe an Spilcker am 31.1.1799.

27 Goethe am 19.1.1802 an Voigt. So wird Vulpius z. B. 1802 für die Katalogisierung der der Universität Jena vermachten umfangreichen, aber stark vernachlässigten Bibliothek des Hofrats Büttner eingesetzt. J. S. Ersch, damaliger Universitätsbibliothekar in Jena, schlägt am 16.11.1801 in einem Schreiben an Goethe Vulpius für diese Arbeit vor (Hahn, Bd. 3, Nr.1431).

28 Vulpius ermahnt persönlich Herder und Bertuch (vgl. Andreas Meier, Vulpius, S. 32)

29 Andreas Meier, Vulpius, S. 51. Wie Vulpius mitteilt, wird er »meines Diensteifers wegen« Ende 1818 sogar von der russischen Zarin Maria Feodorowna, die sich in Weimar aufhält, mit einem Ring beschenkt (vgl. am 20.11.1819 an Güldenapfel und am 30.12.1818 an V. R. Z. Becker [Andreas Meier, Vulpius, S. 208]).

Dennoch muß Vulpius lange auf eine Beförderung warten. Er sieht sich »auf die Todesfälle der Alten vertröstet«.[30] Erst im Dezember 1800 rückt er zum Sekretär auf,[31] erst 1805 zum Bibliothekar. Eine Passage aus einem Brief an Karl August Böttiger vom 26.1.1809 belegt jedoch sehr deutlich, daß sich Vulpius trotz dieser Beförderungen mit Blick auf die Besoldung anderer ungerecht behandelt fühlt: »Alles wäe gut, wollte nur der alte unnützige 85jährh. Legat. R. Heermann, der in 29 Jahren keine Feder für die Bibliothek angerührt hat; u stets 500r. jährlich erhalten hat, u noch erhält, (bei einem eigenen, mehr als 20.000r. Vermögen,) dem ich im April. 12 Jahre substituirt bin, abgehen, – aber, seine große Lebenskraft weisagt ihn noch mehr als 10 Jahre Lebensfrist. Was soll aus *mir* werden? mit 260r. Besoldung?«[32] Immerhin scheint 1801 die finanzielle Grundlage für eine Familiengründung geschaffen zu sein, denn am 18. Mai 1801 heiratet Vulpius, nachdem dem behördlichen Erlaubnisvorbehalt Genüge getan ist,[33] Helene, die Tochter des Meininger Kammerkonsulenten De Ahna, die im März 1802 einen Sohn zur Welt bringt.

Vulpius' Geldsorgen bleiben jedoch bestehen. Die vom Herzog für Ostern 1801 versprochene Gehaltszulage hat er auch im Frühjahr 1802 noch nicht erhalten.[34] Die finanzielle Not, die er oft beklagt, ist z. T. so groß, daß er sich Geld beim Bibliotheksdiener borgen[35] oder um Urlaub bitten muß, um zu einer Tante nach Salzungen fahren zu können, von der er »etwas Geld bei ihrem Leben noch zu erhalten« hofft.[36] Er will Weimar sogar verlassen und nach Wien gehen, da er hier mit seinem Gehalt und dem »Abwurf« des Vermögens seiner Frau nicht leben könne.[37] Später

---

30 Am 2.5.1803 an N. Meyer (Andreas Meier, Vulpius, S. 65); vgl. auch den Brief an N. Meyer vom 15.10.1802 (ebd., S. 52).

31 Er hatte Goethe schon am 28.3.1798 gebeten, ihm das »Prädikat Sekretair bei der Biblioth. zu verschaffen« (Andreas Meier, Vulpius, S. 32).

32 Andreas Meier, Vulpius, S. 125. Der Legationsrat Heermann beaufsichtigte bis zu seinem Tod das herzogliche Münzkabinett. Wie Andreas Meier dazu anmerkt, wurden Vulpius und sein Kollege Schmid bei Gehaltsforderungen mehrfach auf das Ableben Heermanns vertröstet. Heermann starb 1815.

33 Vgl. Voigts Mitteilung am 20.12.1800 an Goethe: der Herzog habe nichts gegen Vulpius' Heirat (vgl. Tümmler, Bd. 2, Nr. 266, S. 251).

34 Vgl. Vulpius am 16.3.1802 an Goethe (Andreas Meier, Vulpius, S. 50).

35 So berichtet Otto Lerche, ohne Angabe der Quelle und des Datums (Lerche, S. 12). Vulpius schreibt Goethe am 20.11.1798, seine Lage sei so schlimm, daß sie »von Augenblikken« abhänge (Andreas Meier, Vulpius, S. 36).

36 Vgl. Vulpius an Goethe am 28.6.1802 (Andreas Meier, Vulpius, S. 51)

37 Vgl. Franz L. A. V. Hendrich an Goethe am 25.2.1803 (Goethe-Schiller-Archiv Weimar 28/39). Wie aus einem Brief von Katharina Schröfl am 5.3.1795 an Vulpius hervorgeht, hatte dieser schon einmal den Gedanken, nach Wien zu gehen (Andreas Meier, Vulpius, S.

bewirbt er sich um eine Anstellung an der Universitäts-Bibliothek zu Jena sowie um die Archivarstelle in Gotha und fragt bei seinem Freund Nikolaus Meyer nach einer Stelle als Bibliothekar in Bremen an.[38] Alle diese Versuche bleiben ergebnislos, Vulpius arbeitet bis zur Pensionierung kurz vor seinem Tod in der Herzoglichen Bibliothek.

Am 25. Juni 1827 setzt ein zweiter Schlagfluß seinem Leben ein Ende. Vulpius ist Vater zweier Söhne, erster Bibliothekar, Münzinspektor, Inhaber der Doktorwürde der philosophischen Fakultät zu Jena,[39] Träger der Verdienstmedaille des Falkenordens,[40] ordentliches Mitglied und auswärtiger Assessor der mineralogischen Societät zu Jena, Mitglied des thüringisch-sächsischen Altertums-Vereins zu Halle, Ehrenmitglied der Gesellschaft Lyra zu Leipzig und großherzoglicher Rat und Ritter des Falkenordens.[41] Vulpius hat sich nicht nur, wie Goethe 38 Jahre zuvor hoffte, in die Arbeiten »geschickt«, die einen Unterhalt geben. Er kann auch auf eine große Aktivität als Roman- und Stückeschreiber, als Mitarbeiter und Herausgeber verschiedener Zeitschriften und Journale sowie als Autor wissenschaftlicher Studien zurückblicken.

Die Aufnahme seines Namens in den »Neuen Nekrolog der Deutschen« und in die »Allgemeine Deutsche Biographie« zeigt, daß Vulpius es damit zu einer gewissen Bekanntheit in Deutschland gebracht hat. Während der »Nekrolog« Vulpius' dabei recht wohlwollend gedenkt, ihm »ungewöhnliche Geisteskraft« und ein »Leben, thatenreich, wie wenige« bescheinigt, verweist die »Allgemeine Deutsche Biographie« darauf, daß Vulpius' schriftstellerisches Feld in der Hauptsache der »mit Sentimentalitäten und Frivolitäten erfüllte Abenteuerroman« war.[42] Stellt man den zeitgenössischen Lesesucht-Diskurs und die beginnende Kanonbildung in Rechnung, so ist zu vermuten, daß die Bekanntheit als Autor von Abenteuerromanen nicht unproblematisch war. Gewiß erbrachte sie nur bei

---

341). Am 28.2.1797 schreibt Vulpius Goethe noch, daß er Weimar für immer in Richtung Wien verlassen will, am 25.3.1797, kurz nach der Ernennung zum Bibliotheksregistrator, schreibt er: »ich habe Wien nun vergeßen, u die Folianten der Geschichtsschreiber auf der Bibliothek, sind mir lieber. – Ich freue mich, in diesen Schätzen wühlen zu können, u mir wohl seyn zu laßen« (Andreas Meier, Vulpius, S. 20f. und 24).

38 Vgl. S. F. L. von Franckenberg an Goethe am 6.3.1803 (Goethe-Schiller-Archiv Weimar 28/39) und Vulpius an Meyer vom 15.6.1803 und 2.11.1803 (Andreas Meier, Vulpius, S. 67 und 75).

39 Diesen Titel erhält er 1803 auf seine eigene Bitte hin für die Katalogisierung der Büttnerischen Bibliothek. Die versprochene historische Abhandlung, die Vulpius nachreichen wollte, ist nicht nachzuweisen (vgl. Andreas Meier, Vulpius, S. 70).

40 Vgl. dazu Andreas Meier, Vulpius, S. 249 und 622.

41 Vgl. Neuer Nekrolog der Deutschen, S. 650.

42 Vgl. ebd., S. 646 und 650; Allgemeine Deutsche Biographie, S. 380.

einem bestimmten Leserkreis tatsächlich einen Prestigegewinn. Es ist zu fragen, welche Stellung Vulpius in Weimar einnahm bzw. welches Ansehen er in seiner unmittelbaren Lebensumwelt genoß.

3.2 Der Weimaraner –
Pilgerstab, Veruntreuung und Integration

Als Vulpius nach kurzer Odyssee zwischen Jena, Nürnberg, Erlangen und Leipzig schließlich ins heimatliche Weimar zurückkehrt, kehrt er in die Stadt zurück, die seinem Leben durch »den schmachvollen Ausgang des Vaters«[43] keine gute Startposition bietet. Sein alkoholsüchtiger Vater, Johann Friedrich Vulpius, hatte Steuergelder veruntreut und wurde zum Wegebau strafversetzt. Goethe saß über ihn 1782 im Geheimen Konsilium zu Gericht. In einer Stadt wie Weimar, in der das Beamtentum ein durch »innere verwandtschaftliche Verflechtung in sich geschlossenes Gebilde war«,[44] in der der Beamtennachwuchs vorrangig unter den Verwandten der *bewährten* Staatsdiener ausgesucht wurde,[45] mußte der Zukunft des Sohnes dadurch ein schwerer Schaden zugefügt worden sein. Vielleicht ist jene Textstelle in »Truthina«, die auf die negativen Folgen der Alkoholsucht des Vaters für seine Nachkommen anspielt, als eine Replik Vulpius' auf seine eigene familiäre Problematik zu verstehen.[46] Der Name Vulpius war in Weimar gewiß keine Empfehlung. Leicht fiel es seinen Gönnern jedenfalls nicht, etwas für ihn zu tun; und Vulpius selbst wußte, wie er am 5. März 1797 an Goethe schreibt, daß die Bibliothek »der einzige Platz« sei, wo seine Anstellung »weder Neid noch Kabale erregen« würde.[47] In der Bibliothek konnte sich der Sohn des inkriminierten Johann Friedrich und Bruder der skandalösen Johanna Christiane durch beharrlichen Fleiß eine angesehene Stellung erarbeiten, um den durch den Vater befleckten und durch die Schwester ins Gerede gekom-

---

43 Lerche, S. 5.

44 Huschke, S. 217.

45 Vgl. Schieckel, S. 166.

46 In »Truthina« schließt sich der Information, daß das Rothensteiner Geschlecht »ausgestorben und verdorben« ist, der Kommentar an: »Es ist aber auch nicht viel daran gelegen. Der alte Rothensteiner ist ein Trunkenbold gewesen, ein frecher Gotteslästerer; – der Pater hat ihn gar wohl gekannt! – Was hätte da wohl besseres aus den Kindern werden sollen?« (Vulpius, Truthina, S. 111).

47 Andreas Meier, Vulpius, S. 21.

menen, aber ursprünglich recht respektablen Namen Vulpius ›gereinigt‹ an seine Söhne weiterzugeben.[48]

Ob die Weimarer Gesellschaft dem Bemühen Christian Augusts den entsprechenden Respekt zollte und welche Rolle dabei Vulpius' Tätigkeit als Herausgeber und Schriftsteller spielte, ist schwer zu sagen. Nicht zufällig ist der Bericht des »Neuen Nekrologs der Deutschen« gerade in diesem Punkt inkorrekt. Dort steht, Vulpius habe durch den Erfolg des »Rinaldo«-Romans, »aber auch durch seine übrigen Werke«, die Aufmerksamkeit seiner Heimatstadt auf sich gezogen, und so sei es geschehen, »daß er im J. 1797 nach Weimar als Registrator an die dasige Bibliothek berufen und angestellt wurde«.[49] Abgesehen davon, daß vor allem die Aufmerksamkeit Goethes und Kirms Vulpius zu dieser Stelle verholfen hat, muß klargestellt werden, daß der erfolgreiche »Rinaldo Rinaldini« erst 1799 erschienen ist. Inwiefern also hat Vulpius die Aufmerksamkeit seiner Heimatstadt tatsächlich auf sich gezogen?

Es zeigte sich, daß Vulpius als Bibliothekar das Vertrauen und die Anerkennung seiner Vorgesetzten genießt. Auch andere wußten jedoch seine Arbeit zu schätzen, wie Franz Ludwig Albrecht von Hendrich, Kommandant von Weimar, der Vulpius 1803 Goethe gegenüber als »einen der Unsrigen« bezeichnet, den man nicht aus Geldmangel von Weimar fortgehen lassen, sondern der Stadt erhalten sollte.[50] Als Theaterdichter arbeitet Vulpius unmittelbar für einen Teilbereich des öffentlichen Lebens. In dieser Funktion, aber auch darüber hinaus und auch noch nach Beendigung der Tätigkeit am Theater, tritt er selbst in der Öffentlichkeit auf. So arrangiert er am 29.9.1797 die Totenfeier für die Schauspielerin Christiane Becker,[51] so schreibt er den Text zu einer Kantate, die anläßlich der Verlobung des Erbprinzen Friedrich mit Maria Pawlowna gegeben wird.[52] Durch seine Verwandtschaft und Kollegenschaft mit Goethe verkehrt er oft in dessen Haus, das regelrecht durch ›Vulpiusfrauen‹ besetzt war,[53]

---

48 In der ersten Linie war August Christians Großvater Weimarer Hofadvokat und Gerichtsherr, der Urgroßvater Pastor sowie Erb- und Gerichtsherr, dessen Vater Magister, Diakon und Pastor und dessen Vater Pastor. Vulpius erster Sohn wurde Justizrat, der zweite Arzt, dessen Sohn ebenfalls Arzt (vgl. Biedrzynski, S. 466f.).

49 Neuer Nekrolog der Deutschen, S. 648.

50 Hendrich stellt in seinem Brief an Goethe vom 25.2.1803 (Goethe-Schiller-Archiv Weimar 28/39) daher die Frage, ob es nicht möglich wäre, Vulpius auf der Bibliothek historisch-diplomatische Collega lesen zu lassen.

51 Vulpius schreibt Goethe dazu, er habe viel Beifall bekommen (Andreas Meier, Vulpius, S. 30).

52 Vgl. Kirms am 10.2.1804 an Goethe (Goethe-Schiller-Archiv Weimar 28/43).

53 In Goethes Haus wohnten neben Christiane seit 1788 auch Christians und Christia-

und ist mitunter anwesend, wenn sich illustre Gäste versammeln.[54] Aber es ist anzunehmen, daß Vulpius bei diesen Zusammenkünften eher eine Statistenrolle spielt und von den auswärtigen Besuchern nicht als interessanter Gesprächspartner angesehen wird. Trotz seines öffentlichen Engagements scheint Vulpius nicht wirklich von der gebildeten Weimarer Gesellschaft akzeptiert worden zu sein, denn es liegt kein Hinweis – weder von dritter Hand, noch von ihm selbst – dafür vor, daß er Mitglied einer der vielen geselligen Vereinigungen in Weimar gewesen war.[55]

Dieser Umstand wiegt um so schwerer, als die verschiedenen Gesellschaften sich programmatisch der gegenseitigen Belehrung bzw. dem freien Gedankenaustausch verschrieben und sich z. T. ausdrücklich verpflichteten, über Standesgrenzen hinwegzusehen. So heißt es im Statut der »Clubb-Gesellschaft«, die sich von 1801 bis 1806 im Stadthaus traf, daß bei der Wahl der Mitglieder »keine Rücksicht auf Stand, Rang und Würde« zu nehmen sei: »Ein jeder Mann von Kultur des Geistes, feinen Sitten, guten Ton des Umgangs und unbescholtenem Lebenswandel qualifiziert sich dadurch schon dazu, der Gesellschaft zur Aufnahme als Mitglied vorgeschlagen zu werden«.[56] Aber auch dieser Club war geschlossener, als seine Satzung erwarten läßt. Frauen hatten keinen Zutritt, und von den 85 Weimarer Mitgliedern, die der Club 1802 besaß, waren »36 Adlige und 49 Bürgerliche, die durchweg zu den profilierten Persönlichkeiten der Stadt und der Residenz zählten«.[57] Vulpius gehörte nicht zu ihnen. Möglicherweise überstiegen schon die Kosten der Mitgliedschaft seine finanziellen Mittel.[58] Aber dieses Argument allein überzeugt kaum. Vulpius gehörte offenbar auch nicht zu den Teilnehmern der Teeabende Jo-

nes Stiefschwester Ernestine und die Tante Juliane Auguste Vulpius – beide starben 1806 (vgl. Biedrzynski, S. 467).

54 K. Morgenstern berichtet in seinem Reisebericht über ein Frühstück bei Goethe am 3.5.1798: »Von drei Viertel auf elf bis halb eins war ich wieder eingeladen, bei Goethe zum Dejeuner. Ich sprach ihn diesmal noch länger als das vorige Mal [...] Die beiden Hufelands und ihre Frauen waren wieder da; D. Paulus mit dem Inspektor Abegg aus Boxberg; Prof. Meyer; der Schauspieler Beck und seine Frau, auch noch eine oder zwei Schauspielerinnen; die Familie Ludecus, Kirms, Rat Schlegel und seine Frau, Bibl. Sekretär Vulpius etc. Auch Frau Schiller kam, mit der ich sprach« (zitiert nach: Grumach, Bd. 4, S. 419).

55 Als gesellige Zirkel sind zu nennen: die Teetanzgesellschaft (um 1780 – nach 1830), der Samstagvormittag-Zirkel bei Luise von Göchhausen (1790 – um 1800), die Freitags-Gesellschaft (1791ff.), das Mittwochs-Kränzchen in Goethes Haus (1801–1802), die Mittwochs-Gesellschaft in Goethes Haus (1805 – um 1822), die »Ressource« (gegr. 1799, 1817 in »Erholung« umbenannt), der Salon der Hofrätin Schopenhauer (1806–1829) (vgl. dazu Barth, S. 51-57 und 70-75).

56 Zitiert nach: Marwinski, S. 136.

57 Marwinski, S. 136.

58 Die Mitglieder hatten einen Laubtaler Aufnahmegebür zu zahlen und sich an den

hanna Schopenhauers oder anderer geselliger Treffs, obwohl er mit seinem Spezialwissen auf historischem und literaturhistorischem Gebiet die Versammlungen gewiß hätte bereichern können.[59]

Vermutlich fehlte Vulpius' einfach die Reputation, in solche Zirkel aufgenommen zu werden. Der Kommentar, den Charlotte von Stein 1806 mit Blick auf Goethes häusliche Gesellschaft beiläufig abgab, schließt indirekt auch Vulpius ein: »Der arme Goethe! der lauter edle Umgebungen hätte haben sollen«.[60] Dieser Perspektive von ›edel‹ und ›unedel‹ werden sich nicht nur die adligen Vertreter der Weimarer Gesellschaft angeschlossen haben. Vulpius' Reputation dürfte durch verschiedene Faktoren recht gering zu veranschlagen sein: zum einen durch die Veruntreuung, die der Vater begangen hatte, zum anderen durch die ›Sippenhaft‹, die über seine von der Weimarer Gesellschaft als ›unedel‹ empfundene Schwester bestand, und schließlich durch Vulpius' soziale Stellung als niedriger Beamter ohne abgeschlossenes Universitätsstudium und entsprechendem akademischen Grad. Nicht zuletzt widersprach Vulpius aber schon dadurch dem Selbstverständnis der Weimarer Clubs und Salons, daß er als Unterhaltungsschriftsteller galt; seiner Integration in eine inzwischen auf Goethe und Schiller fixierte Gesellschaft waren sicher auch durch seinen schriftstellerischen ›Verrat‹ Grenzen gesetzt.[61]

Was Vulpius in anderen Kreisen Bewunderung und Anerkennung eingebracht haben mag, dürfte ihm in der Weimarer Gesellschaft nur geschadet haben. Die Ausleihbücher der Herzoglichen Bibliothek bekräftigen die Annahme, daß der *Schriftsteller* Vulpius vom Bildungsbürgertum Weimars nicht akzeptiert wurde: weder für Kirms, Schopenhauer, Goethe, Schiller, Wieland noch für den Herzog, Frau von Stein oder selbst Major von Hendrich ist die Ausleihe von Vulpius-Schriften nachgewiesen.

---

laufenden Kosten zu beteiligen: z. B. an der Jahresmiete von 100 Talern und an der Armenkasse des Clubs (vgl. ebd., S. 136f.).

59 Als Sekretär des Herrn von Soden hatte Vulpius dagegen eine Zeit erlebt, in der er »zu allen großen Gesellschaften gezogen« und mit Sympathie aufgenommen wurde (Andreas Meier, Vulpius, S. 7). In Weimar verkehrte Vulpius zumindest im Kaffeehaus, wo er gelegentlich mit Personen wie dem als Hofbildhauer nach Weimar berufenen Johann Peter Kaufmann ins Gespräch kommt, wie er im April 1817 schreibt, oder er trinkt mit Clemens Brentano im Café-Salon der Madame Ortelli einen »poetischen Schnaps«, wie er am 4.9.1803 Nikolaus Meyer mitteilt (vgl. Andreas Meier, Vulpius, S. 164 und 73).

60 Goethe, Gedenkausgabe, Teil 1, S. 384.

61 Wie empfindlich die auf Goethe orientierte Salon-Gesellschaft der Johanna Schopenhauer in dieser Hinsicht auf etwaige Widersprüche reagierte, verdeutlicht die ›Exkommunikation‹ des jungen Gymnasialprofessors Passow, dessen Zurückhaltung und mangelnde Kommunikabilität Goethe bereits als Angriff wertete, so daß er Passows Ausschluß forderte (vgl. dazu Astrid Köhler: Salonkultur im klassischen Weimar – Geselligkeit als Lebensform und literarisches Konzept, Stuttgart 1996, S. 111-119).

Vulpius' offizielles Weimarer Publikum setzt sich hauptsächlich aus Handwerkern, Händlern, niederen Beamten und Kirchenvertretern, Schauspielern, Soldaten und Mesdemoiselles zusammen.[62] Damit wird die Vermutung offenbar bestätigt, die hinsichtlich des Adressatenkreises eines Unterhaltungsschriftstellers besteht.[63] Hierzu sind drei Anmerkungen zu machen. Erstens ist mit Blick auf die vielen Bildungsnachweise, Zitationen und z. T. unübersetzten lateinischen, italienischen oder französischen Textpassagen in Vulpius' Büchern anzunehmen, daß sie keineswegs ausschließlich oder vorrangig auf ein sozial niedrigstehendes, kaum gebildetes Publikum zielen.[64] Zweitens lassen sich in den Ausleihbüchern vereinzelt auch Vulpiusleser aus der sozial höherstehenden Schicht finden wie der Professor Lavés, der Regierungsrat Lauhn, der Rat Wedel aus Jena und Major von Tettau.[65] Drittens bedeutet die Entscheidung für Vulpius bei den Lesern nicht zwangsläufig eine Entscheidung gegen Goethe, Schiller oder andere heute kanonisierte Autoren. Vulpius' Bücher befinden sich in der Gesellschaft der Schriften von Goethe, Schiller, Wieland, Moritz, Novalis, Rousseau, Voltaire oder Diderot, seine Abenteuer-

---

62 Als Vulpius' Leser seien aus dem Ausleihbuch 1808-1810 beispielhaft genannt: der Beutlermeister Stolze, die Kaufleute Grimm und Theuss, der Schreiber Kraeuter, der Hofregistrator Geist, der Regierungssekretär Schwabe, der Diakon Zunckel, die Schauspieler Wolf, Deny, Becker, die Leutnants von Buchwald und von Einsiedel sowie die Mesdemoiselles Engels, Goering, Haessler und Stockmann.

63 Inwiefern Vulpius' Bücher in den beiden Leihbibliotheken Weimars (der Buchhändler Hoffmann eröffnet seine Leihbibliothek am 1.10.1790, Gottlieb Benjamin Reichel betreibt seit 1803 eine Leihbibliothek) vorhanden waren und gelesen wurden, ist leider nicht festzustellen. Solche Titel wie »Clärchens Geständnisse« und »Der kleine Überall«, die nachweislich in Reichels Leihbibliothek vorhanden waren (vgl. Marwinski, S. 133f. und Anm. 711), lassen aber die Präsenz auch einiger Bücher von Vulpius vermuten.

64 Vgl. die lateinischen Verse Martials, Meleanders und Ovids in: Vulpius, Abentheuer und Fahrten, S. VIIff.; die fast ganzseitige Anmerkung zu Salvator Rosa, an den eine Figur der Erzählung »Die weibliche Schlange« anläßlich einer romantischen Gegend denkt (»Zauberromane«, Naumburg: bei Matthießen 1790, S. 65); die lateinischen Gesänge in: Vulpius, Ferrandino, S. 7f.; die lateinische Wiedergabe eines Prozessionsliedes und die nicht übersetzten französischen Dialogteile in: Vulpius, Lionardo, T.1, S. 32 und 64ff.; die lateinischen und italienischen Modi in: Geschichte eines Rosenkranzes (1784); Der Liebe Lohn; (1789); Harlekins Reisen und Abentheuer (1798); Don Juan (1805); das portugiesische Motto von Camoens in :Die Nonne im Kloster Odivelas (1803) usw.

65 Professor Lavés entleiht z. B. als Weihnachtslektüre (23.12.1809–9.1.1810) die zwei Bände des »Orlando Orlandino der wunderbare Abentheurer«, Regierungsrat Lauhn liest offenbar den ganzen Dezember 1809 Vulpius (9.–12.12.: »Sebastiano der Verkannte« und »Die Sizilianer«; 13.–16.12.: »Glorioso«; 16.–20.12.: »Hulda«, »Wellenthal« und »Fürstinnen, unglücklich durch Liebe«), Rat Wedel holt sich »Sebastiano« und »Die Sizilianer« (30.11.–9.12.09), Major von Tettau entleiht sich den »Rinaldo« (9.–12.5.1807) und »Die Sizilianer« (15.–18.7.1807).

184

romane werden flankiert von den moralischen Stücken und Romanen eines Ifflands oder Lafontaines.[66]

Wenn die Ausleihbücher insgesamt die namhaften Bürger Weimars als Vulpius' Leser vermissen lassen, ist das natürlich kein hinreichender Beweis dafür, daß er von diesen nicht zur Kenntnis genommen wurde. Das Ausleihen von Büchern ist eine öffentliche Handlung und kann zu Prestigeverlust führen, wenn es sich um Bücher handelt, die im literarischen Diskurs diskreditiert sind. Aber auch wenn Vulpius von einigen Weimarer Bürgern heimlich gelesen worden wäre, würde gerade dies seinen Mangel an öffentlicher Reputation nur bestätigen. Die Akzeptanz, die Vulpius als Schriftsteller in den gebildeten Kreisen Weimars erfuhr, muß insofern als sehr gering eingeschätzt werden. Selbst in seinem unmittelbaren Arbeitsbereich wird er offenbar nur von den ihm unterstellten Kollegen wahrgenommen. Während zum Beispiel die Bibliotheksdiener Sachse und Römhild Vulpius lesen,[67] sind für seine Vorgesetzten – der Bibliothekar Spilcker, der Geheime Rat Christian Gottlob Voigt und Goethe – keine Ausleihen von Vulpiusbüchern verzeichnet.[68]

Daß Vulpius in den gebildeten Kreisen tatsächlich als »einer der Unsrigen«, wie von Hendrich schrieb, empfunden wurde, kann also bezweifelt werden. Bei aller Anerkennung, die er in seiner Tätigkeit am Theater und in der Bibliothek fand, seine Bedeutung außerhalb dieser Orte dürfte eher marginal gewesen sein.[69] Dies scheint sich auch mit Blick auf Vulpius'

---

66 Der Schreiber Kraeuter liest über den Jahreswechsel 1806/1807 z. B. sowohl »Wilhelm Meisters Lehrjahre« als auch »Rinaldo Rinaldinis« Abenteuer (17.12.1806–17.1.1807), 1807 entleiht er »Maria Stuart«, »Wilhelm Tell«, »Anton Reiser« und »OEuvres de Voltaire«, 1808 Novalis, Kotzebue und Vulpius. Madmoiselle Silin entleiht 1807 neben Vulpius' »Frau Holda Waldina, die wilde Jägerin« und »Theodor, König der Korsen« Wielands Werke und Ifflands Schauspiele; Mademoiselle Stockmann liest 1809 Vulpius, Goethe und Schiller; Madmoiselle Haessler liest 1808/09 Goethe, Kotzebue und Vulpius; Regierungssekretär Schwabe liest 1809 Diderots »Rameau« sowie viel Vulpius und Lafontaine; Diakon Zunckel liest 1808 Vulpius' »Don Juan« und Rousseaus »Confessions«; Herr Schöning liest 1808 »Faust« und »Rinaldo«; Herr Desportes liest 1808/09 »Agathon«, »Candide«, Schillers »Räuber«, Schillers Gedichte, Kotzebue, Iffland und Vulpius.

67 Sachse leiht mehrere Romane Vulpius' aus: »Sebastian Schnapps« (9.11.–10.12.1806), »Orlando« (28.2.–21.3.1807), »Hulda« (März 1807), »Der Sizilianer« (Februar 1808) und »Don Juan« (23.12.1809–10.1.1810). Römhild entleiht »Don Juan«, »Frau Holda Waldina« und »Wellenthal« (6.–10.11.1824), »Orlando« (29.6.–14.7.1827) sowie den »Deutschen Gil Blas« des Bibliotheksdieners Sachse (1.3.–3.5.1823).

68 In Goethes eigenem Besitz befand sich »Der Sizilianer« (mit Goethes Exlibris) und das »Handwörterbuch der Mythologie« – von Vulpius am 4.9.1826 zugeeignet, in Goethes Nachlaß unaufgeschnitten vorgefunden (vgl. Goethes Bibliothek. Katalog, hg. v. NFG Weimar 1958, S. 162 und 284).

69 Aber auch mit Blick auf das Theater beklagt sich Vulpius in einem Brief (wahrscheinlich an die Hoftheaterdirektion) zwischen 1790 und 1797: »Ich werde überhaupt in ver-

kulturhistorisches Engagement noch einmal zu bestätigen. Vulpius, der für den Herzog kulturhistorische Denkmäler inspiziert und erwirbt sowie Hügelausgrabungen in der Umgebung leitet, muß am 6.11.1824 anläßlich einer Museumseröffnung in Gotha zugeben, daß er schon seit 16 Jahren vergebens für ein solches Projekt in Weimar geworben habe.[70] Es mutet daher wie eine Gegenreaktion an, wenn Vulpius zum einen in seiner Funktion als Bibliothekar nicht nur Stolz auf seine Leistung, sondern auch eine gewisse Arroganz zeigt[71] und wenn er zum anderen verschiedentlich auf die Aufmerksamkeit verweist, die er im literarischen Diskurs des Deutschen Reiches genießt. Es soll im nächsten Abschnitt untersucht werden, welche Art Akzeptanz Vulpius im Literaturbetrieb außerhalb Weimars erfuhr.

3.3 Der Schriftsteller

3.3.1 Herausgeber und Sammler

Neben seiner schriftstellerischen Arbeit ist Vulpius tätig als Mitarbeiter und Herausgeber verschiedener Zeitungen und Zeitschriften.[72] Aufmerksamkeit genießt er seinen eigenen Worten nach vor allem als Zeitungs-

---

schiedenen Sachen so behandelt, als wäre ich das nicht, was ich bin. Endlich werde ich doch einmal darüber Erklärung erhalten, u werde sie vom H. Geh. Rat geben laßen« (Andreas Meier, Vulpius, S. 337).

70 Vgl. Andreas Meier, Vulpius, S. 245, 238 und 305.

71 Der Kanzler Friedrich v. Müller berichtet von einem Gespräch mit Goethe Anfang 1821 über Riemers Anstellung in der Bibliothek, die offenbar zu Konkurrenzgefühlen und Machtstreitigkeiten zwischen Riemer und Vulpius geführt hatte. Während Goethe demzufolge Vulpius verteidigte (»Riemer sei nun einmal nicht geeignet zum kurrenten Bibliotheksdienst und man könne Vulpiusen nicht verargen, wenn er sich nicht ins Handwerk greifen lasse«), machte von Müller Goethe auf Vulpius' Arroganz aufmerksam, woraufhin Goethe, »ohne sie zu leugnen«, entgegnete: »man könne ihn nicht anders machen, als er sei, und Riemer müsse durchaus sich darein finden« (Goethe, Gedenkausgabe, Teil 2, S. 116).

72 Vulpius war Mitarbeiter u. a. der Zeitschriften: »Allgemeine Geographische Ephemeriden«, »Ephemeriden der Literatur und des Theaters«, »Dresdener Abend-Zeitung«, »Annalen des Theaters«, »Weimarisches Magazin«, »Leipziger Musenalmanach«, »Erfurter gelehrte Zeitung«, »Die Sächsischen Provinzblätter«, »Nürnberger Gelehrte Zeitung«, »Salzburger Zeitung«, »Zeitung für die elegante Welt«, »Magazin der Philosophie und schönen Wissenschaften«. Vulpius war Herausgeber des monatlich erscheinenden »Janus. Eine Zeitschrift auf Ereignisse und Thatsachen gegründet« (1800–1801), des »Weimarischen Allerlei« (1805), der »Curiositäten der physisch-literarisch-artistisch-historischen Vor- und Mitwelt« (1811–1823) sowie des Jahrbuchs »Die Vorzeit oder Geschichte, Dichtung, Kunst und Literatur des Vor- und Mittelalters« (1817–1821).

herausgeber, als der er nicht nur Schiller einen Ort bietet, Teile von »Wallensteins Tod« zu veröffentlichen, oder für Goethes Mutter wichtig ist, die Vulpius regelmäßig für den neuen »Janus« danken läßt.[73] Vulpius' Journale werden in ganz Deutschland ausgiebig gelesen – und geplündert. Nicht ohne Stolz verkündet Vulpius 1813 in der Vorrede zum dritten Band der »Curiositäten«, daß sein Unternehmen »das Glück gehabt [hat], theilnehmende Leser und einsichtsvolle und billige Beurtheiler in gelehrten und öffentlichen Blättern« sowie die Mitarbeit bekannter und geschätzter Schriftsteller gefunden zu haben.[74] Nicht ohne Stolz fügt Vulpius hinzu: »die Herren Zeitungsschreiber und Journal-Herausgeber haben überdieß den Curiositäten ihren Beifall so lebhaft zu erkennen gegeben, daß viele Aufsätze daraus ganz wörtlich ab- und nachgedruckt in Wiener, Frankfurter und Nürnberger Journalen und Zeitungen, die Seltenheit politischer Nachrichten zu ersetzen, oder minder wichtigere zu heben, aufgenommen und mitgetheilt wurden, ohne die Curiositäten nur ein einziges Mal als Quelle zu nennen«.[75] Vulpius bittet seine Raubdrucker, ihn künftig als Fundort ihrer fremden Federn anzugeben, »damit das Mein und Dein, das Gegebene und Genommene, in gehöriger und ziemender Würde bleiben und behalten werden kann«.[76] Denjenigen aber, die ein Buch über das Mittelalter geschrieben haben, *ohne* Vulpius' Textsamm-

---

73 Vgl. Janus 2/1800, 163-169, sowie die Januarnummer des gleichen Jahres, in der »Einige Szenen aus Mahomet, nach Voltaire, von Goethe« (S. 22-33). Vgl. Katharina Elisabeth: Goethe an Goethe am 28.2.1800, 13.4.1800, 7.3. und 7.5.1801 (vgl. Hahn, Bd. 3, Nr. 181, S. 193 und 141).

74 Curiositäten, Bd. 3, I. St., 1813, S. 3. Vulpius schreibt: »Namen, in unserer Literatur geschätzt und nicht unbekannt, haben die Leser unter vielen Aufsätzen gefunden, so wie schätzbare Mittheilungen aus Archiven und Manuscripten angesehener Bibliotheken« (ebd.). Für den Stolz des Herausgebers auf Leser und Mitarbeiter lassen sich weitere Belege finden: »Mehrere achtungswerthe Gelehrte haben mir fernere Unterstützung zugesichert, bereitwillig werden Kunstsammlungen, Manuscripten-Schränke und Archive mir geöffnet« (S. 4), sowie: »In den gelehrten Blättern, die ich zu sehen und zu lesen Gelegenheit habe, hat mein Unternehmen billige und belehrende Beurteiler gefunden, und die Lesewelt sowohl, als die literarische, hat bewiesen, daß die Fortsetzung der Curiositäten ihr angenehm ist« (Curiositäten, Bd. 5, I. St. 1816, S. IV).

75 Curiositäten, Bd. 3, I. St., 1813, S. 4f. Vgl. Vulpius' Rezension des in Wien erschienenen Buches »Historische Antiquitäten«: »*Wörtlich* abgedruckt sind die gelieferten Aufsätze und Nachrichten, besonders aus der bekannten Zeitschrift *Curiositäten*, aus welcher hier nicht weniger als *achtzehn* Aufsätze gestohlen sind« (Jenaische Allgemeine Literatur-Zeitung Nr. 173, 1813, 432), sowie die Besprechung eines Buches mit dem Titel »Wundermenschen...«: »ein allenthalben zusammengestoppelter *Nachdruck*. Vorzüglich ist die Zeitung *Curiositäten* geplündert worden« (Ergänzungsblatt zur Jenaischen Allgemeinen Literatur-Zeitung Nr. 86, 1815, S. 303).

76 Curiositäten, Bd. 3, I. St., 1813, S. 5.

lungen zu plündern oder sich auf sie zu beziehen, wirft er Nachlässigkeit und Ignoranz vor.[77]

Aus diesen Äußerungen spricht ein Selbstbewußtsein, das sich aus der großen Resonanz der herausgegebenen Zeitschriften und aus dem von ihm entwickelten Spezialistenwissen begründet. Vulpius definiert seine Rolle als Herausgeber in den einleitenden Worten zu den »Curiositäten« wie folgt: »Gewöhnlich beschäftigt sich die *Historie* nur mit dem großen Gange der Weltbegebenheiten und mit der politischen Geschichte der Völker und Staaten, oder mit der Literatur-Geschichte der Wissenschaften. Es giebt aber außer diesen respectabeln Zweigen unsers Wissens, noch eine Menge sehr interessanter Nebendinge, welche die Geschichte nicht berührt, und aus welchen man den Geist und das Wissen, die Meinungen und Vorurtheile, die Sitten und Gebräuche, die Tugenden, Thorheiten und Laster, kurz das Leben der Vorwelt mit seinen Formen und seinen bunten Farben weit besser kennen lernt, als aus der ernsteren Weltgeschichte«.[78] In der Wendung gegen die »ernste Weltgeschichte« spricht allerdings weniger ein unentdeckter Vorläufer der Alltagsgeschichtsschreibung als ein Bibliothekar und Sammler, der die historischen Ereignisse nicht zum Anlaß intellektueller Spekulationen benutzen will, sondern seine Aufgabe darin sieht, der Leserwelt die zusammengetragenen Kuriositäten und Abstrusitäten der Vergangenheit zu offerieren. Dabei vereinen sich programmatisch Sammlerleidenschaft und Unterhaltungswille.[79] Dieses Unternehmen zielt durchaus auch auf Distinktionsgewinn, denn Vulpius sieht sich nicht nur als eine Art Verwalter der Vergangenheit, er will ebenso eine kritische Instanz der Gegenwart sein: »Viele Dinge, die anjetzt von gelehrten und ungelehrten Charlatanen und Marktschreiern, physischen und mystischen Taschenspielern als neue Entdeckungen mit vielem Pompe der Welt angekündigt und ausposaunt werden, waren längst erfunden und unserer Vorwelt schon bekannt«.[80]

---

77 Vgl. Vulpius' Rezension zu »Des deutschen Mittelalters Volksglauben und Heroensagen« von F. L. Ferdinand von Dobeneck, hg. v. Jean Paul, in der er die offensichtliche Unkenntnis seines Buches »Bibliothek des Romantisch-Wunderbaren« anmerkt, auf die Zeitschrift *Curiositäten* als einer einschlägigen Quelle verweist und schließlich festhält: »die Verlagshandlung [hätte] die Herausgabe dieses Werkes einem der Sache kundigen Vermehrer auftragen sollen« (Jenaische Allgemeine Literatur-Zeitung Nr. 53, 1816, S. 424).

78 Curiositäten, Bd. 1, I. St., 1811, S. 4.

79 Vulpius beabsichtigt, mit »interessanten Seltenheiten der Natur, Kunst, Literatur, Sitten und Gebräuche unsrer Vor- und Mitwelt« ein »interessantes und unterhaltendes Schaugemälde aufzustellen« (Curiositäten, Bd. 1, I. St., 1811, S. 5), »um allen gebildeten Ständen ein allgemeines Interesse, und eine sehr unterhaltende Lectüre zu gewähren«(S. 6).

80 Curiositäten, Bd. 1, I. St., 1811, S. 4.

3.3.2 Beifall und Verriß

Während sich Vulpius als Herausgeber verschiedener Zeitschriften auf das Wohlwollen »achtungswerther Gelehrter« berufen kann, sind im Zusammenhang mit seinen Romanen allerdings vor allem gegenteilige Äußerungen zu finden. Joseph Rückert beispielsweise, der Vulpius 1800 in seinen anonym erschienenen »Bemerkungen über Weimar« als »Registrator an der Herzoglichen Bibliothek, Romanen- und Theater-Schreiber, auch, wie es heißt, Herausgeber des *Janus*« erwähnt,[81] weist ihm im Überblick über Weimars »Stufenleiter schreibender Wesen vom Gewürme bis zu den Göttern hinauf« die *unterste* Sprosse zu. Damit liegt Vulpius noch sechs Plätze hinter Ernst August Schmid, dem Kollegen in doppelter Hinsicht: als Sekretär der Bibliothek[82] und als Verfasser einer gereimten Übersetzung des Popeschen Briefes »Heloise und Abelard«. Zum literarischen »Gewürm« wurde Vulpius desgleichen von den meisten zeitgenössischen Kritikern gezählt. Stellvertretend sei Fichte zitiert, der bereits 1788 in einer Rezension zu Vulpius' Schauspiel »Sie konnt's nicht über Herz bringen« seinen geringen Hoffnungen in Vulpius' literarische Fähigkeiten Ausdruck gab: »Herr *Vulpius* hat sich nicht gebessert. Aber was noch schlimmer als das ist – *viel* wird Herr Vulpius sich auch nie bessern. So lange wenigstens gewiß nicht, als er fortfährt, das Feld der dramatischen Poesie zum Tummelplatz seiner Muse zu machen. Zwar wird er es auch in jeder andern Gattung der Dichtkunst schwerlich bis zum Mittelmäßigen bringen; vor allem aber muß das dramatische Fach – wir entscheiden ohne Bedenken! – dem Herrn Vulpius auf immer verschlossen und verriegelt bleiben. Denn noch ist uns, bey dem besten Willen, auch nicht der Schatten des geringsten von den mancherley Talenten, die zur Bearbeitung dieses Faches unentbehrlich sind, an seinen Arbeiten zu bemerken möglich gewesen. [...] und [wir] bedauern nur den Verleger, der sein schönes Papier so übel verschwendet hat!«[83]

Auch in der Folgezeit werden Vulpius' Schriften zum Zielpunkt vernichtender Kritik. So wird der Roman »Glorioso, der große Teufel. Eine Geschichte des achtzehnten Jahrhunderts, von dem Verfasser des Rinaldini« in der »Allgemeinen Literatur-Zeitung« ein »flaches, unzusammenhängendes, zweckloses Werkchen« genannt, ein »so unbedeutendes, un-

---

81 Rückert, S. 138.

82 Als solcher sei er eine Null, schreibt Vulpius am 20.3.1804 an Meyer (Andreas Meier, Vulpius, S. 79).

83 Lauth, S. 55f. Die Rezension erschien in der vom Leipziger Professor für Philosophie Karl Heinrich Heydenreich 1788 herausgegebenen, bei Göschen zu Leipzig verlegten Zeitschrift Kritische Uebersicht der neuesten schönen Litteratur der Deutschen.

sere romantische Literatur durchaus nicht bereicherndes, Product, dass es Papier-Verprassung wäre, einen umständlicheren Auszug, oder eine ins Einzelne und auf Belege sich erstreckende Kritik abzufassen«.[84] Die Rezension der »Neuen Allgemeinen Deutschen Bibliothek« betont mit gleicher Ablehnung, daß es sich hier um ein Buch für den »Lesepöbel« handelt, das »für den großen Haufen, der nur liest, um die Zeit hinzubringen, unterhaltend genug seyn« wird.[85] In der »Neuen Allgemeinen Deutschen Bibliothek« heißt es: »Unter den sogenannten Schriftstellern des Tages, die wie die Pilze aufwachsen, und von allen Ladenburschen und Köchinnen[86] gelesen werden, befindet sich auch der geistlose Verfasser des geistlosen Räuberromans Rinaldo Rinaldini. Er hat unter dieser Firma die Liebesgeschichte der Anna von Koburg, der Sophie Dorothea von Hannover, der Maria von Portugall und der Königin Elisabeth von England erzählt. Sein Styl ist der gewöhnliche, das heißt eine Mischung von Plattheit und Bombast. Seine Manier ist die alte, das heißt die abgeschmackteste die sich ersinnen läßt, sein Dialog noch schlechter als im Rinaldo, was viel gesagt ist. [...] Bm.«[87] Vulpius werden Geistlosigkeit, Plattheit und Bombast, schlechte Dialogführung sowie Mangel in der Konstruktion und Mangel an sichtbarer Intention vorgehalten. Andere Rezensenten kritisieren die »grelle[n], oft ans Unzüchtige gränzende[n] Ausmalung« von Liebesszenen.[88] Mitunter resignieren die Rezensenten angesichts der allgemeinen Zustimmung vor dem Geschmack des Publikums. Der Rezensent des Schauspiels »Rinaldo Rinaldini« zählt die verschiedensten Mängel dieses Stückes auf – »buntes Durcheinanderlaufen der Vorfälle, Ueberraschungen jeder Art; zahlreiches Personale, grelle Kontraste der Charaktere, Anstrich von Wunderbarem, Freyheits- und Kraftsentenzen« –, um schließlich nüchtern festzuhalten: »Dieß Alles aber wird auf keine Weise den Beyfall hindern, den Tumult und Wirrwar immer bey einem Publikum erwarten können, das größtentheils die Bühne

---

84 Allgemeine Literatur-Zeitung Nr. 146, 1801, S. 380f.

85 Neue Allgemeine Deutsche Biographie, 1801, Bd. 66, 2. St., H. 6, S. 351.

86 Durch die Ausleihbücher der Herzoglichen Bibliothek ist inzwischen klar geworden, daß Vulpius keineswegs nur von Ladenburschen und Köchinnen gelesen wurde. Den vorliegenden Titel, »Fürstinnen unglücklich durch Liebe«, hat z. B. auch der Regierungsrat Lauhn ausgeliehen.

87 Besprechung zu »Fürstinnen unglücklich durch Liebe. Vom Verfasser des Rinaldo Rinaldini« in: Neue Allgemeine Deutsche Biographie, 1802, Bd. 72, 2. St., H. 6, S. 357f.

88 Vgl. die Besprechung zu Vulpius' Roman »Theodor, König der Korsen. Von dem Verfasser des Rinaldini« in: Neue Allgemeine Deutsche Biographie, 1803, Bd. 83, 1. St., H. 2, S. 104f.

nur besucht, um zu schauen, und sein Trommelfell erschüttern zu lassen«.[89]

Es verwundert dagegen nicht, daß Vulpius' Verleger Heinrich Gräff den »Rinaldo«-Roman als ein höchst unterhaltendes Buch anpreist, dessen Beliebtheit im Publikum sich schon dadurch äußert, daß es nach kürzester Zeit vergriffen ist.[90] Aber Gräff sah sich offenbar auch veranlaßt, einige Worte mehr zur begeisterten Aufnahme des Romans beim Publikum und zu seiner überwiegenden Ablehnung durch die Literaturkritiker zu sagen. Da seine Erklärung nicht nur mit Blick auf den »Rinaldo«-Roman interessant ist, sondern auch eine Anmerkung zum zeitgenössischen Lesesucht-Diskurs darstellt, sei umfangreicher daraus zitiert.

Gräff beginnt damit, an frühere Bestseller-Debatten zu erinnern, und deutet anschließend prinzipiell unterschiedliche Lektüreziele und -erwartungen bei Kritikern und Lesern an: »Wie viel schrieb und sprach man nicht über und wider *Werther*, *Siegwart*, *Halden* und deren Gleichen: und wer liess sie ungelesen? Was Siegwart erfuhr, erfuhr auch Rinaldo; denn *Recensent* und *Leser* gehen selten einen und denselben Weg. Wo jener *a priori* tadelt, lobet dieser *a posteriori*. Jenen leiten Grundsätze; diesen einzelne Eindrücke. Selbst die erstern sind wieder verschieden, je nachdem ihr censorischer Dreyfuss *Kantisch* oder *Antikantisch* gemodelt ist – auch von andern Gründen ihrer Verschiedenheit abgesehen, die, so unedel sie auch seyn mögen, das arme Menschenkind, selbst das gelehrteste, dennoch oft unbegreiflich wunderlich machen«.[91] Dem undurchsichtigen Satz über die *unedlen* Urteilsgründe läßt der Verleger Gräff das eigene Credo folgen: »Leben und Lebenlassen, dächt' ich, wäre wohl in solcherley Fällen das beste Friedensmittel, sobald Urtheil und Geschmack in Collision kommen. Mein Glaubensbekenntniss wenigstens lautet so, und darum glaube ich, als Verleger, mich nicht wider den heiligen Geist der Kritik zu versündigen, wenn ich bey aller Achtung gegen die Urtheile der Herren Gelehrten über Rinaldo, dennoch genöthigt bin, als Geschäftsmann, auch Rücksicht auf den Geschmack der Nichtgelehrten zu nehmen, und also die vierte Auflage des Räuberhauptmanns *Rinaldo Rinaldini* anzukündigen. Entschuldigen darüber will ich mich nicht weiter; und zur weiteren

---

89 Neue Allgemeine Deutsche Biographie, 1801, Bd. 58, 2. St., H. 6, S. 365.

90 Gräff zeigt in der Allgemeinen Literatur-Zeitung den »Rinaldo«-Roman als einen der »unterhaltendsten Romane letzt verflossener Messe« an (Intelligenzblatt der Allgemeinen Literatur-Zeitung Nr. 72, 1799, S. 570), er nennt ihn einen »allgemein gelesenen Roman« (Intelligenzblatt der Allgemeinen Literatur-Zeitung Nr. 80, 1800, S. 672) und »ein Glücks-Kind [...] weil die Fälle rar sind, dass ein Buch in 3 Monaten vergriffen ist« (Intelligenzblatt der Allgemeinen Literatur-Zeitung Nr. 128, 1799, S. 1040).

91 Intelligenzblatt der Allgemeinen Literatur-Zeitung Nr. 229, 1801, S. 1861.

Zergliederung jenes Phänomens der Verschiedenheit ist hier der Ort nicht. Aber Anspruch auf Geschmack muss Rinaldo wohl haben – gleichviel für mich, ob auf richtigen oder unrichtigen: Woher sonst der öftere schnelle Absatz? Woher sonst das seltene Glück, in französischer und englischer Sprache übersetzt worden zu seyn?«[92] Die Ironie, mit der Gräff den »heiligen Geist der Kritik« bedenkt, zeigt seine ablehnende Haltung gegenüber den ästhetischen Maßstäben einer gelehrten Minderheit an. Gräff unterläuft hier die Ordnung des zeitgenössischen literarischen Diskurses, indem er deutlich gegen die Urteile der Kritiker für den »Geschmack der Nichtgelehrten« optiert.[93] Aber der Aufwand, den Gräff betreibt, um den Verlag dieses Buches gegen die Grundsätze des herrschenden literarischen Diskurses zu rechtfertigen, läßt zugleich die Autorität und die Bedeutung dieses Diskurses für den Buchmarkt erahnen. Sobald eine Übereinstimmung zwischen Verlagsinteresse und Kritikerurteil besteht, unterläßt es Gräff denn auch nicht, das lobende Urteil der »zwey ersten critischen Journale[n]«, der »Allgemeinen Literatur-Zeitung« und der »Allgemeinen Deutschen Bibliothek«, zu zitieren und die Rezensenten als »competente[n] Richter« zum Maßstab zu erheben.[94]

Allerdings finden Vulpius' Schriften eine positive Erwähnung nicht nur von ihrem Verleger. Neben den vielen Verrissen gibt es vereinzelt auch wohlwollende Kritiken, die Vulpius wiederum *gute* Charakterzeichnung und Dialogführung bescheinigen und bei aller Unterhaltung, die er bietet, sogar einen moralischen Nutzeffekt in seinem Text erkennen. So verspricht der Rezensent des »Rinaldo«-Romans in der »Neuen Allgemeinen Deutschen Biographie« den Lesern eine »angenehme Unterhaltung« und schreibt: »Der Verf. versteht die Kunst, Charaktere zu zeichnen und zu halten, und Begebenheiten zu ordnen. Seine Sprache ist rein, edel, reich und biegsam, und sein Dialog gedrängt, eingreifend und sehr apophtegmatisch. Sein Held, Rinaldo, bestätigt die Erfahrung, daß mancher große

---

92 Ebd.

93 Damit verkörpert Gräff den pragmatischen Verleger, der sich mit seiner Tätigkeit nicht in erster Linie der Aufklärung verschreibt, sondern die Bedürfnisse des Publikums nach jeglicher Art von Lesestoff zu befriedigen sucht. So verlegt Gräff neben mehreren Titeln von Vulpius, Kosegarten und Sophie LaRoche z. B. auch den Philanthropen Villaume (Über die Erziehung zur Menschenliebe), Drysen (Ueber die beste Art, die Jugend in der christl. Religion zu unterrichten), mehrere Titel von Christian Felix Weiße, sowie Freymaurerschriften und Titel zur Handlungs-Wissenschaft (vgl. den Anhang in: Rinaldo Rinaldini der Räuberhauptmann, 13.-15. Buch [zweiter Titel: Ferrandino. Fortsetzung der Geschichte des Räuber-Hauptmanns Rinaldini, 4.-6. Buch], Leipzig 1800 bey Heinrich Gräff).

94 Vgl. die Ankündigung der neunten Auflage der »Reisen durch einen Theil Deutschlands, Italiens und Frankreichs« von Ernst Moritz Arndt im Anhang zu: Der Maltheser. Ein Roman von dem Verfasser des Rinaldo Rinaldini, Leipzig 1804 bey Heinrich Gräff.

Räuber, wenn er statt einer Räuberbande ein Kriegerheer angeführt hätte, das Glück und die Bewunderung der Welt hätte werden können«.[95] Zur Nachauflage des Romans »Aurora, ein romantisches Gemälde der Vorzeit« (1794–1795) heißt es 1801 in der »Neuen Allgemeinen Deutschen Biographie«: »Obschon Rec. mit dem Plane dieses Romans nicht ganz zufrieden sein kann, weil der geheime Bund, wovon Aurora das Haupt war, und durch welchen unzählige wunderbare Begebenheiten, und Erscheinungen bewerkstelligt wurden, keinen Endzweck gehabt zu haben scheint: so muß er doch dem Verf. auf der andern Seite die Gerechtigkeit widerfahren laßen, daß er die Erwartungen des Lesers zu spannen, sehr gut verstanden habe. Diktion und Dialog sind unverbesserlich, und ganz so wie im Rinaldini. Rec. glaubt daher, daß so wie es ihm, es auch von andern mit Vergnügen, werde gelesen werden. Bb.«[96] Bemerkenswerterweise beziehen sich die unterschiedlichen Einschätzungen der Dialogführung bei Vulpius jeweils auf den »Rinaldo«-Roman. Es handelt sich also nicht um verschiedene Texte von Vulpius – die zweifellos deutliche Differenzen in der stilistischen und dramaturgischen Qualität aufweisen –, sondern um verschiedene Wertungen *eines* Textes. Damit wird deutlich, daß selbst in den etablierten Rezensionsorganen jener Zeit (und selbst in *einem* Rezensionsorgan) Uneinigkeit über ästhetische Wertmaßstäbe existierte.

3.3.3 Xenienschreiber und Rezensent

Diese wenigen positiveren Besprechungen von Vulpius-Texten wiegen sicher nicht die Ablehnung auf, die Vulpius in den öffentlichen Rezensionen insgesamt als ein geistloser, stilistisch schwacher Vielschreiber erfährt. Aber es gibt weitere Widersprüche in der Einschätzung Vulpius'. Im »Berlinischen Archiv der Zeit« wird Vulpius im Januar 1797 gewissermaßen ›geadelt‹, wenn man ihn als einen der Xenienschreiber nennt und damit implizit an die Seite Goethes und Schillers stellt. Vor dem Hintergrund der Einordnung der Xenien in den »Kampf *verschiedener Institutionalisierungen der Literatur*«[97] findet man Vulpius damit plötzlich im Lager der »Klassiker«. Der Verdacht bestand zu Unrecht, Vulpius hatte keine Xenien geschrieben. Er informiert Goethe und erbittet Verhaltensbefehle. Zunächst

95 Neue Allgemeine Deutsche Biographie, 1800, Bd. 51, 1. St., H. 1, S. 35f.
96 Neue Allgemeine Deutsche Biographie, 1801, Bd. 67, 2. Stück, S. 328.
97 Bürger, S. 167.

will er öffentlich Stellung nehmen, sich verteidigen, schweigt aber auf Goethes Rat. Um, wie er schreibt, zu sehen, ob er wirklich Xenien machen könne, schreibt er über 100 Stück und läßt einen Teil dieser nicht überlieferten Versuche Goethe zukommen.[98]

Dennoch nimmt Vulpius in der Tat am Literaturkampf der Jahrhundertwende teil und zwar auf der Seite der »Klassiker«. Der Weimarer Kotzebue scheint dabei sein bevorzugter Feind zu sein.[99] Am 1.12.1802 schreibt Vulpius an Meyer jenen bereits zitierten Brief gegen Merkel und Kotzebue, die in dem ab 1803 erscheinenen Journale »Der Freimüthige oder Berlinische Zeitung für gebildete und unbefangene Leser« beweisen wollen, daß Goethe gar kein Dichter ist.[100] Vulpius ermuntert Meyer, gegen diese »Bonaparte's des schlechten Geschmacks Reiches« in einer eigenen Zeitung »ganz Aristophanisch« zu »geiseln«.[101] Zu diesem Projekt kommt es nicht. Aber mit einigen Beiträgen in der »Zeitung für die elegante Welt« greift Vulpius in die Auseinandersetzung um den literarischen Olymp ein.[102] Dieser Umstand ist bemerkenswert, denn er führt einen Trivialschriftsteller vor Augen, der zwar bewußt eine andere Ästhetik als Goethe vertritt, dennoch aber an der Inthronisation der ›Klassiker‹ teilnimmt. Während er auf diese Weise zum ›Kampfgefährten‹ Goethes wird, befördert er zugleich eine Kanonbildung, die nicht zuletzt ihn selbst als Schriftsteller disqualifiziert.

Über diese Positionierung im Literaturkampf hinaus tritt Vulpius von 1804 bis zu seinem Tod als Rezensent der »Jenaischen Allgemeinen Literaturzeitung« in einen Arbeitsbund mit Goethe und Schiller.[103] Auch hier

---

98 Vgl. Vulpius an Goethe am 22.2., 28.2. und 5.3.1797 (Andreas Meier, Vulpius, S. 19ff.). Vulpius berichtet darin auch, ohne daß klar wird, wer konkret damit gemeint ist, in Weimar mache seine Anklage der Xenien wegen »in einem gewißen Zirkel, eine sehr merkbare, hämische Schadenfreude« (S. 21).

99 Der Brief an Meyer vom 26.4.1803 vermittelt v. a. Gerüchte über Kotzebues Erlebnisse in Berlin, Weimar und Jena. Vulpius hofft, daß Johann Gottlieb Karl Spazier Kotzebue in Leipzig herausfordert, und bekundet: »Mir selbst, war es ganz im Sinn, ihn zu fordern« (Andreas Meier, Vulpius, S. 64).

100 Vgl. ebd., S. 54

101 Ebd.

102 Vulpius verkündet Meyer am 26.2.1803: »Sie werden wohl schon gemerkt haben, daß *ich* den Freimüthigen schon einigemale in der eleg. Zeitg. *gezwackt* habe« (ebd., S. 56). Da die Artikel der von Johann Gottlieb Karl Spazier 1801 gegründeten »Zeitung für die elegante Welt«, die v. a. Goethe und die Romantiker gegen deren Gegner verteidigte, anonym publiziert wurden, bleibt die Zuordnung ungewiß.

103 Vulpius wird der 312. Mitarbeiter. Er ist in der Rezensentenliste angegeben als Bibliothekssekretär Dr. Vulpius, zuständig für die Rubriken: Heraldik, Diplomatik, sächsische Geschichte und deutsche Altertümer, wobei er gelegentlich auch das Gebiet der ›Schönen Literatur‹ belegte. Er lieferte von 1804 bis 1827 für die Jenaische Allgemeine Literaturzeitung rund 200 Rezensionen (vgl. Bulling, S. 361).

steht er gewissermaßen an deren Seite im Kampf gegen die »schlechte Literatur«, wobei der Ausdruck ›Kampf‹ übertrieben ist. Vulpius vertritt, wie er in einer Rezension 1817 sagt, die Auffassung, daß die Leselustigen nicht nach Kritiken fragen, sondern selbst urteilen und nach ihren Lieblingslektüren greifen, weswegen man die Besprechungen auch sehr kurz halten könne.[104] Die ästhetischen Maßstäbe, die er in seinen Rezensionen anwendet, unterscheiden sich dabei allerdings prinzipiell von denen Goethes und Schillers. So honoriert Vulpius viel stärker den Unterhaltungswert als ein Qualitätsmerkmal, wobei er die zu besprechenden Bücher oft mit nüchternem Blick auf ihre Brauchbarkeit für die Lesebibliothek betrachtet.[105] Der Rezensent Vulpius begrüßt Karl Gottlob Cramer als einen »alte[n] Freund und Bekannten, dessen Schriften allen Lesebibliotheken von jeher willkommen waren«, an dem jedoch ein wenig zu beanstanden sci, daß seine Charakterzeichnungen »oft frappant genug, aber nicht immer consequent und rein« sind[106]; er spricht mit Blick auf Lafontaines »Die Stiefgeschwister« (Halle, 1825) davon, daß die Produkte aus dessen »feiner Garküche« sich meistens gleichen, »die Lesebegierigen« das neue Buch aber dennoch »gewiss sehr schmackhaft finden werden«,[107] er nennt die Charaktere in Julius von Voß Lustspiel »Die beiden Gutsherrn« (Berlin, 1820) »gebraucht, aber keineswegs verbraucht« und sagt über das Sujet: es »ist nicht neu, gefällt aber«.[108]

Der Rezensent Vulpius benutzt aber auch kritischere Töne. Er beklagt die Langeweile des Romans »Die Kronenwächter« und moniert die Umständlichkeit Achim von Arnims, der die Phantasie »bis zur Ermüdung

---

104 Vgl. Jenaische Allgemeine Literatur-Zeitung Nr. 121, 1817, 28. Damit skizziert Vulpius ganz wertfrei die Position des »ästhetischen Egoisten«, »dem sein eigener Geschmack schon gnügt«, wie es Kant in der »Anthropologie« formulierte (Kant, Bd. 10, S. 410). Kant hatte diese Position ebenso kritisiert wie die des »moralischen Egoisten«, der die eigene Glückseligkeit über die »Pflichtvorstellung, den obersten Bestimmungsgrad seines Willens« setzt (S. 410f.), womit noch einmal der Zusammenhang deutlich wird, der zwischen dem Lesesucht-Diskurs und dem Aufklärungsdiskurs besteht. Vulpius selbst kann kein »ästhetischer Egoist« genannt werden, da er sehr wohl den Geschmack des Publikums in Rechnung stellt.

105 Vgl. Vulpius' Kommentar zum Abenteuerroman »Der Waldmann« (Leipzig, 1817): »Nach dem *Waldmann* müssen die Lesebibliotheken greifen. Es ist derselbe ein unterhaltendes Stück Arbeit« (Jenaische Allgemeine Literatur-Zeitung Nr. 121, 1817, S. 29), sowie zu: Die Geheimnisse der Abtey von Santa Columba, oder der Ritter mit den rothen Waffen (Braunschweig, 1816): »No. 6 wird in keiner Lesebibliothek vergebens prangen. Er ist feyerlich und schauerlich genug, um Wirkung hervorzubringen« (ebd.).

106 Jenaische Allgemeine Literatur-Zeitung Nr. 121, 1817, S. 28 und 29.

107 Ebd. Nr. 121, 1823, S. 248.

108 Ergänzungsblatt zur Jenaischen Allgemeinen Literatur-Zeitung 1823, Nr. 19, S. 151.

und Abspannung des Lesers« verbrauche,[109] er bemängelt die »matte[n] und unwitzige[n] Spässe, gemeine[n] Ausdrücke« und die Mittelmäßigkeit in Clemens Brentanos Schauspiel »Victoria und ihre Geschwister, mit fliegenden Fahnen und brennender Lunte«.[110] Andere Rezensionen stehen im Ton den Verissen, die Vulpius' eigene Schriften erfuhren, nicht nach. Zu Ludwig Karl Stuckerts Trauerspiel »Theodos Gericht« schreibt Vulpius: »Mittelmäßigkeit und Langeweile gehen in und mit demselben so traulich Hand in Hand, daß man kaum begreift, wie es möglich gewesen ist, für ein solches Trauerspiel einen Verleger zu finden«.[111] Im anonymen Räuberroman »Die warnende Stimme des Verhängnisses, oder des Vaters Sünde des Sohnes Fluch« kann Vulpius nur einen »Wust von Abscheulichkeiten« erkennen, lakonisch fragt er am Ende seiner Besprechung: »Wie kann man so etwas drucken lassen? – Und der Vf. hat sich nicht geschämt? – Kein Wort weiter darüber!«[112] Damit eignet er sich die gleiche Geste des Bedauerns über die Papierverschwendung an, die Fichte 1788 anläßlich eines Schauspiels von Vulpius zeigte.

Die zitierten Beispiele mögen zur Illustration der zeitgenössischen Kritik an Vulpius sowie zur Illustration seiner eigenen Rezensententätigkeit und ästhetischen Einstellung zunächst genügen. Sie haben deutlich gemacht, daß Vulpius nicht nur zum Gegenstand schonungsloser ästhetischer Kritik wurde, sondern ebenso erbarmungslos ästhetische Kritik an anderen Autoren übte. Zugleich hat sich gezeigt, daß seine Position im zeitgenössischen literarischen Diskurs ambivalenter ist als vermutet und daß sich in einem so wichtigen Rezensionsorgan wie der »Neuen Allgemeine Deutsche Biographie« nicht nur Verrisse, sondern auch lobende Besprechungen seiner Bücher finden. Mit Blick auf Vulpius' Stellung sowohl im zeitgenössischen literarischen Diskurs wie im unmittelbaren Kontext seiner Heimatstadt ist im folgenden noch zu fragen, welche Haltung Goethe und Schiller zu ihm einnahmen.

3.3.4 Goethe und Schiller

Was Goethe von den Äußerungen seines Schwagers über die neuere Literatur hielt, ist ungewiß. Da Goethe dem Redaktionskollegium der »Jenaischen Allgemeinen Literatur-Zeitung« angehörte, das die eingehenden

---

109 Jenaische Allgemeine Literatur-Zeitung Nr. 229, 1819, S. 403.
110 Ergänzungsblatt zur Jenaischen Allgemeinen Literatur-Zeitung Nr. 77, 1819, S. 132.
111 Ebd. Nr. 14, 1826, S. 111.
112 Jenaische Allgemeine Literatur-Zeitung Nr. 175, 1827, S. 439.

Rezensionen bis in Kleinigkeiten beurteilte und z.T. unterdrückte oder für die Zeitung zurechtstutzte,[113] muß seinerseits zumindest eine gewisse Duldung der ästhetischen Urteile Vulpius' veranschlagt werden. Goethe war es auch, der in einem Schreiben vom 17. November 1803 Vulpius bei Eichstädt als Rezensenten der »Jenaischen Allgemeinen Literatur-Zeitung« ins Gespräch gebracht hatte. Wie Goethe Vulpius' schriftstellerische Tätigkeit einschätzte, kann ebensowenig mit Sicherheit gesagt werden. Man wird aber vermuten dürfen, daß Goethe in Vulpius' literarischen Produkten ungefähr das genaue Gegenteil dessen sah, was er selbst anstrebte und vertrat. Allerdings hielt er sich mit Äußerungen über die schriftstellerischen Versuche seines Schwagers, wenn er diese überhaupt zur Kenntnis nahm, zurück. Goethe hat Vulpius' Namen schon in seinem Brief an Jacobi (9. September 1788) nicht als eine Empfehlung betrachtet: »Er heißt Vulpius. Du hast seinen Namen irgendwo gelesen. Das ist nun nicht eben die beste Rekommandation«. Da Goethe keine Schriften von Vulpius in der Bibliothek auslieh und auch von den beiden Vulpius-Büchern, die er selbst besaß, nur eins aufgeschnitten war, wird die Vermutung gestützt, er habe ihn als Schriftsteller kaum zur Kenntnis genommen.[114]

Andererseits berichtet Wolfgang Vulpius von einem verschollenen Brief Goethes vom 7. August 1799, in dem er Vulpius schreibe: »Ihren Rinaldini habe ich mit Vergnügen gelesen, sollte sich einmal eine neue Ausgabe nöthig machen, so wäre es wohl der Mühe werth, dass Sie ihn nochmals durcharbeiten; ich würde dabey gern mit meinen Bemerkungen dienen«.[115] Ebenso gibt ein Schreiben Heinrich Gräffs an Goethe vom 5. September 1801 Grund zur Verwunderung: Gräff bittet Goethe um eine Einleitung zur vierten Auflage des »Rinaldo Rinaldini«.[116] Auch wenn Goethe dieser Bitte nicht nachgekommen ist, die Anfrage Gräffs zeigt zumindest, daß dieser Gedanke nicht ganz abwegig gewesen sein muß. Man kann allerdings froh sein, daß beide Briefe ohne Folgen blieben: eine Mitarbeit Goethes am »Rinaldo«-Roman und eine Einleitung von seiner Hand hätte der nachfolgenden Literaturwissenschaft zweifellos nicht wenige Probleme bereitet.

Im Gegensatz zu Goethe ist Schillers Kommentar zu den geistigen Fähigkeiten Vulpius' schriftlich überliefert – sofern es sich bei seiner Beur-

---

113 Vgl. Bulling, S. 33.

114 Als Korrektor seiner eigenen Schriften war Vulpius Goethe jedoch willkommen; so gibt er ihm z. B. »Dichtung und Wahrheit« zur Durchsicht (vgl. Andreas Meier, Vulpius, S. 164).

115 Wolfgang Vulpius, Goethes Schwager, S. 239. Vgl. dazu Andreas Meiers Anmerkung: Andreas Meier, Vulpius, S. 686.

116 Vgl. Goethe-Schiller-Archiv Weimar 28/34; vgl. Hahn, Bd. 3, Nr. 1345.

teilung eines unbekannten Theaterstückes tatsächlich um Vulpius' »Carl XII. bey Bender« handelt, wie Lieselotte Blumenthal glaubhaft macht. Vulpius hatte den Autor des »Wallenstein« 1799 um ein Urteil über sein in der Anlage dem Wallenstein-Stoff nicht unähnliches Stück gebeten.[117] Die Antwort Schillers, der seit der Arbeit am »Wallenstein« um die Schwierigkeiten der gedanklichen Durchdringung und poetischen Verdichtung des historisch Vorgefallenen wußte, war diplomatisch, aber vernichtend, denn sie forderte indirekt, das Stück völlig neu zu schreiben.[118] Eine weitere Replik Schillers auf einen Vulpiustext datiert aus dem Jahr 1797. Goethe hatte Schiller am 9. 12.1797 »einen kleinen historischen Versuch« zur Beurteilung zukommen lassen, bei dem es sich wahrscheinlich ebenfalls um eine Arbeit Vulpius' handelte.[119] Schiller schreibt am 15.Dezember an Goethe : »Mit dem Aufsatze der hier zurückfolgt und mit andern von diesem Schlage wird nicht viel zu machen seyn. Er ist gar zu trocken und zu dürftig, und trotz der unnützen Parade mit Citaten und historischer Belesenheit enthält er nicht das geringste bedeutende Neue, was die Begebenheit aufhellen oder auch nur unterhaltender machen könnte. [...] Ich habe schon öfters gewünscht, daß unter den vielen schriftstellerischen Speculationen solcher Menschen, die keine andre als compilatorische Arbeit treiben können, auch einer darauf verfallen möchte, in alten Büchern nach poetischen Stoffen auszugehen, und dabei einen gewißen Takt hätte, das Punctum saliens an einer, an sich unscheinbaren Geschichte, zu entdecken.«[120]

---

117 Vulpius bat nach den Bühnenerfolgendes Stückes seit 1797 in Wien, München, Kassel, Dresden, Karlsbad, Nürnberg, Salzburg und Breslau (vgl. Blumenthal, S. 4) Schiller am 30.7.1799 um seine Meinung (vgl. Schiller, Bd. 38^I, S. 131).

118 Vgl. Blumental, S. 14f.

119 Vgl. Goethe an Christiane am 25.10.1797 bezüglich ihres Bruders: »Was sein Werk betrifft so möchte er es nur recht durchdenken, und einen ausführlichen Aufsatz darüber machen. Ich will alsdann versuchen es einem Verleger annehmlich zu machen.« Vulpius hatte Goethe am 2.10.1797 »eine Sammlung von [...] Selbsterzählungen ehem. Deutscher« angekündigt und ihn gebeten, einen Verleger, möglichst Cotta, dafür zu gewinnen (Andreas Meier, Vulpius, S. 29).

120 Wolfgang Vulpius schließt sich diesem harten Urteil Schillers an, wenn er rund 150 Jahre später über seinen Urgroßvater sagt: Was Vulpius »an geschichtlichen Quellen herangezogen hat, das ist erstaunlich, aber bedauern muß man, daß ihn die von Jugend auf betriebene Brotschriftstellerei für ein Ausschöpfen dieser Quellen, für ein Durchdringen, Prüfen und Zusammenfassen dieses überreichen Stoffes völlig verdorben hatte. Es ging selten über die journalistische Verarbeitung von Kostproben für flüchtige Leser hinaus, und es blieb bis auf unsere Tage eine Fundgrube für solche, die kulturgeschichtliche Merkwürdigkeiten in kleiner Münze auf den Markt bringen« (Wolfgang Vulpius, Goethes Schwager, S. 231).

Das Urteil über Vulpius' Qualitäten als Schriftsteller ist vernichtend. Schillers Kritik an der Zitatenhäufung und an den unnützen Bildungsbeweisen benennt bereits ein Hauptproblem der Vulpiustexte. Man kann diesbezüglich von einer ›Anmerkungswut‹ bei Vulpius' sprechen, die dazu führt, daß mitunter selbst eine erotische Szene durch eine Fußnote gestört sein kann.[121] Der Vorwurf, unfähig zu sein, den zusammengetragenen Gegenständen den ›springenden Punkt‹ zu entreißen, ist zumindest in vielen seiner publizistischen Texte nachvollziehbar. Wie bereits gezeigt, macht Vulpius diese Unfähigkeit zum Programm, indem er sich erklärtermaßen auf das Sammeln beschränkt. Das sieht konkret so aus, daß er, wie in einem Text zum Mythus des Phönix, ausführlich verschiedene vorfindbare Ansichten zitiert, ohne dem Thema selbst einen neuen Gesichtspunkt abzuringen.[122] In einem Artikel über die »Tanzwuth« (d. i. der St. Veits-Tanz) verfährt er ähnlich und schließt nach der Zitation Paracelsus' mit den bezeichnenden Worten: »Was über dieses alles sich etwa sagen ließ, mag einem jeden vorbehalten bleiben, der es nöthig finden möchte, etwas darüber zu sagen. Genug, dieser berühmte, allen Nationen bekannte Wunderarzt mußte auch gehört werden; und wir haben ihn gehört.«[123] Vulpius liefert keinen eigenen Kommentar, seine Herausgebertätigkeit gründet sich nicht in einem philosophischen Interesse, sondern in der dem Bibliotheksdasein naheliegenden Kompilation.

Auf die belletristischen Texte trifft Schillers Vorwurf jedoch nicht pauschal zu. Es stimmt zwar, daß sich Vulpius in der Handlungsführung mehr dem Gesetz des seriellen Abenteuers als dem der Stringenz und Ökonomie verpflichtet fühlt. Wie aber mit Blick auf die Struktur einiger Romane bereits angedeutet wurde und wie im einzelnen noch zu zeigen sein wird, kann Vulpius der Sinn für Widersprüche und für den ›springenden Punkt‹ keineswegs abgesprochen werden.

Vulpius hat trotz der Kritik und trotz der Geringschätzung, mit der Schiller ihn bei ihrer ersten Begegnung behandelte (vgl. 3.6), auch später immer Schillers Nähe gesucht. Er war bestrebt, literarische Projekte ge-

---

121 In der »Geschichte eines Rosenkranzes« (1784) geht eine junge Frau in den Wald, »Erdbeeren zu suchen um auf den Abend ihren Vater eine Suppe zu machen«. Die Erdbeersuche endet mit der Verführung dieser Frau. Vulpius unterbricht den abzusehenden Gang der Handlung durch eine Anmerkung zur Erdbeersuppe: »Ein schwäbischer Ausdruck. – In Thüringen: Erdbeerkalteschaale. A. d. H.« (Vulpius, Geschichte eines Rosenkranzes, S. 57). In »Die liebe Frau durch Zufall« in seiner Sammlung »Romantische Geschichten der Vorzeit«, Bd. 7, Leipzig 1795, S. 281-304 nehmen auf den Seiten 292-295 die Anmerkungen zu einem Sprichwort oder historischen Sachverhalt jeweils die Hälfte der Seite ein.

122 Vgl. Curiositäten, Bd. 4, II. St., 1815, S. 142-151.

123 Curiositäten, Bd. 3, V. St., 1814, S. 437-444, hier: 444.

meinsam mit Schiller durchzuführen, und nutzte noch nach Schillers Tod dessen Namen als Empfehlung. So berichtet Vulpius am 4. Februar 1808 in einem Brief an den Professor für Altertumswissenschaft Gustav Busching über seine alte Idee einer »Generalsammlung *aller* Volkslieder aller Nationen«, wozu er schon gesammelt und Romanzen aus dem Italienischen, Spanischen und Portugiesischen übersetzt habe, und betont: »Schiller freute sich dieser Idee gar sehr, wollte selbst einige französische Romanzen dazu übersetzen und seinem Namen dieser Unternehmung geben. Er starb für Vieles zu früh, u. auch für dieses Unternehmen«.[124] So wie in diesem Schreiben stellte Vulpius auch in verschiedenen anderen Briefen seine Nähe zu den anerkannten Weimarer Größen der deutschen Literatur heraus. Dabei wirken seine Äußerungen mitunter geradezu so, als sei Vulpius der einzige in Weimar, der die Bedeutung Goethes und Schillers wirklich zu schätzen wisse.[125]

Die zitierten Briefstellen muten wie eine Kompensation der mangelnden Anerkennung in der Weimarer Gesellschaft an. Daß Vulpius in Weimar als Schriftsteller geringgeschätzt wird, erfährt er spätestens 1806 über den Umweg der Ulmer Zeitung. Diese berichtet ihrem Publikum am 18. Dezember aus einem Brief aus Weimar, daß es »unserm famösen Romanfabrikanten Vulpius« durch den Einzug und die Plünderungen der Franzosen in Weimar am 14. Oktober »scharf ans Leben und seiner Frau ans Nothzüchtigen gegangen« ist, und fährt voller Zynismus fort: »aber wenn es traurig ist, dergleichen zu erleben, so ist es eine Wonne, ihn die Scene erzählen zu hören. In jenen Momenten ist die Gebärmutter seines Geistes, aus der schon so viele Räuber und Ungeheuer hervorgingen, gewiss auf's neue zu einem Dutzend ähnlicher Schöpfungen geschwängert worden, die in der nächsten Messe wie junge Ferkel herumgrunzen werden«.[126] Goethe verteidigt seinen Schwager gegen die Ulmer Zeitung, er bekun-

124 Andreas Meier, Vulpius, S. 117.
125 Er schreibt z. B. angesichts der Unterstützung, die Kotzebue im Streit mit Goethe erhält, seinem und Goethes Freund Nikolaus Meyer am 26.2.1803 nach Bremen: »Das Volks hier, verdient G. gar nicht!«, und klagt am 20.5.1805 nach Schillers Tod: »Die Menschen sind hier gar sonderbar! Es ist schon, als wenn gar kein Schiller unter ihnen gelebt hätte, so, wie's bei Herdern auch war. Alles hat mit seinen oekonomischen Lagen zu thun, u alle jagen nur der Zerstreuung nach« (Andreas Meier, Vulpius, S. 57 und 91).
126 Ulmer Zeitung, 18.12.1806, Nr. 352, mitgeteilt von Bernhard Suphan, in: Goethe-Jahrbuch, Bd. 16, Frankfurt/Main 1895, S. 19f.) Die Ulmer Zeitung«wurde von Cotta herausgegeben, den Vulpius übrigens mehrmals vergeblich als Verleger seiner Texte zu gewinnen suchte (vgl. Vulpius an Goethe am 21.5.1799, an Schiller am 30.7.1799, an Goethe am 2.10.1797 und an Schiller am 18.5.1803, in: Andreas Meier, Vulpius S. 41, 42, 29 und 66). Vulpius hatte auch versucht, Mitarbeiter des Cottaischen Zeitung zu werden (vgl. Vulpius an Goethe am 3.5.1799, in: ebd., S. 40).

det in einem Schreiben an Cotta vom 24. Dezember 1806 seine Besorgnis über den neuen Stil der Zeitung und fragt: »Ist es ein Gegenstand einer Zeitung, wie Individuen das sie betreffende Unglück aufnehmen? Und ist es die Zeit, einen Geplünderten als Autor anzugreifen?« Aber der vorliegende Zeitungsartikel ist nicht nur Angriff oder Verleumdung: Vulpius' Bericht über den 14. Oktober liest sich teilweise tatsächlich wie ein Roman. Dieser Umstand verweist auf einen weiteren Aspekt im Leben und Schreiben Vulpius' und verlangt eine eingehendere Betrachtung.

3.4. Der Bürger – Krieg und Idylle

Vulpius schreibt am 20. Oktober 1806 an Meyer: »Welch ein Unglück hat uns betroffen! Den 14. wurde die unglückliche Schlacht bei Jena verloren, Abends 5 Uhr ging bei uns die Plünderung an, die 36 Stunden dauerte, u mich von allen, *allen* entblöset hat. 3 Tage waren wir nicht in unserm Haus. Mordgewehre auf uns gezückt, gemißhandelt, beraubt, unendlich unglücklich gemacht. Wir sprechen jetzt gute Seelen um Geld an; u wer hat welches? denn nicht 10 Häuser, selbst das Schloß nicht, sind verschont geblieben. Die fürchterl. Nacht. Geheul, Gewinsel, Brand, – ach! Gott u meine Fr. u das Kind, 5 Stunden in kalter Nacht unter freiem Himmel im Park, umgeben mit suchenden Mördern. O! wir sind sehr unglücklich! Ich kann nicht weiter schreiben. Noch zittre ich bei jeder lauten Stimme. Lassen Sie mich erst ruhig werden, um Ihnen alles ausführlich schreiben zu können. Das Größte wissen Sie, aber nicht das schmerzlichste für mich: Ach! ich habe nie gebettelt, u jetzt – Gott schütze, Gott erhalte Sie!«[127] Drei Wochen später schreibt Vulpius einen ausführlichen Brief über seine Situation, zählt die ihm geraubten Gegenstände auf und berichtet über die Vorgänge im Hause Goethes. Sobald er aber unvermittelt auf die Ereignisse jener Nacht zu sprechen kommt, klingt seine Bericht keineswegs nüchterner, eher stilisierter: »Wir haben wenig mehr, von zwar nicht Vielem, jedoch Reichlichen. Wäsche u Kleider sind fort, Servietten, Tischtücher, u dergl. alles, alles verloren. Bis zum Tode bedroht, Mißhandlungen entflohen, verlor ich Weib u Kind. Unter freiem Himmel lagen sie, auf nasser, kalter Erde, in stockfinsterer Nacht, im Park, unter Büschen, einem Abgrunde nahe, der Ilm zu, 5 Stunden, von rauhen Plünderern umschwebt, allenthalben Mißhandlungen erwartend. Ich zurück – Degen mir

---

127 Andreas Meier, Vulpius, S. 102.

entgegen – wieder u wieder – endlich ermattet, in Angst, unterwegs angehalten, renn ich, u eben wurde das Thore des Gasthofs zum Elefanten geöffnet, ich hinein, u nach langem Stöhnen, sank ich in Schlaf. Gegen 2 Uhr des Morgens, rafft meine Frau sich auf, u kömmt – welch ein Zufall! – dahin, wo ich war. Wie fielen wir uns, Gott dankend, u weinend, um den Hals! – Den 15-17 waren wir im Hause des Geheimen Raths Göthe, u unsre Wohnung, war mit allem was darinnen war, denen preiß gegeben, die es besetzen wollten«.[128]

Dieser zweite Brief vermittelt den Eindruck, Vulpius nutze in der Beschreibung mit Bedacht eine Lexik und Syntax, die das Erlebte zusätzlich zu dramatisieren versucht. Ein solches Unglück im Gefolge großer historischer Vorgänge läßt sich natürlich anders erzählen als die ewigen Sorgen über Geldmangel und Beförderungsbarrieren, die sonst den Inhalt seiner Briefe bestimmen. Gerade der Brief mit dem größeren zeitlichen Abstand läßt Vulpius beinahe als Alleinkämpfer gegen eine Übermacht feindlicher Degen erscheinen. Die Beschreibung legt den Verdacht nahe, Vulpius stilisiere nachträglich ein Ereignis, das aus einem seiner Romane hätte stammen können, wobei er in diesem Falle nicht nur die Szene beschreibt, sondern selbst ihr Held ist.[129] Bei allem Unglück, das ihm widerfahren ist, denkt Vulpius sich in der Erinnerung möglicherweise sogar mit einer gewissen Lust in die quasi abenteuerliche Rolle hinein, in die ihn der welthistorische Prozeß stürzte. Dieser Gedanke drängt sich gerade deswegen auf, weil Vulpius' Abenteuer-Texte ansonsten weit entfernt von seinem eigenen Erleben entstehen, worauf noch einzugehen sein wird.

Das Ereignis vom Oktober 1806 wird das einzige aufregende in Vulpius' Biographie geblieben sein. Zwar schreibt er ein halbes Jahr später an Meyer, ihm sei »nicht wohl zu Muthe« bei der Lage seiner Wohnung, denn es drohe, »indem unsere Soldaten in Stettin sind [...] eine furchtbare Räuberbande. Bürger u Bauern mußten sich rüsten«.[130] Aber Vulpius greift dieses Thema später nicht wieder auf. Die Lage in Weimar hatte sich sehr

---

128 Ebd., S. 103.

129 Die ›Aufrüstung‹ der Szenerie nimmt z. T. groteske Züge an, wenn Vulpius seine Frau und sein Kind von *rauhen* Plünderern um*schweben* läßt, als würde es sich um bewaffnete Geister handeln, die in der Luft einen Kriegstanz vollführen. Man beachte auch die semantische Ambivalenz des Überleitungswortes »verloren«: an die Aufzählung der tatsächlich verlorenen Gegenstände knüpft Vulpius unvermittelt den Satz an »Bis zum Tode bedroht, Mißhandlungen entflohen, verlor ich Weib u Kind.« Man muß sich fragen, ob Vulpius hier seine Leidenserfahrung nicht für einen Moment ›hochstapelt‹. Erst die folgenden Sätzen machen deutlich, daß »verlieren« in diesem Falle nicht einen irreversiblen Verlust bedeutet wie bei den aufgezählten Gegenständen, sondern eine vorübergehende Trennung.

130 Andreas Meier, Vulpius, S. 109.

schnell beruhigt.[131] Grundsätzlich kann man sagen, daß Weimar im Gegensatz zur Universitätsstadt Jena immer etwas Provinzielles anhaftet. Die Beamtenstadt Weimar kennt nicht die Probleme Jenas mit ihren »atheistischen« Lehrern, mit dem »Wespennest« (Goethe) der Frühromantiker und mit den »trotzig-manhaften« Studenten,[132] deren Nachtleben, Duellen, Ordensbildungen, Fenstereinwürfen und Auseinandersetzungen mit dem Militär.[133]

Die Provinzialität Weimars wird nicht nur deutlich, wenn man einmal pointiert den Auszug der 500 Jenaer Studenten als Protest gegen die Relegation von vier Mitgliedern studentischer Orden mit der Maßregelung des Dr. Schütz junior für seinen ungebürlichen Vivat-Ruf im Theater kontrastiert.[134] Sie wird auch deutlich, wenn man die Ängste der Weimarer Handwerker vor der ›ausländischen‹ Konkurrenz berücksichtigt: statt Beweglichkeit in der Suche nach neuen Absatzmärkten und statt Aufgeschlossenheit gegenüber moderneren, kostengünstigeren Produktionsmethoden[135] war größtenteils nur der Ruf an den Landesvater zu hören, die

---

131 Für Weimars rasche Rückkehr zur kleinstädtischen Beschaulichkeit spricht eine polizeiliche Verordnung, die schon am 1.11.1806 das Kehren vor den Häusern am Mittwoch und am Samstag fordert und das Rauchen auf öffentlichen Plätzen wieder verbietet (vgl. Klauß, S. 72).

132 Der Student Vulpius charakterisierte 1784 den Göttinger Studenten als prahlerisch, den Leipziger als chevalesk, den Wittenberger als spaßhaft und den Jenenser als edel, trotzig, mannhaft (vgl. Vulpius, Geschichte eines Rosenkranzes, S. 32).

133 Die Jenaer Studentenunruhen zwischen 1785 und 1795 erforderten schließlich sogar die Bildung einer »Tumultkommission« und veranlaßten Goethe dazu, in einem entsprechenden Gutachten mehr juristische Freiheit in der Sanktionierung von Aufrührern zu verlangen (vgl. Flach).

134 Am 19.7.1792 zogen 500 Jenaer Studenten aus Jena, um sich an der Universität Erfurt niederzulassen, kehrten aber, nach einem mehrtägigen Aufenthalt in Nohra, aufgrund erhaltener Zugeständnisse am 23.7. nach Jena zurück (vgl. Flach, S. 368f.). Die »erheblichen Ausschweifungen und Zusammenstößen der Studenten mit dem Militär« am 3. Jahrestag dieses Auszuges machte dann eine »ungewöhnliche Verstärkung der Jenaer Garnision« notwendig (S. 377f.). Schütz zeigte bei der Weimarer Uraufführung der »Braut von Messina« das majestätsbeleidigende Verhalten, in Gegenwart der herzoglichen Familie vom Balkon des Saales begeistert ein Vivat auf Schiller auszubringen (vgl. Hohenstein, S. 293). Vulpius schreibt dazu an Meyer am 20.3.1803: »Etwas, das im hiesigen Schsplhause noch *nie* geschehen ist. Man sagt, Serenissima, habe es übel genommen« (Andreas Meier, Vulpius, S. 60). Auch der versteckte Verstoß der Weimarer gegen die polizeilichen Anordnungen steht in einem bemerkenswerten Kontrast zum offenen Aufruhr in Jena. Einer Bekanntmachung der Herzoglichen Stadt-Polizei-Kommission ist zu entnehmen, die Weimarer hätten die lästige Vorschrift des Gassenreglements, menschliche Exkremente nur zwischen Mitternacht und Sonnenaufgang abzutransportieren, dadurch umgangen, daß sie diesen mit Viehmist vermischten, der bis 10 Uhr vormittags durch die Stadt transportiert werden durfte (Weimarisches Wochenblatt, Nr. 92; 18.11.1814; Hinweis bei: Klauß, S. 44).

135 Das heißt Vorratsproduktion statt Produktion auf Bestellung; rationale Arbeitstei-

Vergabe neuer Gewerbekonzessionen zu stoppen und die Einfuhr auswärtiger Anbieter administrativ zu beschränken.[136] Weimar besaß mehr dörfliche Zurückgezogenheit als sein Image als Musen-Stadt die Zeitgenossen vermuten ließ. Es war, auch rund 40 Jahre nachdem Herder es als »unseliges Mittelding zwischen Hofstadt und Dorf«[137] bezeichnet hatte, noch immer ein »kleines, totes« Städtchen.[138] Ein wirtschaftliches Genie wie Friedrich Justin Bertuch, der mit seinem Industrie-Comptoir schließlich zum Arbeitgeber für ein Sechstel der Weimarer Bevölkerung wurde, war seltener in Weimar als ein poetisches.

Vulpius selbst bezeichnet sein Leben in Weimar als ›mittelmäßig‹. Er schreibt am 15. Januar 1804 an Meyer: »Mein Junge wird täglich größer, u ich lebe sehr eingezogen und häuslich«.[139] Diese häusliche Idylle wird durch die Plünderung im Oktober 1806 gestört. 1807 weiß Vulpius, aller »gesammelten Nothpfennige« beraubt, nicht mehr, »was aus mir werden soll«.[140] Der Zustand des bescheidenen Glücks ist erneut zu erringen, die Erfahrung der Ohnmacht läßt ihn um so attraktiver erscheinen. Ein Jahr nach der Plünderung kann Vulpius Meyer mitteilen, »daß wir jetzt, Gott sey Dank! recht wohl sind, aber mit Angst denken wir an das Unglück des vorig. Jahres zurück«.[141]

Diese Briefzitate und die im Abschnitt 4.1 skizzierten Bemühungen Vulpius' um eine feste Anstellung zeigen, daß er trotz aller literarischen Koketterie mit asozialen Lebensformen und trotz der gelegentlichen Klage über die Mittelmäßigkeit seines Daseins die Sicherheit eines ›gewöhnlichen Lebens‹ immer geschätzt hat und erreichen bzw. bewahren wollte. So sieht er denn auch mit Skepsis auf den bei Goethe verkehrenden Abenteurer und ›Runenantiquarius‹ Martin Friedrich Arendt – ein Enfant terrible der bürgerlichen Gesellschaft um Goethe.[142] Dieser, so Vulpius an

---

lung statt Beharrung im Familienbetrieb, der z. T. sogar ohne die Unterstützung eines Gesellen wirtschaftete.

136 Vgl. Eberhard, S. 30-38.

137 So Herder 1785 über Weimar (zitiert n.: Eberhardt, S. 6).

138 Karl Julius Weber schreibt in seinen »Briefen eines in Deutschland reisenden Deutschen« (1828): »Wenn irgendeine Stadt der Imagination Streiche spielt, so ist es Weimar. Sein Ruf geht vor ihm her wie vor großen Männern, und man findet ein kleines, totes, schlecht gebautes, recht widriges Städtchen, das Schloß ausgenommen, fast gar nichts Ausgezeichnetes« (zitiert n.: Eberhardt, S. 26).

139 Andreas Meier, Vulpius, S. 79.

140 Ebd., S. 108.

141 Vgl. Vulpius an N. Meyer am 4.10.1807, in: ebd., S. 113.

142 Riemer beschreibt Arendts »ungeschlachte Roheit«, an der Goethe eigenartigerweise keinen Anstoß zu nehmen scheint, in seinen »Mitteilungen über Goethe« unter dem Januar 1809 (vgl. die von Arthur Pollmer 1921 in Leipzig herausgegebene Ausgabe, S. 198-201). Andreas Meier verweist auf einen Brief Wilhelm Grimms an Goethe vom 18.6.1811,

Meyer, werde in Jena »kein Glück machen. Er ist zu grob, u will nicht gern arbeiten; nur so Alphabetspielerei, u Schnickschnack. Das ernährt nicht. Und hier, giebt ihm keine Seele einen Kreuzer, wenn er nicht schreibt u arbeitet. Darum kann ihn auch Bertuch nicht brauchen. Was es mit ihm werden wird, weiß ich nicht.«[143] Hier spricht mit keiner Silbe ein Abenteurer, hier spricht ganz und gar der Bürger Vulpius – der sich nicht auf Unsicherheiten einläßt, der das Abenteuer nur in seinen Romanen beschreibt, in seinem Leben jedoch nicht zuläßt.[144]

Darin unterscheidet sich Vulpius grundsätzlich von einem Schriftsteller wie etwa Karl Friedrich August Grosse, der nicht nur der *Autor* von Geheimbundromanen war, sondern auch selbst ein bewegtes Leben als Abenteurer und Hochstapler führte.[145] Wenn Grosse in seinen Romanen – wie im »Genius« (1791-94) und in den »Memoiren des Marquis C. v. G.« (1792) – von Abenteuern in Spanien und Italien, von Duellen, Flucht und Verfolgung berichtet, kann er auf eigene Erlebnisse zurückgreifen. Wie Hans-Joachim Althof notiert, versuchte Grosse zunächst, »den Roman zu leben, den er besser hätte schreiben sollen«, um schließlich in der literarischen Produktion seine ungewöhnliche Biographie zu »bewältigen«.[146] Auch die Biographie Christian Heinrich Spieß', den Appell mit Cramer und Vulpius zum »famöse[n] Kleeblatt« der Produzenten von Ritter-,

<hr />

wonach Arendt stets eine »Abschrift des zweiten Theils der Sämmundischen Edda« mit sich führte (vgl. Andreas Meier, Vulpius, S. 706).

143 Vulpius am 4.2.1809 an N. Meyer, in: Andreas Meier, Vulpius, S. 125f.

144 Vulpius zeigt in diesem Brief ein gutes Gespür für Menschen, die nicht richtig in der Gesellschaft integriert sind. Arendt ist in der Tat ein Sonderling, ein Asozialer. Nikolaus Meyer schreibt Vulpius am 18.6.1815: »Arendt war vor 8 Tagen hier, von Luzern zurückkommend in einem so zerlumpten Äussern, daß ihn die Gendarmen einbrachten. Er scheint etwas darin zu suchen. Ich habe ihn nicht gesprochen, u will es auch nicht wieder, da er sich unnütz gegen mich betragen, u trotz seines Wissens nicht in die gebildete Gesellschaft gehört. Nach dem was ich von ihm gehört, bin ich überzeugt, daß er ein mal ganz toll werden wird« (Andreas Meier, Vulpius, S. 367). Vulpius bestätigt Meyer dann am 9.8.1815 lapidar: »Arendt ist hier, als Spion, von der Polizei, auf den Schub gebracht worden« (S. 152).

145 Grosses Biographie scheint selbst einem Roman entnommen zu sein und soll als Kontrast zu Vulpius' Lebenslauf hier kurz umrissen werden: Grosse (geb. 1768 in Magdeburg, gest. 1847 in Kopenhagen) gab sich unberechtigt als Stolbergischer Hof- und Forstrat, als Malteserritter, als Marquis von Grosse und Graf von Vargas aus. Er trat 1791 in den militärischen Dienst Spaniens und mußte infolge eines Duells fliehen. Sein Weg führte ihn über Marseille und Korsika 1792 nach Italien, wo er als Graf Vargas bis 1809 lebte. Eine politische Anklage zwang ihn, Italien zu verlassen. Ab 1809 lebte er unter dem Namen Graf Vargas in Dänemark, wo er Kammerherr und Freund des späteren Königs Christian III. wird. Er unternahm z.T. mehrjährige Reisen in viele Länder zum Zwecke geologischer und mineralogischer Studien und arbeitete 1809 bis 1842 in leitender Funktion am naturwissenschaftlichen Museum in Kopenhagen, dessen Dirketor er 1842 wurde.

146 Althof, S. 97 und 99.

Räuber- und Schauerromanen zählt,[147] läßt gegenüber Vulpius' Leben auf weit mehr persönliche Welt- und Leidenserfahrung schließen.[148]

Ein drittes Beispiel sei aus Vulpius' unmittelbarem Umfeld genommen. Es handelt sich um seinen Untergebenen, den gleichaltrigen Bibliotheksdiener Sachse, Autor des »Deutschen Gil Blas« (1822). Goethe, der später einen Nachruf auf Sachse schreibt, gibt dessen Autobiographie ein wohlwollendes Vorwort mit.[149] Darin stellt er zwar den Unterschied zum französischen »Gil Blas« Alain René Lesages heraus (dieser sei ein Kunstwerk, der deutsche ein Naturwerk), er verspricht dem Leser aber zugleich die interessante und lehrreiche Geschichte eines Bediensteten, Landstreichers, Abenteurers, Plünderers, kurz: eines »Umgetriebene[n], sich selbst Umtreibende[n]«.[150] Der Unterschied dieses Buches zu Vulpius' Romanen liegt in der Authentizität, mit der Sachse von den Schwankungen und Schicksalsschlägen des Lebens berichtet. Um es pointiert zu formulieren: während Sachse das Abenteuer auch erlebt, besteht Vulpius' Rolle darin, es als Schriftsteller zu verwalten. Das wird auch unter dem Stichwort Freimaurer deutlich. Denn während Sachse, nachdem er in Weimar eine feste Anstellung als Bibliotheksdiener erhalten hatte, in die Freimaurerloge eintritt, hat Vulpius Freimaurer- bzw. Geheimbünde immer nur in seinen Texten beschrieben. Ein Eintrag im Dienst-Diarium der Bibliothek verdeutlicht die Gegensätzlichkeit beider Positionen schließlich anekdotisch. Für den 9. und 10.3.1821 notiert Vulpius dort unter Sachses Rubrik: »Trat der Bibl. Diener Sachse den ihm zuerkannten Arrest im Criminal Gericht an; wegen Hausfriedensbruch u Real Injurien an seines Sohnes Schwiegermutter«.[151] In dieser Notiz ist der Kontrast beider Charaktere eingefangen: während der 58jährige Sachse ein Delikt mangelnder Affektkontrolle ›absitzt‹, führt der 59jährige Vulpius darüber Buch.[152]

---

147 Appell, S. 13.

148 Spieß (1755–1799) war u. a. Schauspieler in Prag sowie Günstling und Gesellschafter im Haus des Grafen Künigl in Böhmen. Durch die Untreue seiner Frau schwermütig geworden, fiel er schließlich einer völligen Geisteszerrüttung und Tobsuchtsanfällen zum Opfer. Zu Spieß' Textmodell vgl. unter 4.1.2.3.3.

149 Dieses Vorwort erscheint 1821 auch gesondert im Journal »Über Kunst und Alterthum«, 3. Bd., 1. Heft.

150 Der deutsche Gil Blas, in: Goethe, Werke, I 41.1, S. 255-258, hier: 256.

151 Zitiert nach einem Manuskript von Andreas Meier über das Diarium.

152 Sachse ist weniger genau, er notiert für die besagten Tage ins Dienst-Diarium ein »gehindert«. Das Leben Sachses, den Goethe im Nekrolog einen »Vagabunden« und »Pilgersmann« nennt, zeigt auch in anderer Hinsicht grundsätzliche Gegensätze zu Vulpius' Leben. Goethe zieht eine Verbindung zwischen Sachses Art, sein Leben zu führen, und der Weise, es zu beenden – Sachse sei so gestorben wie er gelebt habe: unterwegs. Der 62jährige war mit seinem Sohn und seiner Tochter zu einer Badekur nach Teplitz aufgebrochen.

Diese Beispiele anderer Biographien können als Kontrastfolie dienen, vor der die Spezifik der Lebens- und Schreibsituation Vulpius' deutlicher wird. Vulpius besaß weder die mentalen noch die körperlichen Voraussetzungen für das Wagnis eines unsteten und ungewissen Daseins.[153] Wenn der fast 52jährige Vulpius 1813 dem Freund Meyer nach Bremen mit Blick auf seine finanzielle Not schreibt, er würde, wäre er nicht verheiratet, sogleich als Freiwilliger in den Krieg ziehen, darf das getrost als Übertreibung aufgefaßt werden, die der Bitte um einen Kredit von 60 Reichstalern Nachdruck verleihen soll.[154]

Die Koketterie mit dem Abenteuerlichen indes ist eine Konstante in Vulpius' Schreiben. Der asoziale Typus wird in seinen Texten immer wieder zu einem mit Sympathie besetzten Helden. In diesem Zusammenhang wird auf der Figurenebene der Texte auch wiederholt die Ehe als Verminderung der persönlichen Freiheit beklagt. So sagt in »Truthina« (1822) ein Burgherr, der glücklich außerhalb des Ehe-Modells mit seinen »Schäkerinnen« lebt: »Der Ehestand ist, wie ich ihn kenne, ein ewiges

---

Dort, »immerfort den rüstigen Kutscher spielend, beschädigt er sich, indem er den Wagen, der im Hoftore steckt, mit unzulänglichen Kräften heben und rücken will. Darauf sogleich verfällt er in ein entzündliches Fieber und stirbt« kurze Zeit später. Daß Sachses Gebeine nun »zu Füßen des berühmten Wanderers Seume« liegen, ist gewiß ein Zufall, aber ein geradezu ›notwendiger‹, denn beide sind, wie Goethe fortfährt, Verwandte als Pilger (Goethe, Werke, I 41. 2, S. 81-83, hier: 83). Mit Blick auf Vulpius könnte man sagen, daß auch er den seinem Leben entsprechenden Tod stirbt, indem ein Schlaganfall ihn zunächst halbseitig lähmt und schließlich umbringt. Eine rationalere Aussage als diejenige über die Todesart ist die über den Todesort – denn es ist kein bloßer Zufall mehr, daß Vulpius in der Stadt seiner Geburt auch stirbt, während Sachse in Lobstädt bei Gotha aufwächst, in Weimar heiratet und in Teplitz begraben wird.

153 Er scheint sehr anfällig gegen äußere Umstände zu sein und immer gesundheitliche Probleme zu haben (oder zu hegen): er klagt über Brustkrämpfe und Fieberanfälle (»Ich behaupte, es liegt auch viel an der Luft mit, denn in Jena habe ich den Krampf nie« – am 4.7.1811 an Goethe, in: Andreas Meier, Vulpius, S. 136), über Katharr und Rückenschmerzen (»In der Bibliothek ist sehr grosse Ordnung, aber eine schreckbare Kälte, die mir wieder einen Katharr u Rückenschmerzen geschenkt hat« – an Goethe am 5.4.1814, in: ebd., S. 146) und über Magenbeschwerden (»Seit immer war ich mit meinem Magen brouillirt, aber seit einiger Zeit ist es sehr arg damit« – am 19.1.1803 an Meyer, in: ebd., S. 55; vgl. auch Vulpius an Meyer am 6.12.1805 und an K. L. v. Knebel am 2.4.1818, in: ebd., S. 93 und 193). Seine »fatalen Krämpfe« nötigen ihn, wie er 1819 berichtet, Kurbäder zu nehmen (S. 217).

154 Vulpius schreibt am 28 12.1813: »Werthester Freund! Sie können kaum glauben, wie sehr ich darauf verharre, von Ihnen etwas zu verdienen zu erhalten, denn ich bin ganz ausgebeutelt, u weiß nicht, was daraus, aus mir, u aus meiner Situation werden soll. Was hilft mir aller Muth, etwas thun zu wollen, was helfen alle Mspte.? Ich bekomm hier leider nichts. Wär ich jünger, u besonders nicht verheirathet u nicht Vater, ich zög sogleich als Freiwilliger mit in den Krieg. Wenn Sie mir ein 60 rt. vorstrecken könnten, Sie thäten etwas sehr gutes, u ich will dieselben gern durch Schriftstellerei abverdienen!« (Andreas Meier, Vulpius, S. 144.)

Rabengekrächz. Mit dem Trauringe steckt man die Sorge an den Herz-finger, die immer tiefer eindringt, zuletzt die Liebe und alle Lebensfreu-den aus dem Herzen jagt, und sich selbst hinein setzt, wie ein fremder Vogel, der nicht in's Nest gehört. Mir, soll der fremde Vogel nicht in's Nest. Gott erhalte mir meinen freien Sinn«.[155] Diese Worte werden in »Er-linde« (1827) fast unverändert wiederholt.[156] In »Bublina« (1822) schaltet Vulpius eine Reflexion über die Zeit und die Gewohnheit in seinen Text ein. Er kommt sehr bald auch auf die Last der Ehe zu sprechen. Eine sei-ner Figuren sagt in diesem Zusammenhang, daß an der Gewohnheit, zu der zwei Eheleute einander werden müssen, »weder etwas Böses noch etwas Erfreuliches« sei.[157] Dieser Aussage läßt Vulpius allerdings durch eine andere Figur widersprechen: »Die Zeit schadet dem Zärtlichen über-haupt gar sehr. Seht einmal Brautleute und Eheleute an; Ich bitte euch, um aller Götter willen! welch ein Unterschied. Der zärtliche Bräutigam und der gesättigte Ehemann! die erwartungsvolle Braut, und die be-schwichtigte Ehefrau!«[158] Eine dritte Person meint schließlich nur noch lapidar: »die Ehe [ist] ein so ungereimtes Ding, daß sich nichts darauf reimt, als Wehe, oder ich vergehe«.[159]

Der Vorgriff auf Vulpius' Texte markiert ein Thema, das auch in Vulpius' nichtliterarischen Zeugnissen zu finden ist. Die in den zitierten Texten fast stereotyp wiederholte Kritik des (romantischen) Ehe-Modells[160] fin-det ihr Pendant in brieflichen Äußerungen. So schreibt Vulpius am 12.3. 1803 an Meyer: »Ich glaube recht gern, daß Sie vergnügt u angenehm leben. Das *für sich* leben, ist das beste leben. Das Geringste, was bindet, wird wenigstens doch immer durch ein *Muß* lästig. Der Mensch, der im-mer nur *allein* steht, steht wenigstens so, daß ein neben ihm stehender ihn nicht umwirft, drückt, stößt pp. Die häuslichen Szenen, sind gar nicht erbaulich für *Dichter*. Das merken Sie sich. Experientia docet!«[161] Drei Jah-re später erklärt Vulpius Meyer angesichts der gespannten politischen und wirtschaftlichen Situation Weimars: »Man wird des Lebens ganz müde. – Glauben Sie mir, ich stürb recht gern! Denn Freuden, habe ich ohnehin nicht mehr; nur Sorgen für das Leben, die Nahrung, u keinen

155 Vulpius, Truthina, S. 119 und 118.

156 Vgl. Vulpius, Erlinde, S. 114.

157 Vulpius, Bublina, 1. T., S. 83.

158 Ebd., S. 85

159 Ebd.

160 Die Topoi der Gewohnheit und der verlorenen Zärtlichkeit des Brautstandes wei-sen auf das zeitgenössische bürgerliche Modell der Ehe, das als *romantisches* dem *galanten* entgegensteht (vgl. dazu 4.1.2.2.5).

161 Andreas Meier, Vulpius, S. 58.

Lebensgenuß. – Wie glücklich ist, wer frei bleibt, u sich nicht bindet!«[162] Vulpius hält sich noch bedeckt in seiner Klage. Vielleicht hätte sich sein gebrochenes Verhältnis zu Ehe und Bindung an seinen eifrig geführten Tagebüchern nachdrücklicher zeigen lassen, die jedoch durch seine Verwandten vernichtet wurden.[163] Über den Stellenwert des hier angesprochenen Themas in Vulpius' Denken gibt indes auch seine Bearbeitung der »Zauberflöte« im Jahr 1794 Auskunft.

In Schikaneders Vorlage wird im Duett des zweiten Priesters und des Sprechers »vor Weibertücken« gewarnt, da der Mann sich unvermittelt als betrogen und verlassen erkennen könnte. Vulpius verkehrt diese Warnung in ihr Gegenteil. In seiner Textbearbeitung heißt es, daß durch »Weibernetze« und »feine Schlingen« der Mann schnell zum Gefangenen werde.[164] Damit nimmt Vulpius am Schikaneder Text bewußt eine schwerwiegende Veränderung vor, die als eine besondere Markierung gelten muß.[165] Vor diesem Hintergrund gewinnt die Opposition Ehe versus Freiheit an Gewicht. Sie deutet sich an als eine spezielle Thematik in Vulpius' Schreiben, die in ihrer ständigen Wiederholung geradezu obsessive Züge annimmt. Ehemann versus Pilger, Begrenzung und ungebundene Selbstverwirklichung, Genuß und Pflicht – das sind schließlich die wiederkehrenden Konfigurationen in Vulpius' Texten. »Wir sind ja alle geborene Pilger«, sagt eine Person sowohl im »Orlando«-Roman (1802) wie im Roman »Aloiso und Dianora« (1826). Und den Pilgerstab, heißt es in unterschiedlichen Formulierungen, aber inhaltlicher Übereinstimmung in beiden Texten weiter, werde ihm niemand abnehmen als der Tod oder eine Frau; das erstere könne er nicht vermeiden, das zweite wolle er verhindern, so lange es in seinen Kräften stehe.[166] Damit werden Ehe und Seß-

---

162 Ebd., S. 96f..

163 Vgl. Blumenthal, S. 3.

164 Der Originaltext lautet: »Bewahret euch vor Weibertücken, / Dies ist des Bundes erste Pflicht; / Manch weiser Mann ließ sich berücken, / Er fehlte und versah sich's nicht. / Verlassen sah er sich am Ende, / Vergolten seine Treu mit Hohn!- / Vergebens rang er seine Hände, / Tod und Verzweiflung war sein Lohn« (2. Aufzug/3. Auftritt). In der Bearbeitung von Vulpius heißt es: »O Freunde! fliehet Weibernetze, / bedenket eures Bundes Pflicht. / Euch giebt die Weisheit selbst Gesetze / traut Weiber Schmeicheleien nicht. / Sie locken euch in feine Schlingen, / und fangen euch mit Hinterlist. / Das darf den Weibern nie gelingen, / bei dem, der Weisheitsjünger ist« (Vulpius, Zauberflöte, S. 56).

165 Ein weiteres Beispiel ist im 2. Aufzug/24. Auftritt zu finden, als das alte Weib Papagenos Hand fordert. Während bei Schikaneder in diesem Zusammenhang nicht ausdrücklich von der Ehe die Rede ist, bringt Vulpius den Begriff in den Text und verdeutlicht die zweifelhafte Lage Papagenos, indem er ihn seufzend kommentieren läßt: »Wir werden eine allerliebste Ehe führen!« (Vulpius, Zauberflöte, S. 88)

166 Vgl. Vulpius, Orlando, Teil 2, S. 92 und Aloiso, S. 23.

haftigkeit geradezu als das Ergebnis aufkommender Schwäche konnotiert.[167]

Vulpius selbst ist, wie zu sehen war, nicht weit umhergewandert in der Welt. Er legt den Pilgerstab schon als 28jähriger aus der Hand und heiratet, sobald durch ein Amt die entsprechenden Sicherheiten für eine Familiengründung geschaffen sind. Mit seiner Biographie repräsentiert er wahrscheinlich einen Großteil seiner Zeitgenossen. Man muß sich vor Augen halten, daß vor allem das Kleinbürgertum und vor allem die Intellektuellen durch soziale Unsicherheiten unter einem immensen psychischen Druck standen. Jeder stand im Alter zwischen 20 und 30 vor der Frage, wie er sich einen Weg zur Versorgung werde bahnen können. Nicht jeder konnte diese Frage mit dem Stolz und Selbstbewußtsein eines Friedrich Schlegel von sich weisen, der 1791 seinem Bruder gegenüber kundgibt: »Ich sehe die offenbare Unmöglichkeit ein, mich itzt in ein bürgerliches Joch zu schmiegen, um einem dürftigen Lohn meinen Geist, das bessere Teil meines Lebens unwiederbringlich hinzuopfern«.[168] Friedrich Schlegel hat sich die hier beanspruchte Unabhängigkeit in der Tat bewahrt, was sich mit Einschränkungen selbst noch von seiner Zeit als Beamter in Metternichs Diensten sagen läßt.[169] Die Voraussetzungen dazu sind nicht nur geistige Brillanz und das Vermögen, andere für sich einzunehmen. Sie liegen nicht zuletzt auch in der Streitlust, mit der Friedrich Schlegel sich und seine Freunde zu »Jakobinern der Literatur« erklärt und in einen Kampf mit der Mehrheit der zeitgenössischen Literaturverwalter tritt.

Vulpius verkörpert einen anderen Typus. Er steht weder mit seinem Leben noch mit seinem Werk in ähnlicher Weise wie Friedrich Schlegel für den Gedanken des Aufbruchs und des Ausbruchs. Er suchte ein dauerhaftes Engagement in Weimar, ein Amt, das ihm ein sicheres Auskommen und eine kalkulierbare Zukunft gewährt. So erinnert sich Vulpius 1804 im Brief an einen Bekannten der Leipziger Zeit: »damals, als das Schicksal mich noch umher warf, ohne mir ein festes Plätzchen zu gönnen, das ich nun aber seit 9 Jahren habe, u zwar so, wie ich es mir wünschen kann, was nemlich den Platz an einer so großen Bibliothek selbst,

---

167 Zur Ehe-Pilger-Problematik sowie zur zeitgenössischen Konnotation der Ehelosigkeit als asozial vgl. 4.2.2.2.

168 Walzel, S. 90.

169 Ernst Behler betont, daß Schlegel in dieser Funktion »keineswegs ein bloßes Sprachrohr Metternichs« war und daß er »die ihm aufgetragenen Verfassungsentwürfe wie auch die Zeitungsartikel (nutzte), um seine eigenen Gedanken zu propagieren, selbst wenn diese den Zielsetzungen Metternichs konträr waren.« Während seines Aufenthalts auf dem Frankfurter Bundestags betrachteten ihn die österreichischen Beamten schließlich als ein »meuble superflu« und unterbreiteten Metternich die Bitte »d'en éloigner Schlegel«, der dieser auch nachkam (Behler, S. 124 und 129).

anbetrifft«.[170] Vulpius verkündet Zufriedenheit. In anderen Briefen zeigt er seinen Stolz, als Bibliothekar Tausende von Büchern unter seiner Regie zu haben.[171] Die Worte, die er 1817 Bertuch schreibt, verraten aber auch, daß Vulpius in dieser Arbeit nicht die Erfüllung seiner Jugendträume gesehen hat: »Die Stunde schlägt, u ich eile in die kalte Bibliothek; aber Gott sey Dank! recht wohl u heiter, so viel man es bei einer so trockenen Arbeit seyn kann«.[172]

Es ist keineswegs auszuschließen, daß Vulpius' Sorge um die Sicherheit und Kalkulierbarkeit seiner Existenz durch die Beobachtung des sozialen Abstiegs seines Vaters verstärkt wurde. Diese Erfahrung wird ihm die Notwendigkeit einer bestimmten Selbstdisziplinierung deutlich gemacht haben. Darüber hinaus konnte sich dem Weimaraner die Gefahr sozialer Deklassierung aber ebenso ganz unabhängig von persönlichen Erlebnissen einprägen. So veröffentlichte Bertuch 1782 in Leipzig und Dessau anonym den auf Weimar zielenden Text »Wie versorgt ein kleiner Staat am besten seine Armen und steuert der Bettelei?« So verstärkten sich seit den siebziger Jahren in Weimar die Klagen über die überhandnehmende Bettelei und so wurde 1784 im Weimarer Grimmenstein, wenige Meter von Vulpius' Geburtshaus entfernt, ein Wärme- und Spinnsaal für die Armen eingerichtet.[173] Die Signale der Armut und der Gefahr der Verarmung dürften in Vulpius' Denken ausreichend präsent gewesen sein, um den Stolz, mit dem Friedrich Schlegel sich über ein bürgerliches Amt äußerte, gering zu halten.

Es ist vor diesem Hintergrund verständlich, daß Vulpius es vorzog, andere um Unterstützung bei der Suche nach einer Versorgung zu bitten, statt als Abenteurer in die Welt zu pilgern. Das bereits erwähnte Gesuch an Goethe von 1788 ist verschollen; ein Schreiben an Sophie LaRoche aber ist überliefert. In diesem sendet Vulpius Sophie LaRoche »Worte des innigsten Dankes [...], für Ihre Güte, Liebe u Sorgfalt« und verspricht einen Besuch in Offenbach.[174] Der Satz, »Ihnen überlaße ich alles, mich u mein

---

170 Andreas Meier, Vulpius, S. 84.

171 Mit Blick auf die 20 000 Bände und 16 000 Kupferstiche, die Herzog von Braunschweig-Oels seiner Schwester Anna Amalia vererbt, informiert Vulpius Meyer: »NB dies alles kömmt unter meine Aufsicht, u ich rangire es« (Andreas Meier, Vulpius, S. 94).

172 Ebd., S. 160. Die Klage über die schlechten Arbeitsbedingungen in der Bibliothek bei Windzug und Kälte, die Vulpius »stets gefühlt« habe und der er seine »rheumatische Krankheit, u Flüsse« verdanke, findet sich wiederholt in seinen Briefen (Vulpius am 16.1.1822 an Güldenapfel und am 29.11.1799 an Goethe, in: ebd., S. 264 und 44).

173 Vgl. Eberhardt, S. 65.

174 Vulpius am 14.4.1790 an Sophie von LaRoche, in: Andreas Meier, Vulpius, S. 9). Vulpius hatte wahrscheinlich Ende 1789 Sophie LaRoche sein Schauspiel »Der Lieb Lohn« mit einer Widmung geschickt, woraufhin diese am 17.1.1790 ihre Freundin Elise Gräfin

Schicksal«, wirkt innerhalb seines Kontexts zwar eher gezielt übertrieben als beängstigend, aber Sophie LaRoches Zeilen vom 17. Januar 1790 an die Freundin Elise Gräfin von Solms-Laubach sprechen eine deutliche Sprache, die keines Kommentars bedarf: »wenn Sie eine Gelegenheit zu einer Sekretärsstelle wüßten, so gedenken Sie an Vulpius, nicht wegen des Schauspiels, nicht wegen der Zueignung, sondern wegen seinem Verdienst in Geschäften und Denken und weil er unglücklich ist und Brot wünscht, wie er es verdient. Er wird mit wenig zufrieden sein«.[175]

Vulpius war keineswegs der Pilger, den er in seinen Texten immer wieder besang. Er hoffte zwar lange, Italien, den Ort, an dem die meisten seiner Texte spielen, – oder wenigstens Venedig – selbst einmal sehen zu können, und er nennt die Italienreise dementsprechend das »Galleriestück« seiner Hoffnung, das, wenn man so will, ihm schon von seinen Vorfahren vererbt wurde.[176] Aber Vulpius war nicht der Mann, der sich auf Ungewissheiten einläßt, um endlich einen alten Traum zu verwirklichen. Die in seinen Romanen apostrophierte Freiheit des Ungebundenen bleibt auf den Text beschränkt. Vulpius ist Pilger und Abenteurer nur in der Phantasie – in der Realität ist er Ehemann und Bibliothekar. Bevor er das lang ersehnte Amt in der Bibliothek erhielt, suggerierte er sich noch selbst, im Grunde ein Pilger und kein Bürger zu sein: »Indeßen kömmt mir's vor, als wär ich zu einem peregrirenden Leben geboren, so gern ich mich auch unter Bücher, u nicht unter Menschen vergraben möchte.«[177] Aber diese Bemerkung beinhaltet schon ein Argument, *nicht* auf Wanderschaft zu gehen. Denn das Unterwegssein wird dem zur Qual, der sich vor fremden Menschen und vor der Notwendigkeit, sich ständig neu auf

---

von Solms-Laubach um Hilfe bat. Vielleicht konnte Sophie LaRoche Vulpius in einem Schreiben Hoffnungen auf eine Stelle machen, allerdings hat Vulpius eine solche nicht durch Sophie LaRoche erhalten, auch ist ein Besuch in Offenbach nicht nachweisbar (vgl. Meiers Kommentar in: ebd., S. 422f.).

175 Michael Maurer (Hg.): ›Ich bin mehr Herz als Kopf‹. Sophie von LaRoche – Ein Lebensbild in Briefen, München ²1985, S. 321. Den Hinweis auf diesen Brief und seinen Text verdanke ich Andreas Meier.

176 »O Italiam! Italiam!« schreibt Vulpius am 17.3.1803 dem Freund nach Bremen und berichtet, daß er jetzt sparen will, damit er »über's Jahr reisen kann? um – wenigstens nur – Venedig zu sehen« (Andreas Meier, Vulpius, S. 60). Bereits in einem Brief vom 22.12.1796 nannte er die Italienreise Meyer gegenüber das »Galleriestück meiner Hoffnung« (ebd., S. 17). In einem Brief an Unger vom 19.9.1785 erklärt Vulpius, »als Familienstück eine Reisebeschreibung nach Italien, vom Jahre 1690. 1691 [zu besitzen], welche noch nie gedruckt, u vielleicht die erste ist welche ein Teutscher beschrieben hat« (ebd., S. 6). Vulpius ist den Spuren seines »Anverwandten« (ebd., S. 420) nicht gefolgt; obgleich der Italianist Christian Joseph Jagemann, ein Nachbar der Familie Vulpius in der Luthergasse, ein weiteres ›Argument‹ für die Italienreise gewesen sein dürfte.

177 Vulpius an Goethe am 5.3.1797, in: ebd., S. 21.

neue Situationen einzulassen, scheut. Vulpius wußte dies und entschied sich für das übersichtliche Ambiente der Bibliothek.[178] Jenen anderen Teil seiner selbst lebt er, wie bisher, im Buch aus. Das unterscheidet ihn von Zeitgenossen wie Sachse, Grosse und Heinse[179] – und das macht ihn interessant als Prototyp für die Mehrheit, von der ihn nur trennt, daß er produziert, was sie reproduzieren wird.

3.5 Der Bibliothekar – Texte aus Texten

Wer aus dieser Position heraus Abenteuerromane schreiben will, muß *vor* seinen Lesern zum Leser werden. Der biographische Kontrast, der sich zwischen Vulpius und Grosse oder zwischen Vulpius und Sachse feststellen läßt, spiegelt sich auf der literarischen Ebene wider. Vulpius eignet sich die Bücher anderer an, um ein eigenes zu schreiben, er beschreibt Abenteuer, die andere beschrieben haben. Er produziert Texte aus Texten. Die Fixierung auf den fremden Text ist dabei so groß, daß Vulpius die vielleicht einzige eigene gestaltenswerte Erfahrung gar nicht literarisch umsetzen kann oder will. So führt das Erlebnis jenes 14. Oktober 1806 zu nicht mehr als einem vagen Ansatz literarischer Darstellung im Brief. Der Anonymus der Ulmer Zeitung geht fehl mit seiner Annahme, Vulpius werde durch die persönliche Teilhabe an einem welthistorischen Ereignis literarisch produktiv. Noch viel weniger war zu erwarten gewesen, Vulpius werde aus dieser Erfahrung einen Text herstellen, in dem er als Repräsentant einer Umbruchs-Erfahrung auftritt. Bis 1809 veröffentlicht Vulpius kein Buch mehr, dann erscheint: »Geheimnisse aus der Fürsten- und Klosterwelt«. Die Welt kommt in seinen Büchern nur über den Umweg durch die Bibliothek vor. Vulpius ist ein »Bibliotheksphänomen« (Foucault).[180]

---

178 Er liefert später weiter Zeichen seiner Menschenscheu, wenn er sich wiederholt über die vielen »Fremden [...] Russen, Engländer, Amerikaner, Griechen, pp.« beklagt, die in die Bibliothek kommen und ihn in seiner Ruhe stören (ebd., S. 167, vgl. auch: 175).

179 Zum Italienbewunderer und »Ardinghello«-Autor Heinse vgl. unter 4.1.2.3.3.

180 Vgl. Michel Foucault: Un ›fantastique‹ des bibliothèque (1966), in: Foucault, Autor, S. 157-177. Foucault beschreibt am Beispiel Flauberts das Bibliotheksphänomen als den Paradigmenwechsel des Imaginären: »Das Imaginäre haust zwischen dem Buch und der Lampe. Man trägt das Phantastische nicht mehr im Herzen [...]; man schöpft es aus der Genauigkeit des Wissens [...] Man braucht, um zu träumen, nicht mehr die Augen zu schließen, man muß lesen« – es geht um die »Reproduktion von Reproduktionen«(S. 160). Diese Beschreibung paßt auch auf Vulpius, der das Bibliotheksphänomen durch seine vielen

Die Authentizität der Texte Vulpius' besteht gerade darin, nicht aus der Fülle des Lebens, sondern aus dessen Mangel produziert worden zu sein. Vulpius beschreibt nicht, was ihm passiert ist, sondern was seinem Leben fehlt. Er beschreibt nicht, was die meisten seiner Leser erlebt haben, sondern was ihrem Leben zumeist fremd ist. Dabei geht es weder beim Schreiben noch beim Lesen darum, das Defizit zu beklagen – es geht darum, es kurzzeitig zu annullieren, um es schließlich begrüßen zu können.

Ein Beispiel, das Vulpius bewußt oder unbewußt selbst in einem seiner Bücher gibt, kann stellvertretend veranschaulichen, wo sein eigener Platz in der Darstellung des Abenteuerlichen ist und wie vermittelt das Erlebte schließlich an den Leser gelangt. Die Einleitung zu »Lucindora die Zauberin. Eine Erzählung aus den letzten Zeiten der Mediceer« (1810) beginnt mit den folgenden Worten: »Wer war in Italien, wer kennt dieses Land aus Reisebeschreibungen, und wüßte nichts von den Herrlichkeiten zu Pratolino? Abgesondert von der Welt, hatten Liebe und Freude hier sich ein Reich errichtet, welches nur Glückliche bewohnen konnten. / Die Zeit ist vorüber. Der Stamm der Mediceer erlosch. – Was ist Pratolino jetzt? / Es war ein schöner Frühlingsmorgen, an welchem ich dahin in Begleitung einer Freundin fuhr«.[181] Vor den kärglichen Überresten des einstigen Lustschlosses der Mediceer steht der Sprecher und die ihn begleitende Frau, mit der er alsbald philosophische Betrachtungen anstellt: »O Miliana! – rief ich meiner Freundin zu. – O Miliana! Was sind wir? Was ist die Welt? Welche große, edle Geschlechter, welche Herrscherfamilien, welche Herrlichkeiten, welche Kunstwerke sind schon untergegangen, und werden noch untergehen! Der größte, der mächtigste Mensch kann doch nur Menschliches gründen, kann nichts als nur Vergängliches stiften und hinterlassen« (S. 7f.). Ein Kastellan, der »einen kleinen Handel mit Reliquien aus jenen Zeiten treibt«, bietet den beiden schließlich ein Manuskript an (S. 9). Der Sprecher fährt fort: »Ich kaufte ihm das Manuskript ab, und fuhr mit meiner Freundin nach Florenz zurück. / Ich finde die kurze Erzählung merkwürdig und zu einer Bearbeitung geschickt genug. Gieb sie der Lesewelt« (S. 10) Unvermittelt wird der bisherige Text als die Rede eines Dritten geschlossen – erst jetzt spricht wirklich Vulpius, mit wenigen Worten, zu seinen Lesern: »So schrieb mir ein Freund aus Florenz. Ich erhielt die Erzählung, und gebe dieselbe, wie man sie hier

---

Quellennachweise und Anmerkungen sogar im entstandenen Text offenbart. Vulpius übernimmt, wie sein Zitatnachweis zeigt, gelegentlich selbst die Beschreibung der Abenddämmerung einer literarischen Vorlage (vgl. Vulpius, Nonne, S. 108).

181 Vulpius, Lucindora, S. 6; im folgenden Nachweise im Text.

findet, der Lesewelt. – Möge der Himmel uns allen viel Gutes geben! Geschrieben am Konkordientage. 1809« (ebd.).

Auf den ersten Blick handelt es sich hier nur um eine Herausgeberfiktion, wie sie aus Gründen der Zensur oder der Behauptung des Wahrheitsgehaltes des Textes in jener Zeit üblich war. Aber hinter der Verschachtelung der Erzählebenen versteckt sich mehr. Die Konstellation führt vom zu erzählenden Ereignis aus dem Italien des 16. Jahrhunderts stufenweise zu Vulpius' Schreibtisch im Weimar des 19. Jahrhunderts. Da ist zunächst ein Unbekannter, der aus der Zeitgenossenschaft oder aus der weitergegebenen Erzählung der Zeitzeugen das Manuskript erstellt. Da ist außerdem der Kastellan, der, schon durch Jahrhunderte vom Erzählten getrennt, im Angesicht des einstigen Lustschlosses, immerhin noch in einer ›Raumgenossenschaft‹, das Manuskript verwahrt. Da ist der Reisende, der mit seiner Begleiterin den geschichtsträchtigen Boden wirklich betritt und zumindest das erzählenswerte Ereignis des Manuskripterwerbs erlebt. Und da ist schließlich Vulpius, im fernen, kleinen Weimar. Vulpius, der Bibliothekar, der in der Herzoglichen Bibliothek im Staub der Bücher das Wissen seiner Zeit ordnet und verwaltet. Vulpius, in dessen Biographie Abenteuer kaum vorkommen, der aber, als Schriftsteller, als Herausgeber, nichts so sehr umkreist wie das Abenteuerliche, das Merkwürdige, das Erzählenswerte.

Die Distanz zum erzählten Ereignis, die sich in der Lucindora-Einleitung über verschiedene Stufen vermittelt, offenbart sich auch in einem solchen Text wie: »Aechte[n] und deutliche[n] Beschreibung der Bastille, von ihrem Ursprunge an. Aus dem Französischen« (1789). Die Beschreibung des Gefängnisses und des Gefängnislebens – ein exklusives Wissen, das gewöhnlich um einen hohen Preis erkauft wird[182] – stützt sich natürlich auf die Erfahrungen eines anderen, der die Bastille aus 20 Monaten Gefangenschaft kennt: die »Denkwürdigkeiten der Bastille und die Gefangenschaft des Verfassers in diesem königlichen Schlosse« von Linguet, die 1783 in Berlin erschienen waren. Auch die Texte über die Französische Revolution sind nicht das Ergebnis einer Zeugenschaft vor Ort, sondern einer fleißigen Sichtung französischer und englischer Schriften, aus denen Vulpius seine Geschichten zur aktuellen Geschichte produziert.[183]

---

182 Der englische Adlige John Howard, der die europäischen Gefängnisse bereiste und in seiner Schrift »The State of the Prisons in England and Wales; with preliminary observations and an account of some foreign Prisons« (London 1777; dt. 1780) beschrieb, kannte zwar die Räumlichkeiten aus *eigener* Sicht, über das Leben im Gefängnis wußte aber auch er nur aus dem Bericht des Kerkermeisters Bescheid.

183 Vgl.«Szenen in Paris, während, und nach der Zerstörung der Bastille« (1790) sowie »Neue Szenen in Paris und Versailles« (1792–1793); die von Vulpius angegebenen Quellen

Vulpius selbst kennt fast keinen der Orte, von bzw. an denen seine Texte handeln. Sein Ort ist die Bibliothek, in der er die Abenteuer anderer findet und verwaltet.

Goethe hatte über die Anforderungen an einen guten Bibliothekar Voigt gegenüber einmal gesagt: »wir brauchen mechanisch tätige Subalterne« (1.5.1807). Vier Jahre später schreibt er Voigt: »Es ist ein allgemein angenommener, und auch durch Erfahrung bewährter Satz, daß Bewahren und Benutzen zweyerley Dinge sind. Ein thätiger Gelehrter ist kein guter Bibliothekar, und ein fleißiger Mahler kein guter Galerieinspector« (10.1. 1811). Vulpius war ein guter Bibliothekar. Dennoch erschöpfte sich seine Tätigkeit nicht im Bewahren. Er war ebenso ein fleißiger Benutzer der Bibliothek, lebte als Schriftsteller ganz in und von ihr. In der Bibliothek sucht und findet er seinen Stoff. Dies ist allerdings schon der Fall, bevor Vulpius zum Bibliotheksregistrator berufen wird. Die beiden Bücher »Philologisches Allerley«[184] von 1779 zeigen, wie früh Vulpius beginnt, verschiedene Lesefrüchte aus anderen Texten zusammenzutragen.[185] Die elfseitige Auflistung von Ritterromanen und -stücken im Anhang zum zweiten Teil des »Philologischen Allerley« läßt zudem auf eine intensive Lektüre dieser Fundorte abenteuerlicher Episoden schließen. Sehr bald wird unter einem sozialen und literarischen Gesichtspunkt die Bibliothek für Vulpius zum eigentlichen Ort seiner Existenz: nicht als Endstation wie bei Casanova, sondern als Ausgangspunkt. Die Bibliothek dient Vulpius, dem Benutzer des Bewahrten, schließlich auch dazu, die Bewahrung seines eigenen Namens zu sichern. *In* der Benutzung dieses Ortes überwindet er ihn zugleich und macht sich einen Namen ›draußen‹ im Deutschen Reich.

3.6 Der Name – Prestigegewinn und Kränkung

Die Bibliothek ist als Institution des kulturellen Gedächtnisses ein Ort, an dem der Mensch das Überleben seines Namens sichert. Das Prestige und die Distinktion, die im Verlaufe des Lebens erworben wurden, können für die kommenden Generationen bewahrt und in gewissem Sinne ge-

---

nehmen nicht weniger als 10 Seiten ein (Vulpius, Neue Szenen, S. 3-12). Zu Vulpius' Reflexion der Französischen Revolution vgl. Simanowski, Nonnen.

184 Goethe-Schiller-Archiv Weimar 114/63 und 64.

185 Vulpius führt die Sammlung verschiedener Lesefrüchte später in den von 1785 – 1818 geführten zehn »Centoni«-Heften weiter (vgl. Goethe-Schiller-Archiv Weimar 114/65).

genüber diesen zur Geltung gebracht werden. Daß Distinktion im Gefolge des Strukturwandels der Öffentlichkeit im 18. Jahrhundert zunehmend über das Medium Schrift möglich wurde, ist bereits besprochen worden (2.1.2). Ebenso wurde auf das zeitgenössische Bewußtsein um den Prestigegewinn durch das Verfassen von Büchern verwiesen (2.2.1) sowie auf den Einsatz bzw. Mißbrauch berühmter Namen in Subskribenten- und Pränumerantenverzeichnissen als Beispiel ihrer prestigevermittelnden und letztlich ökonomischen Funktion (2.2.3). Die Autorschaft, der Name des Autors, gewann immer mehr an Bedeutung, seit die Schriftsteller nicht mehr unerkannt hinter ihre Texten zurücktraten.[186] Die Gesetze zum Urheberrecht im ausgehenden 18. Jahrhundert reagieren nicht nur auf finanzielle Nöte der Autoren, sie zeugen ebenso für deren gestiegenes ›Eigentumsbewußtseins‹.[187] Das Verhältnis von Information und Informant verschob sich; die Information wurde nicht mehr allein um ihrer selbst willen geäußert, sie hatte auch den Öffentlichkeitswert des Informanten zu erhöhen. Vulpius' Bitte an seine Nachdrucker, seine Zeitschriften als Fundort ihrer Informationen anzugeben, zeigen, wie wichtig es ihm war, »das *Mein* und *Dein*, das Gegebene und Genommene«[188] an einem Text abzustecken. In der Zeit der »Geburt der Wissenschaften vom Menschen« (Foucault) wurden das Individuelle und die Distinktion des Individuums aus der Masse wichtiger als zuvor. Das drückt sich zugleich in der aufkommenden Diskussion um den Alltagsmenschen aus, die nicht nur die Frühromantiker führten, sondern an der die verschiedensten Schriftsteller, auch Vulpius, teilnahmen.

Als ein Beispiel der zeitgenössischen literarischen Widerspiegelung des Problems Distinktion/Masse sei stellvertretend auf Karl Philipp Moritz' Roman »Anton Reiser« (1785–90) verwiesen. Dort entwickelt Moritz das Bild eines Menschen, dem »diese *Unbedeutsamkeit*, dies *Verlieren unter der Menge*« das »Dasein lästig machte«.[189] »Ruhm und Beifall zu erwerben,

---

186 Bis zum ausgehenden 18. Jahrhundert wählten viele Autoren noch die Anonymität, weil ihre Rolle als Schriftsteller ihrer Reputation als Bürger und einer möglichen Beamtenkarriere abträglich gewesen wäre: und zwar nicht nur, wenn sie mit ›galanten‹ Texten gegen den verbindlichen Sittenkodex verstießen, sondern mitunter schon deswegen, weil das Schreiben als unerwünschtes Zeichen einer selbständigen Denkungsart gelten konnte (vgl. Ungern-Sternberg, S. 171f.).

187 Der Begriff des Eigentums wird auch von Vulpius in einer Replik auf die Verfälschung der Intention seines Romans »Die Saal-Nixe« benutzt. Vulpius reklamiert im Journal für Literatur, Kunst, Luxus und Mode (Nr. 77, August 1823, S. 639f.) sein »romantisches Eigenthum« gegen den Theaterspuk in der Bearbeitung von Hensler (»Das Donauweibchen«).

188 Curiositäten, Bd. 3, I. St., 1813, S. 5; Hervorhebung von mir.

189 Moritz, Bd. 1, S. 223; im folgenden Nachweise im Text.

das war von jeher sein höchster Wunsch gewesen«, heißt es über Anton
Reiser, der deswegen Schauspieler, d. h. eine öffentliche Person werden
will (S. 288). Seinen ersten öffentlichen Auftritt hatte Reiser als Zögling
seiner Schule, als er zum Geburtstag der Englischen Königin eine Rede
verfertigen und zu einer Festlichkeit vor den Honoratioren der Stadt vortragen sollte – »das höchste und glänzendste Ziel, wonach ein Zögling
dieser Schule nur streben konnte« (S. 262). Dieses Ereignis, »diese Empfindung der Achtung erhöhte sein Selbstbewußtsein und schuf ihn zu einem andern Wesen um« (S. 265). Was Moritz in seinem Roman beschreibt,
besitzt einen indirekten Bezug zu Vulpius, der im September 1781 *seinen*
ersten öffentlichen Auftritt erlebt, als er auf der Abschiedsfeier seiner
Gymnasialklasse »eine lange Rede« vorträgt, »die in glatten gereimten
Alexandrinern ›Lob, Leben und Thaten Bernhards des Großen, Herzogs
von Weimar‹ feiert«.[190] Welche Wirkung die Erfahrung dieser Auszeichnung vor der Klasse für Vulpius hatte, läßt sich nicht mit Sicherheit sagen. Sie dürfte jedoch kaum darin bestanden haben, in Zukunft *nicht* durch
dichterische Tätigkeit aufzufallen.

Dieses Ereignis läßt sich in eine Reihe anderer Hinweise einordnen, die
für Vulpius' schriftstellerisches Interesse sprechen. So bezeugt ihm die
letzte »recensio« des Gymnasiums von 1781 die Freude an Liedern,[191] so
deuten Sammlungen von Lesefrüchten auf einen ambitionierten Umgang
mit Büchern und so imitiert der 17jährige Vulpius 1779 mit den zwei Bänden »Philologisches Allerley« quasi eine eigene Buchproduktion.[192] Dem
Interesse am eigenen Dichten stand möglicherweise auch Vulpius' Gym-
nasiallehrer Johann Carl August Musäus Pate, der zum einen zwar das
Bild eines schlechten Lehrers bot, welcher nur »unwillig und lustlos mit

---

190 Wolfgang Vulpius, Goethes Schwager, S. 221.

191 Vgl. Akten des Wilhelm Ernst-Gymnasium, Nr. 18, Bl. 81 im Staatsarchiv Weimar.
Die lateinische Einschätzung lautet: »commodi amatoriis carminibo delectatur«.

192 Auf dem Titelblatt des ersten Bandes steht in tadelloser Schrift über die ganze Seite
verteilt wie in einem gedruckten Buch: »Philologisches Allerley / oder / aus allerley Büchern gesammelte Nach- / richten / von / C. A. Vulpius // Erster Theil // Weimar 1779«.
Auf dem zweiten Titelblatt ist die Selbstsuggestion einer eigenen Buchproduktion noch
gesteigert: »Philologisches-Allerley / von / C. A. Vulpius // Erster Theil / m. R. [d. i. mit
Register – R. S.] // Weimar 1779«. Vulpius stattet die Zitatensammlung aus den verschiedensten Büchern (neben vielen Reisebüchern finden sich u. a. die »Ilias«, Johann Martin
Millers »Siegwart«, ein Gelehrten-Lexikon, eine »Allgemeine Geschichte der Länder und
Völker von Amerika«) mit Seitenzahlen, der Nennung von Autor und Titel in der Kopf-
zeile und mit einem umfangreichen »Register über die in diesem Ersten Theil vorkommen-
den Namen und Sachen« aus und fügt dem zweiten Band einen elfseitigen Anhang mit
Titeln zu Ritterbüchern hinzu. Das weist voraus auf seine spätere Akribie im Umgang mit
Quellen und auf sein Interesse am Ritter-Stoff.

seinen Pennälern das Schmieden lateinischer Verse übte«, der sich zum anderen aber – als ein allmählich bekannt werdender Schriftsteller – in einer am Sonnabend freiwillig gehaltenen Stunde die dichterischen Versuche seiner Schüler anhörte und ernsthaft diskutierte.[193] Wenn Vulpius' schriftstellerische Tätigkeit später von der Notwendigkeit, damit Geld zu verdienen, überlagert wird, ändert das nichts an seinem ›dichterischem Enthusiasmus‹. Vulpius' Briefe, in denen er sich zuweilen spontan oder phantasierend in Versform mitteilt, zeigen, daß sein Schreiben nicht allein auf einer finanziellen Erwägung beruht.[194] Das ist auch einem Brief des alten Vulpius an den Freund und Herausgeber der »Dresdener Abendzeitung« Winkler zu entnehmen, in dem es heißt: »Wollte Gott, ich säß auf 8 Tage bei Ihnen in Dresden! Da wollten wir spekulirn, trinken u reimen«.[195]

Man kann sich Goethes Einschätzung in seinem Brief an Jacobi vom 9. September 1788 anschließen: Vulpius fängt ganz gewiß nicht nur aus Not, sondern auch aus Neigung sehr früh zu schreiben an. Daß er sich damit bis 1788 in irgendeiner Form eine gute »Rekommandation« erworben hätte, bezweifelt Goethe im gleichen Brief. Es sei noch einmal an Fichtes Verriß aus dem gleichen Jahr erinnert. Eine Anekdote, die sich ein Jahr zuvor ereignete, verdeutlicht andererseits Vulpius' Wunsch, in der Gemeinschaft der namhaften Dichter akzeptiert zu sein.

Am 23. Juli 1787 schreibt Schiller an Körner: »Eben hatte ich eine gar liebliche Unterbrechung, welche so kurz war, daß ich sie Euch ganz hersetzen kann. Es wird an meiner Tür geklopft. ›Herein.‹ Und herein tritt eine kleine dürre Figur in weißem Frack und grüngelber Weste, krumm und sehr gebückt. ›Habe ich nicht das Glück‹, sagte die Figur, ›den Herrn Rath Schiller vor mir zu sehen?‹ ›Der bin ich. Ja.‹ ›Ich habe gehört, daß Sie hier wären und konnte nicht umhin, den Mann zu sehen, von dessen ›Don Carlos‹ ich eben komme.‹ ›Gehorsamer Diener. Mit wem habe ich die Ehre?‹ ›Ich werde nicht das Glück haben, Ihnen bekannt zu sein. Mein Name ist Vulpius.‹ ›Ich bin Ihnen für diese Höflichkeit sehr verbunden – bedaure nur, daß ich mich in diesem Augenblick versagt habe und eben (zum Glück war ich angezogen) im Begriff war, auszugehen.‹ ›Ich bitte sehr um Verzeihung. Ich bin zufrieden, daß ich Sie gesehen habe.‹ Damit empfahl sich die Figur – und ich schreibe fort«.[196] Dieses »unbezahlbare

---

193 Biedrzynski, S. 292.
194 Vgl. u. a. die Briefe an Sophie Mereau (17.1.1796) und an Karl Heidler (12.8.1822, 29.12.1826), in: Andreas Meier, Vulpius, S. 13f., 276ff., 334.
195 Vulpius am 7. 9. 1826 an Winkler, in: ebd., S. 331.
196 Schiller, Bd. 24, S. 111.

Augenblicksbild«[197] ist beinahe obligatorisch, wenn von Vulpius die Rede ist. Es liefert eine zeitgenössische Beschreibung des äußeren Erscheinungsbildes Vulpius' und deutet die Geringschätzung an (man beachte den letzten Satz: »die Figur«), die Vulpius durch Schiller widerfuhr. Was den Lesern dieser Briefstelle nicht vorenthalten werden soll, ist ein ganz anderes Zitat, das trotz des zeitlichen Abstandes von fast 17 Jahren jenem Ereignis von 1787 zuzuordnen ist: »Neulich besuchte mich ein Genie, Messerschmidt genannt, der vorgab, Sie intim zu kennen. Er sagte, er sey Lehrer zu Schul Pforta. Ich gab ihm die Atz, u mußte mir seine Sonette vorlesen lassen. Zum Glück, hatte ich damals eben etwas zu denken!« So schreibt Vulpius am 20. März 1804 an Nikolaus Meyer.[198]

Es hat den Anschein, Vulpius greife jene erste Begegnung mit Schiller auf und wiederhole sie gegenüber Messerschmidt in der Umkehrung der Hierarchie. Aber es handelt sich nicht wirklich um eine Umkehrung. Vulpius läßt den Mann, der ihm seine Gedichte vortragen möchte, nicht ›abtreten‹ wie Schiller einst den gekrümmten »Don Carlos«-Enthusiasten. Messerschmidt darf Platz nehmen, darf vorlesen – Vulpius, der Denker, leidet nach innen. Betrachtet man die erzählte Szene und die Erzählung der Szene insgesamt, bleibt das Gefühl einer Unstimmigkeit. Der Satz »Zum Glück, hatte ich damals eben etwas zu denken!« bekundet Arroganz und zugleich ihr Gegenteil. Vulpius teilt Meyer mit, er habe Messerschmidt ›ins Leere‹ deklamieren lassen. Diese Mißachtung Messerschmidts findet jenem gegenüber aber gar keinen Ausdruck. Die Geste des Denkens signalisiert in dieser Situation nicht Desinteresse, sie täuscht die Anteilnahme äußerlich immer noch vor. Anders wäre es, berichtete Vulpius, er habe während Messerschmidts Vortrag etwas geschrieben, ein Buch gelesen oder den Schreibtisch aufgeräumt. Unter den geschilderten Umständen jedoch ist anzunehmen, daß Messerschmidt die Kränkung gar nicht wahrnimmt, die Vulpius später im Brief nicht ohne Genugtuung mitteilt.

Vulpius verhält sich dem jungen Dichter gegenüber entschieden schonender, als Schiller sich Vulpius gegenüber verhielt. Dennoch suggeriert Vulpius im Brief die Wiederholung der schroffen Haltung Schillers. Er scheint Genugtuung darüber zu empfinden, zu einer Anlaufstelle zumindest für junge Schriftsteller geworden zu sein; er scheint andererseits unzufrieden damit, nur von unbekannten »Genies« wie Messerschmidt be-

---

197 Wolfgang Vulpius, Goethes Schwager, S. 233.
198 Andreas Meier, Vulpius, S. 79. Es handelt sich um Friedrich Messerschmidt (1776-1831), den Hilfslehrer in Schulpforta und späteren Professor am Altenburger Gymnasium, der in Almanachen und Zeitschriften Gedichte und Aufsätze veröffentlichte.

sucht zu werden. Hier öffnet sich der Raum für Spekulationen, die vor wissenschaftlichen Maßstäben keinen heuristischen Wert werden beanspruchen können. Zu den Tatsachen gehört indes, daß Vulpius im Jahr 1804 auf mehrere erfolgreiche Bücher zurückblicken kann und daß er sich einen Namen als Verfasser der »Saal-Nixe« und des »Rinaldo Rinaldini« erworben hat. Eine Tatsache ist auch, daß ihm die Zeichen eines Distinktionsgewinns niemals gleichgültig gewesen sind. So trägt er Sorge für die Bekanntmachung seiner Ernennung zum Doktor und seiner Auszeichnung mit der Verdienstmedaille[199] und so verkündet er stolz, daß auch er anläßlich des 50ten Regierungsjubiläums des Herzogs auf viele Besucher verweisen könne.[200] Vulpius, so scheint es, ist eine Person geworden, die von jungen Dichtern und »wißbegierigen Herrn« gekannt und aufgesucht wird. Er ist also ein Mensch, der sich aus der ›Masse der Unbekannten‹ hervorhebt.

3.7 Der Alltagsmensch – sein oder nichts sein

An der zeitgenössischen Kritik des *Alltagsmenschen*, die im ausgehenden 18. Jahrhundert in schriftstellerischer und lebenspraktischer Sicht eine Domäne der Jenaer Romantiker ist (vgl. 2.4.3), beteiligt sich auch Vulpius. Ein Beleg dafür ist zunächst wieder seine Bearbeitung der »Zauberflöte«. In der Schikaneder-Vorlage entgegnet Papageno im zweiten Aufzug/dritter Auftritt auf die Frage des Priesters, ob auch er sich Weisheitsliebe erkämpfen wolle: »Kämpfen ist meine Sache nicht. – Ich verlang auch im

---

199 Vgl. Vulpius' Brief an H. A. O. Reichard am 9.8.1803 aus Jena: »Wollen Sie gefälligst etwas von mir in d. Gothaischen Gelehrten Zeitung sagen, so sagen Sie, daß mir die hiesige Philosophische Fakultät, die Doktor Würde ertheilt hat, u daß der Herzog mich hierher gesendet habe, die erkaufte ehemal. Büttner. Bibliothek zu ordnen« (Andreas Meier, Vulpius, S. 71) und seinen Brief am 9.1.1821 an den Redakteur des Allgemeinen Anzeigers in Gotha und Mitarbeiter Rudolf Zacharias Beckers Johann Heinrich Hennicke: »Von mir selbst etwas, noch weiter zu sprechen, so hat mir zum N. Jahr, der GroßHerzog die Verdienst Medaille ertheilt, mit der Erlaubnis, dieselbe zu tragen am Bande des Falken Ordens, ›wegen meiner Treue (ipsissima verba Rescripti) u meinem Verdienst bei der hies. GrosHerzogl. Bibliothek, so wie der Universität zu Jena.‹ Vielleicht könnte in der National Zeitung diese Nachricht von Hrn. Hofrath Beker bekannt gemacht werden? Da dort so mancherl. Notizen immer stehen, Weimar betreffend« (ebd., S. 249).
200 Vulpius schreibt an Winkler am 7.9.1826: »Jetzt besuchen mich so viele alte Bekannte u neue wißbegierige Herrn, in den JubiläumsFeiertagen, daß ich gar nicht zu mir komme u drei Tage hintereinander, Mittagsgäste habe, denn die annahenden Fremden zählt man zu Tausenden. Davon kommen schon auch einige an mich« (ebd., S. 330).

Grunde gar keine Weisheit. Ich bin so ein Naturmensch, der sich mit Schlaf, Speise und Trank begnügt; – und wenn es ja sein könnte, daß ich mir einmal ein schönes Weibchen fange«. Aus dem Wort »Naturmensch«, das in Deutschland auch einige Jahre nach dem Höhepunkt der Rousseau-Rezeption noch einen recht guten Klang besitzt, wird bei Vulpius »ein ganz gewöhnlicher Alltagsmensch«. Daß dies als eine starke Umwertung ins Negative gelesen werden muß, bestätigen die weiteren Veränderungen am Text. Vulpius läßt Papageno antworten: »Wozu soll sie [die Weisheit] mir nützen? Ich bin ein ganz gewöhnlicher Alltagsmensch. Schlecht und recht ist mein Wandel, und wenn ich Essen und Trinken habe, so bin ich zufrieden, ohne nach höhern Dingen zu streben«.[201] Der Respekt, der im Schikaneder-Text dem archaisch-instinktiven Materialismus Papagenos zukommt, geht in der Verwandlung des Naturmenschen in den Alltagsmenschen bei Vulpius verloren.

Kann Vulpius, der in seinen Texten die eigene Bildungsbeflissenheit ständig ausstellt, sich im vorliegenden Falle noch problemlos auf die Seite des Kritikers stellen, so wird die sich hier andeutende Thematik Alltagsmensch/Distinktion in anderen Schriften schon ambivalenter behandelt. Da sie wesentlich Vulpius' eigene Positionierung im gesellschaftlichen Kontext betrifft und seine schriftstellerische Tätigkeit bestimmt, ist es geboten, bereits hier auf zwei Texte einzugehen, die die Frage der Distinktion ausdrücklich diskutieren. Dieser Vorgriff ermöglicht, wie sich im weiteren zeigen wird, einen spezifischen Zusammenhang von Vulpius' Schreiben und Leben deutlich zu machen.

In seinem 1798 veröffentlichten Schelmenroman »Abentheuer und Fahrten des Bürgers und Barbiers Sebastian Schnapps« geht Vulpius in doppelter Weise auf die Bedeutung des Namens ein. Der Roman erschien anonym und informiert in der Vorrede nicht über Aufenthaltsort oder Initiale des Autors, was sicher auch aus Gründen des Selbstschutzes geboten war, denn der Roman ist frech, ehrfurchtslos und beinahe obszön.[202] Andererseits wird der Name, die Autorschaft, schon mit dem ersten Satz der Vorrede thematisiert. Vulpius nennt den Text, in den ein Leser eintritt, das »Gebiet« des Dichters (S. III) und spricht von den »Territorial-

---

201 Vulpius, Zauberflöte, S. 53f.

202 So schlägt Schnapps z. B. zur Aufbesserung der Staatskasse die Versteuerung des Beischlafs vor (Vulpius, Abentheuer und Fahrten, S. 152; im folgenden Nachweise im Text.). Als Schnapps sich als reicher Junggeselle ausgibt und seine Wirtsleute sofort den schon bestimmten Bräutigam fallenlassen und Schnapps gegenüber die Erziehung ihrer Tochter zur »Tugend der Hauswirtlichkeit« herausstellen, wird das bürgerliche Ideal von Ehe *und* Liebe mit einem »Marie! wenn du den Fremden wegfischen könntest, so wärst du gut und wohl versorgt« zunichte gemacht (S. 21 und 24).

Rechte[n] der Autoren« (S. IV). Das Eigentumsbewußtsein des Autors über seinen Text wird hier explizit und verweist auf die Bedeutung des Autornamens als Zuordnungskriterium. Auch im Roman selbst wird die Bedeutung des Namens als Distinktionsmerkmal thematisiert. Genauer gesagt: in einer im Roman gespielten Szene eines Trauerspiels. Das Stück heißt »Han-Nickel, der große Spitzbube«, verfaßt von Morlak, einem lokalen Schöngeist. Morlak selbst wird im Roman als unbekannter Dichter gezeichnet, der von der Errichtung eines Nationaltheaters als Ort seiner Triumphe träumt (S. 278-287). Schnapps und seine beiden Begleiterinnen machen sich ausgiebig lustig über Morlaks Hoffnung, auf der Bühne zu paradieren. Vor diesem Hintergrund muß Morlaks Trauerspielszene (S. 292-298) gesehen werden. Worum geht es in der Szene?

Han-Nickel wird vom Landjägermeister verfolgt. Als er diesem mit dem Ausruf »Ich bin Han-Nickel« in den Weg tritt, bringt der, »wie vom Blitz getroffen«, nur ein »Gott!« heraus. Han-Nickel konfrontiert seinen Verfolger mit philosophischen Betrachtungen über die in ihm und im Landjägermeister verkörperten Lebenskonzepte. Er apostrophiert sich selbst als ein »Meisterstück der Natur«, das der Jäger in ihm zerstören würde. Dies lasse die Natur aber nicht zu, diese »Freundin aller Menschen, die kühn hinausschreiten über die Schneckenlinien des gewöhnlichen Lebens.« Han-Nickel bezeichnet sich als Räuber, der »die verloren gegangene Gleichheit der Güther wieder herstellen will«: »Wisse«, erklärt er dem Landjägermeister, »die Natur hat etwas Außerordentliches in mich gelegt, das ich nur, fern von euern Konvenienzzirkeln sichtbar machen kann, und, nicht wahr?, ich habe es sichtbar genug gemacht? Die Sonne bescheint meine Thaten, die eurigen, hüllen sich in Finsterniß und Schleier. Mein Leben wird Biographen beschäftigen«. Mit der Wiederholung seines Ausrufs »Ich bin Han-Nickel« entläßt er den Landjägermeister. Der, froh, sich fortschleichen zu dürfen, stellt dennoch fest: »Tausendelement! das ist ein großer Kerl!« Diese Bezeichnung wird in Han-Nickels nächsten Worten noch einmal aufgegriffen: »Wie dauern mich die kleinen Menschen! (nach einer Pause) Je nun! wir können nicht alle groß, können nicht alle Han-Nickels seyn! – – Heda! Marie Liese! meine Geliebte!« Als Marie Liese jedoch ihre Ängste deutlich macht und Han-Nickel widerspricht, es sei *nicht* einerlei, ob man auf dem Rade oder in der marmornen Gruft ende (»Ach! – Ein Hochzeitbett und das Rad sind wohl zwei sehr verschiedene Ruhebetten«), schickt Han-Nickel sie mit der Aufforderung, das Mittagessen zu bereiten, fort und »(wird nachdenkend): Das Rad oder der Sarg! Das ist die Frage. Ist es besser, sein Leben als großer Mann am Galgen, oder als eine kleine Seele auf dem Sterbebette zu verhauchen?« Aber er »(faßt sich schnell): Han-Nickel! – Pfui! schäme dich! Bleib, was du bist, und werde kein Grübler. Die Sonne scheint wohl auf's Rad, aber nicht auf den Sarg. Also schwinge dich rasch der Sonne entgegen, und (groß) vollende deinen Adlerflug!«

Existentieller als unter Anspielung auf den Hamlet-Monolog kann die Frage nach gewöhnlichem oder außerordentlichem Leben nicht gestellt werden. Die Zuordnung der Begriffe Galgen und Sterbebett läuft dabei offenbar bereits gegen Han-Nickels eigene Antwort an. Die Ironie, die in dieser Szene und ihrer Einbettung im Roman mitspricht, ist jedoch schwer zu interpretieren. Die Ironie der Regieanweisung und der Hamlet-Parodie muß zunächst als ein Stilmittel Morlaks angesehen werden. Sie geht auf Kosten Han-Nickels, dessen Großmannssucht sie zu demontieren scheint. Der unmittelbare Autor dieser Demontage heißt Morlak. Morlak selbst wurde zuvor allerdings ebenfalls ironisiert als Provinzdichter, der sich auf der Bühne einen Namen machen will. Er hofft im Grunde genauso wie seine literarische Figur, daß sich mit seinem Leben einmal die Biographen beschäftigen werden.

Würde man die Ironisierung Morlaks als Aufhebung seiner Ironisierung Han-Nickels lesen, bliebe Han-Nickels Kult des Außerordentlichen ungebrochener als Identifikationsangebot des Autors stehen. Dem käme entgegen, daß Morlak im Roman die Rolle des Landjägermeisters liest, der mit Sympathie besetzte Schnapps die Han-Nickels. Gegen diese Interpretation ließe sich einwenden, daß erstens Vulpius ein Jahr später seinen Räuberhauptmann Rinaldo Rinaldini die gleiche Problematisierung der asozialen Außerordentlichkeit ohne die Zwischenschaltung einer Metaebene vollziehen läßt, zweitens, daß der Roman insgesamt für Schnapps, der ja »die Schneckenlinien des Lebens« in anderer Weise als Han-Nickel ebenfalls überschreitet, selbst auf eine solche Problematisierung hinausläuft.[203] Die unklare Interpretationssituation liegt darin begründet, daß kein genauer Umgang mit der Logik der Text- und Figurenstruktur veranschlagt werden kann. An Vulpius' Romanen fällt auf, daß er nicht zwischen Figuren- und Erzählerrede differenziert und mitunter gegensätzliche Figuren zum eigenen Sprachrohr macht. Dabei kann auch eine zuvor diskreditierte Figur wieder zum Träger der Autormeinung aufsteigen, wie es in diesem Roman mit der Figur des Doktor der Fall zu sein scheint.[204]

---

203 Der Vagabund und Hochstapler Schnapps wird schließlich in seiner ganzen Vereinsamung und bedauernswerten Verlorenheit vorgeführt. Der Spötter wird jetzt selbst zum Gegenstand des Spottes, und nachdem eine umworbene Wirtstochter ihn stehen läßt und selbst seine früheren Begleiterinnen ihn auslachen und verlassen, wird er festgenommen, um vor Gericht geführt zu werden.

204 Diese Figur wird in einem Gespräch über Bettler und Vagabunden als dumm-drei-

Aufgrund dieser Inkonsequenz in der Darstellung sollte die Mehrschichtigkeit der Ironie nicht als deren Aufhebung gelesen werden. Man wird den oben zitierten Morlak-Text vielmehr direkt als einen Text Vulpius' zu lesen haben. In Morlak selbst dürfte Vulpius, trotz der Ironisierung dieser Figur, seine eigene Rolle als Schriftsteller andeuten. Davon soll im folgenden die Rede sein. Festzuhalten bleibt an der zitierten Textstelle die Kontrastierung von namenlosem Landjäger und berühmtem Han-Nikkel, mit dem, wie Han-Nickel stolz prophezeit, sich die Biographen beschäftigen werden, der aber, wie anzunehmen ist, auch auf dem Rad enden wird. Gibt es zwischen diesen beiden Polen einen dritten Weg?

Die Namensnennung bzw. Berühmtheit des Namens spielt ebenso im ein Jahr nach »Sebastian Schnapps« erschienenen »Rinaldo«-Roman eine große Rolle. Der Roman scheint intentional und sogar szenisch in Morlaks Trauerspielszene vorweggenommen zu sein. Auch in diesem Text gibt es die Begegnung des Gesuchten mit seinen Häschern und den Stolz des »Ich bin Rinaldo Rinaldini«-Auftrittes. Die Ambivalenz eines solcherart berühmten Namens, die in der Han-Nickel-Szene anklingt, wird im »Rinaldo«-Roman breiter und wiederholt ausgeführt. Zum einen kann nur die Anonymität Rinaldo vor seinen Verfolgern schützen. Seinen Namen abzulegen ist die Grundbedingung, um den außergewöhnlichen Status als bewunderter und gefürchteter Räuberhauptmann loszuwerden und irgendwo mit einer geliebten Frau als Landmann oder Hirt unerkannt ein ruhiges, bürgerliches Leben führen zu können, wie es Rinaldo von Beginn des Romans an ersehnt. Der Wunsch nach Namenlosigkeit geht dabei soweit, daß er sogar dem Angebot, in der Rolle des Anführers des korsischen Freiheitskampfes gereinigt und gefeiert als Held in die Geschichtsbücher einzugehen, entgegensetzt: alles, was er wolle, ist »irgendein kleines, unbedeutendes Eiland, wo Platz für mich und Gras für meine Ziegen ist«.[205] Zum anderen aber sonnt sich Rinaldo in der Berühmtheit seines Namens. Die Erstausgabe des Romans führt elf effektvolle Szenen vor, in denen allein die Namensnennung Männer in die Knie zwingt und Damen in die Ohnmacht fallen läßt.[206] Der Stolz,

---

ster Fremdenhasser entlarvt. Schnapps, der ›unerkannte‹ Vagabund, lügt, um den Doktor zu provozieren: »Meine Koffer sind mir auch von solchen Spitzbuben abgeschnitten worden«. Der Doktor deklariert sogleich: »Sie schneiden Koffer und Kehlen ab, wie sie dazu kommen können. [...] Ich sage es öffentlich, die Obrigkeiten, die ihre Galgen einfallen lassen, geben Privilegia zum Stehlen und Rauben« (Vulpius, Abentheuer und Fahrten, S. 275). In einem anderen Gesprächszusammenhang wird der Doktor jedoch wieder zu einem ernstzunehmenden Diskussionspartner, der offenbar die Ansicht des Autors vertritt (S. 281).

205 Vulpius, Rinaldo, S. 279; im folgenden Nachweise im Text.
206 Eine Szene sei zur Illustration zitiert. Rinaldo folgt mit seinen Kumpanen einer

bekannt und berühmt zu sein, wird allerdings getrübt durch die Tatsache, daß Rinaldo sich erst im Zuge seines Austretens aus der bürgerlichen Gesellschaft einen Namen in ihr verschafft hat und als besonderes Individuum kenntlich wurde. Der Versuch einer Resozialisierung ist daher immer daran gebunden, diesen Namen abzulegen und wieder unkenntlich zu werden.

Die Distinktion durch den berühmten Namen ist für Rinaldo ambivalent konnotiert. Sie nimmt negativen Charakter an, als er in der Gräfin Dianora eine Frau gefunden hat, die ihr Leben an das seine – und das heißt, an den Vater ihres Kindes – binden will. »Deine Hand gehört einem edleren Manne als mir«, entgegnet Rinaldo auf Dianoras Heiratswunsch, und Vulpius verdeutlicht im folgenden Satz durch Sperrdruck, wie sehr Rinaldos Problem am Namen festzumachen ist. Rinaldo sagt: »Werde Mutter und gib dem Kinde *deinen* Namen. Den *meinigen* kann es nicht mit Ehre führen.« Auf sein Zögern hin, sich zu erklären, drängt Dianora: »Sei wer du willst. – Ich will es wissen.« Rinaldo: »Ich – Ich bin Rinaldini.« Das ist die einzige ängstliche Namensnennung Rinaldos im Roman. Sie hat schmerzhafte Folgen. Dianora bricht sofort den Kontakt ab, findet nur noch schriftlich Worte für Rinaldo: »Ich kann dich nicht wieder sprechen. Überlaß mich meinem Schicksal und geh dem deinigen entgegen« (alle Zitate S. 174). Daß Rinaldos Schicksal der Galgen oder das Rad sein könnte, liegt auf der Hand. Zunächst läßt Vulpius aber die Möglichkeit eines Happyends noch einmal aufscheinen. Rinaldo begegnet Dianora durch Zufall auf einer Insel, wird wieder von ihr angenommen (S. 299ff.). Sie verabreden, seine Kumpane und die korsischen Freiheitskämpfer, die auf Rinaldos Führung warten, zu hintergehen und gemeinsam zu fliehen. Aber Rinaldo wird verraten, vom Militär gestellt – ein Freund ersticht ihn, um ihn vor der Schmach des Galgens zu retten (S. 319). Damit endet die Romanfassung von 1799.

Der Erfolg veranlaßte Vulpius, den neun Büchern der ersten Fassung neun weitere folgen zu lassen. Sie erklären am Anfang, daß Rinaldo durch den Dolchstoß nur verletzt worden war, zeigen ihn erneut in verschiedene Abenteuer verwickelt und schließen in vergleichbarer Weise wie die ersten neun Bücher: wieder geht es um das Happyend und die Vergebung. Rinaldo trifft vor dem Schloß, in dem er Dianora weiß, auf seinen

---

Gruppe feindlicher Männer, steht ihnen plötzlich gegenüber und fordert Rechenschaft für ein Verbrechen, das diese an einer Frau begangen haben. Er erhält nur Gelächter. Daraufhin sagt Rinaldo: »Wißt ihr, wer ich bin? – Nieder auf die Knie! – Nieder! – Ich bin Rinaldini!« Im Text heißt es weiter: »Wie vom Schlage getroffen stürzten alle mit *einem* Tempo von ihren Stühlen auf die Knie vor ihm nieder« (ebd., S. 82).

etwa fünfjährigen Sohn, der natürlich *nicht* seinen Namen trägt, und ihn, den »armen Mann«, nicht kennt. Für Rinaldo hat diese Szene eine tiefe Bedeutung: »Jawohl! ein *armer* Mann bin ich! Doch dieser Augenblick macht mich sehr reich« (S. 529). Er kann, wie es weiter heißt, sein Herz nicht beruhigen: »es klopft nach meinem Kinde« (S. 530). Die exponiert stehenden Ausdrücke seiner Rede »mein Sohn«, »ich bin Vater«, »Vaterliebe« (S. 530) kündigen die bevorstehende ›Familienzusammenführung‹ an. Als Rinaldo schließlich mit Dianora allein in ihrem Zimmer ist, liegt er ihr zu Füßen, während sie »zärtlich auf ihn herab« sieht und endlich, noch unbestimmt genug, sagt: »So sehen wir uns dennoch wieder!« (S. 535) In diesem Augenblick, mit dem zumindest die Aussicht einer bürgerlichen Existenz gegeben ist, tritt Dianoras Freundin ein, meldet Soldaten, die das Schloß umstellen. Rinaldo muß aus den Armen Dianoras in die unterirdischen Gänge des Schlosses fliehen. Als er in der Nacht sein Versteck verläßt, wird er erschossen. Die Soldaten glauben, »da sich weiter nichts regte [...] nach einem Berghöhlentier geschossen zu haben, und suchten nicht nach« (S. 539). So verblutet Rinaldo hinter einem Dornenbusch, wo die Freunde ihn später finden.

Rinaldo verendet wie ein Tier: nicht der Tod im Kampf, auch kein Messerstich in die Brust, nicht einmal ein Galgen. Dieser Ausgang wirkt um so tragischer, als Rinaldo, der Räuberhauptmann, zuvor zum Familienvater ›korrigiert‹ wird und dem Happyend zumindest innerlich schon sehr nahe kommt. Während der Räuber die Vergebung der geliebten Frau erringen kann, ereilt ihn die Strafe des Staates. Auf der gesellschaftlichen, gesetzlichen Ebene entkommt Rinaldo seinem Namen, der mit den Kategorien Verbrechen und Bestrafung verbunden ist, nicht. Die Unabwendbarkeit der gesellschaftlichen Bestrafung wird dabei zusätzlich markiert durch die wiederholte Anspielung auf die Bergpredigt. Dort wird das Gebot der Nächstenliebe bekanntlich auf den Feind ausgedehnt: »Liebet eure Feinde; bittet für die, so euch verfolgen«, heißt es in Matthäus 5, 44. Als Zeichen dafür, daß *alle* von Gott angenommen sind, wird anschließend darauf verwiesen: »Denn er läßt seine Sonne aufgehen über die Bösen und über die Guten und läßt regnen über Gerechte und Ungerechte« (Matthäus 5, 45). Mit eben dieser Formel thematisiert Vulpius an zwei entscheidenden Stellen des Romans die Frage der Verlorenheit Rinaldos und seiner Aussicht auf Vergebung. Einmal handelt es sich um eine Szene, in der Rinaldo einen Greis vor einem Übergriff der eigenen Leute retten muß. Sehr früh wird damit deutlich, daß das Bild vom »edlen Räuber« brüchig ist. Auch in diesem Zusammenhang wird mit der Bedeutung des Namens argumentiert: »Schändet ihr meinen Namen um elenden Plünderer Handlungen?«, fragt Rinaldo, bevor er den Anführer dieser Gruppe niederschießt.[207] Rinaldo verbringt die Nacht bei dem Greis, in dem er einen Vertrauten gewinnt. Am Morgen, als die Sonne das Tal zu erwärmen beginnt, bedeckt Rinaldo »wehmütig sein Gesicht«: »›Auch mir scheint sie, die goldene Sonne!‹ – seufzte er. – ›Auch mir, wie sie allen Guten und Bösen scheint. Ach! und ihre wohltätigen Strahlen sind treffende Blitze für mein schuldiges Herz‹« (S. 28). Kurz nachdem Rinaldo seine problematische Stellung als »edler Räuber« vor Augen geführt worden ist, zitiert er also jenes Matthäus-Wort, das von der sündenvergebenden Gnade spricht. Ein weiteres Mal wird implizit kurz vor Rinaldos Begegnung mit seinem Sohn darauf Bezug genommen: »Darf ich mit frohem Herzen, o goldene Sonne!‹ – rief er [Rinaldo] aus, – ›dich wieder begrüßen? Beleben diese mächtigen Strahlen mit frohen Hoffnungen mein Herz, oder sind es bange Erwartungen, die es heben? – Du lächelst ja so mild, freundliches Licht der Welt! Ach ja! du lächelst auch mir!‹« (S. 528). Wie der Ausgang zeigt, täuscht sich Rinaldo.

Vulpius zeigt mit dem Evangelium-Zitat, das er Rinaldo in den Mund legt, dessen Schuld- und Reuegefühl an. Vor diesem Hintergrund macht der Romanausgang um so deutlicher, daß Rinaldo den Regeln einer *irdischen* Gesetzlichkeit nicht entkommen kann. Darin ist eine Anspielung auf Luthers Zwei-Reiche-Lehre zu sehen, wonach in der civitas Dei das Liebesgebot nach Matthäus 5, 45 regiert, in der civitas terrena dagegen das Liebesgebot nach Matthäus 7, 12: »Alles nun, was ihr wollt, daß euch die Leute tun sollen, das tut ihnen auch!« Daß die Bestrafung Rinaldo gerade in dem Moment ereilt, da seine Resozialisierung abzusehen ist, und daß er dabei endet wie ein gehetztes Tier, vermittelt seinem Schicksal zusätzliche Tragik, gibt jedoch zugleich dessen Unausweichlichkeit Nachdruck. Der Tod ist der Preis, den Rinaldo schließlich dafür zu zahlen hat, daß er sich eine Berühmtheit außerhalb von Gesetz und gesellschaftlichen Normen erwarb. Rinaldo ereilt das, was sein literarischer Vorgänger Han-Nickel im »Schnapps«-Roman gedanklich vorwegnahm: die Entscheidung für ein außergewöhnliches Leben abseits der allgemeinen sozialen Regeln führt zu einem berühmten Namen, zu Verfolgung und zu einem frühen Tod.

---

207 Ebd., S. 26. Vgl. Rinaldos Worte an späterer Stelle: »Was andere meiner Faust und meinem Namen verdanken, wird mir zum Fluch. Ich bin gebannt, geächtet; ich werde verfolgt und habe doch so manches Unglück schon verhütet. – Aber Blut habe ich vergossen, auf meinen Namen ist geraubt und geplündert worden« (S. 199).

3.8 Der Verfasser – das Happyend im Genitiv

»Das Rad oder der Sarg«, war die Frage, die Vulpius Han-Nickel im »Sebastian Schnapps« stellen läßt: »als großer Mann am Galgen oder als eine kleine Seele auf dem Sterbebette« enden. Damit wurden Berühmtheit um den Preis der Asozialität und soziale Integration um den Preis der Namenlosigkeit gegenübergestellt. Die Alternative zu dieser Wahl ist der *Autor*. Der Autor kann innerhalb der Ordnung (des literarischen Marktes) an den Vorteilen der Unordnung (als Attraktion des Textes) partizipieren. Vulpius deutet diese Möglichkeit im »Sebastian Schnapps« selbst an, wenn er Morlaks Forderung nach einer Nationalbühne an dessen Hoffnung koppelt, sich auf dieser Bühne mit Stücken wie dem über »Han-Nickel, den großen Spitzbuben« berühmt zu werden. Vulpius selbst macht sich als Autor des Bestsellerromans »Rinaldo Rinaldini der Räuberhauptmann« einen Namen.

Zugleich verzichtet Vulpius auf seinen eigenen Namen. Er wird fortan viele seiner Bücher mit dem Erkennungszeichen »Von dem Verfasser des Rinaldo Rinaldini« empfehlen,[208] was an sich nichts Ungewöhnliches war und nur der Erinnerungsstruktur des Publikums folgte. Dieser neue Name dient zum einen als ›Gütezeichen‹, er benennt aber auch präzise Vulpius' Situation. Vulpius tritt als der bloße *Produzent* eines Helden hinter diesen zurück. Er ist der Schriftsteller, der die Abenteuer notiert, aber nicht lebt. Dieses Defizit bedeutet Gewinn. An die Stelle der Losung »Ich bin Rinaldo«, die ja auch bedeutet: »Ich bin geächtet«, setzt er die beruhigende Losung »Ich bin der Verfasser des Rinaldo Rinaldini«, in der schließlich

---

208 Vgl. Aurora. Ein romantisches Gemälde der Vorzeit. Von dem Verfasser des Rinaldini (3. Auflage 1800, 1. Auflage 1794–95); Der Zwerg. Ein Roman. Vom Verfasser des Rinaldo Rinaldini (1803); Leontino. Eine romantische Geschichte. Vom Verfasser des Rinaldini (1804); Der Maltheser. Ein Roman von dem Verfasser des Rinaldo Rinaldini (1804); Geheimnisse aus der Fürsten- und Klosterwelt. Vom Verfasser des Rinaldo Rinaldini (1809); Lucindora die Zauberin. Eine Erzählung aus den letzten Zeiten der Mediceer vom Verfasser des Rinaldini (1810); Aloisio und Dianora oder der Pilger und die Nonne. Romantische Geschichten aus dem siebzehnten Jahrhundert vom Verfasser des ›Rinaldo Rinaldini‹ (1826) u. a. Manche Bücher werden nicht mit diesem ›Logo‹ versehen wie: Don Juan der Wüstling. Nach dem Spanischen des Tirso de Molina (1805); Wellenthal. Eine romantische Geschichte unserer Zeiten. Aus den Papieren der Prinzessin Natalie und der Aebtissin zu Marienau (1805); Umherschweifungen in den Labirinthen schwärmerischer und mystischer Frauen; und Herzenserleichterungen eines Beobachters der exzentrischen Frauenwelt (1825). Später tritt vereinzelt der Verweis auf die Saalnixe hinzu: Truthina, das Wunderfräulein der Berge. Nach Volkssagen bearbeitet, von dem Verfasser der Saal-Nixe (1822); Erlinde die Ilm-Nixe. Seitenstück zu der Sage der Vorzeit: Hulda, die Saalnixe; von dem Verfasser derselben und des Rinaldo Rinaldini (1827).

auch sein bürgerlicher Name überleben wird. Der Terminus »Verfasser« ordnet Vulpius der bürgerlichen Gesellschaft in doppelter Hinsicht zu. Zum einen schafft der Verfasser den Lesestoff, verdient am Umschlag der literarischen Ware, unterhält sich mittels Unterhaltung. Zum anderen bringt er den Stoff in eine Fassung, in eine Form – er codiert ihn. In der Verbindung des Zeichens »Verfasser« mit dem Namen des Räubers steckt das Programm der Verwaltung. Der Signifikant des Asozialen wird dem Signifikanten der sozialen Integration als Genitivobjekt nachgestellt und untergeordnet. Das Asoziale befindet sich im ›Griff‹ seines Autors: im Gänsekiel.

Vulpius demonstriert die ›Vorteile des Genetivs‹ im »Rinaldo Rinaldini« selbst. Sein Roman, der ein populäres Thema medial codiert und kommerzialisiert, thematisiert zugleich die Varianten medialer Kommerzialisierung. Vulpius läßt auf dem Marktplatz von Cesena einen Bänkelsänger zur ›schaurigen‹ Erbauung des Publikums Rinaldos tragische Geschichte vortragen.[209] Die Geschichte Rinaldos ist bereits im »Rinaldo«-Roman zum Spektakel geworden, mit dem Bänkelsänger und andere ihren Lebenunterhalt verdienen.[210] Rinaldo ist in diesem Falle nicht tatsächlich tot, sondern steht unerkannt in der Menge. Er konsumiert sozusagen seine eigene Geschichte. Es ist jedoch abzusehen, daß der Bänkelsänger und der Zeichner ihn überleben und noch an seiner Geschichte verdienen werden, wenn Rinaldo schon die Strafe des Gesetzes eingeholt hat. Rinaldo verläßt im Roman den Zeichner seines ›Todesortes‹ voll heimli-

---

209 Der Bänkelsänger schildert die Bitte des sterbenden Rinaldo an die heilige Jungfrau, sich seiner zu erbarmen, und schließt, nachdem sein Hut herumgegangen ist, mit den Versen: »Erlös uns, Herr, vom Übel, / Und nimm dich unsrer an, / Damit wir nie betreten / Des Lasters breite Bahn!« Weiter heißt es: »Die Zuhörer waren alle erbaut und gerührt [...] Der Bänkelsänger aber packte seine Herrlichkeiten zusammen und zog auf einen andern Platz, seine Romanze zu wiederholen. Viele folgten ihm nach, die Geschichte noch einmal zu hören« (Vulpius, Rinaldo, S. 58f.).

210 Vulpius zeigt im Roman weitere Möglichkeiten kommerzieller Nutzung der Rinaldo-Geschichte auf. So bietet nach dem Auftritt des Bänkelsängers ein Franziskaner dem Publikum an, »ein paar Messen für Rinaldini zu lesen, und erhielt Geld« (Vulpius, Rinaldo, S. 60). Kurze Zeit später begegnet Rinaldo einem Mann, der die Umgebung zeichnet, »weil sie in unsern Tagen merkwürdig geworden ist: denn hier ist Rinaldini gefallen. Unter jenem Baume hat er mit gespaltenem Haupte seinen Geist aufgegeben.« Der Maler beruft sich dem unerkannten Rinaldo gegenüber auf Zeugen – »Ein Soldat, der mit in dem Gefecht war, hat mir diesen Platz genau bezeichnet« – und klärt den Räuber über die legalen Verdienstmöglichkeiten an ungesetzlichen Ereignissen auf: »Ist der Platz gezeichnet, radiere ich ihn und verkaufe ihn illuminiert, wovon ich einen guten Profit zu ziehen hoffe. Eine zweite Platte enthält das Gefecht, das auch Käufer finden wird. – Auf dem ersten Blatt, wo ich das Tal leer lasse, bringe ich neben dem Baume, wo Rinaldini fiel, einen Galgen an, und die Sache wird emblematisch. [...] So muß es in der Welt gehen! Dergleichen Vorfälle müssen die Kunst ernähren, für welche die Menschen so wenig tun« (S. 62).

chen Ärgers über den Galgen, der »zum sprechenden Emblem seines Grabmals gemacht werden sollte«.[211] In dieser Passage zwingt Vulpius seiner Figur gewissermaßen das Bewußtsein um die Überlegenheit all derer auf, die – ob ›Verfasser‹, Sänger oder Maler der Rinaldo-Geschichte – zum Phänomen des Asozialen im Verhältnis des Genetivs stehen.[212]

Indem Vulpius an die Stelle der Losung »Ich bin Rinaldo« die Losung »Ich bin der Verfasser des Rinaldo Rinaldini« setzt, nutzt er die Möglichkeit, sich *innerhalb* der bürgerlichen Gesellschaft einen Namen zu machen. Inwiefern diese Lebensformel aus dem Winkel eines Schreibtisches neben der Ruhe auch tatsächlich Achtung an die Stelle der Ächtung setzt, bleibt zu fragen. Mit Blick auf Weimar und auf den herrschenden literarischen Diskurs kann kaum von einem Distinktionsgewinn gesprochen werden. Der große Erfolg des »Rinaldo«-Romans öffnete Vulpius nicht die Türen des Schopenhauerischen Salons, und es ist auch kaum anzunehmen, daß Vulpius, hätte er sich in jener ersten Begegnung mit dem Autor des »Don Carlos« bereits als »Verfasser des Rinaldo Rinaldini« vorstellen können, auf eine positivere Aufnahme gestoßen wäre. In dieser Hinsicht ergeht es ihm wie seiner literarischen Figur: die ›Polizei‹ (des literarischen Diskurses) ächtet ihn, das ›Volk‹ (als sein begeistertes Publikum) spricht mit Bewunderung von ihm. Es achtet ihn dabei durchaus nicht nur als Unterhalter, es zitiert aus seinen Büchern Maximen und Reflexionen, wenn es darum geht, jemandem etwas Geistreiches ins Stammbuch zu schreiben.

Es sei also einmal die Aufmerksamkeit nicht auf die dominierenden Geschmacksträger jener Zeit, sondern auf den ›einfachen‹ Leser gerichtet, auf Helene De Ahna zum Beispiel, die jüngste Tochter des Meiningischen Kammerkonsulenten und Hofadvokaten De Ahna. Vulpius lernt diese Frau auf seiner Badereise nach Liebenstein im Jahre 1800 kennen. Er überreicht ihr bei dieser Gelegenheit sein Stammbuch, in das sie folgende Verse schreibt: »Um des Menschen Wiege wanken / Freud und Leid mit gleichem Schritt, / Sind die Amme seiner Tage, wandeln durch sein Leben mit«.[213] Die Bedeutung dieser Eintragung wird erst klar, wenn

---

211 Ebd., S. 62.

212 Diese Überlegung lag auf der Hand und wurde in den Schriften zum Räuberwesen auch reflektiert; so heißt es bereits in der 1763 erschienenen deutschen Übersetzung der Biographie des 1721 hingerichteten Cartouche: er »brachte nach Seinem Tode noch vielen Personen Gewinn, und beschäftigte eine Menge von Gelegenheitsdichtern und Schriftstellern« (Geschichte zweyer berüchtigten Straßenräuber Johann Sheppard eines Engelländers und Ludwig Dominicus Cartouche eines Franzosen. Aus dem englischen und französischen übersetzt, Frankfurt/Leipzig 1763, S. 126, zitiert nach: Dainat, S. 153).

213 Wolfgang Vulpius berichtet über diese Episode aus »nur in unserer Familie bekannten Zeugnissen« (Wolfgang Vulpius, Goethes Schwager, S. 236). Vulpius' Stammbuch,

man die Worte liest, die Vulpius später unter Helenes Handschrift setzt: »Aus dem Rinaldini. Was sie damals schrieb, ohne zu wissen, daß ich der Verfasser jenes Buches und dieser Zeilen war.« Die Bedeutung erweitert sich, wenn man auch Vulpius' Nachtrag am Ende der Stammbuchseite zur Kenntnis nimmt: »Diese Helene De Ahna ist es, der ich nach der unvermuthetsten Bekanntschaft von der Welt, die eben so kurz als ungesucht und unerwartet war, meine Hand gab. Am 18. Mai 1801 wurden wir zu Welkershausen getraut. Quod felix faustumque sit!« Fast genau ein Jahr später findet die Taufe ihres Sohnes statt, den Helene, anders als Dianora im »Rinaldo«-Roman, nach dem ›Vater‹ benennt: Rinaldo. Taufpate Rinaldos wird, und niemand anderes ist in diesem Falle denkbar, Heinrich Gräff: der Verleger des »Rinaldo Rinaldini«.[214]

Rinaldo Vulpius: das ist die Verkörperung von fiktionaler und realer Ebene der Existenz des Christian August Vulpius, die Verflechtung von literarischer Figur und Literaten, von Räuber und Bürger. Das schriftliche Zeichen hat seine Existenz zwischen zwei Buchdeckeln verlassen und bewahrt nun auch als Mensch, als Nachkomme, seinen Vater symbolisch vor dem Tod. Vulpius, dessen Bücher nicht aus der Fülle seines Lebens geschaffen sind, formt sein Leben aus dem Signum seiner Bücher. Die Arbeit am Ort der Sekundärsozialisation war indirekt zugleich Arbeit für einen neuen Ort der Primärsozialisation.[215] Ein symbolträchtiger Zufall. Der Signifikant, der im Romantext die Asozialität bezeichnet, wird im Text der Vulpius-Biographie zur Bezeichnung fortschreitender Sozialisierung. Denn die Gründung einer Familie, die Rinaldo Rinaldini vergebens anstrebte, versteht der zeitgenössische Diskurs nicht nur als Erfüllung der Lebenswünsche, sondern ebenso als eine gesellschaftliche Pflicht des Individuums. Der Verzicht auf den wie auch immer variierten Ausruf »Ich bin Rinaldo Rinaldini« wird an jenem Tag im Jahre 1800 belohnt, als Christian August Vulpius gegenüber einer ihm allmählich vertraut werdenden Dame ausruft: »Ich bin der Verfasser des Rinaldo Rinaldini!«[216]

---

das Wolfgang Vulpius' Bericht belegt, wurde inzwischen von der Stiftung Weimarer Klassik erworben.

214 Diese Information entnimmt Andreas Meier dem »Taufbuch der Hofkirche Weimar 1798–1808«, Jg. 1802, S. 212 (vgl. Andreas Meier, Vulpius, S. 491).

215 Vgl. Friedrich Kittler, der die Bedeutung, die die Literatur im ausgehenden 18. Jahrhundert als Vermittlungsinstanz bürgerlicher Denk- und Verhaltensformen erhält, pointiert in die Worte faßt: »Die Epoche, die die Primärsozialisation in die Literatur einführt, führt die Literatur in die Sekundärsozialisation ein« (Kittler, S. 112).

216 Höchst interessant ist eine Mitteilung, die Vulpius im Vorwort zur Fortsetzung des »Rinaldo«-Romans macht: »Die mir unbekannte, geschmackvolle Dame, deren Brief, mit dem Zeichen Gr. v. S. vom 16. Oktober vor mir liegt, bitte ich, mir doch die Freude nicht zu versagen, ihr danken zu können. Da ihr der Name des Verfassers des Rinaldini nicht unbe-

Die Existenz des Sohnes Vulpius' bildet den lebenden Schnittpunkt von Kompensation (desozialisierender Verhaltensversuchungen) und Belohnung (der nur vermittelten Teilhabe am Erzählenswerten). Daß er – als das Ergebnis der Disziplinierung – mit dem Symbol der Disziplinierung benannt wird, liegt nahe. Er wird gewissermaßen zum Garanten künftiger Disziplinierung. Wann immer das Eheleben Vulpius als Fessel erscheint, wird ihn der Blick auf den Sohn und die Erinnerung Rinaldo Rinaldinis die Sicherheiten der »Schneckenlinien des gewöhnlichen Lebens« zu schätzen lehren. In seinem Sohn ist das *andere* anwesend und überwunden – Rinaldo Vulpius ist, pointiert formuliert, die fleischliche Variante einer symbolischen Integration des Abenteuers in den Alltag (vgl. 2.4.2).[217] Sein Name trägt eine andere Bedeutung als im Falle des Herder Sohnes Gottfried Rinaldo (1790 – 1841), dessen Name möglicherweise auf die Rinaldo-Figur in Tassos »Das befreite Jerusalem« bzw. auf Händels Oper »Rinaldo« zurückzuführen ist. Rinaldo Vulpius' Name lebt von den zwei Losungen »Ich bin Rinaldo Rinaldini der Räuberhauptmann« und »Ich bin der Verfasser des Rinaldo Rinaldini«, die der spätere Justizrat als Dreijähriger mit beneidenswert frühreifem Sinn für die notwendige Distanz im Umgang mit Abenteurern lallend in ein »Ich bin Naldo Naldini, der Räuberhauptmann« travestiert.[218]

kannt geblieben ist, so darf derselbe doch wohl bittend hoffend, auch den Namen seiner Gönnerin zu erfahren! Geschrieben am Tage Fortuna des scheidenden Jahres 1799« (Vulpius, Ferrandino, S. 2). Ein halbes Jahr, bevor Vulpius Helene kennenlernt, versucht er, als »Verfasser des Rinaldo Rinaldini« eine andere Verehrerin kennzulernen. Vulpius wird seinen Roman später implizit mit seinem Leben und mit seiner Ehe noch einmal in Beziehung bringen, wenn er seinen Lesern im Vorwort zur fünften Ausgabe (1823) bekannt gibt, daß er ihn »renoviert« habe: »zur dritten Auflage, an meinem Geburtstage, den 22. Jänner 1800; zur vierten Auflage, an Helenens Namenstage, 1801« (Vulpius, Rinaldo, S. 11).

217 Auf die Bedeutung des Vornamens, dem in jener Zeit wohl mehr Symbolkraft zugeschrieben wurde, als dies heute der Fall ist, weist Karl Friedrich Winter in seinem Buch »Die Bedeutung der Vor- oder Taufnamen« (Berlin 1856, S. 3) hin: »Auch Du, freundlicher Leser oder freundliche Leserin, hast einen oder mehrere Namen bei der Taufe empfangen. Siehe zu, was sie bedeuten! Frage Dich, ob Du darnach strebst, das zu werden und zu sein, wozu sie Dich mahnen. Jeder Ruf Deines Namens sei Dir eine solche *freundlichernste Mahnung*.«

218 Wie Vulpius am 31.7.1804 an Meyer schreibt, nennt sich sein Sohn »Naldo Naldini, der Räuberhauptmann« (Andreas Meier, Vulpius, S. 81).

3.9 Zusammenfassung

Die Untersuchung dieses Kapitels hat folgende Sachverhalte vor Augen geführt: Vulpius, der sich recht früh schriftstellerisch betätigt und sich zunächst durchaus nicht in jede Arbeit, die einen Unterhalt bietet, zu »schicken« vermag, kehrt nach mißlungenen Versuchen, in Nürnberg, Erlangen oder Leipzig Fuß zu fassen, ins heimatliche Weimar zurück, um als Theaterdichter tätig zu sein. Die Suche nach einer sicheren, kalkulierbaren Existenz führt 1797 zur Anstellung an der Herzoglichen Bibliothek, in der er sich bald das Vertrauen und die Anerkennung seiner Vorgesetzten erwirbt. Damit ist auch die Familiengründung möglich geworden. Vulpius hat inzwischen verschiedene Stücke und Romane verfaßt, die ihm im Deutschen Reich eine gewisse Bekanntheit verschaffen. Im herrschenden Diskurs seiner Zeit bleibt ihm, abgesehen von wenigen Ausnahmen, die Anerkennung als Schriftsteller allerdings versagt. Dabei ist festzuhalten, daß er in verschiedenen Formen (über die Produktion von Romanen und Schauspielen hinaus als Herausgeber von Journalen und als Kritiker) am literarischen Geschehen der Zeit teilnimmt und sich selbst gern in die Nähe von Goethe und Schiller stellt. Aber ebensowenig wie er im literarischen Diskurs akzeptiert wird, wird er von Goethe und Schiller als Autor ernstgenommen. Auf seine mangelnde Akzeptanz in der Weimarer Gesellschaft generell war aufgrund der Ausleihbücher der Herzoglichen Bibliothek und aufgrund des Umstandes, daß Vulpius offenbar nicht in die Weimarer Zirkel und Salons integriert war, zu schließen. Es ergibt sich insgesamt das Bild eines zurückgezogen lebenden Bürgers, dessen ereignisarmes Leben im provinziellen Weimar zu den Biographien anderer Autoren von Abenteuertexten deutlich kontrastiert. Im Gegensatz zu diesen produziert Vulpius seine Texte ausschließlich aus Texten.

Diese Produktion ist zweifellos von einem finanziellen Interesse bestimmt. Viele der Briefe Vulpius' an seine Verleger handeln von Geldfragen und machen deutlich, wie sehr er darauf angewiesen ist, durch die Veröffentlichung seiner Texte etwas hinzuzuverdienen: »Der Verkehr mit Anekdoten ist ein Geldverkehr«, formuliert Vulpius in einem Brief an den Leipziger Verleger Caspar Fritsch treffend.[219] Dem finanziellen Aspekt der literarischen Produktion entspricht der ›Pakt‹ mit den Lesern. Vulpius kennt den Geschmack des Publikums und ist bereit, ihn zu bedienen.[220]

---

219 Vulpius an C. Fritsch am 13.11.1808, in: ebd., S. 122.

220 Seinem Freund Heidler schreibt Vulpius am 13.2.1822 mit Bezug auf dessen literarische Produktion: »Der dramatischen Sujets wegen, glaube ich, es wird sich schon etwas

In den Vor- und Nachwörtern seiner Publikationen bittet er – mit der Zusage, dem zu entsprechen – seine Leser gelegentlich, ihm mitzuteilen, was sie wie lesen wollen.[221]

Der finanzielle Aspekt der literarischen Produktion und die Bereitschaft, dem Geschmack des Publikums zu dienen, bestätigen das schon vor dieser Untersuchung über einen Autor wie Vulpius Gewußte und scheinen jeder tiefergehenderen Fragestellung den Boden zu entziehen. Man darf jedoch nicht hinter Goethes Einschätzung zurückfallen, daß Vulpius schon sehr früh auch aus Neigung geschrieben habe.[222] Vulpius hat nicht zufällig *diese* Möglichkeit, Geld zu verdienen, ergriffen. Wie unter 3.6 gezeigt, ist er *gern* Dichter. Darüber hinaus macht die inzwischen deutlich gewordene Verschränkung von Leben und Text mißtrauisch gegenüber jener schnellen Antwort. Es hat sich eine Spannung offenbart zwischen Vulpius' Koketterie mit dem Abenteuer, die in den bisher zitierten Textpassagen bereits zu entdecken war, und seinem biederen Ehe- und Beamtenleben. Ich habe diese Spannung in dem Sinne diskutiert, daß die literarische Produktion Vulpius die ›Verwaltung‹ des Abenteuerlichen ermöglicht. Eine symbolische Stütze für diese Auffassung lieferte die unterschiedliche Signifikation des Namens Rinaldo. Schließlich sei angemerkt, daß der ›Pakt‹, den Vulpius offensichtlich mit dem Publikumsgeschmack eingeht, der Annahme einer ganz persönlichen Schreibintention nicht widerspricht. Es ist gewiß nicht so, daß er sich dazu ermahnen muß, den Lesern Aben-

---

finden. Arbeiten Sie nur einstweilen einzelne Szenen aus; Liebeswuth, Liebesdrang, Sehnsucht, Rache, Eifersucht, Zorn u dgl. Ingredienzien, die alle zum Rezepte, als herrliche Spezies, taugen, u eben so erbaulich sind u schmackhaft als Coriander, Baldrian, Anis pp.« (ebd., S. 267). In einem Schreiben vom 8.5.1797 bietet Vulpius dem Verleger Gottfried Martini in Leipzig Seefahrer-Geschichten an, wobei er die ständig wachsende »Lesebegierde der Bürger u Bauern Kreise« erwähnt, seinen Willen kundgibt, »diesen Leuten ein unterhaltendes Lesebuch in die Hände zu liefern«, und erklärt: »Ich kenne den Ton zu gut der zu diesem Wesen erfordert wird, um ihn zu verfehlen. Ich bin deßen gewiß *was* allenfalls bei solchen Reisen dem Mittelstande am *besten* gefallen kann, u demnach würde ich die Erzählung richten« (ebd., S. 25).

221 Vgl. Vulpius' Erklärung an seine Leser im Nachwort zu »Die Abentheuer des Prinzen Kalloandro«, Bd. 2, S. 279: »Sie dürfen nur fordern, ich decke gern für alle Arten von Lesern meinen Tisch«.

222 Holger Dainat, der Goethes Äußerung über Vulpius' doppelten Schreibgrund (Not und Neigung) selbst zitiert, wird der Schreibintention Vulpius' keineswegs gerecht, wenn er dann doch vermutet, Vulpius hätte den »Rinaldo Rinaldini« nicht geschrieben, wäre eher in eine Beamten-Karriere gekommen. Wenn Dainat im Anschluß an diese Vermutung als Beleg Vulpius' Kollegen Theodor Ferdinand Kajetan Arnold (1774–1812) zitiert, der in einer autobiographischen Vorrede bekennt, viele Arbeiten in dem »romantische[n] Fache [...] oft mit herzlichen Widerwillen« betrieben zu haben, so muß zugleich gesagt werden, daß man solche Äußerungen bei Vulpius eben nicht findet (Dainat, S. 80f.).

teuer auf Abenteuer zu liefern. Im Gegenteil: eine Analogie von Produkt-
ions- und Reproduktionssituation vorausgesetzt, liegt auch die Übereinstimmung von Erwartungshaltung des Lesers und Gestaltungsinteresse
des Autors nahe. Aus dieser theoretischen Annahme folgt: was Vulpius'
Publikum lesen will, ist, was er schreiben will.

4. Die Texte

Die Untersuchung des historischen Kontextes hatte gezeigt, daß das Abenteuer im zeitgenössischen Diskurs negativ codiert wird und sich zunehmend zu einem medialen Objekt der Konsumtion verwandelt. Wie sich herausstellte, wird die im Konzept der »verhältnismäßigen Aufklärung« angemahnte ›soziale Brauchbarkeit‹ des Bürgers durch die Lektüre von Abenteuerromanen nicht gefährdet, sondern – infolge der Medialisierung des Abenteuers und infolge seiner sozial-konformen Codierung – gesichert. Diese Prozesse erlauben, von der ›Verwaltung des Abenteuers‹ als einem allgemeinen zeitgenössischen Phänomen zu sprechen.

Die Untersuchung des biographischen Kontextes zeigt, daß das Abenteuer auch im Leben Vulpius' eine Medialisierung erfährt. Die häufige Thematisierung des Abenteuers in Vulpius' Texten kontrastiert auffällig seiner Abwesenheit in dessen Leben. Es wird die These aufgestellt, daß Vulpius in seinen Texten auslebt, was er im Leben vermißt bzw. vermeidet. Die Produktion dieser Texte bedeutet demnach eine ›Verwaltung des Abenteuers‹ im Hinblick auf Vulpius, die sich in den Zusammenhang zeitgenössischer Phänomene einordnen läßt. Die Verwaltung vollzieht sich allerdings nicht allein über die Medialisierung des Abenteuers, sie liegt auch in einer bestimmten Weise des Sprechens: in einer spezifischen Codierung des Phänomens Abenteuer. Es ist also zu untersuchen, was Vulpius in seinen Texten über das Abenteuer aussagt und in welcher Form er es schließlich codiert.

Vor der Analyse der Abenteuertexte sei allerdings ein typisierender Überblick über Vulpius' Gesamtwerk gegeben, das eine Vielzahl von Prosaschriften, Bühnenstücke, längeren Gedichten bzw. Liedersammlungen und Beiträgen für Zeitungen und Zeitschriften umfaßt.[1] Die Prosaschriften enthalten Romane und Erzählungen, die sich oft auf literarische Vorlagen beziehen,[2] zumeist in der Vergangenheit und in Gebieten au-

---

1 Hans-Friedrich Foltin zählt 77 Prosaschriften, 43 Bühnenstücke und 24 längere Gedichte bzw. Liedersammlungen (vgl. Foltin, S. VII). Es gibt andere Zählungen (bei Karl Goedeke: Grundriß zur Geschichte der deutschen Dichtung, Bd. 5, Dresden ²1893, S. 511-514 sind 61 Romane und 35 Bühnenstücke angegeben), die hier nicht im einzelnen zu verifizieren sind – deutlich wird in jedem Fall die Menge an produzierten Texten. Vgl. die Bibliographien von Wolfgang Vulpius und Barbara Koch.

2 Zu Vulpius' Produktion von Texten aus Texten vgl. 3.5.

ßerhalb des Deutschen Reiches spielen,[3] mitunter aber auch das gegenwärtige Deutschland spiegeln[4] oder in mehr oder weniger authentischer Weise historische bzw. zeitgenössische politische Gegenstände behandeln.[5] Zu den Bühnenstücken zählen die für die Weimarer Bühne hergerichteten Operntexte[6] sowie von Vulpius verfaßte Trauerspiele,[7] Lustspiele[8] und Schauspiele.[9] Neben den längeren Gedichten[10] und Liedsammlungen[11] sind außerdem zu nennen eine wissenschaftliche Studie,[12] selbständig und unselbständig erschienene Abhandlungen,[13] diverse Zei-

---

3 Als Illustration seien neben den zur Untersuchung gewählten Beispielen genannt: Zauberromane (Hamburg 1790-91), Die Portugiesen in Indien. Ein historisch-romantisches Gemälde (Hof 1793), Sebastiano der Verkannte(Berlin 1801), Die Zigeuner. Ein Roman nach dem Spanischen (Arnstadt/Rudolstadt 1802), Die Sicilianer (Arnstadt/Rudolstadt 1803), Die Nonne im Kloster Odivelas (Leipzig/Frankfurt o. J. [1803]), Die Schreckenhöhle oder die Leiden der jungen Miranda. Eine neapolitanische Erzählung nach dem Englischen vom Verfasser des Rinaldini (Leipzig 1810).
4 Es handelt sich hierbei um Schelmenromane: Abentheuer und Fahrten des Bürgers und Barbiers Sebastian Schnapps. Ein komischer Roman aus den neusten Zeiten (Leipzig 1798), Harlekins Reisen und Abentheuer (Berlin 1798).
5 Szenen in Paris, während, und nach der Zerstörung der Bastille (Leipzig 1790), Neue Szenen in Paris und Versailles (Leipzig 1792-93), Bonaparte und seine Gefährten in Aegypten. Aus Authentischen Urkunden und Nachrichten nebst Bemerkungen und Anmerkungen des Herausgebers (Leipzig 1799), Suworow und die Kosaken in Italien. Nebst einer kurzen Lebens- und Thatenbeschreibung, einer Karakteristik und Anekdoten aus dem Leben Suworows und einer Nachricht von den Kosaken (Leipzig 1800), Johann von Leiden. Wahre Geschichte der Vorzeit (Leipzig 1793).
6 Z.B.: Die Hochzeit des Figaro (Köln 1789), Die Zauberflöte (Weimar 1794), Iphigenie in Tauris (Weimar 1800).
7 Z.B.: Leidenschaft und Liebe (Leipzig 1790), Serafina (Halle 1790), Graf Benjowsky (Leipzig 1792).
8 Z.B.: Die Männer der Republik (Weißenfels/Leipzig 1788), Liebesproben (Bayreuth 1790), Ehestandsproben (Bayreuth 1791), Glücksproben (Bayreuth 1791), Zufall und Laune (Prag/Leipzig 1794).
9 Z.B.: Der Liebe Lohn (Bayreuth 1789), Caerl XII. bei Bender (Rudolstadt 1800), Rinaldo Rinaldini (Arnstadt/Rudolstadt 1801).
10 Mein Himmel. Ein Gedicht (Berlin 1785, 27 S.); Meine Hölle. Ein Gedicht (Berlin 1785, 24 S.).
11 Z.B.: Redoutenlieder (Weimar 1791, 76 S.).
12 Mythologisches Handwörterbuch der germanisch-nordischen Völker (Leipzig 1826).
13 Zu den selbständig erschienenen Abhandlungen gehören: Aechte und deutliche Beschreibung der Bastille von ihrem Ursprunge an bis zu ihrer Zerstörung nebst einigen dahingehörigen Anekdoten (Leipzig 1789), Portraits der berühmten Geographen, Seefahrer, Reisebeschreiber und anderer um die Erd- und Länderkunde wohlverdienter Männer mit kurzen biographischenn Notizen von ihnen (Weimar 1808), Kurze Übersicht der Geschichte der Schenken von Tautenburg (Erfurt 1820); zu den unselbständig erschienenen Abhandlungen gehören: Calderon wie er war und wie er ist (Einleitung in: Calderon. Sämtliche Schauspiele, Gotha 1825, S. 1-52), Nikolaus Federmann und sein merkwürdiger Zug im

tungs- und Zeitschriftenbeiträge sowie von Vulpius herausgegebene Zeitschriften.[14]

Auf dieses Konvolut an Texten kann hier freilich nicht im einzelnen eingegangen werden. Die genannten Titel werden immerhin eine erste Vorstellung vom Charakter der Schriften Vulpius' geben. Betrachtet man den Inhalt mancher Texte, bestätigt sich das Vorurteil, das der Titel und der literaturwissenschaftliche Diskurs über die als Trivialliteratur kategorisierten Texte vermitteln.[15] Dieses Vorurteil läßt allerdings kaum die interessanten Aspekte vermuten, auf die man andererseits in diesen insgesamt in der Tat formal und inhaltlich recht anspruchslosen Texten stoßen kann. Es sei an dieser Stelle nur verwiesen auf die an Arthur Schnitzlers »Reigen« gemahnende »Geschichte eines Rosenkranzes«,[16] auf das Trauerspiel »Leidenschaft und Liebe«, in dem (wie später in Kleists »Prinz Friedrich von Homburg«) eine rein mechanistische Rechtssprechung kritisiert wird,[17] und auf den Roman »Die Zigeuner«, in dem Vulpius diese

---

Goldland der neuen Welt. Aus seinen sehr seltsamen, selbst davon gegebenen Nachrichten (in: Allgemeine Geographische Ephemeriden, Weimar [46] 1814, S. 145-188).

14 Neben Rezensionen schrieb Vulpius kürzere literarische und populärwissenschaftliche Texte wie das »Sendschreiben des Fiebers an die Pockenkrankheit« (über neuste medizinische Erkenntnisse), »Der Anfang des XIX. Jahrhunderts« (über den genauen Starttermin des neuen Jahrhunderts: 1.1.1800 oder 1.1.1801) (beide im »Janus«, 1800) oder »Über die Thüringische sprichwörtliche Redensart: ›Ich will dir nicht alle Heiligen hertragen‹« (Sächsische Provinzblätter, Altenburg 1804, S. 171f.). Zu Vulpius' Rolle als Herausgeber vgl. 3.3.1, zu seiner Rezensententätigkeit vgl. 3.3.3.

15 Nur ein Beispiel: der Luise Brachmann gewidmete Roman »Die Nonne im Kloster Odivelas« erzählt die Geschichte des Violardo, welcher, als er endlich zu seiner einstigen Geliebten Klara aus dem Krieg zurückkommt, sich (Klara ist inzwischen Nonne) in deren Schwester Mirabella verliebt, die ebenfalls bald Nonne werden soll. Er verspricht Mirabella, mit ihr nach Spanien zu fliehen, und gesteht Klara, als er wieder *sie* umarmt, nichts. Klara schöpft Verdacht, überrascht beide vor ihrer Flucht und erdolcht Mirabella, wobei sie Violardo, ohne den sie nicht leben könne, die Schuld an diesem Schwestermord gibt. Violardo sieht seine Schuld ein und erdolcht seinerseits Klara, um sie vor dem Rabensteine zu bewahren. Daraufhin flieht er und irrt 16 Jahre als Büßer durchs Land, ohne Frieden zu finden (vgl. Vulpius, Nonne).

16 Diese 1784 anonym erschienene Geschichte beschreibt aus der Sicht eines Rosenkranzes, der ständig seinen Besitzer wechselt, einen Reigen erotischer Abenteuer. Auf diese Weise wird gezeigt, daß Vertreter verschiedener sozialer Schichten hinter dem Mantel der Wohlanständigkeit in ein sexuelles Spiel verwickelt sind. Vulpius vermittelt mit dieser gewagten und recht kunstvoll gebauten Geschichte ein Wirklichkeitsbild, das der Utopie einer sexualisierten Realität gleichkommt und als die Imago des 22jährigen Autors bezeichnen werden kann.

17 Die Inderin Zoradine begehrt nicht nur gegen die ihr in Indien zugeschriebene Rolle der ›schönen Gemahlin neben anderen‹ auf (vgl. Vulpius, Leidenschaft, S. 74), sie attackiert auch die Kaltherzigkeit der Europäer (in diesem Falle sind es Portugiesen), die aus höchst fragwürdigen Tugend- und Ehrbegriffen (es geht um den Konflikt Liebe-Pflicht) – um, wie

allgemein diskriminierte Minderheit, für die selbst Herder nur äußerst heikle Worte fand, gegen bestehende Vorurteile verteidigt.[18] Auch Vulpius' kritische Reflexion der Französischen Revolution ist bemerkenswert, da sie die namenlosen Subjekte und vor allem *Objekte* der Geschichte zu Wort kommen läßt und angesichts des historischen Groß-Ereignisses die Pluralität der individuellen Erfahrungen und Ziele aufzeigt.[19]

Im einzelnen eingegangen werden soll im folgenden auf Romane und Erzählungen, die sich um jene zwei Texte gruppieren, welche die »Allgemeine Deutsche Biographie« unter Vulpius' Schaffen hervorhebt: der Roman »Rinaldo Rinaldini« (1799) und die Erzählung »Hulda, die Saalnixe« (1804).[20] Diese beiden Titel stehen insofern für zwei Gruppen von Texten, als in ihnen einmal eine männliche, einmal eine weibliche Figur den Typus des asozialen Helden verkörpert, wie er unter 1.2.3 bereits umrissen wurde. Die Gestaltung dieses Typus' ist für meine Untersuchung deswegen von besonderem Interesse, weil an ihr die Spannung zwischen Abenteurer- und Bürgerexistenz, die Vulpius expessis verbis gar zur Hamletschen Frage erhob,[21] am ehesten zu beobachten sein wird. Angesichts der geradezu obsessiven Rückkehr zu dieser Frage und angesichts ihrer Präsenz auch in nichtliterarischen Zeugnissen, kann man voraussetzen, daß

---

es heißt, »den Höflingen ein Possenspiel des Heroismus« zu geben – das Todesurteil selbst über ihren eigenen Sohn aussprechen bzw. dieses Urteil ›einsichtig‹ annehmen (vgl. ebd., S. 47 und 77-79).

18 In einer Textpassage zeigt Vulpius die Heuchelei einer Wirtsfrau, die einer Zigeunerin sexuelle Unmoral sowie Hinterlist unterstellt und zugleich ihre eigene Tugendhaftigkeit hervorhebt, obgleich sie soeben einen ihrer Gäste zu verführen versuchte (vgl. Vulpius, Zigeuner, S. 59-97, v.a. 85). Die männliche Hauptfigur lebt schließlich ein »stilles, einfaches Leben« unter den Zigeunern als Geliebter der »Zigeunerkönigin« (ebd., S. 260). Von dieser sympathetischen Sicht, mag sie auch auf Exotismus gegründet sein, ist Herder weit entfernt, wenn er in den »Ideen« über die Zigeuner sagt: »Eine verworfne indische Kaste, die von allem, was sich göttlich, anständig und bürgerlich nennet, ihrer Geburt nach entfernt ist und dieser erniedrigenden Bestimmung noch nach Jahrhunderten treu bleibt, wozu taugte sie in Europa, als zur militärischen Zucht, die doch alles aufs schnellste disziplinieret?« (Herder, Ideen, S. 284f.)

19 Vulpius Text zur Französischen Revolution ist zweifellos ein konservativer, aber auch ein menschlicher, wenn er den Leser in die Perspektive der Witwe des Revolutionärs, der Frau des zum Krieg Mobilisierten oder des kokardelosen Passanten versetzt und gegenüber den großen Ideologien und Utopien das individuelle Schicksal akzentuiert. Das vorgelegte Potpourri an parallel laufenden Szenen symbolisiert zugleich, daß auch die Revolution eine Vielzahl von Alltag hat (vgl. Simanowski, Nonnen, S. 39).

20 Allgemeine Deutsche Biographie, S. 380f.

21 Vgl. die Hamlet-Paraphrase des Räuberhauptmanns Han-Nickel: »Das Rad oder der Sarg! Das ist die Frage. Ist es besser, sein Leben als großer Mann am Galgen, oder als eine kleine Seele auf dem Sterbebette zu verhauchen?« (Vulpius, Abentheuer und Fahrten, S. 294 und 297; vgl. dazu 3.7.)

240

der asoziale Held ins Zentrum der Vulpiusschen literarischen Produktion führt.

Wenn ich mich auf die soeben skizzierten Textgruppen konzentriere, so bleibt die Untersuchung nicht auf Abenteuertexte im engeren Sinne beschränkt. Die Ausdehnung des Textmaterials folgt allerdings nicht primär dem Popularitätsgrad, den die »Allgemeine Deutsche Biographie« neben dem »Rinaldo« der »Saalnixe« als bedeutendstem Vertreter ihrer Textgruppe zuspricht. Sie beruht auf der unter 2.4.1 gegebenen Definition des Abenteuers als des Unkalkulierbaren, das das Individuum in die Rolle des Objekts drängt. Wenn die »Allgemeine Enzyklopädie« von 1818 das Abenteuer mit dem »Hinausstreben über das Gewohnte« gleichsetzt,[22] vollzieht sie eine Abstraktion, die ich zur Grundlage meiner Textauswahl machen kann. Abenteuer sind nicht allein die Reise in fremde Länder bzw. unsichere Gebiete und das Leben als Räuber oder Don Juan. Der Begriff ist generell anwendbar auf Situationen, die über die Grenzen des Gewohnten hinausführen, Situationen, in denen das Individuum über keine erprobten Verhaltensmodelle verfügt, die es also nicht beherrscht. In einer solchen Situation befindet sich das Individuum auch gegenüber demjenigen, der gegen die verinnerlichten Normen und Werte der eigenen Sozialisation verstößt. Insofern das Indivuduum der Verunsicherung durch das ungewohnte Verhalten des anderen nicht ausweicht, wird es zum Abenteurer. Ein potentieller Ort dieser Erfahrung und damit potentielles Gestaltungsfeld des in diesem Sinne verstandenen Abenteuers ist die Partnerbeziehung, sei sie als Ehe institutionalisiert oder nicht. In ihr wird man mit den Verhaltensweisen eines anderen konfrontiert, die man mehr oder weniger zu kalkulieren und zu beeinflussen versucht. Inwieweit dies gelingt, hängt davon ab, in welchem Maße die während der Sozialisation vermittelten Geschlechterrollen reproduziert werden. Im Ausbruch aus dem vorgegebenen Verhaltensmuster eignet sich das Individuum gewissermaßen die Initiative an und drängt sein Gegenüber in die Position des Objekts.

Ob Vulpius die Erfahrung einer solchen Beziehung gemacht hat, läßt sich aus den vorhandenen Quellen nicht erkennen. Was seine Ehefrau Helene betrifft, kann nur festgehalten werden, daß sie 18 Jahre jünger als Vulpius war, womit der damals übliche Altersunterschied bestand. Er sicherte dem Mann durch dessen reichere Lebens- und Welterfahrung bereits einen gewissen Autoritätsvorsprung und war zugleich die Voraussetzung für die Reproduktion der traditionellen Geschlechterrollen. Aufgrund der Ergebnisse der bisherigen Untersuchung lautet die Frage je-

---

22 Allgemeine Enzyclopädie, S. 86.

doch nicht primär, ob Vulpius das ›Abenteuer einer alternativen Beziehung‹ erlebt hat, sondern ob er es medialisiert und in seinen Texten codiert.

Es ist also nicht nur nach Vulpius' literarischen Räubergestalten oder anderen klassischen Abenteuertypen zu fragen, sondern ebenso nach seinen literarischen Frauenfiguren. An ihnen wie an den Räuberfiguren ist zu untersuchen, ob sich Vorgänge der ›Verwaltung des Abenteuerlichen‹ aufdecken lassen, wobei die Erörterung der Codierung dieser Gegenstände schließlich immer darauf zielt, inwiefern sich Vulpius an den jeweiligen zeitgenössischen Diskurs anlehnt oder von ihm absetzt.

Die literarischen Frauenfiguren sind jedoch nicht nur gleichberechtigt neben den männlichen zu betrachten, sie verdienen überdies besondere Aufmerksamkeit, da sie in einem stärkeren Bezug zum realen Leben (Vulpius' und seiner Leser) stehen als etwa die Figur des Räubers oder des Don Juans. Mit der Frage einer Partnerschaft stellt sich zunächst für jeden auch die Frage der Geschlechterrollen. Aspekte der Bestätigung und des Verstoßes hinsichtlich verinnerlichter Verhaltensmuster gehörten somit zur Grunderfahrung oder zumindest zum Gedankenkreis einer jeden Leserin und eines jeden Lesers. Die umfangreiche Geschlechterdebatte weist zudem auf die immense Bedeutung dieses Themas für die Zeitgenossen hin. Zwar besitzt auch die literarische Figur des Räubers ihren Bezug zur Realität, wie der zeitgenössische Diskurs zum ausgeprägten Räuberwesen der Jahrhundertwende deutlich macht. Aber sie verkörpert nicht in gleichem Maße wie die literarische Frauenfigur eine Problematik, die sich dem Publikum unmittelbar aus seiner Lebenswirklichkeit stellte.

Es ist demzufolge geraten, das Kapitel zur Textanalyse nicht mit der Betrachtung des Räubers, sondern mit der Frage nach der *anderen* Frau in Vulpius' Schriften zu beginnen. Dem ist jedoch vorauszuschicken, daß Vulpius' Liebes- und Abenteuertexte im wesentlichen drei Gruppen von Frauenfiguren aufweisen.

1. Die Frau, die den Forderungen des herrschenden Diskurses (vgl. 4.1.2.2) in jeder Hinsicht nachkommt und daher als *integrierte* Frau bezeichnet werden kann.

2. Die Frau, die eine Statistenrolle im ›Liebesabenteuerkarussell‹ des männlichen Helden einnimmt. Sie ist als das zur Verführung ›bereitstehende‹ Objekt – ohne eigene Aktivität, ohne eigene Geschichte – mehr in den Text ›gesetzt‹ als wirklich dargestellt. Diese Frau widerspricht dem zeitgenössischen Frauenbild bezüglich ihres Sexualverhaltens, bestätigt es jedoch im Hinblick auf die geschlechtertypologische Zuschreibung von Aktivität und Passivität (vgl. 4.1.2.2.2).

3. Die Frau, die dem zeitgenössischen Frauenbild entschieden entge-

gensteht. Sie ist die Titelheldin verschiedener Texte (»Hulda, die Saalnixe«; »Erlinde die Ilm-Nixe«; »Lucindora die Zauberin«; »Ninon de Lenclos«; »Bublina, die Heldin Griechenlands, unserer Zeit«). Insofern diese Frau in der Geschlechterkonstellation eine für die Zeitgenossen ungewöhnliche und im herrschenden Diskurs nicht vorgesehene Dominanz einnimmt, ist sie als die *andere* bzw. ›starke Frau‹ zu bezeichnen.

Da das Kapitel 4 aus verschiedenen Elementen besteht, sei kurz ein Überblick über den Gang der Untersuchung gegeben. Im Abschnitt 4.1 wird die Rolle der ›starken Frau‹ als Titelheldin untersucht. Nach der detaillierten Besprechung des Romans »Die Saal-Nixe« (4.1.1), die durch einen eingeschobenen Blick auf die Geschichte des Nixen-Themas zugleich den Motiv-Kontext eröffnet, wird die Bedeutung dieses Motivs auf eine höhere Abstraktionsebene gehoben (4.1.2.1). Um die theoretischen Überlegungen in den sozialen Kontext Vulpius' rückzubinden und an ihm zu illustrieren, wird im Anschluß auf den zeitgenössischen Geschlechter-Diskurs einschließlich zweier belletristischer Texte von Zeitgenossen Vulpius' eingegangen (4.1.2.2). Die Ergebnisse dieser Operation führen zur Entwicklung der theoretischen Perspektive meiner Lesart (4.1.2.3), die schließlich an den weiteren Textbeispielen geprüft wird (4.1.3 und 4.2). Der theoretische Teil steht als Einschub im Textkapitel an recht ungewöhnlicher Stelle. Daß er hier und nicht im Kapitel 1 plaziert wurde, hat seinen Grund darin, daß die zur Hypothesenentwicklung führenden theoretischen Überlegungen somit direkt aus dem Textmaterial entwickelt werden können und daß dadurch andererseits möglich wird, auf die Resultate der bisherigen Untersuchung in Kapitel 2 und 3 zuzugreifen. Ähnliches gilt für den Geschlechter-Diskurs, der nicht in Kapitel 2, sondern hier aus dem unmittelbaren Bezug zu Vulpius' Text behandelt wird.

4.1 Die starke Frau

4.1.1 Der Roman »Die Saal-Nixe«

1795 veröffentlicht Vulpius anonym den Roman »Die Saal-Nixe. Eine Sage der Vorzeit«. Dieser Roman verdient heute nicht nur aufgrund seiner Neuauflagen, Bühnenbearbeitungen und wiederholten Aufführungen in ganz Deutschland besondere Aufmerksamkeit.[23] Er war offenbar auch

---

23 Der Roman wird 1800 unter dem Titel »Hulda, das schöne Wasserfräulein. Vom Verfasser des Rinaldo Rinaldini« neuaufgelegt, erscheint 1804 in einer »ganz umgearbeit[en]«

Vulpius' selbst wichtig, wie die Umarbeitung der Erstfassung und die Kritik der Wiener Inszenierung schließen lassen. Der Text hat in der Literaturwissenschaft bisher kaum Beachtung gefunden, weder in der Vulpius-Forschung, noch im Zusammenhang mit der Nixen-Motivik. Aber er ist hochinteressant aus zweierlei Gründen. Erstens hat er viel zur Popularisierung des Nixen-Motivs beigetragen, zweitens thematisiert Vulpius mit der Nixenfigur den Topos der ›starken Frau‹, den er auch in verschiedenen anderen Romanen aufgreifen wird. Die Untersuchung der Struktur und des motivgeschichtlichen Kontextes dieses Romans bildet den Ausgangspunkt für die Erarbeitung und Erörterung eines bei Vulpius wiederholt begegnenden Frauenbildes.

4.1.1.1 Die Romanstruktur

Die Handlung ist simpel und kann zunächst wie folgt umrissen werden.[24] Ein Mann, der sich auf Brautfahrt befindet, wird durch Hulda, die Nixe der Saale, verführt und lebt einige Zeit als Ehemann Berthas und Geliebter Huldas zugleich. Er gefährdet dabei zunehmend seine Ehe, leidet selbst unter der Verworrenheit der Situation und beichtet, als er sich todkrank fühlt, alles. Die heimliche Liebschaft findet damit ein Ende, die legitime Ehe erhält mit der Vorfreude auf das erwartete Kind wieder eine Perspektive. Die Thematik der ehelichen Treue kann freilich keinen Anspruch auf Originalität erheben. Sie ist seit Samuel Richardson Gegenstand vieler Versuchungs- und Bewährungsromane. Deren Intention – Normenbestätigung und entsprechende Verhaltenscodierung – scheint die »Saal-Nixe« zu teilen. Es gibt jedoch wesentliche Unterschiede: bemerkenswert ist die Art und Weise, in der das Ehebruchmotiv bei Vulpius behandelt wird, bemerkenswert sind die Struktur und die Details. Das rechtfertigt eine ausführlichere Wiedergabe des Romans.

(Vulpius, Hulda, S. X) Fassung unter dem Titel »Hulda oder die Nymphe der Donau eigentlich die Saalnixe genannt« und findet in Vulpius' Bearbeitung für das Weimarer Hoftheater zur Musik von Ferdinand Kauer am 6.11.1802 dort seine Uraufführung (das Textbuch befindet sich im Goethe-Schiller-Archiv Weimar, vgl.: Vulpius, Die Saal-Nixe, Manuskript. Gedruckt sind nur einige Gesänge erschienen). Er wird wiederholt in Weimar, Lauchstädt und Rudolstadt gespielt, selbst 1813 finden in Weimar noch zwei Aufführungen statt (vgl. C. A. H. Burkhardt: Das Repertoire des Weimarischen Theaters unter Goethes Leitung 1791–1817, Hamburg 1891, S. 129), am 16.10.1824 kommt es in Weimar erneut zur Aufführung (vgl. Dresdener Abendzeitung, Nr. 292 [1824], S. 1168). Der Text wird außerdem in Leipzig, Berlin und Wien inszeniert (Wolfgang Vulpius, Bibliographie, S. 88).

24 Ich beziehe mich auf die überarbeitete Fassung von 1804 und werde gegebenenfalls auf Unterschiede zur Erstfassung hinweisen.

Ritter Albrecht von Berka ist mit seinem Knappen unterwegs nach Burgau, wo er, gemäß der Verabredung der Väter, Bertha ehelichen soll. Unterwegs hört er dreimal den Sirenengesang Huldas, die ihn mit dem Versprechen zärtlicher Liebe vom Wege abzubringen sucht: »In meinem Schlosse ist's gar fein, / komm Ritter! komm zu mir herein. / In meinem goldnen Kämmerlein / soll, weich und sanft, das Brautbett seyn«.[25] Hulda wird -noch vor dem Auftreten Berthas – als das Prinzip der Versuchung in den Roman eingeführt. Aber sie ist zugleich das Prinzip einer anderen Welt, wie das dem Vorwort vorangestellte Gedicht »An Hulda« nahelegt (S. IIIf.). Ihr Reich liegt jenseits der Wirklichkeit, unter den Wellen: keiner könne diesem Reich widerstehen, heißt es, und so endet das Gedicht auch mit dem Ausruf des Sprechers »Hinab zu Dir« (S. V).[26] Die Nixe wird jedoch nicht als ein unheimliches, dämonisches Wesen vorgestellt. Sie ist in diesem Gedicht fast ungebrochen das Objekt der Sehnsucht und wird im Vorwort zudem als die »freundliche, zärtliche Hulda« (S. XI) bezeichnet.

Dieser Umstand ist deswegen bemerkenswert, weil Hulda in der Folge sehr schnell als die sinnliche, lustbetonte Frau gegen die einfältige, herzensgute Bertha gestellt wird. Die 18jährige Bertha wird von ihrem Vater als »ein gutes, frommes, deutsches Mädchen« beschrieben (S. 10); der Erzähler spricht von ihren »blauen Augen voll Huld und Liebe, mit Blicken voll Seelenadel und Herzensgüte«: »still und häuslich erzogen, lebte sie in beneidenswerther Unschuld, zufrieden mit sich selbst und den Ihrigen« (S. 21f.). Bertha erfüllt alle aus dem herrschenden Geschlechter-Diskurs des ausgehenden 18. Jahrhunderts resultierenden Verhaltensforderungen. Die restriktive Bedeutung der verschiedenen Signalwörter wie Herzensgüte, Häuslichkeit, Einfalt und Unschuld findet ihren Ausdruck in den patriarchalischen Worten des Paters: »Ein frommes Weib, voll Zucht und Ehre, ist das größte Gut eines Mannes auf Erden« (S. 32). Im Kontrast zu ihr erscheint Hulda als Gegenbild zum zeitgenössischen bürgerlichen Tugendkanon. Als Albrecht im Hinblick auf Bertha auf sein schlechtes Gewissen verweist, beruhigt Hulda ihn mit der Losung: »Liebe für Liebe. Nur um meiner Liebe willen, will ich von Dir geliebt seyn. Zärtlichkeit für Zärtlichkeit. So wollen wir mit einander handeln. – Auf Dein Erdenglück und Deine Erdenfreuden, mache ich keine Ansprüche. Ich überlas-

---

25 Vulpius, Hulda, S. 14, 15 und 19; im folgenden Nachweise im Text.

26 Im Gedicht erklärt ein unbestimmtes Ich: »Die Liebe in der Fluth, die Schöne unter / Wellen? / Wer stürzte nicht entzückt in runde Arme / sich? / O! könn't ich, Hulda, doch zu Dir mich / sanft gesellen! / Wie gern käm ich zu Dir, rief Deine / Stimme mich!« (ebd., S. V).

se Dich den Armen Deiner Gattin, die Du liebst, und von der Du mit ehelicher Zärtlichkeit und Liebe wieder geliebt wirst. Ich will nie Deine Gattin, ich will Dein *Liebchen* seyn. – Elf Monate im Jahr sind Dein und Deiner Gattin« (S. 153f.). In einer vorangegangenen Szene hatte Hulda Albrecht bereits mit den folgenden Worten überrascht: »Die Liebe ist keine Räuberin, und ich raube Dir nichts [...] Was habe ich mit Deiner Seele zu thun, wenn mir Dein Leib gefällt? Da ich von Dir geliebt zu werden wünsche? – Ich mache ja nur auf die Hälfte Deines Herzens Anspruch, da Du mir es nicht ganz geben willst« (S. 129f.). Das sind nicht nur offene Worte zur Verteidigung der Untreue und der sinnlichen Liebe außerhalb institutioneller Formen. Im Gedanken der Teilbarkeit des Geliebten offenbart sich auch ein Beziehungsmodell, das den Toleranzrahmen des herrschenden zeitgenössischen Diskurses sprengt.

In der Rivalität von Hulda und Bertha treffen soziale Integration und Asozialität aufeinander. Die Liebe zwischen Bertha und Albrecht steht von Anfang an unter dem Erfüllungsgebot des Willens beider Väter, deren Freundschaft sie zu besiegeln hat. Für Bertha ist die Liebe etwas, das zur Ehe führt und damit zur sozialen Absicherung. Zwar wirkt zunächst auch Bertha anziehend auf Albrecht,[27] aber bereits die Art und Weise, wie Albrecht und Bertha das erste Mal über ihre Liebe reden, erweckt eher den Eindruck, hier handelten zwei Personen einen Vertrag aus. Auf Albrechts Frage, ob sie glaube, mit ihm glücklich werden zu können, antwortet Bertha, sie würde ihren Vater und seine Burg nicht verlassen. Als Albrecht sie beruhigt, er bleibe mit ihr bei ihrem Vater, wenn sie sein Weib werden würde, entgegnet Bertha: »Ich will mit dem Vater, mit Meister Minnewart darüber sprechen« (S. 46). Die Liebe der Nixe vollzieht sich dagegen ohne sozialen Hintergrund, frei von allen nicht-erotischen Gründen. Hulda will nicht Gattin, sondern *Liebchen* sein.[28] Ihre Liebe bleibt mit dem Bezug auf Albrecht zwar personell bestimmt. Zugleich bekennt sich Hulda ganz allgemein zur Lust und zum Genuß des Augenblicks. Ihre Worte wirken auf die von Bertha verkörperte Zurückhaltung und Unsicherheit wie Hohn: »Die Gegenwart verschlinge die Zukunft. *So lange*

---

27 Allerdings steht Albrecht auch unter den Druck, sich den Erwartungen der Väter gemäß in Bertha zu verlieben. Im Text heißt es dazu lakonisch: »Die Sache war nun so gut, wie schon abgethan. Albrecht war ein schöner, feuriger Jüngling, er gefiel der schönen Bertha, sie hatte ihn entzückt, und er war verliebt, so sehr man es nur seyn kann, wenn man es zum erstenmal ist« (ebd., S. 47f.).

28 Das Wort Liebchen erscheint in der Fassung von 1804 gesperrt. Die Differenz der jeweiligen Beziehung wird kenntlich gemacht noch bis in kleine Formulierungen, wenn Hulda Albrechts Liebe zu seiner Frau beispielsweise »eheliche Zärtlichkeit« nennt (ebd., S. 154).

Rosen blühen, laß sie uns brechen. Was in Minuten versäumt wird, giebt keine der eilenden Stunden je zurück. Lebe für jeden Augenblick, im Genuß. Wer zu entbehren sucht, lebt schlecht; gut lebt, wer genießen kann« (S. 155).

Huldas Worte sind ein deutlicher Gegenentwurf zur zeitgenössischen Forderung nach Regulierung der Leidenschaften, nach planendem, vorsorglichem Umgang mit Zeit und Energie. Auf intertextueller Ebene antworten sie gleichzeitig Schillers Schlußversen im Gedicht »Resignation«, wo die Alternativposten Genuß und Hoffnung insgesamt noch recht unentschieden nebeneinanderstehen.[29] Daß Vulpius dem Plädoyer zum Genuß Nachdruck verleihen will, zeigt die Hervorhebung der Passage. Dem unschuldig-direkten Bekenntnis zum Hedonismus wird im Text nicht widersprochen, was Vulpius zusätzlich markiert, indem er Hulda Albrechts Sprachlosigkeit benennen läßt.[30] Da der Erzähler vor allem Albrechts Erlebnisse beschreibt, wird der Leser veranlaßt, sich in dessen Situation – in seine Verwirrung, Unsicherheit und in sein Nachgeben – hineinzuversetzen und Albrechts Handlungsweise nachzuvollziehen. Vulpius bietet seinem Leser keine Kritik des Treuebruchs, er rechtfertigt ihn geradezu durch die erotische Beschreibung Huldas (ganz im Gegensatz zur Blässe, in der Bertha erscheint) und durch die exotischen Umstände des Treuebruchs.[31] Das sozial integrierte Verhalten, für das Bertha steht, scheint in Vulpius keinen Anwalt zu finden.

Der Romanfortgang offenbart dann allerdings die Schwierigkeiten, die Albrecht nach der Hochzeit mit seinem Doppelleben hat bzw. damit, daß er Hulda, gemäß der von ihr gesetzten Regel, bis zum Maimonat nicht sehen darf. Albrecht kann seiner Frau nicht die »eheliche Zärtlichkeit«, von der Hulda sprach, geben; es »bemächtigte sich eine gewisse Leere seines Herzens, und die Langeweile zog bei ihm ein« (S. 218).[32] Albrecht ist nicht wirklich in der Lage, die Beziehung zu Bertha *und* Hulda zugleich zu leben, vor allem ist er nicht in der Lage, den auferlegten elf-

---

29 »Was man von der Minute ausgeschlagen/Gibt keine Ewigkeit zurück« (Schiller, Bd. 1, S. 169).

30 »Du schweigst? Albrecht! Darf ich Dein Schweigen deuten?«, fragt Hulda (Vulpius, Hulda, S. 155). Hulda schließt einen, wie der Erzähler sagt, »lüsternen Sang« (S. 155) über die Nöte der Einsamkeit und die Freuden des Liebesspiels an, der schließlich in den Liebesakt Huldas und Albrechts mündet.

31 Musik, Gesang, bunte Farben, tausend brennende Kerzen, Räucherwerk, goldenes Geschirr, köstliche Tafel, »perlender Sekt rauschte in kristalline Becher« – das sind die Signalwörter, die Huldas Reich kennzeichnen, in das Albrecht nun eingetreten ist (ebd., S. 145).

32 Das Leben wird Albrecht schließlich »unerträglich«, er nennt sich »tod krank, vom satanischen Schlangenbiß der Langeweile« (ebd., S. 219 und 222).

monatigen Verzicht auf Hulda zu akzeptieren.[33] Als Albrecht später erkrankt und im Gefühl des nahenden Todes dem mißtrauischen Minnewart alles offenbart, erscheint Hulda. Sie wirft Albrecht vor, die Probe[34] nicht bestanden zu haben: »Du bist ein Mensch, ängstlich, wie sie alle sind, diese eingebildeten Herren der Schöpfung. – Ich gebe die Verbindungen mit Menschen auf. Sie sind nicht geschaffen, sich zu vereinigen mit bessern und feinern Wesen« (S. 264). Der Roman endet sehr plötzlich und gewollt in einem allgemeinen Lebewohl. Hulda fliegt mit Huldebert, ihrem und Albrechts Sohn, den Bertha als Findelkind aufgezogen hatte, in die Höhe davon. Albrecht aber »sprang wohlauf aus dem Bette, warf sich auf die Knie, umfaßte sein knieendes Weib, seinen getreuen Freund, und alle erhoben ihre Hände dankend empor, und riefen aus mit lauter Stimme: ›Herr Gott, Dich loben wir!‹« (S. 268)

In diesem Schluß vollendet sich das, was ich als ›hedonistische Moralisierung‹ bezeichne. Nachdem das asoziale Verhalten Albrechts und Huldas ohne deutlichen Widerspruch affirmativ dargestellt und der Leser zur lustvollen Identifikation mit dem Verbotenen geradezu eingeladen worden war, wird die vorgeführte Verhaltensweise als eine *unlebbare* ad absurdum geführt. Nicht das moralische Argument beendet den Regelverstoß des Doppellebens, Albrecht zerbricht an seinen *inneren* Widersprüchen. Seine Geschichte mündet in das erneuerte Bekenntnis zur Ehe, das erotische Abenteuer wird aufgegeben zugunsten von Geborgenheit und Seelenruhe. Mit dieser Wendung schließt sich Vulpius wieder dem herrschenden Moral-Diskurs an. Die Besonderheit liegt darin, daß er die Moral nicht in der agitatorischen Form explizit mitgeteilter Verbote und Gebote, sondern im Strukturprinzip des Textes vermittelt. Vulpius verzichtet auf eine ausgedehnte moralische Argumentation. Er ›diskreditiert‹ die vorgeführte asoziale Verhaltensversuchung durch den Handlungsgang des Textes. Man kann in dieser Textkonzeption eine ›Entmoralisierung‹ erkennen, die eine Parallele zur zeitgenössischen Tendenz der *sachlichen* Codierung des Wissens bildet (vgl. 2.3.7). Während Karl Philipp Moritz mit Blick auf das »Magazin zur Erfahrungsseelenkunde« (1783–1793) »Fakta, und kein moralisches Geschwätz« forderte, folgt Vulpius offen-

---

33 Albrecht springt während dieser elf Monate »sogar einmal in die Saale, aber kein Liebchen zog ihn hinab, und umsonst harrte er des Empfanges küßlicher Lippen« (ebd., S. 218).

34 In der Fassung des »Donauweibchens« wird konkret von der »Probe der Verschwiegenheit« gesprochen (Hensler, 1. Teil, S. 79). Vulpius läßt offen, worin die Probe bestand: vielleicht ist es die Verschwiegenheit, vielleicht das Doppelleben in seiner besonderen Konstellation. In jedem Fall ist ein Mindestmaß an Verschwiegenheit zugleich die Voraussetzung des Doppellebens.

bar der Devise, durch literarische *Beispiele* vor ›attraktiven‹, aber asozialen Verhaltensoptionen zu warnen (siehe dazu 4.1.2.3).

Insofern Albrecht am Ende Reue zeigen muß und auf die Vergebung Berthas angewiesen ist, lassen sich noch Elemente direkter Moralisierung im Text finden. Vulpius hat das Prinzip der *strukturellen* Moralisierung jedoch gestärkt und die expliziten Ansätze moralischer Positionierung zurückgedrängt, indem er in der zweiten Romanfassung auf die Inszenierung einer großen Beicht- und Warnszene im Stile des Faust-Volksbuches verzichtete. Während Albrecht Hulda in der ersten Fassung noch »Teufel selbst in Weibergestalt« nennt,[35] fehlen die großen Worte der Bekehrung in der Fassung von 1804.[36] Im gleichen Maße wie Hulda als »Teufel selbst in Weibergestalt« in der ersten Fassung noch in Mißkredit gebracht wurde, konnte die treue, nachsichtige Bertha sich als ›Heimat‹ und ›Zuflucht‹ präsentieren. Während sie in der ersten Romanfassung schließlich als die ›gute Seele‹ ihren großen Auftritt erhält,[37] bleibt sie in der Fassung von 1804 auch am Ende im Hintergrund. Darüber hinaus erhält Hulda in der Fassung von 1804 im Vorwort und im Huldigungsgedicht einen Symphatievorschuß. Die moralischen Koordinaten in der Konstellation Bertha – Hulda werden damit noch zurückhaltender exponiert als in der Fassung von 1795 oder gar in Friedrich Henslers Text. Und dies, obgleich Vulpius gerade in der Fassung von 1804 Huldas Gegensatz zur zeitgenössischen Moral ausbaute.[38] Es ist erkennbar, daß Vulpius in der Fassung von 1804 Huldas Position deutlich gestärkt hat. Vor diesem Hintergrund erscheint das Romanende eher als die Nachricht eines Scheiterns, denn als die Erfolgsmeldung einer überstandenen Gefährdung. Es bleibt, bei aller Happyend-Stimmung, der Beigeschmack eines Mißlingens.

---

35 Vulpius, Saal-Nixe. Eine Sage der Vorzeit, S. 214 und 210.

36 Noch heftiger sind die Angriffe Albrechts auf Hulda in der Wiener Textfassung des »Donauweibchens«. Dort schimpft der vom schlechten Gewissen gegenüber Bertha geplagte Albrecht die abwesende Hulda ein »Furie« und »teuflische Zauberinn« (Hensler, 2. Teil, S. 64). Später, als Bertha ihm auf den Knien das Geheimnis seiner Beziehung zu Hulda abgerungen hat, zieht Albrecht gar das Schwert und sagt sich von der »lasterhaften Verbindung« mit der »Teufelin in Engelsgestalt« los (S. 82).

37 »Rette mich und meine Seele vom Verderben«, fleht der beichtende Albrecht Bertha an, die ihm, dessen Kind sie »unter dem Herzen« trägt, »willig und gern« vergibt (Vulpius, Saal-Nixe, S. 209). Auch im Libretto steht Bertha Albrecht gegen Hulda bei: »Albrecht! wo find ich dich, um dich vor ihrer Rache zu schützen« (Hensler, 2. Teil, S. 84).

38 Huldas Rede über die Lust des Augenblicks fehlt in der ersten Fassung. In ihrem Ausruf »Ich will nie Deine Gattin, ich will Dein Liebchen seyn« wird »Liebchen« erst in der Fassung von 1804 durch Sperrdruck zusätzlich markiert.

Henslers Libretto geht einen Schritt in die entgegengesetzte Richtung: es dämonisiert Hulda durch die Teufelsassoziationen. Damit bleibt es, trotz des an den Vulpius-Text angelehnten Schlusses,[39] der Tradition christlicher Diabolisierung der Elementarwesen verpflichtet. Andererseits findet hier auch eine *Entschärfung* des Vulpius-Textes statt. Denn die Wiener Fassung stellt Albrecht zwar ebenso zwischen Bertha – als ein »herrliches deutsches Mädchen, voll Liebe und Seelengüte, häuslich erzogen, gebildet zur liebenswürdigsten Mutter meiner Nachkommenschaft«[40] – und Hulda, aber sie ändert die Textstruktur wesentlich, indem Albrecht Hulda bereits kennt. Er hatte vor vier Jahren in der Hütte Huldas, die damals als Köhlermädchen verkleidet war, vor einem Gewitter Zuflucht gesucht. Auf dem Weg zur Brautschau begegnet er nun Hulda und ihrer gemeinsamen dreijährigen Tochter. In Henslers Libretto wird ebenso wie im Vulpius-Text das Problem von Treue und Untreue, das Problem des »ewige[n] Einerlei[s] im Ehestande«[41] immer wieder thematisiert. Aber die Untreue, die im Grunde als eine Reaktion auf die Langeweile kleinbürgerlichen Ehelebens gesehen werden muß, wird durch diese Konstellation zugleich entschärft: sie resultiert aus einer Beziehung *vor* der Eheschließung und partizipiert damit selbst noch an der Kategorie Treue. Dieser Umstand äußert sich folgerichtig in kleinsten Textveränderungen. Während Hulda im Vulpius-Roman zu Albrecht sagt: »Die Liebe ist keine Räuberin, und ich raube Dir nichts [...] Ich mache ja nur auf die Hälfte Deines Herzens Anspruch«,[42] heißt es bei Hensler deutlich fordernder: »die Liebe ist keine Räuberin [...] Mann! ich habe [!] Anspruch auf die Hälfte deines Herzens«.[43] Obgleich der Treubruch damit quasi legitimiert wird und Hulda eher als *verführte* Verführerin auftritt, wird sie zugleich stark diabolisiert. Aber auch dies wird wieder zurückgenommen. Am Ende erscheint Hulda als Nixenkönigin, die Albrecht und allen anderen vergibt.[44] Sie wird entrückt zum »unbegreifliche[n] Wesen«[45] aus einer fremden Welt und damit verschwimmt zugleich die Treue-Untreue-Problematik, die das Stück bestimmt hat.

---

39 Hulda richtet an Albrecht die Worte aus der Vulpius-Vorlage: »Ich vergebe dir. Du bist ein Mensch, ängstlich wie sie alle sind. Ich stellte dich auf die Probe, du hast nicht bestanden« (Hensler, 1. Teil, S. 87).

40 Ebd., S. 19

41 Ebd., S. 75.

42 Vulpius, Hulda, S. 129.

43 Hensler, 1. Teil, S. 36. Als Albrecht sich später von Hulda endgültig lossagt, kann Hulda mit Recht sagen: »Du hast den Schwur der Treu [!] gebrochen; Wahnsinn – Verzweiflung quäle dich« (ebd., 2. Teil, S. 86).

44 Vgl. Hensler, 2. Teil, S. 87.

45 Ebd.

Diese Widersprüche in der Textanlage Henslers lassen Matthias Vogel zu Recht von einem »unreflektierten Amalgam der verschiedensten Wasserfrauensagen« sprechen.[46] Die Ambivalenz der Huldafigur als symphatische Verführerin und der Ernst, mit dem die Verhaltensversuchung, der Albrecht gegenübersteht, in Vulpius' Roman behandelt wird, gehen im Libretto verloren. Wie bereits der Untertitel des Librettos (»Ein romantisch-komisches Volksmärchen«) vermuten läßt, ging es dem Dramatiker und Theaterdirektor Hensler nicht vorrangig um die innere Logik des Textes oder gar um die symbolische Abarbeitung eines gesellschaftlichen Problems. Er wollte dem Publikum die Unterhaltung einer Oper verschaffen, und das ist ihm und Ferdinand Kauer gelungen, denn ihr »Donauweibchen« wurde ein Erfolgsstück mit 221 Wiederholungen,[47] das zugleich viele Parallelproduktionen nach sich zog.[48] Viele Handlungsteile sind daher nur auf den Einsatz des Bühnenbildners ausgerichtet. Die Romanvorlage wurde zu einer Komödie mit allerlei publikumswirksamen Theatereffekten degradiert: Hulda tritt in mehreren Verkleidungen auf (auch als Kindermädchen ihrer eigenen Tochter, die von Bertha als Findelkind aufgenommen wurde), es gibt viel Geheimnistuerei, Situationskomik, auch Donnerschlag, Tanz und einen Kampf mit zwei Bären.[49]

Vulpius mißbilligt diesen »Theaterspuk« und reklamiert dagegen sein »romantisches Eigenthum«.[50] Allerdings entzieht sich auch Vulpius in der Bearbeitung seines Romans für die Bühne nicht dem Bedürfnis des Publikums nach Effekten und Komik und folgt insgesamt dem Hensler-Libretto.[51] Aber gerade deswegen sind die Eingriffe bemerkenswert, die er den-

---

46 Vogel, S. 124.

47 Goldammer, S. 115.

48 Einige Titel, die aufgrund des großen Erfolgs des »Donauweibchens« entstehen, sind: Die Nymphe der Donau, Bierey und Berling (1798), Drei Tage in den Fluten, Hiller und Schmieder (1802) und Hulda, die Nixenkönigin, oder das Tanzfest der Treue, Ebers (1804).

49 Ein Beispiel dafür, mit welch billiger Komik Hensler arbeitet, ist eine Passage, in der der mißtrauische Minnewart Albrecht fragt, wie weit er mit dem Donauweibchen gekommen sei. Albrecht: »Bis an die Donau«, Minnewart: »Ihr gingt doch nicht mit ihr hinein?«, Albrecht: »Gott bewahre! ich schonte meine Stiefeln« (Hensler, 2. Teil, S. 19).

50 Vulpius kritisiert Henslers Libretto im Vorwort zur zweiten Romanfassung: »eine plumpe Donauwasserhose steht, statt der freundlichen, zärtlichen Hulda dort, ein Wassergespenst, das zwar ihren Namen sich anlügt, das aber keine Hulde ist« (Vulpius, Hulda, S. XI). Noch Jahre später läßt er sich über den Wiener »Theaterspuk« aus, gegen den er sein »romantisches Eigenthum« reklamiert (vgl. »Journal für Literatur, Kunst, Luxus und Mode«, Nr. 77, August 1823, S. 639f.). Vgl. auch Vulpius' Hinweis in der Dresdener Abendzeitung, Nr. 4 (5.1.1825), S. 15, daß sein Schauspiel »Die Saal-Nixe« keine Adaption des »Donauweibchens« sei, sondern auf seinen eigenen Roman zurückgehe, den er damals Hensler zur Bühneneinrichtung geschickt habe.

51 Der soeben zitierte Dialog zwischen Minnewart und Albrecht findet sich auch im

noch in der Wiener Vorlage macht. So ändert er in Berthas Vorwurf, Albrecht lohne ihr ihre Liebe mit Verachtung, »Verachtung« in »Untreue«[52] und so steht in Albrechts Entschluß, sich von Hulda, der »teuflische[n] Zauberinn« loszusagen, statt »teuflisch« »verführerisch«.[53] Als Henslers Albrecht Hulda eine »verdammte Buhlerin« nennt, wird in Vulpius' Manuskript daraus ein »verdammtes Gespenst«,[54] die halbe Selbstbezichtigung Huldas als Teufelin fehlt im Weimarer Manuskript.[55] Man gewinnt den Eindruck, Vulpius versuche auch in der Bühnenfassung stellenweise, die Kritik an Hulda und Albrecht abzuschwächen, indem er den Akzent auf die durch Verführung begangene Untreue Albrechts legt, in der nicht ohne weiteres auch die Verachtung Berthas gesehen werden kann, oder indem er einige Zugeständnisse der Wiener Fassung an die christliche Diabolisierung der Nixe wieder zurücknimmt. Daß die Entdiabolisierung in seinem Interesse lag, bezeugen seine eigenen Worte an Nikolaus Meyer, dem er am 1.12.1802 schreibt: »Die Donau *Hexe,* welche aus meinem Roman die Saal Nixe genommen ist, ist von mir wieder als Saal *Nixe* aufs Theatrum gebracht worden«.[56]

Gegenüber der Romanvorlage bedeutet der Bühnentext jedoch einen immensen Qualitätsverlust. Im Bühnentext, der in einer öffentlichen, kollektiven Rezeption realisiert wird, finden zum einen gängige Moralvorstellungen stärkere Beachtung als im Roman, zum anderen liegt das Schwergewicht auf der Unterhaltung. Gewiß soll auch der Romantext unterhalten, wie Vulpius im Vorwort zur ersten Fassung schreibt. Aber die schärfere Figurenkontrastierung und der unwidersprochene Hedonismus Huldas zeigen, daß dort zugleich ein Problembewußtsein mitschwingt, welches letzlich auf die zeitgenössische Geschlechterdebatte hinzielt. Bevor dieser Bezug stärker herausgearbeitet werden kann, muß die literarische Tradition skizziert werden, in die sich Vulpius mit seiner Motivwahl stellt.

Manuskript, ebenso Albrechts Kampf mit zwei Bären. Vulpius übernimmt auch Henslers Denunziationsformeln »Teufelin in Engelsgestalt« und »lasterhafte Verbindung«.

52 Hensler, 2. Teil, S. 64; Vulpius, Saal-Nixe, Manuskript, 2. Teil, S. 181.

53 Hensler, 2. Teil, S. 64; Vulpius, Saal-Nixe, Manuskript, 2. Teil, S. 183.

54 Hensler, 2. Teil, S. 82; Vulpius, Saal-Nixe, Manuskript, 2. Teil, S. 244.

55 Hulda holt ihre Tochter aus Berthas und Albrechts Obhut mit den Worten zurück: »ich kann dich nicht bey ihm lassen, der dich als die Geburt einer Teufelin barbarisch behandeln würde« (Hensler, 2. Teil, S. 87). Im Manuskript fehlt der Relativsatz (vgl. Vulpius, Saal-Nixe, Manuskript, 2. Teil, S. 257).

56 Andreas Meier, Vulpius, S. 53; Hervorhebung von mir.

4.1.1.2 Die Frau als Nixe – Motivgeschichte

Wasserfrauen sind unter dem Begriff Sirenen bereits aus der antiken Mythologie bekannt. Von ihnen wurde gesagt, sie würden die vorbeifahrenden Seefahrer durch einen unwiderstehlichen Gesang zu sich locken und sich daran ergötzen, daß diese in den Klippen umkommen. Der Mythos spricht vom verführerischen, verderbenbringenden Weib. Die Verlockung der Sirenen ist zu einem sprichwörtlichen Topos geworden. Auch die nordische Mythologie kennt eine Reihe von Naturgottheiten (darunter speziell Wasserfrauen), deren Status zwischen Göttern und Menschen liegt. Sie heißen Fee, Elbe, Mahre oder Holle und gelten als »übernatürliche Wesen niederen Ranges«.[57] Diese Elemente des Volksglauben wurden von der Kirche im Schema der christlichen Dämonologie behandelt und im wahrsten Sinne des Wortes verteufelt. Sie lebten in Sagen und Märchen fort und wurden in der literarischen Thematisierung zeitgenössischer Probleme sowohl als Utopie wie als Schreckbild benutzt.[58]

Diese Elementarwesen erhalten bei Agrippa von Nettesheim eine wissenschaftliche Aufwertung. Er unterscheidet in seinem Werk »De Occulta Philosophia« (1510) u. a. Silvanen, Nymphen, Nereiden und Dryaden und bezeichnet sie als verständige, weise Geister. Vierzig Jahre später entdiabolisiert Paracelsus diese »Naturen aus Mensch und Geistern« weiter. Er zählt sie unter die Geschöpfe Gottes, die »eine Seel empfangen, wenn sie vermählt werden, so daß sie wie andere Frauen vor Gott und durch Gott erlöst sind [...] Daraus folgt nun, daß sie um den Menschen buhlen, sich zu ihm zu kommen befleißigen und vertraut machen«.[59] Paracelsus macht es zur ausdrücklich gottgefälligen Aufgabe, die verschiedenen Elementarwesen, als Geschöpfe Gottes, zu beschreiben und zu systematisieren: »Seliger ist es, die Nymphen zu beschreiben, als die Orden [...], seliger ist Melusine zu beschreiben, denn Reuterei und Artillerie«.[60] Auf Paracelsus' wissenschaftliche Abhandlung folgen Bücher, die dieses System wieder vereinfachen.[61] Die Begrifflichkeit der Elementargeisterwelt ist ver-

---

57 Vogel, S. 36.
58 Bea Lundt stellt für die Literatur des Mittelalters fest, daß das Melusine-Motiv die »heidnische Geliebte«, die alternative Beziehungsangebote macht, verkörpert. Als Beispiele für die sympathetische Benutzung des Motivs können dabei die Lais »Lanval« (um 1160/70) der französischen Dichterin Marie de France und die »Melusine« des Thüring von Ringoltingen gelten (siehe dazu: Lundt, S. 41- 66 und 141-164).
59 Paracelsus, S. 480f. Ursprünglich handelt es sich dabei um weibliche *und* männliche Wassergeister, wobei erstere in der Überzahl seien, weswegen v. a. männliche Menschen mit diesen Wesen konfrontiert würden (vgl. ebd., S. 487).
60 Ebd., S. 464.
61 Vgl. Nicolaus Remigius: Daemonolatria, Frankfurt/Main 1598, Heinrich Kormann:

wirrend. Populäre Bezeichnungen wie Fee und Elfe stehen neben einer »wissenschaftlichen« Terminologie, andererseits werden von Paracelsus selbst verschiedene Begriffe synonymisiert. Der Abbé de Montfaucon de Villars setzt in »Le Comte de Gabalis« die Feen entweder mit den Sylphen oder mit den Nymphen gleich. Den Ursprüngen und gegenseitigen Abgrenzungen oder Überlappungen dieser verschiedenen Bezeichnungen kann und muß im Zusammenhang meiner Untersuchung nicht nachgegangen werden. Im 18. Jahrhundert spielen die konkreten Bezeichnungen und Hierarchien innerhalb der Elementargeisterwelt kaum eine Rolle. Zumindest im Bereich der Literatur wird mit den Namen recht großzügig umgegangen, werden verschiedene Begriffe kurzerhand gleichgesetzt (Sirene mit Nixe bei Zachariae) und neue Namen eingeführt (Loreley, als »Sirene des Rheins«, durch Brentano).

Seit den 70er Jahren des 18. Jahrhunderts erscheint das Wasserfrau-Motiv vermehrt in der deutschen Literatur. Zugleich wird das Feen-Motiv ›modisch‹, das im Nachbarland durch die »Bibliothèque bleue« bereits von einem breiten Publikum rezipiert wurde.[62] Paracelsus, der im 18. Jahrhundert auch im Zusammenhang mit Mystik, Theosophie und Mesmerismus neu gelesen wird, spielt in der Rezeption des Elementarwesen-Motivs eine Vermittlerrolle. So geht beispielsweise Fouqués »Undine«, wie er selbst sagt, direkt auf Paracelsus zurück.[63] Wie Kurt Goldammer bemerkt, war der »Gewährsmann für Paracelsisches Gut dieser Art« zunächst »der viel gelesene und zitierte ›Le Comte de Gabalis‹, eine Art Standardwerk und Materialsammlung okkulter Phänomene für das 17., 18. und 19. Jahrhundert, für die Klassiker und Romatiker«.[64] Eine deutsche Übersetzung dieses Werkes (Paris, 1670), das sich ausdrücklich auf

---

De Monte Veneris, Frankfurt/Main 1614 und das anonym erschienende Buch des Abbé de Montfaucon de Villars: Le Comte de Gabalis, Paris 1670.

62 Die 1688 veröffentlichten, 1710 und 1724 neuaufgelegten »Contes de fées« der Comtesse de Murat werden z. T. in die »Bibliothèque bleue« aufgenommen und so aus der Frauenkultur des Salons und des Hofes heraus in die Stuben der volkstümlichen Leser vermittelt; ebenso werden verschiedene Texte der 41bändigen Märchensammlung »Cabinet des fées« (1785–1788) für die »Bibliothèque bleue« übernommen (vgl. Chartier, S. 175f.). Im Deutschen Reich erscheint 1789 Wielands Novelle »Dschinnistan«, Bertuch veröffentlicht in seiner »Blauen Bibliothek aller Nationen« (1790–1800) neben orientalischen Märchen, die durch Übersetzungen in der 2. Hälfte des Jahrhunderts in Europa und Deutschland bekannt wurden, auch französische Feenerzählungen.

63 Goldammer verweist auf Fouqués Äußerungen in seiner Autobiographie (Lebensgeschichte des Baron Friedrich de la Motte-Fouqué, aufgezeichnet durch ihn selbst, Halle 1840, S. 287) und auf seinen Bericht in den »Musen« (4. Quartal 1812, S. 198f.) (vgl. Goldammer, S. 143).

64 Ebd., S. 89.

Paracelsus beruft, lag 1782 vor. Goldammer nennt als Rezipienten dieser Quelle Grimmelshausen, Pope, Wieland, Herder, Friedrich Matthison und Heinrich Spieß.[65]

Wie die »Geschichte des Prinzen Biribinker« im »Don Sylvio«-Roman (1764) zeigt, nähert sich Wieland dem Elementargeisterwesen ohne den entsprechenden Ernst, den mittelalterliche Autoren ihrem Gegenstand entgegenbrachten. Während einige Zeitgenossen die Elementarwesen als beseelte Teilchen der Natur durchaus in ihre naturmystische Denkweise integrieren, versteht Wieland sie eher als Ausdruck poetischer Phantasie, die er mit Witz und Ironie aufgreift.[66] Diese Einstellung zeigte bereits Abbé de Montfaucon de Villars in seinem Buch »Le Comte de Gabalis«, das voller Ironie auf Paracelsus' wissenschaftlichen Elementargeister-Diskurs reagiert. Bei Abbé de Montfaucon de Villars, der die Elementargeister offenbar nur als Produkt der menschlichen Phantasie angesehen hat, sind nicht die Menschen, sondern die Elementargeister die besseren Wesen.[67] Auch Goethe greift das Motiv der Elementargeister voller Ironie in seinem Singspiel »Die Fischerin« auf, in dem es noch zwischen geglaubter Realität und Produkt menschlicher Phantasie changiert.[68] Der Autor des Artikels »Wasser-Geister« in Zedlers Universallexikon begegnet dem

---

65 Ebd. Eine Übersicht zu dem von deutschen Autoren des ausgehenden 18. und des beginnenden 19. Jahrhunderts aufgegriffenen Nymphen-Motiv geben u. a. Goldammer, Vogel und Elisabeth Frenzel. Frenzel verweist auf die »erste neuere Nachdichtung« des Melusine-Stoffs von F. W. Zachariae 1772, auf Tiecks »Sehr wundersame Historie von der Melusine« (1800) und auf Goethes »Neue Melusine« »schon in Sesenheim erzählt und in ›Wilhelm Meisters Wanderjahre‹ aufgenommen« (Frenzel, S. 489). Der auf die Sage vom Stauffenberger zurückgehende Undine-Stoff wurde 1588 von Fischart bearbeitet, 1805 von Vulpius in seiner »Bibliothek des romantisch-Wunderbaren« nacherzählt, 1806 von Achim v. Arnim in den Romanzen »Ritter Peter von Stauffenberg und die Meerfeye« behandelt und 1811 von Fouqué in seiner Erzählung »Undine« (ebd., S. 771). Zu erwähnen sind weiterhin Musäus' »Die Nymphe des Brunnens« und »Die Bücher der Chronika der drei Schwestern« in den Volksmärchen der Deutschen (1782–1787), Brentanos Loreley-Figur im »Godwi-Roman«, Fouqués Erzählungen »Sophie Ariele als Sylphide« (1825) und »Erdmann und Fiametta«(1826), E. T. A. Hoffmanns Oper »Undine« (1816) und seine Novelle »Der Elementargeist« (1822).

66 Vogel bemerkt: »Um 1800 ist eine Schwelle überschritten: ironisierte Betrachtungsweise der Elementargeister, wie wir sie z. B. bei Wieland antreffen, weicht jener Nahsicht der Natur bei Novalis, wo jedes kleinste Ding der äusseren Natur die Seele derart in Schwingung versetzt, dass man es sich nicht anders als beseelt vorstellen kann« (Vogel, S. 17).

67 Vgl. Vogel, S. 39.

68 Die Niklas-Figur, die den Glauben an den Wassermann als Aberglaube verlacht, ist sofort bereit, die Existenz numinöser Mächte für wahr zu halten, als plötzlich seine Braut verschwunden ist und alles darauf hindeutet, daß sie ins Wasser gezogen wurde. Seine Braut hatte die Szene jedoch nur gestellt, um sich von der Liebe ihres Bräutigams zu überzeugen.

Aberglauben mit detektivischem Scharfsinn. Nachdem er das Phänomen des »Wasser-Geistes« stärker auf das *weibliche* Geschlecht bezogen hat – »weil es bekannt, daß das wässerichte Temperament diesem Geschlechte meistentheils eigen ist« –,[69] und nachdem er das Beispiel eines Wasser-*manns* anschloß, der als schöner Jüngling von einem Dorffest weg eine Jungfrau in den Fluß entführt hat, bietet er eine rationale Erklärung für die Verbreitung dieser Legenden an: die Nachrichten von Wasser-Gespenstern in einem Teich oder Fluß hielten Unbefugte davon ab, sich dem gefährlichen Ort nachts zu nähern, um dem Besitzer die Fische aus den gelegten Netzen und Reusen zu holen.[70] Musäus schließlich betrachtet die neue Liebe seiner Zeitgenossen zur »Feerei« nicht ohne ein Schmunzeln und beschließt mit pekunärer Nüchternheit, sich daran zu beteiligen.[71] Wenn Vogel ein »Reziprozitätsgesetz zwischen dem Glauben an die Wasserfrau und ihrer Verbreitung in den Künsten in nachaufklärerischer Zeit« aufstellt,[72] kann man dem also zustimmen.

Damit ist noch nicht gesagt, das Wasserfrau-Motiv habe nur zur Belustigung der Leser den Weg in die Literatur des letzten Jahrhundertviertels gefunden. In Goethes Gedicht »Der Fischer« (1778) vermittelt das Motiv die existentielle Problematik, die es seit dem antiken Sirenen-Mythos im Grunde besitzt. Hier stiftet der verführerische Gesang der Wasserfrau eine solche Sehnsucht, daß für den Fischer kein Widerstand mehr möglich ist. Die Wasserfrau ist in diesen Versen zum Symbol der imaginierten Frau geworden, auf das es wiederum sehr bald Parodien gibt. So läßt Friedrich von Matthisson in seinem Gedicht »Lied der Nixen« Schulkinder durch Wasserfrauen mit dem Versprechen verführen, sie aus der Gewalt des Lehrers zu befreien: die Sehnsucht nach der anderen Frau wird reduziert

---

69 Zedler, Bd. 52, S. 580. Auch in der Mitte des 18. Jahrhunderts noch sind die Wasserwesen nicht ausschließlich weiblich. Zedlers Universallexikon folgt unter dem Stichwort »Wassernixen« (S. 678-685) der Definition Paracelsus', indem es sie als »Naturen aus Mensch und Geister« bestimmt, die der Sage der Leute nach in sächlicher, männlicher und weiblicher Gestalt erscheinen können.

70 Ebd., S. 582.

71 Musäus schreibt: »Die Feereien scheinen wieder recht in Schwung zu kommen; Rektor Voß und Amtmann Bürger vermodernisieren die Tausend und Eine Nacht um die Wette, selbst die Feenmärchen sind in Jena das Jahr wieder im Nürnbergischen Verlag von neuem gedruckt worden. Ich will mich an die Rotte anhängen und lasse von meiner Drehscheibe jetzt ein Machwerk dieser Art ablaufen [...] Ich sammle dazu die trivialsten Ammenmärchen, die ich aufstutze und noch zehnmal wunderbarer mache, als sie ursprünglich sind«. Der Text, der von Martin Schiller ohne Datum und Quellenangabe zitiert wird (J. K. A. Musäus: Volksmärchen der Deutschen, hg. v. Karl Martin Schiller, Leipzig 1926, S. X), muß vor 1782 datiert werden.

72 Vogel, S. 10.

auf die Flucht vor dem Klassenzimmer. Friedrich Wilhelm Zachariae sieht in seiner anonym erschienenen Parodie »Von der schönen Melusine; einer Meerfey« schließlich in jeder Frau, die ihre kleinen Marotten hat, eine Melusine: »Hört drum, ihr Herren, meinen Rath! Die angenehmste Dame hat / Doch ihren Fischschwanz. Trinket sie; / Scharmirt sie, spielt sie, zanket sie [...] Und thuts nur, wie Frau Melusine / Die Woche einmal, so zieht die Miene / Nicht allzusauer! denkt, fein klug, / Auch mit dem Fischschwanz gut genug!«[73] Aber selbst in dieser Banalisierung ist noch das Grundproblem enthalten, auf das das Wasserfrau-Motiv immer wieder hinzielt: die Frage nach dem Verhältnis der Geschlechter.

Diese Frage wird von den zeitgenössischen Schriftstellern unterschiedlich gestaltet und beantwortet, wobei schon die Quelle, auf die der Autor sich bezieht, der literarischen Umsetzung eine bestimmte Richtung vorzugeben vermag. Es sei auf des Abbé de Montfaucon de Villars ironische Bemerkung verwiesen, die Elementargeister seien den Menschen gegenüber die besseren Wesen, sowie auf Paracelsus' Christianisierung der Elementarwesen, die zur Rede von deren Erlösungsbedürftigkeit der Elementarwesen durch den Menschen führte. Daß diese Christianisierung in der Konsequenz eine Domestizierung mit sich bringt, läßt sich an Fouqués »Undine« ablesen. In dieser von einem sehr breiten und differenzierten Publikum wohlwollend aufgenommenen Erzählung, begegnet man keinem dämonischen Weib, von dem große Verunsicherung ausginge, sondern einer Kindfrau, die erfolgreich zum Herd erzogen wird, bevor sie als hilfebedürftiges, sensibles Wesen an der Härte des Mannes zerbricht.[74] Im Gegensatz dazu folgt Vulpius dem Abbé de Montfaucon de Villars, indem er am Ende der »Saal-Nixe« den Menschen der Kritik der Nixe aussetzt, er sei unfähig, sich wirklich auf ein Wasserwesen einzulassen. Das Versagen gegenüber der Wasserfrau ist auch in Fouqués Huldebrand-Figur dargestellt. Aber es handelt sich in diesen beiden Texten um zweierlei Versagen, denn es gibt wesentliche Unterschiede zwischen den Forderungen, die an Albrecht und Huldebrand gestellt sind. Der Gegensatz, auf den es mir hier ankommt, läßt sich an zwei Namen festmachen, die eine Differenzierung des Begriffs Wasserfrau erfordern: Undine und Melusine.

---

73 Zachariae, S. 41f.

74 Während Undine vor der Hochzeit als kindisches, törichtes und widerspenstiges Wesen vorgestellt wird (vgl. das erste Kapitel der Erzählung), ist sie danach ein stilles, freundliches, achtsames, zart verschämtes Wesen, »ein Hausmütterlein« mit Neigung zum Herd, voll »demütiger Zärtlichkeit« gegenüber ihrem Gatten, eine »beseelte, liebende, leidende Frau« (vgl. achtes Kapitel).

Nach Paracelsus seien die Melusinen – im Gegensatz zu den Nymphen, die Paracelsus auch Undinen nennt[75] – Elementarwesen, die »besessen mit dem bösen Geist« sind.[76] Dies verhindere zwar nicht, daß auch sie durch die Vermählung mit einem Menschen erlöst werden können, aber die Melusine müsse am Samstag ein Wurm sein, »das ist ihr Gelübde gegen Beelzebub gewesen, damit er ihr zu dem Mann hülfe«.[77] Paracelsus bezieht sich dabei wahrscheinlich auf Thüring von Ringoltingen, der knapp ein Jahrhundert vor Paracelsus' »Liber de nymphis« einen Roman mit dem Titel »Melusine« geschrieben hat. In dem auf französische Quellen zurückgehenden Buch heiratet der Graf von Poitou Raimund eine Frau, die die Bedingung stellt, er müsse sie »den gantzen tag des samstags fry und unbekümmbert lassen«.[78] Raimund hält sich lange Zeit an das gegebene Versprechen, wird schließlich jedoch mißtrauisch durch seinen Bruder, der zu bedenken gibt, daß Melusine an diesem ominösen Samstag wohl Buhlerei treibe. Der Bruder ist besorgt, Raimund werde durch seine Frau »zue einem toren gemachet und von ir geaffet werdent«.[79] Raimund bricht daraufhin das ›Sichtverbot‹ und entdeckt nicht den Treuebruch, sondern daß an seiner Frau, die »in eynem bade nacket saß«, unter dem Nabel »ein grosser langer fryentlicher wurms schwantz« sich befindet.[80] Auf diese Entdeckung hin, die Raimund geheimhält, um die Melusine aber weiß, geschieht zunächst nichts. Als Raimund später aber Melusine, als »böse schlang« und »schamlicher wurm«,[81] aufgrund ihres Herkommens für die Untaten ihres Sohnes verantwortlich macht, kommt es zum Bruch. Melusine versöhnt sich zwar mit Raimund, fliegt nach einem tränenreichen Abschied jedoch durch das Fenster davon.

Die samstägliche Verwandlung Melusines wird im Roman als die Folge eines Fluchs erklärt. Melusine sperrt mit ihren Schwestern König Helmas, ihren Vater, in einen Berg, da dieser vormals das Verbot überschritt, seine Frau im Wochenbett sexuell nicht zu belästigen. Die Mutter, Persine, die sich des übetretenen Verbots wegen von ihrem Mann getrennt hat, fühlt nun, da er im Berg stirbt, neue Liebe zu ihm. Sie bestraft Melusine mit dem Schlangenfluch, wobei sie sterben soll wie eine *Menschen*frau,

---

75 »Die im Wasser sind Nymphen [...] Obwohl der Name von den Wasserleuten auch undina [...] ist« (Paracelsus, S. 471).

76 Paracelsus, S. 489.

77 Ebd.

78 Thüring von Ringoltingen: Melusine, hg. v. Karin Schneider, Berlin 1958, S. 44, zitiert nach: Lundt, S. 147. Zu Lundts Besprechung vgl. Lundt, S. 141-164.

79 Ebd., S. 80, zitiert nach: Lundt, S. 148.

80 Ebd., S. 81, zitiert nach: Lundt, S. 148.

81 Ebd., S. 92, zitiert nach: Lundt, S. 148.

wenn ein Mann lebenslang das ›Sichtverbot‹ am Samstag einhält.[82] Dieser Fluch ist in der Entstehungszeit der Psychoanalyse als Umlenkung der Bestrafung ungehemmter männlicher Triebbefriedigung auf das eigene Geschlecht interpretiert worden.[83] Neuere Arbeiten, die aus feministischer Perspektive den Melusine-Mythos analysieren, folgen diesem Ansatz und sehen in Persines Fluch das Beispiel »zwanghafte[r] Reproduktion der weiblichen Geschlechterrolle«.[84] Sieht man den Fluch im Zusammenhang mit der Handlungskonstellation des Romans, bietet sich allerdings eine ganz andere Lesart an.

Melusine wird in Thüring von Ringoltingens Roman als eine Frau dargestellt, die aktiv an der Gestaltung der Ehe beteiligt ist,[85] die ihr Wirken nicht auf den häuslichen Bereich begrenzt[86] und sich einen zeitlichen Freiraum geschaffen hat, in dem sie aus der Eingebundenheit in der Familie wieder austritt. Ich schließe mich Lundts Vermutung an, daß dieser Raum der geschützten Privatheit zugleich die Quelle für Melusines Aktivität und für die bemerkenswerte Harmonie dieser Ehe ist.[87] Der ›ehefreie‹ Samstag resultiert aus dem Schlangenfluch der Mutter: er ist in der Kette von Vergehen und Bestrafung zurückzuführen auf die Mißachtung *ihrer* Souveränität. In bezug auf ihre Tochter wird er zur *Grundlage* weiblicher Souveränität; die ›Privatisierung‹ des Samstags ermöglicht einen neuen Umgang der Geschlechter miteinander. Persines Fluch muß also nicht als »zwanghafte Reproduktion der weiblichen Geschlechterrolle« gelesen werden. Er ist ebenso interpretierbar als Verlängerung des in Melusines Rache an Helmas deutlich werdenden Protestes gegen die männliche Dominanz in Melusines eigenes Eheleben. Aber auch in Melusines Ehe wird die Souveränität der Frau schließlich mißachtet. Der Grund dafür liegt darin, daß sich Raimund dem Mißtrauen, das die Gesellschaft in der Gestalt seines Bruders in diese außergewöhnliche, aber auch außerordentlich glückliche Ehe hineinträgt, nicht entziehen kann.

---

82 Vgl. ebd., S. 105f., zitiert nach: Lundt, S. 149.

83 Lundt referiert Fedor von Zobeltitz, der schreibt, daß Persine in den Töchtern die Sünden des Vaters strafe (Die Geschichte von der schönen Melusine, die eine Meerfrei gewesen ist, nach der ältesten deutschen Druckausgabe von 1474, hg. v. F. v. Zobeltitz, Hamburg 1925, S. 19, vgl. Lundt, S. 151). Persine, so Lundt anschließend, strafe »sich und die Töchter für ihre Weiblichkeit, die den Mann verlangend, sie aber im Kindsbett hilflos macht« (Lundt, S. 151).

84 Stuby, S. 72.

85 Vgl. Lundt, S. 154.

86 Sie ist Mutter von zehn Kindern, aber sie wird auch zur Bauherrin mehrerer Schlösser.

87 Vgl. Lundt, S. 155f.

Die Utopie eines anderen Beziehungsmodell der Geschlechter, der Thüring von Ringoltingen literarisch Ausdruck verleiht, scheitert an der Unfähigkeit des Mannes, auf die uneingeschränkte Verfügungsgewalt gegenüber der Frau zu verzichten. Mit dieser Problemstellung lebt der Melusine-Stoff weiter. Ludwig Tieck greift ihn 1800 in seiner »Sehr wunderbare[n] Historie von der Melusina« auf, wo ebenfalls der Verdacht der »Hurerei« Melusines in ihrer unkontrollierten Zeit am Samstag geäußert wird. Tieck akzentuiert diesen Aspekt dadurch, daß Melusine bereits im Aussprechen ihrer Bedingung ihrem künftigen Mann zugleich das Versprechen gibt, »nichts zu tun, noch mich an selbigem Tage irgend an einen Ort zu verfügen, der Eurer Ehre nachtheilig sein könnte«.[88] Auch bei Tieck wird Reymund schließlich durch den Bruder zum Überschreiten des ›Sichtverbots‹ veranlaßt, was zu den bei Thüring von Ringoltingen dargestellten Folgen führt.

In Thürings und Tiecks Melusine-Geschichten zeichnet sich ein anderes Versagen des Mannes als in Fouqués »Undine« ab. Während Undine ihrem Mann ihre Herkunft schließlich offenbart und seine Treue zu ihr zur Bedingung der Beziehung macht, verschweigt Melusine ihre wahre Identität und macht das *Vertrauen* ihres Mannes zur Bedingung des Zusammenlebens. In Fouqués »Undine« führt der Treuebruch zum Untergang, in den Melusine-Texten führt das Mißtrauen zum Abbruch der Beziehung. Die von Melusine gestellte Bedingung, sie regelmäßig für eine gewisse Zeit aus der Beziehung freizugeben, verlangt vom Partner die Auflösung seines Besitzanspruchs, sie fordert, weibliche Unabhängigkeit zu akzeptieren. Die Undine-Version der Wasserfrau kann man als die ›idealisierte‹ oder ›sentimentale‹ bezeichnen, die Projektion der unbedingten Liebe und Treue, wie sie innerhalb der bürgerlichen Familienkonzeption erhoben wird. In der Melusine-Version ist dagegen ein Vorgriff auf das moderne, offenere Partnerschaftsverhalten zu entdecken.[89] Die Perspektive des Melusine-Mythos ist keineswegs die rückhaltlose Unterordnung

---

88 Tieck, Bd. 13, S. 79.

89 Der heute nicht ungewöhnliche Anspruch auf einen weiten persönlichen Freiraum innerhalb einer Beziehung, der sich z. B. in getrennten Wohnungen, getrennten Urlaubsreisen und außerpartnerschaftlichem Sexualverkehr ausdrückt (vgl. Elisabeth Beck-Gernsheim: Liebe, Ehe, Scheidung in: Christian W. Thomsen [Hg.], Aufbruch in die Neunziger. Ideen, Entwicklungen, Perspektiven der achtziger Jahre, Köln 1991), ist – als aktuelle Antwort auf das Phänomen der bürgerlichen Kleinfamilie – gewissermaßen die beiderseitige Verständigung auf eine Melusine-Konstellation. Wenn die Männer der deutschen Rockgruppe »Die fantastischen Vier« zu Beginn der 90er Jahre sehr erfolgreich von der Frau singen, die freitags »nie da« ist, und schließlich das Rätsel damit auflösen, daß hinter dieser Tabu-Zeit ein anderer Mann steckt, markieren sie allerdings in ähnlicher Weise wie Raimunds Bruder in Thürings und Tiecks Texten jene Ängste und Vorstellungen, die eine

unter den Mann, wie Anna Maria Stuby nahelegt, denn gerade, wenn der Mann Melusines Selbstbestimmung antastet und das ›Sichtverbot‹ übertritt, verläßt sie ihn. Melusine läßt sich daher *nicht* als »Urahnin all jener späteren Nixen und Nymphen deuten, die nicht mehr eine selbstbestimmte Existenz genießen, sondern eine fremdbestimmte, an den vergötterten Mann gekettete, erleiden«.[90] Während Undine eine Integration in den Lebensbereich des Mannes anstrebt, um einer Seele teilhaftig zu werden, provoziert Melusine, auch auf der Suche nach Integration, zugleich die Desintegration des Mannes aus dessen bisherigen sozialen Kontext. Sie verführt ihn dazu, gegen Handlungserwartungen, die seine Umwelt ihm auferlegt, zu verstoßen.[91]

Matthias Vogel resümiert für das ausgehende 18. und für das 19. Jahrhundert, daß die eigentliche Ursache für die Störung der ›Mahrtenehe‹ (Ehe zwischen Mensch und Dämon bzw. Elementarwesen) »nach allgemeiner Vorstellung der Dichter nicht bloss im gesellschaftlich-religiösen Umfeld [liegt], sondern im Wesen der Protagonisten selber«: die elementare Frau erfülle »die Forderung nach Unterordnung unter den Mann – während des 19. Jahrhunderts trotz Anfechtungen gültig – nicht«.[92] Insofern das Wesen der Protagonisten durch den in der Gesellschaft vorherrschenden Diskurs bestimmt wird, ist das Scheitern der Mahrtenehe zwar letztlich doch durch das gesellschaftlich-religiöse Umfeld bedingt, dennoch benennt Vogel mit seiner Formulierung eine wichtige Differenz, auf die es im Vergleich der »Saal-Nixe« mit Thürings und Tiecks Melusine-Texten ankommt. Albrechts Beziehung zu Hulda, die keine Mahrtenehe im traditionellen Sinne darstellt, strukturell aber am Melusine-Mythos ausgerichtet ist, scheitert nicht am Widerstand oder Mißtrauen seiner

---

Unterbrechung der Zugriffsmöglichkeit mit sich bringen muß. Zur Diskussion des Geschlechterverhältnisses im ausgehenden 18. Jahrhundert vgl. 4.1.2.2.2 und 4.1.2.2.5.

90 Stuby, S. 73.

91 Das ist auch dort der Fall, wo der Mann durch die Wasserfrau von einer standesgemäßen Ehe zur Erhaltung des eigenen Geschlechts abgehalten wird. Die Staufenberg-Texte (sowohl bei Egenholf von Staufenberg [1310] wie bei Fischart [1588]) thematisieren jeweils diesen Versuch des jungen Staufenberg, sich seinen sozialen Pflichten zu entziehen.

92 Vogel, S. 119. Vogel kommentiert weiter: erst wenn der Mann »seinen Grossmut, sein Kraftgefühl zum Schutz der Frau einsetzt, paart sich in ihm Mitleid mit Stolz und veredelt dadurch seine Natur. Nun sind aber die Elbinnen ihrerseits Beschützerinnen des Mannes; sie verhelfen ihm zu Reichtum, Ansehen, Macht; sie bieten ihm Liebeserfüllung. Der beschenkte, der verwöhnte Mann kommt jedoch nicht zur Ruhe, da sein Selbstwertgefühl keine Nahrung erhält [...] Indem die Liebespartner einer Mahrtenehe die konventionelle Stellung der Geschlechter zueinander – der Mann als Beschützer, die Frau als Schutzsuchende – missachten, entsteht ein Konflikt, der in der Regel nicht ohne Tragik zu lösen ist« (ebd.).

Umwelt, sondern an eben jenem von Vogel angesprochenen Dominanz-defizit des Mannes. Vor dem Hintergrund des inzwischen eröffneten Diskursrahmens zum Nixen-Motiv ist auf den »Saal-Nixe«-Roman zu-rückzukommen und Vulpius' Position innerhalb dieses literarischen Dis-kurses zu erörtern.

4.1.1.3 Nixen bei Vulpius

Nixen bzw. Wasserfrauen oder Wassermädchen, schreibt Vulpius unter dem Stichwort Nixen in seinem »Handwörterbuch der Mythologie« von 1826, »ziehen Männer in's Wasser, behalten sie bei sich, lieben sie, leben mit ihnen. In späteren Zeiten setzte man sie unter die sich verkörpern könnenden Elementar-Geister«, die »zugleich Geist und Mensch« sind.[93] Vulpius definiert die Wasserfrau und berichtet im zweiten Band seiner »Bibliothek des romantisch-Wunderbaren« (1805) in der Rubrik Erzäh-lungen auf eineinhalb Seiten die Geschichte von »Peter von Stauffen-berg«.[94] Glaubte Vulpius an diese Geschichten bzw. schenkte er ihnen zumindest »einen gewissen Glauben, eine espiece von Realität«?[95] In der »Bibliothek des romantisch-Wunderbaren« erzählt Vulpius unter der Ru-brik Volks-Sagen außerdem zwei Sagen von der Ilm-Nixe. Die erste, »Kunz der Hirt«, ist eine Satire auf das Nixen-Thema,[96] die zweite, »Luthart«, ebenfalls, wenn auch mit tragischem Ausgang.[97] Vulpius' satirischer Um-

---

93 Vulpius gibt als Quelle an: (Moser) Unterhalt. vom Reiche der Geister. 1. Th. S. 76; Merbitz, Diss. de Nymphis, germ. Wassernixen. Dresd. 1676, S. 4. und Noel II., S. 285. All-gemeine Welthistorie XXXII., S. 329.

94 Vgl. Vulpius, Bibliothek, S. 219f.

95 Vgl. Karl Rosenkranz, der im Rückblick auf »die Stimmung jener Tage« schrieb: »Es kommt mir oft vor, als hätten wir Deutsche damals, vor und nach den Freiheitskriegen, ganz andere, jetzt unmögliche Empfindungen, Vorstellungen und Träume gehabt. Die al-ten Seherinnen, die Nornen, die Riesen, Kobolde, Nixen, die Ritter, Lindwürmer, Verzaube-rungen waren uns viel geläufiger und wir schenkten ihnen einen gewissen Glauben, eine espiece von Realität« (Rosenkranz, S. 27).

96 Vgl. Vulpius, Bibliothek, S. 272-281. Da Kunz Erlinde (die als Fischer-Mädchen er-scheint) nicht glaubt, daß sie eine Nixe ist, dreht diese ihm zur Strafe den Kopf um 180 Grad, was Kunzes Freundin durch Fürbitte bei Erlinde rückgängig machen kann.

97 Vgl. ebd., S. 282-292. Der arme Luthart wird von der Nixe Erlinde reich beschenkt mit der Bedingung, daß er niemandem sage, woher das Geld komme. Da sein Herr ihn verdächtigt, das Geld von seiner Frau erhalten oder gar gestohlen zu haben, wird Luthart gefoltert. Er gesteht schließlich alles, man glaubt ihm nicht und foltert ihn weiter, bis er stirbt. Erlinde prophezeit seinem Peiniger daraufhin, daß er binnen 40 Tagen stirbt und daß sein Geschlecht untergehen wird. Diese Geschichte stellt sich damit zwar als Geschlech-ter-Historie neben die Geschichte von »Peter von Stauffenberg«, aber Vulpius' ironischer

gang mit dem Nixenmotiv und sein Lob auf Comte de Gabalis' »feine[n], witzige[n] Art« gegenüber Paracelsus' »Träumereien von den Elementar-Welten und ihren Bewohnern«[98] zeigen, daß er als aufgeklärter Rationalist auf diesen alten Aberglauben schaute. Zwar greift er in seinem Roman Paracelsus' Aussagen über den Platz der Elementarwesen in der göttlichen Ordnung auf,[99] aber dieser Umstand ist eher seinem ›Bildungsexhibitionismus‹ geschuldet, als dem Anliegen, Paracelsus' wissenschaftlicher Sicht auf die Elementarwesen zu folgen. Vulpius liefert insgesamt eine völlig eigenständige Bearbeitung des Wasserfrau-Motivs. So schreibt er im Vorwort seines Romans, daß es ihm weniger um die Quellen zu tun sei, da der Leser bei Volkssagen ohnehin nicht danach frage; es gehe mehr darum, wie er sie bearbeitet habe und ob der Leser entsprechend unterhalten werde.[100]

Vulpius spielt in diesem Vorwort mit den Aspekten der Unterhaltung und der Intention. Im fingierten Gespräch zwischen dem Autor und einem Leser über den Sinn von Vorreden besteht der Autor auf einem Vorwort, um dem Publikum den Gesichtspunkt, aus welchem er den Sagenstoff bearbeitet hat, darzulegen. Sein skeptischer Widerpart winkt mit den Worten ab: »Lassen Sie doch den Gesichtspunkt! – Glauben Sie nicht, daß ihn jeder Leser selbst finden wird?«[101] Der Autor hebt an zu einem »Gesetzt aber – «, worauf sein Widerpart sogleich einwirft: »Er könnte ihn nicht finden? – Nun gut! so wird er einen *eigenen* Gesichtspunkt finden, wenn er auch den *Ihrigen* nicht finden sollte«.[102] Als der Autor, von seinem Gegenüber auf die Unterhaltung des Lesers verpflichtet, anschließend den »Begriff von Unterhaltung« diskutieren möchte, wird ihm entgegengehalten: »Das geht, wie mit Ihrem Gesichtspunkte; und was ich Ihnen schon gesagt habe, gilt hier wieder«.[103] In diesem Vorwort findet

---

Umgang mit dem Nixenmotiv ist in der Persiflage auf das Geheimnisgebot nicht zu verkennen.

98 Vgl. Goldammer, S. 159, wo eine dementsprechende Äußerung Vulpius' in einer nicht näher bestimmten Nummer der »Curiositäten« von 1815 erwähnt wird unter Hinweis auf Ferdinand Mülher: Paracelsus und E. T. A. Hoffmann, in: Sepp Domandl (Hg.), Gestalten und Ideen um Paracelsus (Salzburger Beiträge zur Paracelsusforschung, Folge 11), Wien 1972, S. 117-146, hier: 126f.

99 In einem Disput zwischen Albrecht, Pater Hilarius und dem Abt wird z. B. erörtert, ob die Nixen Geschöpfe Gottes oder des Teufels seien; später belehrt Hulda den Abt auf seine Frage, ob sie wie die Menschen den Herrn erkenne: »Er ist auch mein Schöpfer« (Vulpius, Saal-Nixe, S. 212 und 215).

100 Vgl. Vulpius, Saal-Nixe, S. VII

101 Ebd., S. V.

102 Ebd., S. VI.

103 Ebd., S. VII.

man bereits das poetologische Bekenntnis Vulpius'. Er scheint auf den ersten Blick nur am Unterhaltungsgewinn eines Textes interessiert zu sein, womit sich all die Vorurteile über die reduzierte Schreibintention eines Trivialschriftstellers bestätigen würden. Der Vergleich der verschiedenen Textvarianten der »Saal-Nixe« mit ihren bis in Details gehenden Veränderungen stützt eine solche Vermutung jedoch nicht. Das Vorwort zur »Saal-Nixe« liest sich als der inszenierte Dialog zwischen dem Autor und seinem Alter ego, das um die primären Interessen des Publikums weiß und mit Ironie auf die Bemühung eines spezifischen Gesichtspunktes des Autors reagiert. Bedenkt man Vulpius' Akribie, mit der er seine Quellenangaben verfertigte, mutet der Satz »Wer fragt nach Quellen« wie eine Selbstironisierung an. Hier offenbart sich die Fähigkeit, eigene Allüren – wie den ›Anmerkungsfetischismus‹ – angesichts der real bestehenden Interessen des Publikums ironisch zu brechen. Vulpius beklagt diesen Umstand nicht, er weiß darum und nimmt es gelassen.[104] Diese Haltung ist vergleichbar der Gelassenheit, mit der Vulpius die asozialen Verhaltensversuchungen seiner literarischen Helden nicht verdammt, sondern an der Realität bricht.

Vulpius' »Saal-Nixe« ist in der Literaturgeschichtsschreibung bislang vernachlässigt worden.[105] Vogel erwähnt sie zwar in seinen Vergleich verschiedener Wasserfrau-Texte, bespricht dann allerdings nur Henslers »Donauweibchen«.[106] Bei Elisabeth Frenzel und Kurt Goldammer fehlt jeder Hinweis auf diesen Roman. Goldammer erwähnt nur eine Äußerung Vulpius' zum Nymphen-Thema von 1815 in seiner Zeitschrift »Curiositäten« und kommentiert: »Vulpius kam – nach dem Erscheinen der Fouquéschen ›Undine‹ – etwas post festum zu Worte [...] Es ist anzunehmen, daß er auf Paracelsus und seinen Elementargeister-Traktat überhaupt erst durch Fouqué aufmerksam geworden ist, daß er vielleicht auch Fouqué und dessen erklärte Hauptquelle abwerten will«.[107] Diese Annahme ist unbegründet, aufgrund der Hierarchisierung beider Dichter in der Li-

---

104 Ebenso gelassen wird er später gegen diese Einsicht wieder verstoßen, wenn er seinen Text »Erlinde, die Ilm-Nixe«(1827) gleich mit 73 Anmerkungen versieht.

105 Es gibt eine Arbeit, die die Autorenschaft Goethes bezüglich eines Landschaftsaquarells mit dem Vermerk »Skizze zu einer Decoration zur Saalnixe gemacht von Goethe« nachzuweisen versucht (das Aquarell wurde 1972 vom Düsseldorfer Goethe-Museum erworben), aber sie fragt nicht nach der möglichen Beziehung Goethes zu diesem Vulpius-Text (vgl. Jörn Göres: Der Bühnenprospekt zur ›Saalnixe‹, in: Goethe Jahrbuch, Bd. 91, Weimar 1974, S. 158-165).

106 Vgl. Vogel, S. 123f.

107 Goldammer, S. 159.

teraturwissenschaft jedoch verständlich. Goldammer verweist zwar auf die Namensähnlichkeit der Grafentochter Bertha in Musäus' Elementargeistergeschichte »Die Bücher der Chronika der drei Schwestern« mit Bertalda in Fouqués »Undine«.[108] Er erwähnt jedoch nicht die Bertha-Figur in Vulpius' »Saal-Nixe« 15 Jahre vor Fouqués Erzählung. Da die Funktion der Fouquéschen Bertalda als menschliche Gegenspielerin der Nymphe Undine an die Position der Vulpiusschen Bertha als Gegenspielerin der Nymphe Hulda denken läßt, könnte man im Gegensatz zu Goldammer auch annehmen, Fouqué sei auf die Elementargeister-Thematik überhaupt erst durch den Erfolg des Vulpius' Romans aufmerksam geworden, wollte sich jedoch nicht auf diesen Trivialschriftsteller als Anregung beziehen. Beweisen läßt sich dies freilich nicht. Festzuhalten bleibt, daß das Elementargeister-Motiv in der deutschen Literatur des 18. Jahrhunderts zwar hier und da *vor* Vulpius aufgegriffen, zum eigentlichen Gegenstand eines umfangreicheren Textes jedoch erst von ihm erhoben wird. Bis dahin thematisierte man im 18. Jahrhundert das Wasserfrau-Motiv allein in Gedicht- oder Sagenform, in der die Begegnung zwischen Wasserfrau und Mensch nur eine kurze Gestaltung oder gar nur eine Andeutung erfährt. Vulpius dagegen muß Wasserfrau und Mensch individualisieren, um eine tragfähige Basis für einen ganzen Roman zu haben. Wie also sieht die Gestaltung der Figuren bei Vulpius aus, und wie ordnet sich sein Roman in die Tradition des Nixen-Motivs ein?

Vulpius' Roman stellt zweifellos einen originellen Umgang mit der Wasserfrau-Motivik dar, der weder der Melusine- noch der Undine-Version folgt. Dennoch kann die »Saal-Nixe« mit der Melusine-Version verglichen werden. Zwar bleibt Huldas Herkunft nicht geheim, zwar wechselt nicht sie in die Sphäre der Menschen über, sondern Albrecht in das Reich des Wassers, aber man findet den Melusine-Topos der unterbrochenen Verfügungsgewalt in starker Akzentuierung wieder. Albrecht wird nicht auf die unbedingte Treue gegenüber der Geliebten verpflichtet, ihm wird die Fähigkeit abverlangt, die Doppelrolle des Geliebten *und* Ehemannes zu leben. Albrecht klagt: »Ach, Hulda! was ist das Leben ohne Dich? Was hast Du aus mir gemacht? Zauberin! Was hast Du mir angethan? – Meine Seele ist verloren, und mein Herz gehört nur Dir ganz allein [...] Ach, Hulda! Mit welchem Gesicht soll ich dem Burgauer Fräulein entgegen treten?« Hulda dagegen verpflichtet Albrecht auf die Doppelrolle: »Bertha kann als Dein Weib ruhig und glücklich bei Dir leben, ohne nur ein Wort zu wissen [...] Was man nicht weiß, macht nicht unglücklich. –

---

108 Vgl. ebd., S. 90.

So gibt es mehrere glückliche Ehen in der Welt«.[109] Damit wird ein Beziehungsmodell durchgespielt, das in krassem Gegensatz zum zeitgenössischen Diskurs steht, wiewohl es, was der letzte Satz vermuten läßt, zumindest zu den Phantasien des Autors gehört. Während der Undine-Stoff seine Tragik aus der Untreue zieht, erwächst sie in der »Saal-Nixe« daraus, diese nicht konfliktfrei in den Alltag integrieren zu können.

Aber mit dieser Formulierung gerät der Aspekt der Verfügungsgewalt bzw. der darin verhandelten Frage weiblicher Souveränität zu stark in den Hintergrund. Die Frage der Verfügungsgewalt jedoch ist der eigentliche Kern-Punkt des Romans. Albrechts Unfähigkeit, die Untreue in den Alltag zu integrieren, resultiert zu einem Großteil aus der Unmöglichkeit, jederzeit Zugriff auf seine Geliebte zu haben. Hulda ist die Frau, über die der Mann nicht als Herr verfügen kann. Nachdem die Versuche, sich mit anderen Frauen zu vergnügen, ergebnislos blieben (vgl. S. 186ff. und 218f), wird Albrecht schließlich »grillicht« und »zanksüchtig« (S. 220).

Vulpius beschreibt Albrechts Verhalten mit psychologischer Prägnanz. Albrecht, der an der Saale nach seiner Geliebten ruft, ist, als das Wasser sich nicht bewegt, aufs höchste gereizt durch »diese Gleichgültigkeit«: »Außer sich schrie er: ›Hexe! Wo bist Du? Welcher Teufel hat bulend Dich Bulerin umfangen? – Herauf, satanische Gabelträgerin! Damit ich Dein höllisches Antlitz sehe!‹« (ebd.). Hulda antwortet nicht. Albrechts »Wuth wurde lächerlich. Er warf Steine in den Fluß, und zerknickte die kahlen Weidenäste voll Ingrimm. Wüthend rief er aus: ›O! daß ich mich jetzt mit einem Manne herum schlagen könnte!‹« (S. 220f.). In Vulpius' Beschreibung folgt der Wut Albrechts über die eingeschränkte Verfügungsgewalt das bekannte Mißtrauen, diese Zeit der Geliebten gehöre einem anderen Mann. Die Erkenntnis seiner Ohnmacht führt zu infantilen Reaktionen; schließlich ruft er nach einem Mann, um im Kampf sein Dominanzdefizit auszugleichen und seine nicht adressierbare Triebenergie umzulenken. Albrecht ist unbefriedigt und unzufrieden. Im Roman ist es also keineswegs so, daß Albrecht »sein feuchtes Liebchen wiederholt besuchen [kann] ohne Auswirkung auf seine Tüchtigkeit in der Lebenswelt«, wie Vogel für das Libretto »Das Donauweibchen« festhält.[110]

---

109 Vulpius, Hulda, S. 171f; im folgenden Nachweise im Text. In Henslers Fassung wird Albrechts Aufgabe deutlicher formuliert als in der »Saal-Nixe«: »Ehre dein Weib«, fordert Hulda, »nur drey Tage im Jahr bist du mein – wirst du deine Bertha nicht zärtlich lieben, Albrecht! so siehest du mich nie wieder« (Hensler, 2. Teil, S. 26).

110 Vogel, S. 123. Aber auch für das »Donauweibchen«, in dem Albrecht Hulda nur drei Tage im Jahr sehen darf, stimmt diese Aussage nicht; auch dort fühlt sich Albrecht schließlich »todtkrank vom satanischen Schlangenbisse der giftigen Schwermuth« (Hensler, 2. Teil, S. 64).

Hulda ist die Frau, die in der Tradition der Melusine dem Mann die Bedingungen stellt und die Art und Weise ihrer Beziehung zu ihm selbst bestimmt. Die Beziehung zwischen Hulda und Albrecht besitzt dieses Merkmal der Mahrtenehe, ohne selbst eine Ehe zu sein. Albrechts Beziehung mit Bertha steht dagegen ganz im Zeichen der traditionellen Geschlechterrollen. Das Verhältnis zu Hulda war demgegenüber das von den sozialen Zwängen befreite Abenteuer, auf das sich Albrecht wahrscheinlich gerade deswegen einließ. Als Abenteuer vermittelte es Albrecht aber auch von Anfang an Unsicherheit. Er fühlt sich als Objekt einer Konstellation, die keineswegs von ihm beherrscht wird. Während er Bertha gegenüber auf sichere Verhaltensmuster zurückgreifen kann, wird sein Selbstbild in der Beziehung zu Hulda stark in Frage gestellt. Albrecht sieht sich plötzlich aus seinem sozialen Kontext gerissen und in einen völlig neuen Diskursrahmen gestellt. Diese Problematik wird im Roman an einigen Stellen verdeutlicht. Dabei erweitert Vulpius das Personenduo der *integrierten* und der *starken* Frau zu einem Trio.

Vulpius gibt Bertha in der redegewandten, selbstsicheren Agnes von der Lobedaburg eine zweite Konkurrentin an die Seite. Agnes nennt Bertha eine »Zofe der heiligen Einfalt« (S. 69) und hat nichts als Verachtung für sie übrig: »Bertha ist ein gutes Mädchen, aber sie ist sehr einfältig erzogen worden. – An einen Hof dürft Ihr sie nicht führen. Ihr Vater hat es zu verantworten, daß sie sich, ohne sich lächerlich zu machen, nirgends sehen lassen kann, als in der Küche« (S. 62). Auf Albrechts Einwand – »Aber, ihr vortreffliches Herz« (ebd.) – geht sie gar nicht ein. Dies sind wiederum harte Worte gegen ein Frauenbild, das den zeitgenössischen Diskurs bestimmte.[111] Es scheint zunächst, als seien Hulda und Agnes in ihrer Opposition zum herrschenden Frauenbild seelenverwandt. Ebenso gleichen sie sich in der erotischen Aktivität, die sie Albrecht gegenüber zeigen. Als Albrecht sich später gegen Agnes zum guten, edlen Herzen Berthas bekennt, erschallt daher als Antwort auch ganz folgerichtig das Gelächter *Huldas* (vgl. S. 69). Aber diese Einheit zweier nonkonformer Frauen existiert im Text nicht. Bei aller Gemeinsamkeit in ihrer Haltung sind Hulda und Agnes als zwei verschiedene Figuren konzipiert. Während Hulda als weiß gekleidete Frau in den Roman eingeführt wird (S. 16) und eine durchgängig sympathetische Darstellung erfährt, wird Agnes durch die Unterstellung hinterhältiger Berechnungen in Verruf gebracht

---

111 Andere Frauen werden von Agnes als »Frühstücksgesichter« oder »Fastnachtslarven« verspottet, über eine Nichte des Grafens sagt sie: »Die Jüngste hat hübsche Augen, das ist aber auch die ganze Herrlichkeit. Sprechen kann sie gar nicht« (Vulpius, Hulda, S. 58f).

(S. 65).[112] Hulda dagegen werden selbst im Moment der Verführung die Zeichen der jungfräulichen Unschuld zugestanden, während, in bemerkenswerter Verkehrung der eigentlichen Konstellation, Albrecht die sexuelle Gier zugeordnet wird.[113] In der Endphase der Verführung wird Hulda die Ehrlichkeit ihres Herzens sogar durch Albrecht bestätigt: »Ja, gute Hulda! Mein Herz sagt mir, das Deinige ist fern von Hinterlist und Trug« (S. 129).

Mit Blick auf die drei Frauen des Romans und auf ihre Haltung gegenüber den moralischen Normen des Autorkontextes ergibt sich eine eigenartige Sympathie-Antipathie-Verteilung: Bertha tritt als Verkörperung des offiziellen Frauenbildes auf, Agnes wird als Verkörperung einer ›unmoralischen‹ Frau in der Romanhandlung deutlich als Intrigantin und Egoistin diskreditiert, Hulda als Elementarwesen verstößt zwar ebenso wie Agnes gegen das offizielle Frauenbild, ihre moralische Integrität wird jedoch an keiner Stelle explizit in Frage gestellt. Liegt der Unterschied der Bewertung von Hulda und Agnes nur darin, daß die Handlungsweise der Nymphen seit Paracelsus eine gewisse moralische Rechtfertigung besitzt? Warum setzt Vulpius Agnes ein? Offenbar besteht ihre Funktion darin, der Romanhandlung neue Episoden zu eröffnen. Der zugrundeliegende Topos der ›starken Frau‹ ist allerdings zu gewichtig, um sich mit dieser einfachen Antwort zufrieden zu geben.

Agnes und Hulda übernehmen jeweils die aktive Rolle in der Geschlechterkonstellation. Beide führen das Wort und konfrontieren Albrecht mit bestimmten Handlungskonstellationen, in denen er *re*agieren muß. Albrechts Verunsicherung drückt sich in der Vehemenz aus, mit der er auf Agnes' Verführungsversuch reagiert. Als Albrecht von Agnes' Burg zurückkommt, empfängt Bertha ihn mit einem Blumenstrauß und mit dem Eingeständnis, sie sei im Gegensatz zu Agnes nicht so vornehm erzogen und könne auch nicht singen (S. 67). Auf ihre Frage, ob er sie denn nun noch liebe und ob er bald wieder zur Lobedaburgerin gehe, antwor-

---

112 Dieses Urteil gibt zwar eine Textfigur (Berthas Vertrauter Minnewart), aber der Erzähler bestätigt es später durch den Handlungsverlauf, in dem Agnes zur Intrigantin wird.

113 »Auf dem Grund des kristallenen Teiches« erblickt Albrecht plötzlich in einer »von bunten Kieseln gemauerten Grotte« eine weiß gekleidete Jungfrau, die, »wie es schien« [!], ihn nicht bemerkte (Vulpius, Hulda, S. 112f.): »Schön geöffnet waren die großen, blauen Augen [...] ihr langes, goldenes Haar rollte bis auf die runden Hüften hinab« (S. 112). »Ganz ruhig strählte sie ihr schönes Haar, und entzog den gierigen Augen des Ritters nicht einen einzigen, ihrer blendenden Reitze«, um schließlich »mit sanfter, melodischer Stimme, das wohlbekannte Liedlein [zu singen]: In meinem Schlosse ist's gar fein, / komm Ritter! komm zu mir herein. / In meinem goldnen Kämmerlein / soll, weich und sanft, das Brautbett seyn« (S. 113f.).

tet Albrecht schnell und sicher: »Nie wieder«. »Sie gefällt Dir nicht?«, fragt Bertha und entlockt Albrecht die Worte: »Mir kann nur Bertha allein gefallen. – Agnes ist ein böses, giftiges Mädchen« (S. 68). Albrecht versichert Bertha: »Du hast ein gutes, edles Herz, und machst Deinen Albrecht glücklich durch Deine Liebe! Bist Du mein Weib, soll Agnes sich gewiß nicht wieder unterstehen, Dich auszuspotten. Ihr giftiger Mund soll verstummen, und –« (S. 69). An dieser Stelle unterbricht ihn Huldas Gelächter. Wie der Romanfortgang zeigt, steht hinter Albrechts Versprechen nicht wirklich der Treuegedanke aus einem plötzlich intensiv gewordenen Gefühl zu Bertha heraus. Albrecht wird im Grunde bereits einen Moment später untreu, als er, verwirrt durch Huldas lautes Gelächter, Bertha nichts von seiner Begegnung mit der Nixe erzählt. Hinter dem augenscheinlichen Bekenntnis zu Bertha steckt vielmehr das neu gewonnene Macht- und Beschützergefühl nach der verunsichernden Begegnung mit Agnes. Im Angesicht der schutzbedürftigen, »einfältigen« Bertha kann Albrecht die soeben erfahrene Verunsicherung in der Wendung gegen deren Quelle verdrängen.

Die Gefühle von Unsicherheit und Sicherheit entspringen zwei unterschiedlichen Rollen Albrechts. Agnes hatte der gemeinsamen Begegnung durch ihre Kleidung, ihre Lage, ihre Dialogführung sowie durch den anspielungsreichen Gesang erotische Energie ›injiziert‹ und Albrecht als *galanten Liebhaber* angesprochen.[114] Das galante Verhalten, das in seiner Doppeldeutigkeit prinzipiell »nach beiden Seiten, zur Intimität und zur Geselligkeit hin, anschlußfähig« ist,[115] trifft den unerfahrenen Albrecht völlig überraschend, macht ihn rat- und wortlos. Für die Rolle des galanten Liebhabers verfügt er über keine Verhaltensmuster. Er kann die erotische Offerte weder in die Intimität überführen noch in die Geselligkeit abwenden. Er beendet sie aber auch nicht selbstbewußt, indem er sich etwa Agnes' dreisten Angriff auf Bertha verbietet. Albrecht ist überfordert. Bevor dies zur sichtbaren Blamage wird, tritt Meister Minnewart ins Zimmer. Albrecht ist damit aus seiner unglücklichen Lage erlöst, die Er-

---

114 Agnes, die sich als krank ausgegeben hatte, liegt bei Albrechts Besuch vor ihm »sehr nachlässig angekleidet« auf dem »Lotterbettlein« (ebd., S. 61). Da sie über Kopfschmerzen klagt, glaubt Albrecht sie wirklich krank. Agnes zieht unter Anspielung auf Albrechts Heiratsabsichten über Berthas Einfalt her und wirft, als Albrecht auf Berthas vortreffliches Herz verweist, sofort ein: »Ach! mein Kopf! – Seht nur, wie ich glühe!« (S. 62). Im Text heißt es weiter: »Albrecht wußte sich und ihr nicht zu helfen. Er sah vor sich nieder und konnte kein Wort sprechen« (ebd.). Agnes greift schließlich zur Gitarre und singt: »Wer Liebe sucht, der findet Liebe [...] // Die Rose blüht. Wer wird sie brechen, / wenn er den Stich der Dornen scheut? / Wer weiß auch, ob die Dornen stechen? / Wohl dem, der keine Dornen scheut!« (S. 63).
115 Luhmann, S. 97.

fahrung der völligen Lähmung aber bleibt. Sie muß sich Albrecht als Erfahrung der Ohnmacht und des Versagens einbrennen. Um so entlastender ist es für sein Selbstwertgefühl, anschließend durch Bertha in der Rolle des Beschützers und künftigen Ehemanns angesprochen zu werden. Die Codierung dieser Rolle ist ihm bekannt. In dem nun obligatorischen Schutzversprechen kann Albrecht all die Agressivität, die aus dem Bewußtsein seiner Ohnmacht gegenüber Agnes resultiert, sozialkonform ›unterbringen‹. Huldas Lachen scheint geradezu das Wissen um die Verdrängungsfunktion dieser Kraftgebärde anzudeuten.

Auch in der Beziehung zu Hulda stellt sich für Albrecht kein Dominanzgefühl ein. Er kann sein Selbstwertgefühl nicht durch eine versprochene Schutzleistung stärken – Hulda verweigert sich der Einordnung in die übliche Geschlechterkonstellation. Albrecht verschweigt seine Unsicherheit in diesem Falle nicht: »Vergieb mir meine Aengstlichkeit! – Du bist kein Wesen meiner Art« (S. 148). Hulda ihrerseits versucht, Albrechts Selbstvertrauen zu heben, indem sie ihn an seine Tapferkeit als kämpfender Mann erinnert.[116] Durch die Erinnerung an den gezeigten Mut in gewohnten Konstellationen ermuntert sie ihn zum Mut in der ungewohnten Konstellation. Sie handelt wie eine Mutter oder eine Therapeutin, die jeden Gedanken an Bedrohung zu zerstreuen sucht: »Du zitterst neben einer Nixe, die Hulda heißt, und Dich so zärtlich liebt?«, gibt sie Albrecht schließlich zu bedenken, »Ei! Du kühner Mensch! – Trink! – Fürchtest Du, ich werde Dich zerreißen und zerfleischen?« (S. 151)

Mit diesen Worten wird die Angst explizit gemacht. Vulpius eröffnet einen Bezug zu all den Figuren, die der Angst des Mannes vor der ›starken Frau‹ in der europäischen Literatur Ausdruck gaben: Sirenen, Amazonen, Bacchantinnen, Hexen – zerreißende, zerfleischende Weiber. Diese Angst liegt im Sujet begründet und ist auch in der Fassung des »Donauweibchens« deutlich angesprochen. In einem Lied Minnewarts heißt es dort: »Wer Hexen, Geister bannen will, / Ist ein verlorner Mann«, denn sie »saugen einem aus dem Leib / Das schönste Blut zum Zeitvertreib«.[117] Der Sänger bekennt deswegen: »Da wähl' ich mir ein Mädchen gleich, / Von Haut und Fleisch und Bein. / Da kann ich wie ein König, reich, / Froh und zufrieden seyn [...] Geister, so von Fleisch und Bein / Die wollen gleich erlöset seyn«.[118] Hier wird, wenn auch in operettenhafter Diktion, klar zum Ausdruck gebracht, daß der Mann in einer Beziehung mit

---

116 »Bist Du ein Ritter ohne Furcht? Würdest Du Lanzen und Schwertern gegenüber zittern? – Gewiß nicht; denn Du bist kühn und tapfer« (Vulpius, Hulda, S. 151).

117 Hensler, 2. Teil, S. 83.

118 Ebd.

einem Elementarwesen die Dominanz des Königs nicht erringen kann, daß er im Gegenteil zur Beute der blutsaugenden Frau zu werden droht. Bemerkenswerterweise wird der Erlösungsbegriff dabei nicht im Sinne Paracelsus auf das Elementarwesen angewandt, sondern erhält in seinem Bezug auf die ›menschliche Frau‹ eine neue Bedeutung.

Albrecht reagiert auf Huldas Versicherung, kein Männer zerreißendes und zerfleischendes Weib zu sein, mit den Worten: »Ach nein Hulda! Du bist ein besseres Wesen, als –«.[119] Vulpius läßt Hulda Albrecht ins Wort fallen und den Unterschied zwischen Nixe und Mensch ansprechen,[120] obgleich Albrecht auch Agnes zum Vergleich hätte heranziehen können. Aber dessen ungeachtet ist deutlich geworden, daß Vulpius implizit eine Differenz zwischen Agnes und Hulda aufbaut. Zwar stehen beide in Opposition zum ›Modell‹ Bertha, der Unterschied zwischen Hulda und Agnes liegt jedoch in der Qualität ihres Andersseins. Agnes wird als berechnende und verletzende Frau gezeichnet, »boshaft, neidisch, schlau und gewandt«, wie Minnewart Albrecht erklärt (S. 64f.). Hulda dagegen bleibt bei aller Souveränität, die sie Albrecht gegenüber besitzt, immer auch das liebenswürdige Naturwesen mit dem »feurig-zärtlichen Blick [...] des zärtlich-liebevollsten Verlangens« (S. 149).[121] Ohne deswegen gleich die kindliche, anhängliche und vor allem domestizierbare Wasserfee à la Undine bei Fouqué zu sein, ist sie auch nicht die ›männerverschlingende‹ Amazone. Mit dieser Lesart erhält die Agnes-Figur eine Funktion, die über die Ermöglichung von Nebenhandlungen hinausgeht. Sie dient erstens dazu, Albrecht zu charakterisieren, zweitens hat sich Vulpius in ihr eine Kontrastfolie geschaffen, vor der er die Verführerin Hulda für den Leser akzeptabel machen kann.

Aber auch die *sympathische* Nixe bleibt eine ›starke Frau‹. Auch sie bedeutet für Albrecht eine Verunsicherung. Diese Verunsicherung tritt genau in dem Moment in Albrechts Leben, als er von einem Vater zum anderen Vater, von der einen Burg zur anderen unterwegs ist, um selbst Vater zu werden. Die Befolgung dieser Aufgabe ist nichts anderes als die Erfüllung der in Albrechts Sozialisation vermittelten und von ihm verinnerlichten Verhaltensgewohnheiten. Er weiß, was zu tun ist, es bestehen

---

119 Vulpius, Hulda, S. 151.

120 Im Text heißt es weiter in der Rede Huldas: »Als Du eins bist? – Willst Du die Menschheit erniedrigen? Werden Dir das die Menschen danken?« (ebd., S. 151f.).

121 Es kommt einer Harmonisierung durch die Beseitigung aggressiver Ausdrücke gleich, wenn Vulpius in der Überarbeitung der ersten Fassung Huldas Rede »Schreckt Dich der Wollustblick dieser Augen? Es ist der Blick des zärtlichsten Verlangens« (Vulpius, Saal-Nixe, 97) in: »Schreckt Dich der feurig-zärtliche Blick dieser Augen? Es ist der Blick des zärtlich-liebevollsten Verlangens« (Vulpius, Hulda, S. 149) ändert.

keine Handlungsunsicherheiten. Die Nixe Hulda symbolisiert demgegenüber das Normwidrige. Im anderen Ort ihrer Herkunft drückt sich ihre Fremdheit als lokale und mentale zugleich aus. Da im Roman die sexuelle Begegnung zwischen Albrecht und Hulda sich ausschließlich in den Tiefen des Wassers vollzieht, die Beendigung dieser Beziehung aber in einem Burgzimmer erfolgt, werden der tiefgelegene Fluß Huldas und die hochgelegene Burg Berthas zu den Elementen einer Topologie der Moral.[122]

Die gegeneinandergestellten ursprünglichen Orte Albrechts und Huldas bieten jedoch auch den Ausgangspunkt dafür, im vorliegenden Text eine weitere semantische Ebene aufzudecken. Die Burg, an die die Bertha-Figur gekoppelt ist, bedeutet für Albrecht die Sicherheit des Vertrauten, das Wasser als Element der Hulda-Figur, deren Auflösung im Bannkreis einer fremden Disposition. Das Oppositionspaar fest/flüssig verweist im Grunde auf das Oppositionspaar Fremdes-Eigenes, in dem die Methaphorik des Fließens und der Verfestigung eine spezifische Rolle spielt. Im folgenden Abschnitt ist dieser Aspekt unter Rückgriff auf allgemeine theoretische Überlegungen auszuführen. Der anschließende Blick auf den zeitgenössischen Geschlechterdiskurs einschließlich zweier belletristischer Texte dient der Illustration und Kontextuierung meiner Überlegung, bevor diese zur Entwicklung der theoretischen Perspektive meiner Lesart führt.

---

122 Auf dem Titelkupfer der ersten Romanausgabe treten sowohl Burg und Fluß wie Hulda und Albrecht in ein Beziehungsgeflecht. Im rechten Vordergrund ist Ritter Albrecht in Rüstung auf seinem Pferd zu sehen, im linken Mittelgrund die in ein durchsichtiges weißes Tuch gehüllte Hulda, neben der auf dem Boden weitere Tücher ausgebreitet liegen. Im linken Hintergrund, in einer vertikalen Linie zu Hulda, ragt der Bergfried hervor. Der Fluß zieht sich als Diagonale vom rechten Mittelgrund in den linken Vordergrund durch das Bild und trennt den Ritter von der Nixe und von der Burg. Ein Schatten in der Landschaft bildet eine Diagonale vom Bergfried zu Albrecht. Der obere Bildteil wird von Pferd, Ritter und Burg bestimmt, der untere von Fluß und Nixe. Die beiden Diagonalen haben ihren Schnittpunkt in Albrecht und eröffnen die Alternative nach oben zur Burg oder nach unten zu Hulda. – Daß Vulpius Hulda schließlich aus dem Fenster in die *Höhe* davonfliegen läßt, scheint inkonsequent zu sein, läßt sich allerdings damit erklären, daß zum einen dieser Abgang bereits durch Thüring von Ringoltingens Text vorgegeben war und daß zum anderen die Bewegung in die Höhe Huldas Selbstdefinition als »besseres und feineres« Wesen Ausdruck verleiht.

4.1.2 Nixen, Frauen und Verwaltung — Theorie und Kontext

4.1.2.1 Die Nixe als Fremdes

Der erste Mann der Literaturgeschichte, der eine Begegnung mit Wasserfrauen zu überstehen hat, ist Odysseus. Die Konstellation Odysseus-Sirenen besitzt mit der Konstellation Albrecht-Saalnixe bei allen nicht zu übersehenen Unterschieden sowohl Detailgemeinsamkeiten (beispielsweise der Gesang als Lockung) als auch eine strukturelle Ähnlichkeit. Obgleich sich die Orte unterscheiden, die Odysseus und Albrecht zugeschrieben werden (das Schiff, die Burg), läßt sich die gleiche Semantisierung des Raumes erkennen. Der Schiffsmast ersetzt den Bergfried und bildet wie dieser den Gegenort zum Raum der Versuchung und der Gefahr. Die Festung und das Wasser sind auch im antiken Mythos die beiden konkurrierenden Elemente. Es ist kein Zufall, daß Adorno und Horkheimer in der Beschreibung dieses Mythos antinomisch mit Wörtern und Bildern arbeiten, die im semantischen Bereich der Begriffe fest/flüssig liegen. So wird über Odysseus gesagt, daß sich ihm »die Einheit des eigenen Lebens, die Identität der Person gehärtet« habe und daß ihm »die Flut dessen, was war, vom Felsen der Gegenwart zurückgetreten« sei. Über die Sirenen heißt es, ihre Lockung sei »die des sich Verlierens«; sie werden zu den »Mächten der Auflösung« gezählt, die durch das Versprechen der Lust die »patriarchale Ordnung« bedrohen.[123] Indem Odysseus sich dem Einfluß der Sirenen entzieht, rettet er seine Identität vor der Auflösung.[124]

Der Terminus *fremd* erhält in diesem Fall seine Bedeutung nicht im Sinne von *unbekannt*. Gewiß sind die Sirenen Odysseus auch unbekannt, ebenso wie die Saalnixe Albrecht. Aber die Kategorien bekannt/unbekannt treffen nicht den Kern des vorliegenden Problems. Die Sachlage im »Saal-Nixe«-Roman zeigt zum Beispiel, daß die Fremdheit Berthas im Sinne von unbekannt für Albrecht völlig irrelevant ist. Die Frage ist vielmehr, welche Wirkung die Begegnung mit der fremden Person besitzt bzw. welche Bedrohung sie ausübt. Um den Fremdheitsbegriff hinsicht-

---

123 Adorno/Horkheimer; S. 32ff.

124 Auch Julia Kristeva sieht in ihren Überlegungen zum Fremden eine Beziehung zwischen der Begegnung mit dem Fremden und dem Kategorienpaar fest/flüssig: »Angesichts des Fremden, den ich ablehne und mit dem ich mich identifiziere, beides zugleich, lösen sich meine festgefügten Grenzen auf, meine Konturen zerfließen, Erinnerungen an Erlebnisse, in denen man mich fallengelassen hat, überfluten mich, ich verliere die Haltung. Ich fühle mich ›verloren‹, ›konfus‹. Die Varianten des Unheimlichen, der beunruhigenden Fremdheit sind vielfältig: alle wiederholen meine Schwierigkeit, mich im Verhältnis zum anderen zu situieren, und eröffnen noch einmal den Weg der Identifikation-Projektion, der am Grund meines Aufstiegs zur Autonomie liegt« (Kristeva, S. 203).

lich Odysseus' Begegnung mit den Sirenen und Albrechts Begegnung mit Hulda zu konkretisieren, empfiehlt sich ein Rückgriff auf Norbert Mecklenburgs Unterscheidung zwischen dem *kognitiv* Fremden und dem *normativ* Fremden. Demnach ist als fremd zu bezeichnen einerseits das Unbekannte, Unerkannte, andererseits das, was aufgrund von Normen als nicht zugehörig zum Eigenen gilt.[125] Mit dieser Aufspaltung des Fremdheitsbegriffs in eine ›bemerkende‹ und eine ›bewertende‹ Seite wird die Fremdheit auch über den Erfahrungswert bestimmt, den ein bestimmtes Phänomens besitzt.[126] Im normativen Sinne des Fremden gilt dem betrachtenden Ich (bzw. dem kognitiven System des Beobachters) das als fremd, was keine Deckungsgleichheit mit dem eigenen Referenzrahmen herstellen kann. Für diese Differenzerfahrung wird es je nach vorliegendem Phänomen und betrachtendem System Quantitätsunterschiede geben. Da es auf der Hand liegt, daß die normative Abweichung sich ver-

---

125 Vgl. Mecklenburg, S. 81

126 Norbert Mecklenburgs Definitionsversuch, der Bezug nimmt auf Karl Heinz Ohle: »Das Ich und das Andere. Grundzüge einer Soziologie des Fremden«, blieb nicht unwidersprochen. Fred Lönker weist hinsichtlich der Bestimmung des kognitiv Fremden mit dem Begriff des Unbekannten darauf hin, daß Fremderfahrung zunächst die Bekanntschaft mit dem fremden Phänomen voraussetzt (vgl. Fred Lönker: Aspekte des Fremdverstehens in der literarischen Übersetzung, in: Fred Lönker [Hg.], Die literarische Übersetzung als Medium der Fremderfahrung, S. 41-62, hier: 49, Anm. 25). Dieser Einwand ist insofern richtig, als das nicht bekannte Phänomen gar nicht existiert und ihm somit nicht einmal die Qualität der Fremdheit zugeschrieben werden kann. Aber dieser Einwand scheint in der Tendenz die Differenzierung zwischen kognitiv und normativ Fremdem wieder zurückzunehmen, denn die Bestimmung eines *bekannten* Phänomens als fremd hat nur mit Blick auf die *normative* Fremdheit einen Sinn. Die Bedingung der Unterscheidung, die Mecklenburg trifft, ist die, daß sich der Begriff des Fremden immer gegen seinen anderen Bestandteil austauscht und niemals ein Phänomen beides zugleich sein kann (es ist nur denkbar, daß es beides zugleich *nicht* ist, was es als Eigenes qualifiziert). So setzt die normative Bestimmung die Bekanntheit des Phänomens voraus, das erst dann als fremd eingeschätzt werden kann, wenn es im kognitiven Sinne nicht mehr fremd ist. Die Kategorie des kognitiv Fremden führt sicher einen performativen Widerspruch in sich, wenn man sie so versteht, daß das Unbekannte nicht einmal als Name gewußt werden dürfe. Mit dieser unnötigen Radikalisierung des Definitionsansatzes fällt man allerdings hinter die Differenzierungsleistung selbst der Alltagssprache zurück, in der der Arbeitskollege einem ebenso, aber eben auch ganz anders, fremd sein kann wie/als der Mond. Unter Fremdheit in kognitiver Hinsicht wäre also ratsamerweise das unbestimmte Wissen über etwas Unbekanntes zu verstehen, oder, mit anderen Worten, das Wissen um ein bestimmtes Wissensdefizit. So wie man eben um die Existenz und sogar Oberflächenstruktur, Temperatur und Luftzusammensetzung des Mondes weiß, ohne deswegen sagen zu können, er sei einem nicht fremd. Vgl. auch die Unterscheidung zwischen fremd im Sinne von unbekannt und im Sinne von befremdend, seltsam, unerhört in Grimms Deutschen Wörterbuch, 4. Bd., 1. Abt., 1. H., Leipzig 1878, S. 125-128, v. a. Punkt 1 und 6.

schiedentlich kategorisieren läßt, ist es ratsam, den allgemeinen Begriff der Norm durch den Begriff der kognitiven, ethischen und affektiven Dispositionen eines Systems zu ersetzen, womit der Begriff der Mentalität, wie er unter 1.2.2.3 definiert wurde, für den Komplex Fremdheitserfahrung Anwendung findet. Mit Bezug auf die Fremdheitserfahrung müssen also Differenzen zwischen den kognitiven und/oder ethischen und/oder affektiven Dispositionen der im Vergleich stehenden Phänomene (System des Beobachters und System des Beobachteten) veranschlagt werden.

Bezüglich der Konfrontation mit dem Fremden, womit im folgenden immer das normativ Fremde gemeint ist, kann man sagen, daß sie, insofern das Fremde nicht stigmatisiert und abgelehnt wird, zu einer Verunsicherung des Selbst führt. Das akzeptierte Fremde, das als gleichberechtigtes, gleich-gültiges anderes das Wort erhält, nutzt die Gelegenheit, seinem Gegenüber die Frage nach Wert und Grund seines So-Seins zu stellen. Erworbene Haltungen, die einem Halt geben in der Welt, werden in Frage gestellt. Den eigenen Denk- und Verhaltensweisen, der eigenen gängigen Produktion von Bedeutung und Identität wird zumindest die Perspektive der Gleichgültigkeit zugemutet. Darin liegt bereits die Gefahr der Entwertung eigener Identität, und darin liegt auch der Grund für die häufig zu beobachtende Abwehr des Fremden.

Unter diskurstheoretischem und konstruktivistischem Gesichtspunkt muß also geklärt werden, wie jemand überhaupt dazu kommen soll, das Fremde zu akzeptieren bzw. sich von ihm Fragen stellen zu lassen. Dabei geht es strukturell gesehen um nichts anderes als um die Frage nach der Wirkungsmöglichkeit systemfremder Eingabegrößen auf den systemeigenen Referenzrahmen. Eine Antwort läge in der unter 1.2.2.6 angebotenen Erklärung der Wirkungsmöglichkeit von Texten parat. Man kann sich vorstellen, daß die Parallelisierung bestimmter Eingabegrößen die relative Geschlossenheit eines kognitiven Systems durchbricht, die Präsenz und Akzeptanz jener Eingabegrößen herstellt und möglicherweise den Zustand des Systems verändert. Eine etwas andere, für meine Untersuchung wichtige Antwort wird von seiten der Psychoanalyse angeboten. Dort liegt eine Akzentverschiebung vor, denn die Psychoanalyse handelt nicht von der Besetzung des Eigenen durch das Fremde, sie entdeckt das Fremde im Eigenen. Mit dem Freudschen Begriff des Unbewußten ist das Fremde zum integralen Teil des Selbst erklärt worden. Sigmund Freud, dessen gesamtes Werk von diesem Gedanken durchzogen wird, diskutiert die Existenz des Fremden im Eigenen unter anderm in seinem Essay »Das Unheimliche« (1919). Er nennt das Unheimliche dort das verdrängte Vertraute, das »dem Seelenleben von alters her Vertraute, das ihm nur durch den Prozeß der Verdrängung entfremdet worden ist«.[127]

Der Bildung des Unbewußten liegt in der Freudschen Begrifflichkeit der Vorgang der Verdrängung zugrunde.[128] Es kommt im Zusammenhang meiner Untersuchung nicht darauf an, die Konfusion zwischen »Verdrängung« und »Abwehr« sowie den Unterschied von »Verdrängung« und »Vermeidung« in der Freudschen Terminologie zu klären oder die Dekkungsgleichheit des Begriffs »Unbewußten« aus der ersten mit dem Begriff »Es« aus der zweiten Freudschen Topik des psychischen Apparates zu diskutieren. Ich betrachte den Abwehrvorgang auch nicht in seiner speziellen Form der Hysterie, der Zwangsneurose oder der Paranoia, sondern greife ganz allgemein – sozusagen im Modus der ›Normalpsychologie‹ – auf den Grundpfeiler der Psychoanalyse zurück. Wenn ich dabei nicht von einer *Ur*verdrängung spreche und auch nicht davon ausgehe, daß das Verdrängte selbst durch Ersatzvorstellungen dem Bewußtsein vorenthalten wird,[129] nutze ich den Gedankenkomplex Verdrängung bzw. Abwehr also bewußt in einem nicht psychoanalytisch spezifizierten Sinne. Ich folge Freud dahingehend, daß erstens die Verdrängung auf einen *inneren* Reiz reagiert, weswegen die Flucht kein geeignetes Reaktionsmittel wäre, daß zweitens dieser Reiz an sich als lustvoll zu denken ist, seine Befriedigung jedoch zugleich zu Unlusterfahrungen auf einer anderen Ebene des psychischen Systems und damit zu dessen Störung führen würde, und daß drittens die Verdrängung ein sich notwendig wiederholender Prozeß ist.[130]

Im Anschluß an Freuds Essay über das Unheimliche definiert Julia Kristeva mehr als 70 Jahre nach dessen Erscheinen das *andere* als das »eigene« Unbewußte bzw. unbewußte »Eigene«.[131] Kristeva konkretisiert nicht, was man sich unter dem Fremden in sich selbst vorzustellen hat, sie konzentriert sich auf den Umgang mit diesem Fremden. Im Gegensatz zum Freudschen Modell ist in ihrer Perspektive die Verdrängung oder Abwehr ein mehr oder weniger *bewußter* Prozeß des Subjekts. Aus diesem Grund kann sie den Verdrängungsaspekt schließlich auch dafür nutzen, theoretisch das Fundament einer multinationalen Gesellschaft zu entwickeln: »Das Fremde ist in uns selbst. Und wenn wir den Fremden fliehen oder bekämpfen, kämpfen wir gegen unser Unbewußtes – dieses

---

127 Freud, Bd. 4, S. 264.
128 Vgl. Freuds Aufsatz: Die Verdrängung (1915) sowie Laplanche, S. 582-587.
129 Vgl. dazu u. a. den IV. Abschnitt (Topik und Dynamik der Verdrängung) in Freuds Schrift: Das Unbewußte«(1915).
130 Vgl. Freud, Bd. 3, S. 107, 108, 112.
131 Vgl. Kristeva, S. 199.

›Uneigene‹ unseres nicht möglichen ›Eigenen‹«; es gelte, das Fremde als Quelle »essentielle[r] Depersonalisierungen« auszuhalten.[132] Mit diesem griffigen Terminus benennt Kristeva das Problem, vor dem sich das Ich – auch außerhalb einer streng psychoanalytischen Diskussion – im Umgang mit dem verdrängten Vertrauten sieht.

Der hier skizzierte Zusammenhang Fremdes-Verdrängung soll genutzt werden, um die Verfahrensweise der Vulpius-Texte aufzudecken. Zunächst sind zwei Dinge festzuhalten: Die Differenz, die ich oben die Grundlage der Fremdheitserfahrung nannte, muß innerhalb des eigenen Selbst gesucht werden. Die Existenz des Fremden im Eigenen stellt vor die Frage des Umgangs mit ihm. Dazu ist folgendes anzumerken.

Die Differenz im psychischen System des Individuums kann man sich als Gegensatz zwischen verschiedenen Verhaltenspositionen bzw. Verhaltensversuchungen vorstellen. Das Fremde im Eigenen bedeutet dabei einen inneren Angriff auf die Integrität und Konstanz des Ichs, das durch verschiedene Übereinkünfte (Verhaltensnormen) mit seiner sozialen Umwelt verbunden ist. Die fremde Verhaltensversuchung basiert zwar auf einer möglichen Lusterfahrung, aber sie konkurriert mit anderen Ansprüchen und würde, da sie das aufgebaute Verhältnis des Ichs zu seiner sozialen Umwelt stört, andererseits auch zu einer Unlusterfahrung führen. In dieser Konfliktsituation trifft das Ich – als Resultat der äußeren Realität und als Instanz des Realitätsprinzips – die Entscheidung, ob ein Triebanspruch befriedigt, verschoben oder unterdrückt werden soll.[133] Als Entscheidungsmaßstab muß man sich die zeitgenössischen Diskurse, die Sozialisations- und Disziplinierungsvorgänge denken, in deren Schnittpunkt sich das Individuum befindet. In diesem Zusammenhang ist Kristevas quasi postmoderne Hoffnung auf eine massenhafte, »essentielle Depersonalisierung« mit großer Skepsis zu betrachten.[134] Da die Personalisierung vor dem Hintergrund bestimmter Diskurse und sozialer Systeme erfolgte, ist nicht abzusehen, wie sich die Auflösung der Ich-Struktur

---

132 Ebd., S. 209 und 206.

133 Vgl. Laplanche, S. 430. Freud nennt als Bedingung der Verdrängung, »daß das Unlustmotiv eine stärkere Macht gewinnt als die Befriedigungslust« (Freud, Bd. 3, S. 108). Das Realitätsprinzip wirkt in Freuds Modell als Regulationsprinzip des psychischen Geschehens und garantiert die Erlangung von Befriedigung in der Realität (vgl. Laplanche, 428). Das Ich wird als Mittler zwischen Es und Über-Ich verstanden, wobei das Über-Ich (als ›Zensor‹ des Ichs) das »elterliche Über-Ich« repräsentiert (vgl. S. 542).

134 Zum postmodernen Konzept einer multiplen Identität vgl. das ebenfalls auf eine »psychodynamische Umstellung« hinauslaufende Konzept von Wolfgang Welsch in seinem etwa zeitgleich entstandenen Aufsatz mit dem programmatischen Titel: Identität im Übergang (1990) (Wiederabdruck in: Welsch, Ästhetisches Denken, Stuttgart 1990, S. 168-200, hier: 197).

ohne die Annulierung jener vollziehen könnte. Der psychische Umbau des Selbst erfordert zumindest auch eine entsprechende Veränderung seines sozialen Umfeldes. Die Depersonalisierung ist in der im Vergleich zu heute noch sehr statischen Gesellschaft des ausgehenden 18. und beginnenden 19. Jahrhundert nicht in größerem Umfang zu erwarten gewesen.

Andererseits ist eine strikte Abwehr des Fremden undenkbar, insofern es zum Eigenen gehört. Es kann nur wiederbringlich verdrängt werden. An dieser Stelle ist es aus heuristischen Gründen ratsam, eine zweite Begriffsdifferenzierung nachzuholen. Kristeva verwendet die Termini das *andere* und das *Fremde* synonym und spricht jeweils von einem Phänomen im psychischen System des Individuums. Das Fremde, das sich *außerhalb* des Eigenen befindet und dem durch Abwehr oder Flucht begegnet werden könnte, wird dadurch allerdings nicht kenntlich. Hier bietet sich die Trennung an, die Horst Turk zwischen beiden Begriffen vornimmt. Er differenziert zwischen *Alienität* und *Alterität*, wobei er die jeweilige Systemreferenz zugrunde legt. So ist alien das, was einem anderen System angehört, alteritär das, was innerhalb *eines* Systems als das andere von zweien auftritt.[135] Der *andere* ist »als *alter ego* ein *ego* wie ich, nur eben anders, d. h.: dasselbe in einer *Varietät*«.[136] Ich greife diese Begriffsbestimmung, die Turk in einen anderen Zusammenhang stellt, auf, um sie der Beschreibung meines Gegenstandes dienlich zu machen. Der *andere*, das *alter ego*, ist als *ein ego* des Ichs (im Sinne eines psychischen Systems) zu denken. In psychoanalytischer Topologie wäre dieses alter ego etwa das Es, dem das Ich gegenübersteht. Worauf es mir mit der Aufnahme dieser zweiten Begriffsdifferenzierung ankommt, ist die Unterscheidung zwischen dem Fremden, das außerhalb, und dem Fremden, das innerhalb des eigenen psychischen Systems liegt. Letzteres wäre zur Absetzung von ersterem in der Folge als das *andere* bzw. als das *fremde Eigene* oder *eigene Fremde* zu bezeichnen. Vor dem Hintergrund des soeben aufgezeigten Komplexes der Fremdheit ist nun zu fragen, was in dem für meine Untersuchung interessanten Zeitraum für das Individuum den Platz des *anderen* einnehmen und damit zu einem Gegenstand der Verdrängung werden konnte.

---

135 Vgl. Turk, S. 10f.
136 Ebd., S. 11.

4.1.2.2 Die Geschlechterdebatte

4.1.2.2.1 Wunsch- und Schreckbilder

Hulda bezeichnete die Menschen als »ängstlich«, nicht geschaffen, sich mit Nixen – als »bessern und feinern Wesen« – zu vereinigen. Dieser Schlußsatz hebt den Roman über die Ebene der konkreten Dreiecksgeschichte hinaus und erklärt Albrechts Versagen zu einem allgemein menschlichen Problem.[137] Das Versagen besteht in diesem Fall darin, daß Albrecht das ihm abverlangte Sowohl-als-Auch des Ehemanns in patriarchalischer Situation und des Geliebten einer selbstbewußten Frau nicht erträgt. Dabei ist es von Bedeutung, daß Vulpius die Widerstände gegen diese Variante des ›double standard‹ gerade nicht im sozialen Umfeld des Helden, sondern in dessen psychischem System situiert. Albrecht verliert die Ruhe seiner Seele, sein Körper reagiert mit Krankheit, das psychische Problem gleichsam in ein physisches transformierend. Die Problemlösung besteht im Verschwinden Huldas. Die so aufgesetzt erscheinende Schlußsequenz des Romans – der gemeinsame Ausruf der Menschen: »Herr Gott, Dich loben wir!« – wird verständlich, wenn man in Gott die Ruhe, die Stabilität, den Vater symbolisiert sieht, der einen Halt gegen das innere Chaos bietet.

Mit Blick auf die Fremdheitsproblematik ist festzuhalten, daß der »Saal-Nixe«-Roman das strukturelle Oppositionspaar Eigenes-Fremdes in einer Geschlechterkonstellation konkretisiert, womit die Frau zur Projektionsfläche des Fremden wird. Das ist im konkreten Fall bereits durch das Nixenmotiv vorgegeben, liegt allgemein aber auch darin begründet, daß die Konstellation der Partnerschaft die klassische Möglichkeit einer existentiellen Auseinandersetzung mit dem Fremden bietet, wobei in einer heterosexuell dominierten Gesellschaft die Darstellung der Partnerschaftsbeziehung als *Geschlechter*beziehung zu erwarten ist. Inwiefern aber bezeichnet nun die Nixe das *andere*, das mehr oder weniger deutlich im eigenen System vorhanden ist?

Matthias Vogel sieht die ideelle Funktion des »Wasserfrau«-Motivs darin, daß der »realen Frau« eine wie auch immer »imaginierte Frau«

---

137 Der Roman selbst bietet ein Parellelbeispiel für die Unfähigkeit der Menschen, diese besondere Konstellation zu ertragen. Albrecht erfährt durch Hulda, daß einer seiner Verwandten ein Beziehung mit Huldas Schwester Erlinde hat, von der dessen Frau nichts weiß (vgl. Vulpius, Hulda, S. 172f). Albrecht begegnet später diesem Mann und muß erfahren, daß er mit seiner Lage unzufrieden ist, sich aus Erlindes Umarmungen zu befreien und »reuevoll ins Kloster zu gehen« beabsichtigt (S. 238).

gegenübergestellt wird.[138] Damit lenkt er die Aufmerksamkeit auf die Psychologisierung des Wasserfrau-Motivs. Inge Stephan geht diesem Vorgang an Texten von Eichendorff und Fouqué nach und bereichert die Erklärung um den Aspekt der Ambivalenz. Das »gemeinsame Zentrum all dieser Vorstellungsbereiche« nennt sie das »Wunsch- *und* Schreckbild einer elementaren Weiblichkeit«.[139] Mit Blick auf Eichendorffs Gedicht »Waldgespräch« schreibt sie: die »amazonische Hexe Loreley ist Gestalt gewordene männliche Phantasie, in der sich Wunsch und Abwehr in schwer trennbarer Weise vermischen: Der Wunsch nach Verführung und Genommenwerden und die Angst vor Hingabe und Auflösung«.[140] Das bedrohlich Fremde, das die Wasserfrau verkörpert, erhält als »Projektion männlicher Sehnsüchte und Wünsche«[141] seinen Ort *im* psychischen System des Mannes. Es ist das *andere* im Eigenen, ersehnt und gefürchtet, gewünscht und abgewehrt, auf jeden Fall nicht überhörbar.

Ich schließe mich der sozialpsychologischen Perspektive Stephans mit dem Vorbehalt an, gewisse, mit der feministischen Perspektive einhergehende Verzerrungen zu vermeiden. So muß eingewandt werden, daß die besagten Projektionen der Verführung nicht nur von Männern stammen[142] und auch nicht ausschließlich von weiblichen Figuren besetzt werden.[143] Der Terminus »Männerphantasie« bleibt freilich insofern berechtigt, als die literarischen Texte überwiegend von männlichen Schriftstellern produziert wurden und die Figur der Verführung folglich vor allem weiblich war. Aber abgesehen vom Mangel an literarisch dargestellten Wassermännern ergibt sich die Frage, ob die Wasserfrau nicht ebenfalls als Projektionsfläche *weiblicher* Sehnsüchte und Wünsche dienen konnte, so wie umge-

---

138 Vgl. Vogel, S. 2.

139 Stephan, Weiblichkeit, S. 130; Hervorhebung von mir.

140 Ebd., S. 127.

141 Ebd.

142 Man denke an die Lais »Lanval« (um 1160/70) der französischen Dichterin Marie de France (siehe dazu: Lundt, S. 41-66).

143 Es war zu sehen, daß in der Motivgeschichte ebenso Wasser*männer* vorkommen, die *Frauen* aus ihrem sozialen Umfeld entführen. Auch in dem von Inge Stephan angesprochenen Gedicht Eichendorffs »Der zauberische Spielmann« ist es ein Mann, dessen verführerischer Gesang ein Schloßfräulein in den Grund hinablockt. Stephan unterschlägt diese umgekehrte Relation nicht nur, sie suggeriert durch die indirekte Mitteilung, der Spielmann habe »keine Angst vor dem Abgrund, in den ihn die Sirenen locken wollen« (Stephan, Weiblichkeit, S. 125), sogar die gegenteilige Konstellation Frau (Verführerin) – Mann (Verführter). Es ist sicherlich schwer, angesichts der umgekehrten Konstellation das Verführer-Motiv auf den Kult der »großen Mutter« oder auf den »Mythos vom Naturwesen Frau« zurückzuführen (S. 128 und 130). Die Ablehnung der Perspektive des ›Allgemeinmenschlichen‹ und die feministische Lesart des Verführungs-Motivs allein im Kontext des Geschlechterkampfes darf jedoch nicht zur Unterschlagung der *männlichen* Sirene führen.

kehrt auch der Casanova-Typus keineswegs allein eine Gestalt gewordene weibliche Phantasie ist. Wenn sich in der Loreley die Imagination einer anderen, natürlicheren Erotik verkörpert, wie Stephan zu recht festhält,[144] ist nicht auszuschließen, daß diese Imagination auch den weiblichen Lesern etwas sagte, die im allgemeinen dem gleichen Diskurs der
Sexualität ausgesetzt waren und den gleichen gesellschaftlichen Regeln
und Zwängen unterstanden wie die männlichen Leser. Es sei in diesem
Zusammenhang nur daran erinnert, daß liberalere Zeitgenossen weit über
das 18. Jahrhundert hinaus daran arbeiteten, die Ehe zu erotisieren und
der Leidenschaft Eingang ins eheliche Sexualleben zu verschaffen und
daß das Recht der Frau auf Sexualität und sexuelle Aktivität im 18. und
noch im 19. Jahrhundert alles andere als unumstritten war.[145]

Der herrschende Geschlechterdiskurs schwor, wie oft festgestellt wurde, die Frauen prinzipiell auf Passivität ein: »Nicht nur die Initiative zu
einer Eheschließung hatte vom Manne auszugehen – jegliche Aktivität
der Frau im erotischen Bereich stellte ihre Unschuld, ein wichtiges Attri-
but weiblicher Tugendhaftigkeit, in Frage«.[146] Johann Gottlieb Fichte sagte es in seinen »Grundlagen des Naturrechts nach Prinzipien der Wissenschaftslehre« (1797) mit aller Deutlichkeit: »Im unverdorbenen Weibe
äussert sich kein Geschlechtstrieb, und wohnt kein Geschlechtstrieb, sondern nur Liebe; und diese Liebe ist der Naturtrieb des Weibes, einen Mann
zu befriedigen«, diese Befriedigung »ist nicht die sinnliche Befriedigung
des Weibes, sondern die des Mannes; für das Weib ist es nur Befriedigung
des Herzens«.[147] Demgegenüber wird in Figuren wie Loreley und Hulda
die Vorstellung weiblicher (sexueller) Aktivität projiziert. Dies als reine
Imago des Mannes zu verstehen, hieße, die der Frau vom herrschenden
Moral-Diskurs ›verschriebene‹ Passivität und Zurückhaltung als eine dem
weiblichen Geschlecht wesentliche bzw. von ihm widerspruchslos ange-
nommene Verhaltensform zu verstehen.[148] Angesichts einer Sexualmoral,
die der Frau erotische Passivität vorschreibt und die noch stark von der
christlichen Maxime getragen ist, daß der Mann sich seiner Frau nicht als

---

144 Vgl. Stephan, Weiblichkeit, S. 127f.

145 Zur Diskussion der weiblichen Leidenschaft im 19. Jahrhundert vgl. Gay, Erziehung, S. 159-186. Wie Peter Gay festhält, nennt selbst ein eher liberaler Mann wie Auguste
Debay in seinem Erfolgsbuch »Hygiène et physiologie du mariage« (1848) die ›Missionars-
stellung‹ noch die einzig normale und sieht in der Rittlingsposition der Frau auf dem Mann
die Umkehrung der Verhältnisse (vgl. S. 166-168).

146 Schweitzer, S. 145.

147 § 4 im ersten Anhang zum Naturrecht: »Grundriss des Familienrecht« (vgl. Fichte,
S. 100).

148 Zur Erotisierung des Codes der Intimität vgl. 4.1.2.2.5.

Geliebter, sondern als Gatte nähern, seine Frau also mit Besonnenheit, nicht mit Leidenschaft lieben soll,[149] kann man sich leicht vorstellen, daß die freie Sexualität einer Loreley und die erotische Aktivität einer Saalnixe ebenso an *weibliche* Sehnsüchte und Wünsche rührte. Insofern die dargestellten Imaginationen den im offiziellen Diskurs vermittelten Verhaltensnormen widersprechen, besitzen sie ein anarchistisches Potential für männliche *und* weibliche Leser. Das bedrohlich Fremde der Wasserfrau ist auch für das weibliche Publikum das *andere* im Eigenen.[150]

Festzuhalten bleibt an Stephans Definition, daß es sich bei diesen Phantasien um ein »Wunsch- und Schreckbild« zugleich handelt. Was Stephan mit Blick auf Eichendorffs »amazonische Hexe Loreley« den (männlichen) »Wunsch nach Verführung und Genommenwerden und die Angst vor Hingabe und Auflösung« nennt,[151] bedeutet vor dem Hintergrund der zeitgenössischen Geschlechterdebatte eine ›vorsichtige Infragestellung‹ geschlechtsspezifischer Rollenklischees. Der Mann wird in dieser Befragung in gewünscht/gefürchteter Weise zum Objekt weiblicher Aktivität. Wie der »Saal-Nixe«-Roman zeigt, bezieht sich dieser Vorgang auf den gesamten Bereich der Partnerschaft, er umfaßt die Verteilung der Subjekt-/Objektpositionen während der Verführung, die Definition der Partnerbeziehung und die Regelung von Zeit und Ort der Beziehung. Es wird am »Lucindora«-Roman zu sehen sein, daß Vulpius in seiner literarischen Imagination (die im »Lucindora«-Text nicht mehr an das Nixen-Motiv gebunden ist) die Aktivität der Frau auch auf nicht erotische Bereiche ausdehnt. Um das anarchische Potential des Wasserfrauen-Motivs bzw. der ›starken Frau‹ deutlich zu machen, ist im folgenden die Geschlechterdebatte um 1800 noch einmal zu skizzieren.

---

149 Vgl. Philippe Ariès: Liebe in der Ehe, in: Philippe Ariès/André Béjin (Hgg.), Die Masken des Begehrens und die Metamorphosen der Sinnlichkeit. Zur Geschichte der Sexualität im Abendland, Frankfurt/Main 1986 (frz. 1982), S. 165-175.

150 Daß die *fremde* Frau ebenso als Projektionsfläche *weiblicher* Imagination dient, läßt sich z. B. am Typus der Amazone, der »Jungfrau in Waffen« zeigen, der auch von Schriftsteller*innen* aufgegriffen wurde. Dagmar von Hoff schreibt über die Beziehung zwischen der Autorin und ihrer weiblichen Zentralfigur:»melancholisch und krank erfährt sich das schreibende Subjekt, während die von ihr gestalteten Figuren voll sind von Lebenskraft und Heroismus. Die Erfahrung des eigenen Mangels ist hier gerade der ausdrückliche Ausgangspunkt der dramatischen Produktion. [...] Mit dem Heroismus der ›hohen spartanischen Frauen‹ wird schließlich generell ein Handlungsanspruch von Frauen behauptet und in den Dramen entworfen« (Hoff, S. 78).

151 Stephan, Weiblichkeit, S. 127.

282

4.1.2.2.2 Die Eiche und der Efeu – Rollenverhalten

Der zeitgenössische Geschlechterdiskurs hatte die »Selbstthätigkeit« zum männlichen Prinzip erklärt, die »leidende Empfänglichkeit« zum weiblichen.[152] Es wurde ein Weiblichkeitsbild produziert, »aus dem Aktiviät, Kraft, Stärke und Selbständigkeit idealtypisch getilgt sind«, wie Stephan mit Blick auf Wilhelm von Humboldts Auffassungen feststellt.[153] Die zeitgenössischen geschlechtsspezifischen Zuschreibungen von Aktivität/Passivität, Außen(Welt)/Innen(Haus), Verstand/Empfindsamkeit können als bekannt vorausgesetzt werden. Man übersieht heute nicht, daß »mit der Entdeckung des Gefühls als gleichrangiger Eigenschaft des Menschen neben dem Verstand [...] die Frau mit ihren spezifischen Werten nun ebenfalls als gleichrangig anerkannt werden« konnte.[154] Die Ungleichartigkeit der Geschlechter bedeutete nicht grundsätzlich Ungleichwertigkeit: die Frau erhält die wichtige Aufgabe der Erziehung des Nachwuchses und der Harmonisierung des familiären Binnenraumes. Angesichts der den Zeitgenossen geläufigen Analogie von Landesvater/Hausvater, Landesmutter/Hausmutter sowie der Überzeugung, daß ein intaktes Gemeinwesen auf einem intakten Hauswesen beruht und daß die Zukunft der Gesellschaft sich in der Erziehung der jungen Generation begründet, führt dies zu einer Aufwertung der gesellschaftlichen Stellung der Frau. Wenn auch die Frau damit von der Gehilfin des Mannes im Hauswesen zu dessen Leiterin aufsteigt, kann andererseits nicht übersehen werden, daß die Dominanz des Mannes, der erst die finanzielle Grundlage für die nunmehr als *Konsum*gemeinschaft definierte Familie schafft, gegenüber der Frau im großen und ganzen unangetastet blieb.[155] Welcher Grad an Selbständigkeit der Frau in der Ehe zukommt, zeigt in ernüchternder und beklemmender Weise Joachim Heinrich Campes »Väterlicher Rath für meine Tochter« (1789). Da seine Worte repräsentativ für das Frauenbild

---

152 Diese Geschlechterpsychologie führt z. B. Wilhelm von Humboldt in seiner Schrift »Über den Geschlechtsunterschied und dessen Einfluß auf die organische Natur« (1795) aus. Sie war den Zeitgenossen Allgemeingut und kehrte in Gedichten (die berühmtesten Verse stehen wohl in Schillers »Würde der Frauen« [1795] und »Das Lied von der Glocke« [1799]), in Prosatexten und in zahlreichen Abhandlungen wieder. Aus der umfangreichen Literatur zu diesem Thema sei mit Kluckhohns an Quellenkenntnis überaus reicher Abhandlung auf ein recht frühes, heute immer noch einschlägiges Werk verwiesen (vgl. Kluckhohn).

153 Stephan, Weiber, S. 31.
154 Beaujean, Bild, S. 19.
155 Vgl. Schwab, S. 272-278.

im ausgehenden 18. Jahrhundert sind und zugleich den Ansatz für weitere Überlegungen bieten, soll er kurz zitiert werden.[156]

Campe belehrt die Tochter: »Es ist also der übereinstimmende Wille der Natur und der menschlichen Gesellschaft, daß der Mann des Weibes Beschützer und Oberhaupt, das Weib hingegen die sich ihm anschmiegende, sich an ihm haltende und stützende treue, dankbare und folgsame Gefährtin und Gehilfin seines Lebens sein sollte – er die Eiche, sie der Efeu, der einen Teil seiner Lebenskraft aus den Lebenskräften der Eiche saugt, der mit ihr in die Lüfte wächst, mit ihr den Stürmen trotzt, mit ihr steht und mit ihr fällt«.[157] Während Campe hier mit dem friedlichen Bild einer Symbiose noch die eigentliche Problematik verschweigen zu wollen scheint, wird er sogleich sehr deutlich, wenn er seine Tochter darauf vorbereitet, in einer »zwar durch äußere Zeichen der Hochachtung maskierten, aber nichtsdestoweniger sehr reellen, oft sehr drückenden Abhängigkeit« leben zu müssen, die bezwecke, »nicht bloß deine körperlichen, sondern auch manche deiner geistigen Kräfte unbarmherzig zu lähmen, dir eine kleingeistige Denkungsart durch unaufhörliche Beschäftigungen mit Kleinigkeiten einzuflößen, dich zu entnerven, dich schwach, furchtsam, ängstlich und weiblich zu machen« (S. 28). Nach dieser »eben nicht sehr reizende[n] Aussicht in das größere menschliche Leben« (S. 29) zählt Campe die Mittel auf, mit denen dieser Zustand gemildert werden könne: »Geduld, Sanftmut, Biegsamkeit und Selbstverleugnung« (S. 30). Ohne diese »vier Haupttugenden des Weibes« kann er sich »eine glückliche und zufriedene Ehe nur in dem einzigen Falle denken, wenn durch einen Mißgriff der Natur oder vielmehr durch eine verkehrte Erziehung das Weib den Kopf und das Herz des Mannes, der Mann die Eigenheiten des Weibes bekommen hat« (ebd.).

Mit diesen Worten verweist Campe schon auf die wechselseitige Abhängigkeit der Geschlechterrollen und auf die Unmöglichkeit einseitiger Veränderungen. Implizit ist hier auch die Rede von den im Erziehungsprozeß verinnerlichten Verhaltensmodellen. Der Mann, die ›populärste

---

156 Campes Schrift erschien unter dem Titel »Väterlicher Rath für meine Tochter. Ein Gegenstück zum Theophron; der erwachsneren weiblichen Jugend gewidmet« in: Braunschweigisches Journal, 6. Stück, 1789; ich zitiere aus dem Vorbericht nach einem Abdruck in: Lange, S. 24-37. Es gibt radikalere und moderatere Positionen in der zeitgenössischen Geschlechterdebatte – aber selbst Christian Gotthilf Salzmann, den Sigrid Lange neben Theodor Gottlieb von Hippel zum »theoretischen Feminismus« dieser Zeit zählt (Lange, S. 416), bekennt sich 1793 in seiner Vorrede zur Übersetzung von Mary Wollstonecrafts »Vindication of Rights of Woman« zu den Geschlechterrollen, wie Schiller sie im »Lied von der Glocke« zeichnet (vgl. ebd., S. 135).

157 Campe, Rath, S. 27; im folgenden Nachweise im Text.

Täterfigur‹ der Menschheitsgeschichte, erscheint innerhalb der Geschlechterkonstellation selbst als Objekt. Da er ein Produkt der Erziehung ist, liegt die Souveränität und Verantwortbarkeit seines Verhaltens und seiner Handlungen weniger bei ihm als bei dieser. Campes Worten ist zu entnehmen, daß der Mann kein verändertes Verhalten der Frau akzeptieren könne, wenn nicht seine eigene Erziehung zuvor dementsprechend modifiziert werde; er ist, diskurstheoretisch formuliert, was er ist und wie er ist, als »Schnittpunkt von Diskursen« bzw. als »Ensemble seiner gesellschaftlichen Verhältnisse« (vgl. 1.2.2).[158] Ganz in diesem Sinne erklärt Campe den Wandel des Mannes vom sklavischen Liebhaber zum herrischen Ehemann auch nicht mit dessen Arglist oder Hinterhältigkeit, sondern mit dem Wandel des Charakters seiner Beziehung zur Partnerin. Durch den Übertritt aus dem Modell der Liebschaft in das Modell der Ehe mit ihren spezifischen Aufgaben, Problemen und dafür vorgesehenen Regelungen findet sich der Mann in einer anderen Rolle wieder (vgl. S. 35f.). Der Diskurs, in dem der Mann jeweils als Liebhaber, Ehemann und Familienvater steht, zwingt ihm ein je anderes Verhalten auf, dem er sich kaum zu entziehen vermag.

Man könnte nun einwenden, daß diese verteidigende Erklärung der männlichen Position von einem Mann geschrieben und wiederum von einem Mann kommentiert wurde. Dem wäre nichts zu entgegnen, als daß dies so ist und im vorliegenden Falle auch nicht geändert werden kann. Eine andere Sache ist der Umstand, daß gerade die Frauen maßgeblich für die Erziehung der künftigen Frauen und Männer Verantwortung tragen. Hier könnte man zwar mit einiger Berechtigung einwenden, daß die Erziehung und die Rollenbilder wiederum von Männern (wie Campe) codiert und kontrolliert wurden und daß die Frauen nur Empfänger und Ausführende von Instruktionen gewesen seien. Aber das liefe letzlich darauf hinaus, dem weiblichen Geschlecht durch eine vorauslaufende Entmündigung in allen Fragen die Unschuld des Opfers zu reservieren, womit im Grunde nichts anderes geschähe als ein *geschlechts*spezifischer Einsatz der Diskurstheorie. Man findet in der zeitgenössischen Literatur natürlich genügend Beispiele dafür, daß Frauen, die gegen das herrschende Weiblichkeitsbild verstoßen, von Männern stigmatisiert werden. Aber man darf nicht unterschlagen, daß die daran geübte Kritik auch von Männern vorgebracht wird und daß andererseits auch Frauen solche Frauen stig-

---

158 Daß dies gerade auch auf Campe selbst zutrifft, zeigt seine Bezeichnung der Vermännlichung der Frau und der Verweiblichung des Mannes als Mißgriff der Natur oder als verkehrte Erziehung. Die nachrevolutionären Frühromantiker betrachten diesen Vorgang in ihrem Androgynitätskonzept aus einem ganz anderen sozialen und diskursiven Kontext heraus bereits positiv.

matisieren bzw. vor einer Identifizierung mit ihnen zurückschrecken.[159] Darüber hinaus hat die Forschung gezeigt, daß die männlichen Weiblichkeitsbilder gerade auch in den Texten von Schriftsteller*innen* vermittelt werden.[160] Ohne deswegen die zeitgenössische Dominanz des Mannes gleich außer Acht lassen zu müssen, kann die Aussage getroffen werden, daß im konkreten Verhalten *beide* Geschlechter Opfer und Sachverwalter des herrschenden Diskurses waren.

Ein Beispiel dafür ist der Umgang mit vorehelicher Schwangerschaft, die zu Schande und Ehrverlust führte.[161] Über die Aufrechterhaltung und Einhaltung des Verbots vorehelicher Sexualität wachten nicht nur die

---

159 Die Verinnerlichung des herrschenden Weiblichkeitsbildes auch durch intelligente Frauen zeigt sich bei Johanna Schopenhauer, wenn sie ihren freiwilligen Verzicht auf bestimmte Bildungsmöglichkeiten, die ihr Lehrer ihr bietet, damit erklärt, sie fürchte sich vor der »eminenten Gefahr, ein unerträglich überspanntes und verschrobenes Persönchen zu werden, so eine Art von gebildetem jungen Frauenzimmer« (J. Schopenhauer: Im Wechsel der Zeiten, im Gedränge der Welt. Jugenderinnerungen, Tagebücher, Briefe, München o. J., S. 97, zitiert nach: Ursula A. J. Becher: Weibliches Selbstverständnis in Selbstzeugnissen des 18. Jahrhunderts, in: dies./Jörn Rüsen (Hgg.), Weiblichkeit in geschichtlicher Perspektive. Fallstudien und Reflexionen zu Grundproblemen der historischen Frauenforschung, Frankfurt/Main 1988, S. 217 – 233, hier: 222). Die weitgehende Identifikation der Frauen mit der ihnen oktroyierten Geschlechterrolle und die weibliche Kritik an den Frauen, die diese Rolle aufzubrechen versuchten, zieht sich bis in die Gegenwart. Für das 19. Jahrhundert zitiert Peter Gay das Beispiel eines öffentlichen Aufrufes verschiedener Frauen gegen das Frauenwahlrecht (vgl. Gay, Erziehung, S. 227).

160 Man denke an das Frauenbild in Sophie La Roches »Fräulein Sternheim« (1771), in Helene Ungers »Julchen Grünthal« (1784) und v. a. in Caroline von Wobesers erfolgreichem Roman »Elisa oder das Weib wie es sein sollte«(1795; ⁵1800) (vgl. zu dieser Problematik u. a. Wulf Köpke: Die emanzipierte Frau in der Goethezeit und ihre Darstellung in der Literatur, in: Wolfgang Paulsen (Hg.), Die Frau als Heldin und Autorin. Neue kritische Ansätze zur deutschen Literatur, Bern/München 1979, S. 96-110, sowie Beaujean, Bild, und Schweitzer). Die Schriftstellerinnen, so wird verschiedentlich betont, beteiligten sich mit der literarischen Codierung weiblichen Verhaltens zwar zugleich an dessen Regulierung, aber sie hätten mit ihrer Zeichnung tugendhafter Frauen nicht die unterwürfige Bestätigung männlicher Weiblichkeitsmuster zum Ziel gehabt, sondern die Aufwertung der Position der bürgerlichen Frau gegenüber der Position des Mannes und gegenüber dem Typus der adligen Verführerin. Das Selbstbewußtsein und die Selbständigkeit der ›neuen Frau‹ resultierten in ihrer Logik gerade aus den Verhaltensdispositionen, die heute ihre Unfreiheit und soziale Ausbeutung anzuzeigen scheinen: Bescheidenheit, Entsagungsbereitschaft, Aufopferung, soziale Sensibilität usw. Es ist einzusehen, daß nach dieser Erklärung der Intentionen weiblicher Frauenbilder den gleichlautenden männlichen Frauenbildern nicht wiederum pauschal eine Unterdrückungsabsicht unterstellt werden kann.

161 Daß der damit einhergehende Verlust sozialer Integration ein viel häufigeres Motiv für den Kindsmord war als zu befürchtende finanzielle Nöte (vgl. Meyer-Knees, Kap. 3.4), macht deutlich, wie groß die Angst vor der Verstoßung war und läßt ahnen, wie wirksam die Aufrechterhaltung dieser Angst zur Regulierung weiblichen Sexualverhaltens hatte sein müssen.

Männer – so wie die Frauen nicht nur darunter zu leiden hatten. Gitta Benker hält mit Blick auf das ländliche Sozialsystem fest, daß die Frau das allgemein akzeptierte »Kapital der Ehre« im Kampf um den »Zugang zu den von Männern verwalteten materiellen Ressourcen« auch gezielt für ihre eigenen Interessen einsetzen konnte.[162] Goethe gibt der ›geschlechtsinternen‹ Reproduktion des herrschenden Diskurses literarischen Ausdruck in der Gretchenhandlung des »Faust«: bevor noch Valentin die Ehrlosigkeit der Schwester beklagt, hat Lieschen die Ehrlosigkeit der schwangeren Bärbel postuliert und Gretchens Versuch, an der pejorativen Codierung vorehelicher Intimität etwas zu ändern, abgewehrt.[163] Darüber hinaus muß man in Rechnung stellen, daß sich die ›Rufproduktion‹ vorrangig in der Spinnstube als dem Brennpunkt *weiblicher* Macht vollzog. Die Kontroll- und Disziplinierungsmacht der Spinnstube drückte sich dabei nicht zuletzt in der Größe des von ihr erstellten Brautrockens aus, der als Indikator der Bewertung des bisherigen Verhaltens der Braut durch die Spinnstubengemeinschaft ein wichtiges »symbolisches Kapital« (Bourdieu) auch für die Zukunft der Familie bedeutete.[164]

4.1.2.2.3 *»Akademische Kraftfrauen« und »Titaniden«*

Frauen, die in ihrem Verhalten dem zeitgenössischen Weiblichkeitsklischee widersprachen, wurden von Männern *und* Frauen kritisiert. Für meine Untersuchung ist jedoch vor allem die Kritik der Männer von Interesse, die sowohl in der Form der Satire[165] als auch des Verhaltens-

---

162 Benker, S. 17.

163 Vgl. Goethes »Faust I« V. 3620ff. und 3543ff. In Goethes Darstellung in den Versen 3562-3569 wird man eher die Auslotung psychischer Vorgänge als die Verleumdung des weiblichen Geschlechts sehen müssen: da Lieschen zum Lustverzicht gezwungen wird, neidet sie der Freundin die größere Freiheit und ist geradezu froh, daß sich diese schließlich als Nachteil, jener aber als Vorteil erweist. Statt Geschlechtssolidarität zu zeigen, reklamiert Lieschen die Regel »Tugendbewahrung als Eheerzwingungstaktik« (Luhmann) (vgl. Verse 3570f.) und reproduziert damit den herrschenden Diskurs. Es ist nicht sehr wahrscheinlich, daß sie nach erfolgreich geleistetem Lustaufschub ihrer eigenen Tochter gegenüber von diesem Prinzip abgehen wird.

164 Vgl. Benker, S. 20-23.

165 Vgl. z. B. Schillers Gedicht »Die berühmte Frau. Epistel eines Ehemanns an einen andern« (1788), in dem die Frau Rezensionen liest und weder Augen für ihren Ehemann noch Ohren für ihre weinenden Kinder hat. Das Gedicht könnte sich auf verschiedene Frauen im Umkreis Schillers beziehen: die von Schiller umworbene Buchhändertochter Anna Margaretha Schwan (1766–1796), Charlotte von Kalb (1761–1843) oder Elisa von der Recke, die »Amazone in der gelehrten Welt« (Lavater). Die literarische Anregung könnte von dem Beitrag »Ein Brief über die bedenkliche Frage: ob man wohl thue, eine Frau zu nehmen,

ratgebers[166] vorgebracht wurde. Die vorgebrachten Argumente erinnern oft an den Lesesucht-Diskurs: die gebildete Frau vernachlässige ihren Mann, den Haushalt und die Erziehung der Kinder. Es gab zwar auch Bestrebungen, die Bildungsmöglichkeiten der Frauen zu verbessern, aber diese sind eher im Zusammenhang mit der zunehmenden Wertschätzung der Kindererziehung und mit der Intimisierung der Familie zu sehen.[167] Ernst Brandes verrät in seinen »Betrachtungen über das weibliche Geschlecht und dessen Ausbildung in dem geselligen Leben« (1802)[168] mit überraschender Deutlichkeit, wohin diese Bestrebungen zielten: »Die Frau muß darum vorzüglich lesen, um durch einen gebildeten Verstand ihren Mann besser zu verstehen, ihn mehr an sich zu fesseln, mehr Abwechslung in die häuslichen Freuden zu bringen«.[169] Mit diesem Ziel war der weiblichen Bildung zugleich der Endpunkt gesetzt: die intellektuelle Dominanz in der Partnerschaft sollte keineswegs auf die Frau übergehen. Paul Kluckhohn resümiert mit Blick auf die »akademischen Kraftfrauen« (Jean Paul): »die neue höhere Bildung der Frau wurde bekämpft, weil das eheliche Glück, die Hauswirtschaft und die Tugend nicht dadurch gewönnen«.[170] Diese Aussage gilt erst recht für das »Machtweib«, das seit dem »Sturm und Drang« als Konkurrenzfigur zur empfindsamen Frau bzw. zur »schönen Seele« literarische Gestaltung findet. Kluckhohn erinnert an einige Beispiele dieses Typus, der in seiner ›Selbstbestimmungstrunkenheit‹ und in seinem Unabhängigkeitsdrang z. T. dämonische und bedrohliche Züge für die Männer annehme.[171] Bis auf

---

welche Verse macht« in der Berlinischen Monatsschrift von 1786 ausgegangen sein (vgl. den Kommentar in: Schiller, 2 II A, S. 176).

166 Vgl. z. B. Knigges Bekenntnis: »Ich muß gestehen, daß mich immer eine Art von Fieberfrost befällt, wenn man mich in Gesellschaft einer Dame gegenüber oder an die Seite setzt, die große Ansprüche auf Schöngeisterei oder gar auf Gelehrsamkeit macht. Wenn die Frauenzimmer doch nur überlegen wollten, wieviel mehr Interesse diejenigen unter ihnen erwecken, die sich einfach an die Bestimmung der Natur halten und sich unter dem Haufen ihrer Mitschwestern durch treue Erfüllung ihres Berufs auszeichnen!« (Über den Umgang mit Menschen, Teil 2, Kap. 5, Abschnitt 18).

167 Vgl. zu dieser Problematik Hermann: Aufklärung und Erziehung, ders., Erziehung und Schulunterricht für Mädchen im 18. Jahrhundert, in: Wolfenbütteler Studien zur Aufklärung, Bd. 3, Wolfenbüttel 1976, S. 101-127 sowie in einem größeren Überblick Barbara Becker-Cantarino: Der lange Weg zur Mündigkeit. Frau und Literatur (1500–1800), Stuttgart 1987.

168 Es handelt sich dabei um eine Überarbeitung seines Buches »Ueber die Weiber« von 1787.

169 Zitiert nach: Kluckhohn, S. 309.

170 Ebd., S. 307.

171 Kluckhohn verweist auf Adelheid von Waldorf im »Götz« (1771 bzw. 1773), auf Donna Diana in Lenz' Komödie »Der neue Menoza«, auf Bouterweks Laurette von Waller-

wenige Ausnahmen (zum Beispiel Fiordimona in Heinses »Ardinghello«) findet dieser Frauentypus in der literarischen Gestaltung schließlich seine Korrektur in einer großen Liebe (Bouterweks Laurette von Wallerstädt) oder seinen Widerruf in einem folgerichtig erscheinenden Scheitern (Jean Pauls Linda), wenn sich nicht gar beide Varianten verbinden (Wielands Lais). Das eheliche Glück wird durch diesen Typus der »Amazone und Titanide« (Jean Paul) in gleichem Maße gefährdet wie durch den oben erwähnten Typus der gelehrten Frau.

Die Ablehnung der ›starken Frau‹ durch den Mann vollzieht sich jedoch keineswegs ungebrochen. In den Biographien einiger Zeitgenossen stößt man auf die Ambivalenz von Faszination und Abwehr. Erinnert sei daran, daß sich Jean Paul von Charlotte von Kalb, von der er sich mit seiner Linda-Figur distanziert, angezogen fühlte. Auch Schiller hatte die Nähe dieser Frau gesucht. Beide haben allerdings Charlotte von Kalbs Bereitschaft zur Scheidung von ihrem Mann ausgeschlagen und folgten in der Wahl ihrer Ehefrau offenbar eher dem zeitgenössischen Urteil, daß das eheliche Glück mit einer intelligenten, selbstbewußten Frau schwer zu erreichen sei. Bekannt ist außerdem, daß Wieland als junger Mann die geistreiche, zwei Jahre ältere Julie von Bondeli liebte.[172] Zwar wich in diesem Falle Julie von Bondeli selbst einer Heirat aus, aber auch Wieland favorisierte als Ehegattin im Grunde eher die ›einfache‹ Frau wie Christine Hagel aus Biberach oder wie seine spätere Gattin Dorothea.[173] Auch Goethe entschied sich für eine ›natürliche‹, ungebildete Frau, die die berühmten Verse 114-116 im 7. Gesang von »Hermann und Dorothea« zu beherzigen wußte, wobei Goethes Entscheidung wiederum nicht ohne den Bezug auf eine Frau wie Charlotte von Stein zu verstehen ist.

---

städt in »Graf Donamar« (1791–93), auf die Gräfin Mathilde in Friedrich Müllers »Golo und Genovefa« (1811) und an späterer Stelle auf die Hetäre Lais in Wielands »Aristipp« (1800–1801) sowie auf die »Amazone und Titanide« Linda in Jean Pauls »Titan« (1800–1803) (vgl. Kluckhohn, S. 214-218 sowie 173f. und 255f.).

172 Er nennt sie in seinem Brief an Zimmermann vom 8.9.1759 eine Philosophin und ein »Genie feminin« (vgl. Wieland, Briefwechsel, S. 527).

173 Paulsen nennt Wielands Ehefrau »eine Frau ohne alle intellektuellen Ansprüche« (Paulsen, S. 163). Julie von Bondeli blieb unverheiratet, Paulsen vermutet, daß »ihre Neigungen im Grunde homoerotischer Natur waren« (S. 160). Wieland favorisiert später in seinem Aufsatz »Die Pythagorischen Frauen« (1796), in dem Kluckhohn sicher nicht zu Unrecht Wielands wahres Frauenbild dargestellt sieht (vgl. Kluckhohn, S. 173), entschieden die Frau, »die sich gern in den engen Kreis der häuslichen Pflichten und der aus ihrer Erfüllung entspringenden Glückseligkeit, einschränkt«, und legt seinen Leserinnen den Ausspruch Theanos ans Herz, einer Frau gezieme, »ganz für ihren eigenen Mann zu leben« (Wieland, Frauen, S. 292 und 284). Wieland widmet den Aufsatz bezeichnenderweise seiner Gattin, in der er dieses Ideal verkörpert sieht und der er damit für 30 glückliche Ehejahre dankt (ebd., S. 299).

Inwiefern diese Ambivalenz der Ablehnung und Hingezogenheit über die durch überkommene Quellen bekannten Beispiele hinaus verbreitet war, kann nicht mit Sicherheit gesagt werden. Man darf sie aber gewiß ein generelles zeitgenössisches Phänomen nennen, denn zum einen waren Ziel und Maß weiblicher Bildung ein aktuelles Thema, zum anderen wird der Typus der ›starken Frau‹ und seine Anziehungskraft oft literarisch gestaltet. Ein Beispiel dafür ist die Hulda-Figur in Vulpius' »Saal-Nixe«, weitere Beispiele lassen sich in den noch zu untersuchenden Texten Vulpius' finden. Es ist zu fragen, ob auch in anderen von einem breiteren Publikum rezipierten, nicht kanonisierten Texten diese Thematik aufgegriffen wurde. In diesem Zusammenhang seien zwei Texte vorgestellt, die eine spezielle Variante der ›starken Frau‹ zum Gegenstand haben: die Kokette. Dieser Frautypus, der durch Gelehrsamkeit, Galanterie und interessenbewußte Hinterlist gekennzeichnet ist, wird dabei jeweils mit dem Frauenbild konfrontiert, das im großen und ganzen dem bürgerlichen Moralkodex der Zeit entsprach und oben als ›integrierte‹ Frau bezeichnet wurde.

4.1.2.2.4 Die kokette Frau – zwei Textbeispiele

In August Gottlieb Meißners[174] Erzählung »Die Haselnußschale« (1778) heiratet der 26jährige Bendorf statt der sanften, sittsamen Amalia die geistreiche, spöttische, lebenslustige, »minder sanft[e] und gut[e]« Julie. Dies führt in eine Katastrophe. Julies Kleider- und Spielsucht und das ausschweifende Leben, zu dem sich auch Bendorf verführen läßt,[175] haben zunächst die Vernachlässigung der Amtsgeschäfte, schließlich den Griff in die Amtskasse zur Folge. Bendorf, der zur Verheimlichung seines Vergehens Wechselschulden macht, sieht sich schließlich gezwungen, vor dem Schuldenarrest zu fliehen, freilich nicht, ohne vorher auch noch von Julies Ehebruch erfahren zu müssen. Vorbei am Haus Amalias, die inzwischen glückliche Mutter und »wert gehaltne Freundin mancher Redlichen« ist

---

174 August Gottlieb Meißner (1753–1807) studierte Jura in Wittenberg und Jena, arbeitete als Kanzlist des Geheimen Konsiliums in Dresden, wurde 1785 Lektor für Ästhetik an der Prager Universität und 1805 Konsistorialrat am Gymnasium in Fulda. Neben seinen sehr erfolgreichen »Skizzen« (ein Sammelsurium verschiedener Textsorten) veröffentlichte er Theaterstücke und Romane.

175 Es heißt über Bendorf, er habe nie »viel innere Neigung zu seinen Amtsgeschäften gehegt« (Meißner, Haselnußschale, S. 47; im folgenden Nachweise im Text), was man, modern gesprochen, eine mangelnde Verinnerlichung der zeitgenössischen bürgerlichen Arbeitsethik nennen könnte.

(S. 56), geht er in die Fremde, um arm und einsam einen frühen Tod zu sterben.

Das Bemerkenswerte an dieser recht durchsichtigen, didaktischen Geschichte ist zum einen die Beschreibung der Disposition des jungen Bendorfs: er kommt »von Göttingen heim, den Kopf voller Wissenschaft«, originell im Gespräch und frei im Denken, voller »Mut, verjährter Vorurteile zu spotten« (S. 20f.). Bendorf wird als ein junger, eigensinniger Mann vorgestellt, der sich von einer geistreichen, spöttischen Frau wie Julie viel eher angezogen fühlen müßte als von einer sanften, sittsamen Frau wie Amalia. Zum anderen ist das Zustandekommen seiner Beziehung mit Julie interessant. Denn er hatte, zwischen Julie und Amalia stehend, sich aufgrund seines »beßre[n] innre[n] Sinn[s]« (S. 23) zunächst durchaus für Amalia entschieden. Meißner bringt dann allerdings viele ungünstige Umstände zusammen, die Bendorfs Beziehung zu Amalia unaufhaltsam zerstören und ihn fast zwangsläufig Julie zutreiben, die in der aktiven Rolle der Verführerin gezeichnet wird. Zugleich macht Meißner aber auch deutlich, daß Julie Bendorf nicht vorrangig mit ihren körperlichen Reizen zu fangen versteht, sondern mit ihrem Esprit.[176] Bendorf unterliegt trotz anfänglicher Abwehr Julies Ausstrahlung, die auch später, als er der angehäuften Schulden wegen bereits schlaflose Nächte verbringt, nichts von ihrer Macht über ihn verlieren wird. Meißner zeigt in dieser Erzählung nicht nur die gefährliche Wirkung einer geistvollen, galanten Frau, er markiert auch die Faszination, die von ihr auf geistvolle, ›freidenkerische‹ Männer ausgehen kann. Der gemeinsame Wettstreit des Witzes erhält dabei eine erotische Kraft, die Bendorf in der sittsamen, redlichen Amalie nicht findet. Zugleich hatte jedoch sein »beßrer innrer Sinn« seine Wahl auf Amalie gelenkt. Diese Entscheidung ist auf das Frauen- und Familienbild zurückzuführen, das der herrschende Diskurs Bendorf vermittelte. Bendorf folgt, in der Terminologie der Psychoanalyse gesprochen, dem Realitätsprinzip und drängt unbewußt das als Verhaltensversuchung zurück, was ihm eine besondere Lusterfahrung auf der Ebene des Esprits und der Erotik vermittelt. Diese Lusterfahrung muß, mit Blick auf seinen sozialen Kontext und auf die Realität des Alltags, jedoch zu einer Unlusterfahrung führen, wie es die unausweichliche Katastrophe dann auch vor Augen führt. Wenn Meißner Bendorf in Julie die ideale Frau für Sonn- und Festtage, in Amalia aber für »Werkeltage« sehen läßt (vgl. S. 22f.),

---

176 Es heißt, daß Bendorf Julies Gespräch so angenehm empfindet, »daß sein Witz sich mit dem ihrigen in einen der eifrigsten Wettstreite einließ und daß eine halbe Stund ihm so schnell als eine Minute verflog« (ebd., S. 29). Meißner weißt immer wieder auf Julies Witz hin (vgl. S. 22, 30, 41, 42) und läßt diese wiederum an Bendorf gerade den Witz hervorheben (S. 44).

unterstreicht er die Differenz der Lusterfahrung, die beide Frauen reprä-
sentieren. Sein Text koppelt die Faszination einer gelehrten, galanten Frau
schließlich an die Unmöglichkeit eines dauerhaften, ehelichen Glückes.
Die Intention Meißners ist unschwer zu erkennen, sie besteht, um seine
eigenen Worte zu paraphrasieren, in der ›Erziehung zum Werktag‹.

Auch Charlotte von Ahlefelds[177] Briefroman »Die Kokette« (1810, Neuauflage 1826) zeigt die Anziehungskraft der ›starken Frau‹. Die geistvolle, galante Eugenia, die nicht nur ein großes musikalisches Talent besitzt,
sondern auch in der Rede über Dichtung und deren Übersetzung zu pa-
rieren weiß, wird der durch den frühen Tod ihres Kindes melancholisch
gewordenen, zurückgezogen lebenden Gräfin gegenübergestellt. Über
Eugenia erfährt der Leser, daß sie die »Dutzendmenschen«, die das »Ge-
präge der Oberflächlichkeit und Unbedeutsamkeit tragen«, verabscheue;[178]
von der Gräfin heißt es mit den Worten Eugenias, sie sei eine »langweilig
sanfte und duldende Frau« (S. 192). Selbst die Freundin der Gräfin, die in
ihr von frühster Jugend an »die verkörperte Gestaltung sittlichen Werths
und weiblicher Tugend« schätzt (S. 104), sieht in ihrer »allzugroße[n],
himmlische[n] Güte« einen Fehler und ermahnt sie schließlich zu mehr
Selbstbeherrschung und festem Willen (S. 100f.). Eugenia, die als Gesell-
schafterin seiner Frau in das Haus des Grafen kam, versteht es, den le-
benslustigen Grafen immer stärker an sich zu binden, wobei sie gerade
mit ihrer geschickt vorgebrachten Kritik der langweiligen Tugenden seiner Frau, die eher in ein Kloster paßten (vgl. S. 208), ein offenes Ohr findet. Der Roman endet mit zwei Todesfällen. Die Gräfin, der Eugenia vor-
log, sie trage ein Kind des Grafen unterm Herzen, sinkt zusammen und
erholt sich nicht mehr. Eugenia, die durch einen früher bereits hintergan-
genen Mann des Betrugs entlarvt wird, nimmt sich das Leben. Der Graf
fällt nach der Entdeckung ihrer Leiche in eine lange Krankheit, er erfährt
erst als Genesender, daß auch seine Frau gestorben ist.

So weit, so gut; es gibt zwar kein Happyend, aber die Intrigantin scheitert auch. Allerdings kann man trotz des im letzten Teil des Briefromans
eingeführten auktorialen Erzählers, der die moralische Verworfenheit

---

177 Charlotte von Ahlefeld (1777–1849) wurde auf dem Gut Stedten bei Weimar geboren, heiratete 1798 nach Saxdorf in Schleswig, trennte sich nach wenigen Jahren von ihrem
Ehemann, erzog ihr drei Söhne allein, unternahm längere Reisen und lebte seit 1821 in
Weimar. Sie schrieb mehrere Erzählungen und über 20 Romane wie den erfolgreichen Roman »Liebe und Trennung« (1797) oder »Erna. Eine Erzählung aus dem wirklichen Leben«
(1820). Sie war eng befreundet mit Louise Seidler, Elise von der Recke, Sophie Mereau,
Ottilie von Goethe sowie Charlotte von Stein und stand im Briefwechsel mit Seume, Theodor Hell und Brentano.

178 Ahlefeld, S. 85; im folgenden Nachweise im Text.

Eugenias herausstellt, dieser nicht ganz die Bewunderung versagen, die ihre Fähigkeit, die Menschen um sich herum zu durchschauen und zu beherrschen, erheischt. Sie ist die Schachspielerin, die hundert Züge voraus denkt. Sie liefert dem Leser eine spannende Lektion über Analyse und Manipulation des menschlichen Verhaltens. Eugenia, die etwas an Agnes in der »Saal-Nixe« oder an Julie in Meißners Erzählung erinnert, übt eine gewisse Faszination aus, die Gräfin – als das eigentliche Opfer – wirkt dagegen so blaß wie Bertha in Vulpius' »Saal-Nixe«. Hinzu kommt, daß von Ahlefeld Eugenias Negativität schließlich selbst etwas mildert, indem sie diese in ihrem Abschiedsbrief an den Grafen schreiben läßt, sie habe sich tatsächlich, und zwar zum ersten Mal in ihrem Leben, verliebt.[179] Ob die Leser den Roman wirklich in der Weise rezipierten, daß sie die Eugenia-Figur als anziehend *und* abstoßend empfanden, sich in ihr also das unbewußt Eigene bzw. eigene Fremde äußerte, wie es für das Wasserfrau-Motiv festgehalten wurde, darüber kann nur spekuliert werden. Die Annahme, daß dem so ist, wird allerdings wahrscheinlich durch einen Blick auf den zeitgenössischen Liebes-Diskurs und durch die Hinzuziehung einer überlieferten Rezeption des Ahlefeld-Romans.

4.1.2.2.5 Das galante und das romantische Liebesmodell

Der Roman wird in eine Zeit hinein geschrieben und veröffentlicht, die heute gemeinhin als Biedermeier bezeichnet wird, eine Zeit also, in der die Verehrung der Familie geradezu kultische Züge annimmt. Es realisieren sich nun praktisch die Leitvorstellungen, die in der zweiten Hälfte des 18. Jahrhunderts entwickelt wurden: Intensivierung und Intimisierung der Ehebeziehung, zentrale Bedeutung der Kinder, Abschottung der Familie als privater Sphäre gegen Eingriffe von außen.[180] All diese Aspekte findet man in Ahlefelds Roman: sie werden durch die Gräfin verkörpert, vom Grafen negiert.[181] Der Roman problematisiert damit die Liebes- und

---

179 Eugenia schreibt: »Zum erstenmal in meinem vielfach entweihten Dasein unterstützte mein Herz die Wünsche des Verstandes, denen ich jede bessere Ueberzeugung zum Opfer brachte« (ebd., S. 331f.). Damit wird Eugenia vom Paradigma der bloßen Herrschsucht (vgl. S. 61) in das der Liebe überführt, in dem der Zweck wiederum die Mittel heiligt. Meißner läßt in seiner Erzählung diesen Umstand übrigens direkt ansprechen: der Hinweis Julies, sie habe aus dem Wunsche, Bendorf zu besitzen, intrigiert, dient als Erklärung und Entschuldigung ihrer Handlungsweise (vgl. Meißner, Haselnußschale, S. 45f.).

180 Vgl. Rosenbaum, S. 251f.

181 Die Gräfin versteht ihre Ehe als exklusive Beziehung zu *diesem* Mann, die Beziehung wandelt sich völlig durch den Tod des Kindes, die Gräfin zieht sich auf den familiären Binnenraum zurück und erwartet dies auch von ihrem Mann. Der Graf hingegen be-

Eheauffassung, wie sie zeitgleich in der Weiterführung romantischer Ansätze entwickelt wurde. In Franz von Baaders religiöser Liebes-Philosophie wird Liebe zum »Gernetun, Leiden und Entbehren für den Geliebten«, sie entwickelt sich an ihren eigenen Schwierigkeiten, sie ist in ihrem zweiten, ›wahren‹ Stadium *Reunion*, Versöhnung.[182] Diese Position wird durch die Gräfin repräsentiert, die, ganz auf den Grafen fixiert, diesem trotz seiner Untreue vor ihrem Tod vergibt. Im Gegensatz dazu versagt der Graf vor der Aufgabe der Liebe im Sinne von Baaders, denn er begreift die Veränderung seiner Frau und die damit einhergehende Belastung ihrer Ehe nicht als Chance einer Vertiefung der gemeinsamen Beziehung.[183] Da er in seiner Frau nicht mehr die Frau findet, die er geheiratet hatte, wendet er sich der neuen Bewerberin zu. Damit folgt er einem veralteten Liebesmodell, in dem die besonderen Eigenschaften des anderen die Anziehung bestimmen und die Tradition der ars amandi fortgeführt wird.[184] Der zeitgenössische Liebesdiskurs der Intimisierung favorisiert dagegen das Modell der caritativen Freundschaft, das gewissermaßen im ›Trotzdem‹ besteht. Innerhalb dieses Modells ist die Liebe eine

wegt sich aus dem familiären Binnenraum hinaus, er sucht Abwechslung und Zerstreuung.

182 Vgl. den 20. Satz der »religiösen Erotik«. Von Baader hatte in seinen »Sätzen aus der erotischen Philosophie« (1828) die Liebe religiös codiert und sie, als dem Mitleid nahe verwandt, die »Tochter des Verzeihens und Reuens, d. i. der Versöhnung« genannt (vgl. 8. Satz der »erotischen Philosophie«). Dahinter steckt das neutestamentarische Bild vom verlorenen und wiedergefundenen Schaf, von Baader selbst spricht vom genesenden Kranken (ebd., 10. Satz). Man könnte sagen, daß die Liebe unter dieser Perspektive ihre Tiefe erst aus der Untreue erwirbt. Den Gedanken des größeren Glücks nach der überstandenen Phase der Untreue/Krankheit findet man auch in Wielands Aufsatz »Die pythagorischen Frauen« (vgl. Wieland, Frauen, S. 274).

183 Der Graf leistet genau das nicht, was Luhmann als die Eigenart der romantischen Liebe festhält: die »Konstitution einer gemeinsamen Sonderwelt, in der die Liebe sich immer neu informiert, indem sie das, was etwas für den anderen bedeutet, ihrer Reproduktion zu Grunde legt« (Luhmann, S. 178).

184 Ahlefelds Roman selbst reflektiert den Unterschied jener Liebesauffassung zur zeitgenössischen. Die Freundin der Gräfin gibt dieser zu bedenken, daß ihre »allzugroße, himmlische Güte« den Mann gerade nicht binden könne, da die Männer wollen, daß man ihnen imponiere, und keine zärtliche Hingebung, die bloß aus Schwäche resultiert, akzeptieren (vgl. Ahlefeld, S. 100f.). Damit rekurriert die Freundin auf einen Aspekt, der v. a. in der galanten Liebe wichtig ist. Zugleich artikuliert sie aber das Konzept der romantischen Eheauffassung: »So wie das ganze Leben ein stetes Fortschreiten, Entwickeln und Verändern ist [...], so auch die Ehe, die ihrer Eigenthümlichkeiten nach nicht den Reiz der Flitterwochen auf ihren langen Weg verbreiten kann, aber immer noch glücklich zu preisen ist, wenn die Blüthe jugendlicher Liebe in ihr sich in die erquickende Frucht einer unvergänglichen Freundschaft wandelt« (S. 107). Die Gräfin scheint für diese Worte freilich offene Türen bereitzuhalten, die richtige Adresse wäre vielmehr der Graf, der, ganz im Modell der galanten Liebe, den »Reiz der Flitterwochen« in einer neuen Beziehung sucht.

Zuwendung, die auf die Arbeit an sich selbst und an der Beziehung zielt und damit letztlich das aufklärerische Konzept der Vervollkommnung auf die Intimbeziehung ausdehnt.[185]

Dieses Modell ist einer Zeit, in der die Eheschließung zunehmend von sozialen Erwägungen befreit und auf Liebe umgestellt wird, natürlich weit angemessener als das Modell der ars amandi im vorbürgerlichen Sinne.[186] In letzterem kann die Liebe im Prinzip nicht von Dauer sein, denn sie gilt genaugenommen gar nicht dem anderen, sondern der Liebe selbst bzw. ihrer Inszenierung. Die Rhetorik und Gestik der Eroberung hat am Bett des *Ehe*partners keinen Platz mehr, sie verschwindet in die Banalität der Alltäglichkeit. Um der Ehe auf der Basis von Liebe Dauer verleihen zu können, mußte das Modell des *Wachstums* dieser Liebe bzw. der Liebenden in der Ehe entwickelt und zugleich die Umwandlung der ›Liebe der Flitterwochen‹ in die ›Freundschaft der langen Jahre‹ vollzogen werden.[187] Diese Transformation der Liebes- und Eheauffassung zeichnet sich auch in entsprechenden Veränderung im juristischen Diskurs ab: es vollzieht sich der Übergang vom Konzept der Ehe als Vertrag (Ansatz der Aufklärung) zum Konzept als Organismus (Ansatz der Romantik). Der Fortschritt dieser Veränderung war allerdings von zweifelhafter Natur. Denn während in der rechtlichen Deutung der Ehe das Individuum tendenziell aus der familiären Bindung befreit und dem Individualschutz unterstellt wird, schränkt die sittliche Auffassung der Ehe sein Recht auf Recht wieder ein: »Ein Rechtsschutz zugunsten der Frau während bestehender Ehe ist, da doch die Gatten eine Seele sind, nicht denkbar«.[188] Fichte sieht im Konzept der Ehe eine *Seelenvereinigung*, in der »jeder Theil [...] seine Persönlichkeit aufgeben [will], damit die des anderen Theils allein herrsche«.[189] Damit findet er gewiß schönere Worte als Kant mit seiner Formel vom gegenseitigen Gebrauch der Geschlechtsorgane. Da aber die Kategorien der Passivität, Aufopferung und Unterwerfung im zeitgenössischen Geschlechterdiskurs der Frau zugeschrieben wurden, wird das *Produkt* der Seelenvereinigung zumeist ihrem männlichen Teil identisch gewesen

---

185 Vgl. dazu von Baaders Ausführungen im 18. Satz der »erotischen Philosophie«.

186 Vgl. Luhmann, S. 183-185

187 Vgl. Luhmann, S. 126; Schwab, S. 285.

188 Schwab, S. 287. Damit soll nicht behauptet werden, die Frau habe vor der Durchsetzung des romantischen Ehemodells praktisch über umfangreiche Selbstbestimmungsrechte verfügt. Es geht hier um die Entwicklung des juristischen Diskurses, der zunächst nur Tendenzen in der Sicht auf Individualrechte anzeigt, nicht aber schon deren praktische Realität.

189 § 7 im ersten Anhang zum Naturrecht: »Grundriss des Familienrecht« (vgl. Fichte, S. 103).

sein. Man darf sich also nicht wundern, daß der eben zitierte Satz Fichtes mit der Aussage gekoppelt ist: »Die Ruhe des Weibes hängt davon ab, daß sie ihrem Gatten ganz unterworfen sey und keinen anderen Willen habe als den seinigen.«[190]

Die Versittlichung der Ehe bringt die Verpflichtung mit sich, die Ehe als ein wertvolles Gut zu schützen und zu bewahren. Der »Lucinde«-Leitspruch: Liebe *ist* Ehe, auch ohne Trauschein, der in der Umkehrung bedeutete, daß die Ehe mit dem Wegfall der Liebe sich auflöst, wird nicht ins 19. Jahrhundert übernommen. Wenn man bedenkt, daß von Baader in seiner »erotischen Philosophie« die Frau als »Bewahrerin der Liebe« favorisiert, »weil bekanntlich beim Manne nicht die Liebe, sondern die Lust die Initiative hat«, kann man sich leicht die praktischen Konsequenzen dieser, wie von Baader sagt, »Würdigung des Weibes in der Geschlechtsliebe« vorstellen (14. Satz der »erotischen Philosophie«). Man findet eine literarische Veranschaulichung dafür in Wielands Aufsatz »Die pythagorischen Frauen«, in dem der betrogenen Frau geraten wird, durch Nachsicht und Aussöhnungsbereitschaft die Phase des Seitensprungs ihres Mannes zu überstehen und die Ehe zu retten.[191] Friedrich Schlegels Aussage: »Nur um eine liebende Frau her kann sich eine Familie bilden«,[192] läßt sich sehr leicht in den Imperativvorrat der zeitgenössischen Erzieher einordnen.[193] Die Frau, zur eigentlichen Trägerin der Humanität erhoben, erhält den Hauptanteil an Verantwortung für Liebe, Ehe und Familie. In Schlegels Roman erscheint die ›Lichtbringerin‹ Lucinde nicht zufällig in ihrer Bedeutung als Muse des Mannes, als seine Erlöserin aus dem inneren Chaos und als Mutter.[194] Der Organismusgedanke, der in diesem Ro-

---

190 Ebd. Das berechtigt den Mann zwar keineswegs zur Willkür, wie die Textstelle weiter zeigt, aber durchaus zu einer gewissen ›Härte‹, denn Fichte warnt schließlich: »Männer, die sich der Herrschaft ihrer Weiber unterwerfen, ma[/]chen sich dadurch selbst verächtlich, und rauben ihnen alle eheliche Glückseligkeit« (ebd.).

191 Vgl. Wieland, Frauen, S. 270-277. Es wird dabei auch nicht verschwiegen, daß die Frau gar keine andere Wahl hat, als geduldig zu sein und sich duldend zu verhalten, da sich ihre Lage als geschiedene Frau keineswegs verbessert (vgl. S. 275). Der Ratschlag, den hier die eine Frau einer anderen gibt, wird Theano, der Frau des Phytagoras (6. Jh. v. Chr.) zugeschrieben. Er dürfte aber auch noch zur Publikationszeit des Wielandschen Aufsatzes den Wert praktischer Lebenshilfe gehabt haben.

192 Ideen, Nr. 126; Schlegel, Kritische Ausgabe, Bd. 2, S. 269.

193 Von Baader kann u. a. an das Bild einer sittlich vollkommenen Frau anknüpfen, das Friedrich Schlegel in seinen Aufsätzen »Über die weiblichen Charaktere in den griechischen Dichtern« (1794) und »Über die Diotima« (1795) entwickelte. Die Rede von der Stärke weiblicher Hingabe hat bis weit ins 19. Jahrhundert dazu gedient, die Frau auf ihre Rolle als Ehefrau und Mutter festzulegen und ihren Wirkungskreis auf das familiäre Heim zu beschränken (vgl. Gay, Erziehung, S. 205).

194 Dieser unkonventionelle, in vielerlei Hinsicht respektlose Roman stellt natürlich,

man eine wichtige Stellung einnimmt, ließ sich sehr wohl gegen die Frau einsetzen. Friedrich Schleiermacher, einst mutiger Fürsprecher der »Lucinde«, wird jedenfalls nicht mehr als Opponent zum herrschenden Geschlechterdiskurs kenntlich, wenn er sagt: »Das männliche Geschlecht ist immer in gewissem Maße für ein öffentliches Leben bestimmt, das weibliche nur für das häusliche«.[195]

Vor diesem Hintergrund repräsentiert die kokette Frau eine Selbständigkeit, die von der Fessel der Vergötterung nichts weiß. Sie widerspricht in jeder Hinsicht dem zeitgenössischen Frauenbild. Die literarische Gestaltung der Koketten bedeutet also nicht nur die Bewahrung des alten, inzwischen eigentlich ausgelaufenen (literarischen) Modells der galanten Liebe. Sie ordnet sich – mehr oder weniger kritisch – auch in den zeitgenössischen Liebes-Diskurs ein, der Liebe keineswegs mit Koketterie verband.[196] Die literarische Gestaltung der Koketten ist die Vorführung der ›unerlaubten Frau‹. Diese Frau ist gekennzeichnet durch Negationen: sie negiert die Heiligkeit der Ehe (denn sie zerstört die fremde Ehe, wie Eugenia, oder sie begeht Ehebruch, wie Julia), sie negiert die Erwartung der Unterordnung, sie negiert die Pflicht der Aufopferung.[197] Es ist daher

wie schon seine Aufnahme im deutschen Publikum zeigt, mit Blick auf die Sexualität der Frau eine Demontage des herrschenden Diskurses dar. Zugleich reproduziert er aber die Definition der Frau in ihrer Rolle als Geliebte bzw. Frau des Mannes und in ihrer Mutterschaft. Barbara Becker-Cantarino hat an Schlegels Roman und an späteren Gedichten die Nähe seines Frauenbildes zur Schillerschen »züchtigen Hausfrau« gezeigt (vgl. Barbara Becker-Cantarino: Priesterin und Lichtbringerin. Zur Ideologie des weiblichen Charakters in der Frühromantik, in: W. Paulsen [Hg.], Die Frau als Heldin und Autorin. Neue kritische Ansätze zur deutschen Literatur, Bern/München 1979, S. 111-124). Gisela Dischners Sicht auf den Roman und die Lucinde-Gestalt ist weit euphorischer (vgl. Gisela Dischner: Friedrich Schlegels Lucinde und Materialien zu einer Theorie des Müßiggangs, Hildesheim 1980). Sigrid Weigel folgt Becker-Cantarinos Lesart und weist Schlegels Text strikt aus dem Traditionsfeld der Frauenemanzipation aus (vgl. Sigrid Weigel: Wider die Romantische Mode. Zur ästhetischen Funktion des Weiblichen in Friedrich Schlegels ›Lucinde‹, in: Die verborgene Frau. Sechs Beiträge zu einer feministischen Literaturwissenschaft, Berlin 1985 [¹1983], S. 67-82).

195 Friedrich Schleiermacher: Die Vorlesungen aus dem Jahre 1826, SW 3. Abt., Bd. 9: Erziehungslehre (1849), S. 359, zitiert nach: Schwab, S. 294.

196 Luhmann hält diesbezüglich fest: »Das ganze 18. Jahrhundert durchzieht diese Bemühung, den Code für Intimität von Liebe auf ›innige‹ Freundschaft umzustellen« (Luhmann, S. 102). Wieland betont in seiner Nachzeichnung des Ideals »moralische[r] Schönheit des Weibes« ausdrücklich die Freiheit von jeglicher Koketterie (vgl. Wieland, Frauen, S. 292).

197 Ahlefelds Eugenia bietet ihr Verhalten im Grunde allen Leserinnen, die sich in ihrer Erwartung des großen Glücks betrogen sehen, als eine Art Selbstfindungsprozeß oder ›Aufbruch der Frau‹ an. Sie bekennt mit Blick auf ihren Eroberungsplan: »Aber eben diese erhöhte Thätigkeit meines Seelenvermögens ist das Element, in dem ich mich geistig wohl befinde, und eine Entschädigung für das vollkommene Glück, nach dem ich strebe, ohne

nicht unwahrscheinlich, daß sie auf ihre Leserinnen anziehend *und* beängstigend wirkte. Anziehend, weil sie ihr Handeln allein nach ihren eigenen Interessen und Wünschen ausrichtet und sich nicht in die Rolle der duldsamen, bescheidenen Frau drängen läßt. Beängstigend, weil sie damit gegen die Regeln des zeitgenössischen Diskurses verstößt und einen Konflikt beschwört zwischen diesem anderen Verhaltensmodell und den Übereinkünften, die das Individuum mit seinem sozialen Bezugsfeld verbinden. Um diese Vermutung zu stützen und um den potentiellen Konflikt plastisch zu machen, sei an Lessings Emilia Galotti erinnert, die genau im Schnittpunkt galanter und ›freundschaftlicher‹ Liebe steht.[198] Als literarische Figur ist Emilia freilich direkt mit dem fremden Eigenen konfrontiert, auf das sie nicht anders als in der brutalsten Form der Selbstdisziplinierung reagieren zu können meint. Die Leser und Leserinnen des Ahlefeld-Romans begegnen dem fremden Eigenen indes im Schutze der Verwaltung: die Kokette scheitert und wird überdies noch posthum ins Lager der wahren Liebe überführt.

Die Vermutung, daß die Kokette auf den männlichen Leser faszinierend wirkte, stützt eigenartigerweise gerade Vulpius. Er empfiehlt den Roman seinem Briefpartner sehr eindringlich und liefert eine positive

---

es noch erreichen zu können. Denn wer sich mit Freuden den Fluten des bewegten Lebens hingiebt, ist selbst im Versinken in meinen Augen glücklicher, als der, der sich ängstlich an das schüzende Geländer anklammert, das die breitgetretene Heerstraße der Alltäglichkeit vor jedem Abgrund sichert, und so wie nur aus dem Kampf der Sieg hervor geht, so werden wir auch nur im Kampfe unserer ganzen geistigen Kraft bewußt (Ahlefeld, S. 196).

198 Zur Verdeutlichung: Während Appiani und Emilia durch Marinelli der *empfindsamen* Liebe zugeordnet werden (I/6), erkennt Emilias Mutter im Prinzen sofort den *galanten* Liebhaber (I/7). Sie selbst hatte übrigens der »rauhen Tugend« ihres Mannes die »Zerstreuung der Welt« vorgezogen (II/4) und ihre Tochter gelegentlich in Grimaldis »Haus der Freude« mitgenommen, wo Emilia sich einen »Tumult« der Seele zuzog, »den die strengsten Übungen der Religion kaum in Wochen besänftigen konnten« (V/7). Während Emilias Bräutigam, der ernste, tugendbesessene Appiani, sich offenbar kaum in eine Frau hineinfühlen kann oder will (er definiert Emilia nur über ihre Frömmigkeit und Bescheidenheit und würde sie sogar ungeputzt zum Altar führen – II/7), versteht es der Prinz, durch ein Liebesgeständnis an einem dafür nicht vorgesehenen Ort und durch seine Rede von Emilias Schönheit, Emilia in eine derart »ängstliche Verwirrung« zu bringen, daß sie ihm weder in einem zweiten Blick die obligatorische Verachtung zeigen kann, noch sich seiner körperlichen Zudringlichkeit durch eine deutliche Geste entziehen will (II/6). Daß die Faszination, die der Prinz trotz Appianis Tod auf Emilias »so jugendliches, so warmes Blut« (V/7) ausübt, Emilia keinen anderen Weg als den Tod sehen läßt, wird nachvollziehbar, wenn man sich die unbarmherzige Moral ihres mißtrauischen Vaters vor Augen führt, der, ganz im Sinne ›panoptischer Besessenheit‹, erklärt hatte, *ein* unbeaufsichtigter Schritt Emilias sei »genug zu einen Fehltritt« (II/3). Emilias letzte Worte an den Vater lassen sich sehr gut als eine hilflose Anklage des Vaters lesen.

Besprechung für die Jenaer Allgemeine Literatur-Zeitung.[199] Vulpius hebt von Ahlefelds Gestaltungskraft, die klare, zwingende Konzeption des Romans hervor und verweist auf das »entschlossene Gemüth, womit sie [Eugenia] antritt, forthandelt und klug überlegend weiter schreitet«.[200] Vulpius verliert nicht ein Wort über die Gräfin und den Grafen, er erklärt nicht einmal die Handlung, erst recht enthält er sich jeder Wertung der im Roman vorgeführten Verhaltensweisen. Um so bemerkenswerter sind seine Worte über Eugenia: »die Heldin wird nach und nach so bedeutsam, dass der Leser, sowie ihr Erkorener selbst, sich nicht mehr von ihr zu trennen vermag. In allen ihren Resignationen verbreitet sie einen Lichtglanz um sich her, welcher selbst die Szene, über welche er schimmert, zu überglänzen scheint«.[201] Die Anziehungskraft, die Eugenia im Text auf den Grafen ausübt, bringt Vulpius ohne weiteres auch für seine Zeitgenossen in Anschlag. Zumindest kann er diese Aussage über sich selbst als Leser treffen, was zugleich eine Aussage über ihn als Autor darstellt. Es ist wahrscheinlich, daß Vulpius' Sympathie Eugenia, kaum jedoch deren Opfer gehört. Diese Annahme wird nicht nur durch sein völliges Schweigen über die unglückliche Gräfin gestützt, sondern auch dadurch, daß er die zitierten Bemerkungen Eugenias als »treffliche und beherzigenswerthe« charakterisiert: »Weit lieber tragen die Frauen in herzloser und erniedrigender Selbstsucht den Schmerz, die Abneigung, den Ueberdruss der Männer, als dass sie edel und herrisch sich zu beherrschen und zu resignieren wüssten, um dem die Freyheit wieder zu geben, der sie offenbar aus Irrthum an sie verloren hat, und dem ihr Entbehren in freudloser Ehe zur drückenden Qual geworden ist«.[202] Kein Wort von der Arbeit an einer Beziehung, von der Versöhnung durch Beharrlichkeit, von der Reunion: nur von Trennung. Vulpius' Besprechung läßt sich gut seinen eigenen Texte zuordnen, in denen er immer wieder das Modell der galanten Liebe aufgegriffen hat (vgl. 4.1.3.1.). Aber auch hier gilt, was oben hinsichtlich der Ambivalenz von Anziehung und Abwehr gesagt wurde. Das

---

199 Vgl. Jenaische Allgemeine Literatur-Zeitung Nr. 192, 1826, S. 95f. Vulpius schreibt am 4.2.1826 an den Bade- und Brunnenarzt in Marienbad, Karl Josef Heidler: »Sie haben also die Kokette noch nicht gelesen? – so haben Sie auch die innigsten, wahrsten Erfahrungen eines Weibes noch nicht gelesen, die schriftlich solche Welterfahrungen preisgiebt, wie unsere bisherigen Schriftstellerinnen, keine preisgeben, können, wollen, mögen oder geschickt genug sind. – Wie vieles habe ich darüber ihr schon mündlich gesagt, wie Vieles werde ich ihr auch noch schriftlich im Angesicht der Lesewelt der Deutschen darüber sagen!« (Andreas Meier, Vulpius, S. 326). Heidler und Vulpius sind persönlich mit Frau von Ahlefeld bekannt, Vulpius hat sie z. B. am 6.12.1826 als Tischgast (vgl. S. 335).

200 Jenaische Allgemeine Literatur-Zeitung Nr. 192, 1826, S. 96.

201 Ebd., S. 95.

202 Ebd., S. 96; vgl. Ahlefeld, S. 165f.

Modell der Koketten mag auf den langjährigen Ehemann attraktiv wirken, es stellt jedoch sein Selbstverständnis und seine Rolle in der Ehe bzw. im Partnerverhältnis in Frage. Vulpius' Biographie zumindest liefert keine Anzeichen dafür, daß er dieses Liebesmodell, bzw. die Frau, die es verkörpert, jemals tatsächlich gesucht habe.

Es kann abschließend festgehalten werden, daß die ›starke Frau‹ in ihrer Konkretisation unterschiedliche Gestalten annimmt. Sie tritt nicht nur als Wasserfrau, sondern auch als »akademische Kraftfrau«, als Machtweib oder als Kokette auf, wobei Gelehrsamkeit, Selbstbewußtsein und Galanterie kaum voneinander getrennt werden. Entscheidend bleibt in all diesen literarischen Varianten, daß die Frauenfigur den Mann dominiert, verunsichert bzw. ihm bedrohlich ist. Mit Blick auf den herrschenden zeitgenössischen Diskurs über die Geschlechterrollen verkörpert die Gestalt der ›starken Frau‹ das normativ Fremde. Der Verweis auf diesen Diskurs, auf einige Textbeispiele und auf Beispiele konkreten Verhaltens verschiedener Zeitgenossen zeigte, daß auf das Modell der ›starken Frau‹ nicht nur ablehnend und empört reagiert wurde, sondern daß es ebenso eine gewisse Anziehungskraft für die Zeitgenossen besaß. Aus diesem Grund können, mit Bezug auf die oben vorgenommenen Begriffsdifferenzierungen, die angesprochenen Varianten der ›starken Frau‹ als das andere, das fremde Eigene, das sich im psychischen System der Zeitgenossen aufhält, bezeichnet werden. Wie ist das Konzept der Verwaltung dieses *anderen* zu denken?

4.1.2.3 Das Prinzip Verwaltung

4.1.2.3.1 *Odysseus' Schweigen*

Die Überlieferung zeigt, daß es in Odysseus' Begegnung mit den Sirenen zu keiner »Depersonalisierung« kommt. Er übersteht die Versuchung/ Bedrohung – gefesselt an den Schiffsmast – unbeschadet. Im Grunde sind es aber nicht die Stricke und das Wachs, die ihn retten; sie dienen eher einer dramatischen Schilderung der Situation. Odysseus' Widerstandskraft gegen die Verführung drückt sich darin aus, daß er mit der wiedergewonnen Kommandogewalt über das Schiff nicht die sofortige Umkehr befielt; er veranlaßt keine Kursänderung. In diesem Schweigen sammeln sich all seine Disziplinierungserfolge; dieses Schweigen ist, in psychoanalytischer Terminologie, die Äußerung seines Ichs, das – als Instanz des Realitätsprinzips – den inneren Angriff auf seine Integrität abwehrt und den auf die Sirenen zielenden Triebanspruch unterdrückt. Genaugenommen ist dieser Triebanspruch jedoch nicht unterdrückt, sondern in modifizierter Form befriedigt worden.

In Odysseus' Schweigen äußert sich etwa das, was Erich Schön das »An-sich-Halten« im Rezeptionsprozeß nannte (vgl. 2.3.4). Adorno und Horkheimer schreiben in diesem Zusammenhang: »Seit der glücklich-mißglückten Begegnung des Odysseus mit den Sirenen sind alle Lieder erkrankt, und die gesamte abendländische Musik laboriert an dem Widersinn von Gesang in der Zivilisation«.[203] Odysseus rezipiert den Gesang unter vorauslaufender Negation des Bacchanals. Er hört zu ohne ersichtliche Folgen. Es geht dabei freilich nicht allein um die Musik. Der an den Mast Gefesselte erinnert ebenso an den ›immobilisierten‹ Zuschauer im Theater des 18. Jahrhunderts und an den an sein Kanapee ›gefesselten‹ Leser eines Räuberromans (vgl. 2.3.4 und 2.4.3). Im Odysseus-Mythos läßt sich das Handlungsschema für den Umgang mit dem eigenen Fremden ablesen. Der lustvollen Teilhabe am Bedrohlichen folgt die Wiedergewinnung alter Sicherheiten. Dies verhindert auf der Ebene des Realitätsprinzips Unlusterfahrung. Die am Mast wirkungslose Identitätsaufgabe des Odysseus ist im Moment der Entfesselung durch die restituierte Identität bereits wieder aufgegeben. Die Konkurrenz zwischen verschiedenen Verhaltensversuchungen bzw. Triebansprüchen (vgl. 4.1.2.1) wird in eine Koexistenz überführt. Auf der Grundlage einer zeitlichen Versetzung und prinzipiell anders bestimmter Situationen[204] liegt eine doppelte Lusterfahrung vor.

Ich habe im Abschnitt 1.1.3 einige theoretische Positionen markiert, die vor dem Hintergrund psychoanalytischen Gedankenguts den Lusteffekt einer Rezeptionssituation untersuchen. Jochen Schulte-Sasse betonte in seinem gegen Adornos Reflexivitäts-Dogma gerichteten Aufsatz, daß im Rezeptionsprozeß durch die Identifikation mit literarischen Figuren ein vorübergehender Abbau der »konkurrenzorientierte[n] und affektdisziplinierten[n] Panzerung unserer Identität« möglich sei, was zu einer individuellen Entlastung führe.[205] Schulte-Sasse verwendet Freuds, von Romain Rolland entliehenen Ausdruck des »ozeanischen Gefühls«, der das primäre Ichgefühl vor der Regulierung durch das Realitätsprinzip markiert. An dieses ozeanische Gefühl könne im Rezeptionsprozeß vorübergehend wieder angeknüpft werden, indem man sich den Anspannungen des Realitätsprinzips entziehe. Der Psychoanalytiker Ernst Kris

---

203 Adorno/Horkheimer, S. 56.

204 Der Odysseus am Mast hat alle Handlungsmacht fortgegeben und ist somit frei geworden zum Objekt/Rezipienten; der entfesselte Odysseus ist wieder der Kapitän, der den Kurs des Schiffes und damit dessen Zukunft zu bestimmen hat.

205 Schulte-Sasse, Gebrauchswerte, S. 89.

sieht in ähnlicher Weise in der »ästhetischen Illusion« die dem Ich gegebene Möglichkeit, »seine Herrschaft wiederzugewinnen, die durch aufgestaute Triebwünsche bedroht ist«.[206] Kris spricht dabei von einer *doppelten* Lust: »Der Fortschritt der psychoanalytischen Erkenntnis hat ein
besseres Verständnis der kathartischen Wirkung eingeleitet; wir begnü-
gen uns nicht länger mit der Bemerkung, daß verdrängte Affekte ihre
Macht über unseren Verstand verlieren, wenn sie zur Entladung kommen können. Wir glauben vielmehr, daß das, was Aristoteles als die Reinigung beschrieben hat, dem Ich ermöglicht, seine Herrschaft wiederzugewinnen, die durch aufgestaute Triebwünsche bedroht ist. Die Suche
nach Ventilen hat zum Ziel, diese Herrschaft abzusichern oder wiederzugewinnen; und die Lust dabei ist eine zwiefache, sie schafft Abfuhr und
Kontrolle«.[207] Den Gedanken des doppelten Lustgewinns findet man implizit auch bei Winfried Fluck. Fluck sieht die Funktion populärer Kultur
darin, daß »in symbolisch verschlüsselter Weise zentrale Wertkonflikte
veranschaulicht und in spielerischer und fiktionaler Veranschaulichung
probeweise Haltungen zur Auflösung widersprechender Verhaltensansprüche« angeboten werden.[208] Entscheidend ist, »daß die Spannungen
im Sinne der eigenen Sozialisation und Wertvorstellungen gelöst werden,
denn sonst wären frustrierende ›kognitive Dissonanzen‹ oder Schuldgefühle die Folge. Würde die Fiktion mit dem Aussprechen des unterdrückten Wunsches oder des erfahrenen Widerspruchs enden, so würde die
Spannung und Verhaltensunsicherheit noch erhöht werden«.[209] Nur wenn
die für den Rezipienten allgemein geltenden Normen schließlich bestätigt werden, kommt es zu einem lustvollen Ausgleich von Spannungen.
Der Lustgewinn ist insofern ein *doppelter*, als »die herrschenden Normen
und Wertvorstellungen temporär überschritten und dennoch bestätigt
werden und damit das temporär verunsicherte Selbstbild stabilisiert
wird.«[210]

Diese im Sinne der eigenen Sozialisation vorgenommene Abwendung
der Verhaltensversuchung kann Odysseus freilich nicht *rezipieren*. Er selbst
muß sie erst herstellen. Aber die *Beschreibung* seiner Rezeption des Fremden bietet den Text, den Fluck für eine solche Rezeption veranschlagt.
Diesen Text liefert Homer. Einen solchen Text liefert auch Vulpius. Die
psychoanalytische bzw. psychologische Sicht auf den Rezeptionsprozeß
erhellt den tieferen Sinn der Struktur der »Saal-Nixe«. Vulpius' Roman

---

206 Kris, S. 48.
207 Ebd., S. 48.
208 Fluck, S. 60f.
209 Ebd., S. 61.
210 Ebd.

ermöglicht durch die affirmative Gestaltung der Nixe dem Leser die Identifikation mit einem Frauen- und Beziehungsmodell, das dem herrschenden Diskurs widerspricht, zugleich aber einen unterdrückten Wunsch, eine unterdrückte Sehnsucht des Rezipienten verkörpert. Dem Lustgewinn dieser Identifikation folgt die Zurücknahme des anderen Modells; der Text mündet in die Perspektive einer bürgerlichen Ehe. Hinsichtlich des Autors und wahrscheinlich auch der Mehrzahl der Leser wird die Spannung zwischen den unbewußten Verhaltensversuchungen und der Verhaltensoption, die das Realitätsprinzip auferlegt, schließlich im Sinne des eigenen Sozialisationsmodells[211] aufgelöst.

Die Verwaltung des Fremden besteht darin, es zu thematisieren, ohne ihm eine über den unmittelbaren Rezeptionsprozeß hinausgehende Macht zuzugestehen. Es wird als existierendes Phänomen im Eigenen akzeptiert, das nicht durch Stigmatisierung überwunden werden kann. Seine ›Entschärfung‹ liegt in seiner vorübergehenden Bekräftigung. In der Thematisierung wird es zum Objekt der Rezeption und der Herrschaft; das fremde Eigene verliert seine Bedrohung, indem es ein Leben in der Schrift erhält. Die normwidrigen Triebe bzw. Verhaltensversuchungen werden in den Text umgeleitet, entsprechend codiert und sozial entschärft.[212] Wenn ich im Abschnitt 3.8 mit Blick auf Vulpius' Umwandlung der Losung »Ich bin Rinaldo Rinaldini« in »Ich bin der Verfasser des Rinaldo Rinaldini« sagte, das Asoziale befinde sich im ›Griff‹ seines Autors bzw. im Gänsekiel, muß ich nun mit Blick auf Vulpius' Leser hinzufügen, daß sich für sie das Asoziale im ›Griff‹ der Schrift befindet. Der Terminus des *fremden Eigenen* kann mit dem des *Asozialen* synonymisiert werden, wenn asozial im Sinne der von mir eingesetzten Definition als Verstoß gegen die im bürgerlichen (Moral) Diskurs präferierten Verhaltensnormen verstanden wird (vgl. 1.2.3). Die ›starke Frau‹ in ihren verschiedenen Varianten ist demnach asozial, weil sie das in der zeitgenössischen Geschlechterdebatte vermittelte Frauenbild negiert. Eine andere Figur des Asozialen ist der Abenteurer. Er durchbricht die Schranken bürgerlicher Existenz und mißachtet die Doktrin der herrschenden Moral. Der Abenteurer sucht die Unwägbarkeiten und setzt sich dem Zufall aus. Er macht ständig neue Erfahrungen, er muß immer wieder interpretieren, was passiert. Der Abenteurer symbolisiert die dem Bürger verlorengegangene Freiheit des Kindes. Aus diesem Grund ist er zugleich Bestandteil des fremden Eigenen. Er verkörpert das *andere* und ist ebenso Wunsch- und Schreckbild wie die

---

211 In psychoanalytischer Terminologie wäre dies das »Über-Ich«.

212 In ähnlicher Weise wird das Abenteuer im ausgehenden 18. Jahrhundert in die Schrift bzw. in andere Medien abgeleitet und der Kontrolle unterstellt (vgl. 2.4.1 und 2.4.2).

›starke Frau‹.[213] Am Beispiel des Nixenmotivs wurde das ambivalente Verhältnis zum fremden Eigenen als Asozialem bereits erörtert. Es sei im folgenden durch den Vorgriff auf einen Schlüsseldialog des »Rinaldo«-Romans auch mit Blick auf den Räuber – als einer Figuration des Abenteurers – veranschaulicht.

4.1.2.3.2 Rinaldo und der Maultiertreiber

Rinaldo begegnet auf einem Streifzug einem Maultiertreiber, der, ohne Wissen, wen er vor sich hat, über das »Teufelsgeschmeiß von Rinaldinis Bande« schimpft.[214] Dem Versuch Rinaldos, die von einem Großteil der Bevölkerung akzeptierte Form des Räubertums im Sinne Robin Hoods zu reklamieren, begegnet der Maultierttreiber mit den Worten: »hole ihn der Teufel mit seiner Wohltätigkeit! Erst stiehlt er's, hernach verschenkt er's. Ich mag nichts von ihm haben. Segne mir Gott mein redlich erworbenes Stückchen Brot. Betrügen und Bestehlen möchte ich keinen Menschen auch nur um eine Bohne« (S. 258). Der Maultiertreiber weist deutlich auf Rinaldos Asozialität hin, auf sein Ausgestoßensein aus der Gesellschaft, und hält die Devise dagegen: »Redlich gelebt und selig gestorben, das ist das beste. Bei Rinaldini heißt's aber, fröhlich gelebt und traurig gestorben. Das taugt nichts!«[215] Soweit verkörpert der Maultiertreiber den disziplinierten Bürger, der die Grundsätze des zeitgenössischen Moraldiskurses offenbar widerspruchslos verinnerlicht hat und nun wiederholt: Redlichkeit steht gegen Fröhlichkeit, Integration gegen Asozialität. Aber der Maultiertreiber besitzt ein Wissen über Rinaldo, das seiner Ich-Stabilität bedrohlich werden könnte. Er beschreibt Rinaldo Rinaldo nicht ohne Anzeichen der Bewunderung: »Gar oft spaziert er als Kavalier umher, lebt sogar in Städten, sponsiert unter den vornehmen Damen herum und soll deren ein paar schon weidlich gezogen haben. Kommen sie ihm

---

213 Marion Beaujean spricht von »Verlockung und Bedrohung«; sie hält in ihrer Untersuchung des zeitgenössischen Trivialromans bezüglich der psychologischen Wirkung des literarischen Abenteurers fest: »die Aufgabe des Helden besteht nun gerade darin, die bürgerliche Welt zu durchbrechen und ein ungebundenes Leben vorzuführen, wie es dem gewöhnlichen Sterblichen, dem Bürger, nicht vergönnt ist. Damit ist die Abenteuergestalt Verlockung und Bedrohung zugleich geworden und wird wegen ihres verführerischen und vernichtenden Charakters um so mehr geliebt« (Beaujean, Trivialroman, S. 136). Zur zeitgenössischen Kritik am Abenteurer vgl. 2.4.1.
214 Vulpius, Rinaldo, S. 257; im folgenden Nachweise im Text.
215 Ebd., S. 258. Im gleichen Sinn kommentiert im ersten Buch des Romans ein Bauer Rinaldos Tod ohne Absolution: »Da stirbt unsereiner doch ruhiger und honetter. Nicht wahr?« (S. 42)

auf die Spur, so ist er fort und kein Teufel weiß wohin. Er zieht beständig verkleidet im Lande umher und nimmt allerhand Gestalten an. Heute ist er da, morgen dort, und seine Bande umschwärmt ihn allenthalben. Er ist mit einem Worte: ein Himmeltausend elementischer Kerl!« (S. 259)

Mit diesem Ausruf, der schon zuvor in der Bezeichnung »ein ganzer Kerl« (S. 257) anklang, endet der Dialog. Das fremde Eigene des Bürgers entäußert sich in der Anerkennung, die er dem doch eigentlich abgelehnten Rinaldo seines vermuteten Sexuallebens und seiner bisher erfolgreichen Mißachtung aller gesellschaftlichen Zwänge wegen nicht versagen kann. Der Räuber Rinaldo fungiert hier gleichermaßen als Projektionsfläche unterdrückter Sehnsüchte und Ausbruchsphantasien wie die Nixe Hulda. Während dabei im Nixenroman die verdrängte Sehnsucht des Mannes nach der ›starken Frau‹ vorgeführt wird, klingen im Räuberroman seine Don-Juan-Phantasien bzw. seine ›Outlaw-Imaginationen‹ an. Aber auch der »Rinaldo«-Roman weist die Struktur der ›hedonistischen Moralisierung‹ auf und nimmt die am Beispiel des Räuber-Modells sich entzündenden Verhaltensversuchungen durch Rinaldos Ende wieder zurück (vgl. 3.7 und 4.2.1.1).

Die zitierte Textstelle spricht darüber hinaus das Konzept der Verwaltung an. Der Maultiertreiber bekennt, er möchte den gefährlichen Rinaldo durchaus einmal sehen: »Es müßte aber im Guten sein, denn im Bösen mag ich nichts mit ihm zu tun haben« (S. 259). Was kann damit gemeint sein? Mit Sicherheit nicht die Begegnung, die soeben stattfindet. Sie ist zwar eine »im Guten«, aber sie ist keine mit Rinaldo, sondern mit einem Unbekannten. Zweifellos ist eine Begegnung gemeint, die den Maultiertreiber nicht zum Opfer Rinaldos macht. Eine Begegnung, in der er die Situation als Subjekt beherrschen und überstehen kann. Dieses Im-Guten-mit-dem-Gefährlichen-zu-tun-Haben wäre die Situation der Lektüre. Der Leser des »Rinaldo«-Romans befindet sich in eben dieser Position.[216]

---

216 Eine ähnliche Äußerung wie die des Maultiertreibers läßt sich im »Saal-Nixe«-Roman finden. Dort schließt Minnewart seine Rede über die Elementargeister mit dem widersprüchlichen Bekenntnis: »Indessen, der HERR behüte uns in Gnaden, so lange wir noch unter Menschen leben, für solchen Erscheinungen! – Wie wohl ich sagen muß, daß ich zu weilen, mir wirklich die Erscheinung eines Feuergeistes, eines Salamanders gewünscht habe.« (Vulpius, Hulda, S. 93) Auch hier macht sich die Ambivalenz von Furcht und Neugier bemerkbar, mit der das Unheimliche gedacht wird.

4.1.2.3.3 Hedonistische Moralisierung

Entgegen den Befürchtungen der zeitgenössischen Kritiker schreiben sich Vulpius' Romane also trotz bzw. gerade wegen der Orientierung auf das Asoziale in den Sozialisierungsdiskurs seiner Zeit ein. Wenn, wie bereits erwähnt, für die ästhetisch-ethische Handlungstheorie der zeitgenössischen Popularphilosophie die Frage zentral wird, »auf welche Weise moralische Grundsätze und Pflichten mit den beschränkten Handlungsvermögen der Menschen so zu vermitteln sind, daß sie nicht nur anerkannt, sondern im Handeln auch tatsächlich verwirklicht werden können«,[217] so läßt sich hinzufügen, daß Vulpius als Popularschriftsteller die Fragestellung ins Negative wendet: wie können nicht erwünschte Verhaltensversuchungen nicht nur problematisiert und verurteilt, sondern im Handeln der Menschen auch tatsächlich vermieden werden. Seine Antwort besteht in der literarischen Thematisierung. Er reagiert auf die Existenz der asozialen Verhaltensversuchungen nicht imperativisch mit Geboten oder Verboten, sondern versteht sie zunächst einmal als allgemeinmenschliche Phänomene. Indem er ihnen ein Leben in der Schrift ermöglicht und sie dort exemplarisch ad absurdum führt, nimmt er ihnen zugleich die Attraktivität. Vulpius argumentiert dabei weniger mit moralischen Grundpflichten. Diese werden im Gegenteil in nicht geringem Maße im Text in Frage gestellt. Die Moral der Vulpius-Texte wird nicht gesinnungsethisch vorgetragen, sondern pragmatisch – im ›Modell der Selbstliebe‹. Die vorgeführten negativen Folgen einer realisierten Verhaltensversuchung beziehen sich vor allem auf den Protagonisten selbst, Vulpius vermittelt, daß es schon aus Gründen des Selbstschutzes und der Selbsterhaltung ratsam ist, der Verhaltensversuchung zu widerstehen.

Man kann durchaus sagen, daß Vulpius damit, ähnlich den zeitgenössischen Popularphilosophen, versucht, die »Erfahrungs- und Handlungs-›ferne‹ der Kantischen Gesinnungsethik«[218] zu vermeiden.[219] Sein Ansatzpunkt ist vielmehr das eigene Fremde, von dem eine Versuchung zu alternativen, im herrschenden gesellschaftlichen Diskurs nicht sanktionierten Handlungsweisen ausgeht. Vulpius' Vorgehen soll als ›hedonistische Moralisierung‹ bezeichnet werden. Ein Oxymoron drückt wohl am prägnantesten und plastischer als der sich anbietende Begriff Codierung die

---

217 Bachmann-Medick, S. 18.
218 Ebd., S. 3.
219 Viele Popularphilosophen sehen wie Garve in Kants Pflichten-Ethik ein Realisierbarkeitsdefizit, da sie von Neigung und sinnlichen Triebkräften des moralischen Handelns völlig absehe (vgl. ebd., S. 24).

Spezifik der Vulpius-Texte aus. Denn eine moralische Argumentation im herkömmlichen Sinne explizit mitgeteilter Verbote und Gebote liegt, wie am Beispiel der »Saal-Nixe« gezeigt, zwar gar nicht vor; vielmehr wurde auf die ›Entmoralisierung‹ des Textes verwiesen (vgl. 4.1.1.1). Von einer Moralisierung ist dennoch insofern zu sprechen, als die Struktur des Textes auf die Bestätigung der Normen und Wertvorstellungen des herrschenden Moral-Diskurses hinausläuft. Diese Moralisierung ist eine *hedonistische*, weil zum einen die Lust des Verbotenen in der Lust der Rede über das Verbotene aufgehoben ist und weil zum anderen dem Leser die Verpflichtung auf die herrschenden Normen und Wertvorstellungen nach der Lektüre nicht mehr als Verlust oder Verzicht, sondern als Gewinn erscheinen muß.

Die hier aufgestellten Thesen über Vulpius' Schreibintention und über die Funktionsweise seiner Texte nehmen eine Beweislast auf sich, die sich aufgrund des Mangels an repräsentativen Rezeptionsquellen nur schwer abtragen läßt. Da die Thesen auf zum Teil unbewußte Transformationsprozesse zielen, wird man zudem kaum niedergeschriebene Lesererfahrungen erwarten können, die mit der gewünschten Deutlichkeit Auskunft über Schreibintention und Rezeptionswirkung gäben. Um die aufgestellten Thesen dennoch stützen zu können, bin ich auf gelegentliche Hinweise in den Texten selbst angewiesen sowie darauf, Plausibilitäten herzustellen, die sich aus der Gesamtsicht auf den Kontext des Autors und seiner Leser, also auf die Produktions- und Rezeptionssituationen ergeben. Es seien in diesem Zusammenhang aber auch Aussagen in Anspruch genommen, die von Lesern bzw. Literaturwissenschaftlern mit Blick auf andere, vergleichbare Texte getroffen wurden.

Wilhelm Heinses Roman »Ardinghello« (1787) erregte bei seinen zeitgenössischen und späteren Lesern Bewunderung und Ablehnung, die sich zum großen Teil auf seine unverhohlene Sinnlichkeit bezog. Die überlieferten Äußerungen diskutieren an der Figur Ardinghello immer wieder das Kraftgenialische, das sich über alle Konventionen hinwegsetzt, sie vermitteln dabei feurigste Zustimmung und schärfste Kritik bis hin zur Losung der Bücherverbrennung.[220] Eine recht wohlwollende Rezension der »Allgemeinen Literatur-Zeitung« vom 12. Januar 1788 merkt in einer vor-soziologischen Sprache mit ›systemtheoretischem Gespür‹ an, daß die

---

220 Zur Wirkungsgeschichte vgl. Heinse, Ardinghello, S. 560-623. Friedrich von Stolberg mahnt am 20.11.1787 in einem Brief an Anton von Halem: »verbrennet das böse Büchlein, wenn Euch an der Tugend Eurer Weiber, Schwestern und Kinder etwas gelegen ist« (S. 563). Geßner zeigt sich im Brief an seinen Sohn vom 26.11.1787 zwar weit kulanter, trägt im Grunde aber die gleiche Sorge: »Junge Leute, die gern Feuer fangen, mögen Bücher der Art wohl lesen, aber ja sich dadurch nicht hinreißen lassen« (S. 564).

Verhaltensversuchung, für die Ardinghello steht, zu einem Konflikt mit den sozialen Verhältnissen führen muß, in denen sich ein Individuum befindet.[221] Ein anderer Leser drückt seine ambivalente Haltung zu Ardinghello in den emphatischen Worten aus: »Wonne ist's, ihm nachzufühlen, aber Unglück wäre es, er zu werden«.[222] Hinter aller Begeisterung für den ungezügelten Fanatiker der Kunst und Sinnlichkeit wird hier bereits die Problematik gesehen, die das Verhaltensmodell Ardinghello mit Blick auf den Kontext seiner Leser im ausgehenden 18. Jahrhundert bedeutet. Georg Gottfried Gervinus findet diesbezüglich rund 65 Jahre später deutlich ablehnendere Worte: »Im Ardinghello treten wir in eine Gesellschaft, in der jenes Wegspringen über alle Ordnungen, jener Jugendtrotz gegen die Sitte der Welt zu Hause ist. [...] Gewohnheiten und Gesetze sollen nur für den Pöbel da sein; Wegsetzen über Vorurteile ist Flug über die gemeine Welt«.[223] »Demnach«, schreibt Gervinus weiter, und auf diese Formulierung kommt es mir an, »wagte Heinse im Ardinghello den großen Sprung über die Bedingungen unseres Daseins weg«.[224]

Heinse hat im Gewand des 16. Jahrhunderts zentrale Wertkonflikte seiner eigenen Zeit veranschaulicht und den Leser in eine Spannung zwischen vollzogener Sozialisation und untergründigen Verhaltensversuchungen geführt. Im Unterschied zu Vulpius löst er diese Spannung jedoch nicht im Sinne der allgemein gültigen Normen und Wertvorstellungen auf – sein Text führt nicht zurück in die bürgerliche Gesellschaft, sondern mündet im Entwurf einer Staatsutopie. Die unterschiedliche Inten-

---

221 Die mit keinem Sigel versehene Rezension umfaßt alle 8 Spalten einer Sonderausgabe. Mit Blick auf Ardinghellos Aufruf zur Augenblicks- und Genuß-Philosophie heißt es: »die Menschen aber sind durch die Gewalt des Schicksals, dem sich keiner entziehen kann, in sehr oft unauflösliche Verhältnisse gesetzt« (Allgemeine Literatur-Zeitung, Nr. 11[b], 12.1.1788, S. 120). Der Schlußsatz der Rezension lautet: »Was würde der Ardinghello für Zerstörung und Elend anstiften und bey seinem eigenen feinen und lebhaften Gefühle zugleich selbst empfinden, der so wie andere Menschen, angebohrene und natürlicher Weise von Kindheit auf immer mehr vermehrte Bande und Verhältnisse erst zerstören müsste, um zu jener unbeschränkten Freiheit des Genusses zu gelangen?« (ebd.) Daß »Ardinghello« die Wirkung des Aufbruchs und Ausbruchs haben kann, bestätigt Johann Christian Reinhardts Mitteilung an Schiller im April 1788: »Seine Bemerkungen über Kunst sind schön und neu und seine glühende Phantasie hat mich so angesteckt, daß ich oft glaubte, ich müßte mein Ränzchen packen und davonlaufen« (zitiert nach: Heinse, Ardinghello, S. 568).

222 Johann Benjamin Erhard an Johann Karl Osterhausen am 22.8.1788 (zitiert nach: Heinse, Ardinghello, S. 569). Erhard setzt Ardinghellos »Taumel des Enthusiasmus« kritisch die Topik der Nützlichkeit entgegen: »Eine hell auffahrende Flamme in dunkler Nacht ist ein prächtiger Anblick, aber nur die Flamme, welche unsre Speisen erweicht und an der wir uns zu erwärmen wagen dürfen, ist die für uns nützliche. Edler und tugendhafter ist die Stimmung, welche die Gespräche des Plato meiner Seele gaben« (S. 569f.).

223 Gervinus, S. 13.

224 Ebd., S. 14.

tion ist nicht zu übersehen.[225] Gervinus' Formulierung vom Wegspringen über die »Bedingungen unseres Daseins« macht vor der Kontrastfolie Heinse noch einmal die Spezifik Vulpius' deutlich: seine Texte rekurrieren bei aller Sympathie für das Unkonventionelle, Asoziale immer wieder auf die »Bedingungen unseres Daseins«, über die Vulpius sich nicht hinweggesetzt hat und über die die meisten seiner Leser sich nicht werden hinweggesetzt haben.

Dieter Wellershoff definiert die Funktionsweise von Trivialliteratur[226] folgendermaßen: dem Leser werde »die Teilnahme an den Reizen der bösen Welt durch den Irrtum und die Verführung der Hauptperson und danach die Versöhnung mit dem notwendigen Verzicht [geboten]. Mit dem Helden kehrt er zurück in die eigene soziale Gruppe, die kompensierend idealisiert wird. Das Happy-end verklärt die resignierte Anpassung ans Gegebene nach kurzer Scheinfreiheit und vorübergehender Durchbrechung der frustrierenden Moral«.[227] Es ist fraglich, ob diese Aussage pauschal auf all die anderen herangezogenen Autoren und auf all ihre Texte wirklich zutrifft. Bei genauerer Untersuchung würden sich viele Modifikationen und Sonderfälle ergeben.[228] Hinsichtlich des Großteils der Texte Vulpius' kann man sich Wellershoffs Urteil indes anschließen.[229]

---

225 Dieser Unterschied im Text scheint die Unterschiede bestätigen zu wollen, die trotz einiger Berührungspunkte in den Biographien beider Autoren bestanden. Heinse (1746–1803), der wie Vulpius Jurisprudenz in Jena studierte, hielt sich 1780–1783 in Italien auf, ging 1786 als Vorleser an den Hof des aufgeklärten Kurfürsten und Erzbischofs Friedrich Karl Joseph von Erthal nach Mainz, wurde dort 1788 zum Hofrat und Bibliothekar der kurfürstlichen Privatbibliothek berufen und lebte später als Bibliothekar in Aschaffenburg. Heinse wollte, wie er am 2.6.1772 an Gleim schreibt, »den Deutschen etwas schreiben [...] wie Crebillon und Hamilton den Franzosen« (Heinse, Schriften, S. 50), und bestimmte, was seinen außergewöhnlichen Charakter unterstreicht, daß nach seinem Tod sein Gehirn dem Freund Sömmering zur chemischen Untersuchung überlassen werde.

226 Wellershoff zählt dazu Autoren wie Ludwig Ganghofer, Karl May, Vulpius, Hedwig Courths-Mahler, Eugenie Marlitt, Alexander Dumas, Jules Verne, Edgar Wallace, Raymond Chandler u. a. (vgl. Wellershoff, S. 728).

227 Ebd., S. 728f.

228 Volker Klotz erkennt z. B. in vielen Abenteuerromanen des 19. Jahrhunderts einen »trotzige[n] Optimismus, der sich nicht abfinden mag mit den bestehenden Verhältnissen«, und räumt ein: »Obwohl die untersuchten Werke von Sue bis Verne nicht an die Bewegkräfte der Gesellschaft rühren, deren Auswüchse sie doch so heftig geißeln; obwohl sie ebenso abwegige Begründungen wie Heilvorschläge einer zerrissenen Welt anbieten, die sie doch so treffend ausmalen; obwohl sie Helden und Handlungen dagegen aufbieten, die nicht von dieser Welt sind und dennoch alles ins Lot bringen: trotz solcher unstimmiger und kompromißbeflissener Einzelzüge dürfte der AR [Abenteuerroman – R. S.] – als Gesamtgebilde – eher darauf hinwirken, daß der Leser sich vom eingefahrenen Alltagsbetrieb losmacht, als daß er sich drein schickt« (Klotz, S. 212 und 215).

229 Es sei mit Blick auf Wellershoffs Definition und auf Vulpius' Texte auch auf eine Aussage hingewiesen, die Peter Gay in seiner kulturhistorischen Untersuchung der »Liebe

Um Wellershoffs Pauschalurteil über die Funktion und Wirkung von Trivialliteratur zu relativieren und um die Spezifik des Modells von Vulpius hervorzuheben, sei an dieser Stelle aber auch auf das ganz andere Verfahren zweier Zeitgenossen verwiesen, die ebenso wie Vulpius in den Bereich der Trivialliteratur eingeordnet werden. Erinnert sei an August Heinrich Julius Lafontaine (1758–1831), den Hofmeister und späteren Pastor, der die Themen der Moralischen Wochenschriften (Kindererziehung, Geschlechterrollen, häusliches Leben) aufgriff und zu »Moralischen Erzählungen« (1794), »Familiengeschichten« (1797ff.) oder dem Roman »Clara du Plessis und Clairant« (1795) verarbeitete. Seine Texte sind »Moral in Beispielen«, wie Lafontaine in der Einleitung zu »Die Gewalt der Liebe« (1791–1794) selbst sagt.[230] Sie sind dabei durchaus nicht ohne erotische Sensibilität, bekennen sich ausdrücklich zu Gefühl und Leidenschaft und moralisieren mitunter selbst gegen engstirnige Moralisten.[231] Aller-

---

im bürgerlichen Zeitalter« macht. Im Zusammenhang mit der erotischen Provokation in den Romanen des 19. Jahrhunderts schreibt er: »Die Leser zogen aus solcher aufreizenden Literatur doppelten Gewinn. Sie durften sich unerhört kühn vorkommen, wenn sie sich an schauerliche sexuelle Erfahrungen wagten, die ihnen normalerweise unerreichbar fern waren. Und sie durften die Erleichterung genießen, die mit der Enthüllung bewahrter Unschuld einherging. Nur wer süchtig danach war, seine von der Lektüre erzeugten Phantasien auch auszuagieren, pflegte von dieser Taktik enttäuscht zu sein. Die meisten Leser – ausgenommen Reinheitsfanatiker – fanden die Andeutung von ehebrecherischer Leidenschaft, Promiskuität oder gar Inzest besonders reizvoll, wenn sie sich als zwar sorgsam genährter, aber irriger Eindruck erwies. Es war wie die Erwartung einer gefährlichen Dschungelsafari mit ungewissem Ausgang, die sich zuletzt als Sonntagsausflug in den Zoo entpuppte« (Gay, Leidenschaft, S. 154f.). Gay ist hinsichtlich der zeitgenössischen Rezeption von Texten ebenso wie ich größtenteils auf Vermutungen angewiesen. Er muß seine Quellen, die über den komplizierten, undurchsichtigen Umgang mit erotischen Phantasien kaum expressis verbis informieren, erst psychoanalytischen Bearbeitungen unterziehen. Bemerkenswert an seiner Erklärung des Rezeptionsvorganges ist die Aufnahme des Begriffs vom doppelten Lustgewinn, die auf Gays psychoanalytischen Hintergrund zurückzuführen sein dürfte. Er folgt damit einem Erklärungsmodell, dem auch ich mich mit Blick auf meinen Gegenstand angeschlossen habe.

230 Dies gilt vor allem für die Zeit bis zur Jahrhundertwende, bevor Lafontaine zunehmend den Regeln des literarischen Marktes folgt und reißerischere Titel wie »Das Bekenntnis am Grabe« (1811) oder »Ida von Kyburg oder Das Verhängnis« (1816) veröffentlicht.

231 Nach der recht reizvollen Beschreibung des ersten Kusses zwischen Clara und Clairant belehrt der Erzähler ausführlich: »Moralist, tadle diese Empfindung [d.i. Verliebtsein, in ausdrücklicher Absetzung zu Liebe und Vertrauen] nicht, weil sie so vergänglich ist, weil ein Hauch, ein Wort, ein Blick, ein Tag sie erzeugte; nenne sie nicht Torheit, weil der Jüngling nicht sagen kann, wie sie entstand, warum sie ihn überwältigte. Sie steht unter dem Schutze der Natur. Sei sie auch ein Rausch, der den Jüngling betört, der ihn nur zu oft unglücklich macht; wes ist die Schuld? Dein, der du der stärksten aller Leidenschaften, wie einer Fabel, spottest; den Jüngling nicht lehrst, Liebe von Sinnlichkeit zu unterscheiden; Sinnlichkeit, Wollust und Liebe in *eine* Klasse wirfst und, wenn du endlich zufällig dem

310

dings bleiben sie auch darin immer untadelhaft. Wenn Lafontaine »stets für das Recht des Herzens« eintritt,[232] so geschieht dies doch stets im Rahmen des zeitgenössischen Diskurses und des sich abzeichnenden romantischen Liebesmodells. Die Ehe ist Lafontaine heilig, stellt den »edlen Gipfel der irdischen Glückseligkeit« dar und heiligt nicht zuletzt auch das sinnliche Verlangen.[233] Ein positiver Blick auf die Galanterie oder die sympathetische Zeichnung einer ›starken Frau‹ bzw. des ›asozialen Helden‹, wie sie bei Vulpius begegnet, ist von Lafontaine nicht zu erwarten. Daß Lafontaine für ein ganz anderes Wirkungsmodell steht, wird schließlich plastisch, wenn Brautpaare den weiten Weg auf sich nehmen, um vom Verfasser von »Clara du Plessis und Clairant« getraut zu werden,[234] oder wenn Friedrich Wilhelm III. seinem »Lieblingsschriftsteller« das Kanonikat am Domstift zu Magdeburg verleiht.[235]

Ein anderes Beispiel ist Christian Heinrich Spieß (1755–1799).[236] Wie Ulrich Hartje betont, war auch dessen Interesse »nicht darauf gerichtet, *nur* durch vordergründige Effekte die Bedürfnisse seiner Leser nach Unterhaltung zu befriedigen. Ihm dient das spannend-schauerliche Geschehen seiner Romane auch als Folie, auf der er menschliche Grundprobleme gleichnishaft veranschaulichen und ins Hypertrophe vergrößern kann.«[237] Das menschliche Grundproblem, das Spieß am meisten umkreist, ist die Erkennbarkeit der Welt und die daraus ableitbare Rationalität des eigenen Handelns. Hier nimmt Spieß eine äußerst pessimistische Haltung ein, was zu einer spezifischen Struktur seiner Texte führt, die man als *epistemologische Desillusionierung* bezeichnen könnte.[238] Der ›Skandal‹ liegt darin, im Jahrhundert des programmatischen Ausgangs des Menschen

---

Sturme ans unsichere Ufer des Alters entronnen bist, wie der Pharisäer rufst: Ich danke dir, Gott usw.« (Lafontaine, S. 30.)

232 Ishorst, S. 58.
233 Ebd., S. 61, vgl. S. 83.
234 Vgl. Rietzschel, S. 279.
235 Vgl. Ishorst, S. 86.
236 Zu Spieß' biographischen Daten vgl. unter 3.4. Anm. 148.
237 Hartje, S. 153f.
238 Hartje zeigt an verschiedenen Romanen (Das Petermännchen; Der Mäusefallen- und Hechelkrämer; Die Löwenritter; Hans Helling) ein Dreistufenmodell, wonach einem kürzeren Anfangsteil, der die konstitutiven Merkmale der Situation geordnet präsentiert und dem Leser den Eindruck ihrer Erkennbarkeit vermittelt, ein Hauptteil folgt, in dem Romanhelden wie Leser einer Unübersichtlichkeit der Dinge ausgesetzt werden, die zu Irritation führt, den anfänglichen Überblick über die handlungsrelevanten Zusammenhänge verloren gehen und damit auch den Verstand als Lösungsmittel unbrauchbar erscheinen lassen. In einem knapp gehaltenen Schlußteil wird wieder ein stabiler, geordneter Zustand konstituiert, der aber nicht der Meisterung der Lage durch den Helden, sondern seinem ›Dreinfinden‹ ins undurchschaubare Schicksal zu verdanken sei.

aus seiner selbstverschuldeten Unmündigkeit dem einzelnen die Kompetenz abzusprechen, mit Hilfe des Verstandes zuverlässig zu richtigen Einsichten und Handlungsentscheidungen zu gelangen.[239] Als ›ideologischer Mehrwert‹ der in der Tradition der Gothic Novel stehenden, durch ihre Undurchschaubarkeit höchst spannenden Texte erweist sich, will man Hartjes Kommentar folgen, die Proklamation der Ergebenheit ins Schicksal, der Aussöhnung mit der eigenen Ohnmacht und damit freilich der politischen Passivität.[240] Es läßt sich erkennen, daß Spieß ebenso wie Lafontaine mit seinen Texten deutlich andere Ziele verfolgt als Vulpius, daß eine Differenzierung innerhalb der als Vielschreiber, Trivial- bzw. Unterhaltungsschriftsteller bezeichneten Autoren also angeraten ist und das Modell der ›hedonistischen Moralisierung‹ nicht unbesehen auf andere Autoren dieser Rubrik übertragen werden kann.[241]

In den vorangegangenen Abschnitten wurde, ausgehend vom »Saal-Nixe«-Roman, das Nixen-Motiv auf eine höhere Abstraktionsebene gehoben und als Topos des normativ Fremden herausgestellt, wodurch es anderen Frauenfiguren vergleichbar wird. Zu diesem normativ Fremden besteht das Verhältnis der Sehnsucht und der Abwehr. Es wurde als das fremde Eigene im psychischen System des Individuums situiert, als das es nie völlig überwunden oder ausgegrenzt, sondern nur verwaltet werden kann. Mit einem Verweis auf die herrschenden zeitgenössischen Geschlechterbilder habe ich weitere Varianten des normativ Fremden aufgezeigt. Wie man sich dessen Verwaltung vorzustellen hat, wurde unter Rückgriff auf psychoanalytische Ansätze erläutert. Mit Blick auf das Strukturmodell des Vulpius-Textes bin ich zum Begriff der ›hedonistischen

---

239 Vgl. ebd., S. 129.

240 Wenn Hartje in den »Abweichungen von der aufklärerischen Linie weniger eine sachlich fundierte, kritische Distanz« sieht noch den »Ausdruck einer inneren Zerissenheit des Autors«, sondern »ein Ergebnis des Versuchs, zur Sicherung und Steigerung der Publikumswirksamkeit« den Leser der »unbequem-anspruchsvollen Verpflichtung zum eigenverantwortlichen Handeln« zu entheben (ebd., S. 186), bedient er allerdings zu glatt ein gängiges Vorurteil über die Schreibintention von Trivialautoren und widerspricht zugleich der Spieß an anderer Stelle attestierten Absicht, »menschliche Grundprobleme gleichnishaft [zu] veranschaulichen« (ebd., S. 153f.). Man fragt sich, ob Spieß' psychische Konstitution, die ihn schließlich in eine völlige Geisteszerrüttung führt, nicht für eine instruktivere Erklärung genutzt werden könnte. Zudem ist Spieß' Position angesichts der Französischen Revolution, mit der deutlich geworden war, daß politisches Handeln keineswegs in gewünschtem Maße kalkulierbar ist, sondern bald einen Selbstlauf annimmt, der zu unvorhersehbaren und zum Teil unerwünschten Folgen führt, ein bedenkenswerter Einspruch, der die Unsicherheiten, die im menschlichen Handeln liegen, wieder ins Gedächtnis bringt (vgl. Simanowski, Rezension).

241 Zu den biographischen Differenzen zwischen Vulpius einerseits und den Schriftstellern Grosse sowie Sachse andererseit vgl. unter 3.4 Anm. 145 und 152.

Moralisierung‹ gelangt. Mit diesen Schritten wurde insgesamt ein theoretischer Vorlauf erarbeitet, auf den in der folgenden Untersuchung zurückgegriffen werden kann. Es gilt in den nachstehenden Abschnitten, die herausgearbeitete Struktur der ›hedonistischen Moralisierung‹ – als Kernpunkt der Verwaltung des Fremden – an weiteren Texten Vulpius' nachzuweisen. Dazu bleibe ich zunächst im Paradigma der ›starken Frau‹ und wende mich anderen Texten über die Elementarwesen und über außergewöhnliche Frauen zu, wobei die Texte in der Reihenfolge ihres Erscheinens behandelt werden.

4.1.3 Die anderen Frauen

4.1.3.1 Ninons Mann

Im Zusammenhang mit der Geschlechterdebatte wurde bereits auf Schillers Gedicht »Die berühmte Frau« (1788) als einer Kritik an der ›starken Frau‹ hingewiesen. In diesem Gedicht beklagt sich ein Ehemann mit satirischer Übertreibung über die Vernachlässigung durch seine Frau. Er sagt dabei einen für meine Untersuchung entscheidenden Satz: »*Mich* kennt man nur als Ninons Mann«. Dieser Ausruf mag heute nicht jedem verständlich sein. Wer ist Ninon?

Der gebildete Leser des ausgehenden 18. Jahrhundert dürfte gewußt haben, daß sich dieser Name auf die französische Kurtisane Ninon de Lenclos (1620–1705) bezieht: eine der bedeutendsten Personen des galanten Zeitalters. Ninon de Lenclos war bekannt als äußerst gebildete, schlagfertige und schöne Frau.[242] Wenn sich der Sprecher in Schillers Gedicht als »Ninons Mann« bezeichnet, bekennt er, *nicht* in einem exklusiven Verhältnis zu seiner Ehefrau zu stehen. Er sieht sich betrogen in seinen Hoffnungen auf ein Leben gemäß bürgerlichen Glücksvorstellungen.[243] Schil-

---

242 Ihr Vater, ein Freund des Kadinal von Retz, hatte großen Wert auf die Ausbildung seiner Tochter gelegt, so daß diese bereits mit zehn Jahren Montaigne und Charron las. Ninon soll als Kind, sehr zum Leid der frommen Mutter, statt der Erbauungsbücher Romane mit in die Kirche genommen haben (vgl. Ninon, S. 7f.). Die Anekdote, die man über ihre erste Nacht mit ihrem letzten Liebhaber erzählt, charakterisiert ihre Haltung recht gut. Sie soll den Abbé Gédouin auf ihren 80. Geburtstag vertröstet haben, um später sagen zu können, ihr sei noch mit achtzig Jahren ein schönes Glück zuteil geworden (vgl. Ninon, S. 26, und Vulpius, Gallerie, S. 184).

243 Vgl. dazu die bekannten Stichworte des bürgerlichen Bildes der Ehefrau in den sich anschließenden Versen: »Schon sah ich schöne Kinder um mich scherzen, / In ihrem Kreis die Schönste sie, / Die Glücklichste von allen sie, / Und mein durch Seelenharmonie, / Durch ewig festen Bund der Herzen.«

ler gestaltet literarisch die zeitgenössische Auffassung, daß eine gebildete Ehefrau und eine glückliche Ehe im Sinne der bürgerlichen Eheauffassung sich widersprechen. Bemerkenswert ist nicht, daß Schiller diese
Auffassung unterstützt, sondern daß er Ninon de Lenclos als Bezugsgröße
einsetzen kann. Sie besitzt für die Zeitgenossen offenbar ebenso wie die
angeführten Personen der Mythologie (Charon und Cytherea) eine symbolische Bedeutung, die sich durch eine kurze Nennung im Text ohne
weiteres aktivieren läßt.

Das interessierte Publikum kannte Ninon de Lenclos durch ihre Schriften. Wie der alte Katalog der Herzoglichen Bibliothek zeigt, waren ihre
Briefe an den Marquis de Sévigné in einer französischen Ausgabe von
1763 und die »Mémoires sur la Vie de Madem. de Lenclos« in Weimar in
einer Ausgabe von 1758 erhältlich. In Ninon de Lenclos' Schriften sah
sich der bürgerliche Leser mit einem Gedankengut konfrontiert, das alle
Wertvorstellungen des bürgerlichen Diskurses in Frage stellte. In ihnen
erhob sich gewissermaßen noch einmal die galante gegen die romantische Liebe. Es erscheint wie Hohn auf die bürgerliche Liebes- und Eheauffassung, wenn Ninon de Lenclos zum Beispiel dazu rät, die Liebe in
der Form eines Vergnügens und nicht einer Leidenschaft zu betrachten
oder wenn sie über den so wichtigen Gedanken der Treue ernüchternd
schreibt: »Der beständige Mann ist ebenso schuldig wie der geizige, denn
er hemmt die Bewegung des Verkehrs; er behält einen oft für ihn selbst
nutzlosen Schatz bei sich, während so viele andere einen guten Gebrauch
davon machen könnten. Selten hört eine Leidenschaft bei beiden Teilen
zu gleicher Zeit auf«.[244] Wie sollte der Zeitgenosse mit solchen Äußerungen umgehen?!

Das Leben und die Philosophie dieser Ninon de Lenclos gibt Vulpius
in seiner Sammlung »Gallerie der galanten Damen« (1793) wieder.[245] Er
nutzt seinen Gegenstand, um dem ›ausgelaufenen‹ Modell der Galanterie, aber auch eigenen Lieblingsgedanken einen Redeort zu geben. So schildert er nicht nur die dramatisch wirksame tragisch endende Liebe ihres
eigenen Sohnes zu Ninon,[246] er setzt auch Zeichen durch bestimmte For-

---

244 Vgl. Ninon, S. 61 und 57.

245 Vgl. Vulpius, Gallerie, S. 159-200; ein fast identisches Portät liefert Vulpius in seinem »Pantheon berühmter und merkwürdiger Frauen« Teil 1, Leipzig bei Caspar Fritsch
1809, S. 241-286.

246 Der Vater des Sohnes war der Marquis von Gersai, der den Jungen, ohne ihm seine
Herkunft zu sagen, unter dem Namen eines Chevaliers von Villiers aufziehen ließ. De Villiers
verliebte sich in Ninon und setzte, als Ninon sich nicht mehr anders gegen ihn zu wehren
wußte als mit der Wahrheit, seinem Leben ein Ende (vgl. Ninon, S. 21f. und Vulpius, Gallerie,
S. 178-181).

mulierungen – »Sie liebte die Freiheit und dachte an keine Heirat«[247] –
bzw. durch die Wiedergabe verschiedener Maximen der Ninon de Lenclos.[248] Schließlich zitiert Vulpius auch ihren Standpunkt zum Thema Geschlechterrollen: »Wie sehr sind wir Weiber zu beklagen! Unser eigenes
Geschlecht ist unser grausamster Feind. Ein Mann wird unser Tyrann,
und ein Liebhaber verachtet, entehrt uns wohl so gar. [...] Ich habe früh
bemerkt, welches Geschlecht die schönere Rolle spielte, ich sah, daß den
Weibern nicht das beste Loos fiel, und wurde ein Mann«.[249]

Während seine Zeitgenossen in ihren Versen die neue Würde der Frau
besingen, liest man in Vulpius' Text, daß das schöne Geschlecht keineswegs die schönere Rolle spielt. Die galante Frau wird durch ihre Bildung
und ihren Scharfsinn in gewisser Hinsicht zum Mann, wie Ninon de
Lenclos selbst festhält und wie auch Schiller in seinem Gedicht nicht zu
erwähnen vergißt.[250] Diese Frau wird von Schiller und vielen seiner Zeitgenossen abgelehnt. Hat Vulpius sie akzeptiert? Hat er sie gar gesucht?
Vor dem Hintergrund seiner Biographie, seiner Mentalität und seiner sozialen Zwänge ist das kaum vorstellbar. Vulpius hat eher als vorbildli-
cher Beamten, fleißiger ›Zettelbeschrifter‹ und ausgiebiger Bücherleser
Konturen angenommen. Dennoch ist seine Sympathie für die ›starke Frau‹
und für das galante Zeitalter unbestreitbar.[251] Sie läßt sich bereits in seinen ersten Veröffentlichungen entdecken und findet sich auch noch in

---

247 Vulpius, Gallerie, S. 163.

248 In diesen Maximen wird sehr oft die Langeweile als schlimmster Feind der Liebe
beschworen. Man möge den Widerspruch, den solcher Maximen wie: »Wer immer in den
gehörigen Schranken bleibt, liebt nicht stark« oder: »Die Ungeschicklichkeit der Männer
rettet mehr Herzen, als die weibliche Tugend« zur Doktrin des zeitgenössischen Moral-
Diskurses bedeuten, selbst abwägen (Vulpius, Gallerie, S. 192 und 197). Vulpius muß ihn
als nicht gering eingeschätzt haben, denn er sah sich zu der unverbindlichen Erklärung
genötigt, daß er »in Rücksicht vieler derselben [Maximen] wirklich dem Gegenteil
überzeugt« sei (S. 188).

249 Ebd., S. 186.

250 Vgl. die Verse in Schillers Gedicht: »Was ist von diesem Engel mir geblieben? / Ein
starker Geist in einem zarten Leib, / Ein Zwitter zwischen Mann und Weib«.

251 Daß auch viele seiner Altersgenossen am galanten Zeitalter interessiert waren, legt
der Umstand nahe, daß die Jenenser Studenten in den achtziger Jahren des 18. Jahrhunderts neben Meißners Roman »Alkibiades« (1781) galante französische Unterhaltungsschriftsteller wie Grécourt (1684–1743) und Crébillon (1707–1777) bevorzugten (vgl. Richard Keil/Robert Keil: Geschichte des Jenaischen Studentenlebens von der Gründung
der Universität bis zur Gegenwart [1548–1858], Leipzig 1858, S. 250). Die Memoiren eines
weiteren bedeutenden Schriftstellers des galanten Zeitalters, Pierre de Bourdeille Seigneur
Brantôme, waren in der Herzoglichen Bibliothek Weimar in verschiedenen Ausgaben präsent. Vulpius kennt Brantôme nachweislich und bezieht sich gelegentlich in einem Brief
auf ihn (vgl. Andreas Meier, Vulpius, S. 292).

späteren Texten.[252] Nicht nur in der »Saal-Nixe«, sondern auch in verschiedenen anderen Texten gestaltet Vulpius die Frau, die durch männlichen Geist oder durch eine unverkrampfte Sexualität dem Bild widerspricht, das der zeitgenössische Diskurs von der Frau zu vermitteln versucht. Noch 1822 beschäftigt ihn »ein Frauenbild, wie es in den Romanen noch keines gegeben haben soll«.[253] Es wird aus seiner Äußerung nicht deutlich genug, was konkret ihm vorschwebte. Seine Bemerkung, er »durchirre Luzians Fluren, die Weiden der Apostel, die Blumengärten der Frauen und Hetären, à la Aspasia u[nd] Rhodope, die Gräber u[nd] Pyramiden Aegyptens, die Zonen der Elementarwelt«, läßt jedoch die Vermutung zu, daß er nicht das Muster einer integrierten Frau darzustellen beabsichtigte.[254]

Vulpius leugnet die Anziehungskraft der galanten Frau nicht und spielt die Beziehung zu ihr als Verhaltensversuchung in seinen Texten durch. Der wesentliche Punkt jedoch ist, daß Vulpius am Ende seiner Texte niemals die Beziehung zwischen einer solchen Frau und einem Mann als Perspektive stehen läßt, sondern, wie am Beispiel »Saal-Nixe« gesehen, in das Modell der bürgerlichen Eheauffassung überführt. In Vulpius' Text über Ninon de Lenclos kann man eine solche Überführung zwar nicht erkennen, dies aber läßt sich damit erklären, daß Vulpius dort ein historisches Porträt liefert, das sich auf vorliegende Fakten zu beziehen hat.[255]

4.1.3.2. »Erlinde« – Huldas Schwester

Vulpius hatte an ein »Gegenstück« zur »Saal-Nixe« bereits bei deren Abfassung gedacht, wie sein Brief an den Verleger der »Saal-Nixe«, Wilhelm

---

252 Vgl. bereits die frühe, anonym erschienene »Geschichte eines Rosenkranzes« (1784) (siehe dazu die Einleitung zu diesem Kapitel, Anm. 16). Später beklagt Vulpius in seiner Sammlung »Abentheuer, Meinungen und Schwänke galanter Männer. Ein Seitenstück zu den Skizzen aus dem Leben galanter Damen« (1791) mit Blick auf die im französischen Mittelalter der Troubadoure üblichen »Tändeleien« außerhalb der Ehe und auf die »Ueberbleibsel dieser Sitte« im zeitgenössischen Italien: »aber in dem barbarischen Teutschland will und kann dieser Gebrauch leider! nicht gedeihen« (Vulpius, Abentheuer, S. 17).

253 Vulpius am 4.4.1822 an Karl Gottfried Theodor Winkler, Herausgeber der Dresdener Abendzeitung (Andreas Meier, Vulpius, S. 270).

254 Andreas Meier, Vulpius, S. 270. Die im gleichen Jahr erschienenen Texte Vulpius' über Frauen (»Bublina« und »Truthina«) werden unten besprochen.

255 Rund zehn Jahre nach Vulpius wird Sophie Mereau in ihrer Zeitschrift »Kalathiskos« ebenfalls ein positives Porträt der Ninon de Lenclos liefern, in dem sie auf weit mehr Seiten als Vulpius und mit mehr Einfühlsamkeit und Ausdauer für Details als dieser das Leben der Lenclos beschreibt. Vgl. Kalathiskos, Bd. 2, Berlin 1802, 52-128.

Rein, vom 16. 7. 1795 zeigt.[256] Im Jahre 1797 erscheint in Vulpius' »Romantischen Geschichten der Vorzeit« »Erlinde, die Ilm-Nixe« (1797). Diesen Text wird Vulpius dreißig Jahre später fast unverändert in sein letztes, wahrscheinlich posthum erschienenes Buch aufnehmen: »Erlinde die Ilm-Nixe. Seitenstück zu der Sage der Vorzeit: Hulda, die Saalnixe vom Verfasser derselben und des Rinaldo Rinaldini« (1827).[257] Ich stelle hier die erste Fassung vor und weise gegebenenfalls auf Differenzen zur Fassung von 1827 hin.

Der Text »Erlinde« greift ein Detail der »Saal-Nixe« auf, indem er die heimliche Beziehung zwischen Erlinde, Huldas Schwester, und Graf Siegfried, einem Verwandten Albrechts, beschreibt.[258] Der Text stellt aber insgesamt, bezüglich Figurenkonstellation und Problematik, eine Kopie der »Saal-Nixe« dar. Siegfrieds Ausgangssituation gleicht der Albrechts: er soll sich, dem Wunsche des Vaters gemäß, auf der Burg eines anderen Grafen eine Frau auszusuchen. Kurz nachdem Siegfried die schüchterne Mechthild um ihre Hand gebeten hat,[259] tanzt er mit Agnes, die, ähnlich der Agnes in der »Saal-Nixe«,[260] eine galante Situation eröffnet.[261] Auf ihrer Burg verführt Agnes Siegfried, während ihr 65jähriger Gatte ein Bad nimmt.[262] Siegfried verläßt tags darauf, von Reue und Vorwürfen gepeinigt, die Burg.

---

256 Vgl. Andreas Meier, Vulpius, S. 12.

257 Der Text befindet sich dort (auf den Seiten 1-68) neben zwei weiteren Geschichten zum Nixen-Thema.

258 Vgl. Vulpius, Hulda, S. 172f. und 238.

259 Auf Siegfrieds Frage »Wollt Ihr mein Weib werden?« entgegnet Mechthild: »Ich bitte Euch, fragt meinen Vater darum«. Als Siegfried Mechthild drängt (er sagt: »Mechthild sagt: Ja?«) antwortet diese, die Augen niederschlagend, ja und fügt sofort hinzu: »Verdenkt mir meine Offenherzigkeit nicht. Ihr habt mich dazu gezwungen« (Vulpius, Erlinde, 1797, S. 227f.).

260 Sie wohnt übrigens wie diese auf der Lobedaburg.

261 Agnes sagt Siegfried, daß er ihr gefalle und schlägt ihm vor, sie und ihren Gatten auf ihre Burg zu begleiten. Auf Siegfrieds Einwand, sie dürfe ihm, da sie verheiratet sei und ihre Pflicht es verbiete, ihm nicht gefallen, entgegnet Agnes: »Das ist artig! Was geht Siegfrieden meine Pflicht an?« (Vulpius, Erlinde, 1797, S. 230) Die Fassung von 1827 wiederholt diese Entgegnung, markiert »meine« durch Sperrdruck und läßt Agnes sagen, sie wolle Siegfried den »Knappenstand« noch abgewöhnen. Abschließend heißt es dort zu dieser Szene: »Siegfrieds Frau Base war schön, und was sie sagte, gefiel ihm; wiewohl er alles nur als Scherz aufnahm. – Aber sonderbar war es: er getraute sich den ganzen Abend nicht wieder mit Mechthilden zu sprechen« (Vulpius, Erlinde, 1827, S. 10f.).

262 Der Erzähler kommentiert den Vorgang mit den Worten: »Er wurde besiegt. Agnes war Siegerin und glücklich! wie sie es zu seyn wünschte« (Vulpius, Erlinde, 1797, S. 237; vgl. Vulpius, Erlinde, 1827, S. 15f.).

Später spricht Siegfried mit einem Freund über die Ilm-Nixe und bekennt: »Ich möchte sie wohl einmal sehen! [...] Sie wird so böse nicht seyn, wie man sie macht«.[263] Als sie ihm erscheint, schreckt er jedoch vor ihr zurück. Erlinde sagt: »Du würdest mich wohl eher lieben können, wenn ich ein irdisches Weib mit allen weiblichen Menschenfehlern und Gebrechen wär'? – Warum zitterst Du? Sind diese Arme, die dich so freundlich umfangen, Schlangen? [...] Rücke doch näher her! Glaubst Du etwa ich wollte Dich erdroßeln?«[264] Ebenso wie Albrecht in der »Saal-Nixe« verweist Siegfried auf seine Braut: »Nur ihr allein, gehört meine Liebe und Treue«.[265] Erlindes antwortet, ähnlich Hulda in der »Saal-Nixe«: »Deine Treue, ja. Aber deine Liebe läßt sich theilen, ohne daß dabei viel zu verlieren ist; und ich nehme die Hälfte davon in Anspruch«.[266] Nach langem Widerstand läßt Siegfried sich verführen. Später bereut er diese »Vergehungen« und bittet Erlinde, nie wiederzukommen. Erlinde reagiert mit den Worten: »du bist ein unaussstehlicher, ängstlicher Mensch [...] Reite Du nach Querfurth und krieche fein zeitig unter die Brautdecke, daß Dir ein Mädchen nicht davon läuft, die doch wohl noch von sechzehn hübschen Frauen wenigstens viel genug zusammen borgen muß, ehe sie aus sich selbst eine Erlinde heraus bringt. Eile, daß Du zu ihr kommst und laß Dich von ihren Kunkelmährchen[267] unterhalten; fange ihr die Fliegen vom Busentuche, und sieh sie wie Espenlaub zittern, wenn Deine Fingerspitze von ungefähr ihr Kinn berührt«.[268] Der Hohn Erlindes auf die erotische Unschuld Mechtilds steht Agnes Hohn auf Bertha in der »Saal-Nixe« nicht nach. Mit dem Satz: »Nimm mir, wenn Du kannst, meine Liebe zu Dir und dann krieche Dein Schneckenleben so weit fort als es Dir möglich ist«,[269] verabschiedet sich Erlinde. Am nächsten Morgen schickt Siegfried Boten, seine nahe Ankunft im Brauthause zu melden – am Abend steht er voller Sehnsucht an der Ilm und zögert keinen Augenblick, als Erlinde ihn hineinbittet.

---

263 Vulpius, Erlinde, 1797, S. 243.

264 Ebd., S. 247f.

265 Ebd., S. 249.

266 Ebd. An anderer Stelle sagt Erlinde: »Du wirst deines Lebens beste Freundin in deinem Weibe finden, und Erlinde wird deine Geliebte und Beschützerin seyn« (S. 271). In der Fassung von 1827 bekennt Erlinde mit deutlicherer Kritik an der Ehe: »*Deine Liebschaft bin ich*, aber Dein *Weib* möchte ich nicht seyn. Der Ehestand ist nichts Wünschenswerthes« (Vulpius, Erlinde, 1827, S. 30). Später sagt sie: »Während nun Dein Weib Deine getreue Hausfreundin ist, wird Erlinde Deine Geliebte und Beschützerin seyn« (S. 52).

267 »Kunkelmährchen, Volkssagen, die von Mädchen hinter den Spinnrädern sitzend, erzählt wurden«, wie Vulpius anmerkt.

268 Vulpius, Erlinde, 1797, S. 264.

269 Ebd., S. 266.

Die Geschichte der Beziehung Erlinde-Siegfried gleicht in ihrem gesamten Verlauf der Beziehung Huldas und Albrechts. Vulpius wiederholt die Handlungsstruktur der »Saal-Nixe« und den dort verfolgten Modus der ›hedonistischen Moralisierung‹. Auch in diesem Text wird ein Kontrast zwischen der (künftigen) Ehefrau und der Nixe aufgebaut, wobei wieder eine Agnes-Figur als Kontrahentin der Ehefrau auftritt.[270] Auch in diesem Text wird das Problem der weiblichen Dominanz thematisiert, wenn auch mit deutlich schwächerer Gewichtung als im »Saal-Nixe«-Roman. Stärker als dort wird hier die Beziehung des Mannes zur Nixe der Beziehung zur *integrierten* Frau kontrastiert, wenn Erlinde Siegfrieds Dasein vor und nach einer Verbindung mit der Nixe als »Schneckenleben« kennzeichnet. Dieses Wort, das an die geringschätzige Rede des Räubers Han-Nickel von den »Schneckenlinien des gewöhnlichen Lebens« erinnert, darf man als einen Schlüsselbegriff betrachten, der Vulpius' ambivalente Sehnsucht nach dem Außergewöhnlichen markiert.[271]

Die Utopie einer Doppelbeziehung scheint in diesem Text realisierbar zu sein: Siegfried »theilte nun seine Zärtlichkeit zwar, aber Mechthild spührte keinen Abgang seiner Liebe und war glücklich in ihrer Unwissenheit«.[272] Aber auch hier scheitert das andere Beziehungsmodell letztlich an den inneren Widersprüchen des Helden. Das Lustprinzip, das in Siegfrieds Beziehung zu Erlinde aktiviert wird, stößt auf die von ihm verinnerlichten gesellschaftlichen Normen. Siegfried trennt sich von Erlinde und beschließt, wie er Albrecht in einer kurzen Begegnung anvertraut, nach Mechthilds Tod ins Kloster zu gehen.[273] In der Fassung von 1827 hat Vulpius diesen Passus detaillierter behandelt. Dort läßt er Albrecht Siegfried als seinen Verbündeten im Verrat ansprechen: »Wir liegen beide in den Armen dieser Liebchen, wie in denen unserer Weiber; das schadet uns nichts«.[274] Siegfried entgegnet jedoch: »Ach, Albrecht! Zu beklagen

270 Die Figurenkonstellation unterscheidet sich etwas von der im »Saal-Nixe«-Roman, denn die Begegnung mit der Agnes-Figur ist für Siegfried positiver besetzt als für Albrecht. Auf seiner Hochzeit mit Mechthild kann Siegfried an Agnes bereits erkennen, daß er Vater wird. Sein Blick auf Mechthild folgt jedoch der untergründigen Diskreditierung Berthas in der »Saal-Nixe«. In der Fassung von 1827 heißt es: »Fräulein Mechthild, die sich herbei schlich, brachte eine Scherpe, welche sie, wie sie sagte, schon längst für ihren Bräutigam gestickt hatte, worüber Siegfried sie recht bräutlich, herzlich küßte. Darüber freute sich die Gute gar sehr. Er aber sprach bei sich selbst: ›Gut ist sie! aber meine Agnes ist sie nicht, und eine Erlinde noch weit weniger; so wenig von außen als von innen‹« (Vulpius, Erlinde, 1827, S. 57).
271 Vulpius, Abentheuer und Fahrten, S. 293; vgl. dazu Abschnitt 3.7.
272 Vulpius, Erlinde, 1797, S. 279.
273 Ebd., S. 280.
274 Vulpius, Erlinde, 1827, S. 64.

aber sind wir doch beide. – Unser Thun kann zu nichts Gutem führen. – Längst hätte ich mich los gemacht, aber ich fürchte die Banden, die ich liebe. Erlindens Rache fürchte ich, und weiß nicht, wie ich mich retten soll. Bald kehrt der Lenzmond zurück und die Verblendung hebt wieder an. – Albrecht! wir thun nicht, was recht heißt. [...] Ach wir haben keine Augen für den Abgrund, in welchen wir hinab taumeln«.[275] Albrecht, der, wie der Leser bereits weiß, erst später die gleiche Erfahrung machen soll, kann diese Gewissensbisse nicht nachvollziehen. Siegfried trennt sich nach dem Tod seiner Frau von Erlinde und geht ins Kloster. Erlindes letzte Worte markieren mit ihrem Gleichklang zu Huldas letzten Worten noch einmal die Strukturhomologie zum »Saal-Nixe«-Roman: »Lebe wohl, Geliebter, zweifelmüthiger, so beschränkter Mensch!«[276]

4.1.3.3 »Lucindora« – die Philosophin

1804 veröffentlicht Vulpius »Lucindora die Zauberin. Eine Erzählung aus den letzten Zeiten der Mediceer«. Dieser Text besteht aus einer Anhäu-fung von Geheimnistuerei, maskierten Leuten im Karnevalstrubel, Duel-len, Flucht und plötzlichen Szenenwechseln – ein ›echter Vulpius‹. Aber hinter all den publikumswirksamen Effekten führt dieser Text mit einer bei Vulpius sonst nicht zu findenden Deutlichkeit die Imagination einer starken, den Männern zur Gefahr werdenden Frau vor. Hans-Friedrich Foltin, der »Lucindora« in einer Reprintausgabe neu zugänglich machte, bemerkt in seinem Vorwort, daß mit Lucindora eine »weitgehend eman-zipierte Frau vorgeführt« wird, wodurch sich Vulpius, vor dem Hinter-grund der zeitgenössischen Geschlechterdebatte, »hier als progressiv« erweise.[277] Wenn Foltin am männlichen Helden Lindoro die Vielzahl der Liebesaffären hervorhebt, welche »Eifersucht bei Lucindora bzw. bei männlichen Konkurrenten bewirken und folglich Spannung durch Miß-verständnisse, Verfolgungen und Duelle auslösen«,[278] hat er schon eini-ges über den Aufbau des Textes gesagt. Die tiefere Problematik der Bezie-hung zwischen Lucindora und Lindoro ist damit aber noch nicht ange-sprochen. Denn Lindoro verkörpert keineswegs die Figur des erobern-den Don Juan und Lucindora nicht die der betrogenen, eifersüchtigen Frau.

---

275 Ebd., S. 64f.
276 Ebd., S. 68.
277 Foltin, Lucindora, S. XI.
278 Ebd., S. IX.

320

Lindoro ist ein in Venedig fremder Sizilianer, der »männliche Schön-heit, Anstand, Edelmuth, Entschlossenheit und ein zärtliches Herz« be-sitzt.[279] Ihm läßt Lucindora durch vier maskierte Frauen sagen, daß sie »Euch glücklich und Euer Herz zärtlich machen wird, indem sie es raubt, und Euch dafür das ihrige schenkt« (S. 24). Mit dieser Handlung und dieser Formulierung beginnt die Verkehrung der Geschlechterrollen. Lucindora tritt als die aktive Figur auf, die selbstbewußt dem Mann ihre Liebe anträgt. Über den Grad und die Herkunft ihres Selbstbewußtseins wird der Leser im Anschluß aufgeklärt. Lindoro wird von der Staats-In-quisition des Landes verwiesen und trifft auf dem Weg nach Florenz stän-dig auf Leute, denen seine Geliebte keine Unbekannte ist. Lucindora, die »ein ganzes Heer Anbeter [hatte], aus denen sie sich leicht eine Leibgarde hätte wählen können, wenn ihr das Spaß gemacht hätte« (S. 91), wird regelrecht überhöht in der Beschreibung ihrer Fähigkeiten: »Keines Man-nes, keines Jünglings Herz war vor ihren Blicken sicher. [...] Sie konnte sprechen wie ein Buch, stritt mit den größten Gelehrten über Attraktion und Retraktion, sprach vom Magnet, wie von einer Nähnadel, [...] konnte die Bahnen der Planeten berechnen, [...] hatte ein Balsam der die gefähr-lichsten Wunden in einigen Tagen heilte, welche die erfahrensten Chirur-gen in Jahren nicht heilen konnten, [...] vertheidigte die Grundsätze einer natürlichen Religion, glaubte keinen Teufel, verlachte den Glauben an Hexen und Zauberer« (S. 91f.).[280]

Lucindora wird sowohl von den Frauen der bezauberten Männer als auch von den Physikern, Ärzten und von der Geistlichkeit mit dem Aus-ruf »Sie ist eine Zauberin!«, die mit dem Bösen im Bunde stehe, verflucht (vgl. S. 91-93 und 130f.). Daß sie von den Männern auf den Scheiterhau-fen gezerrt werden soll, verwundert kaum; der Kardinal, ein verschmäh-ter Liebhaber, klagt Lucindora der Zauberei an. Vor dem versammelten Hof muß sie sich verteidigen. Vulpius läßt sie über ihren klerikalen Wi-dersacher triumphieren. Lucindora brilliert als Rednerin und Schauspie-lerin, sie reißt das Verhör »mit einem Tone, der dem Abt die Fortsetzung seiner Rede vor dem Munde abschnitt« (S. 221) an sich, sie belehrt ihre Ankläger im Gebrauch der Vernunft: »O! Ihr vortrefflichen Herren! Habt Ihr Logik gelernt? [...] Ihr wißt nicht was Vernunft ist [...] Was soll ich Euch sagen? Lernet Weisheit« (S. 225). Lucindora wehrt den Vorwurf der Hexenmedizin mit einem lateinischen Ausspruch ab und hat schließlich

---

279 Vulpius, Lucindora, S. 16; im folgenden Nachweise im Text.

280 An anderer Stelle erfährt man, daß Lucindora »sechs oder acht Sprachen« beherrscht (Vulpius, Lucindora, S. 100), und natürlich ist sie auch hinsichtlich ihrer Schönheit ein ge-radezu »überirdisches Wesen« (ebd., S. 102).

»ein allgemeines, lautes Gelächter« der Versammelten auf ihrer Seite (S. 227). Der ›Freispruch‹, den sie dem Herzog gegen den Kardinal abtrotzt, verlangt, das Land binnen sechs Tagen zu verlassen.

Lucindora ist eine Frau, die sich in einer von Männern beherrschten Welt gegen diese zu behaupten weiß. Eine solche Frauengestalt des ausgehenden 16. Jahrhunderts in Italien kann im beginnenden 19. Jahrhundert in Deutschland nur an Sprengstoff gewinnen. Wenn Wieland ein halbes Jahrhundert zuvor angesichts der gebildeten Julie von Bondeli halb im Spaß (aber eben auch halb im Ernst) die »dummen Weiber« hochleben ließ,[281] so ist die intelligente, souveräne Frau im Vorfeld des Biedermeier den Zeitgenossen gewiß kein geringeres Problem geworden. Wieland selbst hat das Motiv der schönen, gebildeten und unabhängigen Frau wenige Jahre vor Vulpius' Erzählung in seinem Roman »Aristipp« (1800–1801) aufgenommen. Dort wird die griechische Hetäre Lais sowohl als Frau voller Witz und »geistiger Reizungen« wie als »Männerbeherrschende Schöne« charakterisiert, an die man (sprich: Mann) keine »ausschließenden Anmaßungen« stellen könne, die die Männer aber dennoch »humanisieren und [...] geschmeidig« bzw. zur »gute[n] ehrlichen Hausfrau machen« wollen.[282] Wieland beschreibt Lais als interessante, aber auch verlorene Frau. Daß sie sich auf einem Irrweg befindet, macht das Romanende deutlich, da sie sich nicht nur endlich doch verliebt, sondern ihre so lang gewahrte Unabhängigkeit gerade an einen Betrüger verliert, der sie schamlos ausnutzt und mit anderen Frauen hintergeht.[283]

Wielands Roman dürfte Vulpius als Vorlage gedient haben,[284] obgleich

---

281 Wielands Beschreibung der Julie von Bondeli in seinem Brief an Zimmermann hätte der Charakterisierung Lucindoras als Vorlage dienen können: »Der Mademoiselle Bondeli ist es vollkommen gelungen, mich ganze zwei Stunden lang verdrießlich zu machen. Das ist ein schreckliches Mädchen, diese Mademoiselle Bondeli. Sie redete mir in einem Zuge von Platon und Plinius, Cicero und Leibnitz, Pfaff, Aristoteles und Locke, von rechtwinklichten, gleichschenklichen Dreiecken und was weiß ich sonst; sie redete von Allem. Nichts in der ganzen Natur ist der äußersten Schnelligkeit ihrer Zunge zu vergleichen, sie spricht so schnell, daß es nicht möglich ist, ihr mit den Gedanken zu folgen; sie hat Geist, Kenntnisse, Lektüre, Philosophie, Geometrie, sphärische Trigonometrie, aber auch die Gabe aufs Höchste zu misfallen. Die dummen Weiber sollen leben!« (zitiert in der deutschen Übersetzung des französisch geschriebenen Briefes nach: Paulsen, S. 158).

282 Wieland, Aristipp, in der Reihenfolge der Zitate: Teil I, S. 141, Teil III, S. 204, Teil I, S. 144, Teil II, S. 264 und Teil III, S. 148.

283 Aristipp, der Lais' »bösem Genius« entgegenstreben und sie vom Glück der »Zufriedenheit und Seelenruhe« überzeugen will, nennt Lais' Ungebundenheit »das eingebildetet Glück einer unbeschränkten Freyheit« (ebd., Teil II, S. 212 und S. 237f.). Zu Wielands Haltung gegenüber ›starken Frauen‹ vgl. unter 4.1.2.2.3.

284 Dies läßt vermuten der in beiden Texten hergestellte Zusammenhang von weiblicher Unabhängigkeit und ›Krieg‹ gegen die Männerwelt (vgl. Wieland, Aristipp, Teil I, S.

die Unterschiede nicht zu übersehen sind. Lindoro selbst scheint in Vulpius' Erzählung mit Lucindoras besonderer Stellung gut zurechtzukommen: es sind die anderen Männer, die eine Frau wie Lucindora verunsichert und die ein ganz anderes Frauenbild favorisieren.[285] Die Beziehung zwischen Lucindora und Lindoro wird schließlich sogar romantisch codiert, wenn Lucindora Lindoro erklärt: »Ich aber will mich Dir ganz ergeben, will Dich lieben mit all meiner Zärtlichkeit, und mich in diese Liebe zu Dir so verlieren, daß ich aus derselben keinen Ausgang wieder finden kann. Du allein sollst meines Herzens Sehnsucht, Wunsch und Gedanke seyn. Mit Dir will ich theilen, was ich habe. Was mein ist, sey Dein. Ich habe nichts, ich will nichts haben, als nur Dich, – Dich ganz allein und allein« (S. 196f.).

Die Rhetorik der romantischen Liebe überrascht – und zwar nicht, weil Lucindora als literarische Figur zur italienischen Renaissance gehört.[286] Lucindora, wie sie im Text bis zu dieser Stelle gezeichnet wurde und wie sie im weiteren Verlauf dargestellt werden wird, scheint von ihrer ganzen Art der hier zugesicherten Selbstaufgabe zu widersprechen. Aber zunächst wird der Gedanke der Selbstaufgabe weitergeführt, wobei sich auch Bezüge zu Friedrich Schlegels »Lucinde« herstellen lassen.[287] Bedenkenswert sind jedoch die beiden Äußerungen Lucindoras, die am Anfang und am Ende dieses Treue-Schwurs stehen. Lucindora fragt Lindoro: »Nicht wahr, Deine Lucindora muß etwas bei Hofe gelten? Das gefällt Dir doch wohl?«, worauf dieser nur sagt: »Ja, Du bist eine Zauberin! Leugne es

213, da Lais Aristipp erklärt: »eine Frau, die ihre Unabhängigkeit behaupten will, [muß] euer Geschlecht überhaupt als eine *feindliche* Macht betrachten«) sowie der bei Vulpius titelgebende Topus von der »Zauberin« (vgl. ebd., Teil II, S. 173, da Kleonidas Lais hinsichtlich ihrer Ehrfurcht und Ergebenheit einflössenden Macht Aristipp gegenüber eine Zauberin nennt, und vice versa Aristipp gegenüber Kleonidas ebd., S. 210).

285 Man vergleiche den Instrumentenmacher, der Lindoro von seiner heimlichen Geliebten im Kloster berichtet, ein »feines, zärtliches Mädchen«, das ihn mehr liebt als er sie und das er zur Begrüßung »in den Backen kneipt« (Vulpius, Lucindora, S. 89 und 94).

286 Über die historische Adäquanz der Darstellung setzt sich Vulpius oft hinweg; fast alle seine Texte handeln in der Vergangenheit, obgleich die gezeichneten Charaktere und Handlungsaspekte seiner eigenen Zeit entnommen sind.

287 Die Vertauschung der Rollen, die bei Schlegel im Kapitel »Dithyrambische Phantasie über die schönste Situation« unter stark sexuellem Bezug angedacht wird, wird bei Vulpius allgemeiner gehalten: »Ich bin nicht mehr ich; meine Seele ist übergegangen in die Deinige. Sey Du Lucindora, laß mich Lindoro seyn. Nichts bin ich mehr, und Du bist Alles, und wenn ich mich in Dich verliere, so gieb Dich mir«, erklärt Lucindora (Vulpius, Lucindora, S. 198). Ob Vulpius mit seinem Text einen direkten Bezug zu Schlegels Roman herstellen wollte, ist nicht sicher. Die Namensähnlichkeit der Titelfiguren legt dies zumindest nahe. Der Bezug ergibt sich aber ohnehin, da beide Texte vor dem Hintergrund der zeitgenössischen Geschlechterdebatte eine alternative Frauenfigur vorführen.

nicht: Du bist eine Zauberin!« (S. 196). Zum Abschluß des Treueversprechens läßt Vulpius Lucindora plötzlich ahnungsvoll sagen: »O Lindoro! – Du mein; Ich Dein. Was hätten wir zu fürchten? – Nichts als uns selbst; und dazu darfs nie kommen« (S. 198). Steckt hinter dieser Äußerung wirklich nur die Angst vor dem Treuebruch, wie es auf den ersten Blick erscheint? Welche Gefahr könnte Lucindora außerdem für ihre gemeinsame Beziehung sehen?

Mit Blick auf das über die zeitgenössischen Geschlechterrollen unter 4.1.2.2.2 Gesagte und mit Blick auf die allgemeine Auffassung, mit einer ›starken Frau‹ sei das häusliche Glück nicht zu finden (vgl. 4.1.2.2.3), ergibt sich noch eine andere Möglichkeit der Störung dieser Beziehung: die zu erwartende Überforderung Lindoros durch Lucindora. Lindoro wird diese Überforderung nicht ertragen und Lucindora wird sie nicht vermeiden können, insofern ist, um einen Ausdruck aus Wielands »Aristipp« zu paraphrasieren, Lucindora selbst Lindoros potentieller Nebenbuhler.[288] Die Vermutung der Überforderung legt der Text zumindest nahe, wenn er gleich im Anschluß an die Schwur-Szene zeigt, daß Lucindora es ist, die für Lindoros Reputation am Hofe sorgt, daß sie in die Hofpolitik eingreift, daß also, woran auch der sich anschließende Prozeß keinen Zweifel läßt, alle Aktivität und Dominanz von ihr ausgeht. Vulpius läßt sie diesen Umstand selbst reflektieren. Als Lucindora Lindoro in ihre Pläne am Hof einweiht und dieser sie auf die Gefahr, die von ihren Feinden ausgehen könne, anspricht, sagt sie: »Ich bin über Alle«, und fügt die nicht ganz überzeugenden Worte hinzu: »Nur Du beherrschest mich allein, denn Du bist meines Lebens Seele!« (S. 201).

Im Anschluß an den Prozeß versucht Lindoro, seine Rolle als männlicher Beschützer hervorzukehren. Er will die ausgewiesene Lucindora, die, wie er sagt, »auf den Schutz des Mannes rechnet, den sie liebt«, in sein Vaterland bringen, um auf dem Landgut »mit ihr im Stillen zu leben«, wobei er hinzufügt: »Ich bin zu alt um länger in der Welt zu bleiben« (S. 232 und 233). Der im gesamten Text nicht gerade weltläufig gezeichnete Lindoro träumt von einem zurückgezogenen Leben mit Lucindora auf seinem Landgut. Scheinbar wird also auch dieser Text über eine ›starke Frau‹ deren Position zurücknehmen und mit der Perspektive einer bürgerlichen Ehe enden. Aber daß Lucindora sich auf Lindoros Landgut in das zeitgenössische Modell der Partnerbeziehung fügt, ist schwer vorstellbar. Insofern man erwarten muß, daß sie diese Beziehung selbst be-

---

288 Vgl. Wieland, Aristipp, Teil II, S. 219 Aristipp über die kühle Lais und darüber, daß »der Mann, der sich ihr ganz aufopfert [...] einen alle seine Beeifrungen vereitelnden Nebenbuhler in ihr *selbst* finden wird.«

stimmen und definieren wird, so wie sie sich bisher immer selbst bestimmte, läge in ihrer Ehe nicht die >Heimkehr< in die Konventionen, sondern die Bestätigung des Asozialen. Aus diesem Grund kann die Perspektive der Ehe nicht aufrechterhalten bleiben. Lucindora muß sterben. Während einer Rast wird sie, in den Armen Lindoros, durch einen »Schuß aus dem Gebüsche« getötet (S. 236). Lindoro kann der Sterbenden noch zurufen »O Lucindora! Lucindora! mein Leben! meine Liebe!« – damit endet der Roman.

Foltin spricht in seinem Vorwort von einem »schnöden Meuchelmord«, als der einzigen Möglichkeit, Lucindora, »die sich den Männern auf allen Gebieten als überlegen erweist«, »auszuschalten«.[289] Das ist gewiß richtig. Aber es sagt noch nicht alles. Dieser Ausgang teilt auch etwas über Lindoro und über Vulpius mit. Betrachtet man das Ende textintern, so versagt Lindoro, der im gesamten Text im Schatten Lucindoras stand, genau in dem Moment, da er seine Bedeutung als Mann gegen Lucindoras Dominanz zur Geltung bringen will: er kann das Versprechen, sie zu beschützen, nicht einhalten. Der Tod Lucindoras verdoppelt Lindoros Unterlegenheit. Betrachtet man den Ausgang der Erzählung aus einer produktionsästhetischen Perspektive, muß man bezüglich des »schnöden Meuchelmords« hinzufügen, daß es Vulpius war, der den Finger am Abzug hatte.

Für Vulpius ist Lucindora eine Projektionsfläche, auf die er so viele – Foltin meint: zu viele[290] – Tugenden und Talente häuft, daß sie auch ihm überlegen gewesen wäre, hätte er in Weimar oder wo auch immer ihre Bekanntschaft gemacht. Vor dem Hintergrund seiner eigenen Biographie[292] und der zurückgenommenen >starken Frau< in der »Saal-Nixe« liest sich der Mord an Lucindora ebenso als die symbolische Tötung der Imagination einer >starken Frau< durch ihren eigenen Schöpfer.[292] Dabei verzichtet Vulpius im Sinne der >hedonistischen Moralisierung< auf die explizite Kritik Lucindoras. Er nimmt seine anziehend-bedrohliche Figur allein in

---

289 Foltin, Lucindora, S. XI.

290 Vgl. ebd.

291 Vulpius ist sowenig weltläufig wie sein Held Lindoro – daß er mit den Abenteuern nur als >Buchhalter< zu tun hat, wurde gerade in der Einleitung zu »Lucindora« symbolisch vor Augen geführt (vgl. 3.5.).

292 Was Wolfgang Paulsen in bezug auf Wieland sagte – er heiratete eine ungebildete Frau, die ihm ein Nest baute, von dem aus er »ins Land der Phantasie ausfliegen konnte, wo es alle die hinreißenden Frauen gab, die man nicht heiratete« (Paulsen, S. 163) –, will ich in Anwendung auf Vulpius um die Bemerkung erweitern, daß diese Frauen aber auch nicht von anderen geheiratet werden dürfen, sondern in einem >Akt der Notwehr< vom Autor umgebracht werden müssen, ehe dieser das Refugium des Schreibtisches verläßt und wieder zur eigenen Frau ins Wohnzimmer tritt.

der Struktur des Textes zurück, durch eine Kugel, in der sich, salopp gesagt, die Moral versteckt.[293]

4.1.3.4 »Bublina« – die Amazone

Spät, aber endlich mit der erwünschten Deutlichkeit sagt Vulpius das, wovon ich schon die ganze Zeit in seinem Namen spreche. In »Bublina, die Heldin Griechenlands, unserer Zeit« (1822) führt er eine Frau vor, die ein Mann mit den Worten beschreibt: »ein schönes, hochherziges Weib; Spindel und Schwert weiß sie gleich gut zu führen, und Herzen versteht sie so gut zu besiegen, wie die Feinde«.[294] Die »Amazone« (I/52) Bublina hat im Türkisch-Griechischen Krieg ihren Gatten und ihre Kinder verloren und verpflichtet sich, um jene zu rächen, dem Kampf. In einer Kapelle schwört sie der Heiligen Jungfrau: »Nie wieder soll ein Gemal mich führen zum ehelichen Lager. Nur betten will ich mich dahin, wohin die Gefahr mich umschwebt« (I/53).

Diese Frau mit der »männliche[n] Seele« (I/67) hat Lionardo, wie er ihr selbst erklärt, »nicht die Kühnheit [...] zu lieben« (II/227f.). Bereits zuvor, in einem Männergespräch über die Frauen, hatte er gesagt: »Wenn ich in dem Weibe mehr sehe, als die Weiblichkeit, so kann ich sie wohl bewundern, aber zur Liebe reißt sie mich nicht hin. Mit einer Omphale, mit einer Dejanira hätte ich nie eine Liebschaft anspinnen und unterhalten können« (II/216). Wie Lionardo sich die Beziehung zu einer Frau vorstellt, erfährt man im Anschluß. Als angesichts eines türkischen Angriffs Isminde erschrocken in die Männerrunde tritt, »ganz außer sich, ohne zu wissen, was sie thun sollte«, und sich in Lionardos Arme stürzt, gibt dieser ihr einen Kuß mit der Bemerkung: »Schönes Kind! wir sehen uns auf Samos wieder« (II/225). Diese Geste ist einer Frau wie Bublina gegenüber nicht möglich. Vor Bublina stehend sagt Lionardo später vielmehr »ganz resigniert [...] zu sich selbst: ›Ich kann es mir recht wohl erklären, wie die freudenselige, immerschöne Ninon bei einer Umarmung gegen den Prinzen Conte sagen konnte: ›Ach mein Prinz, wie tapfer mögen Sie seyn!‹ – Man kann die kriegerischen Weiber wohl bewundern und verehren, aber

---

293 Den abrupten Schluß teilt die »Lucindora« mit der »Saal-Nixe«. Der Romanausgang, der mit seiner Zurücknahme des asozialen Beziehungsmodells das Strukturmodell der »hedonistischen Moralisierung« erst vollendet, gehört offenbar nicht zum eigentlichen Gestaltungsinteresse Vulpius'.

294 Vulpius, Bublina, 1. T., S. 9f.; im folgenden Nachweise im Text, die römische Zahl gibt den Band an.

man wagt es nicht einmal, mit ihnen zu tändeln, geschweige denn sie zu lieben« (II/228).

Der Umstand, daß Lionardo sich in diesem Moment auf Ninon de Lenclos beruft, sei unkommentiert hingenommen. Entscheidend ist, daß *Vulpius* sich auf sie beruft, was übrigens, wie in Schillers zitiertem Gedicht über 30 Jahre zuvor, geschieht, ohne ihren vollen Namen zu nennen. Hier schließt sich ein Kreis von Verweisen und Verschiebungen, der erst nach gezielter Lektüre der Texte Vulpius' bloßgelegt werden kann. Vulpius läßt Lionardo angesichts der Amazone Bublina Ninon de Lenclos zitieren, die zwar als scharfsinnige, selbstbewußte Frau bekannt war, aber nicht als Amazone im ursprünglichen Sinne des Wortes. Dennoch läßt er Lionardo ganz zu recht an die berühmte Frau des galanten Zeitalters denken, denn Bublina und Ninon de Lenclos werden unter dem Begriff der ›starken Frau‹ zu Schwestern. Beide sind sie nicht die Frau, zu der man »schönes Kind« oder ähnliche Worte sagt. Beide stellen für Lionardo, genauer: für seinen Autor, eine Verunsicherung dar. Wie die Analysen gezeigt haben, trifft dies nicht minder für eine Nixe wie Hulda oder eine »Zauberin« wie Lucindora zu. Diese Frauenfiguren sind die Negation der ›integrierten Frau‹. Zugleich ziehen sie Vulpius an. Diese Frauen müssen vor dem Hintergrund der auch im vorliegenden Text reichlich vorhandenen Klagen über das Eheleben gesehen werden. Sie verkörpern das ambivalente Gegenmodell, das man(n) bewundert und verehrt, aber nicht zu lieben, nicht zu heiraten wagt. Sie sind ein Wunsch- *und* Schreckbild.

Was den »Bublina«-Text insgesamt betrifft, so kann er zur Illustrierung des Strukturmodells der ›hedonistischen Moralisierung‹ nicht dienen. Zwar widerspricht er ihm auch nicht, da die Frage einer Partnerbeziehung zur Amazone Bublina schon dadurch nicht besteht, daß sie schließlich ins Kloster geht. Vulpius hatte im Text, abgesehen von Lionardos Äußerung, die Möglichkeit einer solchen Beziehung jedoch gar nicht thematisiert. Zwar tragen diese zwei Bände Bublinas Namen als Titel, aber Vulpius offeriert dem Leser weniger die Geschichte einer Person als ein konzeptionsloses Sammelsurium von Gedanken, historischen Anmerkungen, mythologischen Bezügen und kulturgeschichtlichen Informationen. So findet man u. a. eine Reflexion über den Kuß und seine verschiedenen Kategorien, über die Funktion der Narrheit als »Zucker des sauren Wasserbrei's des Lebens«, über den Vorteil der Blindheit als Refugium der Einbildungskraft.[295] Darüber hinaus wird über eine »Gesellschaft der Liebesfreunde« informiert oder über die Zeit, den Ehestand und die Gewohnheit reflek-

---

295 Vgl. Vulpius, Bublina, 1. T., S. 159-162, 205 und 115f.

tiert.[296] Der alternde Abenteuerschriftsteller gibt sich in diesem Text zwischen gelegentlichen Gefechten und Strandräuberauftritten als Gelehrter und Lebensphilosoph. Man könnte meinen, Vulpius habe seinen Zettelkasten auf den Tisch geleert, um aus der willkürlichen Reihenfolge der Notizen ein Buch zu machen. Er hat sich dazu in Sirius eine Figur geschaffen, die seine Notizzettel im Text gelegentlich präsentiert.[297] Vulpius zeigt eine neue Möglichkeit, Texte aus Texten zu produzieren. Sein Text ist hier nicht mehr nur aus einem anderen Text geschöpft, er besteht aus einer willkürlichen Montage von Zitaten. Die konzeptionelle Geschlossenheit, die in der »Saal-Nixe« zu erkennen war und die trotz des Prinzips der seriellen Abenteuer im »Rinaldo«-Roman zu erkennen ist, läßt sich in »Bublina« nicht finden. Der Text dürfte den bei Vulpius an Abenteuerstoff gewöhnten Leser enttäuscht haben.

4.1.3.5 »Truthina« – die romantische Elementarfrau

Der Text »Truthina, das Wunderfräulein der Berge« (1822),[298] eine Mischung aus Sage und Phantasie des Autors, handelt von der Beziehung zwischen dem Sänger Wilhelm und Truthina in Thüringen zur Zeit des Sängerkrieges auf der Wartburg. Wilhelm sehnt sich danach, die in den Erzählungen der Leute gegenwärtige Truthina kennenzulernen, die zu den Luftgeistern, einer Spezies der Elementarwesen, gehört.[299] Zugleich wird er mehrmals vor einer Beziehung mit den Elementarwesen, die zu einem baldigen Tod des Menschen führe, gewarnt (vgl. S. 46 und 53). Auch hier läuft alles auf die Warnung vor dem Fremden hinaus, wobei zugleich die notwendige Abstrahierung für den Leser vollzogen wird: »Bleibe du gern bei den Gleichen, gelüste nicht nach dem Verbotnen, / bleibst du bei ruhigem Sinn, trifft dich kein böses Geschick!« (S. 47)[300]

---

296 Vgl. ebd., 2. T., S. 202-206 und 1. T., S. 82-85, sowie 2. T., S. 18. Zur »Gesellschaft der Liebesfreunde« gibt Vulpius als Quelle an: Adele du Thon, Histoire de la Secte des Amis, London 1821. Der Hinweis auf die Liebes-Sekte lag Vulpius offenbar am Herzen, denn er hatte diese bereits 1821 in seinem Buch »Lionardo Monte Bello oder der Carbonari Bund« erwähnt (vgl. Vulpius, Lionardo, 2. Teil, S. 132).

297 Vulpius scheint seine Schwäche selbst zu reflektieren. Als seine Figuren unterwegs auf Zigeuner treffen und Sirius zu einem Exkurs über deren Lebensart, Herkunft und Religion anhebt, leitet er, nicht ohne Selbstironie, dies mit der Bemerkung ein, daß Sirius wie gewöhnlich sein Belehrungstalent zeige (vgl. Vulpius, Bublina, 2. T., S. 25f.).

298 Teile dieser Sage veröffentlicht Vulpius bereits 1817 in seiner Sammlung »Die Vorzeit«.

299 Vgl. Vulpius, Truthina, S. 20; im folgenden Nachweise im Text.

300 Damit wiederholt Vulpius' Figur Meister Ehrenreich, die diese Warnung am Ende

Verboten sind die Elementarwesen, die, wie ein Chorherr sagt, »unge-
mein feurig und zärtlich lieben, inniger als eine Erdenschöne die dessen
nicht vermag« (S. 78). Was reizvoll klingt, ist zugleich Gefahr: »die ätherische Liebesglut wird den Jüngling verzehren, nach und nach« (ebd.). Wenn
diese Worte über die Liebe als Gefahr auch an die Formulierung vom
Zerreißen bei Hulda erinnert, so findet man im vorliegenden Text doch
keine Amazone. Zwar wird Truthina in den Berichten der Leute gelegentlich verteufelt,[301] aber die Beziehung zwischen ihr und Wilhelm verweist
eher auf das Modell der romantischen Liebe mit ihrem Merkmal der Exklusivität: im Gegensatz zur Saalnixe fordert Truthina ihrem Geliebten
kein Doppelleben ab, sondern seine ganze Zuneigung.[302] Wiederholt vor
Truthina gewarnt, entwickelt zwar auch Wilhelm vorübergehend das Bewußtsein, sich mit einer gefährlichen Frau eingelassen zu haben, und trägt
Sorge um sein (S. 148).[303] Aber im weiteren Verlauf der Handlung vertieft
er seine Beziehung zu Truthina, entfremdet sich zugleich der ihn umge-
benen sozialen Wirklichkeit und zieht, was gegen die ursprüngliche Regel ist, als es Winter wird, in Truthinas Felsenschloß. Truthina kommentiert »mit weinenden Augen: ›Nun bist du mein!‹« (S. 164). Sie scheint in
Gedanken die nächste Szene vorwegzunehmen, in der sie, wieder im Lenz,
Wilhelm das letzte Geleit gibt. Die Liebes-Idylle mit der so gefahrvoll beschriebenen Frau endet für Wilhelm tödlich. Eine zusätzliche Erklärung
bleibt der Text schuldig; er löst nur das ein, was schon postuliert wurde:
»die ätherische Liebesglut wird den Jüngling verzehren, nach und nach«.
    Dieser Text über ein Elementarwesen arbeitet die Problematik der ›star-
ken Frau‹ nicht mit der Deutlichkeit und Konsequenz heraus, wie es in

---

eines Exkurses über die Elementarwesen ausspricht, fast wörtlich die Worte, mit denen
Vulpius ein dem Vorwort vorangestelltes Gedicht enden ließ: »Bleibe nur stets bei dem
Gleichen, gelüste nicht nach dem Versagten, / bleibst Du bei ruhigem Sinn, trübt sich Dein
Aether Dir nie!«

301 Eine der »Erdenschönen«, ein Burgfräulein, erklärt, die Seelen der vielen Geliebten
Truthinas würden alle verlorengehen (Vulpius, Truthina, S. 107), und nennt Truthina »Gabelträgerin« (S. 108), was nach der Anmerkung Vulpius' die »Benennung einer Hexe« ist.

302 Truthina schenkt Wilhelm einen Ring, der ihm schon bei einem Flirt mit einer anderen Frau stechende Schmerzen im Finger bereitet, und beschwört ihn: »wer mich lieben
will, darf keine andere lieben, darf, selbst mit einer andern, sich nicht necken. Bist Du mein,
so kannst du keiner andern angehören« (Vulpius, Truthina, S. 86). Da Truthina Wilhelm
über die Zeit des Winters allein lassen muß, besitzt diese Beziehung auch eine Art Prüfung
und Bewährungsprobe.

303 Wilhelm betet zur Heiligen Maria: »Du weißt es wohl gnadenreiche Jungfrau! in
welchen sonderbaren Frauenhandel ich verwickelt bin. Ich weiß mir nicht zu rathen und
zu helfen. Nimm von mir die Begier, wenn sie mir schädlich ist, reinige mein Herz und
schenke mir deine Gnade« (ebd., S. 116). Truthina wirft ihm daraufhin Kleinmut vor (vgl.
S. 147).

die »Saal-Nixe« der Fall ist. Er folgt eher dem Bedürfnis, Elemente aus der Sagenwelt aufzunehmen und auszubreiten.[304] Darüber hinaus verkehrt er die von der Hulda-Figur bekannte Konstellation sowohl mit Blick auf die Aktivität des Mannes bzw. der Elementarfrau wie mit Blick auf das Beziehungsmodell. Statt der Bereitschaft, den Geliebten zu teilen, findet man den Wunsch, ihn ganz zu besitzen, statt des mißlingenden Versuchs einer Doppelexistenz das Modell einer tödlich endenden romantischen Liebe.

Aber auch diesem Modell wird in verschiedenen Passagen des Textes Sehnsucht und Gefahr gleichermaßen zugeordnet. Auch diese Liebesbeziehung weist die im Elementarwesen-Paradigma obligatorische Asozialität auf. Die Verhaltensversuchung besteht diesmal darin, sich für die Unbedingtheit einer Liebe gegen alle äußeren, sozialen Bezüge zu entscheiden. Die Elementarfrau veranlaßt Wilhelm zum Rückzug aus seiner sozialen Wirklichkeit zuerst in die Klause, dann in ihr Schloß. Der Effekt ist der gleiche wie im Beispiel Hulda: Wilhelm verliert sich selbst, er wird verzehrt durch eine Liebesglut, aus der es kein Zurück gibt. Die ›starke Frau‹ ist in diesem Text nicht die *starke* Frau im Sinne der selbstbewußten, redegewandten, aktiven Frau der galanten Liebe. Truthina vertritt vielmehr das Modell der nicht ›gezähmten‹ romantischen Liebe, das dem Modell der in den sozialen Alltag rückgebundenen Beziehung in anderer Weise als das Modell der galanten Liebe widerspricht. Die romantische Liebe der Unbedingtheit trifft keine Vorsorge für den Liebesalltag. Gerade die Ehe, die als Romanze begann, ist schließlich durch einen »Realitätsschock« gefährdet, weswegen man den Code der romantischen Liebe im 19. Jahrhundert durch Ausschließung aller bedrohlichen Elemente ins Triviale hat herunterstimmen müssen.[305] Insofern verkörpert auch die in »Truthina« vorgeführte Geschlechterbeziehung eine asoziale Verhaltensversuchung. Das Bild, das im Kapitel 3 über die Person Vulpius gewonnen wurde, rechtfertigt die Annahme, daß Vulpius auf *jedes* Modell einer vom Alltagsbezug abgehobenen Liebe mit ›sympathetischem Argwohn‹ geblickt hat.

---

304 Dazu gehört z. B. der Umstand, daß der Hirt und spätere Sänger-Lehrling Wilhelm in Wirklichkeit der letzte Überlebende des Rothensteiner Geschlechtes ist, dessen Veste durch die Lobedaburger abgebrannt wurde, sowie Truthinas Voraussage am Leichenwagen Wilhelms, der Lobedaburger Albrecht werde ohne Nachkommen bleiben.

305 Vgl. dazu Luhmann, S. 187-196.

4.1.3.6 Die »Nadlerstochter« – Vulpius' Briefe von der Kur

Nicht ein literarischer Text, sondern ein briefliches Zeugnis steht am Ende dieses Abschnitts über asoziale Frauenbilder bei Vulpius. Der 60jährige Vulpius befindet sich zur Badekur in Berka und schreibt dem Freund Karl Heidler nach Altenburg. Vulpius schildert seinen Tagesablauf, erwähnt einen Besuch seiner Frau sowie seines Sohnes Felix in Berka und versichert Heidler, gar oft, und zwar auch »im Stillen«, auf dessen Gesundheit zu trinken.[306] Er merkt an, daß sich in dieser Gegend noch manche Sage, zum Beispiel von der Ilm-Nixe, erzählt wird, und beschreibt sein eigenes Gefühl folgendermaßen: »Ich streckte mich unter eine Buche und dachte: ›Wer alle waren wohl die, die ehemals hier gesessen haben?! Wie sahen sie aus? – Ach! wenn doch eine der Holden mir erschien! Wenn sie dastehen wollte, wie sonst‹«.[307] Er fährt fort: »Nein! Es kann nicht geschehen, was ich wünsche. Noch sitze ich hier, u nichts, als meine Fantasie trägt mich hinüber in das Zauberland der entfesselten Fantasie. – Was ich nicht sehe, glaube ich zu hören; u ich empfinde alles! [...] Drüben die Schafe! – Des Hirten Schallmei! – O Wilhelm, das Lied vom Wunderfräulein! – Alles ist still um mich her; ich höre kein dahin!«[308]

Man wird diese Äußerung eines von der Arbeitslast befreiten Kurgastes nicht als deutliches Glaubensbekenntnis mit Blick auf die Elementargeisterwelt lesen können.[309] Vulpius begibt sich eher in ein Spiel mit dem Gegenstand, den er in dieser Zeit wiederholt literarisch gestaltet.[310] Er versetzt sich in die Situation seiner eigenen Helden, für die das »dahie« oder der Gesang vom Liebesschloß im Wasser jeweils eine reale Versuchung markierte. Vulpius spielt mit der Vorstellung, nun in gleicher Weise in ein Abenteuer hineingezogen zu werden.[311] Zugleich bricht er diese Imagination aber völlig, wenn er dem bereits zitierten »ich höre kein da-

---

306 Vgl. Vulpius an Heidler am 12./13.8.1822 in: Andreas Meier, Vulpius, S. 276f.

307 Ebd., S. 278.

308 Ebd.

309 Vulpius schreibt im gleichen Brief etwas früher: »Wenn ich daran denke, daß es bald wieder an die Arbeit geht in Weimar, so ist es mir gar nicht recht« (Andreas Meier, Vulpius, S. 277). Zu Vulpius' Sicht auf die Elementargeister vgl. 4.1.1.3.

310 Mit dem Wort »dahin« spielt Vulpius auf sein Buch »Truthina« an, an dem er in jener Zeit arbeitet (vgl. Vulpius' Brief an Heidler am 13.2.1822: Andreas Meier, Vulpius, S. 267). »Dahie« ist, wie er dort anmerkt, das Waldgeschrei des Wunderfräuleins, zu necken und zu warnen (vgl. Vulpius, Truthina, Anm. 3).

311 Man vergleiche seine Worte mit der Erklärung des Sprechers im Eingangsgedicht zur »Saal-Nixe«: »O! könn't ich, Hulda, doch zu Dir mich / sanft gesellen! / Wie gern käm ich zu Dir, rief Deine / Stimme mich!« (Vulpius, Hulda, S. V).

hin!« die Worte folgen läßt: »Wär's ein Dahin! – Jetzt, wär's Altenburg. Ist mir es doch, als wären es 10 Jahre, daß wir uns nicht gesehen hätten«.[312]

Inwiefern dieses Spiel einen ernsten Teil besitzt, ist nicht mit Sicherheit zu sagen. Der zitierte Brief kann gelesen werden als das etwas außergewöhnliche, aber durchaus dem Adressaten angemessene Produkt eines dichtenden Müßiggängers.[313] Beachtet man die Signale aus dem Umfeld dieser Passage, ergeben sich allerdings auch tiefergehende Interpretationsmöglichkeiten. So beginnt der Brief mit einer quasi sexuellen Metapher, die später wiederholt wird. Vulpius schreibt: »Indem ich in wahrer philosophischer Ruhe hier lebe [...] wandre, lese, schreibe, dichte pp. dennoch aber keine Nadlerstochter hier finde, kommen gestern, auf der Droschke gefahren meine Gattin, Felix, Urlau und seine Ehekonsortin, mich zu besuchen«.[314] Die ›Nadlerin‹-Metapher taucht in Vulpius' Briefen an Heidler bereits am 19. Januar 1822 auf. Dort schreibt er, er werde an seinem Geburtstag »die Gesundheit der Altenburger Freunde trinken, auch der unbekannten bekannten Schönen, die statt Pelzwerk sich mit Nadeln umgeben hat, sich gleichsam metamorphosierend; nur nicht wie Luzian: jedoch kurirten ihn endl. Rosen wieder; aber die Palästra, mag ein scharmantes Spiel getrieben haben, deßen Wiederholung ich wohl von der Pelzartignadelstichl. erfahren möchte; jedoch, *non omnia possima omnio*«.[315]

Diese reichlich konfuse Briefstelle läßt sich schwer deuten. Offenbar spielt Vulpius Heidler gegenüber auf eine gemeinsame ›unbekannte Bekannte‹ an. Vulpius kommt von dieser Frau auf Palästra zu sprechen, deren Zuordnung ebenfalls unklar ist.[316] Die Briefpassage bleibt insgesamt dunkel. Aber man wird mit einiger Berechtigung in der ›Nadlerin‹ eine gewisse Bedrohung sehen können, die zugleich anziehend wirkt. Die ›Nadlerin‹ ist im Prinzip wie das Rose-Symbol die Vereinigung von Verlockung und Gefahr, von Lust und Unlust. Sie verkörpert den Gegensatz zu einer »Pastortochter«, wie ein im Brief wiedergegebener Dialog nahelegt.[317] Sie verkörpert aber auch einen Gegensatz zu Vulpius' Gattin, was schon

---

312 Andreas Meier, Vulpius, S. 278.

313 Heidler, der wie Vulpius in der Dresdener Abendzeitung Gedichte veröffentlicht, war über Vulpius' literarische Projekte und Vorlieben informiert.

314 Andreas Meier, Vulpius, S. 276.

315 Ebd., S. 264.

316 Andreas Meier sieht in dieser Passage eine Anspielung auf die fiktive Gestalt der Dienerin Palästra in Lucians Text »Loukios oder der Esel«. Er verweist aber auch auf die gleichnamige Tochter des Hermes, die, wie Philostratos schreibt, in Arkadien die Ringkunst erfunden haben soll (vgl. ebd., S. 633).

317 In einem lapidaren Dialog zwischen Vulpius und seinem Besucher Urlau sagt Vulpius mit Bezug auf Heidler: »Er kennt eine Nadlerstochter«, worauf Urlau entgegnet: »Ich kenne eine Pastortochter« (ebd., S. 277).

die eher adversativ als temporal gebrauchte Konjunktion »indem« scheint andeuten zu wollen.[318]

Es ist festzuhalten: Vulpius begegnet während seiner Kur weder der Ilmnixe, noch der ›Nadlerin‹. Es ist zu vermuten, daß er deswegen jedoch nicht enttäuscht war, denn seine »Engbrünstigkeit u die Mattigkeit in den Füßen«, die er in einem anderen Brief erwähnt, dürften ihn eher nach Ruhe als nach einem Abenteuer verlangt haben lassen.[319] Diese Annahme bestätigt Vulpius in einem Brief an Winkler zweieinhalb Jahre später. Er hat »Bade-Scenen« über das Leben in einem Kurort geschrieben, die z. T. in Winklers »Dresdener Abendzeitung« veröffentlicht werden. In diesem Zusammenhang schreibt er am 26. Januar 1825: »Den Anfang der Szenen im Bade, habe ich in der Abendzeitg. gelesen. – Habe ich Ihnen denn schon mehrere derselben geschickt? Ich habe derselben mehrere. Eine ist besonders hübsch, aber die darinvorkommende ist noch hübscher, u es ist gut, daß ich nicht mehr 24 Jahre alt war. Und doch war es viel, was mir geschah. Ich bin froh daß das schöne drohende Ungewitter vorüber ist. Aber geschrieben wird doch darüber«.[320]

Im Anschluß an den letzten Satz wechselt Vulpius bereits das Thema. Wieder entzieht er sich eher mit seinen Worten, als daß er wirklich mitteilt. Alles was er preisgibt, ist, daß er ein Geheimnis bewahrt. Man kann diesem Brief zumindest die Andeutung einer erotischen Situation entnehmen, die Vulpius als Mann von über 60 Jahren erlebt und offenbar mit Distanz sowie ohne größere Folgen übersteht. Mehr ist nicht zu erfahren. Und doch ist es viel, was er mitteilt. Er wählt erstens mit der Formulierung »das schöne drohende Ungewitter« nur einen etwas poetischeren Weg, das gleiche auszudrücken, was mit dem Terminus »Wunsch- und Schreckbild« umrissen wird und den Ausgangspunkt meiner Textanalysen bildete. Er scheint zweitens mit seinem Hinweis auf die literarische Um-

---

318 Im Vorwort seines Buches »Thermitonia das Buch der Geistereien« (1825) gibt Vulpius einen kurzen Einblick in das Leben an Badeorten – »diesen der Gesundheit und dem Vergnügen geweihten Oertern« (Vulpius, Thermitonia, S. III) – und vermittelt den Eindruck, dort die Bekanntschaft mit »ewig interessante[n]«, »unvergeßliche[n]« Frauen zu machen (S. IVff.), wodurch der Badeort – als Ort ›außerhalb‹ der Ehe – eine erotische Konnotation erhält. Was den zitierten Brief betrifft, so umgibt dieser Vulpius' Nixen-Phantasie mit weiteren Signalen voll sexueller Wertigkeit. Vulpius schließt ihn mit den Sätzen: »O, daß ich Sie mit Versen u mich mit Wünschen ermüde! Leben Sie wohl! – Nun schreibe ich Ihnen v. Weimar u sende Ihnen die Erotica. // Ist es denn in Sachsen verboten, den 2ten Theil der Memoiren des Sig. Casanova zu drucken? // Grüßen Sie die Gattin, die Kinder, die Freunde, u leben Sie gesund, wohl u vergnügt« (Andreas Meier, Vulpius, S. 278).

319 Vgl. Vulpius' Brief an den Universitätsbibliothekar Güldenapfel in Jena vom 28.8. 1822 (ebd., S. 279).

320 Ebd., S. 308.

setzung einmal expressis verbis die These bestätigen zu wollen, daß die Verhaltensversuchung erst in ihrer Existenz als Schrift gebannt ist und genossen werden kann. In vorliegenden Fall möchte man behaupten, daß die Verhaltensversuchung im Moment ihrer Aktualität durch die Aussicht ihrer *künftigen* Existenz als Schrift gebannt wird. Vulpius sagte vermutlich schon mit dem Nein zum »schönen drohenden Ungewitter« Ja zu dessen literarischer Darstellung.

4.2 Die bösen Männer

4.2.1 »Rinaldo Rinaldini«

4.2.1.1 Erfolg und Anregungen

Der Roman »Rinaldo Rinaldini der Räuberhauptmann« (1799)[321] ist, wenn nicht der interessanteste, so doch zweifellos der bekannteste unter Vulpius' Texten. Er blieb immer das Signum seines Verfassers. Über den Erfolg des »Rinaldo Rinaldini« informiert Vulpius den Freund und Herausgeber der »Dresdener Abendzeitung« Winkler in einem Brief vom 6. Dezember 1823: »so müßte jetzt wenigstens die 7te Auflage des Rinaldini da seyn, so allgemein ist er gelesen worden. Ja selbst im Auslande. Es giebt 2 Pariser u 2 Englische Übersetzungen davon, die ich selbst habe. Ausserdem, (weiß ich auch von Leuten die ihn gesehen und gelesen haben,) excistieren davon Italienische, Spanische, Russische, Holländische, Dänische, Polnische, Ungarische Übersetzungen. Er hat viel Glück gemacht. Es muß also doch etwas daran seyn, was die Neider ihm nicht entgegenstellen können; denn die Schmäher, belebt nichts als elender Neid!«[322] Auch seine Leser macht

---

321 Siegfried Scheibe hat die bisher übliche Angabe der Erstausgabe von 1798 in 1799 korrigiert: Zur ersten Ausgabe des »Rinaldo Rinaldini«, in: Goethe. Neue Folge des Jahrbuchs der Goethe Gesellschaft, hg. v. Andreas B. Wachsmuth, Bd. 22, Weimar 1960, S. 298-300, hier: 299.

322 Andreas Meier, Vulpius, S. 291. Im Intelligenzblatt der Allgemeinen Literatur-Zeitung (Nr. 128, 9.10.1799, S. 1039f.) ist unter dem Titel: »Anzeige von neuen Auflagen einiger interessanten Schriften« zu lesen: »*Rinaldo Rinaldini. Der Räuber Hauptmann. Eine romantische Geschichte unsers Jahrhunderts in 3 Theilen oder 9 Büchern. Mit 9 Kupfern. Zweyte Auflage. 8. broschirt 4 Rthlr.* [...] *Rinaldo* u. s. w. ist als ein Glücks-Kind zu betrachten. Nicht als ob Rinaldo nicht die Aufnahme verdiene, welche er im Publico geniesst, sondern weil die Fälle rar sind, dass ein Buch in 3 Monaten vergriffen ist. Der Verfasser wird eine Fortsetzung liefern. Wie dies möglich ist, mögen die ergrübeln, welche Rinaldo gelesen haben. Glück auf Rinaldo!! Der Verleger.«

Vulpius auf den Erfolg aufmerksam, indem er im Vorwort der fünften Ausgabe die »fremden Ausgaben, Nachdrucke, Bearbeitungen und Übersetzungen« erwähnt.[323] Wolfgang Vulpius weist in der Bibliographie zu den Werken seines Urgroßvaters neben den von Vulpius selbst genannten fremdländischen Ausgaben Übersetzungen auch ins Schwedische und Hebräische nach.[324] Außerdem zählt er verschiedene Dramatisierungen,[325] Illustrationen und Vertonungen einzelner Gedichte des Romans auf.[326] Der Roman war in Deutschland zumindest dem Namen nach bekannt und wurde selbst von Friedrich Engels in Briefen als Metapher für gebraucht.[327]

Daß der Roman über Deutschlands Grenzen hinweg recht bekannt war, läßt eine Anspielung in Dostojewskis satirischer Erzählung »Eine fremde Frau und der Ehemann unter dem Bett« (1848) vermuten.[328] Er bleibt lebendig bis weit ins 20. Jahrhundert; er wird 1968–1971 von verschiedenen ARD-Sender als dreizehnteilige Serie im Abendprogramm ausgestrahlt und gehört so gewissermaßen noch zu den Kindheitseindrücken der heute Dreißigjährigen.

Wolfgang Vulpius bemerkt in seiner Untersuchung des »Rinaldo Rinaldini«, daß die Räuberfigur im ausgehenden 18. Jahrhundert durch eine reichhaltige Thematisierung (in der Dichtung, in Traktaten, in Lebens- und Reisebeschreibungen, in Räuberbiographien auf der Grundlage von

---

323 Vulpius, Rinaldo, S. 11.

324 Vgl. Wolfgang Vulpius, Bibliographie, S. 103 und Wolfgang Vulpius, Nachtrag, S. 313.

325 Der Text wurde dramatisiert durch Vulpius selbst (Rinaldo Rinaldini. Ein Schauspiel in fünf Aufzügen von dem Verfasser des Romans gleichen Namens, Arnstadt und Rudolstadt bey Langbein und Klüger, 1801), durch Karl Friedrich Hensler (Rinaldo Rinaldini, der Räuberhauptmann, Th. 1, Schauspiel in 4 Aufzügen, Th. 2, Schauspiel in 3 Aufzügen, 3 Bde., Wien 1799, ²1801) sowie Joachim Perinet (Rinaldo Rinaldini, der Räuberhauptmann, Romantisches Schauspiel in 5 Aufzügen, gespielt 1799) (vgl. Wolfgang Vulpius, Bibliographie, S. 111 und 105).

326 Illustration des Räuberliedes »In des Waldes finstern Gründen«, um 1820, und: *Canzonetten und Romanzen* aus dem Romane Rinaldo Rinaldini mit Begleitung des Guitarre und des Pianofort's von J. H. C. Bornhardt und J. P. C. Schulz, Leipzig, bey Heinrich Gräff [1802] (vgl. Wolfgang Vulpius, Bibliographie, S. 96f.).

327 Friedrich Engels setzt sowohl die Kenntnis des Vulpius-Romans wie des Schinderhannes voraus, wenn er am 22.2.1882 Eduard Bernstein hinsichtlich der im Viehraub bestehenden Unabhängigkeit solcher Naturvölker wie der Montenegriner schreibt: »Wären wir am Ruder, *auch wir* würden dem altererbten Rinaldo-Rinaldini- und Schinderhannestum dieser Burschen ein Ende machen müssen« (Marx/Engels, Bd. 35, S. 281).

328 In der Erzählung kommentiert ein Mann, der sich als literarisch gebildeten Menschen ausgibt, seine sonderbare Situation um Mitternacht unter einem fremden Ehebett mit den Worten: »Gewissermaßen Rinaldo Rinaldini« (Fjodor Michailowitsch Dostojewski: Weiße Nächte, in: Frühe Prosa II, Berlin 1981, S. 129)

Prozeßermittlungen) bereits »literaturfähig« geworden war.[329] Er erinnert natürlich an Schillers Karl Moor, der allen literarischen Räubern des ausgehenden 18. Jahrhunderts Pate gestanden habe, und zählt unter anderem die Kriminalgeschichten August Gottlieb Meißners, H. F. Möllers »Sophie oder der gerechte Fürst« (1779) und Heinrich Zschokkes berühmten »Abaellino« (1793) auf.[330] Mit Blick auf literarische Vorbilder für den »Rinaldo Rinaldini« verweist Wolfgang Vulpius auch auf spanische Räuberromane, die sich in Vulpius' Privatbibliothek gefunden haben,[331] und setzt Vulpius' Bekanntschaft mit »Roque Guinard«, den spanischen Romanzen über Banditen und Schmuggler, den Robin Hood-Dichtungen und den Texten über deutsche Räuber voraus.[332] Die Popularität des Räubersujets nimmt zum Jahrhundertende noch zu, was auch darauf zurückzuführen ist, daß die unruhigen Jahre zwischen 1790 bis 1815 als »die große Zeit der deutschen Räuberbanden« bezeichnet werden können.[333]

Der historische Bezug des »Rinaldo Rinaldini« läßt sich allerdings nicht genau feststellen. Johann Wilhelm Appell sagt, ohne Angabe einer genauen Quelle, Vulpius habe in Regensburg eine italienische Schrift gefunden, »worin das Ende des Räuberhauptmanns Rinaldini, der wirklich existierte, berichtet war«, was »bald darauf« auch im »Journal de l'Europe«

---

329 Vgl. Wolfgang Vulpius, Rinaldo Rinaldini, Bl. 17f. W. Vulpius nennt unter anderem eine deutsche Lebensbeschreibung des französischen Räubers Louis Dominique Cartouche, die bereits ein Jahr nach dessen Hinrichtung 1721 als Übersetzung aus dem Französischen vorlag (Bl. 19).

330 Vgl. ebd., Bl. 17-22.

331 Wolfgang Vulpius nennt »La vida de Lazarillo de Tormes«, 1790 in deutscher Übersetzung in Wien erschienen, und »Picara oder die Landstürzerin Justina Diezin« des Francesco di Ubeda, in deutscher Übersetzung 1660 in Frankfurt/Main erschienen (vgl. Wolfgang Vulpius, Rinaldo Rinaldini, Bl. 18).

332 Wolfgang Vulpius nennt den deutschen Räuber Hannikel, dessen Biographie Chr. Fr. Wittich, aus den Kriminalakten erstellt, 1787 veröffentlichte (vgl. Wolfgang Vulpius, Rinaldo Rinaldini, Bl. 20). Daß Vulpius' 1798 veröffentlichter Schelmenroman »Abentheuer und Fahrten des Bürgers und Barbiers Sebastian Schnapps« eine Räuberfigur mit dem Namen Han-Nickel enthält, erwähnt Wolfgang Vulpius allerdings nicht.

333 Vgl. Sarkowicz, S. 15. Als Gründe für die Blütezeit des deutschen Banditenwesens sind die gesellschaftlichen Umbrüche im Gefolge der Französischen Revolution und die Desorganisation des Polizeiwesens zu nennen. Die territoriale Zersplitterung des Deutschen Reiches förderte das Banditenwesen, indem es seine Verfolgung erschwerte (vgl. S. 16). Carsten Küther zeigt sehr eindringlich den hohen Organisierungsgrad der Räuberbanden, die nicht nur über ausgedehnte ›Diebsstraßen‹ verfügten (einer Kette von Herbergen, die ein heimliches Entkommen ermöglichten) und für die psychische und physische Ausbildung ihrer Mitglieder sorgten (Rotwelsch, Verhaltensmodelle während eines Verhöres, Abhärtung gegen Folter, Ausbruchstechnologien), sondern auch Verbindungen zu Polizeiagenten, höheren Beamten, Bürgermeistern und Richtern unterhielten (vgl. Küther, Räuber, S. 56-85).

gestanden habe.[334] Es bleibt unklar, von welcher Quelle Appell spricht, auch Wolfgang Vulpius ist in seinen Nachforschungen nicht auf die angesprochene italienische Schrift gestoßen. Daß der »Rinaldini« in Italien spielt, läßt sich allerdings, so Wolfgang Vulpius, auch mit dem zeitgenössischen Bild von Italien als »Paradies der Räuberhorden« erklären, das durch Reisebeschreibungen reichlich vermittelt wurde.[335] Wolfgang Vulpius nennt eine andere Quelle, auf die Vulpius sich bezogen haben könnte: Johann Heinrich Bartels »Briefen über Kalabrien und Sizilien« (1787). In Bartels Schrift wird unter anderem über den italienischen Räuberhauptmann Angelo del Duca (1734–1784) berichtet. Diesem Hinweis ist Curt Elwenspoek später im wörtlichen Sinne nachgegangen. Er recherchierte vor Ort die Geschichte des Angelo del Duca und berichtet in seinem Buch »Rinaldo Rinaldini der romantische Räuberfürst. Das wahre Gesicht des geheimnisvollen Räuber-›Don Juan‹« (1929) über das historische Räuberwesen in Italien und über Angelo del Duca als Vorbild des Rinaldo Rinaldini.[336] Günter Dammann stützt diese Ansicht durch den Hinweis auf die Verschränkung der Namen Rinaldo und Angelo del Duca in Vulpius' Roman »Aurora. Ein romantisches Gemälde der Vorzeit« (1794).[337] Alfred Bergmann hat gegen Elwenspoek den Räuberhauptmann Thomaso Rinaldini als historische Vorlage angeführt, über den 1786 das Aprilheft der dänischen Monatsschrift »Minerva« und Schulzes Zeitschrift »Ugentlige Tidender« informieren.[338] Wolfgang Vulpius verweist in seiner Bibliogra-

---

334 Appell, S. 44.

335 Vgl. Elisabeth Goethes Brief an ihren Sohn vom 24.3.1797, in dem sie vor einer Reise nach Italien warnt, »wo jetzt Räuber und Mörder ihren Sitz aufgeschlagen haben«. Wolfgang Vulpius merkt an, daß sich in Vulpius' Besitz der Bericht eines Italienreisenden mit dem Titel »Schilderungen der Ränke der Banditen in Italien« (1777) befand (vgl. Wolfgang Vulpius, Rinaldo Rinaldini, Bl. 23).

336 Curt Elwenspoek gibt als weitere Quelle zu Angelo del Duca »Joseph Goranis, Französischen Bürgers, geheime und kritische Nachrichten von den Höfen, Regierungen und Sitten der wichtigsten Staaten in Italien« an, deren deutsche Übersetzung 1794 in Köln bei Peter Hammer erschien (vgl. Elwenspoek, S. 169f). In dieser Schrift wird auf den Seiten 41 bis 44 unter der Überschrift »Der merkwürdige Räuber« Angelo del Duca als ein italienischer Robin Hood beschrieben.

337 Vgl. Dammann, S. 84. In »Aurora« nimmt der Protagonist, der Rinaldo heißt, nach seinem Eintritt in einen Geheimbund den Bundesnamen Angelo del Duca an. Dieser Umstand zeigt, daß Vulpius Kenntnis vom italienischen Räuberhauptmann Angelo del Duca gehabt haben mußte, und läßt vermuten, daß diese auch in den »Rinaldo«-Roman eingegangen sind.

338 Vgl. Bergmann. Bergmann bezieht sich auf Knud Lyne Rahbek, der diesen Hinweis in seiner Vorrede zur dänischen Übersetzung des »Rinaldo Rinaldin« 1800 gibt. Den Nachrichten der »Minerva« zufolge wurde Thomaso Rinaldini 1786 von den päpstlichen Truppen gefangengenommen.

phie auf Rahbek und Bergmann und bemerkt dazu: »Vulpius hat schwerlich diese Berichte gekannt, aber ähnliche mag er in deutschen Zeitschriften gefunden haben oder einem der Reisejournale, die gegen Ende des Jahrhunderts häufig erschienen. Eine kurze Schilderung genügte vollauf, seine Phantasie zu befruchten«.[339]

Welche Vorlagen Vulpius nun tatsächlich benutzte, bleibt ungewiß. In der Vorrede seines Romans bezieht er sich ganz allgemein auf die Erzählungen über den »valoroso Capitano Rinaldini«: »Ganz Italien spricht von ihm; die Apenninen und die Täler Siziliens hallen wider von dem Namen Rinaldini [...] Er ist der Held der Erzählungen in Kalabrien und Sizilien. Am Vesuv und am Ätna unterhält man Rinaldinis Taten«.[340] Von größerem Interesse ist, *wie* Vulpius seinen Räuberhauptmann darstellt und welche Unterschiede sich dabei zu literarischen und nichtliterarischen zeitgenössischen Berichten über die potentiellen historischen Vorbilder zeigen. Verschiedene Aspekte dieses Textes wurde in vorangegangenen Abschnitten schon erwähnt (vgl. 3.7 und 4.1.2.3.2), wobei sich auch seine Struktur bereits abzeichnete. Im folgenden sei noch einmal im Detail auf den Aufbau des Romans eingegangen.

4.2.1.2 Romanstruktur

Der Räuberhauptmann, der dem Leser nach der Vorrede über die Popularität des grandiosen Rinaldini entgegentritt, ist ein von Melancholie und Verzweiflung über seine Lage gequälter Mann, der sich nach einem ruhigen Leben als ehrlicher, unschuldiger Bürger sehnt (vgl. S. 14f.). Der Roman beginnt mit einer ›Demontage‹ des großen Räuberhauptmanns. Rinaldos beteiligt sich nicht am Überfall auf eine Postkutsche, die soeben von seiner Bande gesichtet wurde: er »legte sich unter einen Baum und zog den Mantel über den Kopf«, nachdem er die Kumpane gebeten hatte: »Ach! wenn ihr Blut schonen könnt‹« (S. 16). Später wird er auf seine Frage »Sind Menschen dabei geblieben?« von den Zurückkehrenden die lapidare Antwort erhalten: »Alle drei Treiber. – Die Kerle hätten plaudern können. – Es gibt ja mehrere Maultiertreiber in der Welt« (S. 19). Die Menschenverachtung, die in diesen Worten schwingt, ist sicher auch als bewußt eingesetztes effektvolles Stilmittel zu verstehen, um das Räuberleben plastisch zu machen. Es wird an diese Äußerung nicht angeschlossen: Rinaldo widmet sich vielmehr einem erbeuteten Kästchen, in dessen Kapsel er das

---

339 Wolfgang Vulpius, Bibliographie, S. 97f.
340 Vulpius, Rinaldo, S. 9; im folgenden Nachweise im Text.

Porträt einer schönen Frau in Nonnentracht findet, und schließlich heißt
es: »Bald darauf [...] wurden Gezellte aufgeschlagen, Feuer angemacht;
es wurde gekocht und gebraten, gegessen, gespielt, gesungen, getanzt
und getrunken« (ebd.). Das ›rauh-romantische‹ Flair des Räuberlebens
wird in den Vordergrund gerückt.

Darauf kann der Autor einer Räubergeschichte natürlich nicht verzichten. Aber die Unzufriedenheit des Räubers Rinaldini mit seiner Lage zieht
sich ebenso durch den gesamten Text wie die Schilderung seines ungebundenen Lebens. Fast in jedem der ersten acht Bücher der Erstausgabe
eröffnet sich am Ende die Perspektive des Austsiegs Rinaldos aus dem
Räuberleben. Entweder ist er mit der Geliebten allein, getrennt von seiner Bande (vgl. S. 52), oder er ist »unentschlossen, was er selbst tun wollte« (S. 89), oder er will mit der Geliebten fort nach Spanien segeln (vgl. S.
122) oder das »entzückte Paar« befindet sich in den »schönsten Träume[n]«
(S. 155) oder Rinaldo hofft, daß es ihm »endlich doch noch [gelinge], unter guten, unverdorbenen, reinen Naturmenschen eine stille, friedliche
Stätte zu finden und mir selbst ruhig und reuig für den Himmel zu leben« (S. 287).[341]

Es wäre müßig und gewiß auch nicht sehr interessant, die Romanhandlung nun begleitend nachzuerzählen und zu kommentieren. Nur
soviel: Der beschriebenen Szene folgen verschiedene Überfälle der Räuberbande und Zusammenstöße mit dem Militär. Rinaldo verliert seine
Truppe aus den Augen, zieht allein umher, verkleidet als Graf, als Eremit,
als Bauer. Er wird gefangengenommen, befreit, verliebt sich in Aurelie,
Rosalie, Olimpia, Dianora... Mehrmals will er mit einer Frau auf einer
Insel, an einem stillen Ort ein neues Leben beginnen. Er trifft aber unver-
hofft immer wieder auf seine alten Kameraden und ist – halb widerwil-
lig, halb erfreut – erneut verstrickt in die alten Zwänge, in seine Rolle als
Räuberhauptmann. Immer öfter kreuzen der geheimnisvolle Alte von
Frontje, ein zunächst recht undurchsichtiger Kapitän und die schwarzen
»Richter der Wahrheit im Verborgenen« Rinaldos Wege. Der Kapitän gibt
sich als Freund aus, will Rinaldo aber als lebende Aktie nutzen, die bei
der Obrigkeit in Geld einzutauschen ist. Die schwarzen Ritter beanspruchen Rinaldo für ihren Kampf gegen eine tyrannische Regierung als Heerführer. Der Alte von Frontje ist das Haupt eines Geheimbundes, der sich
die Befreiung seiner Heimat Korsika zum Ziel gesetzt hat und ebenfalls
Rinaldo als charismatische Führerfigur für diese Zwecke benötigt. Der
Roman entwickelt damit auf mehreren Ebenen das Geheimbundmotiv,

---

341 Zu weiteren Beispielen für Rinaldos ›Ausstiegshoffnungen‹ vgl. Vulpius, Rinaldo,
S. 49, 70, 152, 200, 210, 212, 279f., 295f.

das im ausgehenden 18. Jahrhundert durch reale Ereignisse und literarische Verarbeitung sehr populär geworden war.[342] Der berühmte Räuberhauptmann gerät zunehmend in ein undurchsichtiges Netz der Fremdbestimmung. So muß er erkennen, daß er schon längst ein Glied in einer ihm unbekannten Kette ist (vgl. S. 209), eine »Maschine« (S. 231) in der Hand eines mächtigen Geheimbundes: »bei all meiner vermeinten Selbständigkeit nur ein Werkzeug wahrer oder erdichteter Pläne listiger Menschen« (S. 236).

Rinaldo wehrt sich gegen alle Versuche, ihn fremden Interessen gefügig zu machen. Sein Kumpan Luigino gibt zu bedenken, daß ihrer beider Situation nicht für ein Familienleben geschaffen sei, und daß nur die Beteiligung am Freiheitskampf der Korsen gegen die Franzosen den Schatten ihrer Räubertaten verdrängen könne: »dein jetzt so verrufener Name glänzt dann gefeiert und hoch in den Jahrbüchern der Korsischen Geschichte. [...] Jetzt irrst du unstet und flüchtig aus einem Winkel in den andern, bist geächtet, verfolgt, dem geringsten Missetäter gleich geachtet, der im Hohlwege mordet, und wenn du willst, kannst du auf den Fittichen des Ruhmes emporsteigen zu den Tempeln der Unsterblichkeit. Vergessen sind deine Räuberstreiche. Die ganze Welt spricht dann von deinen glorreichen Taten. Münzen und Denkschriften, Ehrenbogen und Statuen verewigigen deinen Namen; deine Büste steht im Tempel des Nachruhms, dein Name in der Reihe der Nationen-Retter« (S. 214). Obwohl Rinaldo soeben verkündet hatte, Einsiedler werden zu wollen,[343] zeigt er sich durch diese emphatischen Worte zunächst beeindruckt und ist bereit, nach Korsika zu folgen. Er entsagt dem Gedanken, »ein Retter der Korsen zu sein« (S. 279), jedoch sehr bald mit dem Hinweis, ihm als Räuber gebühre ein solcher Ruhm nicht. Während seine Kumpane bereits für den Korsischen Freiheitskampf gewonnen sind, verweigert sich Rinaldo. Er ist müde geworden. Er bittet seine Freunde, ihn »unbekannt und ungenannt, in Ruhe sterben« zu lassen: alles, was er wolle, ist »ir-

---

342 Geheime Gesellschaften wie die Illuminaten, vor allem aber der publizistische Streit um dessen Verfolgung (1784ff.) und die Veröffentlichung der konfiszierten Ordens-Papiere (1787), verhalfen dem Geheimbundmotiv zu großer Popularität. Mit der Französischen Revolution kam es erneut zur »Illuminatenfurcht« und zu Verschwörungstheorien, wonach die Illuminaten im Geheimen weiterwirkten und die Französische Revolution geplant hätten (vgl. Michael Neumann: Die Macht über das Schicksal. Zum Geheimbundroman des ausgehenden 18. Jahrhunderts, in: Literaturwissenschaftliches Jahrbuch, Berlin 1987 [Bd. 28], S. 49-84, v. a.: 53-69).

343 Als Olimpia Rinaldo erklärt, bei ihm bleiben zu wollen und an seiner Seite zu fechten, entgegnet dieser: »Ich fechte nicht mehr. Meine Waffen will ich gegen Hacke und Spaten vertauschen und ein Einsiedler werden« (Vulpius, Rinaldo, S. 210).

gendein kleines, unbedeutendes Eiland, wo Platz für mich und Gras für meine Ziegen ist« (S. 279).

Rinaldos Versuche, fern der eigenen Räuberbande und der ihn verfolgenden Geheimbünde ein ruhiges, zurückgezogenes Leben aufzubauen, scheitern. Nachdem ihm die auf der Insel Pantaleria wiedergefundene Dianora verziehen hat und ein gemeinsames Leben in Aussicht steht,[344] treten der Alte von Frontje und einer der schwarzen Ritter auf. Während der ›Schwarze‹ ihm nach dem Leben trachtet, drängt ihn der Alte zur Teilnahme am Kampf der Korsen. Schließlich führt der ›Schwarze‹ Soldaten in Rinaldos Versteck. Der Alte ersticht Rinaldo, noch ehe er festgenommen werden kann, um ihn vor dem Rabensteine zu bewahren. Damit enden die neun Bücher der Erstfassung.

In der Fortsetzung des erfolgreichen Romans, die zunächst unter dem Titel »Ferrandino. Fortsetzung der Geschichte des Räuber-Hauptmanns Rinaldini von dem Verfasser desselben« (1800) erscheint, irrt Rinaldo (vorerst unter dem Namen Ferrandino) wieder durch Italien, lernt weitere Frauen kennen und muß neue Abenteuer bestehen. Der Alte stellt sich als Prinz Nikanor und Vater Rinaldos vor. Rinaldo trifft Dianora, die ein Kind von ihm hat. In dieser Fassung nimmt Rinaldo schließlich doch an einem Freiheitskampf teil; er kämpft an der Seite der Heiducken. Rinaldo kehrt siegreich zurück, findet Dianora nicht mehr am Leben und fällt bald selbst im Kampf. In der vierten Auflage (1802) wurde diese allzu schnell hergestellte Fortsetzung umgearbeitet. Rinaldo trifft seine Mutter, der Alte ist auch hier Prinz und Vater, das Wiedersehen mit Dianora und seinem Sohn scheint auf ein Familienglück hinauszulaufen – als Rinaldo von der Kugel eines Verfolgers getroffen wird. Einen ähnlichen Ausgang nimmt die Ausgabe letzter Hand von 1824 (vgl. 3.7).

Die »Ferrandino«-Fassung zeigt einen wesentlichen Unterschied zur Fortführung der Geschichte Rinaldos in den späteren Fassungen: Rinaldo ist bereit, als Heerführer am Freiheitskampf teilzunehmen. Hainer Plaul, der sich in seiner Besprechung des Ausgangs der Rinaldo-Geschichte auf diese Fassung bezieht, kommentiert, Rinaldo begreife endlich »seine Bestimmung, aktiv handeln und nützlich tätig sein zu sollen«, indem er am Kampf der Heiducken gegen die Venetianer teilnehme.[345] Plaul betrachtet Rinaldos Geschichte unter der Maßgabe gesellschaftlich-politisch relevanter Aktivität, stilisiert den Räuber fast zum Revolutionär. Auch Holger Dainat nimmt Rinaldo zu schnell als Beispiel dafür in Anspruch, daß

---

344 »du bist ein guter Mensch geworden«, bestätigt Dionora dem betenden Rinaldo: »Die Liebe wird uns nicht ohne Freuden, nicht ohne Trost lassen« (Vulpius, Rinaldo, S. 303).
345 Plaul, S. 135.

die Räuber der Schande, als Symbol des Diabolischen unter den Menschen weiterzuleben, durch einen »halbwegs ehrenvollen Abgang«, durch einen »Tod im Kampf, d.h. als Held« zu entgehen trachten.[346] Diese Lesarten lassen sich nicht nachvollziehen, wenn die erste oder letzte »Rinaldo«-Fassung zugrunde gelegt wird. Peter Weber bemerkt mit Blick auf diese, daß Rinaldos Räuberexistenz »primär einer individuellen, anarchistisch-egoistischen Selbstverwirklichung« dient und »nicht die ungleichen, ungerechten Verhältnisse der Menschen in Frage stellen oder gar überwinden« will.[347] Er betont Rinaldos »Versuche von Rückzug in eine private Idylle« und seinen Widerwillen, im Freiheitskampf für Korsika als »Schräubchen in einer Maschine« benutzt zu werden.[348] Die Differenzen zwischen der »Ferrandino«- und den »Rinaldo«-Fassungen ermöglichen also sehr unterschiedliche Sichtweisen auf die Räuberfigur. Es ergibt sich die Frage, welche Bedeutung der Abweichung in der »Ferrandino«-Fassung zugemessen werden muß.

Zunächst sollte man in Rechnung stellen, daß Vulpius sehr schnell eine Fortsetzung der erfolgreichen Räubergeschichte liefern wollte und dabei Elemente aufnahm, die der Rinaldofigur, wie sie in der Erstausgabe entwickelt worden war, im Grunde widersprechen. Bezeichnenderweise verzichtet Vulpius schon in der 1801 veröffentlichten Dramatisierung des Buches darauf, Rinaldo als Freiheitskämpfer zu zeigen,[349] und stellt in den späteren Romanausgaben um so stärker dessen vergeblichen Versuch der Resozialisierung heraus. Vulpius hat die Unstimmigkeiten der »Ferrandino«-Fassung offenbar ›bereinigen‹ wollen. Als Beispiel einer solchen ›Bereinigung‹ kann man auch den Umstand sehen, daß Vulpius das lateinische Gedicht am Anfang des »Ferrandino«[350] später in einer seinem in Latein wahrscheinlich wenig bewanderten Publikum angemesseneren deutschen Fassung anbietet (vgl. S. 320f.). Ein Grund dafür, sich im Versuch, Vulpius' Schreibintention zu erkunden, nicht an die schnell geschrie-

---

346 Dainat, S. 249. Dainats Formulierung suggeriert dieses Modell über die »Ferrandino« Fassung hinaus auch für die spätere »Rinaldo«-Fassung, in der Rinaldo das Angebot, als Anführer des korsischen Freiheitskampfes gereinigt in die Geschichtsbücher einzugehen, aber gerade ausschlägt.

347 Weber, S. 90.

348 Ebd., S. 91.

349 Vgl. Vulpius, Rinaldo Rinaldini. Ein Schauspiel, S. 138f., wo Rinaldo auf die Vorstellung, als Freiheitskämpfer der Korsen berühmt zu werden, antwortet: »Ich entsage jedem Gedanken nach einem Ruhme, der mir nicht gebührt. Für einen Räuber, wachsen keine Palmen des Ruhms«, und den Wunsch nach einem Leben in Ruhe, »unbekannt und ungenannt« wiederholt.

350 Vgl. Vulpius, Ferrandino, S. 7f.

bene Fortsetzung, sondern an die überarbeitete, korrigierte Fassung letzter Hand zu halten, ist auch die Anlage der Rinaldo-Figur.

4.2.1.3 Plutarch und Leichtsinn – der Ziegenhirt als Räuber

Vulpius stellt Rinaldo keinswegs als Prototyp des ›edlen Räubers‹ oder des »Sozialbanditen« (Hobsbawm) dar. Bereits am Anfang des Romans wird gezeigt, daß Rinaldos Bande kein Menschenleben schont. Zwar stattet Vulpius Rinaldos Bande mit einigen Merkmalen aus, die von Angelo del Ducas Bande her bekannt sind:[351] Rinaldo hat seiner Bande eigene Gesetze gegeben, er gibt »Sicherheitskarten« aus und unterstützt gelegentlich arme oder unglückliche Menschen, die er unterwegs trifft (vgl. S. 30, 70 und 198). Es stellt sich aber weder das Bild einer demokratisch organisierten Räuberbande als Gegenstück zur Willkür und Korupption staatlicher Macht ein, noch verkörpert der galante Rinaldo (mit seiner Sympathie auch für adlige Damen) wirklich den volkstümlichen, antiaristokratischen Räuber, als der Angelo del Duca beschrieben wurde. So muß Rinaldo einen wehrlosen Greis vor dem Übergriff der eigenen Leute retten (vgl. S. 25f.), und so vergräbt Rinaldo einen Großteil der Beute, statt sie an die Armen zu verteilen, für die Sicherung der eigenen Zukunft (vgl. S. 49). Schließlich wird Rinaldo in Gesprächen mit Bauern wiederholt deutlich gemacht, daß ihn das Volk durchaus nicht als »Sozialrebell« versteht (vgl. S. 42 und 258, vgl. 4.1.2.3.2).

Wolfgang Vulpius bezeichnet Rinaldo zwar als Typus des »edlen Räubers« und vergleicht ihn mit Karl Moor, aber er übersieht nicht, daß ihm die Kühnheit, die Raserei, »mit der dieser [Karl Moor] gegen eine verfaulte Gesellschaftsordnung anrennt«, völlig fehlt: »der Roman ist gesellschaftskritisch so harmlos wie Himbeersaft im Vergleich mit dem Feuertrank, den Schiller seinem Publikum zubereitet hatte«.[352] Wolfgang Vulpius' Erklärung für dieses Defizit: »Nun, weil er [»Rinaldo Rinaldini«] von einem kleinmütigen, gedrückten, ängstlichen Bürger geschrieben ist, der sich zwar mit ausschweifender Phantasie einen Helden außerhalb der engen Schranken bürgerlichen Daseins erträumte, aber die leidliche Sicherheit, das kümmerliche Behagen seines subalternen Beamtendaseins um keinen Preis aufs Spiel setzen wollte.«[353] Daher sei »von Karl Moor auf Rinaldini nur eine sentimentale, weichliche Anwandlung übertragen

---

351 Vgl. Gorani.
352 Wolfgang Vulpius, Goethes Schwager, S. 238.
353 Ebd., S. 238.

[...], das Gefühl, ein Ausgestoßener, ein von Gott Verworfener zu sein [...]. Rinaldinis Jammer um die verlorene Unschuld, ein klägliches Ächzen und Seufzen mit Gittarenbegleitung bei Sonnenauf- oder -untergang beginnt auf der ersten Seite des Romans, dessen eigentliches Thema die Versuche des Helden sind, ein besseres Leben zu führen«.[354] Dieser Kommentar bedarf in mehrfacher Hinsicht einer Anmerkung.

Wolfgang Vulpius erklärt den Mangel des Romans an gesellschaftskritischer Relevanz sehr pauschal mit der Ängstlichkeit des Autors. Insofern dieser Vorwurf unterstellt, Vulpius habe sich selbst zensiert, um seine Position als Beamter nicht zu gefährden, muß eingewandt werden, daß er sich gewiß in keine allzu große Gefahr begeben hätte, wäre die Entwicklung des Italieners Rinaldo zum Räuber nach dem Vorbild des Angelo del Duca mit der Erfahrung adliger Willkür erklärt worden.[355] Rinaldo ist jedoch gar nicht als Rebell im sozialkritischen Sinne konzipiert. Anders als Schillers Karl Moor oder Zschockes Abaellino wird Rinaldo nicht durch äußere Umstände (oder in der logischen Konsequenz einer allmählichen Entwicklung wie Tiecks Lovell) zur Räuberexistenz getrieben. Rinaldo wird Räuber aufgrund mangelnder Affektkontrolle. Er ersticht infolge eines nicht weiter erklärten Händels einen Offizier und muß fliehen. Die Frage seines Kumpans, wer ihn unter die Räuber zog, beantwortet er daher kurz mit den Worten: »Mein Schicksal, mein Leichtsinn« (S. 14). Dieser schwachen Legitimation des Räubers Rinaldo entspricht seine Melancholie und sein zwiespältiges Verhältnis zu seiner Rolle als ›Outlaw‹.

Es ist Wolfgang Vulpius zuzustimmen, daß sich Vulpius in Rinaldo einen »Helden außerhalb der engen Schranken bürgerlichen Daseins erträumt«. Aber dies geschieht in der ambivalenten Weise, wie es unter dem Stichwort »Wunsch- und Schreckbild« bereits besprochen wurde (vgl. 4.1.2). Rinaldo nimmt als Räuber die Stelle des *anderen* im Sinne des fremden Eigenen ein (vgl. 4.1.2.1). Er lebt außerhalb der »Schneckenlinien des gewöhnlichen Lebens«, wie Vulpius Han-Nickel im »Sebastian Schnapps« sagen ließ (vgl. 3.7). Er ist ein »Himmeltausend elementischer Kerl!«, wie Vulpius den Maultiertreiber gegenüber Rinaldo bewundernd ausrufen läßt (S. 259, vgl. 4.1.2.3.2.). Der Wunsch nach diesem Anderssein muß wiederum als die eigentliche Ursache für Rinaldos eigene Situation angesehen werden. Im Roman wird auf die emphatische Plutarchlektüre des

---

354 Ebd.

355 Die Räuberexistenz des Bauern Duca ist die unausweichliche Folge einer ungerechten Behandlung durch seinen Gutsherrn, der ihn allen Besitzes beraubt, ihn zur Verzweiflung treibt und ihm faktisch keine andere Wahl läßt, als sich zu den Räubern zu gesellen (vgl. Gorani, S. 44).

jungen Rinaldo verwiesen und von dessen »Trieb in sich [gesprochen], einst mehr als seine Brüder im Weinberge oder Ackerfelde zu leisten« (S. 305). Rinaldo, der als jüngster von sechs Geschwistern in seiner Kindheit die Ziegen zu hüten hat, entwickelt bald »Wünsche[n] anderer Art, als Ziegenhirt zu bleiben« (S. 305).[356] Er geht, wie es weiter heißt, unter die Soldaten, aber »die *Maschinerie seines Heldenlebens* konnte ihn unter den päpstlichen Heerscharen nicht halten« (S. 306; Hervorhebung von mir). Er nahm Dienste in Venedig, blieb aber auch dort nicht lange. Später schien sich in der Armee des Königs von Sardinien gerade eine Karriere anzubahnen, da »bekam [Rinaldo] Händel, fehlte gegen die Subordination und wurde kassiert. Das brachte ihn auf. Er rächte sich auf italienische Art durch den Dolch an seinem Chef und entfloh«: »So kam er unter die Räuber, die er bald selbst beherrschte« (ebd.)

Dies ist schon die ganze Erklärung. Vulpius verwendet in seinem dickleibigen Roman nicht viel Platz, die Umstände zu schildern, die Rinaldo zu einem Räuber gemacht haben. Es stimmt also durchaus, daß die Vorgeschichte Rinaldos sehr spät und eher beiläufig im Roman erzählt wird. Die Genese zum Räuber deswegen dem bloßen Zufall zu unterstellen und ihr damit eine tiefere Bedeutung abzusprechen, geht indes an Vulpius' Gestaltung des Themas Räuber-Bürger vorbei. Holger Dainat führt als Beleg für die Zufalls-These ein zunächst überzeugendes Zitat an – »Der Alte. Was treibt dich in unsere Einöde? Rinaldo. Die Folgen eines unglücklichen Augenblicks«-,[357] unterschlägt aber die ebenfalls zu finden Aussagen über Rinaldos Unzufriedenheit mit seiner sozialen Herkunft, den Hinweis auf die Plutarchlektüre und den implizit hergestellten Zusammenhang zwischen mangelnder Integrationsbereitschaft und mangelnder Affektkontrolle als auslösendes Moment der Räuber-Karriere. Die wenigen Hinweise machen deutlich: die Räuberrolle ist kein Zufallsprodukt, sondern in Rinaldo angelegt, sie entsteht aus der Mischung von Ablehnung eines beschränkten bürgerlichen Daseins, Distinktionsbestreben und mangelndem Disziplinierungsvermögen.[358] Indem die Räuberrolle Rinal-

---

356 Ein Pater hatte im Roman bereits zuvor mit verächtlichem Ton erwähnt, daß der berühmte und gefürchtete Rinaldo »in seiner Jugend bloß ein Ziegenhirt« gewesen sei (vgl. Vulpius, Rinaldo, S. 71).

357 Dainat, S. 265, Anm. 411, nach: Christian August Vulpius, Rinaldo Rinaldini, Bd. I, S. 39.

358 Vulpius läßt die Zwänge des bürgerlichen Daseins gelegentlich durch eine Figur expressis verbis ansprechen. Als Rinaldo bereits beklagt, nicht wieder »in den Schoß der polizierten Welt zurückkehren« zu dürfen, ermahnt ihn eine Romanfigur: »lebe zwischen Felsen ruhig und zwänge dich nicht in die bangen Scheidewände der Convenienzen« (Vulpius, Rinaldo, S. 209).

do nicht von außen aufgezwungen wird, verlegt Vulpius die Erklärung für die Räuberexistenz aus der Gesellschaft zurück in die Psyche des Helden.[359] Sein Text unterscheidet sich damit wesentlich von den angeführten historischen und literarischen Vorläufern. Gerade vor dem Hintergrund der vielfältigen zeitgenössischen Literatur zum Phänomen Räuber erhält diese Differenz eine Schlüsselbedeutung. Die Erklärung der Räuberexistenz Rinaldos aus dem ›Leichtsinn‹ heraus wiegt um so schwerer, als in der zeitgenössischen Literatur die Entwicklung zum Räuber inzwischen oft aus den Zwängen ihrer sozialen Situation beschrieben wird.

4.2.1.4 »Sozialbanditen« und Beutegier – Räuberbilder der Zeitgenossen

Als literarisches Beispiel für diese Tatsache sei ein Text August Gottlieb Meißners, des Begründers der deutschen Kriminalgeschichte, zitiert. In der Geschichte »Ein Räuber, weil die menschliche Gesellschaft ohne Schuld ihn ausstieß« (1780) treibt die allgemeine Geringschätzung den Sohn eines Abdeckers in die Räuberexistenz. Meißner macht die Gesellschaft für den sozialen Abstieg seines Helden verantwortlich. Er verschweigt die Intention seines Textes nicht und wirbt schließlich ausdrücklich für die gesellschaftliche Achtung auch der untersten Berufe.[360] Meißner zeigt, daß die soziale Degradierung, die Angehörige ›unsauberer‹ Berufe (Abdecker, Köhler, Stadtbüttel, Zöllner u. a.) erfuhren, diese geradezu ins kriminelle Milieu drängt.[361] Die sozial-psychologische Analyse, die Meißners Text vorführt, ist auch in vielen anderen zeitgenössischen Schriften zum Räuberwesen zu finden. So führt der Verfasser der Hannikel-Biographie 1787 Hannikels Entwicklung auf dessen familiäres Umfeld zurück,[362] so

---

359 Damit orientiert sich Vulpius gleichsam an der traditionellen Begründung der Verfehlung allein aus dem verhängnisvollen Ehrgeiz der Niedriggeborenen, die Herkunftsschicht und die mit ihr gegebenen Verhaltenseinschränkungen zu überschreiten (vgl. Dainat, S. 157f.). Vgl. den »Schaffot-Diskurs« in: Foucault, Überwachen, S. 85.

360 Vgl. Meißner, Räuber.

361 Zu dieser Problematik vgl. Küther, Menschen, S. 51-56. Auch der berühmte Räuber Schinderhannes entstammte einer Abdeckerfamilie, worin Carsten Küther bereits eine Quelle für Schinderhannes' Räuberexistenz sieht (vgl. Küther, Räuber, S. 47).

362 »So sich selbst überlassen, zu keinem anhaltenden Verstand und Körper nützlichen Geschäft gewöhnt, durch keine Religionsbegriffe aufgeklärt, von Eltern und Großeltern angesteckt, durch böse Exempel vergiftet, durch die Farbe ihres Gesichts verraten [damit ist wahrscheinlich die Zigeunerabstammung gemeint – R. S.], von allen Mitteln entblößt, von keinem Menschenfreund mitleidig unterstützt und zur Arbeit gedrungen, bei Nacht oft um Gottes willen nicht einmal auf eine Viehstreue gelegt – wie leicht war es bei diesen Umständen möglich, daß der vom Schöpfer ihnen [d.i. den Gebrüdern Hannikel,

veranschaulicht der Verfasser der Lebensgeschichte des Konstanzer Räubers Hans 1789 die Verquickung von individueller Schuld und sozialen Bedingungen[363] und so macht Jakob Friedrich Abel (Schillers Philosophielehrer an der Karlsschule) entlang der Lebensgeschichte Friedrich Schwahns dessen Entwicklung zum berüchtigten Räuber Sonnenwirtle nachvollziehbar.[364]

Man kann mit Blick auf das Deutsche Reich sicher kaum vom Typus des »Sozialbanditen« (Hobsbawm) sprechen.[365] Es läßt sich nur *ein* populäres Beispiel für einen Sozialrebellen im Sinne Hobsbawm angeben: der »bayerischen Hiesel«, der sich als Wilddieb schon deshalb auf die Sympathie und Unterstützung der Bauern verlassen konnte, weil er sie vor

---

Geuder und Wenzel – R. S.] anfangs eingehauchte gute Funken nach und nach verlosch, daß ihr Schiff ohne Segel und Ruder an jenen gefährlichen Syrthen scheiterte und – unterging in den Wellen!« (Hannikel, S. 109).

363 Der Verfasser, wahrscheinlich der Pfarrer Johann Ulrich Schöll, gibt gleich eingangs zu bedenken:«Hundertmal geschieht's, daß einer mehr durch eine ungünstige Lage und durch widrige Zufälle als aus Neigung und Wahl ein Bösewicht wird. Dies war der Fall bei Hans. [...] Schon seine Abstammung war ihm nicht günstig. Seine Eltern waren zwar nicht selbst Gauner, aber sie gehörten zu einer Menschengattung, von welchen der Übergang zu den Gaunern nur allzuleicht und gewöhnlich ist. Von ansässigen Handwerksleuten erzeugt und schlecht erzogen, waren sie eine Art von Abenteurern und Bettlern geworden« (Konstanzer Hans, S. 166).

364 Vgl. Jakob Friedrich Abel: Lebensgeschichte Friedrich Schwahns, in: Sammlung merkwürdiger Rechtsfälle aus dem Gebiete des peinlichen Rechts, Nürnberg 1794, S. 269-354 (Erstdruck 1787), abgedruckt in: »Die Boehncke/Sarkowicz, I, S. 256-284. Zum Sonnenwirtle vgl. auch Schillers Erzählung »Verbrecher aus Infamie« (1786). Vgl. Weiße, S. 194-196, wo ganz allgemein die mangelnde oder gar »lasterhafte Erziehung« »verruchte[r] Eltern« mit den »gottlosesten Grundsätze[n]« zum Anfang der »Geschichte der meisten Bösewichter« erklärt wird, welche »unter einer andern Zucht und Anführung nicht nur ein gutes und brauchbares, sondern vielleicht ein wichtiges und großes Mitglied der menschlichen Gesellschaft werden [würden]«.

365 Der Sozialbandit, als dessen klassischer Vertreter Robin Hood bekannt ist, rebelliert gegen die Repräsentanten der »Verschwörung der Reichen«, wird von der Bevölkerung als »ehrenhaft«, als »nicht-kriminell« betrachtet und genießt deren Schutz (vgl. Hobsbawm, S. 16 und 32). Als Beispiel für das ›idealtypische Sozialbanditentum‹ (ebd., S. 29) nennt Hobsbawm Angelo Duca (Angiolillo), über den er schreibt: »Angiolillo war in seinen systematischen Bemühungen um eine allgemeinere Gerechtigkeit, als sie durch gelegentliche Geschenke und individuelles Einschreiten erreicht werden könnte, keine Ausnahme. ›Wenn er in einem Dorf ankam‹, so wird berichtet, ›stellte er ein Gericht auf, hörte die Parteien an, fällte Urteile und erfüllte alle Aufgaben eines Richters.‹ Er soll sogar Verstöße gegen das geltende Recht belangt haben. Er befahl, die Getreidepreise zu senken, konfiszierte Getreidespeicher der Reichen und verteilte das Korn unter die Armen. Mit anderen Worten: er handelte wie eine Parallelregierung im Interesse der Bauern. Es kann kaum überraschen, daß noch 1884 sein Dorf die Hauptstraße nach ihm benennen wollte« (38).

Ernteschäden durch überhandnehmenden Wildfraß schützte.[366] Carsten Küther möchte in seiner sozialhistorischen Untersuchung des Räuberphänomens zwar auch in den vom Sozial- bzw. Bauernbanditen unterschiedenen ›kriminellen‹ Banditen eine »Gegengesellschaft« kenntlich machen, die bei aller Orientierung auf die Beute ebenso einen sozialen Protest vermittle.[367] Aber Hans Sarkowicz hält einer solchen Perspektive zu Recht entgegen, daß die Beraubung eines *wohlsituierten* Bürgers und die Verschonung eines armen Bauern oder eines Tagelöhners noch keinen revolutionären Akt darstelle, da dieser naturgemäß viel eher als jene als Beute in Betracht gekommen sei.[368] Küther scheint seinen Begriff der »Gegengesellschaft« selbst aufzuweichen, wenn er ihn schließlich vor allem auf die Opposition Vaganten versus Seßhafte bezieht und die Beute als zentrales Moment der Banditen außer Frage stellt.[369] Die sozialrebellischen Räuberbanden, die Hobsbawm in Italien zahlreich nachweisen konnte, findet man im Deutschen Reich kaum.

Dennoch ist auch der deutsche Räuber vielfach sozial-psychologisch begründbar und auch begründet worden. Die Räuberbanden setzten sich, wie Küther festhält, zum weitaus überwiegenden Teil aus Angehörigen der soziologischen Gruppen der Vaganten, ›unehrlichen‹ Berufe, der Zigeuner und Juden zusammen (vgl. Küther, Räuber und Gauner in Deutschland, S. 27). Diese Gruppen wurden im ausgehenden 18. Jahrhundert sozial degradiert und kriminalisiert: Vaganten wurden generell als Bettler und Diebe gesehen,[370] Vertreter ›unehrlicher‹ Berufe versetzte man in den »›psychologischen Vorraum‹ der Kriminalität«,[371] Juden betrachtete man als geborene Hehler für Diebesgut und Zigeuner wurden per fürstlichen Erlaß teilweise sogar als vogelfrei erklärt.[372] Die Lebensituation und die

366 Vgl. Küther, Räuber, S. 106. Die Bauern arbeiteten Hiesel als »Baldover« (Auskundschafter der Beute) zu (vgl. S. 52-55).

367 Küther versucht, seine Auffassung durch Hinweise auf mehrere überlieferte Anekdoten zu stützen, wonach Räuber bei ihren Überfällen den Lohnfuhrmann oder den armen Bauern verschonten bzw. auf Bitten der Bauern auch die Schuldverschreibungen eines geplünderten Juden vernichteten (vgl. ebd., S. 109-112).

368 Vgl. Sarkowicz, S. 9f.

369 Vgl. Küther, Räuber, S. 111.

370 Vgl. ebd., S. 13-22. Küther nimmt an, daß etwa 10 Prozent der Gesamtbevölkerung zur Vagantenpopulation zu rechnen gewesen seien (S. 22).

371 Ebd., S. 23. Die geringe Einträglichkeit und Anrüchigkeit ihres Gewerbes sowie die Lage iher Behausungen außerhalb der Stadtmauern (was das Arrangieren mit Banditen ermöglichte, der ungeschützten Lage wegen aber auch notwendig machte) »boten den Anlaß für die Anfälligkeit der ›unehrlichen Leute‹ zu Räuberei, zu allgemein antisozialer Lebensführung« (S. 24).

372 Küther verweist auf die Inschrift an den Grenztafeln des Fürstentums Sachsen-Coburg im Jahr 1713, wonach Zigeunern das Betreten des Gebietes bei Androhung der

soziale Degradierung, in die sich der Vertreter dieser Gruppen hinein-
geboren sah, drängte ihn bereits ins kriminelle bzw. halbkriminelle Milieu. Diesem Umstand wurde mehr oder weniger verständnisvoll und
mit mehr oder weniger deutlich geäußerter Kritik an den gesellschaftlichen Zuständen auch in den zeitgenössischen Schriften zum Räuberwesen
Rechnung getragen.

4.2.1.5 Vulpius und Schiller – Räubertexte gegen Räuber

Rinaldo treiben jedoch nicht soziale, sondern einzig psychische Gründe
ins soziale Abseits. Er hat nur sich selbst zu fürchten, wie er an einer Stelle sagt.[373] Wenn Rinaldo später nicht viel mehr wünscht, als etwas Platz
für sich und Gras für seine Ziegen, drückt er die Hoffnung aus, in jene
Unschuld der Kindheit, als er noch Ziegenhirt war, heimkehren zu können.[374] Vulpius übernimmt den sozialen Erklärungsansatz der umfangreichen Literatur zum Räuberwesen nicht. Er führt Rinaldos Räuberexistenz auf dessen »Leichtsinn« und mangelnde Affektkontrolle zurück.
Diese schwache Begründung ist ein Zeichen dafür, daß Rinaldo keineswegs als Vorbildfigur im Sinne des »edlen Räubers« konzipiert war. Die
Abschwächung der Legitimation seines asozialen Helden mit Blick auf historische bzw. literarische Vorbilder erinnert dabei an Campes Anti-Ro-
binson-Robinsonade von 1779, in der statt einer bewußten Auflehnung

---

Brandmarkung und, im Wiederholungsfalle, der Hinrichtung ohne Prozeß verboten werde (vgl. ebd., S. 25).

373 Rinaldo entgegnet auf den Satz eines Kumpans (»Du bist ein gefürchteter Mensch!«):
»Und fürchte mich nur vor mir selbst.« Darauf versetzt jener: »So ringst du mit einem sehr
mächtigen Feinde, den du nie besiegen wirst« (Vulpius, Rinaldo, S. 57). Wie diese Äußerung zu deuten ist, läßt Vulpius offen, aber man kann in ihr zumindest einen Hinweis auf
den Problemort *Psyche* erkennen. – Auch Marion Beaujean bezeichnet Rinaldo als einen
»von unkontrollierten Leidenschaften getriebenen Menschen« (Beaujean, Trivialroman, S.
146). Sie liest den Roman insgesamt allerdings stärker unter der Leitperspektive des »fata-
listischen Rationalismus« (S. 146), wodurch die Aspekte der Fremdbestimmung, der Schick-
salsgläubigkeit und der Erlösungsbedürftigkeit in den Vordergrund rücken (vgl. S. 144-
148). Die Selbstverantwortlichkeit Rinaldos für seine Situation als Botschaft des Textes geht
in dieser Lesart völlig verloren, womit dem Roman auch die moralische Funktion der Warnung vor unkontrolliertem Verhalten genommen wird.

374 Vgl. Rinaldos Worte angesichts des »melodischen Murmeln eines Wasserfalls« und
der »ländliche[n] Schalmei der frohen Hirtenwelt«: »›Ach! – seufzte Rinaldo, – ›daß auch
ich noch hinter Herden einherging, wie ehemals in meinen väterlichen Fluren! Daß auch
ich noch froh und munter, schuldlos und unbefangen die Töne meiner Schalmei mit schmei-
chelnden Lüften vermählen könnte!« (Vulpius, Rinaldo, S. 152)

nur mehr Neugier und Affekt zum Ausgangspunkt der Handlung werden.[375]

Rinaldos Melancholie und Unzufriedenheit, die schwache Legitimation seiner Rolle als Räuber, seine Sehnsucht, in die Unschuld des normalen Alltagslebens umkehren zu können, und die wiederholte Anspielung auf die Zweiweltenlehre machen deutlich, daß der »Rinaldo Rinaldini« vor allem ein Roman *gegen* den Räuber ist. Er romantisiert das Räuberleben durch entsprechende Szenarien und durch Hymnen auf das Räuberdasein; er stellt Rinaldo als wagemutigen Abenteurer und als galanten Verführer dar. Er vergißt bei alle Sympathie für den ›Outlaw‹ jedoch nicht, dessen Tragik zu zeigen. Dem Prinzip der ›hedonistischen Moralisierung‹ gemäß enthält sich Vulpius dabei einer vordergründigen Belehrung. Anders als in den zuvor besprochenen Texten zeigt er in diesem Fall allerdings nicht erst am Textende die Unlebbarkeit der vorgeführten Verhaltensversuchung, er konfrontiert den Leser bereits auf den ersten Seiten mit einem in sich zerrissenen Helden. Dieser Umstand wird durch die gehäuften Abenteuer während der Lektüre etwas zurückgedrängt. Im Romanausgang, da Rinaldo sich endlich für *eine* Frau entschieden hat und mit der Familiengründung sichtlich den Ausstieg aus der Räuberexistenz anstrebt, wird die Tragik seiner Situation aber wieder unübersehbar. Rinaldo, der immer auf »eine Einladung zur Rückkehr in die Arme der bürgerlichen Gesellschaft« gehofft hat,[376] muß den Preis für seine Asozialität zahlen.

Gegen Wolfgang Vulpius ist also festzuhalten, daß der Bürger und Bibliothekar Vulpius seinen Rinaldo aus Überzeugung und nicht aus Angst *nicht* gegen die Gesellschaft rebellieren läßt, sondern mit dem Jammer um die verlorene Unschuld ausstattet. Indessen muß nachgefragt werden, ob der Bibliothekar Wolfgang Vulpius Schillers »Räuber« nicht zu ungebrochen als Aufruf zur Rebellion liest. Denn Schiller problematisiert die von Wolfgang Vulpius gerühmte »Kühnheit« und »Raserei«, mit der Karl Moor »gegen diese verfaulte Gesellschaftsordnung anrennt«, in nicht geringem Maße. Auch seine »Räuber« sind ein Stück *gegen* die Räuber.[377]

---

375 Vgl. Ewers, S. 321.

376 Vulpius, Rinaldo, S. 70. Rinaldo spricht unerkannt mit einem reisenden Pater über die notwendigen Maßnahmen des Staates gegen das Unwesen der Räuberbande und schlägt »ein allgemeines Pardon für Rinaldini und seine Leute« vor, was er im nächsten Satz als »Einladung zur Rückkehr in die Arme der bürgerlichen Gesellschaft« bezeichnet. Der Pater wehrt den Gedanken der Reintegration ab, er besteht auf der strengen Bestrafung der Räuber (vgl. S. 70f.).

377 Womit freilich nicht bestritten wird, daß sie, im Gegensatz zu Vulpius' Text, auch ein Stück *für* eine bessere Weltordnung sind.

Das zeigen die gelegentlichen Ausstiegsphantasien Karl Moors und seine noch auf der Bühne gegebene Läuterung,[378] das zeigen auch Schillers Pläne zu einer Fortsetzung der »Räuber«.[379] Marion Beaujean berichtet von einem Roman Isabella Eleonore Wallenrodts, »Karl Moor und seine Genossen nach der Abschiedszene beim alten Turm« (1801), in dem Karl durch einen Gnadenakt des Kaisers gerettet und, da er seinen Sinn für Gerechtigkeit und seinen Widerwillen gegen Unrecht offenbart habe, als juristischer Inspektor zur unbestechlichen Feststellung von Unrecht im Kaiserreich eingesetzt wird. Beaujeans Meinung nach sei dies die »merkwürdigste Interpretation, die Schillers Figur widerfahren kann«.[380] Man muß jedoch einräumen, daß Schiller diese Interpretation mit der Trauerspielfassung von 1782 selbst angelegt hat, wenn er Karls letzte Botschaft an die Kumpane die Worte sein läßt: »Gehet hin, und opfert eure Gaben dem Staate. Dienet einem Könige, der für die Rechte der Menschheit streitet [...] werdet gute Bürger«.[381] Hans Mayer nennt diesen Ausgang eine »deutsche Mischung aus obrigkeitlicher Erziehungsdiktatur und politischer Utopie«.[382] Darin zeigt sich eine Abneigung gegen den Aufstand, die Bernd Leistner mit Blick auf Schillers Haltung wohl nicht unbegründet generalisiert: »Zum Schlimmsten zählte für Schiller die Gefahr der Auflösung einer allgemeinen Ordnung, die – auch wenn sie schlecht – noch immer besser als Anarchie sei«.[383]

Bei allen Unterschieden, die im Handlungsablauf, in der Figurenführung und in der Sprachkraft zwischen Schillers »Räuber« und Vulpius' »Rinaldo Rinaldini« liegen, lassen sich doch prinzipielle Gemeinsamkeiten erkennen. Beide Texte leben vom Räubersujet und verdanken diesem

---

378 Karl Moor drückt in der Fassung von 1781 seine Sehnsucht nach der Unschuld des gewöhnlichen Lebens mit den folgenden Worten aus: »Daß ich wiederkehren dürfte in meiner Mutter Leib! daß ich ein Bettler geboren werden dürfte! – nein! ich wollte nicht mehr o Himmel – daß ich werden dürfte wie dieser Tagelöhner einer! – O ich wollte mich abmüden, daß mir das Blut von den Schläfen rollte – mir die Wollust eines einzigen Mittagschlafs zu erkaufen« (III/2). Schließlich beklagt Karl Moor seine Anmaßung des Selbsthelfertums und sinnt darauf, »die beleidigte Gesetze [zu] versöhnen« (V/2).

379 Darin müsse, wie Schiller am 24.8.1784 an Dalberg schreibt, »alle Immoralität in die erhabenste Moral sich auflösen.« Daß Schiller die Intention der Warnung verfolgte, zeigt auch eine gelegentliche Bemerkung wie die, »daß Karl Moors unglückliche Räubergeschichte die Landstraßen nicht viel sicherer machen wird« (Was kann eine Schaubühne eigentlich wirken?, in: Schiller, Bd. 20^I, S. 87-100, hier: 95). Vgl. auch Schillers Selbstrezension »Die Räuber. Ein Schauspiel, von Friedrich Schiller. 1782« in: Schiller, Bd. 22, S. 115-131.

380 Beaujean, Der Trivialroman, S. 138.

381 V/7 und 8, siehe Schiller, Bd. 3, S. 235.

382 Mayer, S. 186.

383 Leistner, S. 112f.

ihren großen Erfolg.[384] In beiden Texten wird dabei (bei Schiller versteckter, aber trotzdem noch deutlich genug) auf die Aspekte des berühmten Namens und der Erhebung über das gewöhnliche Alltagsleben als Quelle der Räuberexistenz Bezug genommen.[385] Beide Texte schreiben gegen den Räuber an und enden mit der Perspektive einer bürgerlichen Existenz. Beide Texte codieren das Asoziale letztlich negativ und zielen auf die Bestätigung herrschender Verhaltensnormen.

4.2.1.6 Räuber zur Unterhaltung

Gerhard Schulz, der Rinaldo treffend einen »elegische[n] Held[en]« nennt und zu einem Verwandten William Lovells, Franz Sternbalds, Hyperions, Wilhelm Meisters oder Godwis erklärt, sieht die Wirkung des Buches für das Publikum darin, »sich angesichts des Risikos für Außenseiter mit den Unzulänglichkeiten der eigenen Verhältnisse gemütlich abzufinden und sich nur im Traum des Lesens auszuleben«.[386] Dieser Vermutung schließe ich mich an, allerdings ohne dem Publikum vorzuwerfen, keine Außenseiter werden zu wollen. Schulz spricht im Grunde von der Konsumtion des Abenteuers und von der ›hedonistischen Moralisierung‹. In diesem Zusammenhang ist die Rezeptionssituation interessant, die Vulpius selbst in der Vorrede seines Romans darstellt. Dort heißt es: »der einsilbige Landmann, der des Tages Last und Hitze trug, wird belebt, wenn er des Abends im Zirkel seiner Bekannten von Rinaldini sprechen kann. Weib und Mädchen, Jünglinge und Knaben hören mit Entzücken ihre Väter und Männer von Rinaldini sprechen. Kein Schlaf kommt in ihre Augen, will der

---

384 Zur historischen Vorlage für Schiller vgl. Günther Kraft: Historische Studien zu Schillers Schauspiel ›Die Räuber‹. Über eine mitteldeutsch-fränkische Räuberbande des 18. Jahrhunderts, Weimar 1959.

385 Karl Moor hat ebenso wie Rinaldo in ›seinem Plutarch‹ »von großen Menschen« gelesen und mag nun seinen Willen nicht in Gesetze schnüren, denn: »Das Gesetz hat zum Schneckengang verdorben, was Adlerflug geworden wäre« (vgl. Fassung von 1781, I/2). Dem neu hinzukommenden Kosinsky entgegnet der Räuberhauptmann Moor, noch ehe er dessen Motive, zu den Räubern zu stoßen, kennt: »Hat dir dein Hofmeister die Geschichte des Robins in die Hände gespielt, – man sollte dergleichen unvorsichtige Kanaillen auf die Galeere schmieden – die deine kindische Phantasie erhitzte, und dich mit der tollen Sucht zum großen Mann ansteckte? Kützelt dich nach Namen und Ehre? willst du Unsterblichkeit mit Mordbrennereien erkaufen?« (ebd., III/2). Obgleich Moors Existenz als Räuber letzlich eine Folge der Intrige seines Bruders ist, geraten ebenso die Aversion gegen den »Schneckengang« (vgl. Han-Nickels Aversion gegen die Schneckenlinien des gewöhnlichen Lebens: Vulpius, Abentheuer und Fahrten, S. 293) und die Ruhmessucht als Motive in den Blick.

386 Schulz, S. 291 und 293.

352

Hausvater bei der Arbeit sie munter erhalten, und erzählt von Rinaldini. Er ist der Held der Erzählungen in den einsamen Wachttürmen der verschlossenen Soldaten an der Küste, und gibt den Seeleuten Stoff zur Unterhaltung, wenn die Langeweile eines müßigen Landlebens oder die Windstille auf dem Meere sie quält«.[387]

Diese Vorrede läßt sich an das anknüpfen, was unter 2.4.1 zur Codierung des Abenteuers erörtert wurde. Der Hinweis auf die Kinder, die durch die Erzählung der Abenteuer Rinaldos zur Arbeit angehalten werden, erinnert an die Erzählsituation in Campes moralisierender Kinderbuchrobinsonade »Robinson der Jüngere, zur angenehmen und nützlichen Unterhaltung für Kinder« (1779/80). Das Abenteuer, das als *Realie* keine Rolle mehr spielen soll, emigriert dort in die Schrift und wird zum Objekt einer lustvollen Konsumtion. Vulpius' Vorrede veranschaulicht einen ähnlichen Umgang mit dem Abenteuer. Es wird als Mittel der Unterhaltung, der Zerstreuung, der Disziplinierung, sogar des Trostes angesichts der Last des Alltags gezeigt.[388] Da die Abenteuer Rinaldos als mündliche Überlieferung vorliegen, vollzieht sich ihre Rezeption im Roman noch kollektiv. Vulpius' Roman überführt diese Abenteuer in die Schriftlichkeit, womit die Voraussetzung für die individuelle Rezeption im einsamen Zimmer geschaffen ist. In beiden Fällen jedoch handelt es sich um das gleiche Phänomen des ›distanzierten Involviertseins‹ in die Räuberwelt.[389]

Es sei angemerkt, daß das Räuber-Abenteuer in jener Zeit auch noch in anderer Weise als über die Schrift bzw. Sprache konsumierbar war. Die öffentliche Hinrichtung des Räubers war ein Volksereignis, das Tausende aus der näheren und ferneren Umgebung in Bewegung setzte. So soll die Hinrichtung des Schinderhannes am 21. November 1803 einem Zeitge-

---

387 Vulpius, Rinaldo, S. 9.

388 Im Roman selbst wird später eine ähnliche Rezeptionshaltung dargestellt, wenn ein Bänkelsänger auf dem Marktplatz von Cesena zur ›schaurigen‹ Erbauung des Publikums Rinaldos tragische Geschichte vorträgt oder wenn ein Maler mit den Zeichnungen von Rinaldos angeblichen Todesortes seinen Lebensunterhalt zu verdienen hofft (vgl. 3.8).

389 Boehncke und Sarkowicz halten auch für die *authentische* Literatur zum Räuberwesen (z. B. die »Aktenmäßigen Geschichten«, 1804ff.) fest, daß der Leser dadurch »in den Arkanbereich der Räuber- und Gaunerbanden kundig angeleitet hineinschauen [konnte], auch ohne als Opfer von Raub und Diebstahl betroffen zu sein«; ihm wurde ermöglicht, »den exotischen Kontinent der Räuber mit ihrer geheimen Sondersprache, ihren eigenen Sitten und Gesetzen gleichsam in einer Lesereise kennenzulernen, wobei dem schreibenden Fachmann die Funktion zukam, die wahrhafte Berührung mit den wilden Räubern in eine literarische zu verwandeln, die dem Wunsch nach Schauder und Unterhaltung gerecht wird« (Boehncke/Sarkowicz, Bd. III, S. 394). Es sei an dieser Stelle noch erwähnt, daß diese Berichte mitunter von einem erstaunlich brutalen Realismus sind, der den Verstümmelungsszenen heutiger Horror-Filme nicht nachsteht (vgl. Hannikel, S. 128f.).

nossen zufolge allein aus Frankfurt etwa 4000 Menschen zu Fuß, mittels Pferd, Kutsche oder mit dem Schiff nach Mainz gezogen haben.[390] Der 14jährige Johann Konrad Friedrich, der sich mit der Lüge, zu seines Vaters Geburtstag fahren zu wollen, bei seinem Herrn Hofrat einen freien Tag erobert, schildert seine Fahrt auf dem *Sonder*-Schiff [!] zur Hinrichtung als »lustig und unterhaltend«: »Greise und Jünglinge, alte Weiber und blühende Mädchen, wichtigtuende Beamte und sorglose Bänkelsänger« befanden sich auf dem Schiff, auf dem jedes dritte Wort Schinderhannes war, dessen wahre oder erfundene Abenteuer man sich erzählte: »man sang, spielte, schmauste und zechte, ich naschte Kuchen und Backwerk, die man zum Verkauf ausbot, und verschenkte manch Stückchen an ein hübsches Mädchen.«[391] Die Drucker begleiteten die Hinrichtung mit Flugschriften und Kupferstichen.[392]

Die Behörden betrachteten eine öffentliche Hinrichtung damals »als Demonstration der Schuld des Angeklagten, als Beweis für seine Ergreifung und Exekution und auch – indem sie bei den Zuschauern das Gefühl von Abscheu und Verachtung wecken sollte – als ein Mittel [...], andere abzuschrecken, in die Fußstapfen des Verbrechers zu treten«.[393] Daß die Hinrichtungen diese Wirkung hatten, wird von Richard J. Evans in Frage gestellt. Er gibt zu bedenken, daß »die Menge in der Hinrichtung immer noch einen rituellen Tötungsakt [sah], bei dem sie sich eher mit dem Verbrecher als mit dem Staat identifizierte.«[394] Die Behörden hätten daher angesichts der Massenversammlung zu öffentlichen Hinrichtungen die Entstehung von Tumulten in der Bevölkerung befürchtet.[395] Die zitierten Zeilen über die Hinrichtung des Schinderhannes lassen zwar eher eine ›schaurige‹ Bewunderung des verurteilten Abenteurers erkennen als die Genugtuung über den Erfolg und die ›gerechte Strenge‹ der Behörden. Aber sie liefern keinerlei Anzeichen dafür, daß tatsächlich die Gefahr einer Auflehnung bestanden haben könnte. Die Beschreibung erweckt im Gegenteil den Eindruck eines großen Spektakels, anläßlich dessen verschiedene Bevölkerungsschichten miteinander kommunizieren. Es ist ein

---

390 Boehncke/Sarkowicz, Bd. II, S. 151.

391 Ebd., S. 148. Dieser Bericht aus dem beginnenden 19. Jahrhundert liest sich ganz anders als jener von Christian Felix Weiße 1776 in seiner Zeitschrift »Der Kinderfreund«, in dem die Kinder des Erzählers die Teilnahme am »fürchterlichen Aufzug« der Hinrichtung eines Mörders in Leipzig ablehnen und (zumindest die *Jungen*) erst mit erzieherischen Argumenten dazu bewegt werden müssen (vgl. Weiße). Der moralische Ertrag, der der Hinrichtung dort noch zugeschrieben wird, ist im oben beschrieben Fall nicht mehr sichtbar.

392 Vgl. Boehncke/Sarkowicz, Bd. II, S. 14.

393 Evans, S. 223.

394 Ebd.

395 Vgl. ebd., S. 213.

Volksvergnügen, auf dem reichlich für das leibliche Wohl gesorgt wird und verschiedene ›Andenken‹ erworben werden können. Die öffentliche Hinrichtung des Räubers ist eine kollektive Rezeptionssituation, die das Publikum in ähnlicher Weise wie das Panorama und das Wachsfiguren-kabinett in eine ›distanzierte Nähe‹ zum Gefährlichen bringt. Sie ist eine Form der ›Verwaltung des Abenteuers‹.

Die widersprüchliche Aufnahme des »Rinaldo Rinaldini« durch die Zeitgenossen wurde an früherer Stelle gezeigt – Verriß und Lob sind, je nach ästhetischem und funktionsspezifischem Bekenntnis des Rezipien-ten, gleichermaßen zu finden (vgl. 3.3.2). Die königlich-kaiserliche Zensur-behörde in Wien hat das Buch als gefährlich eingestuft und wie einige andere Texte von Vulpius verboten.[396] Das bedeutet noch nicht viel, denn zum einen wurde selbst Adam Bergks »Die Kunst, Bücher zu lesen« ver-boten,[397] zum anderen kann das Verbot auch ausgesprochen worden sein, um die Österreichischen Nachdrucker vor der Einfuhr der Originaldruk-ke zu schützen (vgl. 2.2.1). Daß »Rinaldo« der Zensur tatsächlich als be-denklich galt, läßt aber eine Information Vulpius' schließen, wonach die Leipziger Aufführung des »Rinaldo«-Schauspiels aus Zensurgründen of-fenbar zunächst nicht zustande kommt.[398] Vor dem Hintergrund der Lese-sucht-Diskussion mußte dem »Rinaldo Rinaldini« eine desozialisierende Wirkung unterstellt werden. Die genauere Betrachtung läßt indes ver-muten, daß der Text eher eine sozialisierende Wirkung ausgestrahlt ha-ben wird.

Johann Wilhelm Appell sah im »Rinaldo Rinaldini« mehr als ein halbes Jahrhundert nach dessen Erscheinen keine Gefahr, sondern nur ein »über-buntes Sudelgemälde« und hielt fest: »es fehlt durchaus an einem geord-neten, zusammenhängenden Geflecht der Begebenheiten, und die ewige Wiederholung plumper Abenteuerlichkeiten wird bis zum Ekel ermüdend. Etwas Ergötzliches hat aber freilich doch wieder die dummdreiste Naivi-

---

396 Vgl. die Mitteilung im Intelligenzblatt der Allgemeinen Literatur-Zeitung, Nr. 96, 5.7.1800. Zum Verbot von »Aurora, ein romantisches Gemälde der Vorzeit. Vom Verfasser des Rinaldini« (³1800) vgl. Intelligenzblatt der Allgemeinen Literatur-Zeitung Nr. 139, 30.8.1800, S. 1181 und Nr. 28, 14.2.1801, S. 226; zum Verbot von »Glorioso der große Teufel des 18. Jahrhunderts. Vom Verfasser des Rinaldini« vgl. Intelligenzblatt Nr. 28, 14.2.1801, S. 228; zum Verbot von »Fürstinnen unglücklich durch Liebe. Vom Verfasser des Rinaldo Rinaldini« vgl. Intelligenzblatt Nr. 114, 17.6.1801, S. 917.

397 Vgl. Intelligenzblatt der Allgemeinen Literatur-Zeitung, Nr. 39, 22.3.1800, S. 315.

398 Vgl. Vulpius am 5.5.1800 an Goethe, er reise nicht nach Leipzig, da »Spitz jetzt anfängt Entschuldigungen zu mache, mit Kürze der Zeit, der *Censur* u das Schsp. Rinaldini nicht aufführen will (in dieser Messe)« (Andreas Meier, Vulpius, S. 44).

tät im Tone des Erzählers«.[399] Es ist natürlich nicht schwer, diesen Roman
als ein zusammenhangsloses Etwas leichthin abzutun angesichts der un-
endlichen Wiederholung sich gleichender Abenteuer, angesichts der vielen plötzlich auftauchenden und plötzlich wieder verschwindenen geheimnisvollen Figuren, angesichts der Mängel in der Handlungsführung
oder angesichts der beinahe unüberbietbaren Geschwindigkeit des Sze-
nenwechsels. Darüber hinaus sind viele sprachlichen Mängel zu beklagen.[400] Aber wenn man sich stärker auf den Text einläßt und zwischen
den Abenteuerplots etwas aufmerksamer liest, wird man die Passagen
wahrnehmen, die eine spezifische Struktur und eine bestimmte Intention
zu erkennen geben. Mit Blick auf den Kontext von Autor und Leser ist
davon auszugehen, daß dieser dickleibige Roman weder eine soziale
Gefahr darstellt, noch allein unterhalten will, sondern eine Botschaft zu
vermitteln sucht, die, ähnlich den »Räubern« Schillers, auf Disziplinierung und soziale Integration zielt.

4.2.2 »Orlando Orlandino«

4.2.2.1 Romanstruktur

Im Jahre 1802 veröffentlicht Vulpius unter dem Sigel »Von dem Verfasser
des Rinaldini« den Roman »Orlando Orlandino der wundersame Abenteurer«. Er stellt dem ersten Buch ein Motto voran, das an die Worte der
Agnes-Figur in der »Saal-Nixe« erinnert: »Suchtest du Rosen, um Rosen
zu brechen, / fürchtest du Dornen? Sie können nur stechen, / leicht nur
verwunden. Was zauderst du noch? / Blühen für alle die Rosen hier
doch!«[401] Agnes baute ihre Verse in den Versuch, Albrecht zu verführen,
ein. Sie sprach mit der Rosen-Metapher die Einheit von Lust und Gefahr
an, stellte die Wirklichkeit der Gefahr aber zugleich in Frage. Die sinnge-

---

399 Appell, S. 45f. Im gleichen abwertenden Tone und ebenso oberflächlich noch 1988
der Artikel zum »Rinaldo Rinaldini« in: Kindlers Neues Literatur Lexikon, Bd. 17, S. 306f.

400 Vulpius läßt z. B. Rinaldo die Apenninen statt südöstlich »rechts hinunter« ziehen
und wagt Sätze wie: »Schmachtend ertönte der Sang der liebeflötenden Nachtigallen, und
jeder Zweig wurde zur Kehle« oder: »Er ging in den Garten. Duftende Orangengerüche
flogen ihm entgegen, laute Kehlen begrüßten ihn von blühenden Zweigen herab« (Vulpius,
Rinaldo, S. 61 und 153).

401 Vulpius, Orlandino, Teil 1, S. 9; im folgenden Nachweise im Text, die römische
Zahl gibt den Band an. Vgl. Agnes' Gesang in der Verführungsszene: » Die Rose blüht. Wer
wird sie brechen, / wenn er den Stich der Dornen scheut? / Wer weiß auch, ob die Dornen
stechen? / Wohl dem, der keine Dornen scheut!« (Vulpius, Hulda, S. S. 63; vgl. 4.1.1.3).

mäße Wiederholung jener Verse läßt vermuten, daß es auch im »Orlando Orlandino« um den Themenkomplex Verführung, Lust und Angst geht, wobei wieder suggeriert wird, die Lust sei von der Gefahr zu trennen.

Das erste Bild des Textes zeigt, wie Orlando sich in einer »unwirthbaren Gegend der Apenninen« vor einem Unwetter in eine Grotte flüchtet (I/ 11). Dort trifft er auf drei häßliche, undefinierbare Gestalten, die »mit dumpfen Murmeln« ein Feuer umlaufen und singen: »Es kämpft mit den Sinnen / der irrdische Mann, das irrdische Weib, / Verderben trifft Seele und Leib. / Orlando läßt vom Eigendünkel sich bethören, / er will nicht schweigen, will nicht hören, / er taumelt hinab und hinan / die irrdische Bahn; / Wie bald ist's um Leib, und Seele gethan!« (I/15f.). Die drei Gestalten verschwinden, an ihrer Stelle ist ein Eremit zu sehen, der in ein lateinisches Gebet versunken ist. Orlando stürzt auf die Knie, faltet seine Hände und betet: »Heilige Jungfrau! schütze auch mich, deinen, dir ergebenen Knecht!« (I/16). Dann sinkt er betäubt nieder. Als Orlando erwacht und sich fragt, ob alles nur ein Traum war, meldet eine Stimme aus dem Nichts: »Das große Werk beginnt!« (I/18).

»Welch ein Werk soll beginnen«, fragt sich Orlando (ebd.). Vulpius läßt auch den Leser im Unklaren darüber. Der Gesang der drei mysteriösen Figuren läßt vermuten, daß Orlando auf dem Pfad der Tugend »taumeln« und Leib und Seele in Gefahr bringen wird. Der geschilderten Szene folgen Berichte über Orlandos jüngere Vergangenheit (er hat den Herzog zu fürchten, in dessen Frau Cecilie er sich verliebte) und über die nun einsetzenden Liebesabenteuer in Florenz. Eine geheimnisvolle Frau namens Serafina besingt genau die Szene, die Orlando eingangs erlebte. Zur Rede gestellt, sagt sie nur: »Orlando! bewahre dein Herz vor Wünschen nach verbotener Lust« (I/58). Orlando macht der Gräfin Schinetto eine Liebeserklärung, trifft kurz darauf Cecilie in einem Kloster, beginnt mit ihr ein Liebesspiel im Klostergarten, das durch nahende Menschen beendet wird, und kehrt mit schlechtem Gewissen zur Gräfin zurück. Orlando und die Gräfin schwören sich »ewige Treue, und Liebe, bis in den Tod« (I/78), eine Woche später sucht Orlando jedoch wieder den Klostergarten auf. Die Gräfin überführt ihn in verkleideter Gestalt der Untreue und gibt ihm den Ring zurück. Orlando verläßt Florenz. Unterwegs zieht Orlando bei einem Mann namens Mirakuloso ein Los, gewinnt eine Dose mit einem Mädchenporträt und hat den Wunsch, das Urbild dazu kennenlernen. Mirakuloso führt ihn zu dieser Frau, die eine Verführung provoziert.[402]

---

402 »Livia lächelte, eine kleine Röthe stieg auf ihre Wangen, und ihre Blicke, sanken auf ihre Busenschleife. Orlandos Blicke folgten den ihrigen, und – es war freilich viel zu sehen! Man sieht so etwas auch nicht ungestraft« (ebd., S. 111), später heißt es: »Sittsam

Als sie eine Ohnmacht vortäuscht, verliert Orlando die Selbstbeherrschung: es »siegte wild die Gier verbotener Lust« (I/114). Im gleichen Satz heißt es: »schnell erbebte rund das Haus«. Haus und Livia verschwinden, eine »fürchterliche Stimme« ruft »Ich habe dich!« eine andere, »melodische«: »Zu früh! zu früh! Er ist noch nicht gefallen!« (ebd.). Ein Mädchen steht plötzlich an Orlandos Seite und sagt: »Dem Falle warst du nahe. Dein guter Engel hat dich nicht verlassen. Der Widersacher triumphierte nur zu früh. Ich habe dich gerettet. Gelobt sey Gott!« (ebd.). Sie verschwindet. Damit endet das Kapitel.

Vulpius tut alles, um seinen Text mysteriös zu halten. Dennoch wird allmählich deutlich, daß Orlando in Serafina eine Beschützerin besitzt. Mirakuloso wird andererseits zunehmend kenntlich als Vertreter des Teufels.[403] Der »Orlando«-Text greift das Motiv des Kampfes zwischen Engel und Teufel um die menschliche Seele auf. Das »große Werk«, von dem zu Beginn des Buches die Rede war, ist der Kampf zwischen Tugend und Wollust.

Orlando folgt Serafinas Warnung, »alle unerlaubte Gier« von sich zu werfen (I/196), mit der der erste Teil des Buches schließt, nicht. Auch im zweiten Teil reihen sich Affäre an Affäre. Selbst Mirakuloso scheint erstaunt: »Dein Planet muß die Venus seyn. Du bist ein wahrer Alexander in der Weiber-Welt. Weine mir aber ja nicht, daß es keine Brücke zu dem Monde giebt!« (II/133). Im Vergleich mit Alexander steckt die Anerkennung der erotischen Aktivität, die auch den Maultiertreiber im »Rinaldo Rinaldini« in bezug auf den Räuberhauptmann von einem »Himmeltausend elementische[n] Kerl!« sprechen ließ (vgl. 4.1.2.3.3). Zugleich klingt die Warnung an, sich auf einem Irrweg zu befinden. Diese Warnung wird bekräftigt, als Orlando kurz darauf im Duell zum wiederholten Mal einen aufgebrachten Nebenbuhler tötet und klagend ausruft: »O Gott! was habe ich getan? Zum zweitenmal ein Mörder« (II/147). Mirakuloso berichtet Orlando, er sei von der Frau nur geködert worden, um in der vorausgesehenen Auseinandersetzung den Bräutigam zu beseitigen. (vgl. II/149). Orlando muß erkennen, daß er seine Handlungen nicht

---

schlug sie [Livia] die Augen nieder und spielte mit der Busenschleife. Und warum eben wieder mit der Busenschleife? – Orlando fragte nicht, und sah dem raschen Spiele lüstern zu. Auf einmal trat Livia schnell zurück, griff an die Stirn, und schrie: ›Wie wird mir!‹ Sie sprach's, und sank ohnmächtig auf ein Sofa« (Vulpius, Orlandino, Teil 1, S. 113).

403 Er bietet bald dem gefangenen Orlandino die Hilfe des Teufels an, befreit ihn, gibt ihm Geld für die Reise nach Venedig und fordert dort von Orlando einen mit Blut unterschriebenen Schuldschein, den Orlando nur aufgrund einer geheimnisvollen Geldsendung vermeiden kann; kurz darauf stellt Orlandos Geliebte »Schwefelgeruch« an Mirakuloso fest (Vulpius, Orlandino, Teil 2, S. 144-169).

mehr selbst bestimmt. Die zuvor im Text gelobte Freiheit des ›erotischen Pilgers‹ wird zum Selbstbetrug.[404]

Während Orlando sein Schicksal beklagt und sich von einem Unstern verfolgt fühlt, gibt die Gräfin Terranero, die ihn vor seinen Verfolgern versteckt, zu bedenken: »Ihr Unstern scheint Ihr Herz zu seyn. Verläugnen Sie es ein wenig zuweilen, und es wird alles besser gehen« (II/ 176). Orlando fleht Serafina an, ihn von seiner Lüsternheit zu befreien (II/206). Sie hält ihm entgegen: »Suche und finde die liebliche Reine, / nenne sie endlich voll Liebe die Deine« (II/217) und warnt vor dem »Versucher«: »Gehe bedächtig mit prüfendem Blicke, / daß du nicht taumelst in Schlangen und Stricke / die dir der Unhold gefährlich stets legt, / wenn er Begierden nach Weibern erregt. / Fällst du nur einmal in höllische Klauen, / kannst du dich niemals dem Himmel vertrauen. / Fliehe die Wollust, die böse Begier, / und es nimmt niemand den Engel von Dir!« (ebd.).[405] Orlando, der als Pilger Vergebung von der Heiligen Mutter zu Brankona erwirbt,[406] sehnt sich »nach Ruhe, die ich im Geräusch der Welt nicht finden kann« (II/233).[407] Er bekämpft Mirakuloso schließlich erfolgreich mit dem Rosenkranz (vgl. II/239f.). Als er aus einem Traum erwacht, sitzt Rosalinde, eine Frau, die er vormals vergebens umwarb, als »ein artiges Mädchen in ländlicher Tracht« (II/245) neben ihm. Der Roman endet mit dem Satz: »O Serafina! du hast Wort gehalten. Rosalinde ist mein, und ich bin glücklich!« (II/245).

---

404 Der ›falsche Pilger‹ Damino, ein 24jähriger Liebes-Abenteurer hatte Orlando ein Loblied der ›mobilen Lust‹ gesungen: »Es wandelt sich so leicht dahin; / Und dieses Wandelns Hochgewinn, / Wer kann ihn wohl berechnen? [...] Und auf die allerschönste Nacht, / Folgt oft ein schöner Morgen [...] Der Himmel ist dein Pracht-Gezelt, / Dir offen steht die ganze Welt, / Du kannst dich nicht verirren« (ebd., S. 90f.). Damino bezeichnet sich als »geborne[n] Pilger [...] – was eigentlich alle Menschen sind«, und erklärt: »Freiheit ist ein Wort, das auch sogar Gräber sprengt. Wer sein eigen ist, der gehört der ganzen Welt an, und diese ist ganz sein. Deshalb will ich mich nicht binden lassen. Die Ehe ist ein enges Kleid; hat man es einmal an, so läßt es sich nicht gut wieder ausziehen« (ebd., S. 92). Damino schloß seinen Exkurs mit dem Grundsatz: »Man muß suchen, seine Freuden zu vervielfältigen, denn Pluralis numerus, ist denn doch besser, als der Singularis« (ebd., S. 94). Orlando stimmt zu mit einem: »Sie sind zu beneiden« (ebd.).

405 Vgl. Serafinas Verse: »Fliehe vor Wollust verheißenden Blicken, / soll dich die Tugend der Unschuld beglücken. / Zucke nicht wüthend den mordenden Stahl, / werde dir selber nicht ferner zur Qual« (ebd., S. 216).

406 »Mild goß sie Trost in sein zerknirschtes Herz. Sie gab ihm einen neuen Geist, ein neues Herz, und eine neue Seele« (ebd., S. 220).

407 Cecilia und die Gräfin Schinetto (die sich der Kirche geweiht haben) geben ihm den Rat: »Wenn du einst müde bist das bunte Gaukelspiel der Welt länger anzusehen, gar mit zu spielen jene trügerischen Spiele hinieden, wo Leidenschaften nur und Gier die Preise setzen, so suche Ruhe und finde sie, wie wir sie fanden, in der Einsamkeit« (ebd., S. 244).

4.2.2.2 Amor concupiscentiae und benevolentiae

Das Thema dieses Buches ist das donjuanistische Lebens- und Liebes-prinzip. Dieses Prinzip entspricht der amor concupiscentiae (das Interes-se an fleischlicher Vereinigung), dem im zeitgenössischen Diskurs die amor benevolentiae (das Interesse an menschlicher Vollendung) gegenüberge-stellt wird.[408] Das Prinzip der amor concupiscentiae muß vor dem Hinter-grund zeitgenössischer Moralvorstellungen als asozial eingestuft werden. Im »Orlando« wird es in der Apotheose des Pilgerdaseins dagegen gefei-ert, wobei Vulpius nicht die übliche Klage über die Ehe als ›Freiheitsbe-raubung‹ vergißt. Die amor concupiscentiae wird durch das Motiv des Kampfes von Teufel und Engel um die Seele Orlandos allerdings von Anfang an auch schon problematisiert. Sie wird im letzten Drittel des 2. Teils in einem Gespräch zwischen Orlando und der Gräfin Terranero schließlich als das ›männliche Liebesprinzip‹ generalisiert. »O ihr Män-ner! ihr Männer!«, klagt die Gräfin, »Ihr seyd die Wetterfahnen des mensch-lichen Geschlechts, und das Verlangen war eure Amme. [...] So seyd ihr! Ihr liebt nicht, ihr verlangt nur geliebt zu werden, und fängt man euch zu lieben an, so seyd ihr schon gesättiget« (II/164f.). Nachdem Orlando sei-nerseits den Frauen Unehrlichkeit in der Liebe vorgeworfen hat,[409] be-kräftigt die Gräfin ihre Auffassung: »Genießen wollt ihr, und vergessen. Vergessen wollt ihr und nicht vergessen seyn; genießen wollt ihr, aber nicht genossen seyn« (II/168). Schließlich stellt die Gräfin der Liebs-unfähigkeit der Männer positiv die Liebe der Frauen gegenüber: »wahre, eigentliche Liebe, die Liebe, die von Herz zum Herzen strömt, kennt un-ter Tausenden [von Männern – R. S.] kaum Einer; und kennt er sie, er schätzt sie nicht; besitzt er sie gar, er weiß sie nicht zu behalten. Derglei-

---

408 Vgl. Luhmann, S. 145. Das Phänomen Don Juan darf natürlich nicht auf die sinnli-che Begierde reduziert werden. Zwar nennt auch Sören Kierkegaard Don Juan die Inkarna-tion der Sinnlichkeit (vgl. Kierkegaard, S. 122), aber Don Juans Genuß kann, in ein anderes Paradigma gestellt, ebenso auf »ein phantastisches Vorausgenießen der Verzweiflung je-der geschändeten Frau« zurückgeführt und damit als besonderes *seelisches* Phänomen ver-standen werden (vgl. Zweig, S. 75). Diese Perspektive verschiebt den Ort der sexuellen Lust aus dem Fleisch in den Kopf, fordert aber weiterhin, Don Juan der amor concupiscentiae und nicht der amor benevolentiae zuzuordnen.

409 »Stets soll ein Nimbus euch umschweben, und euer Kram, in welchem sich doch immer, wenigstens etwas Feiles findet, ist stets illuminirt, blos – um der Käufer willen. Wie schwebt ihr doch so stets im Scheine eurer eigenen, euch selbst geschaffenen Klarheit! Wie schlau wißt ihr, Arachnen gleich, euch in ein selbstgewebtes künstliches Gewebe zu ver-bergen und dort, auf euern Fang zu lauern! Wer könnte euch entgehen?« (Vulpius, Orlando, Teil 2, 165f.).

chen Schätze weiß, wie ihren Schmuck, wie ihre Edelsteine und Kostbarkeiten, nur am besten das Weib zu verschließen« (II/171).

Vulpius nimmt mit seinem Buch an einer Debatte teil, die seit mehr als einem Vierteljahrhundert öffentlich geführt wird. Die neologische Theologie hatte die Konkupiszenz und das Erbsündedogma vor dem Hintergrund aufklärerischer Vorstellungen von Menschenwürde und Vollkommenheit neu diskutiert, die Vertreter des »Sturm und Drang« dehnten den Diskurs über Empfindsamkeit auf die Sexualität aus. Dabei wurde zwar – gegen das sentenziöse Gebot der Triebkontrolle – auf die Natürlichkeit und Stärke der sexuellen Begierde verwiesen, aber auch die Vertreter des »Sturm und Drang« suchten nach Wegen der Triebbefriedigung, die sich mit den Normen des zeitgenössischen Moral-Diskurses vereinbaren ließen. Beispiel äußerst intensiver Beschäftigung mit diesem Thema ist Jakob Michael Reinhold Lenz, dessen »Philosophische Vorlesungen für empfindsame Seelen« (1771) mit den Worten beginnen: »Wir haben eine Konkupiscenz, das Streben nach Vereinigung, die Begier: sie ist Gottes Gabe und nöthig zu unsrer Glückseligkeit«.[410] Lenz gibt seinem Publikum zu bedenken: »Der Geschlechtertrieb, oder um das Kind beym Namen zu nennen, der Trieb sich zu gatten, ist einer von denen die am heftigsten und unwiderstehlichsten wirken, einer von denen die sich am wenigsten von allen menschlichen Trieben, der Vernunft unterordnen, oder dadurch leiten lassen«.[411] Aber auch Lenz' respektlose Vorlesung[412] zielt schließlich auf eben diese Kontrolle durch die Vernunft: »Unsere Konkupiscenz soll also befriedigt werden«, schreibt er, »aber nur *in der vom Gesez vorgesezten Ordnung*, denn das Gesez ist die Lehre von den Verhältnissen, welche allein das Maaß von Realität bestimmen«.[413] Die »Zähmung unsers Geschlechtertriebes« ist auch für Lenz »der erste Grundsatz unserer Moral«.[414] Lenz' Vorlesungen lassen die Diskursgrenzen erkennen, die er trotz seines erklärten Angriffs auf das traditionelle Erbsündedogma nicht überschreitet. Der Geschlechtstrieb außerhalb der von der Gesellschaft sanktionierten Formen scheint in Lenz zunächst einen Befürworter

---

410 Lenz, Vorlesungen, S. 5.

411 Ebd., S. 51.

412 Lenz stellt das Erbsündeparadigma mit der Vermutung in Frage, Gott habe dem Menschen die Konkupiszenz gegeben, damit er sie befriedige; schließlich sieht Lenz in der Triebbefriedigung sogar einen »hinlänglichen« Ersatz für das verlorene Paradies (vgl. ebd., S. 29 und 58).

413 Ebd., S. 29.

414 Ebd., S. 69. Als »Medicin« gibt Lenz die »empfindsame Liebe« an: »Seht ihr einen Gegenstand, der euern Geschlechtertrieb rege macht, versucht ob ihr ihn lieben könnt, etwas liebenswürdiges wird er immer haben, und ein weit reicheres Maaß von Vergnügen werdet ihr ernten, als euch der letzte Genuß geben könnte« (ebd., S. 72).

zu finden. Lenz' Sozialisation verhindert jedoch, daß system*fremde* Formen der Sexualität als Alternativen vorgeschlagen werden.[415]

Im beginnenden 19. Jahrhundert widerspricht die amor concupiscentiae der bürgerlichen Liebesauffassung, wenn sie sich nicht mit der amor benevolentiae verbindet. Die der amor concupiscentiae zugrundeliegenden sinnlichen Begierden werden nur in der Ehe gerechtfertigt.[416] Außerhalb der Ehe muß Sexualität reglementiert werden. Niklas Luhmann hält mit Blick auf die sich verändernde Codierung von Intimität fest: »Der Schnitt kann nicht mehr zwischen Sinnlichkeit und Seele gelegt werden, wenn für Liebe und Ehe die Einheit beider verlangt wird. Das Obszöne disqualifiziert sich durch das fehlende Interesse an der Person, oder genauer: durch die Auswechselbarkeit der Bezugsperson«.[417] Amor concupiscentiae widerspricht weiterhin den herrschenden Moralvorstellungen, wenn sie nur auf ihre eigene Umsetzung bezogen ist. Sie bleibt asozial – so kann Luhmanns Aussage paraphrasiert werden – insofern sie sich nicht auf *eine Person* fixiert.

Die Auswechselbarkeit der Bezugsperson für Orlando führt Vulpius mit großer Deutlichkeit vor Augen. Er generalisiert sie durch die Worte der Gräfin Terranero schließlich als ›männliches Liebesprinzip‹. Dadurch wird die amor concupiscentiae als eine im männlichen Geschlecht allgemein angelegte Verhaltensversuchung markiert.[418] Zugleich läßt Vulpius

---

415 Christoph Weiß kommentiert im Nachwort zur Reprintausgabe der »Philosophischen Vorlesungen«: »Bei aller ›Enttabuisierungswut‹ kommt hier [d. i. Lenz' Forderung der Zähmung des Geschlechtstriebes als erstem Grundsatz der Moral] unübersehbar die rigide Sexualmoral seiner Zeit zum Tragen. Es gibt in den zitierten Stellen keine Anzeichen für ein taktisches Sprechen, vielmehr will es scheinen, als habe Lenz die religiös konnotierten Beschränkungen der Sexualität während seiner Sozialisation so sehr verinnerlicht, daß sie Vorahnungen einer anderen Möglichkeit von Sexualität gleichsam strafend stets dementieren« (Lenz, Vorlesungen, S. 99).

416 Vgl. Luhmann, S. 147f.

417 Ebd., S. 151.

418 Vulpius hat die Liebesunfähigkeit der Männer (im Sinne der amor benevolentiae) immer wieder thematisiert. Im zwei Jahre nach dem »Orlando« erschienenen Roman »Der Maltheser« heißt es: »O! ihr Männer! Wie übel ist man mit euch daran! – Trotzen, beleidigen, zanken, mürrisch seyn, ungerecht, undankbar, ungetreu, – alles das könnt ihr! Aber lieben kann unter Tausenden kaum Einer, und auch dieser Eine will erst noch gefunden seyn« (Vulpius, Maltheser, S. 85). Im gleichen Text klagt eine Frau der männlichen Hauptfigur: »›Seyd ihr Männer denn nicht auf der Welt, um uns ewig zu täuschen, zu kränken, zu hintergehen? – Auch sogar auf Ruinen baut ihr die Tempel eures Glücks, und in Felsen gerabt ihr die Höhlen unsers Unglücks. – O! daß man euch nur noch Vorwürfe machen kann! Auch nicht einmal diese verdient ihr!‹ Sie ging, und Lindoro flüsterte sich leise selbst zu: ›Sie hätte nicht viel weniger sagen können!‹« (ebd., S. 18). Ähnliche Sätze lassen sich auch in den Texten finden, die wesentlich später publiziert wurden; vgl. die Zitate unter 4.2.3.1 aus »Lionardo« (1821).

im Text die erotische Unabhängigkeit des Pilgers besingen. Die Pilger-Metapher ist, wie bereits gezeigt, eine wiederkehrende Figur in Vulpius' Schriften. Sie wird zumeist an die Metapher der Ehe als Gefängnis gebunden und wirbt somit für die erotische Ungebundenheit des Don Juan (vgl. 3.4). Daß die amor concupiscentiae vor dem Hintergrund zeitgenössischer Moralvorstellungen als asozial eingestuft wird, unterliegt keinem Zweifel. Wenn geschlechtliche Beziehung nur im Rahmen der Ehe legitimiert wird, kann allerdings schon die gesuchte *Ehelosigkeit* einen Verstoß gegen die gesellschaftliche Norm darstellen. Sie durchbricht ein Regelsystem, in dem die Verweigerung außerehelicher Sexualität als »sanfter Druck oder als taktischer Zug in Richtung auf Eheschließung« wirkt.[419] Aber auch unabhängig vom sexuellen Aspekt wurde die »Abneigung gegen das eheliche Leben« als etwas »Pflichtwidriges« bezeichnet, wie ein in Vulpius' Zeitschrift »Weimarisches Allerlei« 1805 veröffentlichter Aufsatz deutlich macht.[420] Es wird argumentiert, daß das eheliche Leben eine »Uebungsschule für das Gefühls und Empfindungsvermögen« sei, in dem der Mensch lerne, »Glück und Unglück, Hoffnungen und Furcht, Freuden und Leiden« mit anderen zu teilen.[421] Diese Möglichkeit habe der Ehelose nicht, weswegen seine Denkungsart und sein Gefühl »kalt und egoistisch« seien.[422] Nach dieser Logik verhält sich der Ehelose schließlich grausam und unnachgiebig gegen seine Mitmenschen, sein Handeln ist asozial.[423] Als Ursachen für die zunehmende Ehelosigkeit werden unter anderem aufgezählt: »Ein gewisser Geist der Unabhängigkeit, ja oft der Zügellosigkeit, der sich unter beiden Geschlechtern verbreitet hat, und der die Ehe für Fesseln, für ein drückendes Joch ansehen lehrt. [...] Eine allzu frühe Bekanntschaft mit Freuden, die nur gesetzlich genossen werden sollten. [...] Mangel an Heiligachtung derjenigen Pflichten, die man der Menschheit schuldig ist.«[424]

---

419 Luhmann, S. 159.

420 Weimarisches Allerlei, Nr. 38, 28.9.1805, S. 302. Der anonyme, in mehreren Nummern fortgesetzte Aufsatz »Einige Bemerkungen über die Ehelosigkeit« beginnt mit den Worten: »In unserm apathischen Zeitalter fällt unter der Menge trauriger Erscheinungen auch die Abneigung gegen das eheliche Leben auf, das man bald als entehrende Fesseln, bald als das Grab seiner Freiheit, bald als den Mörder seines Glückes verabscheut« (S. 302).

421 Ebd.

422 Weimarisches Allerlei, Nr. 39, 5.9.1805, S. 310. Der Ehelose, heißt es weiter, »bezieht alles auf seinen Vortheil, verachtet alles, was ihm nichts nützt, und berechnet bei allem seinem Thun und Lassen bloß die Summen, die ihm dasselbe einträgt« (ebd).

423 Der Autor merkt an, daß »die größten Verbrecher unverheuratet waren: zwei der ärgsten Bösewichter, die eine Rolle auf dem Schauplatze der französischen Revolution spielten, und die Menschenköpfe wie Mohnköpfe abhauen ließen, waren unverehelicht« (Weimarisches Allerlei, Nr. 40, 12.10.1805, S. 317).

424 Ebd.

Die in diesem Artikel beklagte zeitgenössische Anti-Ehe-Haltung stellt Vulpius' Äußerungen über die Ehe in einen größeren Diskurs-Zusammenhang. Die Ehe wurde nicht nur von Vulpius als »entehrende Fessel« und »Grab seiner Freiheit« konnotiert. Der Aufsatz macht zugleich deutlich, daß die Ablehnung der ehelichen Bindung als Verstoß gegen die dem Individuum auferlegten gesellschaftlichen Pflichten verstanden wurde. Der Wunsch nach Ehelosigkeit ist ein Normverstoß. Indem Vulpius in seinen Texten immer wieder die Metapher des Pilgers aufgreift, spricht er fortwährend von der Freiheit des ehelosen Lebens und implizit von der amor concupiscentiae. Wie zu sehen war, zielt seine Rede dabei nie auf die Verwerfung der amor concupiscentiae, sondern sammelt eher Argumente *für* sie. Man wird darin wohl zu Recht die Thematisierung des ihm eigenen Fremden sehen. Das *andere* wird als eine immer wiederkehrende Verhaltensversuchung nicht ohne Sympathie vorgeführt, schließlich aber – entsprechend dem Strukturmodell der ›hedonistischen Moralisierung‹ – ad absurdum geführt. Dieser Vorgang ließ sich auch am »Orlando« zeigen. Das Scheitern Orlandos, der das Prinzip der amor concupiscentiae verkörpert, erfolgt dabei – wie schon in der »Saal-Nixe« oder in der »Erlinde« – weniger aus der Perspektive moralischer Entrüstung als auf der Grundlage der seelischen Probleme des Helden. Orlando selbst verzweifelt an seiner Situation. Er verliert das innere Gleichgewicht – er wird, wie es heißt, sich selbst zur Qual, sehnt sich nach Ruhe. Die Beziehung zu Rosalinde, die sich am Romanende ergibt, eröffnet die Perspektive der amor benevolentiae. Sie markiert die Rettung Orlandos und steht für seine Einkehr ins bürgerliche bzw. romantische Liebesmodell.[425] Die Identität mit dem herrschenden Diskurs ist am Textende wiederhergestellt.

4.2.2.3 »antirevolutionärer« Roman und Fatalismus

Günter Dammann geht in seiner Untersuchung ausgewählter Texte Vulpius' auch auf den Roman »Orlando Orlandino« ein. Er sieht in diesem den Versuch, »das Thema von Revolution und Umsturz, das Vulpius seit

---

425 Rosalinde ist gewissermaßen die Belohnung für Orlandos Wandlung. Orlando mußte zuvor, nachdem er von der Heiligen Mutter zu Brankona Vergebung erhalten hatte, seine neue Einstellung unter Beweis stellen. Er wird zunächst von einer schönen Pilgerin versucht (vgl. Vulpius, Orlando, Teil 2, S. 221ff.), anschließend von Lucinde, der Zofe Laurenas, mit der er ein Verhältnis hatte, als er Laurena den Hof machte. Obgleich Lucinde Orlando schon das Nachtlager in ihrer Kammer bereitet hat, schläft er im Hain (vgl. S. 224ff.). Nach glücklich überstandener Versuchung erscheint jeweils Serasina und drückt Orlando lächelnd die Hand.

je im Zusammenhang mit der Zerstörung eines bürgerlichen Wertkanons behandelt hatte, auf einer endgültig ›philosophischen‹ Ebene zu diskutieren. Die explizit politische Auseinandersetzung zwischen der schlimmen Revolution und der familialen und von ›Vorzeit‹ überglänzten Monarchie wird aufgehoben in jener größeren, die zerstörerische Leidenschaft und bürgerlich-christliche Tugend miteinander ausfechten«.[426] Dammanns Untersuchungsansatz, in Vulpius' Geheimbund- und Zauberromanen eine fatalistische Theodizee, mit der »antirevolutionäre Inhalte« vermittelt werden (S. 14), nachzuweisen, führt ihn dazu, auch den »Orlando«-Roman politisch zu interpretieren. Er ist der Auffassung, Orlandos »Verirrungen und Verbrechen sollen der allgemeinere Fall des politischen Revolutionsprinzips sein, wie, auf der Gegenseite, seine Umkehr und Einkehr die höhere Entsprechung zum vorzeitlich-bürgerlichen Royalismus sind« – »So wäre zu formulieren, daß ›Orlando Orlandino‹, indem er das aktuelle Gespräch über Politik in ein Gespräch über Ethik hinaufhebt, eine vollends ideologische Überwölbung leistet« (S. 141).

Diese Lesart ist von dem in meiner Untersuchung verwendeten Ansatz her nicht nachvollziehbar. Zwar stimme ich Dammann zu, daß die Praxis von Orlandos Leben »auf Zerstörung von Bindungen gegründet ist«, aber ich sehe darin keinen Reflex auf die »besondere Praxis der Revolution, die die besonderen ›heiligsten Banden‹ staatlich-sozialer Organisation schleift« (ebd.), sondern einen Reflex auf das fremde Eigene, das es zu disziplinieren gilt. Den Argumentationsrahmen für diese nicht politische Perspektive habe ich anhand einer Untersuchung zeitgenössischer Diskurse sowie biographischer und textueller Indizien ausführlich dargelegt. Dieser Ansatz ist im folgenden am Beispiel des »Orlando Orlandino« gegen Dammanns Interpretation zu verteidigen.

Um den »Orlando«-Text auf das an den Bundesromanen entwickelte politische Konzept hin lesen zu können, muß Dammann ihn als Hebung des »Interpretationsmuster[s] der Bundesromane in allgemeine Begrifflichkeit« (S. 142) verstehen. Das ist ein legitimes Verfahren, um auf einer höheren Abstraktionsebene Motiv- bzw. Stoffkomplexe erkennbar machen zu können. Allerdings scheint mir die Basis für die Vergleichbarkeit sehr vage zu sein. Dammann sieht in Mirakuloso den Revolutionsbund und in Serafina den rettenden Geheimbund (zwei obligatorische Elemente des Bundesromans) verkörpert (vgl. S. 143) und zählt einige Motive auf, die der »Orlando« mit Texten über Geheimbünde gemein hat. So lernt Orlando Mirakuloso ebenso auf einem öffentlichen Platz kennen wie Rinaldo

---

426 Dammann, S. 141; im folgenden Nachweise im Text.

Rinaldini den Kapitän, der einem Geheimbund angehört (vgl. S. 143f.),[427] so wird Orlandino genauso wie der Prinz in Schillers »Geisterseher« durch das Porträt einer Frau verlockt (vgl. S. 144f.), so erfolgt die Verführung Orlandos ebenso wie die Gloriosos im Bundesroman »Glorioso der große Teufel« (1800) in einem Gartenhaus vor der Stadt (vgl. S. 145f.) und weiß Serafina genauso Bescheid um Orlandos Geheimnisse wie die Vertreter der Geheimbünde allwissend gegenüber den Neulingen auftreten (vgl. S. 146f.). Der Aussagewert dieser Vergleiche bleibt im Grunde sehr gering. Zum einen übergeht Dammann die *Unterschiede* zwischen den Vergleichsgrößen,[428] zum anderen sind gemeinsame Motive noch kein hinreichender Beweis für eine konzeptionelle Übereinstimmung. Betrachtet man die Motivanleihen unter dem Aspekt des Plagiats bewährter Schemata und der ›Ökonomie‹ der literarischen Produktion, muß ihr Bedeutungsgehalt eher niedrig angesetzt werden.

Dammann erbringt einen weiteren Identitätshinweis. Er vergleicht den Ausruf Orlandos am Schluß des Romans – »ich bin glücklich« – mit dem gleichlautenden Ausruf der endlich Vereinigten im »Maiolino«-Roman: »Glück verheißt diesem wie jenem die Einkehr in einen intimen Bereich, der sich bewußt dem gesellschaftlichen Ganzen entzogen hat und der beansprucht, eine ideale Lebenspraxis zu realisieren. Das politische Konzept des Bundesromans hat an dieser Stelle zugegeben, daß sein eigener Entwurf nie von der ›Welt‹ würde eingelöst werden können; daß die konkrete Wirklichkeit endgültig zum ›Schlechten‹ fortschreite und daß der Traum vom gewünschten Leben, um nicht in der Aporie zu enden, sich in eine bedingungslos private Sphäre flüchten müsse« (S. 142). Orlandos Ausruf »ich bin glücklich« wird zu Recht als Negierung dessen gelesen werden, was zuvor sein Leben bestimmte, bedeutet aber noch nicht, wie Dammann meint, Glück »ist nicht mehr im gesellschaftlichen Allgemeinen zu verwirklichen« (ebd.). Zunächst wäre zu klären, was das ›gesellschaftlich Allgemeine‹ im »Orlando Orlandino« sein kann und in wel-

---

427 Dammann geht nicht ausführlich auf den »Rinaldo Rinaldini« ein, ordnet diesen aber den Bundesromanen zu. Auch Wolfgang Vulpius widmet einen Abschnitt seiner Untersuchung dem Geheimbundmotiv im »Rinaldo Rinaldini«, merkt aber in diesem Zusammenhang zu Recht an, daß man den »Rinaldo Rinaldini« der marginalen Rolle des Geheimbundes wegen nicht einen Bundesroman nennen könne (vgl. Wolfgang Vulpius, Rinaldo Rinaldini, Bl. 38 Rückseite) Das im »Rinaldo« zwar vorhandene, aber nicht ausgeführte Motiv des Geheimbundes hat eher die Aufgabe, dem Buch eine mysteriöse Stimmung zu verleihen.

428 Orlando wird zwar wie Glorioso im Gartenhaus verführt, aber im »Glorioso« dient die Frau als Mittel, den Protagonisten in die Reihen eines Geheimbundes zu locken, im »Orlando« steht keine solche Absicht dahinter, vielmehr verschwindet die Frau, nachdem Orlandos Begierde erweckt ist.

cher Beziehung Orlando *vor* seiner Umkehr zu diesem steht. Bevor ich darauf eingehe, sei Dammann noch einmal ausführlich zitiert. Er resümiert: »Sein [d. i. der »Orlando«-Roman – R. S.] Postulat, daß zerstörerische ›Wollust‹ von einer ›Tugend‹ niederzuringen sei, die die Bande intersubjektiver Harmonie unangetastet lasse, kapituliert vor der Welt schlechthin. Solange in der Wirklichkeit verblieben wird, kann der fatalen Vorbestimmtheit zum Schlimmen nicht entronnen werden. Orlando Orlandino ist außerstande, sein Leben zu ändern. Erst in dem Augenblick, da aus der Realität der Schritt in die Exklave getan wird, da aus der Welt, die nicht bloß politische, sondern ›allgemein irdische‹ ist, der Sprung auf eine höhere Stufe gelingt, ist Raum für die ideale Existenz da. Der ethische Entwurf führt sich mithin ebenso ad absurdum wie ehedem der politische: Dieser war, was er sein wollte, nicht mehr, indem er sich ins Private rettete; jener gibt alle Moral auf, indem er aus der Lebenspraxis vollends sich zurückzieht und nicht allein das Private, sondern das ganz und gar Überirdische anvisiert. Im Bundesroman verließ man die Gesellschaft und flüchtete in den intimen Bereich. Im ›Orlando Orlandino‹ verläßt man die ›irdische‹ Realität überhaupt und flüchtet in Gott« (S. 142f.) Diese Ausführung erfordert drei Anmerkungen.

Es ist zunächst zu fragen, worin im »Orlando« der »ethische Entwurf« besteht und inwiefern durch den Rückzug ins Private »alle Moral« aufgegeben wird. Da im Roman das Prinzip des Engels über das des Teufels siegt, müßte gezeigt werden, daß der Teufel die Moral verkörpert. Diese Beweisführung wäre durchaus möglich, insofern das Prinzip unbedingter Leidenschaft bzw. der amor concupiscentiae, für das der Teufel steht, als Opposition zur bürgerlich-christlichen Tugend verstanden werden würde – und zweifellos ist diese Opposition auch das Thema des Romans. Aber Orlando, dessen Lebensprinzip der amor concupiscentiae folgt, wird, wie auch Dammann festhält, als Mensch gezeigt, der Bindungen zerstört und sich zum dreifachen Totschläger ›entwickelt‹. Aus diesem Grund ist es fraglich, ob dem im Roman explizierten Oppositions-Prinzip schon die Qualität eines »ethischen Entwurfs« zukommt. Der Handlungsgang und der Schlüsseldialog zwischen Orlando und der Gräfin Terranero vermitteln die Auffassung, daß es sich bei der amor concupiscentiae weniger um einen ethischen Entwurf mit einem, wenn auch noch nicht sanktionierten moralischen Anspruch handelt, als um ein ethisches *Problem*, das gelöst werden muß.

Zweitens ist zu fragen, ob Orlando tatsächlich sein Leben nicht ändern kann und einer fatalen Vorherbestimmung untersteht, der er erst durch einen Schritt aus der Realität in die Exklave entkommt. Es scheint Gründe dafür zu geben, Orlandos Dasein als völlig fremdbestimmt anzusehen. Am Romanende erzählt ein Eremit, er habe, als Orlando geboren wurde, sein Schicksal bereits in einer Vision vor sich gesehen. Er spricht vom Versucher, der Orlando mit auf den Weg gegeben wurde, und vom guten Engel, der ihn begleite.[429] Es ist jedoch daran zu erinnern, daß sich im Text sogar der Teufel über Orlandos Donjuanismus erstaunt zeigt und ihn geradezu vor den Folgen seiner Lebenspraxis warnt und daß andererseits Serafina Orlando auffordert, sich nicht selbst weiter zur Qual zu werden, sondern umzukehren auf den Pfad der Tugend.[430] Es wird demnach mehrmals Orlandos Eigenverantwortlichkeit für sein Handeln angesprochen. Durch den Gang zur Heiligen Mutter zu Brankona zeigt der an sich selbst verzweifelnde Orlando, daß er sein Leben ändern kann, am sich anschließenden Beispiel der wiederholten Versuchung beweißt er, wie ernst es ihm damit ist.

Selbst die Rede des Eremiten zeugt schließlich von Resten der Selbstbestimmung, wenn es heißt: »Beinahe schon, glaubte ich dich verloren, aber Dein Glaube half dir, seit deinem frommen Gelübte zu Brankona. Du hast gehalten was du versprachst«.[431] Der entscheidende Aspekt für Orlandos Entwicklung wird mit dem Glauben deutlich in Orlandos Ich gelegt. Die hier deutlich werdende Ambivalenz von Determiniertheit und Handlungsfreiheit war den Zeitgenossen kein unbekanntes Thema. Zwar war der Mensch, der im Diskurs der deutschen Aufklärung als Baumeister der Geschichte gefeiert wurde (vgl. 2.1.1.), im maschinellen Funktionsmodell der französischen Materialisten schon wieder zum Element in einem gesellschaftlichen Räderwerk entthront worden. Zwar schilderten auch deutsche Autoren das durch ein undurchschaubares soziales oder psychisches Determinationsgeflecht prädestinierte Scheitern moralischer Willensbekundungen.[432] Aber sie suchten in der Mehrheit auch immer nach Lösungen, die nicht im Fatalismus enden. So spürt Lenz, der in seiner Schrift »Über die Natur unseres Geistes« (1773/74) zunächst ein Schreckbild völliger Fremdbestimmung malt,[433] schließlich gegen »die

---

429 Vgl. Vulpius, Orlando, Teil 2, S. 241.

430 Ebd., S. 133 und 216.

431 Ebd., S. 242.

432 So etwa Johann Karl Wezel (1747–1819), der in seinem Roman »Robinson Krusoe« (1779f.) das hoffnungsvolle Utopie-Schema der Aufklärung an den Leidenschaften und Affekten des Menschen – als Kausalmomenten sozialer Systeme – bricht (vgl. Fohrmann, Abenteuer, S. 128) und ähnlich der ›epistemologische Desillusionismus‹ bei Christian Heinrich Spieß (vgl. 4.1.2.3.3.).

433 »Je mehr ich in mir selbst forsche und über mich nachdenke, desto mehr finde ich Gründe zu zweifeln, ob ich auch wirklich ein selbständiges von niemand abhangendes Wesen sei, wie ich doch den brennenden Wunsch in mir fühle. Ich weiß nicht, der Gedanke ein Produkt der Natur zu sein, das alles nur ihr und dem Zusammenlauf zufälliger Ursa-

Helvetiusse«[434] die Entscheidungsmöglichkeiten des Individuums im Denken und Handeln auf und macht deutlich, daß der Selbstverantwortlichkeit des Individuums Freiräume reserviert seien. Nach allem, was über Vulpius' eigene Disziplinierungsleistungen in Erfahrung gebracht werden konnte, ist zu vermuten, daß er den Menschen nicht per se als entscheidungsloses, machtloses Wesen gesehen hat. Er dürfte sich vielmehr einer ›dialektischen‹ Position verbunden gefühlt haben, die wie Lenz das Individuum als Objekt *und* Subjekt seiner Umstände gleichermaßen sieht. Wie gezeigt wurde, gibt es für diese Vermutung sowohl im »Rinaldo«- wie im »Orlando«-Roman einige Hinweise. Gegen Dammanns Lesart ist demzufolge festzuhalten, daß Vulpius nicht einen Orlando darstellen will, der machtlos einer fatalen Vorherbestimmung ausgeliefert ist, sondern einen Orlando, der eine Auseinandersetzung mit sich selbst zu bestehen hat.

Drittens ist zu fragen, ob Orlando tatsächlich eine Bewegung fort vom gesellschaftlichen Ganzen unternimmt und sich vor der ›irdischen‹ Realität in Gott flüchtet. An der Oberfläche erscheint das Ende des »Orlando Orlandino« zunächst als Flucht aus dem gesellschaftlichen Bezugsrahmen in die Exklave der Privatheit. Auf einer tieferen Interpretationsebene erweist sich allerdings, daß gerade Orlandos Aufenthalt im ›Getriebe‹ der Gesellschaft (auf den öffentlichen Plätzen oder in den Palazzi Venedigs und Florenz) im Grunde eine ›individuelle Exklave‹ gegen die Gesellschaft darstellt. Orlando sieht über die Befindlichkeiten seiner Mitmenschen hinweg und wird zum Mörder, der sich vor seinen Verfolgern verstecken muß. Orlando ist *in* der Gesellschaft ein Asozialer, er verkörpert als ›geselliges‹ Wesen den rücksichtslosen Egoisten.[435] In der Rede der Gräfin Terranero wird seine Haltung mit Bezug auf das männliche Geschlecht generell kritisiert. Vor dem Hintergrund des zeitgenössischen Diskurses symbolisiert dieses Haltung das Prinzip der amor concupiscentiae, das gegen die gesellschaftlich anerkannten und vermittelten Normen verstößt. Aus dieser Perspektive bedeutet Orlandos innere Wand-

---

chen zu danken habe, [...] hat etwas Schröckendes – Vernichtendes in sich – ich weiß nicht wie die Philosophen so ruhig dabei bleiben können. [...] Wie denn, ich nur ein Ball der Umstände? ich – ? ich gehe mein Leben durch und finde diese traurige Wahrheit hundertmal bestätigt« (Lenz, Natur, S. 447).

434 Ebd., S. 448.

435 Im zitierten zeitgenössischen Aufsatz über die Ehelosigkeit heißt es ganz in diesem Sinne: »Den Ehelosen [...] trennt eine ungeheure Kluft von der menschlichen Gesellschaft; er lebt zwar in ihr, aber sein Leben ist nicht menschlich; sein Wirkungskreis, besonders derjenige, der dem Gefühle behagt, dasselbe lebendig erhält und stärkt, ist beengt« (Weimarisches Allerlei, Nr. 38, 28.9.1805, S. 303).

lung, die schließlich die Perspektive der amor benevolentiae aufzeigt, keine Flucht, sondern eine *Heimkehr* in den gesellschaftlichen Bezug. Diese Sichtweise wird auch dadurch gestützt, daß Orlando niemals über sein gesellschaftliches Umfeld klagt, sondern eine Befreiung von *sich selbst* erbittet. Eine ähnliche Konstellation war am »Rinaldo« zu sehen, wo gerade die letzlich nicht gelungene Einkehr in die Intimität einer Partnerschaft bzw. Familie die *Re*sozialisierung bedeutete, während sich Rinaldo zuvor als Ausgestoßenen empfand.

Darüber hinaus kann man nicht von einer Flucht Orlandos »in Gott« sprechen. Es wird im Gegenteil verschiedentlich deutlich gemacht, daß Orlando diesen Weg *nicht* geht. Nachdem er von der Heiligen Mutter zu Brankona die Absolution erhalten hat, will er, auf der Suche nach Ruhe, tatsächlich die Welt verlassen und Klausner werden. Gräfin Terranero, die Orlando vormals die Leviten gelesen hatte, sieht darin einen »Hang zum Sonderbaren«[436] und reagiert besorgt auf Orlandos Ausruf: »Meine Sinne streben hinauf aus dem Irrdischen, in das erhabene Vaterland der Seelen«.[437] Sie will den entrückten Orlando durch einen Liebestrank in die Realität zurückholen. Daran wird sie zwar durch Serafina gehindert, aber in der Folge ist vom *Klausner* Orlando keine Rede mehr. Orlando trifft schließlich auf zwei ihm vertraute Frauen in einer Klause – sie »weihen sich überirdischen Betrachtungen, und finden ihr Glück in ihrer Ruh« –,[438] die als Kontrastfolie nur um so deutlicher machen, welchen Weg Orlando nicht einschlägt. Die Ruhe, die Orlando findet, ist keine der Einsamkeit, sondern der Partnerschaft. In diesem Ausgang des Romans ist die Einholung des Don Juans in das romantische Liebesmodell zu sehen. Es wird die Perspektive einer Ehe eröffnet, die sich aufgrund der Romanstruktur nicht als Flucht aus dem gesellschaftlichen Ganzen in die Exklave des intimen Bereichs lesen läßt, sondern als ersten Schritt der Resozialisierung.

Abschließend ist festzuhalten, daß sich aus der Perspektive meines Ansatzes eine völlig andere Lesart des »Orlando« ergibt, als Dammann vorschlägt. Ich ordne den »Orlando« in das Konzept der Regulierung des eigenen Fremden ein. Diese Lesart scheint mir auch deswegen angebracht, weil Vulpius mit dem Lobesgesang auf das Pilgerleben und der Kritik an der Ehe sowie mit dem Dialog zwischen Orlando und Gräfin Terranero den Komplex Treue und erotische Libertinage ausdrücklich thematisiert. Damit stellt Vulpius den Roman nicht nur von seiner Anlage als Ver-

---

436 Vulpius, Orlando, Teil 2, S. 231.
437 Ebd., S. 233.
438 Ebd., S. 243.

führungsroman, sondern auch durch einzelne Textsegmente in den größeren Zusammenhang der Verhaltensversuchung, der inzwischen an verschieden Texten Vulpius' untersucht wurde. Zur konkurrierenden Lesart des »Orlando Orlandino« als Bundesroman und als politische Stellungsnahme lassen sich ähnlich deutliche Hinweise nicht vorführen.

4.2.3 »Ehestands-Joch« und Invalidität

Den Abschluß der Textanalysen bilden zwei Romane, die ebenfalls das Thema der amor concupiscentiae bzw. amor benevolentiae aufgreifen. Auf eine ausführliche Besprechung wird in diesem Fall verzichtet, der Hinweis auf die Wiederholung bekannter Motive und Muster soll genügen.

4.2.3.1 »Lionardo Monte Bello«

Vulpius' Roman »Lionardo Monte Bello oder der Carbonari-Bund« (1821) beginnt als Geheimbundroman, wird jedoch bald zu einer Geschichte der Liebesabenteuer Lionardos. Das Motiv der Verschwörung wird bald von der Thematisierung der Ehe und Liebe und der indirekten Diskussion der Konkupiszenz überdeckt. Vulpius läßt, unter dem Hinweis auf den »Trieb der Neuheit«, eine Frauenfigur die bekannten Worte von der Ehe als »Kette« und von der Liebe als freiem Austausch der Zärtlichkeit wiederholen.[439] Andererseits läßt er die Wankelmütigkeit der Männer beklagen, die keine Herzen hätten, sondern nur »Plätze für Herzen; Höhlen, wo welche liegen sollten. Und liegen welche da, so sind sie invalid«.[440] »Wo das männliche Herz sitzen sollte«, klagt eine Frauenfigur, »sitzt nur das Verlangen und bald nimmt diesen Platz die Gleichgültigkeit ein« (S. 23). Als solle diese aus dem »Orlando« bekannte (Selbst)Kritik der männlichen Liebe untermauert werden, wird Lionardo kurze Zeit darauf der Untreue überführt (S. 141f.). Er schwört sich selbst, sich zu ändern, und hofft – wie vormals Orlando –, daß »ein guter Geist [...] die bösen Geister

---

439 Vulpius, Lionardo, 1. Teil, S. 247. Serena mahnt Lionardo: »Geht mit hundert Schwebenden um, seyd fröhlich und vergnügt mit ihnen, liebt sie sogar recht herzlich und laßt euch eben so herzlich wiederlieben, tauscht Neigung aus gegen Neigung, Zärtlichkeit um Zärtlichkeit. – Ihr werdet Euch dabei recht wohl befinden. Wenn Ihr wählt und wählt, um Euch selbst zu binden, so bindet Ihr ein Wesen zugleich mit Euch, das bald auch einsieht, daß nicht ein bloßes Schnürbrustband sie zusammenhält« (ebd., S. 248).

440 Vulpius, Lionardo, 2. Teil, S. 23; im folgenden Nachweise im Text.

beschwören und vertreiben [wird], die mich regieren« (S. 144). Diese Worte haben zunächst nur rhetorische Funktion; Lionardo nennt die Ehe kurze Zeit später erneuet das Unglück der Liebe und fragt: »warum soll man nicht lieben können, ohne sich zu binden« (S. 178).

In diesem Roman werden verschiedene nicht sanktionierte Formen der Sexualität vorgeführt bzw. angesprochen: die Liebe außerhalb der Institution Ehe sowie die ›Liebeskommune‹, die hinter Lionardos Vorschlag an seine Geliebten zu sehen ist, gemeinsam in seinem Haus zu wohnen (vgl. 191). Da die Klage über die Ehe als Gefängnis sowie die Verherrlichung der Ungebundenheit in Vulpius' Texten ständig wiederkehren und ebenso in seinen Briefen nachzuweisen sind, können sie nicht als bloße Figurensprache interpretiert werden. Zudem werden die vorgeführten systemfremden Formen von Liebe und Sexualität, wie so oft bei Vulpius, argumentativ begleitet und unterstützt, wobei Vulpius das unterschiedliche Verhalten der Geschlechter ansatzweise sogar soziologisch diskutiert.[441] Zugleich läßt sich im Text Kritik an der vorgeführten ›unverbindlichen‹ Liebe vernehmen; den Männern, die so lieben, wird ›Gefühlsinvalidität‹ bescheinigt. Die Kritik wirkt wie das ›schlechte Gewissen‹ des Autors, der gegen die Ver-/Vorstöße seines eigenen Fremden wieder die Normen und Werte des herrschenden Diskurses einsetzt. Der Roman zielt dementsprechend auf die Überwindung der amor concupiscentiae zugunsten der amor benevolentiae. Lionardo betrachtet seine Promiskuität erneut kritisch und gelobt Änderung.[442] Das Romanende zeigt ihn – in den Armen der Frau, die er die ganze Zeit gesucht hat – schließlich versöhnt mit dem Prinzip der Ehe: »Nun dann entschwinde alles! Meines Herzens Wunsch ruht in meinen Armen, ihr Herz klopft an meinem Busen. Himmel! erhalte mir diesen theuern Schatz. Jetzt bin ich glücklich. Laß mich es bleiben, o Vorsicht! die mich dem süßesten Bande [!] übergibt, das nur das einzige bleiben soll, das mich umschlingt« (S. 263f.).

---

441 Vulpius läßt Lionardo mit Blick auf die Frauen sagen: »Sie werden frei durch die Ehe und vorher sind sie durch allerlei Convenienzen gebunden. Eigentlich ist es das, warum sie so gern sich in das Ehestands-Joch begeben. Ein Mann aber, kann nichts Erfreuliches in einem solchen Lebenszustande finden« (ebd., S. 193).

442 Lionardo schließt ein Selbstgespräch mit den Worten: »Mein Blut rollt zu schnell. Ich bin zu verliebt. – Das muß und wird sich nun ändern. Darum ist es gut, was ich thun muß und werde. – In deinen Armen, Andorena, werde ich allein ruhen und glücklich seyn, und die Liebchen in Neapel werden auch nicht umkommen« (ebd., S. 192).

4.2.3.2 »Don Juan der Wüstling«

Es wäre verwunderlich gewesen, hätte Vulpius *keinen* Don Juan-Roman geschrieben. In Don Juan findet er die Figur vor, die seinem Orlando, Lionardo und in gewissem Maße auch Rinaldo zur Vorlage hatte dienen können. Die Geschichte des Don Juan verlangt geradezu nach heftigen Worten gegen die Ehe und nach entsprechendem Freiheitspathos. Diese Möglichkeit nutzt Vulpius in seinem 1805 veröffentlichten Roman reichlich. So stehen den einzelnen Abschnitten Modi voran wie: »Die Freuden sind uns zu gewogen; / es handelt um sie jeder Tag«, »Das Einfache ist das Grab der Freiheit« oder »In alle Lüfte ist verflogen, / schon morgen, was noch heute lag«.[443] So bezeichnet Don Juan die Ehe als Joch des »All-tags-Lebens« und fügt hinzu: »Die Beständigkeit ist eine Feindin der Frei-heit, und zu dieser ist der Mensch geboren« (S. 12f.). So ruft Don Juan aus: »Wir sind Kinder des Augenblicks« (S. 37) oder: »Leporello« Es muß leb-hafter um mich werden, sonst komm' ich vor Langweile um« (S. 55). An die aus anderen Vulpius-Texten bekannte Formel »Zärtlichkeit um Zärt-lichkeit«,[444] die gegen das zeitgenössische Verhaltensmodell der »Tugend-bewahrung als Eheerzwingungstaktik« (Luhmann) gerichtet war, erin-nern Don Juans Worte »Man gibt und nimmt. Kein Theil hat sich zu be-klagen. – Empfindungen sind keine Kontrakte« (S. 103). Schließlich faßt Don Juan seine (und Vulpius') Gedanken mit den Worten zusammen: »Mich zu verheurathen, und mein Glück in der Ehe zu suchen, dafür habe ich, wie ich dir schon oft gesagt habe, keinen Sinn. Ich liebe die Freiheit und kann mich durchaus nicht entschließen mein Herz zwischen vier Mauern einzusperren. Ich bin geneigt zu folgen, wohin ich gezogen wer-de. Mein Herz gehört allen Schönen« (S. 176).

Eine Beendigung des Textes mit der Perspektive der bürgerlichen Ehe ist nicht möglich. Die literarische Vorlage verlangt das Scheitern Don Juans. Anlaß und Ankündigung des Unterganges ist – wie in der Vorlage des Tirso de Molina – der »steinerne Gast«. Vulpius hat das Motiv des Ge-richts im Fegefeuer dadurch verstärkt, daß er Don Juan einen Pakt mit dem Teufel schließen ließ. Der Teufel, der im Text zuvor gelegentlich als undurchsichtiger Bekannter und Geldgeber Don Juans aufgetreten war, bricht ihm am Romanende »das Genick, und fuhr im Sturme mit ihm davon« (S. 215). Vulpius hatte Don Juan zwar bereits vorher mit einigem Selbstzweifel ausgestattet,[445] aber diese waren ebensowenig ernst zu neh-

---

443 Vulpius, Don Juan, S. 3, 10 und 53; im folgenden Nachweise im Text.

444 Vgl. Vulpius, Hulda, S. S. 153, und Vulpius, Lionardo, 1. Teil, S. 248.

445 Don Juan sieht sich im Traum unter den Verdammten, er entschließt sich, seinem Lebenswandel zu entsagen und will Mönch werden (vgl. Vulpius, Don Juan, S. 148f.).

men wie Lionardos selbstkritische Worte im »Lionardo«-Roman. Don Juan, durch Leporello an seinen Entschluß erinnert, leugnet, jemals etwas dergleichen gesagt zu haben. Er stirbt uneinsichtig. Der Leser aber geht, das ist der Sinn der Geschichte, wieder auf Distanz zu einer Verhaltensversuchung, die, wenn nicht in die Hölle, so doch zumindest ins soziale Abseits führt. Er kann sich dabei auf ein Motto aus dem letzten Teil berufen, mit dem Vulpius der Augenblicks-Philosophie des Don Juan bereits wieder den zeitgenössischen Diskurs entgegengestellt: »Wie willst du Morgen noch erblicken / im leichten Sand des Fußes Spur?« (S. 155.)[446]

---

446 Vulpius teilt im Anhang die »Nachrede des Spanischen Censors, Juan Jvanez d' Almeida, Bischoff zu Calones« mit, in der die Veröffentlichung der Geschichte Don Juans befürwortet wird, »da wir überzeugt sind, daß nur durch Beispiele da am kräftigsten zu würken ist, wo Ermahnungen ohne lebendige Darstellungen den beabsichtigten Entzweck nie erreichen würden« (ebd., S. 217). – In diesem Nachwort wird, ganz im Sinne dessen, was über das Prinzip der Verwaltung gesagt wurde (vgl. 2.3.6), darauf verwiesen, daß Beispiele eine größere disziplinierende Wirkung entwickeln als bloße Ermahnungen. In der Terminologie der Diskurstheorie hieße dies: durch die Überführung des Don Juanismus in eine »diskursive Existenz« werden unbestimmte Sehnsüchte bzw. ungeordnetes Alltagswissen durch entsprechend codiertes Wissen verwaltet.

5. Resultate

Anke Bennholdt-Thomsen betont in ihrem Buch »Der ›Asoziale‹ in der Literatur um 1800«, daß asoziales Verhalten auch Protest gegen herrschende Normen bedeutet, »den eine spätere Gesellschaft zur Voraussetzung ihrer neuen Normierung und Wertetafel machen wird« – »In diesem Sinne hat asoziales Verhalten antizipatorischen Charakter – und die es thematisierende Literatur ebenfalls«.[1] Bennholdt-Thomsen verweist auf den Appellcharakter der Literatur des Asozialen, der darin bestehe, daß das Publikum zu einer Stellungnahme aufgefordert werde, »die die Bereitschaft einschließen soll, erstens sich mit dem dargestellten Fall von Asozialität und seinen Bedingungen eingehend zu befassen, um selbst zu einem Urteil zu kommen, zweitens und damit zusammenhängend die angeeigneten Vorstellungen von Recht, Moralität, Mündigkeit usf., die zu einer fast naturnotwendigen Be- und Verurteilung führen, in Frage zu stellen« (S. 9). Aus dieser Perspektive wird die Literatur des Asozialen zu einer »potenzierte[n] Herausforderung« der Gesellschaft (S. 8), sie ist »engagierte« Literatur, da sie Interesse am Asozialen – als einem gesellschaftlichen Problem – nimmt (S. 40). Ob und inwiefern sie tatsächlich appellativ wirkt, kann Bennholdt-Thomsen nicht sagen. Diese Frage läßt sich insgesamt schwer beantworten und bedürfte einer repräsentativen Analyse von Rezeptionsquellen, die zumeist nicht möglich ist, von Bennholdt-Thomsen auch nicht angestrebt wird (vgl. ebd.).

Vor dem Problem mangelnder Rezeptionsquellen stand auch meine Untersuchung. Dennoch wurde nach Funktion und Wirkung der entsprechenden Texte gefragt, wozu zugleich die *Möglichkeit* einer Wirkung kritisch zu erörtern war. Da die Frage der Text*re*produktion nicht direkt beantwortet werden kann, sind Auskünfte aus der Analogisierung mit den Text*produktions*bedingungen zu ziehen. Dieses Verfahren lenkt das Interesse auf den Autor. Die Analyse der Disposition des Autors hat Annahmen über die Disposition seiner Leser bereitzustellen und somit Vermutungen über die Wirkung der Texte plausibel zu machen. Die Disposition ist wiederum aus der Analyse des Kontextes zu umreißen. Aufgrund meiner theoretischen Vorüberlegungen gehe ich von verschiedenen Kon-

---

1 Bennholdt-Thomsen, S. 6; im folgenden Nachweise im Text.

texten aus, in denen sich ein Individuum befindet und in denen seine Disposition bzw. seine Mentalität geschaffen, reproduziert und gegebenenfalls modifiziert wird. Die Untersuchung setzte also auf verschiedenen Ebenen an, sie hatte den allgemeinen zeitgenössischen Kontext der Aufklärung und den in diesem Zusammenhang relevanten Lesesucht-Diskurs ebenso zu erörtern wie den engeren biographischen Kontext des Autors.

Ein solches Vorhaben kommt nicht ohne Orientierungsfragen aus, die den Untersuchungsgang lenken und in gebotener Weise einschränken. Die in verschiedenen Passagen der Vulpius-Texte deutlich werdende Thematisierung eines asozialen Verhaltens und die ersichtliche Gegenüberstellung von »außerordentlichem« Leben und »Schneckenlinien des gewöhnlichen Lebens« hatten nahegelegt, die Frage nach dem Abenteuer bzw. Asozialen in den Mittelpunkt der Untersuchung zu stellen. In dieser Hinsicht ist meine Arbeit der von Bennholdt-Thomsen verfolgten Fragestellung verbunden; sie unterscheidet sich jedoch im methodischen Ansatz von ihr. Bennholdt-Thomsen konzentriert sich auf eine Systematisierung verschiedener Texte, wobei es sich vor allem um bekannte Texte bekannter Autoren handelt. Ich untersuche einzelne Texte eines inzwischen fast vergessenen Autors, wobei ich besonderes Augenmerk auf die Kontexte des Autors lege.

Die Differenzen in der Methode lassen Differenzen im Ergebnis erwarten. Entsprechende Vergleiche können allerdings nicht angestellt werden, da Bennholdt-Thomsen keinen Vulpius-Text in ihre Untersuchung aufnimmt – obgleich sich dies angeboten hätte und mit Blick auf die Rubrik der Räuber zumindest so nahelag, daß in einer Anmerkung der Verzicht auf die Analyse »trivialer« Räuberromane erklärt wurde. Dort heißt es, durch das Unterhaltungsziel und die Stilisierung des Räubers zum »rosigen Räuber« (Rudolf Schenda) sei im »trivialen Räuberroman« der »asoziale Räuber als unterdrücktes, sich mehr oder minder wehrendes Subjekt« nicht mehr zu erkennen (S. 277). Im Hinblick auf den »Rinaldo«-Roman trifft diese Aussage nur insofern zu, als Vulpius' Räuberhauptmann tatsächlich nicht aus einem ihm von der Gesellschaft zugefügten Unrecht zu verstehen ist. Gerade aus diesem Grund jedoch darf dieser Text in einer repräsentativen Untersuchung der zeitgenössischen Literatur des Asozialen nicht fehlen. Im »Rinaldo Rinaldini« wirkt das Asoziale »appellativ« in einem ganz anderen Sinne, als von Bennholdt-Thomsen für die Literatur des Asozialen reklamiert. Die Vernachlässigung dieser anderen Funktion von Thematisierung des Asozialen scheint nicht zuletzt dem ungenügend reflektierten Einsatz des Trivialitätsbegriffs geschuldet zu sein. Die in diesem Begriff mitschwingenden »schwer entschlüsselbare[n], kulturell eingeschliffene[n] Vorurteilsstrukturen«[2] haben offenbar dazu geführt, Funktion und Wirkung des »Rinaldo«-Romans auf die Kategorie Unterhaltung zu reduzieren. Wie meine Untersuchung gezeigt hat, lassen sich gewichtige Argumente gegen diese Annahme vorbringen.

Es trifft nicht zu, daß im Trivialromen das Außenseitertum »als Infragestellung dessen, was sozial gilt, außerhalb des Gesichtskreises« bleibe.[3] Die untersuchten Vulpius-Texte zeigen, daß die Thematisierung des Außenseitertums bzw. des Asozialen gerade unter Verweis auf das, was als sozial bzw. normal gilt, unternommen wird. Die explizite Gegenüberstellung von sozialen und asozialen Positionen ist ein wiederkehrendes Phänomen in Vulpius' Texten. Das, was als sozial gilt, wird von Vulpius in Frage gestellt. Die Analyse der Texte und des biographischen Kontextes von Vulpius, sowie der Rückgriff auf die Theorie der Psychoanalyse haben die These gestützt, daß Vulpius das Asoziale als das ihm eigene Fremde thematisiert. Er lebt in seinen Texten Imaginationen, Verhaltensversuchungen und Lebenskonzepte aus, die er, wie die Untersuchung des biographischen Kontextes annehmen läßt, nie oder nur ansatzweise verwirklicht hat. Vulpius suspendiert im Schreiben die Regeln und den Wertekanon des Realitätsprinzips; er vollzieht und ermöglicht in seinen Texten die Identifizierung mit dem Asozialen und die Lust des *anderen*.

Allerdings endet kein Text, ohne die Position des Asozialen zurückgenommen zu haben. Die Struktur der Texte läuft jeweils auf die Bestätigung herrschender Normen hinaus. Die Unmöglichkeit des asozialen Verhaltens wird dabei nicht primär aus dem Widerstand der Gesellschaft, sondern aus den inneren Widersprüchen der Protagonisten erklärt, wobei eine Thematisierung der psychischen Verfassung als Ergebnis des gesellschaftlichen Kontextes nicht erfolgt. Das heißt, der Text vermittelt schließlich weniger einen Protest gegen die herrschenden Normen als die Ansicht, daß der Protest nicht lebbar ist. Es liegt der doppelte Lustgewinn der Überschreitung bestehender Grenzen und der Rückkehr in erprobte Verhaltensweisen vor. Antizipatorischen Charakter haben die das asoziale Verhalten thematisierenden Texte Vulpius' demzufolge nur insofern, als sie nicht sanktionierte, aber existente Verhaltensversuchungen aufgreifen und durchspielen, um sie ad absurdum zu führen. Die Literatur des Asozialen, die Vulpius produziert und die von einem breiten Publikum rezipiert wird, wirkt, so die Schlußfolgerung, in höchstem Maße als Sozialisationsinstanz.

---

2 Schulte-Sasse, Trivialliteratur, S. 562.
3 Bennholdt-Thomsen, S. 277.

Zu diesem Ergebnis kommt jüngst auch Edward Larkin am Beispiel des »Rinaldo«-Romans.[4] Wenn Larkin Vulpius als »moderaten Aufklärer« bezeichnet,[5] ist jedoch noch einmal zu betonen, daß Vulpius nicht nur, wie Larkin hervorhebt, Moralisierung mit Unterhaltung verbindet, sondern sich einer moralischen Argumentation, wie sie bei vielen Zeitgenossen anzutreffen ist, immer wieder entzieht.[6] Die Sozialisierungsleistung seiner Texte besteht in der Codierung des Gegenstandes, die die asozialen Verhaltensversuchungen in ein spezifisches System des Wissens einordnet. Entscheidend ist, daß neben der Vermittlung des regel-konformen, sozial-integrativen Wissens temporär zugleich die Lust des *anderen* ermöglicht wird. Deswegen ist statt von einer unterhaltsamen Moralisierung treffender von einer ›hedonistischen Moralisierung‹ zu sprechen.

Meine Arbeit untersucht Codierungsprozesse im Hinblick auf Erscheinungen des Asozialen, ist jedoch mit ›Verwaltung des Abenteuers‹ überschrieben. Dieser Titel wurde nicht nur aus ästhetischen Gründen gewählt. Er verweist auf die benutzte Definition des Begriffs Abenteuer, die eine Korrespondenz mit dem Asozialen herstellt. Das Abenteuer ist das Unkalkulierbare, Ungewohnte, das den Rahmen sozialer Erfahrung sprengt. Es steht wie das Asoziale dafür, daß bestimmte Erwartungen, die aus einer erlebten Sozialisation resultieren, nicht erfüllt werden. Zur Figuration des Abenteuers gehört ebenso wie der Räuber oder der Don Juan die

---

4 Larkin betont das ethische Moment in Vulpius' Texten (»Vulpius' interest in sorting out for his readers [...] how they may resolve or at least better understand the fundamental conflict between individual desire and societal morality«) und deutet Rinaldos Ende ganz im hier vertretenen Sinne einer Zurücknahme der Verhaltensversuchung: »his death (or perhaps deaths) reminded the contemporary reader, who may in fact have identified with Rinaldini (a character whose fame rivaled that of Werther) that an ethic based on undisciplined or unrestricted sentiment was inadequate (however attractive it may appear) to a practical, necessarily social life« (Larkin, S. 473 und 474).

5 Ebd., S. 474; Larkin verweist auf die Wertschätzung, die Vulpius Nicolai und Wieland entgegenbrachte (S. 464, und Anmerkungen 14 und 15).

6 Es sei in dieser Hinsicht nur auf Lafontaine (vgl. unter 4.1.2.3.3) und auf die zitierten antionanistischen Texte (vgl. 2.3.2 und 2.3.5) verwiesen. Vor dem Hintergrund dieser Beflissenheit seiner Zeitgenossen und vor dem Hintergrund der Umstellung des Sexualverhaltens auf das kleinbürgerliche Liebes- und Ehemodell gewinnen jene Textpassagen an Bedeutung, in denen Vulpius die ›moralische Richtigstellung‹ unterläßt; etwa nachdem er den Ansichten einer Ninon de Lenclos eine Tribüne schaffte (vgl. 4.1.3.1) oder nachdem er eine seiner Figuren die lesbische Liebe besingen ließ (Vulpius, Szenen, S. 67, vgl. dazu Simanowski, Nonnen, S. 39). Diesem Moment eines letztlich ›ungetilgten‹ Verstosses gegen den offiziellen Moraldiskurs (man denke auch an Vulpius' positive Zeichnung der ›starken Frauen‹ und an die brieflichen Äußerungen über Ehestand und Alltagsleben) wird Larkin nicht gerecht.

›starke Frau‹, die vor dem Hintergrund der zeitgenössischen Geschlechterdebatte und des herrschenden Diskurses in ihren verschiedenen Varianten nicht allein gegen den herrschenden Diskurs verstößt und insofern das Merkmal des Asozialen trägt, sondern ihr Gegenüber auch verunsichert und insofern für ihn die Qualität des Abenteuers besitzt.

Das Abenteuer verkörpert wie das Asoziale einen *Verstoß*. Dies wird auch deutlich in der negativen Codierung, die das Abenteuer im zeitgenössischen Diskurs erhält. Abenteuer und Abenteurer verlieren mit der Entwicklung der bürgerlichen Gesellschaft ihre Berechtigung als reale Erscheinungen. Das Abenteuer wird zur Unvernüftigkeit und zum Störfaktor im System bürgerlicher Ordnung, der Abenteurer wird als Person kritisiert, die die Schranken bürgerlicher Existenz durchbricht und sich über die Doktrin der herrschenden Moral hinwegsetzt. Er mißachtet die burgerlichen Tugenden der Kalkulation, der Vernunft und der Affekt kontrolle. Das Abenteuer wird selbst zum Symbol des Asozialen.

Das diskreditierte Abenteuer wird in die Schrift verwiesen und damit zum Gegenstand der Konsumtion. Der zeitgenössische Lesesucht-Diskurs sieht auch darin eine Desozialisierungsgefahr. Mit Blick auf Vulpius' Texte ist in der literarischen Gestaltung des Abenteuers jedoch eine Sozialisierungsleistung zu sehen, indem das Abenteuer in sozial-konformer Weise codiert wird. Der Erfolg dieser Codierung hinsichtlich der Leser muß, wie die theoretischen Vorüberlegungen gezeigt haben, nach der Parallelisierbarkeit des Codes mit anderen ›Eingabegrößen‹ bemessen werden (vgl. 1.2.2.6). Von einer entsprechenden Parallelisierbarkeit kann mit Blick auf Vulpius, der diese Codierung (re)produziert, ausgegangen werden. Seine Erfahrung innerhalb des familiären, beruflichen, lokalen und im weiteren Sinne sozialen Kontextes hat zu der in seinen Texten erkennbaren Haltung der ›sympathetischen Distanz‹ zum Abenteuer geführt. Diese ›Eingabegrößen‹ sind zum Großteil ebenso für Vulpius' Zeitgenossen, also für seine potentiellen Leser zu veranschlagen.

Während dieser Aspekt der ›Verwaltung des Abenteuers‹ auf die *Thematisierung* des Abenteuers zielt und damit schließlich auf das *Ergebnis* der Lektüre, gibt es einen zweiten Aspekt, der auf dem *Vorgang* Lektüre beruht. Mit der Untersuchung zum Mentalitätswandels des Lesers und den Überlegungen zur Verschriftlichung der Kommunikation sind die Affektmodellierungsverfahren der ›entkörperlichten‹ Rezeption und der medialen Codierung der Lust in der Schrift deutlich geworden. Erich Schön nennt die Entwicklung des Leseverhaltens zur ›Entkörperlichung‹ eine »Unterdrückung von Handlungsimpulsen«, Albrecht Koschorke sieht in der Verschriftlichung der Sprache eine Vergeistigung der Sinne und in der grundlegend werdenden *einsamen* Lektüre eine verstärkte »Resistenz gegenüber äußeren, sinnlichen Reizen«.[7] Aus dieser Perspektive vollzieht sich Affektmodellierung bereits in der Rezeptions*situation*. Das Medium Schrift selbst wird zur Regulierungsinstanz. Bezüglich der ›Verwaltung des Abenteuers‹ liegt der Akzent hier nicht auf dessen Codierung, sondern auf dessen *Medialisierung*. Das Abenteuer in der Schrift verhindert das Abenteuer in der Realität. Es geht um die ›Besetzung‹ von Zeit.

Um diesem Vorgang nachvollziehbar zu machen, wurde das Phänomen der Zerstreuung als Überwindung von Zeit erörtert. Der zeitgenössische Lesesucht-Diskurs sieht in der Lektüre »schlechter Romane« eine gesellschaftliche Gefahr. Er befürchtet zum einen die Übernahme falscher Werte und kritisiert zum anderen die Lektüre, die nur auf Zerstreuung zielt, als Vernachlässigung der Pflicht zur individuellen Vervollkommnung. Der Lesesucht-Diskurs ist in dieser Hinsicht dem Onanie-Diskurs zu vergleichen, in dem es ebenfalls um die Stigmatisierung einer im herrschenden Diskurs nicht sanktionierten Lust geht. Das einsame Zimmer wurde aus dieser Perspektive in meiner Untersuchung zunächst zum Symbol der asozialen Lust. Andererseits wird im Lesesucht-Diskurs schließlich die sozialisierende, normierende Kraft der ›zerstreuten Lektüre‹ gesehen. Die Lektüre an sich, so die Meinung eines Zeitgenossen, halte ab von anderen, im zeitgenössischen Moraldiskurs ebenfalls verurteilten Handlungsweisen.[8] Die *Konsumtion* des Abenteuers wird nicht mehr diskreditiert. Damit ist eine Umdeutung der Symbolkraft des einsamen Zimmers erforderlich. Die Lust des einsamen Zimmers dient als Palliativ gegen die Versuchungen der Außenwelt: die Lektüre als Prozeß ermöglicht die Verwaltung asozialer Verhaltensversuchungen.

Damit sind zwei Seiten eines Vorganges umrissen: die Codierung des Abenteuers (bzw. des Asozialen) durch Thematisierung und die Verdrängung des realen Abenteues durch Medialisierung. Sie zielen jeweils auf die Vermeidung des Abenteuers. Beide Varianten sind im Kontext der Vulpius-Texte nachweisbar. Wie am »Rinaldo«-Roman zu sehen war, wird die Medialisierung des Abenteuers gelegentlich sogar im Text selbst reflektiert.[9] Am Beispiel dieses Romans ist abschließend zu erläutern, wie sich diese beiden Seiten der ›Verwaltung des Abenteuers‹ ergänzen.

Johann Wilhelm Appell hatte im »Rinaldo Rinaldini« nur ein »überbuntes Sudelgemälde« gesehen und die »bis zum Ekel« ermüdende »ewige Wiederholung plumper Abenteuerlichkeiten« moniert.[10] Das Prinzip der

---

7 Schön, S. 163; Koschorke, S. 613.

8 Vgl. die unter 2.4.3. zitierte Rechtfertigung der ›zerstreuten‹ Lektüre als Verhinderung von sexueller Ausschweifung, Spielleidenschaft und Alkoholismus.

9 Vgl. die Beispiele unter 3.8 und 4.2.1.6.

10 Appell, S. 45f.

ständigen Wiederholung in diesem Roman wie in den meisten anderen Vulpius-Texten fällt in der Tat auf. Die Analyse des »Rinaldo«-Romans zeigt aber, daß der Text sich nicht in der Wiederholung »plumper Abenteuerlichkeiten« erschöpft, sondern eine bestimmte Intention verfolgt. Mit der erörterten Codierung des Abenteuers beteiligt er sich an den zeitgenössischen Disziplinierungsbestrebungen. Der ›Verwaltung des Abenteuers‹ dient aber auch die von Appell monierte Ästhetik des Romans. Das Wiederholungsschema des Textes ist kein Mangel, sondern eine Folge seiner Absicht.

Die ewige Wiederholung des Abenteuers ist die ewige Wiederkehr des Gleichen. Der Informationswert solcher Texte ist äußerst gering. Umberto Eco nennt als Merkmal des Wiederholungsschemas die »Botschaft mit hoher Redundanz«.[11] Der »Hunger nach Unterhaltungsliteratur, die auf diesen Mechanismen beruht«, ist demzufolge ein »*Hunger nach Redundanz.*«[12] Dieser Hunger ist das Pendant zur Zerstreuungssucht. Beide Bezeichnungen zielen auf die ›Folgenlosigkeit‹ der Rezeption. Der Sinn der Lektüre besteht nicht in der Informationsaufnahme, er besteht gerade in dem, was der zeitgenössische Lesesucht-Diskurs als unmoralisch beschrieb: Zeitvertreib.[13]

Wie soeben festgehalten, wird die sozialisierende Wirkung der ›zerstreuten Lektüre‹ bereits im zeitgenössischen Lesesucht-Diskurs angesprochen. Sie diszipliniert, ungeachtet der in ihr vermittelten Informationen, indem sie Zeit ›besetzt‹. Die Besetzung der Zeit durch Lektüre ist eine spezifische ›Codierung der Zeit‹: Zeit wird sozial ungefährlich ›verbraucht‹. Im Grunde kommt es genau darauf an. Aus der Perspektive der ›Verwaltung des Abenteuers‹ liegt das ganze Unglück der Menschen, um Blaise Pascals Ausspruch aufzunehmen, tatsächlich in dem Umstand, »daß sie nicht ruhig in einem Zimmer bleiben können«.[14] Damit der Bürger sich auf keine asozialen, abenteuerlichen Handlungen einläßt, muß er nicht etwa Anhänger der Kantschen Pflichtenethik werden, sondern Leser. Er wird vom Abenteuer abgehalten, indem er es *konsumiert*. Darin liegt der psychologische Wert der Lektüre. Es geht dabei um die entsprechende Codierung des Abenteuers, aber es geht auch um das Lesen *an sich*. Das Ziel der Lektüre ist nicht nur eine sozial-konforme Botschaft; das Ziel der

---

11 Eco, S. 211.

12 Ebd.

13 Vgl. Adam Bergks Mahnung von 1799: »Ein Lesen, womit man bloß die Zeit vertreiben will, ist unmoralisch, weil jede Minute unsers Lebens mit Pflichten ausgefüllt ist, die wir ohne uns zu brandmarken nicht vernachlässigen dürfen« (Bergk, Die Kunst, Bücher zu lesen, S. 86).

14 Pascal, Nr. 136/139.

Lektüre ist auch die Lektüre selbst. Unter diesem Gesichtspunkt besitzt die Ästhetik der Wiederholung – als *Verlängerung* der Lektüre – ein disziplinierendes Moment. Sie hält den Leser im Zimmer.

Appendix. Die Untersuchung hat am Trivialautor Vulpius eine Seite aufgedeckt, die zuvor kaum sichtbar war. Das an den behandelten Texten herausgearbeitete Strukturmodell der ›hedonistischen Moralisierung‹ macht deutlich, daß Vulpius durch die ›Verwaltung des Abenteuers‹ am Disziplinierungsprozeß seiner Zeit teilnimmt und einen spezifischen Beitrag zur Ausgestaltung der bürgerlichen Gesellschaft leistet.

Andere Seiten an Vulpius' Schreiben sind weiterhin unbelichtet geblieben. Es ist beispielsweise bemerkenswert, daß Vulpius in einer Zeit, da Vaganten und Zigeuner als asoziale Bevölkerungsschichten diskreditiert wurden, deutlich seine Sympathie für diese bekundet und um Toleranz für das Fremde wirbt.[15] Bemerkenswert sind außerdem verschiedene stilistische Elemente. Erwähnt wurden die Anzeichen von Selbstironie in Vulpius' Texten,[16] erwähnenswert sind weiterhin Texte, die in ihrer Originalität und Sprachkraft unerwartet aus Vulpius' Werken herausstechen wie der Roman »Johann von Leiden«, dessen Diktion zuweilen die Dynamik und Pointiertheit eines »Sturm und Drang«-Stückes zeigt,[17] sowie der Text »Sendschreiben des Fiebers an die Pockenkrankheit«, in dem Vulpius über den neuesten Stand der medizinischen Forschung aus der Sicht der ›Betroffenen‹ informiert.[18]

Ebensowenig konnte der Frage nachgegangen werden, wann, wo und warum das an Vulpius gezeigte Modell der ›hedonistischen Moralisierung‹ auch für andere Trivialautoren gilt bzw. nicht gilt. Die gegebenen Verweise auf unterschiedliche biographische Voraussetzungen und literarische

---

15 Vgl. Vulpius, Abentheuer und Fahrten, S. 275, wo ein halbgebildeter ›Stammtisch-philosoph‹ als dumm-dreister Fremdenhasser entlarvt wird (siehe unter 3.7 Anm. 15), und den Roman »Die Zigeuner« (siehe dazu Anm. 18 in Kapitel 4).

16 Vgl. der inszenierte Dialog des Autors mit seinem alter ego über den Sinn von Vorwörtern (4.1.1.3) sowie Vulpius' (Selbst)Ironisierung der Anmerkungswut bzw. des Belehrungstalents einer seiner literarischen Figuren (4.1.3.4). Vgl. außerdem die Vorrede zu: Janus. Eine Zeitschrift auf Ereignisse und Thatsachen gegründet. Erster Band, Weimar: bey den Gebrüdern Gädicke 1800, sowie die plötzliche Wendung ans Publikum in: Sebastiano, S. 232.

17 Vulpius: Johann von Leiden, wahre Geschichte der Vorzeit, Dresden und Leipzig: in der Richterschen Buchhandlung 1793.

18 Janus. Eine Zeitschrift auf Ereignisse und Thatsachen gegründet. Erster Band, Weimar: bey den Gebrüdern Gädicke 1800, S. 257- 262 und: Antwort der Pocken-Krankheit an das Fieber, ebd., S. 442-445.

Vorgehensweisen[19] können die ausführliche Untersuchung der verschiedenen Kontextebenen einerseits und der Texte andererseits keineswegs ersetzen. Das Ziel dieser Arbeit war es, exemplarisch den Zusammenhang von Kontext und Text zu untersuchen, um einen differenzierten Blick auf das literarische Schaffen *eines* Trivialautoren zu gewinnen. Voraussetzung eines notwendigen Synchronvergleichs – und zwar nicht nur hinsichtlich anderer *Trivial*autoren – sind ebenso komplexe Untersuchungen zu Vulpius' Zeitgenossen. Arbeiten zu kanonisierten Autoren liegen zur Genüge vor. Arbeiten zu nichtkanonisierten Schriftstellern stehen noch aus[20] bzw. sind um wesentliche Teile zu ergänzen.[21] Eine Vergleichsstudie, die mehr als biographische Fakten und verkürzte Textaussagen diskutieren will, kann erst jenen Vorarbeiten folgen.

---

19 Vgl. unter 3.4 und unter 4.1.2.3.3.

20 So gibt es keine relevanten Untersuchungen zu Charlotte von Ahlefeld oder August Gottlieb Meißner. Die alten Untersuchungen zu Christian Heinrich Spieß (C. Quelle: Christian Heinrich Spieß als Erzähler, Diss. Leipzig 1925), Lafontaine (vgl. Ishorst) oder Karl Gottlob Cramer (A. Chlond: Carl Gottlob Cramers Romane. Ein Beitrag zur Geschichte der Unterhaltungsliteratur der Goethezeit, Dis. Halle 1959; Ludwig Krähe: Carl Friedrich Cramer bis zu seiner Amtsenthebung, Berlin 1907) tragen mitunter umfangreiches Material zusammen, erfüllen die aktuellen Ansprüche jedoch keineswegs.

21 Im Falle Grosse ist mit Hans-Joachim Althofs Dissertation, in der Biographie und literarisches Schaffen in ihrem Wechselverhältnis betrachtet werden, schon viel getan (vgl. Althof); im Falle Spieß erstreckt sich Hartjes Dissertation immerhin auch auf den Diskurs-Kontext, schließt aber nicht den sozialen und individuellen Kontext in die Überlegung ein (vgl. Hartje).

Summary

The traditional classification of Christian August Vulpius as an author of »trivial literature«, together with the tendency of literary history to devote itself primarily to canonized writers and texts has done much to hinder a properly comprehensive investigation of his life and work, which encompasses novels, plays, opera libretti, popular-scientific tracts and periodicals. Nonetheless, a closer look at this best-selling author, the creator of the »highwayman novel« *Rinaldo Rinaldini,* reveals him to be more ambiguous and interesting than criticism would have heretofore led one to believe. Not only did Vulpius, suspected by his contemporaries of having authored Goethe and Schiller's *Xenien,* make repeated attempts to establish an affinity with those two men, consistently criticizing the »poor taste« of other writers in his capacity as reviewer for the *Allgemeine Literatur-Zeitung*; his texts tackle a number of important contemporary issues – debates about gender, or the problem of the artist as outsider in bourgeois society, etc... – showing a remarkable awareness of the ambivalence of his own criticism of and simultaneous dependence on social conventions.

Drawing upon sociological, discourse-theoretical, reception-studies and philological perspectives, this dissertation locates its subject in historical and biographical context. A theoretical section, which problematizes the definition of and distinctions between trivial and high literature, as well as the author-text-audience relationship upon which it is based, clears the way of various prejudices and illusions and establishes the methodological conditions for a balanced analysis of Vulpius and his works. The first result of such a re-thinking is the acknowledgement that no objective definitional criteria obtain for either the aesthetic value or ultimate use value of a text. In addition, the optimistic model of sovereign author influencing reader with his or her text is discarded in favor of one featuring a number of contextual levels, which takes account of audience predisposition and necessary authorial habits of speech. Author and reader emerge as both objects and points of intersection for various discourses and social systems, as they effect the text to be (re-)produced. This theoretical approach informs the dissertation's central strategy of investigating the various levels of historical and biographical context before proceeding to analyze Vulpius' texts themselves.

The Enlightenment, the revolutionary expansion in popular literacy, the emerging discourse of discipline and punishment, and the increasing consumption of adventure stories are all highlighted as integral elements of eighteenth-century historical context. One important point in this regard is the qualification and restriction of the Enlightenment call for self-sufficiency, or *Mündigkeit*, by the idea of »relative Enlightenment«. This class- and occupation-specific relativization, in line with ideas of individual social utility, reflects categorical distinctions between the individual as human being (i.e. abstract) and citizen (concrete social entity). This shift contains a positive functional definition of trivial literature as that which serves the needs of an expanded reading public in a way suitable to its aesthetic and intellectual competence. At the same time it needs to be remembered that, as will be sketched out in the following sociological discussion of the literacy revolution, a »culturally consuming« bourgeois audience à la Jürgen Habermas had already begun to evolve in the last third of the eighteenth century alongside the »culturally reasoning« one of Enlightenment ideals.

Under the guise of criticizing asocial forms of behavior, parallels were eventually drawn between the discourse surrounding »compulsive« reading and the »antionantic Terror«, re-asserting concepts of individual duty to society at the expense of individual desire. In the process, the proverbial lonely room of the reader appears as a site of violated norms. Belying such fears of the reader's de-socialization through »pernicious« reading material, however, are, on the one hand, the process of »de-physicalized« reception by which affects are vicariously experienced, and, on the other, processes of encoding. According to the idea of encoding, discipline results from the suppression of unarticulated, unregulated everyday knowledge through a specific »system of knowledge.« This can be illustrated with reference to contemporaries discourses surrounding subjects from masturbation to travel. The Foucauldian idea of »panopticism« as a sign of universal surveillance can thus be extended to speak of a »panopticism of language«, as the watching eye is replaced by the internalized word.

This system-conformist process of encoding can also be illustrated with reference to the historical discourse surrounding adventure. Defined in its broadest sense as all that is incalculable, adventure comes to represent a disruptive factor within the system of bourgeois order. In the last years of the eighteenth century, the adventurer, who disregards bourgeois virtues like calculation, reason and outcome control, is negatively encoded. Adventure »emigrates« into the written word (and into the panorama and the wax-figure cabinet, as well), increasingly becoming an object of consumption. This process of mediation ultimately enables a broad social movement of readers at a given time to become »distantly involved« in adventure as the opposite extreme of bourgeois existence. In the process, adventure is subjected to mediational management, experienced in socially harmless form. The reader's lonely room – the main site of adventure consumption – takes on the opposite symbolic force in this view and becomes in a dual sense the site for managing asocial behavioral impulses: a procedural sense of »occupying« time which, as contemporary sources show, would otherwise be devoted to bars or prostitutes, and an experiential sense in which adventure itself is specifically encoded.

The dual aspects of discipline – the avoidance of adventure by encoding and mediation – are techniques used by Vulpius, who, although perennially flirting with the unrestricted life of the pilgrim-poet, is constantly in search of the certainties afforded by a bourgeois existence and quickly becomes the »perfect officer« of the Weimar library. The result of his ambivalence is a structural paradigm which can be identified in several of his novels. The protagonists of these texts are asocial heroes in the discourse of bourgeois morality – be they the dominant, openly sexual, intellectually emancipated woman as nymph, Amazon or feminist philosopher, or the outlaw male as the highwayman or the Don Juan. Although Vulpius preliminarily depicts such figures' violation of bourgeois convention in affirmative terms, he ultimately exaggerates their behavior into an untenable *reductio ad adsurdum,* so that his texts end with the re-established perspective of bourgeois morality. What is decisive for this turnabout is that it is not accompanied by foregrounded moral polemicizing or categorical criticism. Asocial behavior – the imaginative product of an alternative, non-conformist type of living – is neither denied nor stigmatized. It is treated seriously and incorporated into the reading process.

With his oxymoronic process of »hedonistic moralizing«, Vulpius writes his way in a highly specific sense into the disciplinary discourse of his time. With his constant search for certainty of existence and compensation for desire in the alternative, adventuresome living of the written word, he is prototypical for the literary community of his day. Just as he produces the adventures missing in his life from other texts, readers re-produce them in the process of consuming his works. In both cases, the management of problematic behavior is accomplished, so that the trivial literature, dismissed as de-socializing in the contemporary discourse surrounding compulsive reading, can be observed to play a hardly insignificant socializing role in the acculturation process.

7. Literaturverzeichnis

Sämtliche Zitate richten sich in Orthographie und Grammatik nach den ihnen zugrundeliegenden Quellen. Die von mir an Zitaten vorgenommenen Veränderungen werden ausgewiesen. Alle Vulpius-Titel außer »Beschreibung der Bastille« und »Die Abenteuer des
Prinzen Kalloandro« sind ohne Vulpius' bürgerlichen Namen erschienen. Briefe von Goethe und Schiller werden datiert und nicht zusätzlich ausgewiesen, sie sind nach der Sophien-
ausgabe bzw. Nationalausgabe zitiert.

7.1 Quellen

Ahlefeld, Charlotte von: Die Kokette, Breslau 1826.

Allgemeine Deutsche Biographie, Bd. 40, Leipzig 1896, S. 379-381 (Artikel zu Vulpius von
Max Mendheim)

Allgemeine Enzyclopädie der Wissenschaften und Künste, hg. v. J. S. Ersche und J. G. Gruber,
Leipzig 1818, Bd. 1.

Appell, Johann Wilhelm: Die Ritter-, Räuber- und Schauerromantik. Zur Geschichte der
deutschen Unterhaltungsliteratur, Leipzig 1859.

Baggesen, Jens: Jens Baggesen's Briefwechsel mit K. L. Reinhold und F. H. Jacobi, 2 Bde.,
Leipzig 1831, Bd. 1.

Batscha, Zwi/Jörn Garber (Hgg.): Von der ständischen zur bürgerlichen Gesellschaft, Frank-
furt/Main 1981.

Bemerkungen über die Ursachen der jetzigen Vielschreiberey in Deutschland, in: Journal
von und für Deutschland 7/1790, 1. St., S. 498-502.

Bergk, Adam: Die Kunst, Bücher zu lesen, Jena 1799.

–: Die Kunst zu denken, Leipzig, 1802.

Boehncke, Heiner/Sarkowicz, Hans (Hgg.): Die Deutschen Räuberbanden. In Originaldokumenten, 3 Bde., Frankfurt/Main 1991.

Campe, Johann Heinrich: Briefe aus Paris, hg. v. Helmut König, Berlin 1961.

–: Kleine Kinderbibliothek, Hamburg 1783, Auszug in: Marie-Luise Könneker (Hg.), Kinderschaukel 1. Ein Lesebuch zur Geschichte der Kindheit in Deutschland 1745–1860, Darm-
stadt/Neuwied 1980, S. 84-85.

–: Robinson der Jüngere, zur angenehmen und nützlichen Unterhaltung für Kinder, Hamburg 1779.

–: Väterlicher Rath für meine Tochter. Ein Gegenstück zum Theophron; der erwachsneren
weiblichen Jugend gewidmet. Vorbericht, in: Sigrid Lange (Hg.), Ob die Weiber Menschen sind. Zur Geschlechterdebatte um 1800, Leipzig 1992, S. 24-37.

Ciafardone, Raffaele (Hg.): Die Philosophie der deutschen Aufklärung. Texte und Darstellung, deutsche Bearbeitung von Norbert Hinske und Rainer Specht, Stuttgart 1990.

Erhard, Johann Benjamin: Über das Recht des Volks zu einer Revolution und andere Schriften, Jena und Leipzig 1795, Auszug in: Ehrhard Bahr (Hg.), Was ist Aufklärung. Thesen
und Definitionen, Stuttgart 1974, S. 44-52.

Etymologisches Wörterbuch des Deutschen, Berlin 1993, erarb. u. d. Leitung v. Wolgang Pfeifer, Bd. 1.

Ewers, Hans-Heino (Hg.): Kinder- und Jugendliteratur der Aufklärung. Eine Textsammlung, Stuttgart 1990.

Fichte, Johann Gottlieb: Gesamtausgabe der Bayerischen Akademie der Wissenschaften, Bd. 1.4., hg. v. Reinhard Lauth und Hans Gliwitzky, Stuttgart, Bad-Cannstatt 1970.

Gervinus, Georg Gottfried: Geschichte der Deutschen Dichtung, Bd. 5, hg. v. Karl Bartsch, Leipzig ⁵1874.

Goethe, Johann Wolfgang: Werke, hg. im Auftrag der Großherzogin Sophie von Sachsen, Weimar 1887–1919.

–: Gedenkausgabe der Werke, Briefe und Gespräche, Bd. 22: Goethes Gespräche, Teil 1, Zürich ²1964, Teil 2, Zürich ²1966.

Gorani, Joseph: Joseph Goranis, Französischen Bürgers, geheime und kritische Nachrichten von den Höfen, Regierungen und Sitten der wichtigsten Staaten in Italien. Aus dem Französischen mit Anmerkungen des Übersetzers, Teil 1, Köln bei Peter Hammer 1794

Grosse, Karl Friedrich: Der Genius. Aus den Papieren des Marquis C* von G**, 4 Teile, Halle 1791–94.

Grumach, Renate (Hg.): Goethe Begegnungen und Gespräche, Bd. III, 1786–1792, Berlin/ New York 1977; Bd. IV, 1793–99, Berlin/New York 1980.

Hahn, Karl-Heinz (Hg.): Regestband zu Briefen an Goethe, Bd. 1, Weimar 1980, Bd. 2, Bd. 3, Weimar 1983.

Hannikel oder die Räuber- und Mörderbande, welche in Sulz am Neckar in Verhaft gekommen und am 17ten Jul. 1787 daselbst justiziert worden. Ein wahrhafter Zigeuner-Roman ganz aus den Kriminal-Akten gezogen, anonym (Christian Friedrich Wittich?), Tübingen o.J. (1787), abgedruckt in: Boehncke, Heiner/Sarkowicz, Hans (Hgg.), Die Deutschen Räuberbanden. In Originaldokumenten, 3 Bde., Frankfurt/Main 1991, Bd. I, S. 105-161.

Heinse, Wilhelm: Wilhelm Heinse's sämmtliche Schriften, hg. v. Heinrich Laube, Bd. 8, Leipzig 1838.

–: Ardinghello und die glücklichen Inseln. Eine Italiänische Geschichte aus dem sechszehnten Jahrhundert, Kritische Studienausgabe von Max L. Baeumer, Stuttgart 1975.

Hensler, Friedrich (Text) und Ferdinand Kauer (Musik): Das Donauweibchen. Ein romantisch-komisches Volksmärchen mit Gesang in drei Aufzügen, nach einer Sage der Vorzeit, 1. Teil, Wien ²1836, 2. Teil, Wien 1807.

Herder, Johann Gottfried: Briefe zur Beförderung der Humanität, in: Sämtliche Werke, hg. v. Bernhard Suphan, Bd. 17, Berlin 1881.

–: Ideen zur Philosophie der Geschichte der Menschheit, in: Sämtliche Werke, hg. v. Bernhard Suphan, Bd. 14, Berlin 1909.

–: Briefe Gesamtausgabe 1763–1803, hg. v. NFG Weimar, Bd. 6, Weimar 1981.

Hölderlin, Friedrich: Sämtliche Werke, Bd. 6, hg. v. Friedrich Beissner, Stuttgart 1954.

Jean Paul, Werke, hg. v. Norbert Miller, Bd. 1, München 1989.

Kant, Immanuel: Werkausgabe in 12 Bänden, hg. v. Wilhelm Weischedel, Frankfurt/Main ⁸1991 (¹1977).

Konstanzer Hans: Eine schwäbische Gaunergeschichte aus zuverlässigen Quellen geschöpft und pragmatisch bearbeitet, anonym (Johann Ulrich Schöll?), Stuttgart 1789, abgedruckt in: Boehncke, Heiner/Sarkowicz, Hans (Hgg.), Die Deutschen Räuberbanden. In Originaldokumenten, 3 Bde., Frankfurt/Main 1991, Bd. I, S. 165-252.

Lafontaine, August Heinrich Julius: Clara du Plessis und Clairant. Eine Familiengeschichte französischer Emigranten, hg. v. Evi Rietzschel (Bibliothek des 18. Jahrhunderts), Leipzig 1986.

Lauth, Reinhard: Vierzehn Rezensionen J. G. Fichtes aus dem Jahre 1788, in: Kant-Studien, Jg. 59, Heft 1, Bonn 1968, S. 5-57.

Lenz, Jakob Michael Reinhold: Philosophische Vorlesungen für empfindsame Seelen, Frankfurt und Leipzig 1780, Reprintausgabe mit einem Nachwort hg. v. Christoph Weiss, St. Ingbert 1994.

–: Über die Natur unseres Geistes, in: Lenz, Werke, hg. v. Friedrich Voit, Stuttgart 1992, S. 447-453.

Lessing, Gotthold Ephraim: Werke, Bd. 4, München 1973.

Max, Frank Rainer (Hg.): Undinenzauber. Von Nixen, Nymphen und anderen Wasserfrauen, Stuttgart 1991.

Meier, Andreas: Christian August Vulpius. Briefe an Goethe und andere Zeitgenossen, kritische und kommentierte Ausgabe, erscheint voraussichtlich im Böhlau-Verlag 1998 (Schriftenreihe der Goethegesellschaft 68); Zitate im Text nach Druckfassung.

Meißner, August Gottlieb: Die Haselnußschale, in: ders., Skizzen, 3. Sammlung, Leipzig 1778, S. 1-52, zit. n.: Beaujean, Marion (Hg.), Liebe, Tugend und Verbrechen. Unterhaltungsliteratur des 18. Jahrhunderts, München 1987, S. 20-56.

–: Ein Räuber, weil die menschliche Gesellschaft ohne Schuld ihn ausstiess, in: ders., Skizzen, 3. Sammlung, erweiterte Auflage, Leipzig, S. 234-243, zit. n.: Beaujean, Marion (Hg.), Liebe, Tugend und Verbrechen. Unterhaltungsliteratur des 18. Jahrhunderts, München 1987, S. 172-178.

Mendelssohn, Moses: Über die Frage: was heißt aufklären?, in: ders., Schriften zur Philosophie, Aesthetik und Apologetik, 2 Bde., hg. v. Moritz Brasch, Hildesheim 1968, Bd. 2, S. 246-250.

Moritz, Karl Philipp: Werke, hg. v. Horst Günther, 3 Bde., Frankfurt/Main 1981.

Neuer Nekrolog der Deutschen 1827, 2. Teil, Ilmenau 1829, S. 645-652 (Artikel zu Vulpius von A. W. R[udolph]).

Ninon, de Lenclos: Briefe der Ninon de Lenclos, Frankfurt/Main 1989 (Nachauflage der Cassirer-Ausgabe von Lothar Schmidt, Berlin o. J. [1906], mit einem Vorwort [S. 7-33]).

Novalis: Schriften, hg. v. Paul Kluckhohn und Richard Samuel, zweiter Auflage in vier Bänden, Stuttgart 1960, 1965, 1968, 1975.

Pahl, J. G.: Warum ist die deutsche Nation in unserm Zeitalter so reich an Schriftstellern und Büchern, in: Der Weltbürger, hg. v, Th. F. Ehrmann, Zürich 1792, Bd. 3, S. 617-625.

Paracelsus: Liber de nymphis, sylphis, pygmaes et salamandris et de caeteris spiritibus, ins Neuhochdeutsche transkripiert in: Paracelsus Werke, hg. v. Will-Erich Peuckert, Bd. III, Darmstadt 1990, S. 462-498.

Pascal, Blaise: OEuvres complètes, hg. v. Louis Lafuma, Edition du Deuil, Paris 1963 bzw. Opuscules et Pensèes, hg. v. Lèon Brunschvicg, Paris 1897 (nach der deutschen Übersetzung von Ulrich Kunzmann: Blaise Pascal, Gedanken, hg. v. Jean-Robert Armogathe, Leipzig 1987).

Pasqué, Ernst: Goethes Theaterleitung in Weimar in Episoden und Urkunden, Bd. 2, Leipzig 1863.

Reichard, Heinrich August Ottokar: Reisehandbuch für Jedermann, Leipzig: Weygand ²1803.

Rietzschel, Evi (Hg.): Gelehrsamkeit ein Handwerk? Bücherschreiben ein Gewerbe? Dokumente zum Verhältnis von Schriftsteller und Verleger im 18. Jahrhundert in Deutschland, Leipzig 1982.

Rosenkranz, Karl: Ludwig Tieck und die romantische Schule (1838), in: Ludwig Tieck, hg. v. Wulf Segebrecht, Darmstadt 1976, S. 1-44.

Rousseau, Jean Jacques: Julie oder Die neue Hèloise, München 1988.

Rückert, Joseph: Bemerkungen über Weimar 1799, hg. v. Eberhard Haufe, Weimar o. J.

Sangerhausen, C. F.: Ueber Verfinsterung und Aufklärung, Berlin 1791.

Scheibel, Gottfried Ephraim: Die Unerkannte Sünden der Poeten Welche man Sowohl in ihren Schriften als in ihrem Leben wahrnimmt Nach den Regeln des Christenthums und vernünftiger Sittenlehre geprüft, Leipzig 1734, Reprintausgabe München 1981.

Schiller, Friedrich: Werke. Nationalausgabe, Weimar 1943ff.

Schlegel, Friedrich: Kritische Friedrich-Schlegel-Ausgabe, Bd. II, hg. v. Hans Eichner München/Padeborn/Wien 1967 und Bd. XVIII, hg. v. Ernst Behler, ebd. 1963.

–: Friedrich Schlegels Briefe an seinen Bruder August Wilhelm Schlegel, hg. v. Oskar F. Walzel, Berlin 1890.

Schleiermacher, Friedrich Daniel Ernst: Theologische Schriften, hg. v. Kurt Nowak, Berlin 1983.

–: Philosophische Schriften, hg. v. Jan Rachold, Berlin 1984.

Sulzer, Johann Georg: Allgemeine Theorie der schönen Künste, Leipzig [2]1792, Reprintausgabe Hildesheim/Zürich/New York 1994.

Tieck, Ludwig: Schriften, Bd. 7, Berlin 1828, Bd. 13, Berlin 1829, Reprintausgabe Berlin 1966.

Tümmler, Hans (Hg.): Goethes Briefwechsel mit Christian Gottlob Voigt, Bd. 2, Weimar 1951.

Villaume: Ob und in wiefern bei der Erziehung die Vollkommenheit des einzelnen Menschen seiner Brauchbarkeit aufzuopfern sey, in: Allgemeine Revision des gesamten Schul- und Erziehungswesens, hg. v. J. H. Campe, 3. Theil, Hamburg 1785, Reprintausgabe Vaduz 1979.

Vulpius, Christian August: Die Abenteuer des Prinzen Kalloandro. Von C. A. Vulpius, Berlin in der Nauckischen Buchhandlung 1796.

–: Abentheuer, Meinungen und Schwänke galanter Männer. Ein Seitenstück zu den Skizzen aus dem Leben galanter Damen, Regensburg: Montagische Buchhandlung 1791.

–: Abentheuer und Fahrten des Bürgers und Barbiers Sebastian Schnapps. Ein komischer Roman aus den neusten Zeiten, Leipzig: bei Paul Gotthelf Kummer 1798.

–: Aloiso und Dianora oder der Pilger und die Nonne, Quedlingburg und Leipzig 1826.

–: Aechte und deutliche Beschreibung der Bastille von ihrem Ursprunge an bis zu ihrer Zerstörung nebst einigen dahingehörigen Anekdoten (1789) und Simon Nicolas Henri Linguet, Denkwürdigkeiten der Bastille und die Gefangenschaft des Verfassers in diesem königlichen Schlosse vom 27. September 1780 bis zum 19. Mai 1782 (1783), Reprintausgabe, hg. v. Anna Mudry, Leipzig 1989.

–: Bibliothek des romantisch-Wunderbaren, Bd. 2, Leipzig: bei E. F. Steinacker 1805.

–: Bublina, die Heldin Griechenlands, unserer Zeit, 2. Teile, Gotha: Henningssche Buchhandlung 1822.

–: Don Juan der Wüstling. Nach dem Spanischen des Tirso de Molina, Penig: bei F. Dienemann und Comp. 1805.

–: Erlinde, die Ilm-Nixe, in: ders., Romantische Geschichten der Vorzeit, Bd. 9, Leipzig 1797, S. 213-284.

–: Erlinde die Ilm-Nixe, Meißen: bei F. W. Goedsche 1827.

–: Ferrandino. Fortsetzung der Geschichte des Räuber Hauptmanns Rinaldini von Verfasser desselben, 1.-3. Buch, Leipzig: bei Heinrich Gräff 1800.

–: Gallerie galanter Damen. 3. Sammlung, Regensburg 1793.

–: Geschichte eines Rosenkranzes, Weimar: bei Carl Ludwig Hoffmanns Witwe und Erben 1784.

–: Glorioso der große Teufel, Von dem Verfasser des Rinaldini, 2 Bde., Rudolstadt: bei Langbein und Klüger 1800.

–: Handwörterbuch der Mythologie der deutschen, verwandten, benachbarten und nordischen Völker, Leipzig 1826.

–: Hulda oder die Nymphe der Donau eigentlich die Saalnixe genannt, Leipzig: bei Wilhelm Rein 1804.

–: Leidenschaft und Liebe. Ein Trauerspiel in fünf Akten, Leipzig: in der Gräffschen Buchhandlung 1790.

–: Lionardo Monte Bello oder der Carbonari-Bund, von dem Verfasser des Rinaldo Rinaldini, 2 Teile, Leipzig: bei Wienbdack 1821.

–: Lucindora die Zauberin. Eine Erzählung aus den letzten Zeiten der Mediceer, Leipzig 1810, Reprint hg. v. Hans-Friedrich Foltin, Darmstadt, o. J.

–: Der Maltheser. Ein Roman von dem Verfasser des Rinaldo Rinaldini, Leipzig: bey Heinrich Gräff 1804.

–: Neue Szenen in Paris und Versailles, Teil 1, Leipzig: in der Gräffschen Buchhandlung 1792.

–: Die Nonne im Kloster Odivelas. Ein Roman. Vom Verfasser des Rinaldini, Leipzig/Frankfurt: bei Johann Daniel Simon, o. J. [1803].

–: Orlando Orlandino der wunderbare Abentheurer, 2 Teile, Rudolstadt 1802.

–: Rinaldo Rinaldini der Räuberhauptmann, hg. v. Karl Riha, Frankfurt/Main 1980.

–: Rinaldo Rinaldini. Ein Schauspiel in 5 Akten, von dem Verfasser des Romans gleichen Namens, Arnstadt und Rudolstadt: bei Langbein und Klinger 1801.

–: Romantische Geschichte der Vorzeit, Leipzig: bei Johann Benjamin Georg Fleischer 1791–1798.

–: Die Saal-Nixe. Eine Sage der Vorzeit, Leipzig: bei Wilhelm Rein 1795.

–: Die Saal-Nixe. Romantisch komisches Volksmärchen mit Gesang in 3 Akten, von K. F. Hensler, die Musik von F. Kauer (Manuskript) o. J., Goethe-Schiller-Archiv Weimar.

–: Sebastiano der Verkannte. Von dem Verfasser des Rinaldo Rinaldini, Berlin: im Verlage der Königliche-akademischen Kunst- und Buchhandlung 1801.

–: Szenen in Paris, während, und nach der Zerstörung der Bastille, Leipzig: in der Gräffschen Buchhandlung 1790

–: Thermitonia das Buch der Geistereien. Von dem Verfasser Rinaldo Rinaldini, Leipzig: bei Wilhelm Lauffer 1825.

–: Truthina, das Wunderfräulein der Berge. Nach Volkssagen bearbeitet von dem Verfasser der Saal-Nixe, Erfurt, Gotha: Henningssche Buchhandlung 1822.

–: Zauberflöte (nach Schikaneder), Weimar 1794, hg. v. Hans Löwenfeld, Leipzig 1911.

–: Die Zigeuner. Ein Roman nach dem Spanischen. Von dem Verfasser des Rinaldini, Arnstadt/Rudolstadt: bei Langbein und Klinger 1802.

Wackenroder, Wilhelm Heinrich: Dichtung, Schriften, Briefe, hg. v. Gerda Heinrich, Berlin 1984.

Weiße, Christian Felix: Der Kinderfreund. Ein Wochenblatt, Leipzig 1776, Auszug in: Marie-Luise Könneker (Hg.), Kinderschaukel 1. Ein Lesebuch zur Geschichte der Kindheit in Deutschland 1745–1860, Darmstadt/Neuwied 1980, S. 193-199.

Westenrieder, Lorenz: Ob Kinder armer Eltern studieren sollen?, in: Beyträge zur vaterländischen Historie, Geographie und Statistik etc., 6. Bd., München 1800, S. 290-301.

Wieland, Christoph Martin: Wielands Briefwechsel, Bd. 1, hg. v. Hans Werner Seiffert, Berlin 1963.

–: Ein paar Goldkörner aus – Maculatur oder Sechs Antworten auf sechs Fragen (zuerst: Der Teutsche Merkur vom Jahre 1789, 66. Bd., 2. Vierteljahr [April 1789], S. 97-105), in: Bahr, Ehrhard (Hg.), Was ist Aufklärung. Thesen und Definitionen, Stuttgart, 1974, S. 23-28.

–: Die pythagorischen Frauen, in: Sämmtliche Werke, Bd. 24, Leipzig 1796, nach: Reprintausgabe, Bd. VIII, Hamburg 1984, S. 245-300.

–: Aristipp, in: Sämmtliche Werke, Bd. 33-36, Leipzig 1800–1801, nach: Reprintausgabe, Bd. XI, Hamburg 1984.

Zachariae, Friedrich Wilhelm: Zwey schöne Neue Mahrlein, Leipzig 1772.

Zedler: Großes Universal-Lexikon aller Wissenschaften und Künste, verlegt bei Johann Heinrich Zedler; 1. Bd., Leipzig/Halle 1732; 2. Bd., Leipzig/Halle 1732; 31. Bd., Leipzig/Halle 1742; 52. Bd., Leipzig/Halle 1747.

7.2 Sekundärliteratur

Adorno, Theodor W./Horkheimer, Max: Dialektik der Aufklärung, Frankfurt/Main 1971 (¹1944).

Althof, Hans-Joachim: Carl Friedrich August Grosse (1768–1847), alias Graf Edouard Romeo von Vargas-Bedemar. Ein Erfolgsschriftsteller des 18. Jahrhunderts, Dissertation Bochum 1975.

Bachmann-Medick, Doris: Die ästhetische Ordnung des Handelns. Moralphilosophie und Ästhetik in der Popularphilosophie des 18. Jahrhunderts, Stuttgart 1989.

Barth, Ilse-Marie: Literarisches Weimar. Kultur/Literatur/Sozialstruktur im 16.–20. Jahrhundert, Stuttgart 1971.

Barthes, Roland: Kritik und Wahrheit, Frankfurt/Main 1967 (Paris 1966).

Beaujean, Marion: Das Bild des Frauenzimmers im Roman des 18. Jahrhunderts, in: Wolfenbütteler Studien zur Aufklärung, Bd. III, 1976.

–: Der Trivialroman im ausgehenden 18. Jahrhundert, Bonn 1964.

Behler, Ernst: Friedrich Schlegel, Hamburg 1966.

Benker, Gitta: »Ehre und Schande« – Voreheliche Sexualität auf dem Lande im ausgehenden 18. Jahrhundert, in: Frauenkörper. Medizin. Sexualität. Auf dem Wege zu einer neuen Sexmoral, hg. v. Johanna Geyer-Kordesch und Annette Kuhn, Düsseldorf 1986, S. 10-27.

Bennholdt-Thomsen, Anke (und Alfredo Guzzoni): Der »Asoziale« in der Literatur um 1800, Königstein/Ts. 1979.

Bergmann, Alfred: Der historische Rinaldini, in: Die Literatur. Monatsschrift für Literaturfreunde, hg. v. Ernst Heilborn, Stuttgart, Berlin, 31. Jg. (1928/29), S. 379-380.

Berthold, Christian: Fiktion und Vieldeutigkeit. Zur Entstehung moderner Kulturtechniken des Lesens im 18. Jahrhundert, Tübingen 1993.

Best, Otto F.: Das verbotene Glück. Kitsch und Freiheit in der deutschen Literatur, München/Zürich 1978.

Beyrer, Klaus: Des Reisebeschreibers ›Kutsche‹. Aufklärerisches Bewußtsein im Postreiseverkehr des 18. Jahrhunderts, in: Wolfgang Griep/Hans-Wolf Jäger (Hgg.), Reisen im 18. Jahrhundert. Neue Untersuchungen, Heidelberg 1986, S. 50-90.

Biedrzynski, Effi: Goethes Weimar. Das Lexikon der Personen und Schauplätze, Zürich 1992.

Blumenthal, Lieselotte: Schillers Urteil über ein unbekanntes Theaterstück, in: Jahrbuch der Deutschen Schillergesellschaft 21 (1977), S. 1-20.

Bödeker, Hans Erich: Reisen: Bedeutung und Funktion für die deutsche Aufklärungsgesellschaft, in: Wolfgang Griep/Hans-Wolf Jäger (Hgg.), Reisen im 18. Jahrhundert. Neue Untersuchungen, Heidelberg 1986, S. 91-110.

Böhme, Hartmut: Der sprechende Leib. Die Semiotiken des Körpers am Ende des 18. Jahrhunderts und ihre hermetische Tradition, in: Dietmar Kampfer/Christoph Wulf (Hgg.), Transfigurationen des Körpers. Spuren der Gewalt in der Geschichte, Berlin 1989, S. 144-181.

Bracht, Edgar: Der Leser im Roman des 18. Jahrhunderts, Frankfurt/Main 1987.

Brenner, Peter J.: Die Erfahrung der Fremde. Zur Entwicklung einer Wahrnehmungsform in der Geschichte des Reiseberichts, in: ders. (Hg.), Der Reisebericht, Frankfurt/Main 1989, S. 14-49.

Breuer, Stefan: Die Gesellschaft des Verschwindens. Von der Selbstzerstörung der technischen Zivilisation, Hamburg 1992.

Bruyn, Günter de: Das Leben des Jean Paul Friedrich Richter, Halle/Leipzig 1975.

Bulling, Karl: Die Rezensionen der Jenaischen Allgemeinen Literatur-Zeitung 1804–1813, Weimar 1962.

Bücker, Ursula: Vorarbeiten zu einer Ideologiekritik der ›Trivialliteratur‹, in: Zeitschrift für Volkskunde, hg. v. Hermann Bausinger und Bernward Denke, Stuttgart u.a. 1975, S. 28-47.

Bürger, Christa: Literarischer Markt und Öffentlichkeit am Ausgang des 18. Jahrhunderts in Deutschland, in: dies./Peter Bürger/Jochen Schulte-Sasse (Hgg.), Aufklärung und literarische Öffentlichkeit, Frankfurt/Main 1980, S. 162-212.

Chartier, Roger: Lesewelten. Buch und Lektüre in der frühen Neuzeit, Frankfurt/Main 1990 (Paris 1982).

Dainat, Holger: Abaellino, Rinaldini und Konsorten. Zur Geschichte der Räuberromane in Deutschland, Tübingen 1996.

Dammann, Günther: Antirevolutionärer Roman und romantische Erzählung. Vorläufige konservative Motive bei Chr. A. Vulpius und E. T. A. Hoffmann, Hamburg 1975.

Dann, Otto: Die Lesegesellschaften des 18. Jahrhunderts und der gesellschaftliche Aufbruch des deutschen Bürgertums; in: Herbert G. Göpfert (Hg.), Buch und Leser. Vorträge des ersten Jahrestreffens des Wolfenbütteler Arbeitskreises für Geschichte des Buchwesens 13. und 14. Mai 1976, Hamburg 1977, S. 160-193.

Eagleton, Terry: Einführung in die Literaturtheorie, Stuttgart 1988.

Eberhardt, Hans: Weimar zur Goethezeit. Gesellschafts- und Wirtschaftsstruktur, Weimar 1988.

Eco, Umberto: Apokalyptiker und Integrierte. Zur kritischen Kritik der Massenkultur, Frankfurt/Main 1986 (Milano 1964).

Elwenspoek, Curt: Rinaldo Rinaldini der romantische Räuberfürst. Das wahre Gesicht des geheimnisvollen Räuber-«Don Juan», durch erstmalige Quellenforschung enthüllt, Stuttgart 1929.

Engelsing, Rolf: Analphabetentum und Lektüre. Zur Sozialgeschichte des Lesens in Deutschland zwischen feudaler und industrieller Gesellschaft, Stuttgart 1973.

–: Die Perioden der Lesergeschichte in der Neuzeit. Das statistische Ausmaß und die soziokulturelle Bedeutung der Lektüre, in: Archiv für Geschichte des Buchwesens, Bd. X, Frankfurt/Main 1970, S. 945-1002.

–: Der Bürger als Leser. Lesergeschichte in Deutschland 1500–1800, Stuttgart 1974.

Evans, Richard J.: Öffentlichkeit und Autorität. Zur Geschichte der Hinrichtungen in Deutschland vom Allgemeinen Landrecht bis zum Dritten Reich, in: Heinz Reif (Hg.), Räuber, Volk und Obrigkeit. Studien zur Geschichte der Kriminalität in Deutschland seit dem 18. Jahrhundert, S. 185-258.

Falck, Lennart: Sprachliche »Klischees« und Rezeption. Empirische Untersuchungen zum Trivialitätsbegriff, Bern u.a. 1992.

Fetzer, Günther/Schönert, Jörg: Zur Trivialliteraturfoschung 1964–1776, in: IASL 2 (1977), S. 1-39.

Flach, Willy: Ein Gutachten Goethes über die akademische Disziplin, in: Forschungen aus mitteldeutschen Archiven. Zum 60. Geburtstag von Helmut Kretzschmar, hg. v. der Staatlichen Archivverwaltung, Berlin 1953, S. 363-380.

Fluck,Winfried: Populäre Kultur. Ein Studienbuch zur Funktionsbestimmung und Interpretation populärer Kultur, Stuttgart 1979.

Fohrmann, Jürgen: Abenteuer und Bürgertum. Zur Geschichte der deutschen Robinsonaden im 18. Jahrhundert, Stuttgart 1981.

–: Der Kommentar als diskursive Einheit der Wissenschaft, in: ders./Harro Müller (Hgg.), Diskurstheorien und Literaturwissenschaft, Frankfurt/Main 1988, S. 244-257.

Fohrmann, Jürgen/Müller, Harro: Einleitung zu: Diskurstheorien und Literaturwissenschaft, in: dies. (Hgg.), Diskurstheorien und Literaturwissenschaft, Frankfurt/Main 1988, S. 6-21.

Foltin, Hans-Friedrich: Vorwort, in: Christian August Vulpius, Lucindora die Zauberin. Eine Erzählung aus den letzten Zeiten der Mediceer, Leipzig 1810, Reprint hg. v. dems., Darmstadt, o. J., S. V-XIV.

–: Vorwort, in: Christian August Vulpius, Rinaldo Rinaldini, der Räuber Hauptmann, 18 Teile in 3 Bänden, hg. v. dems., Hildesheim/New York 1974, Bd. I, S. V-XXI.

Foucault, Michel: Was ist ein Autor?, in: ders., Schriften zur Literatur, Frankfurt/Main 1988, S. 7-31 (zuerst in: Bulletin de la Société francaise de Philosophie, Juli–September 1969).

–: Archäologie des Wissens, Frankfurt/Main ⁴1990 (Paris 1969).

–: Was ist Aufklärung?, in: Eva Erdmann (Hg.), Ethos der Moderne. Foucaults Kritik der Aufklärung, Frankfurt/Main u. a. 1990.

–: Die Ordnung des Diskurses, Frankfurt/Main 1991 (Paris 1972).

–: Der Wille zum Wissen. Sexualität und Wahrheit 1, Frankfurt/Main ⁴1991 (Paris, 1976).

–: Überwachen und Strafen. Die Geburt des Gefängnisses, Frankfurt/Main, ⁹1991 (Paris 1975).

–: Der Gebrauch der Lüste. Sexualität und Wahrheit 2, Frankfurt/Main, ²1991 (Paris 1984).

Foucault, Michel/Paolo Caruso: Gespräch mit Michel Foucault, in: Walter Seitter (Hg. und Übersetzer), Michel Foucault. Von der Subversion des Wissens, Frankfurt/Main 1991, S. 7-27 (Milano 1969).

Frank, Manfred: Textauslegung, in: Dietrich Harth/Peter Gerhardt (Hgg.), Erkenntnis der Literatur. Theorien, Konzepte, Methoden der Literaturwissenschaft, Stuttgart 1982, S. 123-160.

Frank, Manfred: Die Unhintergehbarkeit von Individualität. Reflexionen über Subjekt, Person und Individuum aus Anlaß ihrer ›postmodernen‹ Toterklärung, Frankfurt/Main 1986.

Frenzel, Elisabeth: Stoffe der Weltliteratur, Stuttgart ⁷1988.

Freud, Sigmund: Studienausgabe, hg. v. Alexander Mitscherlich/Angela Richards/James Strachey, Bd. 3, Frankfurt/Main 1975, Bd. 4, Frankfurt/Main 1970.

Funke, Eva: Bücher statt Prügel. Zur philantrophischen Kinder- und Jugendliteratur, Bielefeld 1988.

Gay, Peter: Erziehung der Sinne. Sexualität im bürgerlichen Zeitalter, München 1986 (Oxford 1984).

–: Die zarte Leidenschaft. Liebe im bürgerlichen Zeitalter, München 1987 (New York 1986).

Geismeier, Willi: Daniel Chodowiecki, Leipzig 1993.

Glantschnig, Helga: Liebe als Dressur. Kindererziehung in der Aufklärung, Frankfurt/Main u.a. 1987.

Goldammer, Kurt: Paracelsus in der deutschen Romantik, Wien 1980.

Göpfert, Herbert G.: Vom Autor zum Leser. Beiträge zur Geschichte des Buchwesens. München, Wien 1977; Kap.»Buchhandel«, S. 19-29, vorher erschienen in: Diether Krywalski (Hg.), Handbuch zur Literaturwissenschaft, München ²1974, S. 83-89.

Griep, Wolfgang: Reiseliteratur im späten 18. Jahrhundert, in: Rolf Grimminger (Hg.), Hansers Sozialgeschichte der deutschen Literatur vom 16. Jahrhundert bis zur Gegenwart, Bd. 3 (Deutsche Aufklärung bis zur Französischen Revolution 1680–1789), München/Wien 1980, S. 739-764.

394

–: Reisen und deutsche Jakobiner, in: ders./Hans-Wolf Jäger (Hgg.), Reise und soziale Realität am Ende des 18. Jahrhunderts, Heidelberg 1983, S. 48-78.

Griesheimer, Frank: Unmut nach innen. Ein Abriß über das Enttäuschende an der gegenwärtigen Literaturwissenschaft, in: ders./Alois Prinz (Hgg.), Wozu Literaturwissenschaft?, Tübingen 1992 [¹1991], S. 11-43.

Grimminger, Rolf: Die Ordnung, das Chaos und die Kunst. Für eine neue Dialektik der Aufklärung, Frankfurt/Main 1986.

Habermas, Jürgen: Strukturwandel der Öffentlichkeit. Untersuchungen zu einer Kategorie der bürgerlichen Gesellschaft, Frankfurt/Main 1990 [¹1962].

Haferkorn, Hans Jürgen: Zur Entstehung der bürgerlich-literarischen Intelligenz und des Schriftstellers in Deutschland zwischen 1750 und 1800, in: Bernd Lutz (Hg.), Literaturwissenschaft und Sozialwissenschaften. 3. Deutsches Bürgertum und literarische Intelligenz 1750–1800, Stuttgart 1974, S. 113-275.

Hartje, Ulrich: Trivialliteratur in der Zeit der Spätaufklärung. Untersuchungen zum Romanwerk des deutschen Schriftstellers Christian Heinrich Spieß (1755–1799), Frankfurt/Main 1995.

Hartmann, Horst und Regina: Populäre Romane und Dramen im 18. Jahrhundert. Zur Entstehung einer massenwirksamen Literatur, Obertshausen 1991.

Hejl, Peter M.: Konstruktion der sozialen Konstruktion: Grundlinien einer konstruktivistischen Sozialtheorie, in: Siegfried J. Schmidt (Hg.), Der Diskurs des Radikalen Konstruktivismus, Frankfurt/Main 1987, S, 303-339.

Heller, Agnes: Das Alltagsleben. Versuch einer Erklärung der individuellen Reproduktion, hg. v. Hans Joas, Frankfurt/Main 1981 [¹1978].

Hermand, Jost: Die Touristische Erschließung und Nationalisierung des Harzes im 18. Jahrhundert, in: Wolfgang Griep/Hans-Wolf Jäger (Hgg.), Reise und soziale Realität am Ende des 18. Jahrhunderts, Heidelberg 1983, S. 169-187.

Herrmann, Ulrich: Aufklärung und Erziehung. Studien zur Funktion der Erziehung im Konstitutionsprozeß der bürgerlichen Gesellschaft im 18. und frühen 19. Jahrhundert in Deutschland, Weinheim 1993.

Heydebrand, Renate von: Literarische Wertung, in: Reallexikon der Deutschen Literaturgeschichte, Bd. 4, Berlin/New York 1984, S. 828-871.

Hobsbawm, Eric J.: Sozialrebellen, Berlin 1962 (Manchester 1959).

Hoff, Dagmar von: Dramatische Weiblichkeitsmuster zur Zeit der Französischen Revolution. Dramen von deutschsprachigen Autorinnen um 1800, in: Inge Stephan/Sigrid Weigel (Hgg.), Die Marseillaise der Weiber. Frauen, die Französische Revolution und ihre Rezeption, Hamburg 1989, S. 74-88.

Hohenstein, Friedrich August: Weimar und Goethe, Rudolstadt ³1966.

Honneth, Axel: Soziales Handeln und menschliche Natur. Anthropologische Grundlagen der Sozialwissenschaft, Frankfurt/Main 1980.

Huschke, Wolfgang: Die Beamtenschaft der Weimarischen Zentralbehörden beim Eintritt Goethes in den Weimarischen Staatsdienst 1776, in: Forschungen aus Mitteldeutschen Archiven. Zum 60. Geburtstag von Helmut Kretzschmar, hg. v. der Staatlichen Archivverwaltung, Berlin 1953, S. 190-218.

Iser, Wolfgang: Die Appellstruktur der Texte, in: Rezeptionsästhetik, hg. v. Rainer Warning, München 1988, S. 228-252.

–: Der Lesevorgang, in: Rezeptionsästhetik, hg. v. Rainer Warning, München 1988, S. 253-276.

–: Der Akt des Lesens. Theorie ästhetischer Wirkung, München 1990 (¹1976).

Ishorst, Hilde: August Heinrich Julius Lafontaine (1758–1831), Berlin 1935.

✓Jäger, Georg: Die Wertherwirkung. Ein Rezeptionsästhetischer Modellfall, in: Historizität in Sprach- und Literaturwissenschaft, München 1974, S. 389-409.

Jäger, Georg/Alberto Martino/Reinhard Wittmann: Zur Geschichte der Leihbibliotheken im 18. und 19. Jahrhundert, in: dies. (Hgg.), Die Leihbibliothek der Goethezeit. Exemplarische Kataloge zwischen 1790 und 1830, Hildesheim 1979, S. 477-515.

Japp, Uwe: Der Ort des Autors in der Ordnung des Diskurses, in: Jürgen Fohrmann/Harro Müller (Hgg.), Diskurstheorien und Literaturwissenschaft, Frankfurt/Main 1988, S. 223-234.

Jeglin, Rainer: Die literarische Tradition, in: Gert Ueding (Hg.), Karl-May-Handbuch, Stuttgart 1987, S. 11-38.

Jung, Werner: Neuere Hermeneutikkonzepte. Methodische Verfahren oder geniale Anschauung?, in: K.-M. Bogdal (Hg.), Neue Literaturtheorien, Opladen 1990, S. 154-175.

Kammler, Clemens: Historische Diskursanalyse (Michel Foucault), in: K.-M. Bogdal (Hg.), Neue Literaturtheorien, Opladen 1990, S. 31-55.

Kempf, Thomas: Aufklärung als Disziplinierung. Studien zum Diskurs des Wissens in Intelligenzblättern und gelehrten Beilagen der zweiten Hälfte des 18. Jahrhunderts, München 1991.

Kierkegaard, Sören: Entweder – Oder, hg. v. Hermann Diem/Walter Rest, München 1993.

Kittler, Friedrich: Über die Sozialisation Wilhelm Meisters, in: Gerhard Kaiser/F. Kittler, Dichtung als Sozialisationsspiel, Göttingen 1978.

Klauß, Jochen: Alltag im »klassischen« Weimar, Weimar 1990.

Kleßmann, Eckart: Christiane. Goethes Geliebte und Gefährtin, Zürich 1992.

Klotz, Volker: Abenteuer-Romane, München, Wien 1979.

Kluckhohn, Paul: Die Auffassung der Liebe in der Literatur des 18. Jahrhunderts und in der deutschen Romantik, Halle ²1931.

Koebner, Thomas: Lektüre in freier Landschaft. Zur Theorie des Leseverhaltens im 18. Jahrhundert, in: Rainer Gruenter (Hg.), Beiträge zur Geschichte der Literatur und Kunst des 18. Jahrhunderts, Bd. 1, Heidelberg 1977, S. 40-57.

Koch, Barbara: Christian August Vulpius. Eine Personalbibliographie, Hausarbeit an der Fachschule für Bibliothekare, Leipzig 18. 4. 1968.

König, Dominik von: Lesesucht und Lesewut, in: Herbert G. Göpfert (Hg.), Buch und Leser. Vorträge des ersten Jahrestreffens des Wolfenbütteler Arbeitskreises für Geschichte des Buchwesens 13. und 14. Mai 1976, Hamburg 1977.

Kopitzsch, Franklin: Die Sozialgeschichte der deutschen Aufklärung als Forschungsaufgabe, in: ders. (Hg.), Aufklärung, Absolutismus und Bürgertum in Deutschland. Zwölf Aufsätze, München 1976, S. 11-169.

Koschorke, Albrecht: Alphabetisation und Empfindsamkeit, in: Hans-Jürgen Schings (Hg.), Der ganze Mensch. Anthropologie und Literatur im 18. Jahrhundert. DFG-Symposion 1992, Stuttgart/Weimar 1994, S. 605-628.

Kreuzer, Helmut: Gefährliche Lesesucht? Bemerkungen zu politischer Lektürekritik im ausgehenden 18. Jahrhundert, in: Beiträge zur Geschichte der Literatur und Kunst des 18. Jahrhunderts, Bd. 1, hg. v. Rainer Gruenter, Heidelberg 1977, S. 63-75.

–: Trivialliteratur als Forschungsproblem, in: DVjs, H. I. 1967, S. 173-191.

Kris, Ernst: Die ästhetische Illusion. Phänomene der Kunst in der Sicht der Psychoanalyse. Frankfurt/Main 1977 (¹1952).

Kristeva, Julia: Fremde sind wir uns selbst. Frankfurt/Main 1990.

Küther, Carsten: Menschen auf der Straße. Vagierende Unterschichten in Bayern, Franken und Schwaben in der zweiten Hälfte des 18. Jahrhunderts, Göttingen 1983.

–: Räuber und Gauner in Deutschland. Das organisierte Bandenwesen im 18. und frühen 19. Jahrhundert, Göttingen 1987 (¹1976).

Kutter, Uli: Zeller – Lehmann – Krebel. Bemerkungen zur Entwicklungsgeschichte eines Reisehandbuches und zur Kulturgeschichte des Reisens im 18. Jahrhundert, in: Wolfgang Griep/Hans-Wolf Jäger (Hgg.), Reisen im 18. Jahrhundert. Neue Untersuchungen, Heidelberg 1986, S. 10-33.

Laermann, Klaus: Raumerfahrung und Erfahrungsraum. Einige Überlegungen zu Reiseberichten aus Deutschland vom Ende des 18. Jahrhunderts, in: Hans Joachim Piechotta (Hg.), Reise und Utopie. Zur Literatur der Spätaufklärung, Frankfurt/Main 1976, S. 57-97.

Lange, Sigrid: Nachwort zu: dies. (Hg.), Ob die Weiber Menschen sind. Zur Geschlechterdebatte um 1800, Leipzig 1992, S. 411-431.

Laplanche, Jean/J.-B. Pontalis: Das Vokabular der Psychoanalyse, Frankfurt/Main 1973 (Paris 1967).

Larkin, Edward T.: Christian August Vulpius' »Rinaldo Rinaldini«: Beyond trivial Pusuit, in: Monatshefte für deutschen Umterricht, deutsche Sprache und Literatur, Volume 88 (1996), Nr. 4, S. 462-479.

Lerche, Otto: Der Schwager. Eine Säkularerinnerung zum 25. Juni 1927, Leipzig 1927.

Leistner, Bernd: Poetische Konfession und dramatisches Werk. Versuch über Schiller, in: ders., Spielraum des Poetischen, Berlin, Weimar 1985, S. 95-141.

Lotman, Juri M.: Die Struktur literarischer Texte, München ²1986.

Löwenthal, Leo: Schriften, Bd. 1: Literatur und Massenkultur, Frankfurt/Main 1990.

Luhmann, Niklas: Liebe als Passion. Zur Codierung von Intimität, Frankfurt/Main 1994 (¹1982).

Lundt, Bea: Melusine und Merlin im Mittelalter. Entwürfe und Modelle weiblicher Existenz im Beziehungs-Diskurs der Geschlechter, München 1991.

Lütkehaus, Ludger: »O Wollust, o Hölle« Die Onanie. Stationen einer Inquisition, Frankfurt/Main 1992.

Lyotard: Beantwortung der Frage: Was ist postmodern?, in: Engelmann, Peter (Hg.), Postmoderne und Dekonstruktion. Texte französischer Philosophen der Gegenwart, Stuttgart 1990, S. 33-48.

Marcuse, Herbert: Über den affirmativen Charakter der Kultur (1937), in: ders., Kultur und Gesellschaft I, Frankfurt/Main 1968.

Marwinski, Felicitas: Von der »Societas litteraria« zur Lesegesellschaft (Dissertation 1982), Mikrofiches Anna-Amalia-Bibliothek Weimar.

Marx, Karl/Friedrich Engels: Werke, Band 1, Berlin/Ost 1957; Band 3, Berlin/Ost 1983; Band 35, Berlin/Ost 1967; Band 37, Berlin/Ost 1967.

Mayer, Hans: Exkurs über Schillers »Räuber«, in: ders., Das unglückliche Bewußtsein. Zur deutschen Literaturgeschichte von Lessing bis Heine, Frankfurt/Main 1989 (¹1986), S. 167-187.

Mecklenburg, Norbert: Über kulturelle und poetische Alterität. in: Dietrich Krusche/Alois Wierlacher (Hgg.), Hermeneutik der Fremde, München 1990, S. 80-102.

Meier, Albert: Von der enzyklopädischen Studienreise zur ästhetischen Bildungsreise, in: Peter J. Brenner (Hg.), Der Reisebericht, Frankfurt/Main 1989, S. 284-305.

Meier, Andreas: Vergessene Briefe. Die Korrespondenz von Goethes Schwager Christian August Vulpius, in: Lothar Blum/Andreas Meier (Hgg.), Der Brief in Klassik und Romantik, Würzburg 1993, S. 65-81.

Meyer-Knees, Anke: Verführung und sexuelle Gewalt. Untersuchungen zum medizinischen und juristischen Diskurs im 18. Jahrhundert, hg. v. Karin Bruns/Jürgen Link/Ursula Link-Heer/Ernst Schulte-Holtey, Tübingen 1992.

Mittelstraß, Jürgen: Die Geisteswissenschaften im System der Wissenschaft, in: Wolfgang Frühwald/Hans Robert Jauß/Reinhart Koselleck/Jürgen Mittelstraß und Burkhart Steinwachs, Geisteswissenschaften heute, Frankfurt/Main 1991, S. 15-44.

Müller-Harang, Ulrike: Das Weimarer Theater zur Zeit Goethes, Weimar 1991.

Nerlich, Michael: Kritik der Abenteuer-Ideologie. Beitrag zur Erforschung der bürgerlichen Bewußtseinsbildung 1100–1750, 2 Bde., Berlin/Ost 1977.

Nies, Fritz: Bahn und Bett und Blütenduft. Eine Reise durch die Welt der Leserbilder, Darmstadt 1991.

Nusser, Peter: Romane für die Unterschicht: Groschenhefte und ihre Leser, Stuttgart 1981 ([1]1973).

Oettermann, Stephan: Das Panorama. Die Geschichte eines Massenmediums, Frankfurt/Main 1980.

Paulsen, Wolfgang: Die emanzipierte Frau in Wielands Weltbild,, in: ders. (Hg.), Die Frau als Heldin und Autorin. Neue kritische Ansätze zur deutschen Literatur, Bern/München 1979, S. 153-174.

Pehlke, Michael/Norbert Lingfeld: Roboter und Gartenlaube. Ideologie und Unterhaltung in der Science-Fiktion-Literatur, München 1970.

Plaul, Hainer: Illustrierte Geschichte der Trivialliteratur, Leipzig 1983.

Prüsener, Marlies: Lesegesellschaften im achtzehnten Jahrhundert. Ein Beitrag zur Lesergeschichte, in: Archiv für Geschichte des Buchwesens, Bd. XIII, Frankfurt/Main 1972, S. 370-594.

Raulff, Ulrich: Mentalitäten-Geschichte, in: ders. (Hg.), Mentalitäten-Geschichte, Berlin/West 1987, S. 7-17.

Rietzschel, Evi: Nachwort, in: August Heinrich Julius Lafontaine, Clara du Plessis und Clairant. Eine Familiengeschichte französischer Emigranten, hg. v. ders. (Bibliothek des 18. Jahrhunderts), Leipzig 1986, S. 271-279.

Rosenbaum, Heidi: Formen der Familie. Untersuchungen zum Zusammenhang von Familienverhältnissen, Sozialstruktur und sozialem Wandel in der deutschen Gesellschaft des 19. Jahrhunderts, Frankfurt/Main [5]1990 ([1]1982).

Röttgers, Kurt: Diskursive Sinnstabilisation durch Macht, in: Jürgen Fohrmann/Harro Müller (Hgg.), Diskurstheorien und Literaturwissenschaft, Frankfurt/Main 1988, S. 114-133.

Rupp, Gerhard: Empfindsamkeit und Erziehung – Zur Genese des Literaturunterrichts um 1770, in: Klaus P. Hansen (Hg.), Empfindsamkeiten, Passau 1990, S. 179-194.

Sarkowicz, Hans: Die Gesellschaft der Außenseiter. Räuberbanden in Deutschland, in: Boehncke, Heiner/Sarkowicz, Hans (Hgg.), Die Deutschen Räuberbanden. In Originaldokumenten, 3 Bde., Frankfurt/Main 1991, Bd. I, S. 9-22.

Scheffer, Bernd: Interpretation und Lebensroman. Zu einer konstruktivistischen Literaturtheorie, Frankfurt/Main 1992.

Schemme, Wolfgang: Trivialliteratur als Gegenstand des Literaturunterrichts, in: Zur Praxis des Deutschunterrichts 7 (1976), S. 110-136.

Schenda, Rolf: Die Lesestoffe der kleinen Leute. Studien zur populären Literatur im 19. und 20. Jahrhundert, Munchen 1976.

–: Volk ohne Buch. Studien zur Sozialgeschichte populärer Lesestoffe 1770–1910, München 1977 ([1]1970).

Schieckel, Harald: Die Pfarrerschaft und das Beamtentum in Sachsen-Thüringen, in: Günther Franz (Hg.), Beamtentum und Pfarrerstand 1400–1800. Büdinger Vorträge 1967, Limburg/Lahn 1972.

Schmidt, Siegfried J.: Diskurs und Literatursystem. Konstruktivistische Alternativen zu diskurstheoretischen Alternativen, in: Jürgen Fohrmann/Harro Müller (Hgg.), Diskurstheorien und Literaturwissenschaft, Frankfurt/Main 1988, S. 134-158.

–: Die Selbstorganisation des Sozialsystems Literatur im 18. Jahrhundert, Frankfurt/Main 1989.

Schneider, Ulrich Johannes: Über den philosophischen Eklektizismus, in: Nach der Postmoderne, hg. v. Andreas Steffens, Düsseldorf, Bensheim 1992, S. 201-224.

Schneiders, Werner: Die wahre Aufklärung. Zum Selbstverständnis der deutschen Aufklärung, Freiburg, München 1974.

Schön, Erich: Der Verlust der Sinnlichkeit oder Die Verwandlungen des Lesers. Mentalitätswandel um 1800, Stuttgart 1987.

Schönert, Jörg: Literarische Wertung und Trivialliteraturforschung, in: Sprachkunst 9 (1978), S. 340-356.

Schulte-Sasse, Jochen: Literarische Wertung, Stuttgart 1971.

–: Gebrauchswerte der Literatur. Eine Kritik der ästhetischen Kategorien »Identifikation« und »Reflexion«, vor allem in Hinblick auf Adorno, in: Christa Bürger/Peter Bürger/ Jochen Schulte-Sasse (Hgg.), Zur Dichotomisierung von hoher und niederer Literatur, Frankfurt/Main 1982, S. 62-107.

–: Trivialliteratur, in: Klaus Kanzog/Achim Masser (Hgg.), Reallexikon der Deutschen Literaturgeschichte, Berlin/New York ²1984, S. 562-583.

Schulz, Gerhard: Unterhaltungsliteratur, in: ders. (Hg.), Geschichte der Deutschen Literatur, Bd. VII/1, München 1983, S. 283-296.

Schutte, Jürgen: Einführung in die Literaturinterpretation, Stuttgart 1990.

Schwab, Dieter: Familie, in: Otto Brunner/Werner Conze/Reinhart Koselleck (Hgg.), Geschichtliche Grundbegriffe. Historisches Lexikon zur politisch-sozialen Sprache in Deutschland, Bd. 2, Stuttgart 1979 (¹1975), S. 253-301.

Schweinitz, Jörg (Hg.): Prolog vor dem Film. Nachdenken über ein neues Medium 1909–1914, Leipzig 1992.

Schweitzer, Antonie/Simone Sitte: Tugend-Opfer-Rebellion. Zum Bild der Frau im weiblichen Erziehungs- und Bildungsroman, in: Hiltrud Gnüg/Renate Möhrmann (Hgg.), Frauen-Literatur-Geschichte: schreibende Frauen vom Mittelalter bis zur Gegenwart, Stuttgart 1985, S. 144-165.

Sennett, Richard: Verfall und Ende des öffentlichen Lebens. Die Tyrannei der Intimität, Frankfurt/Main 1991 (New York 1974).

Simanowski, Roberto: Nonnen, Lesben, untreue Witwen. Der Erfolgsautor Christian August Vulpius und seine Rezeption der Französischen Revolution, in: Almanach. VIA REGIA '96. Begegnungen mit Frankreich, hg. v. Europäischen Kulturzentrum in Thüringen für Europa e. V., Erfurt 1996, S. 36-43.

–: Die postmoderne Aporie und die Apologie des Sokrates, in: Weimarer Beiträge 2/1997 (43. Jg.), S. 237-254.

–: Himmel & Hölle. Cyberspace – Realität im 21. Jahrhundert, in: Neue Deutsche Literatur 5/1996, S. 177-202.

–: Rezension zu Ulrich Hartje: Trivialliteratur in der Zeit der Spätaufklärung. Untersuchungen zum Romanwerk des deutschen Schriftstellers Christian Heinrich Spieß (1755–1799), in: Wirkendes Wort. Deutsche Sprache und Literatur in Forschung und Lehre 3/1997, S. 503-506.

Sontag, Susan: Anmerkungen zu ›Camp‹ (1964), in: dies., Kunst und Antikunst. 24 literarische Analysen, Frankfurt/Main 1989, S. 322-341.

Stephan, Inge: »Da werden Weiber zu Hyänen...« – Amazonen und Amazonenmythen bei Schiller und Kleist, in: dies./Sigrid Weigel (Hgg.), Feministische Literaturwissenschaft, Berlin 1984, S. 23-43.

–: Weiblichkeit, Wasser und Tod. Undinen, Melusinen und Wasserfrauen bei Eichendorff und Fouqué, in: Renate Berger/dies. (Hgg.), Weiblichkeit und Tod in der Literatur, Köln/ Wien 1987, S. 17-139.

Stewart, William E.: Gesellschaftspolitische Tendenzen in der Reisebeschreibung des ausgehenden 18. Jahrhunderts, in: Wolfgang Griep/Hans-Wolf Jäger (Hgg.), Reise und soziale Realität am Ende des 18. Jahrhunderts, Heidelberg 1983, S. 32-47.

Stuby, Anna Maria: Liebe, Tod und Wasserfrau: Mythen des Weiblichen in der Literatur, Wiesbaden 1992.

Thalmann, Marianne: Der Trivialroman des 18. Jahrhunderts und der romantische Roman. Ein Beitrag zur Entwicklung der Geheimbundmystik, Berlin 1923.

Turk, Horst: Alienität und Alterität als Schlüsselbegriffe einer Kultursemantik, in: Jahrbuch für Internationale Germanistik, Jg. 22., 1/1990, S. 8-31.

Ungern-Sternberg, Wolfgang von: Schriftsteller und literarischer Markt, in: Rolf Grimminger (Hg.), Hansers Sozialgeschichte der deutschen Literatur vom 16. Jahrhundert bis zur Gegenwart, Bd. 3 (Deutsche Aufklärung bis zur Französischen Revolution 1680–1789), München/Wien 1980, S. 133-185.

Veyne, Paul: Der späte Foucault und seine Moral, in: Wilhelm Schmid (Hg.), Denken und Existenz bei Michel Foucault, Frankfurt/Main 1991, S. 208-219.

Viehoff, Reinhold: Literarisches Verstehen. Neuere Ansätze und Ergebnisse empirischer Forschung, in: IASL, Bd. 13 (1988), S. 1-39.

Vogel, Matthias: »Melusine...das lässt aber tief blicken.« Studien zur Gestalt der Wasserfrau in dichterischen und künstlerischen Zeugnissen des 19. Jahrhunderts, Bern, Frankfurt/Main 1989.

Vulpius, Walther: Die Familie Vulpius, in: Wilhelm Bode (Hg.), Stunden mit Goethe. Für die Freunde seiner Kunst und Weisheit, 1. Bd., H.2, Berlin 1905, S. 85-106.

Vulpius, Wolfgang: Bibliographie der selbständig erschienenen Werke von Christian August Vulpius, in: Jahrbuch der Sammlung Kippenberg Bd. 6 (1926), S. 65-127.

–: Goethes Schwager und Schriftstellerkollege Christian August Vulpius, in: Helmut Holtzhauer/Hans Henning (Hgg.), Goethe-Almanach auf das Jahr 1967, Berlin/Weimar 1967, S. 219-242.

–: Nachtrag zur Bibliographie der selbständig erschienenen Werke von Christian August Vulpius im Jahrbuch der Sammlung Kippenberg Bd. 6, in: Jahrbuch der Sammlung Kippenberg Bd. 10. (1935), S. 311-315.

–: Rinaldo Rinaldini als ein Lieblingsbuch seiner Zeit literaturhistorisch untersucht, Inauguraldissertation an der Ludwig-Maximilians-Universität München (Maschinenschrift) 1922.

–: Rinaldo Vulpius in seinen Beziehungen zur Familie Goethe, in: Archiv für Sippenforschung und alle verwandten Gebiete, Görlitz, 9. Jg. (1932), H. 2, S. 91-98.

Weber, Peter: Der publikumswirksame Roman um 1790, in: Geschichte der Deutschen Literatur, Bd. 7, Berlin/Ost 1978, S. 77-92.

Wellershoff, Dieter: Der Kompetenzzweifel der Schriftsteller. Über Literatur und Trivialliteratur, in: Merkur, H. 8, 1970, S. 723-735.

Welzig, Werner: Der Wandel des Abenteurertums, in: Helmut Heidenreich (Hg.), Pikarische Welt. Schriften zum Europäischen Schelmenroman, Darmstadt 1969, S. 438-454 (vorher in: Welzig, Beispielhafte Figuren: Tor, Abenteurer und Einsiedler bei Grimmelshausen, Graz, Köln 1963, S. 100-114).

Wild, Reiner: Die Vernunft der Väter. Zur Psychographie von Bürgerlichkeit und Aufklärung in Deutschland am Beispiel ihrer Literatur für Kinder, Stuttgart 1987.

Wittmann, Reinhard: Buchmarkt und Lektüre im 18. und 19. Jahrhundert: Beiträge zum literarischen Leben 1750–1880, Tübingen 1982.

–: Geschichte des deutschen Buchhandels: ein Überblick, München 1991.

–: Soziale und ökonomische Voraussetzungen des Buch- und Verlagswesens in der zweiten Hälfte des 18. Jahrhunderts, in: Herbert G. Göpfert u.a. (Hgg.), Buch- und Verlagswesen, Essen 1987, S. 5-27.

Ziessow, Karl-Heinz: Ländliche Lesekultur im 18. und 19. Jahrhundert. Das Kirchspiel Menslage und seine Lesegesellschaften 1790–1840, 2 Bde., Cloppenburg 1988.

Zimmermann, Hans Dieter: Das Vorurteil über die Trivialliteratur, das ein Vorurteil über die Literatur ist, in: Aspekte, 19 (1972), S. 386-408.

Zweig, Stefan: Drei Dichter ihres Lebens. Casanova · Stendhal · Tolstoi, Frankfurt/Main 1991.

Personenregister

Abel, Jakob Friedrich 347
Ahlefeld, Charlotte von 292-294, 297, 299, 383
André, Christian Karl 161
Appell, Johann Wilhelm 14, 19, 336, 355f., 380
Arendt, Martin Friedrich 204f.
Arnim, Achim von 195, 255

Baader, Franz von 294-296
Baggesen, Jens 161
Bahrdt, Carl Friedrich 114
Basedow, Johann Bernhard 134
Bauer, Karl Gottfried 117
Becker, Rudolf Zacharias 101, 221
Beneken, J.B. 114
Bentham, Jeremy 136-139
Bergk, Adam 111-113, 119, 135, 167
Bertuch, Friedrich Justus 204f., 211
Bondeli, Julie von 289
Böttiger, Karl August 107, 162, 178
Brandes, Ernst 288
Brentano, Clemens 196, 225

Campe, Johann Heinrich 70, 92, 111, 112f., 114-117, 121, 135, 154f., 161f., 283-285, 349, 353
Cramer, Karl Gottlob 19, 195, 205, 383

Dostojewski, Fjodor Michailowitsch 335

Eberhard, Johann August 110
Eichendorff, Joseph von 280
Engel, Johann Jakob 137
Engels, Friedrich 63, 335
Erhard, Johann Benjamin 308
Ewald, Johann Ludwig 90

Fichte, Johann Gottlieb 131, 189, 281, 295
Fouqué, Friedrich Baron de la Motte 254f., 257, 260, 264f.
Friedrich II. 88
Friedrich Wilhelm II. 90

Gaupp, Robert 111
Gedike, Friedrich 109
Gervinus, Georg Gottfried 308f.
Geßner, Salomon 122
Goethe, Johann Wolfgang von 11, 12, 125, 145, 147, 163, 172-177, 181, 185f., 193f., 196-198, 200, 203f., 206f., 216, 255f., 264, 287, 289
Goethe, Katharina Elisabeth 187, 337
Göschen, Georg Joachim 174
Gräff, Heinrich 191f., 197, 232
Grosse, Kalr Friedrich 156f., 205, 213, 383

Heinse, Wilhelm 213, 289, 307-309
Hensler, Friedrich 248-252, 270
Heinzmann, Johann Georg 91
Herder, Johann Gottfried 80, 127, 173, 204, 233, 240
Hölderlin, Friedrich 117, 131
Humboldt, Wilhelm von 283

Jean Paul 124, 156, 160, 288f.

Kalb, Charlotte von 287, 289
Kant, Immanuel 80f., 84., 128, 135, 295, 306
Kirms, Franz 176
Knigge, Adolph Frhr. von 288
Kotzebue, August von 11, 194
Krünitz, Johann Georg 140

Lafontaine, August Heinrich Julius 70, 85, 195, 310f., 383
La Roch, Sophie 211f.
Lavater, Johann Kaspar 127, 137
Lehmann, Peter Ambrosius 142, 146f.
Lenclos, Ninon de 313-315, 326
Lenz, Jakob Michael Reinhold 361f., 368f.
Lessing, Gotthold Ephraim 29, 298
Lichtenberg, Georg Christoph 116

Marx, Karl 63
Matthison, Friedrich von 256